HERZLICHEN GLÜCKWUNSC

Und Dankeschön für den Kauf dieses Buches. Als besonderes Schmankerl* finden Sie unten Ihren persönlichen Code, mit dem Sie das Buch exklusiv und kostenlos als eBook erhalten.

Beachten Sie bitte die Systemvoraussetzungen auf der letzten Umschlagseite!

ai7w6-p56r1-
01800-d2b5b

Registrieren Sie sich einfach in nur zwei Schritten unter **www.hanser.de/ciando** und laden Sie Ihr eBook direkt auf Ihren Rechner.

* Bayrisch für eine leckere Kleinigkeit; ein Leckerbissen

Schmidt

Ubuntu Desktop und Server

Klaus H. Schmidt

Ubuntu Desktop und Server

Ubuntu 11.04: Installation, Anwendung, Administration

HANSER

Klaus H. Schmidt, Maxhütte-Haidhof

Bibliografische Information der Deutschen Nationalbibliothek:

Die Deutsche Nationalbibliothek verzeichnet diese Publikation in der Deutschen Nationalbibliografie; detaillierte bibliografische Daten sind im Internet über http://dnb.d-nb.de abrufbar.

Lektorat: Sieglinde Schärl
Herstellung: Thomas Gerhardy
Sprachlektorat: Sandra Gottmann, Münster-Nienberge
Umschlagdesign: Marc Müller-Bremer, www.rebranding.de, München
Umschlagrealisation: Stephan Rönigk
Satz: Kösel, Krugzell
Datenbelichtung, Druck und Bindung: Kösel, Krugzell
Ausstattung patentrechtlich geschützt. Kösel FD 351, Patent-Nr. 0748702
Printed in Germany

Buch-ISBN 978-3-446-42792-1

ebook-ISBN 978-3-446-42958-1

Inhalt

1 Einleitung

Den Markt der Betriebssysteme für PCs und Notebooks dominiert Windows. Es wird zwar oft als „einfach zu bedienen“ bezeichnet. Dies stimmt dann, wenn es darum geht, den Bildschirmschoner oder ein Hintergrundbild einzurichten. Sobald es um komplexere Tätigkeiten geht, ist Windows alles andere als einfach. Dies zeigen unzählige Artikel in Fachzeitschriften, Büchern und im Internet, die sich mit dem Lösen von Problemen befassen.

UNIX und Linux hatten bisher den Ruf, recht kompliziert zu sein. Dazu ein kleines Gedankenexperiment: Stellen Sie sich vor, Sie hätten all die Bücher, Zeitschriften und Internet-Recherchen, die Sie bisher über Windows gelesen haben, über Linux bzw. Ubuntu gelesen. Wie gut würden Sie dann dieses System kennen?

Ubuntu tritt seit geraumer Zeit an, um die Vorteile von Linux mit einer einfachen Bedienung zu verbinden. Hier gibt es keine Zwangsaktualisierung, keine undurchsichtigen Lizenzen und vor allem keine Lizenzkosten. Dieses Buch will Sie deshalb zu einem Wechsel ermuntern und Sie tatkräftig dabei begleiten. Aber auch für diejenigen Leser soll dieses Buch eine Hilfe darstellen, die sich bereits mit Linux oder Ubuntu beschäftigt haben und mehr darüber wissen wollen.

In diesem Kapitel erhalten Sie erst einen Überblick über die doch etwas andere Welt von Linux und Ubuntu. In Kapitel 2 können Sie mit der Installation von Ubuntu Desktop loslegen, um erst einmal ein derartiges System vor sich zu haben. In Kapitel 3 bis 5 können Sie die Schritte und Anleitungen selbst nachvollziehen, die nun für die Bedienung der Desktop-Variante mit der grafischen Oberfläche folgen.

Nicht alle Abläufe können jedoch mit einer grafischen Oberfläche abgedeckt werden. Im Anschluss finden Sie daher die Grundlagen, die Sie für die Administration auf der Kommandozeile benötigen. Dies ist vor allem für den Einsatz von Ubuntu als Server-Betriebssystem wichtig; hilft aber auch dann, wenn Sie ein Desktop-System optimal nutzen wollen. Der Schwierigkeitsgrad steigt bis zu den wichtigen Server-Anwendungen, die am Ende des Buches auf Sie warten.

Dieses Buch richtet sich an alle technisch interessierten Anwender, die mit Ubuntu schnell zum Ziel kommen wollen. Aber auch diejenigen sollen nicht zu kurz kommen, die sich für die vielen Möglichkeiten interessieren, die das System bietet. Es spricht vor allem bisherige Anwender von Windows an; will aber auch denen eine Anleitung geben, die bereits Linux kennen und damit schon Erfahrungen gesammelt haben.

1.1 Von UNIX zu Ubuntu

1.1.1 UNIX

Um 1970 gab es keine Computer wie heute. Die Rechner von damals waren riesige Geräte, die ein minimales Betriebssystem hatten, das in Assembler geschrieben war. Ken Thompson und Dennis Ritchie waren die ersten, die ein Betriebssystem in einer Hochsprache programmierten.

Es zeichnete sich durch folgende bahnbrechende Neuerungen aus:

- UNIX ist das erste Betriebssystem, das in einer Hochsprache (der Sprache C) mit sehr wenig Assembler-Code geschrieben wurde; dadurch ist es gut zu portieren.
- Es war von Anfang an ein Multi-User-Betriebssystem (jeder Benutzer hat seine zugewiesenen Rechte und konnte über Terminals auf dem zentralen Rechner Programme starten).
- Es war schon damals ein sog. „32-Bit-Betriebssystem" mit linearem Adressraum; im Gegensatz zu einem segmentierten Adressraum.
- Es hatte bereits damals ein hierarchisches Dateisystem (mit Verzeichnissen) und eine virtuelle Speicherverwaltung, die eine Auslagerung von Speicherinhalt bei zu kleinem Hauptspeicher ermöglicht (was bei den damaligen Speicherpreisen immer der Fall war).
- TCP/IP als Grundlage des Internets wurde darauf entwickelt; daraus entstanden die Client-Server-Grundlagen.
- Mitte der Achtzigerjahre erfolgte die Entwicklung der grafischen Oberfläche XWindow.

Da es damals keine geeignete Hochsprache gab, entwickelte Dennis Ritchie zusammen mit Brian Kernighan kurzerhand die Sprache C. Deren Buch über C war jahrzehntelang das Standardwerk für C-Programmierer.

Die ersten Versionen von UNIX entstanden um das Jahr 1970 herum. Daran erinnert noch, dass die interne Uhr von UNIX und Linux die Sekunden ab dem 1. Januar 1970 angibt. 32 Bit reichen zur Darstellung noch bis zum Jahr 2038.

Vor allem bei Studenten war UNIX sehr beliebt und wurde an vielen Universitäten weiterentwickelt, da zunächst der Quellcode zwar nicht frei von Rechten, aber fast kostenlos für Universitäten war. Hatten sie ihr Studium zu Ende, fingen sie mit der Arbeit bei bekannten Firmen an, sodass es bald viele sogenannte UNIX-Derivate gab, also mehr oder weniger stark veränderte Versionen der ursprünglichen Fassung.

Nahezu jeder Hersteller von Computern brachte seine eigene Version heraus, wie z. B. Solaris von SUN, SINIX von Siemens, AIX von IBM, HP-UX von Hewlett Packard und viele mehr. Dies gilt als der größte Nachteil von UNIX: Die Systeme und Programme waren deshalb sehr teuer. Allein ein einfacher C-Compiler für ein bestimmtes UNIX kostete 1986 rund 2000 DM.

Es blieben im Wesentlichen zwei Hauptströmungen:

1. die Versionen, die auf dem von AT&T weiterentwickelten System V basieren, wie z. B. Linux
2. die Versionen, die auf BSD (Berkeley Software Distribution) basieren, wie z. B. BSD selbst, OS X von Apple sowie Free BSD, Open BSD und Net BSD.

Wenn nun UNIX so viele positive Eigenschaften hatte, stellt sich die Frage, warum auf dem ersten Personal Computer von IBM nicht UNIX, sondern DOS zum Einsatz kam? Es lag ganz einfach daran, dass die Hardware damals viel zu schwach war. Ein 8088-Prozessor wäre heute kaum noch für Spielzeug zu gebrauchen.

Das Grundprinzip von UNIX lautet: „Small is beautiful". Womit ausgedrückt wird, dass möglichst kleine Programme miteinander kombiniert schneller und sicherer arbeiten als ein sehr großes, das alles können soll.

1.1.2 GNU

Schon damals war vielen bewusst, dass Software-Entwicklung ein hohes Potenzial der Monopolisierung hat. Die Erstellung eines Programms ist sehr teuer und aufwendig, die Verbreitung dagegen einfach, da das Programm beliebig oft kopiert werden kann. So kann jemand, der als Erster eine neue Software auf den Markt bringt, diese schnell verbreiten. Und wenn die Anwender zu viele Fehler bemerken, gibt es eben ein Update. Konkurrierende Software hat dann kaum noch eine Chance.

Deshalb gründete 1983 Richard Stallman das GNU-Projekt. GNU ist ein rekursives Akronym aus „GNU is not UNIX", was wohl nur eingefleischte Informatiker verstehen. Die Idee dahinter war, die Programmierer zu ermuntern, ihre Programme quasi in einen großen „Topf" zu geben, aus dem sich jedermann kostenlos bedienen kann. Damit kann jeder Einzelne auf eine Vielzahl von Programmen zurückgreifen.

Daraus entwickelte sich das Lizenzmodell GPL (GNU General Public License). Kurz gesagt geht es dabei darum, dass ein Programm, das unter der GPL steht, jeder beliebig verändern kann und es somit „freie Software" ist. Er darf auch Geld dafür verlangen, muss es jedoch im Sourcecode und unter Nennung der vorherigen Programmierer veröffentlichen bzw. weitergeben. So wurden auch viele Programme aus UNIX als GNU-Software neu erstellt, wie Systemprogramme, C-Compiler und etliches mehr.

1.1.3 Linux

Linus Torvalds war 1991 Student in Helsinki und beschäftigte sich mit dem Betriebssystem Minix, das von Andrew Tannenbaum für Studenten entwickelt wurde. Er kommunizierte intensiv mit vielen Gleichgesinnten über das Internet, das schon damals die Universitäten und wichtige Firmen verband. So konnte der eine Entwickler einen Treiber beisteuern, ein anderer ein Feature im Kernel usw.

Schließlich beteiligten sich viele Programmierer, sodass ein komplett anderes System daraus entstand. Bei der Namensgebung des neuen Betriebssystems, das sich eng an UNIX orientierte, fiel die Wahl auf den Vornamen von Linus. Er erhielt am Ende das UNIX-typische „x" und wurde zu Linux.

Linus Torvalds betreut heute noch den Kernel von Linux, zusammen mit Tausenden anderer Entwickler. Die von ihm herausgegebenen Kernel-Sourcen sind unter *http://www.kernel.org* für jedermann zugänglich. Man nennt sie auch „Vanilla-Kernel", im Gegensatz zu einem bereits veränderten bzw. angepassten Kernel.

Etwa ab 1994 war Linux bereits so leistungsfähig, dass viele es benutzen wollten. Damals gab es noch keine günstigen Breitbandzugänge zum Internet, sodass Organisationen gegründet wurden, deren Mitarbeiter aus dem Internet die Software holten, auf CDs pressten und zusammen mit einer Beschreibung in einer Box verkauften. Die bekanntesten dieser auch Distributoren (engl. „Verteiler“) genannten Organisationen aus dieser Zeit sind Red Hat, Slackware, SuSE (nun openSUSE) und Debian.

Hier stellt sich die Frage: Was gehört eigentlich zu Linux? Einen Kernel benötigt jedes moderne Betriebssystem; auch unter Windows gibt es einen solchen in der Datei `ntoskrnl.exe`. Er reicht jedoch nicht zum Betrieb. Es sind noch viele andere Programme nötig, die in einem Dateisystem abgelegt sein müssen. Da Linux selbst unter der GPL steht, verwendet es Programme aus dem GNU-Projekt. So gehört z.B. ein Programm wie `mkdir` sicherlich dazu, da sonst das System weder installiert noch verändert werden könnte. Die Funktionen für Netzwerkverbindungen zählen ebenfalls zu den Bestandteilen eines Betriebssystems.

Bei einer grafischen Oberfläche scheiden sich bereits die Geister, da Linux auch ohne grafische Oberfläche voll funktionsfähig ist. Office-Programme, Webserver oder Datenbanken gehören jedoch nicht zum Betriebssystem. Sie werden aber gerne zusammen mit vielen weiteren Zugaben auf eine Installations-DVD bzw. -CD gepackt, um dem Anwender zu ersparen, sich diese selbst zu besorgen. Auch kommerzielle Software kann mit dabei sein. Zumindest der Kernel gehört immer dazu. Viele gehen sogar so weit, als Linux nur den Kernel selbst zu bezeichnen.

Es gibt zahlreiche Distributionen von Linux. Einige wurden schon genannt. Zudem gibt es Live-Systeme, die ohne Installation lauffähig sind (wie z.B. `Knoppix` als „Urvater“ derartiger Systeme) und damit eine besonders hohe Sicherheit bieten. Ferner bieten viele Spezialversionen Lösungen für bestimmte Einsätze (wie die Firewall-Version `ipcop` oder `Parted Magic` zur Verwaltung der Festplatte, `FreeNAS` für NAS-Lösungen usw.). Auch für Embedded-Systeme (für den Benutzer unsichtbar) ist Linux sehr beliebt, z.B. für Geräte der Unterhaltungselektronik oder für Smartphones mit `Android`.

Es ist dennoch erstaunlich, dass sich Linux derart entwickeln konnte; ohne große Firma im Hintergrund und ohne Werbung.

1.1.4 Debian

Die Distribution Debian geht aus dem Debian-Projekt hervor, das 1993 Jan Murdock gründete. Es ist keine Firma, sondern eine nichtkommerzielle Organisation. Jeder kann an der Entwicklung teilnehmen, der die nötigen Fähigkeiten mitbringt. Es war von Anfang an eine Gemeinschaft von Freiwilligen, die eine sogenannte Community bilden.

Besonderer Wert wird bei Debian-Linux auf Stabilität gelegt. Daher ist es ein sehr ausgereiftes und flexibel einsetzbares System. Ein besonderes Highlight ist der Paketmanager. Debian hat jedoch den Ruf, nicht besonders benutzerfreundlich zu sein.

1.1.5 Ubuntu

Seit 2004 tritt mit der Firma Canonical eine neue Distribution mit Namen Ubuntu an, ein benutzerfreundliches Betriebssystem zu verbreiten. Es ist besonders für Linux-Einsteiger geeignet. Es ist aber auch so ausgelegt, dass ein Umstieg von Windows für den Linux-Anwender sich so einfach wie möglich gestaltet.

Ubuntu verwendet einen großen Teil von Debian als stabile Basis. Umgekehrt fließen auch Verbesserungen in Ubuntu an Debian zurück. Dennoch ist es eine eigenständige Distribution und muss nicht unbedingt kompatibel zu Debian sein. Im Gegensatz zu Debian kann Ubuntu auch Software enthalten, die nicht der GPL unterliegt oder kommerzieller Natur ist.

Der Grundgedanke von Ubuntu

Mark Shuttleworth, der Gründer der Firma Canonical, wählte für seine Linux-Distribution den Namen Ubuntu. Der Name kommt aus den Sprachen der Zulu und Xhosa und steht für Menschlichkeit und Gemeinsinn. Ubuntu will dem Anwender ein Gefühl von menschlicher Wärme geben und beruhigend wirken. Daher ist der Hintergrund in warmen Brauntönen gehalten.

Ein wichtiges Anliegen von Ubuntu ist es, das System einfach bedienbar zu halten. Es ist für menschliche Wesen („Human Beings") ausgelegt. So gibt es für viele Anwendungen ein Standardprogramm, das in der Regel automatisch installiert wird, wie z.B. die grafische Oberfläche Unity oder der Editor gedit. Viele Programme erhalten auch eine Grundkonfiguration. Ein fortgeschrittener Anwender hat jedoch immer die Möglichkeit, nach seinen eigenen Wünschen weitere Programme zu installieren oder deren Aussehen zu ändern.

Jeder, der sich dazu berufen fühlt, kann sogar an der Weiterentwicklung von Ubuntu teilnehmen, auch wenn dies mit Demokratie nichts zu tun hat. Die Quellcodes zu allen Teilen sind offen und frei zugänglich. Dies ist auch die Gewähr dafür, dass die Programme möglichst sicher sind. Immerhin können Tausende deren Quellen auf Sicherheitsprobleme überprüfen.

Ubuntu soll auch in Zukunft für jedermann kostenlos erhältlich bleiben. Die Firma Canonical, die hinter Ubuntu steht, will Geld durch Dienstleistungen verdienen, wie mit dem Ubuntu-Shop, dem Dienst Ubuntu-One, mit Firmensupport, Cloud-Computing etc.

Da Sie die Software kostenlos erhalten, kommt auch kein Kaufvertrag zustande und damit auch keine Gewährleistung. Wenn also ein Programmfehler einen Schaden verursacht, kann niemand für Schadensersatz verpflichtet werden. Hier muss der Fairness halber aber die Frage erlaubt sein, ob jemals jemand von Microsoft oder einer anderen großen Software-Firma Schadensersatz erhalten hat, die für einen Programmfehler verantwortlich war?

Siehe hierzu auch: *http://de.wikipedia.org/wiki/Ubuntu_(Philosophie)*

Benennungen

Im Folgenden wird von Linux gesprochen, wenn es um grundlegende Eigenschaften geht, die alle Linux-Derivate besitzen. Ein Derivat ist eine Ableitung, also eine Veränderung eines Ausgangsproduktes. So kann es Derivate von UNIX wie von Linux geben, also auch von Ubuntu. Kubuntu wäre ein Ubuntu-Derivat. Als Varianten gelten die unterschiedlichen Ausprägungen, die von der Firma Canonical von Ubuntu bereitgestellt werden, wie Desktop- oder Server-Variante. Von Ubuntu als Thema dieses Buches ist immer dann die Rede, wenn speziell das Verhalten bzw. die Arbeit mit Ubuntu gemeint ist.

Linux ist bisher vor allem auf Servern und als „unsichtbares" System im „Embedded-Bereich" im Einsatz. Der Anteil von Desktop-Rechnern mit Linux ist noch verschwindend gering. Aber auch hier hat Linux und vor allem Ubuntu ein enormes Potenzial. Nicht nur als „Client" bietet Ubuntu für viele Arbeiten des täglichen Bedarfs für fast jeden Zweck nicht nur eine passende, sondern vor allem sichere Lösung. Was sonst noch in ihm steckt, kann es besonders im Server-Bereich zeigen. Nicht umsonst sind die meisten Root-Server im Internet mit einer Linux-Distribution ausgestattet. Für beides soll dieses Buch einen fundierten Einstieg bieten, ohne in jedes einzelne Detail eingehen zu wollen.

Einige Probleme gibt es jedoch noch auf diesem Weg. So erhält der Benutzer bei der Konfiguration von Server-Applikationen, wie DNS, Mailserver, Webserver etc., von Ubuntu noch kaum Unterstützung durch grafische Tools, wie es sie beispielsweise unter openSUSE gibt. Zudem gab es bisher immer wieder schlecht übersetzte Texte in Fenstern und Menüs.

1.2 Merkmale von Linux und Ubuntu im Unterschied zu Windows

Das Herausragende an Linux ist, dass es weder einer Organisation noch einer Firma gehört. Die Entwickler arbeiten an Linux freiwillig und meist ohne Bezahlung. Da von der Software der Quellcode (Source) vorhanden ist, können ihn viele Leute gemeinsam auf Fehler und Sicherheitsprobleme prüfen. Auch der größte Teil der Anwendungsprogramme unterliegt dem gleichen Prinzip. Diese Methode ist sehr erfolgreich (sie wird auch mit dem Begriff „Basar-Methode" bezeichnet, den Eric Raymond prägte).

Hier soll natürlich nicht der Eindruck erweckt werden, dass Linux keine Fehler hat. In der gesamten Menschheitsgeschichte von ca. 500.000 Jahren befassten sich die Menschen 490.000 Jahre mit Jagen und Sammeln, 10.000 Jahre mit Ackerbau und Viehzucht und nur rund 60 Jahre mit Computern und Software. Dies ist offensichtlich noch viel zu kurz. Unter Linux und anderer freier Software ist nur die Herangehensweise an Fehler anders.

Zusammen mit der gut durchdachten, von UNIX vererbten Architektur ist Linux sehr stabil. So kann ein Rechner damit durchaus mehrere Jahre laufen, ohne ein einziges Mal in der Zwischenzeit abzustürzen.

Weitere Merkmale von Linux sind:

- Es kann auf vielen Hardware-Plattformen eingesetzt werden; vom PC mit 386-Prozessor bis zu Supercomputern und 64-Bit Prozessoren.
- Laufwerksbuchstaben gibt es nicht; stattdessen sind Laufwerke direkt in das Filesystem integriert.
- Es gibt sehr schnell Updates und Fehlerbehebungen, da sehr oft neue Kernel und neue Versionen von Programmen herausgegeben werden. Wer mit seiner Installation zufrieden ist, kann sie jedoch ohne Probleme beibehalten. Niemand ist zu Updates gezwungen. Nur die Sicherheits-Updates sollten immer eingespielt werden.
- Es sind bisher kaum Viren für Linux bekannt. Selbst dann, wenn ein Virus ein Programm befallen sollte, ist die Gefährdung begrenzt, wenn dieses Programm nicht mit Root-Rechten

gestartet wird. Auch wenn immer wieder davon gesprochen wird, dass Linux nur deshalb sicherer sein soll, weil es sich für Virenprogrammierer nicht lohnt, ist dies nur die halbe Wahrheit. Linux und Ubuntu sind von Haus aus sicherer. Dies zeigt sich daran, dass in der Regel weder Virenscanner noch Firewall nötig sind. Bei Windows wäre dies undenkbar.

- Es gibt keine „geheimen" Kommandos, die manche Firmen verstecken, um einen Vorteil vor der Konkurrenz zu haben. Beschreibungen und Sourcen der Programme sind für alle frei verfügbar.
- Es ist ein Multi-User-Betriebssystem; das heißt, auf einem Rechner können mehrere Benutzer gleichzeitig (z. B. über ein Netzwerk) Programme starten, die dann unter deren Berechtigung laufen. Durch die Multi-User-Fähigkeiten ist Fernwartung leicht möglich. Ferner kann ein Anwender im Hintergrund ein lang dauerndes Programm ablaufen lassen, während ein anderer das System gerade benutzt. Da der Begriff „Multi-User-System" oft unpassend verwendet wurde, nennt man es heute „Multi-Session-System".
- Es kann auch ohne Grafik gestartet werden. Alle Funktionen des Betriebssystems sind dann immer noch vorhanden. Es steht dann mehr Hauptspeicher und Rechenleistung zur Verfügung. Dies ist vor allem beim Servereinsatz interessant. Ein Start von Windows 2008 Server geht zwar neuerdings auch ohne grafische Oberfläche (Microsoft spricht dann von einem Core-Server). Bei UNIX und Linux war dies von Anfang an möglich.
- Lassen sich Systeme mit einer grafischen Oberfläche benutzen, wie Windows von Microsoft oder OS X von Apple, sind sie nur scheinbar einfach. Unter der Oberfläche sind sie eher noch komplizierter als UNIX oder Linux. Viele Arbeiten lassen sich nicht oder nur schwer mit einer derartigen Oberfläche realisieren. Deshalb gab es unter UNIX bzw. Linux von Anfang an leistungsfähige Kommando-Interpreter („Shells"). Unter Windows gibt es erst seit ein paar Jahren mit der PowerShell etwas Vergleichbares.
- Das Grafiksystem XWindow ist netzwerkfähig. Das bedeutet, dass ein Anwender einen Prozess auf einem weit entfernten (schnelleren) Rechner starten und die Grafikausgabe von diesem Programm auf dem eigenen Rechner beobachten und bedienen kann. Nach dem Einloggen (z. B. per `telnet` oder mit der Secure Shell) vom Rechner C aus kann der User von seinem Terminal U aus auf dem Rechner S ein Programm P starten und steuern, das die Ergebnisse (in einer Grafik) auf dem eigenen Rechner C ausgibt. Siehe auch Kapitel 10.

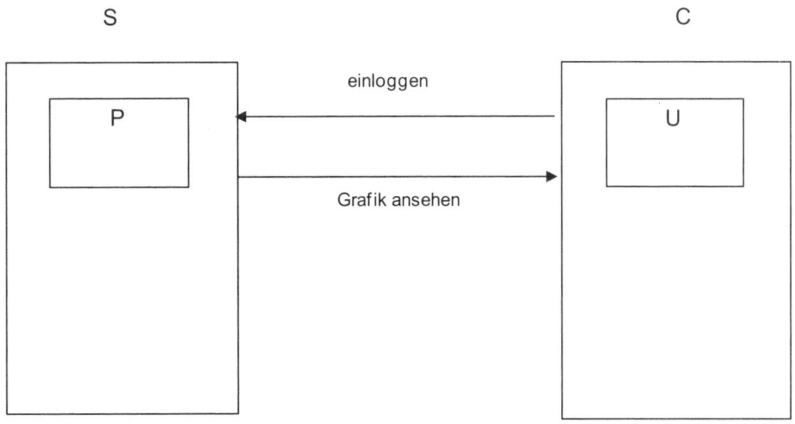

BILD 1.1 Die Client-Server-Beziehung von XWindow

- Auch das aktuell als Neuerung geltende Cloud-Computing ist für UNIX und Linux nicht wirklich neu. Im Grunde ist daran nur neu, dass der Anwender den Remote-Rechner nicht mehr selbst angeben muss, auf dem Programme abgearbeitet werden sollen. Vielmehr verschickt er seine Anforderung an eine Adresse, hinter der ein Controller die Programme auf Rechner in einem Pool von Computern (der „Cloud") verteilt, sodass es recht „wolkig" bleibt, auf welcher Hardware sie letzten Endes ausgeführt werden.
- Ein Anwender hat mehrere Desktops (Arbeitsflächen) gleichzeitig zur Verfügung, auf einem oder auch auf mehrere Monitore verteilt. Ein Mausklick genügt dann, um den Desktop zu wechseln. Bei vielen offenen Fenstern bleibt so die Übersicht erhalten.
- Es braucht so gut wie nie heruntergefahren werden. Selbst dann nicht, wenn die Konfiguration komplett umgestellt wird oder viele Programme installiert wurden. Selbst Systemprogramme können im laufenden Betrieb aktualisiert werden. Eine Benachrichtigung der laufenden Prozesse (bzw. Dienste) genügt. Erst bei grundlegenden Änderungen, wie bei einem Kernel-Update, ist ein Neustart erforderlich.
- Es bietet nicht nur eine Rechtevergabe, sondern auch die Möglichkeit, Benutzern einen bestimmten maximalen Plattenplatz zur Verfügung zu stellen (Quota-Support), der automatisch auf Überschreitung überwacht wird. Unter Windows bieten dies nicht alle Versionen.
- Es besitzt alle Möglichkeiten, ein komplettes Internet bzw. Intranet aufzubauen. Auch das Internet basiert immer noch weitgehend auf UNIX-Servern. Es stehen alle Dienste und Protokolle zum Aufbau von anspruchsvollen Netzwerken zur Verfügung (soweit dies deren Hersteller und Patente erlauben).
- Ein Arbeiten auf dem Rechner remote über ein Netzwerk ist für viele Personen möglich, nicht nur für eine. Es gibt keine Beschränkungen oder Lizenzvorgaben von einem Hersteller. Linux kann damit auch problemlos und sicher über ein Netzwerk gewartet werden (Fernadministration).
- Es ist ein durchdachtes Konzept der Shared Libraries vorhanden, die etwa den DLLs unter Windows entsprechen. Unter Windows war der Umgang mit DLLs schon immer problematisch (manche sprachen sogar von einer „DLL-Hölle").

1.3 Hilfe im Internet

Falls Sie einmal Problem mit Ubuntu haben, werden Sie nicht allein gelassen. Im Internet gibt es zahlreiche Foren und Mailinglisten, in denen Sie andere Anwender befragen können. In der Regel erhalten Sie relativ schnell eine Antwort.

Wichtige Foren sind:

für Ubuntu in deutscher Sprache:	*www.ubuntuusers.de*
	www.ubuntu-forum.de
	www.ubuntu-freunde.de
und für Linux allgemein:	*www.linux-club.de*

Das offizielle englischsprachige Forum liegt unter: *www.ubuntuforums.org*

Ein deutschsprachiges Wiki, an dem jeder selbst mitarbeiten kann und viele generelle Beschreibungen und Hilfe zu Problemen enthält, gibt es unter *http://wiki.ubuntuusers.de*

Dabei finden Sie Hilfe zur Einrichtung von Hardware in: *http://wiki.ubuntuusers.de/Hardware*

Viele nützliche Beschreibungen gibt es auch unter *http://wiki.ubuntu-forum.de*

Die Seite mit den neuen Versionen (Releases) von Ubuntu ist: *https://wiki.ubuntu.com/Releases*

Hilfe zu Ubuntu bieten auch Artikel von Anwendern (in Englisch) unter: *https://help.ubuntu.com/community*

Die offizielle Dokumentation zu Ubuntu in englischer Sprache gibt es unter: *https://help.ubuntu.com*

In der sogenannten Community („Gemeinschaft") kann jedermann mitwirken, entweder bei der Programmierung, der Erstellung von Dokumentation, der künstlerischen Gestaltung (Artwork), beim Support oder einfach nur durch die Meldung von Fehlern. Sie können dabei teilnehmen unter der englischsprachigen Seite *http://www.ubuntu.com/community*.

Sie finden (englischsprachige) Hilfe zu Ubuntu in Artikeln der Seite *www.ubuntu.com/support*

Zwei der deutschsprachigen Mailing-Listen können Sie abonnieren unter: *https://lists.ubuntu.com/mailman/listinfo/ubuntu-de*

http://www.easylinux.de/Kontakt/Mailinglisten/listinfo/ubuntu

1.4 Die geänderten SI-Einheiten

Offiziell sind nach dem Internationalen Einheitensystem (auch „SI-Einheiten" genannt) immer nur Vielfache oder Teile von 1.000 festgelegt, wie auch bei metrischen Einheiten (so sind 1 km = 1.000 m, 1 kg = 1.000 g etc.).

Seit 1996 sind laut einem Vorschlag der IEC (International Electrotechnical Commission) 1.024 Byte exakt 1 Kibibyte und nicht mehr 1 Kilobyte (= 1.000 Byte)! Das Internationale Einheitensystem (SI von frz: Système international d'unités) schloss sich dem an.

Oft benutzt man noch im Computerbereich die alte Regelung, dass 1 Kilobyte 1.024 Byte sind. So zeigen viele Programme für eine Festplatte von z. B. 500 GB eine Größe von 465 GB, was seit 1996 eigentlich nicht mehr korrekt ist. Es müssten 465 GiB (Gibibyte) sein. Dies ist kein Scherz, sondern eine offizielle Festlegung. Die Hersteller von Festplatten machen davon schon lange Gebrauch, schließlich klingen 500 GB besser als 465 GiB (bzw. 465 „alte" GB).

Wundern Sie sich deshalb nicht, wenn in diesem Buch die „neue" Regelung Verwendung findet. Hier sind beispielsweise 1 GB gleichbedeutend mit 1.000.000.000 Byte und 1 GiB sind demnach 1.073.741.824 Byte.

Eine kurze Übersicht zeigt folgende Tabelle:

mit Dezimalpräfix	mit Binärpräfix
1 KB (Kilobyte) = 1000 Byte	1 KiB (Kibibyte) = 1024 Byte = 2 hoch 10 Byte
1 MB (Megabyte) = 1000 KB	1 MiB (Mebibyte) = 1024 KiB = 2 hoch 20 Byte
1 GB (Gigabyte) = 1000 MB	1 GiB (Gibibyte) = 1024 MiB = 2 hoch 30 Byte
1 TB (Terabyte) = 1000 GB	1 TiB (Tebibyte) = 1024 GiB = 2 hoch 40 Byte
1 PB (Petabyte) = 1000 TB	1 PiB (Pebibyte) = 1024 TiB = 2 hoch 50 Byte

Zur Vertiefung sei ein interessanter Beitrag empfohlen unter *http://de.wikipedia.org/wiki/Byte*.

Unter Ubuntu verwendet die KDE-Oberfläche (z.B. in Kubuntu) weitgehend die neue Regelung. Die Programme der Standardoberfläche zeigen bisher (bis auf Ausnahmen, wie die Systemüberwachung) genauso wie alle Windows-Versionen noch die alte Schreibweise.

1.5 Die CDs und die Webseite zu diesem Buch

Diesem Buch liegen 2 CDs bei. Auf der einen befindet sich die aktuelle Ubuntu-Desktop-Version 11.04 in 32 Bit, die sich auch als Live-CD eignet. Die andere CD enthält die Ubuntu Server LTS-Version 10.04 (64 Bit), die bis April 2015 mit Sicherheitsupdates unterstützt wird. Damit kann der Leser sofort mit der Installation einer der genannten Ubuntu-Versionen beginnen.

HINWEIS: Die beiden CDs finden Sie im Buch auf der vorderen und hinteren inneren Umschlagsseite.

Unter http://downloads.hanser.de finden Sie eine Liste mit sämtlichen Links aus dem Buch. Ferner ist geplant, zusätzliche Texte auf dieser Webseite zu veröffentlichen, die eventuelle Korrekturen und Hinweise zu diesem Buch enthalten.

2 Installation

Ubuntu gibt es in vielen unterschiedlichen Varianten. Dieses Kapitel will einen Überblick darüber geben und Ihnen dabei helfen, die richtige Variante zu erhalten und zu installieren.

2.1 Desktop oder Server

Im Grunde brauchen Sie genauso wenig die Variante Kubuntu, um ein Ubuntu mit KDE auszustatten, wie Sie Ubuntu-Server benötigen, um einen Server einzurichten. Es geht damit nur einfacher. Zudem hat die Server-Variante einen optimierten Kernel, und sie erhält in der LTS-Version bis zu fünf Jahre Support; dennoch kann auch eine andere als eine LTS-Version auf eine neue Distributionsversion gebracht werden (siehe Kapitel 9.9), sodass sich der Support damit verlängert. Sicherheit ist bei Servern ein sehr wichtiges Kriterium.

Mit dem Wort „Server" verbinden sich viele, zum Teil unklare Aspekte. Für die meisten Anwender ist ein Server ein Rechner, der Dateien über das Netzwerk liefern kann, also ein Fileserver. Da stimmte noch vor rund 20 Jahren, als die Firma Novell mit ihrem Novell-Server führend auf diesem Gebiet war. Damals konnten auf dem Rechner, auf dem das Betriebssystem Novell-Server installiert war, tatsächlich nur Server-Prozesse laufen, keine Anwenderprogramme.

Ab Windows NT änderte sich dies grundlegend. Dennoch hält sich die Auffassung von früher. Ob Sie heute Windows Server 2008 oder Windows 7 benutzen, das Betriebssystem ist quasi dasselbe. Der wesentliche Unterschied ist, dass im ersteren Fall zusätzliche Software mitgeliefert wird, vor allem ein Domänencontroller. Ein weiterer Unterschied ist, z. B. unter Windows 7, die willkürliche Begrenzung auf maximal zehn gleichzeitige Verbindungen zu Freigaben. Diese Unterschiede sind nicht technisch bedingt, sondern durch die Vorgaben des Herstellers.

Ist nun ein Rechner bereits ein Server, wenn Windows Server 2008 oder Ubuntu-Server darauf installiert ist? Selbstverständlich nicht. Er ist es erst dann, wenn ein „Server" bzw. Dienst (also ein Programm) gestartet ist, der Anweisungen von einem „Client" (ebenfalls ein gestartetes Programm) entgegennimmt.

Es ist wichtig, sich diese Zusammenhänge zu verdeutlichen. Wie sonst soll jemand verstehen, dass auf der Desktop-Variante von Ubuntu nach dem Hochfahren bereits ein Server automatisch aktiv ist, und zwar der XServer. Dieser Server (wie gesagt ein gestartetes Programm) nimmt die Befehle der Clients (von gestarteten Grafikprogrammen, die meist auf demselben Rechner aktiv sind) entgegen und steuert damit die Grafik-Hardware; siehe auch Kapitel 10. Damit wird deutlich, dass bereits unter UNIX und auch unter Ubuntu die Begriffe „Server" und „Client" auf den Grundlagen der Server-Client-Technik basieren, nicht auf Mythen oder Firmenpolitik.

So hat man bereits einen Server, wenn man die Server-Variante von Ubuntu auf einem Netbook installiert und dort Freigaben einrichtet. Auch wenn sich vielen bei diesem Gedanken die Haare sträuben; die im Heimbereich immer beliebter werdenden NAS-Geräte (NAS = Network Attached Storage) sind im Grunde nichts anderes (natürlich ohne Tastatur und Display). Es gibt auch spezialisierte Distributionen für diesen Einsatzzweck.

Die Installation der Server-Variante von Ubuntu erfolgt nicht über ein grafisches Tool, sondern über eine Textkonsole. Auch danach gibt es keine grafische Oberfläche. Es kann aber sehr einfach eine solche nachinstalliert werden. Eine Server-Installation im Firmenbereich sollte natürlich auf passender Hardware erfolgen, da hier Zuverlässigkeit oberstes Gebot ist. Siehe hierzu Kapitel 14. Zunächst ist in diesem Buch erst einmal die Installation der Desktop-Variante das Thema.

2.2 32 oder 64 Bit

In aktuellen Rechnern gibt es fast nur noch 64-Bit-Prozessoren. Nur auf älterer Hardware oder auf Netbooks findet man noch Prozessoren, die auf 32 Bit beschränkt sind. Linux war eines der ersten Betriebssysteme, das für Prozessoren mit 64-Bit-Architektur ausgelegt war, wie schon Mitte der 90er-Jahre für die Plattformen Alpha, SPARC, Itanium etc.

Auf einem 32-Bit-System bekommt unter Linux jeder Prozess einen virtuellen Adressraum mit 4 GiB; davon benutzt der Kernel für sich 1 GiB und teilt jeder Anwendung 3 GiB zu, unabhängig von der Größe des Hauptspeichers. Sind 4 GiB oder mehr an physikalischem Hauptspeicher eingebaut, kann davon ein 32-Bit-System nur 3 – 3,5 GiB ansprechen, da der Rest für interne Zwecke belegt ist.

Die Installation eines 64-Bit-Systems ist vor allem dann nötig, wenn mehr als 3 GiB Hauptspeicher ansprechbar sein sollen. In der Regel werden nur Anwendungen von 64 Bit schneller abgearbeitet, die mehr als 3 GiB Hauptspeicher brauchen. Ansonsten gibt es eine Beschleunigung nur in Ausnahmefällen. Aber auch aus Gründen der Sicherheit bringt eine 64-Bit-Version Vorteile. Hier sind vor allem DEP (Datenausführungsverhinderung) und ASLR (Address Space Layout Randomization) interessant.

Bei DEP erfolgt der Schutz im Prozessor durch das NX-Bit (No eXecute von AMD) bzw. XD-Bit (Execute Disable von Intel). Bei 32-Bit-Prozessoren ist DEP nur zusammen mit PAE (Physical Address Extension) möglich, das ab Kernel 2.4.4 nutzbar ist. Diese ist in den meisten Linux-Distributionen aktiviert, obwohl sie auf 32 Bit die Performance etwas verringert.

ASLR (Address Space Layout Randomization) dient zum Schutz vor Pufferüberlauf (durch Verwürfelung des Adressbereiches eines Programms). Ab der Version 8.04 (Hardy) bietet Ubuntu eine volle Unterstützung von ASLR in der 64-Bit-Version. Für manche proprietäre Anwendungen, wie das Flash-Plug-in von Adobe, wirkt dieser Schutz jedoch nicht; sie erhöhen damit die Gefährdung.

Ein 64-Bit-System enthält einen 64-Bit-Kernel, mit dem sowohl 32-Bit- als auch 64-Bit-Programme starten können. Für die Dauer deren Abarbeitung wird bei 32-Bit-Programmen der Prozessor in einen 32-Bit-Modus umgeschaltet. Damit können auch 32-Bit-Programme auf einem 64-Bit-System ausgeführt werden, aber nicht umgekehrt.

Die Version der Installationssoftware (auf CD, DVD oder USB-Stick) muss für eine 32-Bit-Installation ausgelegt sein, wenn ein 32-Bit-Prozessor vorhanden ist. Bei 64-Bit-Systemen sind sowohl eine 32-Bit- als auch eine 64-Bit-Version verwendbar. Beim Download aus dem Internet bzw. beim Kauf einer DVD ist hierauf zu achten. Vor allem bei Server-Installationen sollte man die 64-Bit-Version verwenden, bei Desktop-Varianten ist sie empfehlenswert, wenn ein entsprechender Prozessor vorhanden ist.

2.3 Die Versionen von Ubuntu

Wie unter Windows gibt es auch bei Ubuntu etliche Varianten. Zunächst wird als generelle Unterscheidung in Ubuntu für Desktop und Server aufgeteilt. Bei der Desktop-Variante lautet der Name für die Standardvariante einfach Ubuntu und enthält Unity bzw. Gnome als grafische Oberfläche. Für den Desktop stehen aber auch weitere Varianten mit unterschiedlichen grafischen Oberflächen zur Verfügung, wie Kubuntu mit KDE, Xubuntu mit XFCE usw.

Bei Ubuntu gibt es ausgereifte LTS-Versionen (Long Term Support) mit drei Jahren Unterstützung durch Updates (Support) für die Desktop-Variante und fünf Jahren Support für die Server-Variante. Zwischenversionen erscheinen etwa alle sechs Monate mit 1,5 Jahren Support. In diesem Zusammenhang ist unter Support die Behebung sicherheitskritischer Fehler zu sehen, nicht das Update von installierter Software auf neue Versionen.

Die Versionsbezeichnung von Ubuntu richtet sich nach der Jahreszahl und dem Monat der Fertigstellung. So ist „Ubuntu 10.10“ im Jahr 2010 im Monat Oktober erschienen. Jede Version erhält auch einen Tiernamen als Entwicklungsnamen (Codename), wie die aktuelle Version „Natty Narwhal“ (zu Deutsch „Schicker Narwal“).

Die zuletzt herausgegebenen Versionen von Ubuntu:

Ubuntu-Version	Codename	Übersetzter Name	Support bis
11.04	Natty Narwhal	Schicker Narwal	Oktober 2012
10.10	Maverick Meerkat	Eigensinniges Erdmännchen	April 2012
10.04 LTS	Lucid Lynx	Heller Luchs	Desktop: April 2013 Server: April 2015
09.10	Karmic Koala	Karmischer Koala	April 2011
09.04	Jaunty Jackalope	Lebhafter Jackalope	Oktober 2010
8.10	Intrepid Ibex	Unerschrockener Steinbock	April 2010
8.04 LTS	Hardy Heron	Kühner Reiher	Desktop: April 2011 Server: April 2013

2.3.1 Bezug der Software

Die offizielle Ubuntu-Homepage ist *www.ubuntu.com*. Hier gibt es viele Informationen über Ubuntu und auch über dessen Varianten, die die Firma Canonical bereitstellt.

Generell sind im Internet folgende Varianten von Ubuntu zum Download angeboten:

Ubuntu für Desktop und Netbook: *http://www.ubuntu.com/desktop/get-ubuntu/download*

Ubuntu-Server: *http://www.ubuntu.com/server*

Kubuntu (mit KDE-Oberfläche): *http://www.kubuntu.org*

Xubuntu (mit XFCE-Oberfläche): *http://cdimage.ubuntu.com/xubuntu/releases*

Mythbuntu mit Mediacenter: *http://www.mythbuntu.org*

Ubuntu Studio für Audio-Produktionen: *http://ubuntustudio.org*

Lubuntu (mit LXDE) für ältere bzw. schwächere Hardware: *http://people.ubuntu.com/~gilir*

Edubuntu für Unterrichtszwecke, für Schulen etc.: *www.edubuntu.org*

Weitere Versionen von Ubuntu (auch Entwickler-Versionen): *http://cdimage.ubuntu.com*

Ab Ubuntu 11.04 sind die Versionen für den Desktop und für Netbooks zusammengefasst. Diese nennt sich nun einfach „Ubuntu" (ohne den Zusatz „Edition"). Sie enthält die Oberfläche Unity mit größeren Icons. Mehr hierzu und zu den grafischen Oberflächen in Kapitel 3.

Zu jeder Version gibt es zudem auf der Ubuntu-Desktop-Webseite unter „Alternative Downloads" eine Alternate-CD, die eine textbasierte Installation ermöglicht. Dies ist dann erforderlich, wenn der Computer die Erfordernisse für die grafikbasierte Installation nicht erfüllen kann. Es bietet zudem den Vorteil, dass bei der Installation über LVM (Logical Volume Manager) die Festplatte besser aufgeteilt werden kann bzw. mehrere Festplatten zu einem RAID-System (Redundant Array of Independent Disks) verbunden werden können.

Die Server-Variante gibt es nur als Alternate-CD, die auch Software für Cloud-Computing enthält; sowohl für privaten Gebrauch als auch für öffentliche Clouds, die auf den EC2-Clouds von Amazon aufbauen. Beide sollen hier nur kurz erwähnt werden. Sie sind nicht Gegenstand genauerer Betrachtungen in diesem Buch. Details finden Sie unter:

Ubuntu-Enterprise-Cloud für private Clouds: *http://www.ubuntu.com/cloud/private/deploy*

Ubuntu-Public-Cloud für EC2-basierte Clouds: *http://www.ubuntu.com/cloud/public/deploy*

Siehe auch: *http://clouduser.org/2010/01/26/erste-schritte-mit-der-ubuntu-enterprise-cloud*

Zudem ist auch der Download einer DVD von den meisten bisherigen Versionen und auch der Testversion (Alpha-und Beta-Version) der neuesten Entwicklung möglich über *http://cdimage.ubuntu.com/releases*. Eine DVD benötigen Sie jedoch kaum, wenn Sie über eine gute Internet-Verbindung verfügen. Auch bei der Installation über CD können Sie nachträglich beliebig Software auswählen und über das Internet nachinstallieren. Eine CD können Sie auch kostenlos unter der Ubuntu-Homepage bestellen, wenn keine geeignete Leitung ins Internet vorhanden ist.

Wenn die Fragen geklärt sind, ob 32- oder 64-Bit-Version, ob Desktop- oder Server-Variante etc., können Sie mit dem Download beginnen. Herunterladen können Sie jeweils ein ISO-Image (ein „Abbild"; mit Dateiendung `.iso`), das in einer Datei abgespeichert wird. Ein solches Abbild enthält ein komplettes Dateisystem, zusammen mit den Informationen im Boot-Sektor, die das Booten von dem Medium erst ermöglichen.

Falls Sie prüfen wollen, ob der Download fehlerfrei verlief, gibt es zwei Verfahren. Sie können erst eine CD brennen und, sobald Sie diese eingelegt haben und kurz nach dem Start mit [Esc] in das Menü gelangt sind, dort das mitgelieferte Prüfprogramm starten. Dies hat den Nachteil, dass bei einem Fehler der Rohling geopfert ist. Oder Sie prüfen den Hash-Wert und vergleichen ihn mit dem Wert, der auf der Download-Seite unter den Links MD5SUMS, SHA1SUMS oder SHA256SUMS abgespeichert ist. Unter Windows benötigen Sie hierzu die entsprechenden Programm. Ubuntu enthält diese Programme bereits. Sie sind unter Kapitel 6 ab Seite 134 beschrieben.

Besonders einfach gestaltet sich ein Download von einem ISO-Image mit dem Programm Universal-USB-Installer für Windows, das zudem das Image direkt nach dem Download auf einen USB-Stick bringen kann. Siehe auch „Installation über USB-Stick“.

Es gibt meist Installationsmedien sowohl für 32- als auch 64-Bit-Prozessoren. Damit dürfte für jeden Geschmack etwas dabei sein. Den Geldbeutel dürfen Sie getrost geschlossen lassen. Alle Versionen sind kostenlos. In vielen Computer-Zeitschriften finden sich ebenfalls oft CDs bzw. DVDs mit einer oder mehreren Versionen von Ubuntu. Auch diesem Buch liegt eine DVD mit den Versionen Ubuntu 11.04 und Ubuntu Server 10.04 (LTS) bei.

Für wenig Geld können Sie Ubuntu auch käuflich erwerben, oft zusammen mit einer Anleitung. Besonders bei einer schlechten oder gar keiner DSL-Verbindung ist dies eine brauchbare Lösung. Mit einer gepressten CD oder DVD ersparen Sie sich den folgenden Schritt.

2.4 Das Live-System

Hier handelt es sich nicht um eine Installation auf der Festplatte, sondern um eine Installation in eine RAM-Disk im Hauptspeicher. Ein gefahrloses Ausprobieren von Ubuntu ist damit auf jedem Rechner möglich, der über ein CD-ROM- bzw. DVD-Laufwerk bzw. einen USB-Anschluss verfügt.

Wenn Sie weitere Programme starten, holt sich das System diese von der CD, die eingelegt bleiben muss. Auch über eine DVD bzw. über einen USB-Stick ist dies möglich, siehe weiter unten. Da aber meist eine CD hierzu benutzt wird, hat sich der Begriff „Live-CD“ geprägt. Eine Live-CD hat den großen Vorteil, dass sie nichts auf dem Rechner ändert. So können Sie erst einmal in aller Ruhe testen, ob Ubuntu auf Ihrem Rechner einwandfrei installiert werden konnte.

Mit einer Live-CD zu arbeiten, ist nicht das Ziel. Alle Änderungen, die Sie mit einer Live-CD am System ausführen, wie die Installation neuer Software oder eine Aktualisierung über das Internet, sind nach dem Herunterfahren verloren. Nur Änderungen auf Festplatte, USB-Stick oder auf Freigaben im Netzwerk, die hierzu erst eingebunden (gemountet) werden müssen, bleiben erhalten. Siehe hierzu Kapitel 4.

Da selbst das schnellste DVD-Laufwerk immer noch langsam im Gegensatz zu einer Festplatte ist, dauert jede Aktion erheblich länger. Hinzu kommt, dass der für das System verfügbare Hauptspeicher etwa halb so groß wird, da die RAM-Disk ebenfalls Platz benötigt. Der Rechner sollte deshalb 1 GiB oder mehr an Hauptspeicher besitzen, mindestens 512 MiB. Ubuntu nennt eine Mindestgröße von 385 MiB.

Eine Live-CD eignet sich hervorragend dazu, einen beschädigten Boot-Mechanismus zu reparieren. Sie können damit auch auf Daten von Ihrer Windows-Installation zugreifen, falls dieses nicht mehr starten sollte, ein Backup davon erzeugen und vieles mehr.

Ändern Sie im BIOS (falls noch nicht geschehen) die Bootreihenfolge auf „CDROM,C". Je nach Mainbord-Version kann der Eintrag auch anders benannt sein. Meist gelangen Sie in das BIOS über die Taste [Del] bzw. [Entf], mitunter auch über [F1] oder eine andere Funktionstaste. Legen Sie die CD bzw. DVD mit Ubuntu in das Laufwerk und starten Sie den Rechner neu.

In ca. 95 % aller Fälle sollte ein Start mit einer Live-CD problemlos funktionieren, vorausgesetzt, es handelt sich um eine Variante, die für die Hardware geeignet ist. Sie können es gefahrlos einfach ausprobieren. Falls es dennoch mit der Live-CD zu Komplikationen beim Hochfahren kommen sollte, können Sie kurz nach dem Start des Bootmediums die Taste [Esc] oder eine beliebige Funktionstaste drücken. Sie erhalten dann mehrere Menüs, in denen Sie weitere Einstellungen vornehmen können. Siehe hierzu auch die Boot-Optionen in Kapitel 11.

Der interne Name für das grafische Installationsprogramm ist Ubiquity. Nach kurzer Zeit erhalten Sie den Startbildschirm der Ubuntu-CD.

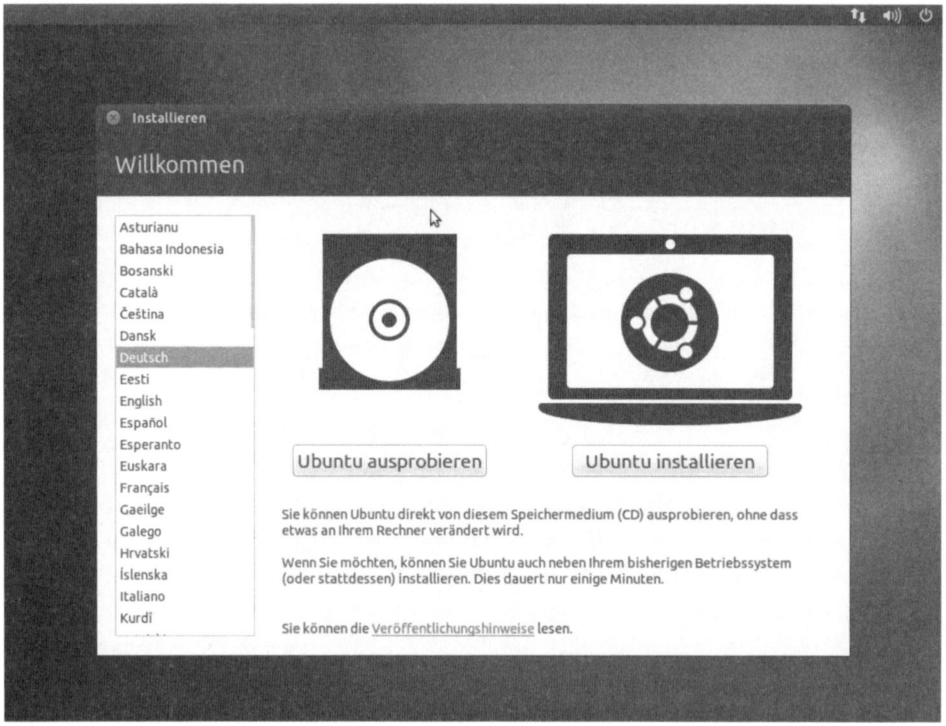

BILD 2.1 Der Startbildschirm

Wählen Sie zunächst in der Liste links die gewünschte Sprache, z. B. „Deutsch". Anstelle von „Try Ubuntu" sehen Sie nun in der linken Schaltfläche den Text „Ubuntu testen". Wenn Sie darauf klicken, startet Ubuntu als Live-CD ohne weitere Rückfragen.

Sollten Sie vergessen, vorher die Sprache zu ändern, können Sie dies auch nachholen, wenn Ubuntu Sie bereits angemeldet hat. Siehe Kapitel 3.

HINWEIS

- Mitunter kann es vorkommen, dass auf bestimmter Hardware selbst dann die Sprache in Englisch erscheint, wenn sie vorher anders eingestellt war. Ein Nachinstallieren einer anderen Sprache ist dann nicht möglich.
- Beim Einsatz einer DVD erhalten Sie etwas andere Darstellungen. Siehe Seite 271.

Die auf dem eigenen Rechner vorhandenen Festplattenpartitionen, wie z. B. die von Windows, können Sie über das Menü *Orte/Rechner* erreichen. Da unter Ubuntu ein Zugriff auf das NTFS-Dateisystem automatisch eingerichtet wird, ist problemlos ein Lesen und Schreiben der unter Windows gespeicherten Daten möglich.

Sie können damit zum Beispiel die wichtigen Daten über Ubuntu auf einem anderen Rechner im Netzwerk sichern. Vor allem dann, wenn Windows selbst nicht mehr startet, ist dies eine einfache Möglichkeit, an die Daten heranzukommen und sie entweder auf ein externes Laufwerk oder über das Netzwerk zu retten. Siehe hierzu auch Kapitel 3.6.

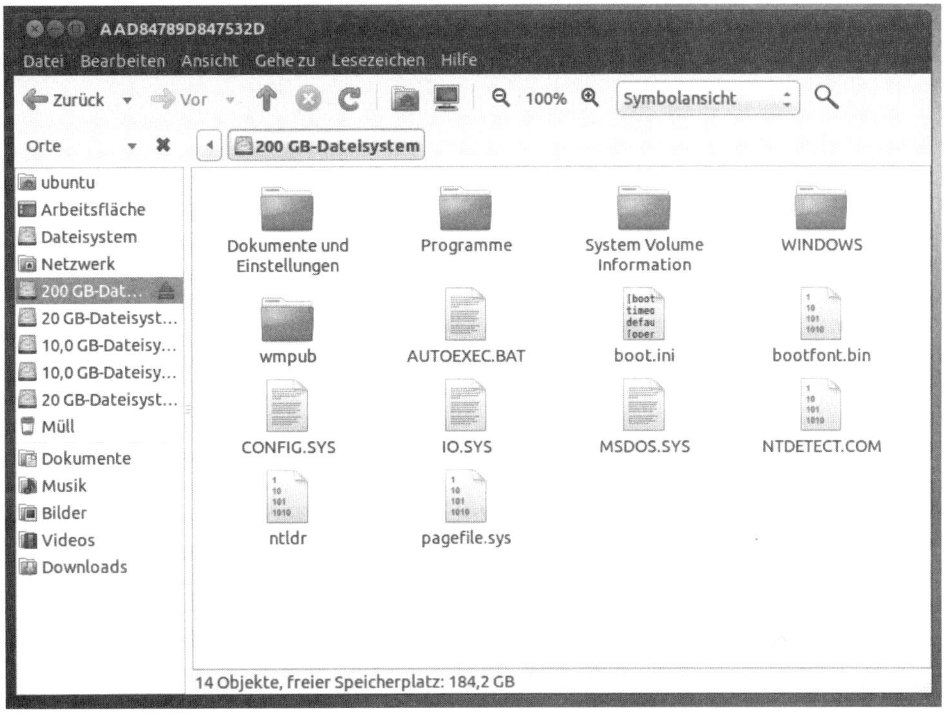

BILD 2.2 Der Inhalt einer Windows-Installation über eine Live-CD betrachtet

Ein Doppelklick auf eines der auf der linken Seite dargestellten Laufwerke bindet es ein (dies nennt man auch „mounten"), und der Dateimanager Nautilus zeigt den Inhalt an. Sie können nun lesend und schreibend darauf zugreifen. Nach einem Doppelklick auf eine Datei können Sie diese bearbeiten.

HINWEIS: Da Sie bei einer Live-CD als Benutzer `ubuntu` angemeldet sind, erhalten Sie hiermit auf Linux-Partitionen keine Schreibrechte (nur per Kommando `sudo` in einem Terminal).

Ein Zugriff auf externe USB-Datenträger (oder auch Disketten) ist problemlos möglich, da Ubuntu fast alle Dateisysteme lesen und schreiben kann. Nach dem Einstecken erscheint auf dem Desktop ein Icon, und der Datenträger ist automatisch im Schreib-Lese-Modus eingebunden! Auch hier zeigt der Dateimanager Nautilus den Inhalt nach einem Doppelklick auf das entsprechende Icon an, und Sie können eine Datei nach einem Doppelklick darauf ebenfalls bearbeiten.

HINWEIS: Bevor Sie einen eingebundenen Datenträger (wie USB-Stick, USB-Festplatte etc.) entfernen, müssen Sie mit der rechten Maustaste auf das entsprechende Icon klicken und im Menü den Eintrag *Auswerfen* wählen. Falls Sie den Inhalt mit Nautilus geöffnet haben, können Sie über das Auswurfsymbol beim Laufwerk dies ebenfalls durchführen. Warten Sie so lange, bis die Leuchtdiode am USB-Stick nicht mehr blinkt. Ansonsten kann es vorkommen, dass Dateien auf dem Datenträger beschädigt zurückbleiben. Falls noch ein Programm den Datenträger benutzt, ist kein „Auswerfen“ möglich. Die Live-CD selbst können Sie generell nicht aushängen, da sie noch gebraucht wird und deshalb blockiert ist.

Um den Live-Modus zu beenden, wählen Sie über das Menü, das Sie im Bildschirm rechts oben erreichen, den Punkt *Ausschalten*. Alle eingebundenen Laufwerke und Datenträger werden damit sauber ausgehängt. Falls keine anderen Datenträger als die Live-CD eingebunden sind, können Sie den Rechner auch einfach ausschalten oder den Reset-Knopf drücken, da das System im Hauptspeicher selbst keinen Schaden nehmen kann.

2.5 Installationsmedium erstellen

Falls Sie keine bereits gebrannte oder gepresste CD bzw. DVD zur Verfügung haben (wie zum Beispiel die diesem Buch beiliegende DVD), müssen Sie erst ein Bootmedium erstellen.

2.5.1 Eine CD oder DVD brennen

Falls Sie sich für den Download entscheiden, müssen Sie das ISO-Image erst einmal auf eine CD bzw. DVD brennen oder auf einen USB-Stick bringen. Mit einem Kopieren ist es aber nicht getan! Sie müssen Ihr Brennprogramm anweisen, ein ISO-Abbild zu brennen. Je nach Brennprogramm ist es eine Einstellung wie „Burn Image“, „ISO-Abbild erstellen“ oder Ähnliches.

Legen Sie einen Rohling mit 700 MB ein, und klicken Sie unter Windows 7 mit der rechten Maustaste auf die Image-Datei. Im Kontextmenü wählen Sie dann *Burn disc image* bzw. in Deutsch *Datenträgerabbild brennen*. Empfehlenswert ist, die kleinste mögliche Geschwindigkeit beim Brennen zu wählen, damit beim Lesen keine Lesefehler auftreten.

Der Computer sollte mit mindestens 512 MiB an Hauptspeicher ausgestattet sein, da sich sonst die Arbeit mit Ubuntu sehr zäh anfühlt. Falls die Hardware relativ alt ist (etwa älter als sechs bis acht Jahre), sollten Sie sich überlegen, Lubuntu zu installieren, das weniger Ressourcen benötigt und die Oberfläche LXDE anstelle von Gnome bietet.

Sie können über ein Live-System testen, wie die einzelnen Ubuntu-Varianten mit Ihrem Rechner zurechtkommen. Besonders auf Notebooks kann Ubuntu mitunter manche Hardware nicht erkennen, wie analoge Modems oder einige spezielle Tasten.

PRAXISTIPP: Es kann durchaus vorkommen, dass auf demselben Rechner die Ubuntu-CD für 32-Bit-Systeme einwandfrei bootet, die für 64-Bit-Systeme aber nicht; selbst dann nicht, wenn eine 64-Bit-Architektur vorhanden ist. Für manche Hardware sind spezielle Einstellungen für ein erfolgreiches Booten erforderlich. So kann die Boot-Option „`nomodeset`" bei einigen Grafikkarten nötig sein. Mitunter hilft auch ein BIOS-Update. Zu Bootproblemen siehe auch Kapitel 11. ■

Im Zusammenhang mit anderen Linux-Installationen, wie openSUSE oder Debian, kann sich ein Problem ergeben, wenn Sie dieses per Tiefschlaf verlassen haben. Dann können beim Start von Ubuntu (nicht beim Booten von einer Live-CD) die Informationen der letzten Sitzung verloren gehen, sobald es in den Auslagerungsspeicher (Swap-Partition) schreibt. Ein „normaler" Bootvorgang ist dann immer noch möglich, er dauert nur etwas länger. Eine Abhilfe wäre, für jede einzelne Installation eine eigene Swap-Partition festzulegen.

2.5.2 Einen USB-Stick vorbereiten

Viele Notebooks und die meisten Netbooks besitzen kein CD- oder DVD-Laufwerk mehr. Sie können natürlich ein externes DVD-Laufwerk über einen USB-Port anschließen. Einfacher geht eine Installation per USB-Stick mit mindestens 1 GB Größe (besser 2 GB oder mehr), der mit dem Dateisystem FAT32 versehen ist (was normalerweise Standard ist). Diese Sticks sind recht preiswert und können besser transportiert werden als eine sperrige DVD oder CD.

Unter Windows können Sie von der URL *http://www.pendrivelinux.com/downloads/Universal-USB-Installer/* das Programm `Universal-USB-Installer.exe` downloaden. Dieses Programm braucht weder installiert noch konfiguriert, sondern nur aufgerufen zu werden. Es kann eine ISO-Datei selbst vom Internet herunterladen, sogar von vielen anderen Linux-Derivaten. Wichtig ist, im 1. Schritt (Step 1) die gewünschte Version anzuwählen, damit es eine passende ISO-Datei findet, die bereits vorhanden ist.

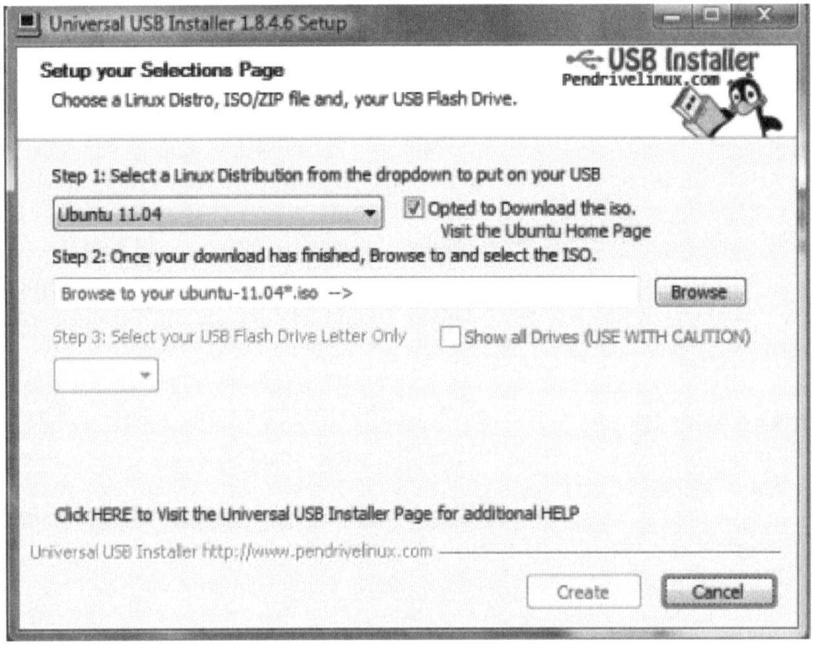

BILD 2.3 Das Programm `Universal-USB-Installer.exe`

Das Windows-Programm `usb-creator.exe` auf der Installations-CD von Ubuntu ist ebenfalls geeignet. Falls Sie bereits auf ein installiertes Ubuntu zurückgreifen können oder Ubuntu als Live-System gestartet haben, können Sie im Hauptmenü über *System / Systemverwaltung / Startmedienersteller* das erwähnte Programm starten, das sich unter Ubuntu `usb-creator-gtk` nennt. Unter KDE ist es im Menü *Anwendungen / System / Startup Disk-Creator* erreichbar. Da das Programm Root-Rechte braucht, müssen Sie für die Sudo-Umgebung Ihr Passwort eingeben.

Bevor das Schreiben der Daten erfolgen kann, müssen Sie erst die Quelle (eine Ubuntu-Installations-CD oder ein ISO-Image) und das Ziel (den richtigen USB-Stick) anklicken. Das Programm meldet vor dem Schreiben auf den Stick *Zugriff verweigert*, wenn es einige Dateien nicht löschen kann. Dann helfen ein „Formatieren“ des USB-Sticks und ein erneutes Starten. Bei eigenen Versuchen blieb jedoch das Schreiben auf den Stick hängen, wenn sich vorher Daten darauf befanden.

BILD 2.4 Das Programm `usb_creator` unter Ubuntu

In beiden Fällen können Sie sowohl eine Ubuntu-Installations-CD als auch ein ISO-Image als Quelle verwenden. Nachdem Sie die Selektion des USB-Sticks auf Richtigkeit geprüft haben, können Sie wählen, ob Sie auf ihm einen reservierten Extrabereich anlegen wollen (die Größe lässt sich über einen Schiebebalken angeben), oder Sie verzichten auf diesen Bereich, indem Sie *Beim Herunterfahren verwerfen ...* darunter anwählen.

Unter Ubuntu werden Sie einige Male nach Ihrem Passwort gefragt, da das Programm Root-Rechte für bestimmte Aktionen benötigt, wie z.B. die Erstellung des Bootmechanismus.

Sie können diesen USB-Stick beim Booten entweder als Live-System einsetzen oder damit eine Installation von Ubuntu vornehmen. Beim Einsatz als Live-System werden alle Änderungen auf dem USB-Stick gespeichert, wenn ein reservierter Extrabereich vorhanden ist. Sie sind nach dem Herunterfahren nicht verloren. Sie haben damit eine eigene Ubuntu-Installation, die Sie auf jedem Rechner benutzen können, der hierfür geeignet ist.

HINWEIS

- Bei dieser Erstellungsmethode gehen alle vorher vorhandenen Daten auf dem USB-Stick verloren!
- Falls der Bootvorgang mit dieser Installation hängen bleibt, sollten Sie einen USB-Stick ohne reservierten Bereich erstellen und es noch einmal versuchen.

Siehe auch: *http://wiki.ubuntuusers.de/live-usb*

http://wiki.ubuntuusers.de/Live-USB_-_persistente_installation

http://wiki.ubuntu-forum.de/index.php/USB-Creator

Zum Start des Systems müssen Sie im BIOS Ihres Rechners die entsprechende Einstellung wählen, die ein Booten vom USB-Anschluss zulässt. Es gibt Notebooks, die nach dem Einschalten ein spezielles Menü nach dem Drücken einer bestimmten Funktionstaste anbieten. Andere müssen erst im BIOS so umgestellt werden, dass in der Reihenfolge „USB" vor der Festplatte angezeigt wird. Ein USB-Stick muss oft zuvor eingesteckt sein!

Es kommt auch vor, dass sich die Bootreihenfolge nach einem Boot von Festplatte wieder umstellt. Wenn Sie unsicher sind, lesen Sie bitte die Bedienungsanleitung von Ihrem Netbook bzw. Notebook. Mitunter kann es auch vorkommen, dass ein Gerät das Booten über USB-Medien überhaupt nicht unterstützt.

2.6 Installation auf Festplatte

Die Installation von Ubuntu auf einer Festplatte ist kaum schwieriger als unter Windows und mit wenigen Klicks erledigt. Auch eine gestartete Live-CD bietet eine solche Option über ein entsprechendes Icon auf dem Desktop an. Das größte Problem dabei ist, ein bereits installiertes System zu behalten, wie zum Beispiel ein vorhandenes Windows.

Doch auch wenn es so kinderleicht aussieht, beachten Sie bitte folgende Warnungen:

PRAXISTIPP

- Wenn Sie Ubuntu auf einen Rechner installieren, auf dem bereits Windows oder ein anderes System installiert ist, sollten Sie vorher ein Backup zumindest der wichtigsten Daten vornehmen! Ansonsten wären bei einer Unachtsamkeit (wie bei einer Installation auf die gesamte Festplatte) alle Daten darauf unwiederbringlich verloren!
- Etliche Mainboards enthalten spezielle Bausteine zum Aufbau von RAID-Arrays. Wenn Sie auf Ihrem Rechner Windows in einem derartigen RAID-Array installiert haben, ist es sehr schwierig, Ubuntu ohne den Verlust von Windows darauf zu installieren. Sie können entweder eine zusätzliche Festplatte einbauen oder Windows ohne RAID installieren und danach Ubuntu.

2.6.1 Hardware-Voraussetzungen

Für die grafische Installation sind mindestens 384 MiB an Hauptspeicher erforderlich; für eine Installation der Server-Variante oder mit der Alternativ-CD sollten es 128 MiB sein. Zudem sollten mindestens 4,4 GiB Festplattenplatz für die Root-Partition frei verfügbar sein, was zu Testzwecken genügen kann. Mit 10 bis 12 GiB sind größere Installationen möglich. Besser sind 15 GiB und mehr. Probleme kann es mit relativ alter und auch mit sehr neuer Hardware geben.

2.6.2 Partitionen erstellen

Bevor Ubuntu installiert werden kann, muss erst der Platz auf der Festplatte vorbereitet sein. Es sei denn, Ubuntu wird nur für Diagnosezwecke im Hauptspeicher installiert, wie bei einer Live-CD. Das Installationsprogramm von Ubuntu stellt in einem Fenster ein leistungsfähiges Tool zur Verfügung, das zusätzlich auch bestehende Partitionen verkleinern kann. Von einer gestarteten Live-CD aus können Sie ebenfalls eine Partitionierung mit dem Programm `gparted` vornehmen.

Falls die gesamte Platte mit einer Windows-Partition belegt ist, müssen Sie entweder eine weitere Platte einbauen oder die vorhandene Windows-Partition verkleinern.

HINWEIS: Ein vorheriges Defragmentieren unter Windows ist empfehlenswert, wenn die Größe einer Windows-Partition geändert werden soll. ■

Weitere Informationen zur Partitionierung, zu dem Benennungsschema für Partitionen und zu Dateisystemen finden Sie in Kapitel 7. Hier in Kürze das Wichtigste, was Sie für die Installation benötigen.

Unter Linux bzw. Ubuntu gibt es keine Laufwerksbuchstaben wie unter Windows, sondern den Mount-Mechanismus. Die Verbindung zur Hardware stellen Gerätedateien dar, die unter dem Verzeichnis `/dev` abgelegt sind. Die erste Festplatte ist demnach über die Datei `/dev/sda` erreichbar und die erste primäre Partition darauf über `/dev/sda1`, die zweite über `/dev/sda2` usw. Die ersten vier Ziffern sind für primäre Partitionen reserviert, die erste logische Partition hat demnach immer die Bezeichnung `/dev/sda5`.

Falls eine zweite Festplatte eingebaut ist, wird sie über `/dev/sdb` angesprochen; die erste primäre Partition mit `/dev/sdb1` usw. Falls Sie stattdessen einen USB-Stick oder eine externe Festplatte anschließen, erhalten diese Geräte der Reihenfolge nach `/dev/sdb`, `/dev/sdc` usw. Unter Ubuntu erfolgt für die internen Festplatten eine eindeutige Benennung von Partitionen über die `UUID` (Universally Unique Identifier). Damit kann sich deren Reihenfolge ändern, ohne dass es Probleme gibt.

Mindestens eine Partition ist für die Installation zwingend notwendig. Sie wird Systempartition oder auch Root-Partition genannt, da sich dort das Root-Verzeichnis „/“ befindet.

Sie sollten auch immer eine Swap-Partition erstellen, sonst ist bei einem Speicherüberlauf kaum ein Weiterarbeiten möglich. Bei der automatischen Installation erstellt Ubuntu selbst eine derartige Partition mit einer Größe, die der Größe des Hauptspeichers entspricht.

Die wichtigsten Dateisysteme von Ubuntu

Damit auf einer Partition bzw. auf einer Diskette Daten abgelegt werden können, muss dieser Datenträger erst mit einem Dateisystem (Filesystem) versehen werden. Unter Windows spricht man vom Formatieren.

> **HINWEIS**: Der Begriff „Formatieren“ ist unter Linux und Ubuntu kaum gebräuchlich, da er, gelinde gesagt, missverständlich ist. So gibt es in Office-Anwendungen Formatvorlagen und Formatierungen, die ein Dokument in eine bestimmte Form bringen. Was dabei herauskommt, wenn ein Anwender seine Dateien durch ein Formatieren in Form bringen will, braucht wohl nicht genauer beschrieben zu werden. Deshalb wird unter Linux und in diesem Buch der Begriff „Erstellen eines Dateisystems“ bevorzugt.

Sie haben die Auswahl aus vielen Dateisystemen. Bei der Installation wählen Sie am besten das Dateisystem „ext4“, das unter Ubuntu als Standard angeboten wird.

In Zukunft wird sicherlich das Dateisystem „btrfs“ mehr Gewicht erhalten, das noch als „experimental“ gilt. Beide Dateisysteme beherrschen zudem das ATA-Trim-Kommando, das Schreibzugriffe auf SSD-Festplatten (Solid State Disks) beschleunigen kann. NTFS oder gar FAT sind ungeeignet, außer bei einer „WUBI-Installation“; siehe weiter unten.

Tipps zur Installation

Für die Homeverzeichnisse der Anwender im Verzeichnis `/home` sollten Sie eine eigene Partition benutzen; sie kann dann erhalten bleiben, falls Sie Ubuntu neu installieren sollten oder ein weiteres Linux hinzukommt. Siehe auch den Tipp in Kapitel 7.5 zur besseren Platzausnutzung. Für die Root-Partition reichen normalerweise 12 bis 15 GiB. Neben der Swap-Partition können Sie den Rest der Festplatte für das Verzeichnis `/home` einplanen. Falls Sie weitere Linux- bzw. Ubuntu-Versionen ausprobieren wollen, können Sie für jede Installation rund 12 bis 20 GiB auf der Festplatte freilassen.

In der Regel sollte die Swap-Partition mindestens so groß wie die Größe des Hauptspeichers sein. Bei Programmen, die sehr viel Speicher benötigen, wie Bildverarbeitung, Datenbanken etc., kann es vorkommen, dass viele Daten ausgelagert werden. Wenn Sie sichergehen wollen, dass in jedem Fall dann auch noch Ubuntu im Tiefschlaf („Suspend to disk“) verlassen werden kann, sollten Sie die Swap-Partition auch größer planen. Auf der sicheren Seite sind Sie, wenn die Swap-Partition doppelt so groß ist wie der Hauptspeicher.

Eine Installation von Ubuntu ist auch über mehrere Festplatten möglich. So können Sie die Root-Partition auf der einen Festplatte anlegen und die Home-Partition auf der anderen Platte. Wenn Sie zwei Festplatten haben, empfiehlt es sich aus Geschwindigkeitsgründen, zumindest die Swap-Partition nicht auf der gleichen Platte abzulegen, auf der sich die Root-Partition befindet.

Ein weiteres wichtiges Verzeichnis ist `/etc`. Hier sind die Dateien abgelegt, die das System konfigurieren und die für die Anmeldung der Benutzer erforderlich sind. Alle Einstellungen werden in Dateien abgelegt. Eine Art „Registry“ wie unter Windows gibt es nicht. Das Verzeichnis `/etc` ist immer in der Root-Partition abgelegt, da es beim Booten sehr wichtig ist. Die

Konfigurationsdateien unter `/etc` einer alten Linux-Installation sollten Sie vor einem Update oder einer Neuinstallation sichern, damit Sie bei Bedarf auf bewährte Einstellungen zurückgreifen können.

2.6.3 Die eigentliche Installation

Am einfachsten ist eine Installation, wenn Sie die gesamte Festplatte benutzen können und keine Rücksicht auf bereits installierte Betriebssysteme zu nehmen brauchen. Die Installationsroutinen richten dabei automatisch eine Partition für das Root-Verzeichnis und eine für die Auslagerungspartition ein, auch Swap-Partition genannt.

PRAXISTIPP: Eventuell bereits auf der Festplatte installierte Betriebssysteme gehen dabei verloren!

Wenn schon Windows auf dem Rechner vorhanden (und auch bezahlt) ist, wollen viele Anwender es verständlicherweise auch behalten. Es gibt Windows-Software, die unter Ubuntu nicht lauffähig ist, sodass ein bereits vorhandenes Windows durchaus seine Berechtigung hat. Oft wollen Anwender Ubuntu erst einmal ausprobieren und sich die Option offenhalten, nach Windows zurückzukehren.

Auf vielen Rechnern belegt Windows die gesamte Festplatte. Eine Installation von Ubuntu ist daher nur entweder auf einer zweiten Festplatte oder nach der Verkleinerung einer bestehenden Windows-Partition möglich, die der Ubuntu-Installer vom Installationsmedium aus vornehmen kann. Vorher sollten Sie unter Windows eine Defragmentierung des zu verkleinernden Laufwerks durchführen und für alle Fälle wichtige Daten sichern!

Legen Sie nun die Installations-CD ein und booten Sie davon. Stellen Sie, wie bereits erwähnt, die gewünschte Sprache auf „Deutsch" und klicken Sie auf das Icon UBUNTU INSTALLIEREN. Sie erhalten erst einmal eine Zusammenfassung darüber, was für die Installation nötig ist. Hier können Sie bereits auswählen, ob Sie die Aktualisierungen während der Installation herunterladen wollen und ob Sie Software von Drittanbietern wünschen, wie den MP3-Player von Fluendo:

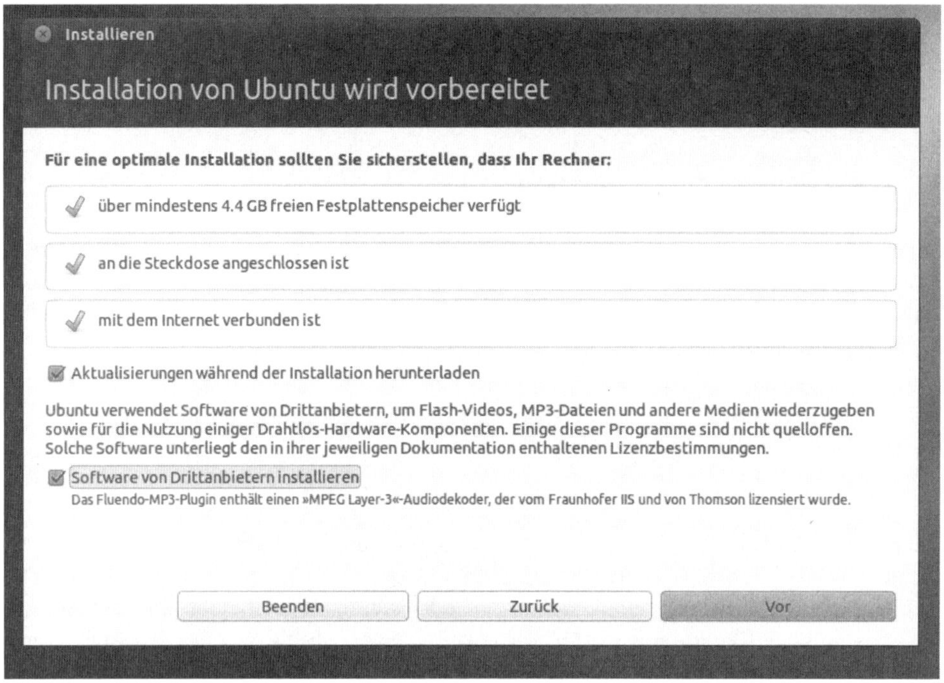

BILD 2.5 Vorbereitung der Installation

> **PRAXISTIPP**: Falls auf Ihrem Rechner mehrere weitere Betriebssysteme installiert sein sollten, müssen Sie viel Geduld mitbringen. Ubuntu scheint sie sehr gründlich zu analysieren, sodass es etliche Minuten dauern kann, bis Sie das nächste Menü erhalten.

Nun haben Sie die Wahl, die gesamte Festplatte für Ubuntu zu verwenden, Ubuntu neben dem bereits vorhandenen System zu installieren oder eine eigene Aufteilung einzurichten. Den letzten Punkt können Sie immer dann anwählen, wenn sich bereits mindestens ein anderes Betriebssystem auf der Platte befindet und Sie die Kontrolle über die Partitionierung behalten wollen:

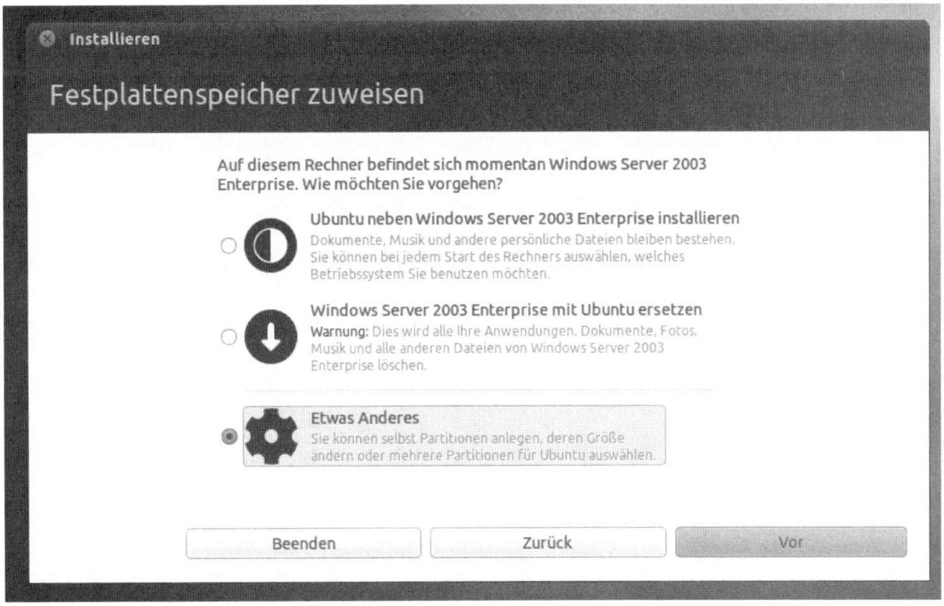

BILD 2.6 Eine eigene Festplatten-Aufteilung wählen

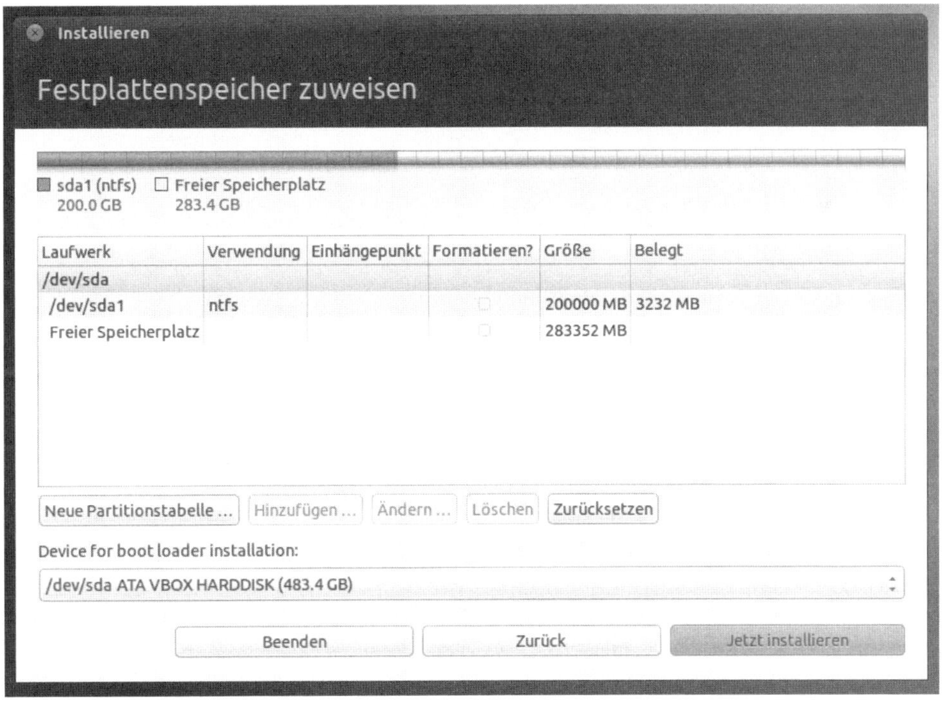

BILD 2.7 Festplattenspeicher zuweisen

Klicken Sie in die Zeile „Freier Speicherplatz“, falls auf der Festplatte noch ein nicht partitionierter Platz vorhanden ist. Gibt es noch keine Partitionen, müssen Sie über *Neue Partitionstabelle* erst einen leeren MBR erstellen. Falls die gesamte Festplatte belegt ist, wie dies meist unter Windows der Fall ist, können Sie über den Punkt *Ändern* die Größe einer vorhandenen Partition ändern, nachdem Sie diese ausgewählt haben. Windows ruft dann beim nächsten Start das Programm `chkdsk` auf.

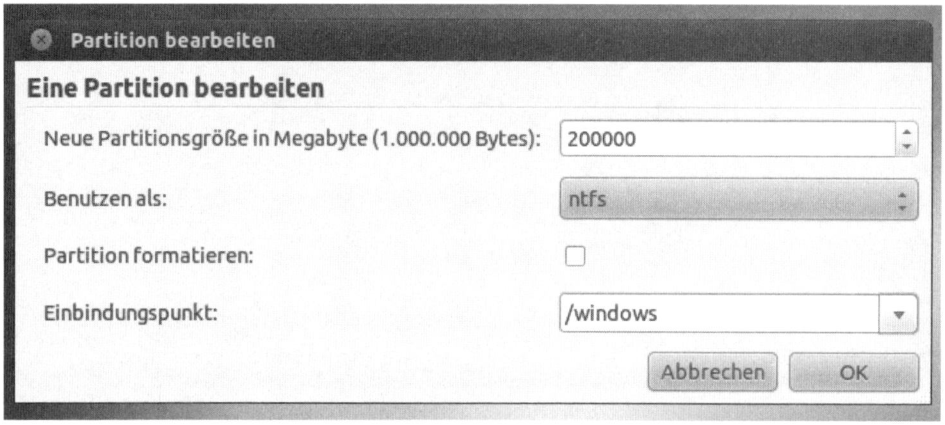

BILD 2.8 Eine Windows-Partition verkleinern

Falls es sich um eine Windows-Partition handelt, sollten Sie vorher unter Windows eine Defragmentierung durchführen. Damit können Sie eine Windows-Partition dauerhaft unter Ubuntu einbinden, sodass sie bei jedem Bootvorgang gemountet ist. Sie dürfen nur nicht das Kästchen für *Partition formatieren* anwählen!

PRAXISTIPP: Etliche Notebooks und Netbooks, wie zum Beispiel diejenigen von Lenovo Thinkpad (früher IBM Thinkpad), benötigen einen besonderen Code im MBR. Beim Einrichten des Bootmanagers sollte daher der MBR nicht beschrieben werden. Wählen Sie dann nicht die Standardeinstellung, wie z. B. `/dev/sda`. Stattdessen sollten Sie den Bootvorgang über den Boot-Sektor einer primären Ubuntu-Partition bzw. die erweiterte Partition einstellen, die Sie über die Liste unter *Device für boot loader installation* angeben können! Benutzen Sie hierfür aber nie die Windows-Partition, die den Startmechanismus von Windows enthält! Windows startet sonst nicht mehr. ■

Klicken Sie in die Zeile *Freier Speicherplatz* und wählen Sie *Hinzufügen*. Damit erstellen Sie in dem leeren Bereich eine neue Partition mit der angegebenen Größe. Sie sollten zunächst eine Swap-Partition angeben. Am Anfang einer Festplatte ist die Übertragungsrate höher. Hierfür ist in der Liste unter *Benutzen als* der Eintrag *Auslagerungsspeicher* zu wählen:

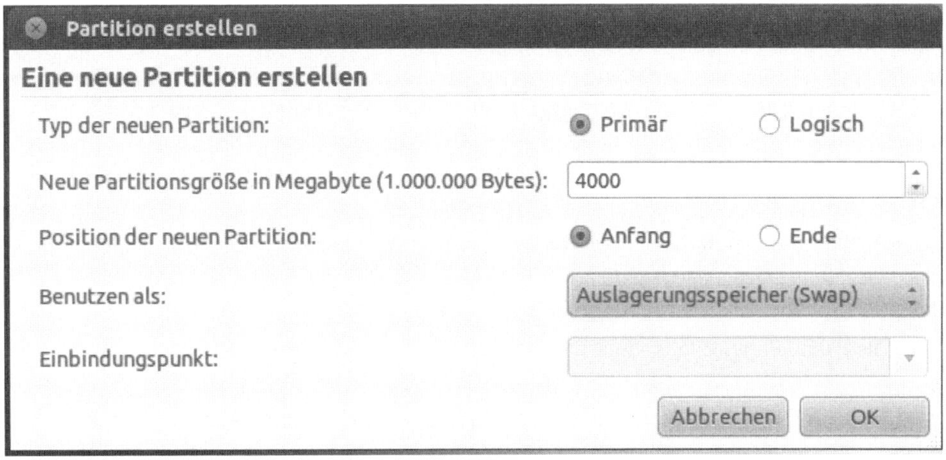

BILD 2.9 Eine Swap-Partition hinzufügen

HINWEIS: Sie erhalten eine Warnung, wenn Sie keine Swap-Partition erstellen oder zuweisen. Eine Installation ist dann zwar möglich, aber nicht zu empfehlen!

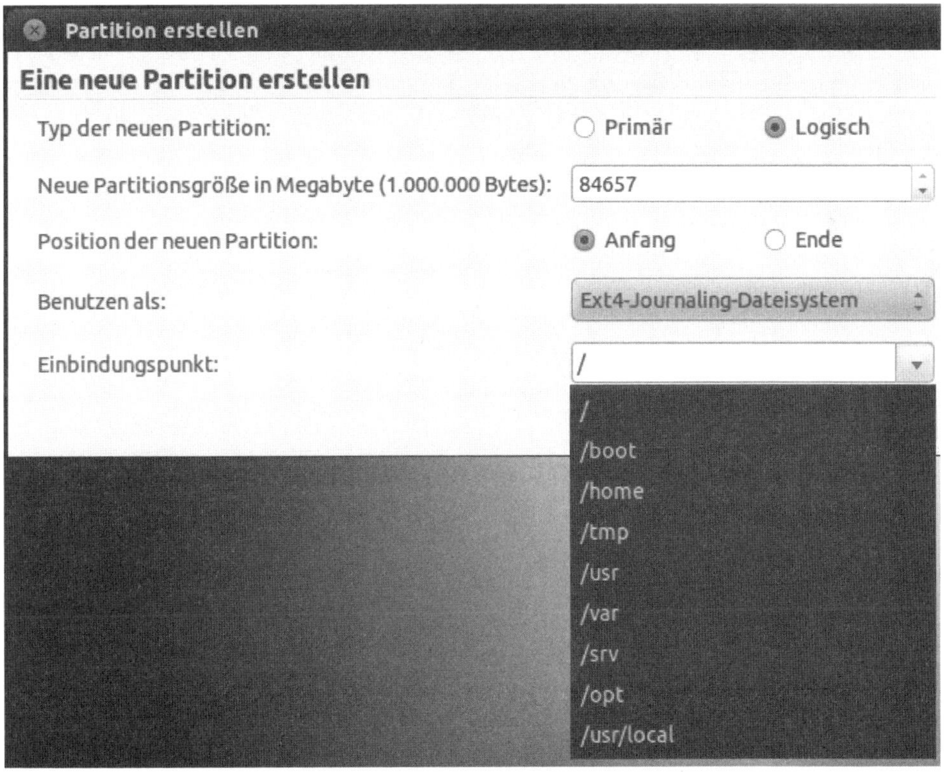

BILD 2.10 Eine neue Root-Partition hinzufügen

Als Dateisystem können Sie den Standardeintrag *ext4* behalten. Wählen Sie darunter aus der Liste für den Einbindungspunkt den Eintrag „/“ aus, also das Wurzelverzeichnis. Ohne Wurzelverzeichnis ist keine Installation möglich. Falls Sie Ubuntu auf weitere Partitionen aufteilen wollen, können Sie dies nun einrichten. Weitere Informationen hierüber finden Sie in Kapitel 7.

Falls Sie schon einmal eine Installation von Linux oder Ubuntu auf dem Rechner durchgeführt haben, kann bereits unter Ihrem Namen ein Home-Verzeichnis vorhanden sein. Diese sollten Sie aber hier nicht einbinden! Hier können sich noch alte Skripte und Konfigurationen befinden, die für das aktuelle Ubuntu nicht mehr passen. Richten Sie besser keine neue Home-Partition ein und lesen Sie den Tipp in Kapitel 13.

Sind die Partitionen fertig eingerichtet, wählen Sie die Schaltfläche *Jetzt installieren*.

PRAXISTIPP: Bis hierher können Sie jederzeit noch die Installation abbrechen, ohne dass es einen Schreibvorgang auf der Festplatte gab. Sobald Sie die Installation über *Jetzt installieren* anstoßen, werden alle gewählten Aktionen durchgeführt, also auch eventuell Partitionen gelöscht oder überschrieben!

Während Sie nun die Zeitzone, die Tastaturbelegung und Ihren Namen mit Passwort eingeben, läuft im Hintergrund bereits die Installation.

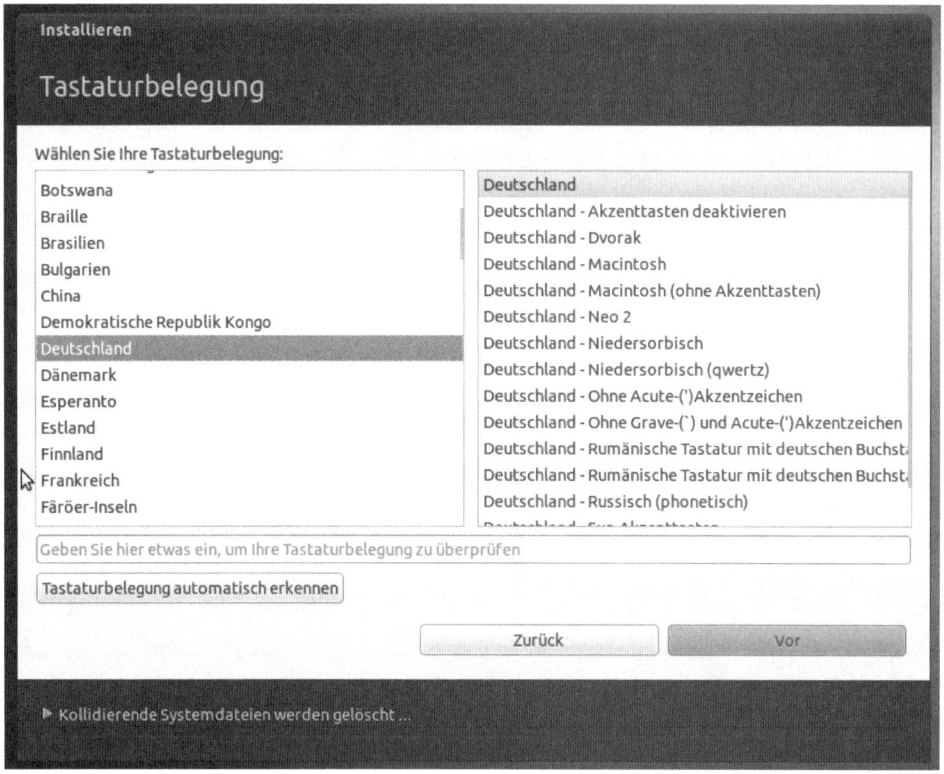

BILD 2.11 Die Tastaturbelegung

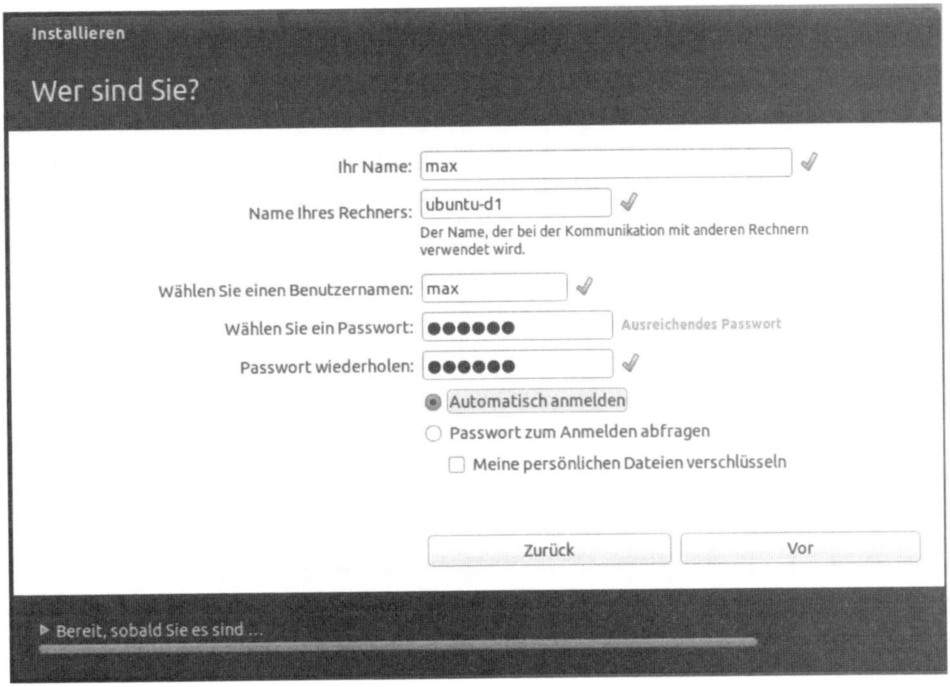

BILD 2.12 Eingabe von Name und Passwort

Hier können Sie auch angeben, ob Sie automatisch angemeldet werden wollen. Auf einem Rechner, der in einem verschließbaren Raum untergebracht ist, kann dies eine Erleichterung darstellen. Auf einem mobilen Rechner sollten Sie dies jedoch nicht anwählen. Dort ist es ratsam, die persönlichen Daten verschlüsseln zu lassen.

PRAXISTIPP: Falls Sie Ubuntu auf einem Notebook bzw. Netbook installieren, sollten Sie eine Verschlüsselung der persönlichen Daten (vom Home-Verzeichnis) wählen. Wie schnell kann ein derartiges Gerät verloren gehen oder gestohlen werden. Eine automatische Anmeldung ist dann jedoch nicht mehr möglich, da mit der Anmeldung auch die Verschlüsselung aktiv wird. Das Passwort darf nicht zu erraten sein, da sonst die beste Verschlüsselung wertlos ist. Siehe hierzu Kapitel 12. ■

Falls Sie eine Windows-Partition eingebunden haben, können Sie nun die Einstellungen eines dortigen Benutzer-Accounts importieren.

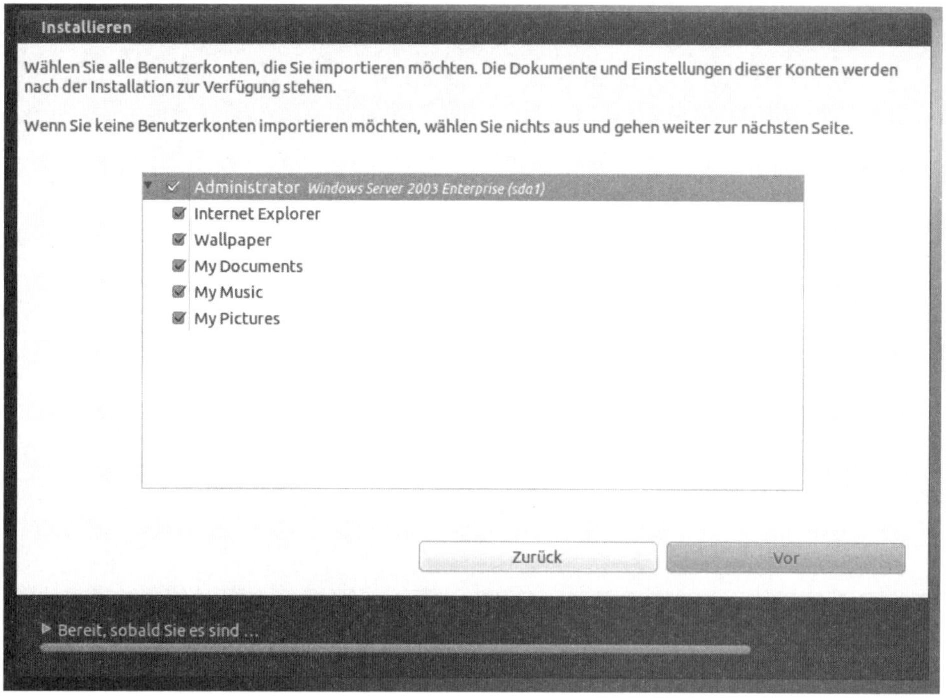

BILD 2.13 Import von Benutzereinstellungen aus Windows

Zum Schluss müssen Sie nur einmal den Rechner neu starten. Danach wird Ubuntu nicht mehr aus einer RAM-Disk, sondern von Festplatte ausgeführt.

Wenn Sie bisher mit Windows gearbeitet haben, sind Sie es gewohnt, dass auf der Festplatte fast immer Aktivität herrscht, vor allem nach dem Hochfahren des Systems. Nicht nur, dass der Virenscanner seine Daten holt und Windows-Updates einspielt, auch das Defragmentierungstool werkelt fast immer dann, wenn sonst nichts arbeitet. Unter Ubuntu werden Sie nach den sanften Begrüßungsklängen der Buschtrommeln vor allem eines bemerken: Ruhe.

HINWEIS: Sie können Ubuntu auch über die textbasierte Installation (*Alternate Installation*) installieren. Diese bietet fortgeschrittenen Anwendern einige weitere Einstellungen. Sie benötigen hierzu die separate „Alternate-CD" oder eine Unbuntu-DVD. Da diese Installation weitgehend der Server-Installation gleicht, sei hierzu auf Kapitel 14 verwiesen.

2.6.4 Ubuntu als Windows-basierte Installation („WUBI")

Wenn Sie an Ihrem Computer so wenig wie möglich verändern wollen, eine Live-CD aber nicht infrage kommt, gibt es auch die Windows-basierte Installation „WUBI" (Windows Based Ubuntu Installer). Dabei erfolgt eine Installation in ein vorhandenes Windows. Dies hat den

Vorteil, dass die Installation sehr einfach ist, hat aber auch den Nachteil, dass Ubuntu quasi als Windows-Programm startet. Eine Installation in einer eigenen Partition kann dies auf Dauer nicht ersetzen.

Diese Installationsart können Sie verwenden, indem Sie die Installations-CD einlegen und das Programm `wubi.exe` über den nun erscheinenden Dialog oder über den Windows-Explorer starten. Entfernen können Sie die Installation wieder über die Systemsteuerung. Da eine derartige Installation nicht für den professionellen Einsatz geeignet ist, wird hier nicht näher darauf eingegangen.

PRAXISTIPP: Vergessen Sie nicht, nach der Installation die Aktualisierungsverwaltung zu aktivieren, falls Sie automatisch die verfügbaren Updates installiert haben wollen. Siehe hierzu Kapitel 9.

3 Die grafische Oberfläche

Unter Ubuntu haben Sie eine reichhaltige Auswahl an grafischen Oberflächen. Während unter Windows die Oberfläche immer dieselbe bleibt, auch wenn Sie deren Aussehen ändern, gibt es unter Ubuntu grundsätzlich unterschiedliche grafische Oberflächen. Manche bezeichnen dies als „Wildwuchs", andere freuen sich darüber. So kann jeder Anwender die Oberfläche wählen, die ihm zusagt bzw. die eine eventuell schwächere Hardware verträgt.

Dieses Kapitel will Ihnen einen Überblick über die grafische Oberfläche von Gnome bieten und wie Sie die wichtigsten Einstellungen daran vornehmen können.

Die grafische Oberfläche ist dazu da, das System für den Anwender einfach bedienbar zu machen, indem es Menüs und Benachrichtigungen anbietet und die Anwendungen in Fenstern ablaufen lässt. Dabei ist sie nur für das Aussehen der Fenster, Menüs etc. verantwortlich, aber nicht für den Ablauf der Programme selbst. So wird ein Programm wie der Firefox immer gleich funktionieren, egal ob er unter Gnome, KDE oder einer anderen Oberfläche gestartet ist.

Standard unter Ubuntu war bis zur Version 10.10 Gnome, das wie LXDE und XFCE auf dem „Gimp Toolkit" (GTK) aufbaut. Im Gegensatz hierzu basiert KDE auf den „QT-Bibliotkeken". Unity war bereits in der Version Ubuntu 10.10 für Netbooks dabei.

Unter Ubuntu 11.04 können Sie aus drei Sitzungsarten („Sessions") wählen:

- Unity als Standard
- die bisherige Desktop-Oberfläche Gnome und das Gnome-Panel in 3D
- Gnome in 2D ohne weitere Effekte

HINWEIS: „3D" bedeutet nicht, dass es eine 3D-Darstellung gibt. Es bezieht sich auf die 3D-Hardware-Beschleunigung der Grafikkarte.

3.1 Unity

Nach den großen Erfolgen der Apple-Geräte iPhone und iPad ist eine Steuerung über Fingerbewegungen und Gesten sehr modern. Ubuntu bietet mit Unity eine Entwicklung, die nicht nur für berührungsempfindliche Bildschirme geeignet ist. Es ist nun die Standardoberfläche in Ubuntu 11.04, kommt aber an die einfache und intuitive Bedienung von Smart-Phones etc. noch nicht ganz heran. Es ähnelt der Oberfläche, die für Gnome 3.0 geplant ist.

Unity stellt die höchsten Anforderungen an die Hardware. Es müssen mindestens ein Prozessor mit 1,66 GHz und 1 GiB Hauptspeicher vorhanden sowie die 3D-Beschleunigung eingerichtet sein. Eine Ausnahme bildet die Version für ARM-Prozessoren, die keine freien 3D-Treiber in der Standardinstallation enthält. Hier ist keine 3D-Beschleunigung erforderlich.

Siehe *https://wiki.ubuntu.com/DesktopExperienceTeam/UnityHardwareRequirements*

Ubuntu 10.10 brachte schon die erste Version von Unity in der Netbook-Edition mit. Wenn aber die Hardware-Voraussetzungen nicht erfüllt waren, scheiterte eine Bedienung von Unity. In Ubuntu 11.04 gibt es nun für diesen Fall einen Hinweis, dass die klassische Desktop-Version in diesem Fall zu benutzen ist:

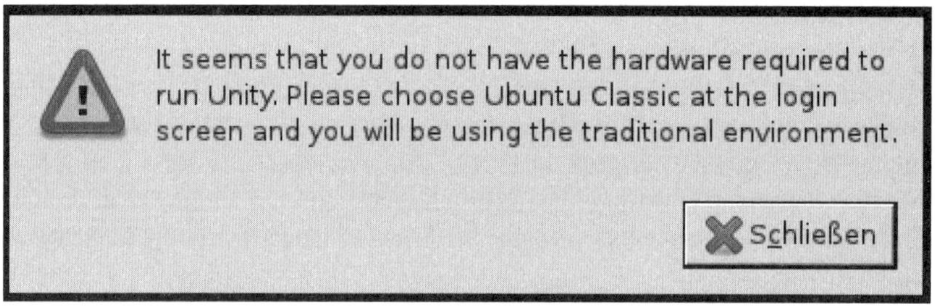

BILD 3.1 Die Warnung, wenn die Hardware-Ressourcen nicht ausreichen

Bei Unity brauchen Sie keine Doppelklicks. Öffnet sich ein Fenster, dann erst in der vollen Größe, die Sie durch Klick auf den Maximieren-Knopf in der Titelleiste links verkleinern können. Es ermöglicht Multitouch, also eine Bedienung durch Gesten. Dafür ist ein berührungsempfindlicher Bildschirm oder mindestens ein Touchpad erforderlich. Viele Touchpads sind jedoch nur für die Erkennung von einem Finger ausgelegt, sodass etliche Gesten damit nicht umsetzbar sind.

Multitouch ist direkt in den XServer X.Org implementiert über das modifizierte XInput-Protokoll mit Version XInput 2.1. Auch das QT-Toolkit enthält eine Vorabversion für den Support von Multitouch.

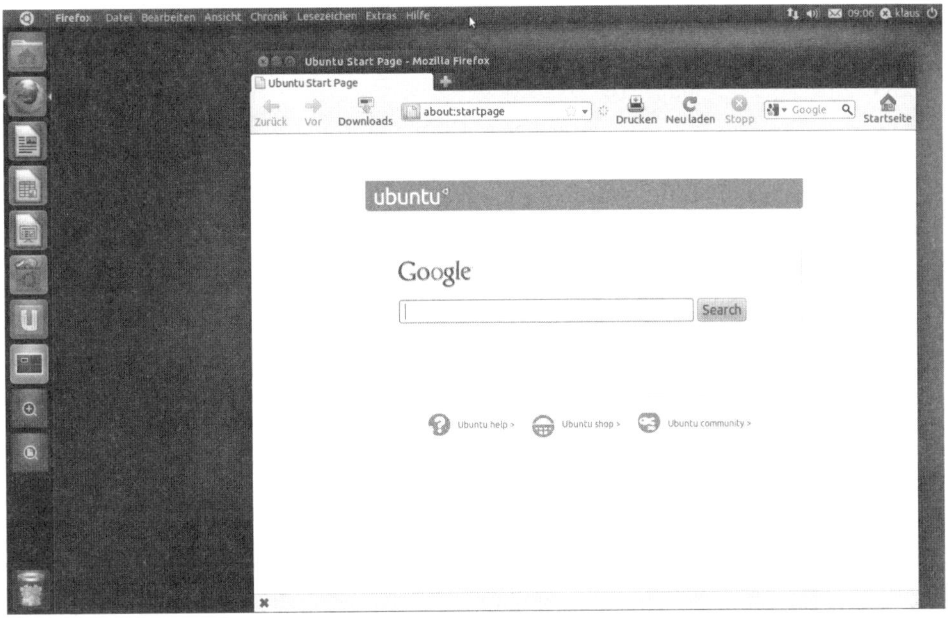

BILD 3.2 Die Oberfläche Unity mit gestartetem Firefox

- Am linken Rand gibt es die Schnellstartleiste mit Icons für die wichtigsten Anwendungen. Mit jedem neu gestarteten Programm kommt ein weiteres Icon hinzu. Das Icon für das gerade aktive Fenster ist durch Dreiecke gekennzeichnet. Ganz unten befindet sich immer der Mülleimer. Wenn Sie andere Icons als die voreingestellten permanent angezeigt haben wollen, können Sie dies durch das Kontextmenü erreichen, das nach dem Klick mit der rechten Maustaste auf ein Icon erscheint:

BILD 3.3 Das Kontextmenü eines Icons

Die Auswahl weiterer Programme können Sie entweder über das Ubuntu-Logo oben links oder über das drittletzte Icon von unten in dem dann angezeigten Dashboard (oder „Dash") vornehmen. Zu beachten ist, dass die Menüleiste vieler Programme erst dann in der oberen Systemleiste erscheint, wenn Sie das Fenster von dem Programm selektieren und die Maus in diese Leiste bewegen, wie dies in Bild 3.3 zu erkennen ist. Ferner erscheinen die meisten neu gestarteten Programme erst im Vollbild-Modus.

Die Systemprogramme erhalten Sie, wenn Sie oben rechts über das Menü den Eintrag *System* wählen. Hier können Sie auch weitere Programmgruppen angeben.

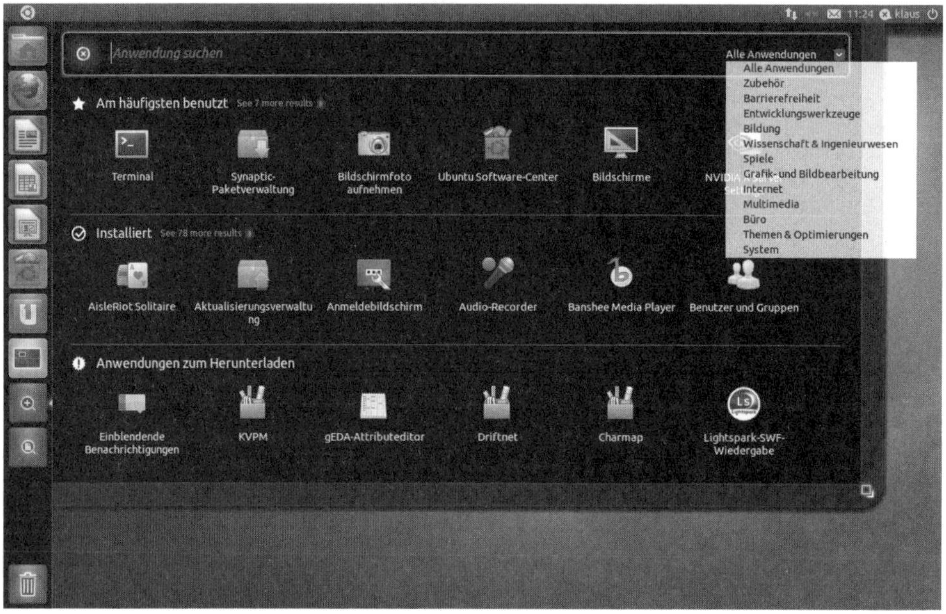

BILD 3.4 Die Auswahl weiterer Programmgruppen

Geben Sie einen Text ein an der Stelle *Anwendungen suchen*, können Sie nach dieser Anwendung suchen. Die Icon-Leiste links verschwindet, wenn ein Fenster einer Anwendung sie berührt. Bewegen Sie die Maus an den linken Rand, erscheint sie wieder. Die Einträge in der Systemleiste am oberen Bildschirmrand sind für eine Bedienung mit Fingern schlecht geeignet, da die Schaltflächen sehr klein sind. Dies gilt für den Netzwerk-Manager, den Lautstärkeregler, den Kalender und die Fläche für Mail, Chat und die An- und Abmeldung.

Da Unity hauptsächlich für Netbooks bzw. berührungsempfindliche Bildschirme geplant ist und sehr hohe Anforderungen an die Grafik stellt, ist es für einen professionellen Einsatz kaum geeignet. Hier ist in der Regel nur eine einfache Grafik vorhanden, die für Büroanwendungen bis zum Abspielen von Videos ausreicht.

Unterschiedlich zu Gnome ist im Wesentlichen nur, auf welche Art Sie die zu startenden Programme auswählen. Die Programme selbst und deren Bedienung bleiben gleich. Deshalb wird in diesem Buch nicht weiter auf Unity eingegangen.

3.2 Gnome

Die grafische Oberfläche Gnome war bis zur Version 10.10 die Standardoberfläche von Ubuntu. Sie ist es noch für viele weitere Linux-Distributionen. Gnome wurde bereits 1997 von Miguel de Icaza und Federico Mena gestartet. Es baut auf GTK („Gimp Toolkit") auf und erhebt den Anspruch, eine einfache Bedienung des Betriebssystems zu ermöglichen.

Die Oberfläche Gnome besteht aus:

- einer Leiste („Panel“) mit dem Startmenü am oberen Bildschirmrand;
- der Arbeitsfläche darunter mit der Möglichkeit, Dateien, Verzeichnisse oder eingebundene Geräte als Icons abzulegen. Hier können Sie ein Hintergrundbild anzeigen lassen;
- einer Leiste (der Taskleiste) am unteren Bildschirmrand mit einem Knopf zum Verbergen aller Fenster, für die Anzeige der gestarteten Programme, mit dem Arbeitsflächenumschalter und dem Papierkorb ganz rechts.

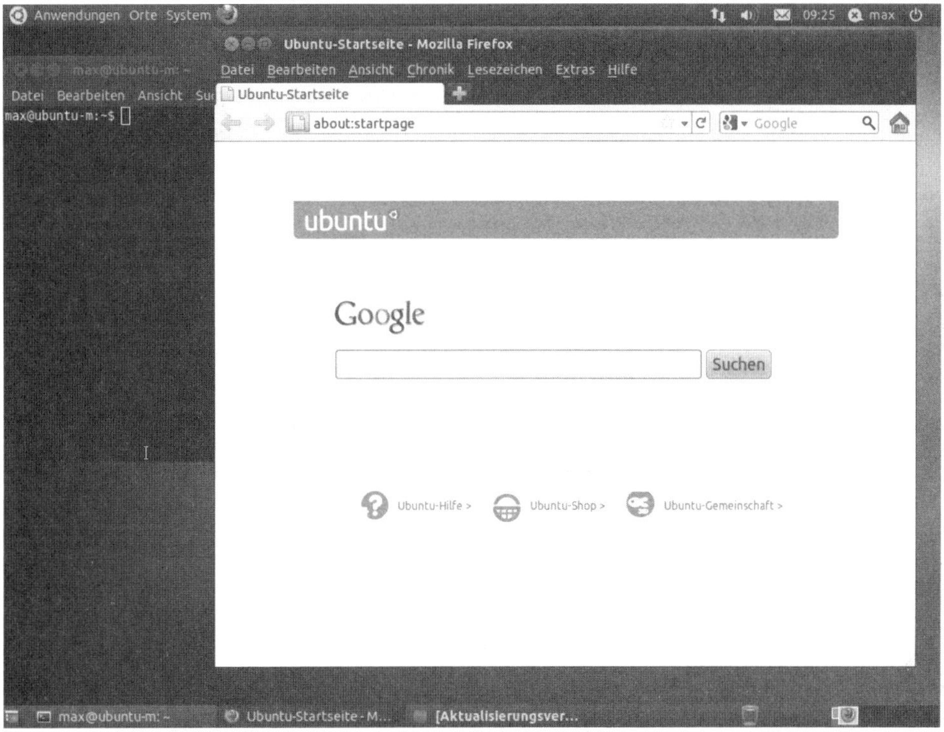

BILD 3.5 Die Grafik-Oberfläche Gnome mit gestarteten Programmen

In dem oberen Panel sind links die Menüs zum Start vieler installierter Programme untergebracht; aufgeteilt in *Anwendungen* und *System*. Zudem können Sie unter *Orte* die Dateien und Verzeichnisse auf dem lokalen Rechner und im Netzwerk aufrufen und bearbeiten, falls diese erreichbar sind.

Daneben finden Sie einen Bereich für den schnellen Start von wichtigen Anwendungen. Ein Icon vom Webbrowser Firefox ist dort bereits vorhanden. Sie können dort weitere Icons platzieren, indem Sie im Menü eine Anwendung aussuchen, mit der rechten Maustaste darauf klicken und aus dem Menü die gewünschte Aktion aussuchen, wie ein Icon zum Panel oder zur Arbeitsfläche hinzufügen oder das gesamte Menü als Schublade oder Menü einbinden:

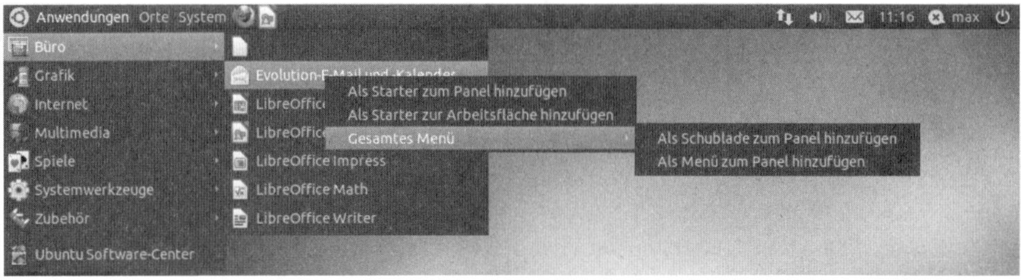

BILD 3.6 Ein Schnellstartsymbol einfügen

Auf der rechten Seite des oberen Panels schließt sich das Benachrichtigungsfeld an. Normalerweise sind hier nur die Symbole für den Netzwerk-Manager, für Mail und Chat sowie die Uhrzeit, der Lautstärkeregler und der Name des angemeldeten Benutzers sichtbar. Ganz rechts befindet sich der Knopf für das Abmelde-Menü, der rot eingefärbt ist, wenn nach einem Update ein Neustart fällig ist. Siehe hierzu auch Kapitel 3.5.

Weitere Informationen zu Gnome finden Sie unter anderem auf folgenden Webseiten:

http://wiki.ubuntuusers.de/GNOME

http://wiki.ubuntuusers.de/GNOME_Grundlagen

http://wiki.ubuntuusers.de/GNOME_Panel

3.3 Weitere Grafiksysteme

Unter Linux und Ubuntu gibt es viele unterschiedliche Programme für einen Zweck, die unterschiedliche Anforderungen und fast jeden Geschmack bedienen können. Besonders hervorzuheben ist das Grafiksystem KDE, das erheblich mehr Einstellungsmöglichkeiten bietet als Gnome.

Für etwas weniger gut ausgestattete Hardware gibt es die Grafiksysteme LXDE und XFCE. Für die genannten Systeme stehen extra Installations-CDs bereit, die bereits nach der Installation die gewünschte Grafik-Oberfläche zur Verfügung stellen. Wenn Sie schon Ubuntu installiert haben und eine weitere Grafik-Oberfläche testen wollen, können Sie diese recht einfach nachinstallieren. Lesen Sie hierzu Kapitel 9.4.1.

Sie können eine andere Grafik-Oberfläche starten, indem Sie sich abmelden und im Anmelde-Manager eine andere Session wählen, wie dies im Folgenden beschrieben ist.

■ 3.4 Die Grafiktreiber von ATI und Nvidia

Die Eigenschaften der Grafikkarten von den Firmen ATI und Nvidia können Sie nur dann voll ausnutzen, wenn Sie über *System / Systemverwaltung / Hardware-Treiber* die vom Hersteller der Grafikkarte bereitgestellten Treiber installieren. Beim ersten Start von Ubuntu werden Sie darauf hingewiesen.

BILD 3.7 Zusätzliche Grafiktreiber

Nach einem Klick auf *Aktivieren* startet die Installation. Die 3D-Effekte sind zwar recht amüsant, brauchen aber sehr viel Rechenpower und weitere Hardware-Ressourcen. Sie sind die Grundlage für die Oberfläche Unity. Bei Problemen sollten Sie diese wie im Folgenden beschrieben abschalten und auf die klassische Oberfläche ausweichen. Auch ohne diese Treiber reicht in der Regel die Grafikleistung selbst für das Abspielen von Videos aus.

3.5 An- und Abmelden

Bevor ein Benutzer mit Ubuntu arbeiten kann, muss er sich erst anmelden. Nur wenn eine automatische Anmeldung eingetragen ist, sieht der Benutzer keinen Anmelde-Bildschirm und ist direkt nach dem Booten angemeldet. Dies ist jedoch nur für einen Anwender möglich.

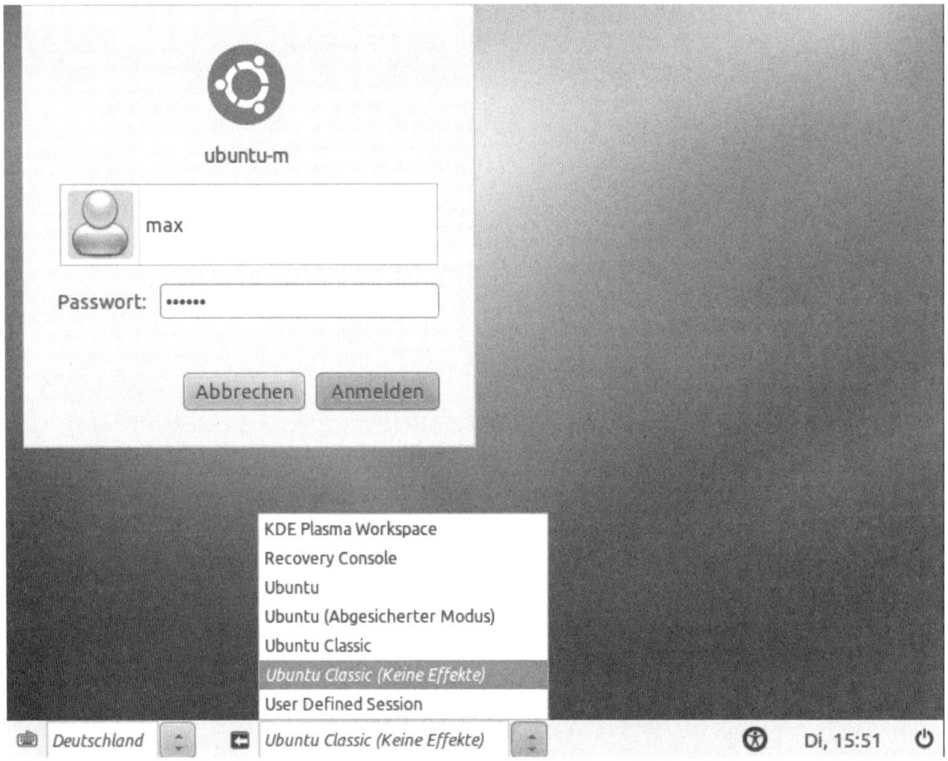

BILD 3.8 Der Display-Manager GDM von Gnome mit geöffnetem Sitzungsmenü

Im Bild 3.8 sehen Sie im Sitzungsmenü eine zusätzliche Auswahlmöglichkeit für die Grafik-Oberfläche KDE, die ein Anwender bei der Anmeldung angeben kann. Sie muss natürlich vorher installiert sein. So kann der eine Anwender unter Gnome arbeiten, ein anderer unter KDE usw. Die Auswahl merkt sich das System für die nächste Anmeldung separat für jeden einzelnen Benutzer.

Zusätzlich sind links davon Einstellungen für die Sprache und die Tastaturbelegung möglich. Sie können allerdings nur aus den Sprachen wählen, die bereits installiert sind. Rechts daneben gibt es eine Auswahl von Einstellungen für Barrierefreiheit. Weitere Einträge können Sie auch bei Bedarf nach der Anmeldung unter *System / Einstellungen / Hilfstechnologien* durchführen. Siehe Seite 48.

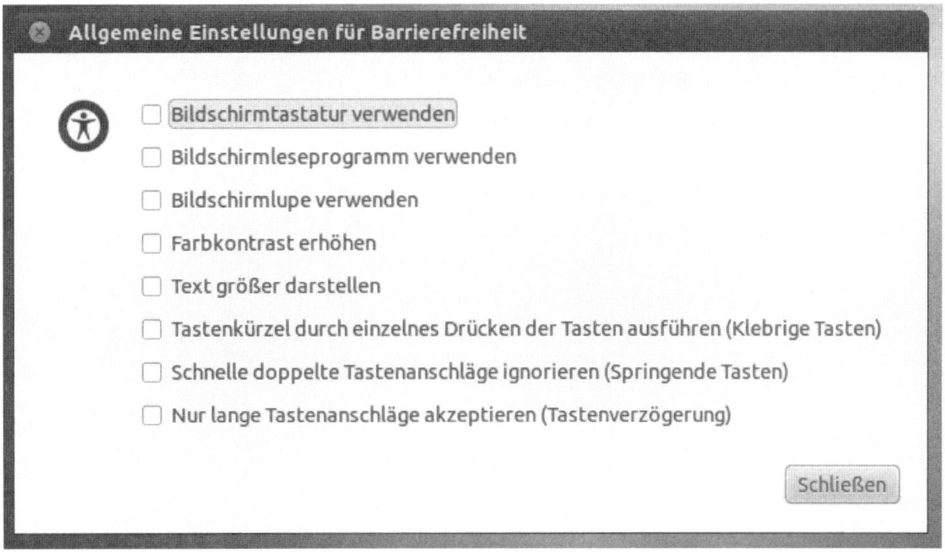

BILD 3.9 Einstellungen für Barrierefreiheit im Anmelde-Manager

Ganz rechts unten können Sie direkt das System herunterfahren oder neu starten. Sobald Sie angemeldet sind, können Sie sich über das Menü hinter dem Abmeldeknopf rechts im oberen Panel abmelden.

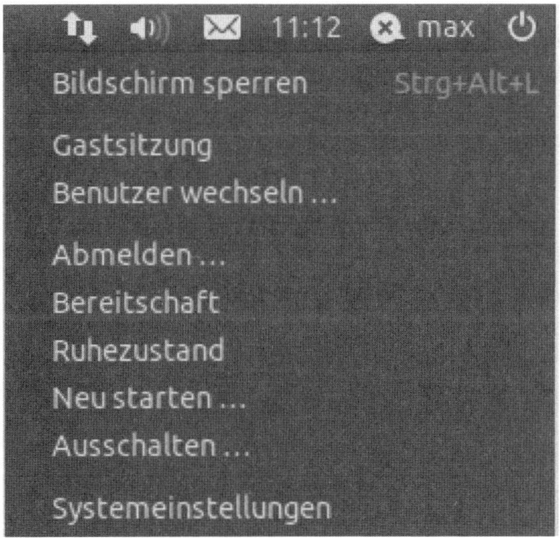

BILD 3.10 Das Menü unter dem Ausschaltknopf rechts oben

Bildschirm sperren deaktiviert den Bildschirm für Eingaben, wenn Sie für einige Zeit den Raum verlassen, damit kein anderer unter Ihrer Kennung weiter arbeiten kann. Zum Entsperren ist die Eingabe des Passworts erforderlich.

Gastsitzung öffnet eine Sitzung mit dem temporären Benutzer-Account `guest`. Jeder, der sich damit anmeldet, erhält damit so gut wie keine Rechte. Alle erstellten Dateien und das Homeverzeichnis sind nach dem Abmelden verloren!

Benutzer wechseln meldet Sie unter der Kennung eines anderen Benutzers an. Ihre aktuelle Sitzung bleibt dabei erhalten.

Abmelden beendet Ihre Sitzung; Sie kommen wieder zum Anmelde-Manager.

Bereitschaft versetzt den Rechner in den Schlafzustand „Suspend-to-RAM". Damit wird der aktuelle Zustand des Rechners im Arbeitsspeicher abgelegt und der Rest mit minimaler Energie versorgt. Dies ist bei Notebooks und Netbooks interessant, wenn Sie den Rechner kurze Zeit nicht benötigen. Meist reicht das Zuklappen des Displays, um diesen Zustand zu erreichen. Je nach Hardware kann es dabei aber zu Problemen kommen! Auf einem Desktop-Rechner wird nur der Bildschirm gesperrt.

Ruhezustand legt den aktuelle Zustand des Rechners in der Swap-Partition ab („Suspend-to-Disk"). Unter Windows nennt sich dies „Hibernation" oder „Überwinterung". Sie können danach den Rechner ausschalten und sogar vom Stromnetz nehmen. Nach dem Einschalten sind alle Fenster und Programme wieder in dem Zustand, wie sie vor dem Ausschalten waren. Je nach Hardware kann es auch hier noch zu Problemen kommen! So kann zum Beispiel der Bildschirm dunkel bleiben. Da Ubuntu relativ schnell bootet, ist ein Neustart oft besser.

Neu starten fährt Ubuntu herunter und bootet den Rechner neu.

Ausschalten fährt Ubuntu herunter und schaltet anschließend den Rechner aus.

Systemeinstellungen zeigen Ihnen in einem Fenster die gesammelten Einstellungen, die Sie auf dem Rechner in der grafischen Oberfläche vornehmen können.

Wenn Sie sich abmelden, den Rechner neu starten oder ausschalten wollen, können Sie in einem nun startenden Dialog die Aktion noch abbrechen. Erst wenn Sie diese explizit bestätigen, wird die gewünschte Aktion ausgeführt. Falls beim Ausschalten und Neustart noch Benutzer angemeldet sind, werden diese angezeigt und die Aktion unterbrochen.

3.6 Einstellungen für Anwender

Generell gilt unter jedem UNIX und auch unter Ubuntu, dass es Änderungen gibt, die jeder einzelne Anwender in seiner persönlichen Umgebung durchführen kann; und andere, die nur dem Systemadministrator vorbehalten sind. Die Einstellungen für Benutzer finden Sie unter dem Menü *System / Einstellungen*, während die für das System unter *System / Systemverwaltung* abgelegt sind. Dabei ist immer das Passwort des Accounts einzugeben, der als Administrator fungiert; der also bei der Installation als Erstes erstellt wurde.

In Ubuntu ist möglichst für jede Aktion eine Anwendung als Standardanwendung vorhanden. Unter *System / Einstellungen / Bevorzugte Anwendungen* können Sie diese für einige Anwendungen festlegen, wie den Firefox für die Anzeige von Webseiten, Evolution als E-Mail-Programm etc.

HINWEIS: Änderungen werden erst dann übernommen, wenn Sie auf die Schaltfläche *Schließen* klicken.

Die Grafikauflösung ändern können Sie unter *System / Einstellungen / Bildschirme.* Falls hier nicht die gewünschte Auflösung angeboten wird, können Sie in Kapitel 10 weitere Tipps hierzu erhalten. Wenn mehrere Bildschirme angeschlossen sind, kann deren Anordnung hier eingestellt werden.

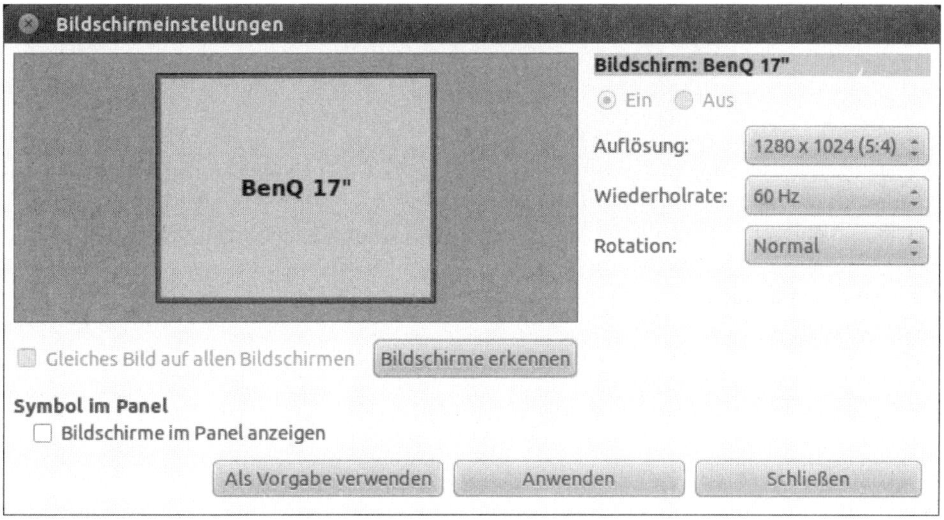

BILD 3.11 Die Grafikauflösung der Bildschirme einrichten

Ein Bildschirmschoner ist zwar heute für Flachbildschirme nicht mehr nötig. Wer auf eine Animation nicht verzichten will, hat unter *System / Einstellungen / Bildschirmschoner* eine reichhaltige Auswahl. Sie sollten beachten, dass standardmäßig der Bildschirmschoner nach fünf Minuten ohne Eingaben aktiv wird und den Bildschirm sperrt. Falls dieses Verhalten nicht erwünscht ist, können Sie dies hier ändern.

Zudem gibt es unter der Schaltfläche *Energieverwaltung* weitere Einstellungen zum Herunterfahren bei fast leerem Akku etc., die vor allem für Besitzer von mobilen Rechnern interessant sein dürften. Sie erreichen diese Einstellungen auch unter *System / Einstellungen / Energieverwaltung.* Auf einem Desktop-Rechner können Sie hier eintragen, nach welcher Zeit (oder „Nie") der Bildschirm abgeschaltet werden soll, um Strom zu sparen.

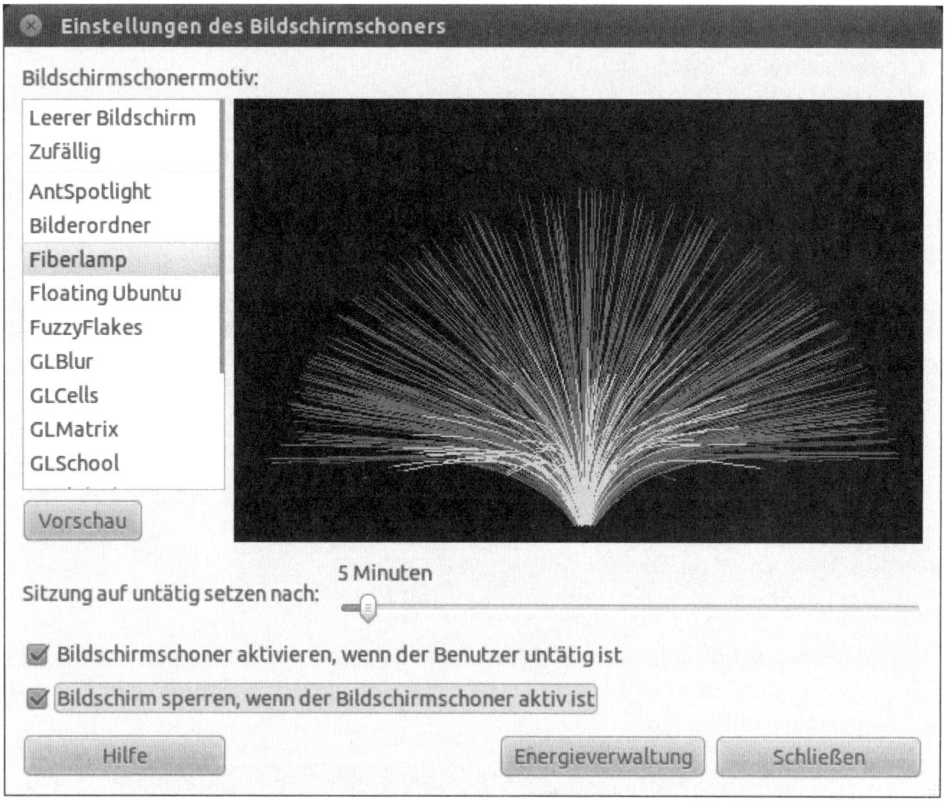

BILD 3.12 Einstellungen für Bildschirmschoner und Energieverwaltung

Ein anders Hintergrundbild, andere Fonts und vieles mehr können Sie unter *System / Einstellungen / Erscheinungsbild* einstellen. Besonders dann ist hier eine Änderung sinnvoll, wenn Sie wie unter Windows gewohnt sind, die Fensterknöpfe rechts oben an jedem Fenster zu erwarten. In Ubuntu sind die Fensterknöpfe zum Beenden, Minimieren und Maximieren eines Fensters standardmäßig links oben angebracht.

Das Fensterverhalten bestimmen Sie über *System / Einstellungen / Fenster*. Hier können Sie angeben, ob ein Fenster automatisch aktiv sein soll (den Input-Focus erhalten soll), wenn sich der Mauscursor darüber befindet, und nach welcher Verzögerungszeit dies erfolgen soll. Damit ersparen Sie sich einige Mausklicks bei der Arbeit.

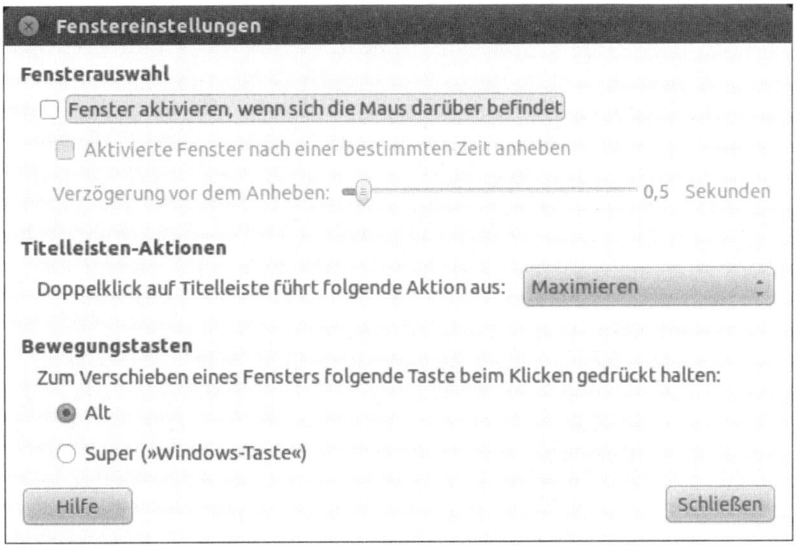

BILD 3.13 Die Fenstereinstellungen

Wenn Sie ein neues Programm installieren, erhält es meist einen Eintrag im Hauptmenü. Die Einträge dort können Sie unter *System / Einstellungen / Hauptmenü* auch manuell bearbeiten. Es erscheint auch durch Klick mit der rechten Maustaste auf das Startmenü und über den Eintrag *Menüs bearbeiten*.

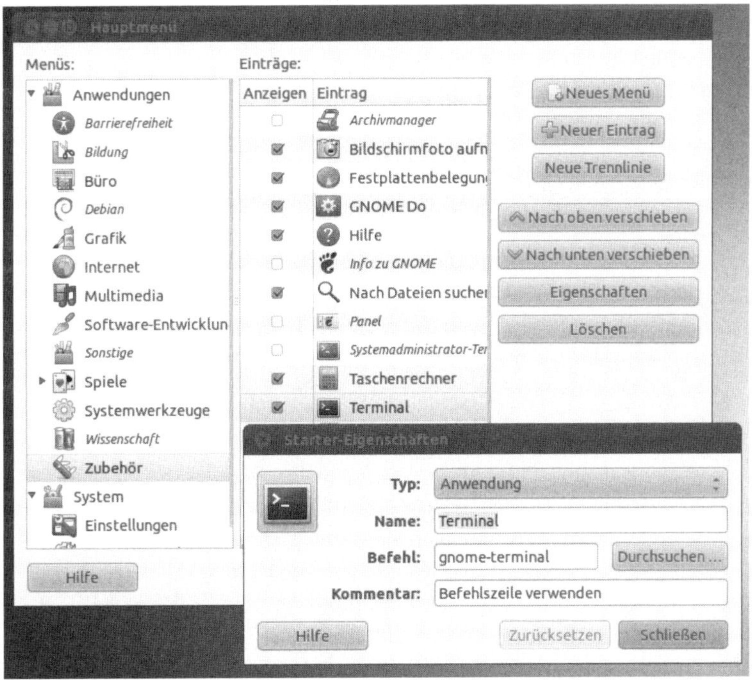

BILD 3.14 Der Menü-Editor

Falls das gestartete Fenster nicht die gewünschte Größe bzw. Orientierung hat, kann dies im Menü-Editor für den entsprechenden Eintrag geändert werden. Die Daten für die Koordinaten eines vorhandenen Fensters kann das Programm `xwininfo` liefern. Nachdem das Programm selektiert ist, kann über *Eigenschaften* der Befehl eingetragen werden, z. B. „gnome-terminal --geometry 100x40-40+38".

Nach Klick auf die Schaltflächen *Schließen* wird die Änderung übernommen.

Das Fenster unter *System / Einstellungen / Persönliche Angaben* ist besondere dann interessant, wenn Sie selbst öfter Ihr Passwort ändern wollen.

Tastatureinstellungen

Unter *System / Einstellungen / Tastatur* können Sie umfangreiche Änderungen des Tastaturverhaltens vornehmen, wie am Nummernblock, an der Steuerung der Maus per Tastatur etc.

HINWEIS: Beachten Sie, dass normalerweise die „Toten Tasten" aktiv sind; was bedeutet, dass Sie damit zwar viele Sonderzeichen anderer Länder eingeben können, da das System dabei so lange wartet, bis Sie eine zweite Taste drücken. Wenn Sie jedoch z. B. eine Tilde „~" eingeben wollen, müssen Sie die Tastenkombination [Alt] und [+] doppelt betätigen.

Sonderzeichen sind auch über *Anwendungen / Zubehör / Zeichentabelle* zugänglich.

Viele Aktionen im System sind nicht nur über die Maus, sondern auch über bestimmte Tastenkombinationen ausführbar. Welche dies sind, zeigt das Fenster unter *System / Einstellungen / Tastenkombinationen*. Damit ist oft ein schnelleres Arbeiten möglich.

Hier einige Beispiele für Tastenkombinationen:

[Alt] + [F2]	eine Anwendung zum Start eingeben
[Alt] + [F9]	das aktive Fenster minimieren
[Druck]	ein Bildschirmfoto vom gesamten Bildschirm erstellen
[Alt] + [Druck]	ein Bildschirmfoto vom aktiven Fenster erstellen
[Alt] + linke Maus	ein Fenster bewegen
[Strg] + a	innerhalb von einem Fenster alles auswählen

Barrierefreiheit

Damit auch Behinderte einen Zugang zu Linux haben, gibt es auch unter Ubuntu einige Hilfsmittel und Einstellungen, die bei verschiedenen körperlichen Einschränkungen eine Bedienung vereinfachten. Unter Ubuntu können über den Dialog *System / Einstellungen / Hilfstechnologien* die Einstellungen für Barrierefreiheit erfolgen.

Eine einfache Hilfe kann auch darin bestehen, den Doppelklick für Selektionen in einen einfachen Klick zu ändern, wie zum Beispiel im Menü vom Dateimanager *Nautilus* über *Bearbeiten / Einstellungen / Verhalten*. Das Verhalten der Maus (aber keinen Einfachklick) können Sie unter *System / Einstellungen / Mauseinstellungen* einrichten. Unter KDE ist ein Einfachklick Standard, ein Doppelklick dennoch konfigurierbar.

Zudem sind etliche Programme verfügbar, die mitunter erst installiert werden müssen, wie zum Beispiel über das Paket `gnome-accessibility`. Für KDE gibt es die Pakete "kdeaccessibility" und "kmousetool". So steuert brltty eine Braille-Tastatur; Orca ist Standard-Screenreader, der den Inhalt auf dem Bildschirm für Blinde bzw. Sehbehinderte vorlesen kann und Ausgabemodule für Braille-Displays und Sprachsynthese enthält; GOK stellt unter Gnome eine Bildschirmtastatur zur Verfügung, auch für die Eingabe von Zeichen mit alternativen Eingabegeräten wie Schalter, Kopfmaus, Joystick usw.; Dasher ermöglicht Texteingaben mit einem Zeigegerät anstatt mit einer Tastatur.

Siehe auch:

Wiki zur Barrierefreiheit unter Ubuntu: *http://wiki.ubuntuusers.de/Barrierefreiheit*

Das Orca-Wiki: *http://live.gnome.org/Orca/*

Beschreibung für Gestensteuerung etc.: *http://docs.sun.com/app/docs/doc/*

3.7 Einstellungen für den Administrator

Zur Änderung der Sprache gehen Sie in der Leiste oben auf das Menü *System* und dann weiter auf *Systemverwaltung* und *Sprachunterstützung.* Mitunter ist die Sprachunterstützung nicht vollständig installiert, und Sie erhalten einen entsprechenden Hinweis.

Klicken Sie auf *Sprachen hinzufügen/entfernen* und wählen Sie die gewünschte Sprache. Ein Klick auf *Systemweit anwenden* gibt diese Einstellung dem gesamten System bekannt.

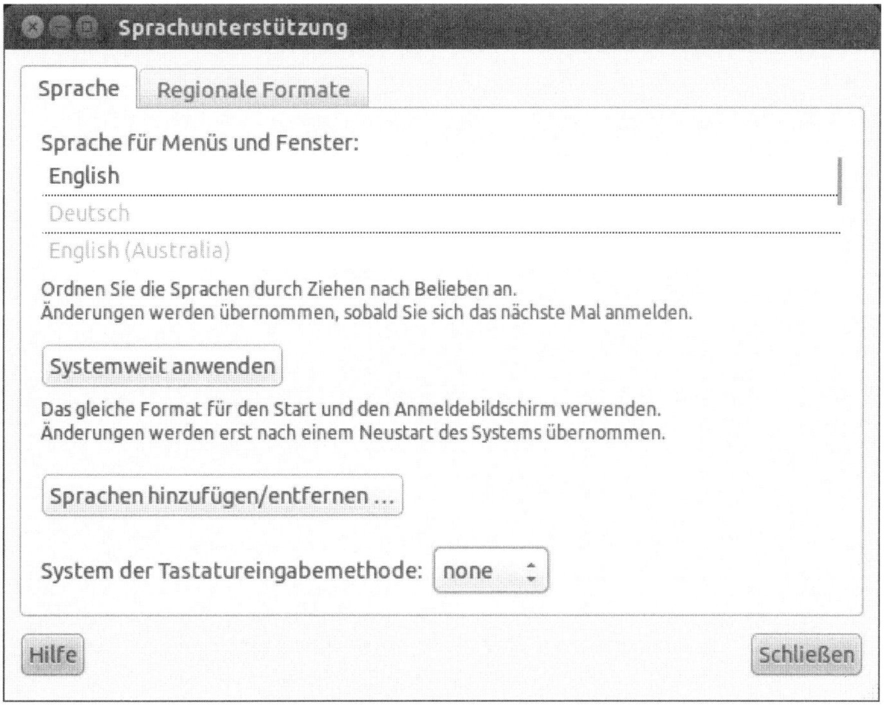

BILD 3.15 Der Auswahl-Bildschirm für die Sprache

Eine Wirkung tritt erst nach einer neuen Anmeldung ein. Melden Sie sich deshalb als Benutzer ab und anschließend wieder an. Wenn Sie beim Einsatz einer Live-CD die Einstellung der Sprache vor dem Booten verpasst haben, ist eine Änderung hier ebenfalls möglich, wenn Sie über einen schnellen Anschluss ans Internet verfügen. Bei einer Live-CD müssen Sie sich mit dem Usernamen `ubuntu` und leerem Passwort anmelden.

HINWEIS: Eine Änderung der Sprache betrifft auch die Namen der Standardordner, die jeder Anwender automatisch in seinem Homeverzeichnis vorfindet, wie *Arbeitsfläche*, *Dokumente* etc., wenn Sie in dem entsprechenden Dialog auf *Namen aktualisieren* klicken.

Ähnlich können Sie über den Reiter *Regionale Formate* die Namen für Währungen, Datumsangaben etc. anpassen.

Einige Einstellungen vom Anmeldebildschirm können Sie über *System / Systemverwaltung / Anmeldebildschirm* ändern. Hierunter fällt, welcher Benutzer automatisch anzumelden ist. Das klappt nur dann gut, wenn es nur einen Benutzer gibt:

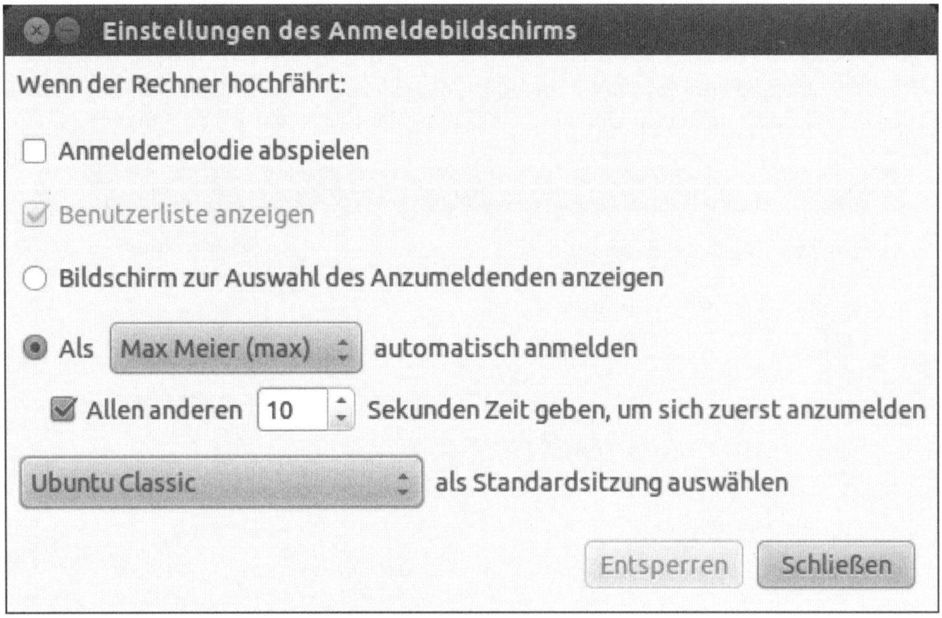

BILD 3.16 Einstellungen vom Anmeldebildschirm

Die Logdateien des Systems können Sie einfach über *System / Systemverwaltung / Systemprotokoll* ansehen. Falls es Probleme mit Ubuntu gibt, sind hier eventuell Hinweise darauf zu finden.

Etliche weitere Einstellmöglichkeiten sind in den passenden Kapiteln dieses Buches zu finden, wie zum Beispiel die Aktualisierungsverwaltung in Kapitel 9, die Laufwerksverwaltung in Kapitel 5 usw.

3.7.1 Benutzer und Berechtigungen

Mindestens einen Benutzer haben Sie bereits bei der Installation eingerichtet. Es ist der Account, der gleichzeitig für die administrativen Tätigkeiten gedacht ist, Deshalb ist er in der Gruppe der Administratoren mit Namen `admin` enthalten. Nur die Benutzer, die in dieser Gruppe Mitglied sind, können mit dem Kommando `sudo` Root-Rechte erlangen.

Weitere Benutzer hinzufügen oder löschen können Sie über *System / Systemverwaltung / Benutzer und Gruppen.*

BILD 3.17 Das Fenster zur Verwaltung von Benutzern und Gruppen

Gruppen hinzufügen und deren Mitglieder ändern bzw. löschen können Sie über die Schaltfläche *Gruppen verwalten* erledigen.

Unter *Erweiterte Einstellungen* können Sie einem Benutzer weitergehende Rechte vergeben: Es muss mindestens einen Anwender geben, der als Administrator arbeiten kann. Unter Ubuntu nennt sich der Administrator normalerweise „root“. Ein einfacher Anwender kann auch in der grafischen Oberfläche als Administrator arbeiten, wenn die Einstellung „System verwalten“ in der folgenden Abbildung aktiviert ist. Ist dies der Fall, muss er bei jeder Änderung im System sein eigenes Passwort angeben.

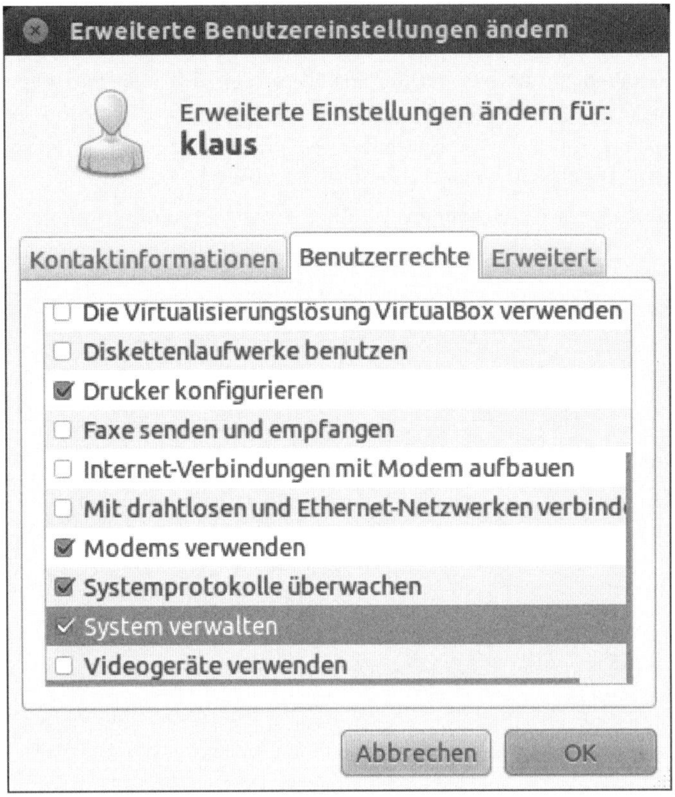

BILD 3.18 Erweiterte Benutzereinstellungen

3.8 Die Arbeitsflächen

Ein besonders herausragendes Element der grafischen Oberfläche im Vergleich zu Windows ist der Arbeitsflächenumschalter. Damit können Sie die geöffneten Fenster auf mehrere Arbeitsflächen (Desktops) verteilen, Sie behalten wesentlich mehr Übersichtlichkeit, wenn Sie zum Beispiel zehn Fenster auf vier Arbeitsflächen verteilen, als wenn alle Fenster in der gleichen Arbeitsfläche geöffnet sind. Zudem bleibt immer noch die Möglichkeit, ein Fenster zu minimieren.

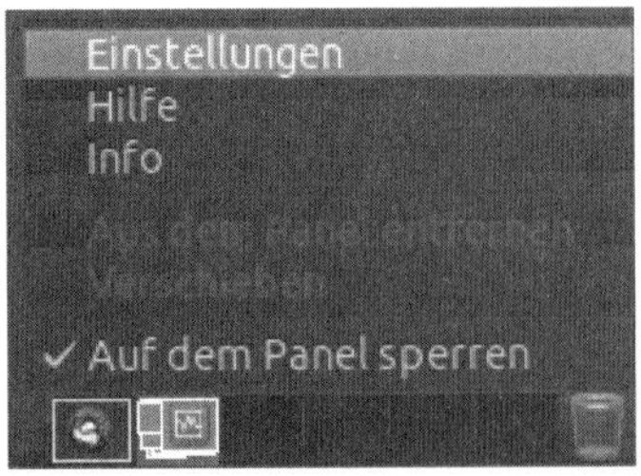

BILD 3.19 Der Arbeitsflächenumschalter mit Kontextmenü

Sie erhalten standardmäßig vier Arbeitsflächen. Über den Arbeitsflächenumschalter, der sich im unteren Panel rechts befindet, können Sie eine andere Arbeitsfläche wählen, indem Sie einfach mit der Maustaste in eine der Flächen klicken. Falls vier Arbeitsflächen nicht reichen, sind auch mehr über das Kontextmenü einstellbar.

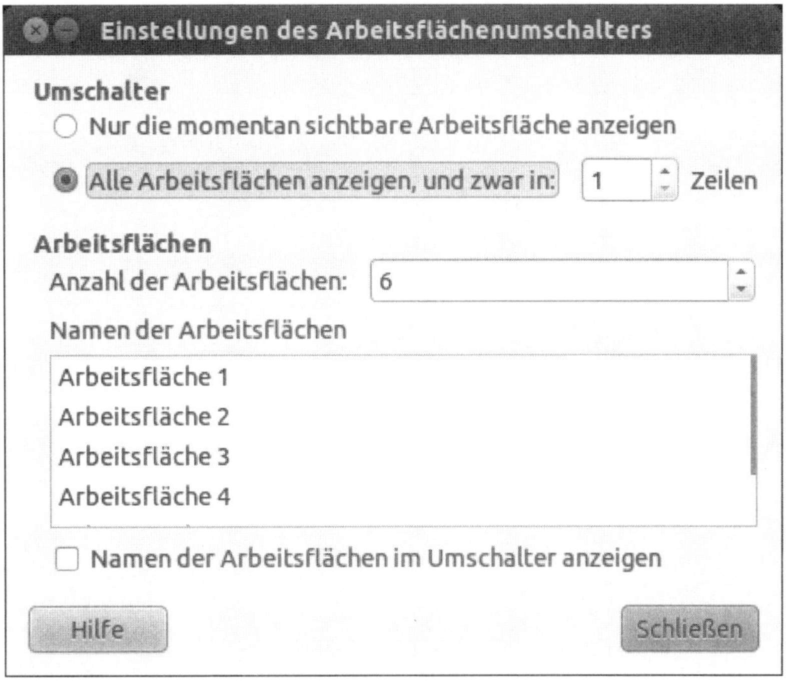

BILD 3.20 Die Einstellungen für den Arbeitsflächenumschalter

Jedes geöffnete Fenster können Sie in eine andere Arbeitsfläche verschieben. Klicken Sie hierzu mit der rechten Maustaste auf das Schließsymbol eines Fensters. Sie erhalten das Fenstermenü, in dem Sie diese und etliche weitere Aktionen durchführen können.

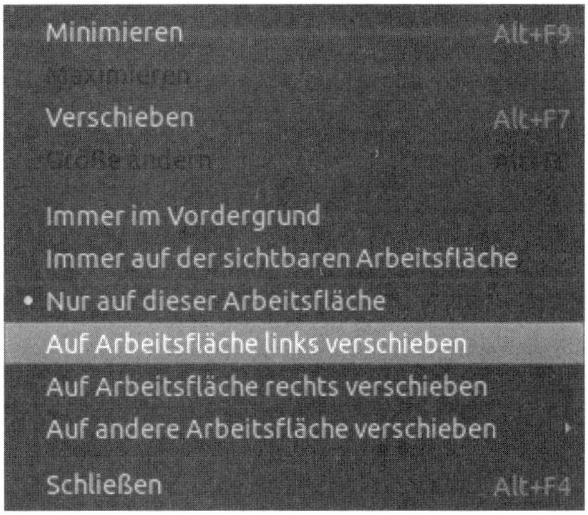

BILD 3.21 Das Fenstermenü eines beliebigen Fensters

3.9 Programme automatisch starten

Unter Gnome erscheinen (im Gegensatz zu KDE) die Programme nach einem Neustart nicht erneut, die vor dem Herunterfahren aktiv waren. Über die Autostart-Verwaltung unter *System / Einstellungen / Startprogramme* können sie über der Schaltfläche *Hinzufügen* so eingerichtet werden, dass sie beim erneuten Hochfahren automatisch gestartet werden. Es sind bereits viele Einträge vorhanden, die Programme im Hintergrund starten.

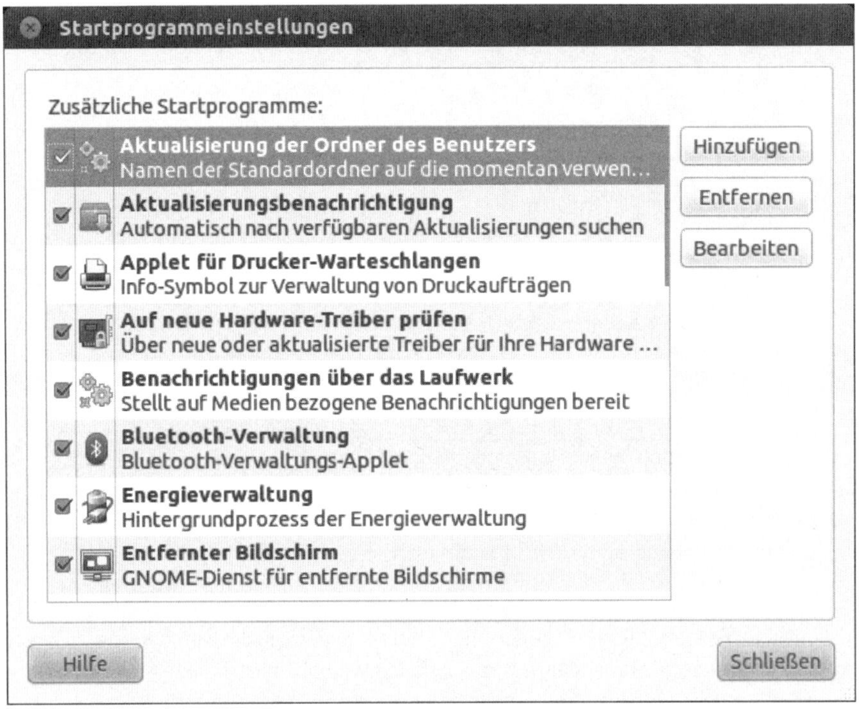

BILD 3.22 Die Startprogrammeinstellungen

Sie können einen Eintrag deaktivieren, indem Sie das Häkchen in dem Quadrat links davor entfernen.

Den Reiter *Optionen* gibt es ab Ubuntu 11.04 nicht mehr in diesem Dialog. Damit konnten Sie in früheren Versionen über *Automatisch die laufenden Programme beim Abmelden merken* das System veranlassen, einige der gerade gestarteten Programme beim nächsten Neustart wieder zu öffnen.

HINWEIS: Auch über das Programm `gconf-editor` können Sie viele Einstellungen von Gnome Ihren Vorstellungen anpassen. Sie benötigen zur Eingabe des Befehls ein Terminal.

Siehe auch: *http://wiki.ubuntuusers.de/Gnome_Konfiguration*

4 Arbeiten auf dem Desktop

Ubuntu bringt eine fast unüberschaubare Menge von Programmen mit. Allein mit dem Paketquellen, die standardmäßig eingerichtet sind, haben Sie Zugriff auf über 30.000 Pakete, von denen jedes wiederum zahlreiche Programme enthalten kann. Nach einer Installation von CD sind davon immerhin rund 1.600 Pakete installiert.

Viele Programme können Sie für die Arbeit mit Ubuntu einsetzen; sei es für das Datei-Management, den Umgang mit E-Mails, das Surfen im Internet, das Brennen von CDs und vieles mehr. Weitere Programme erleichtern Ihnen die Büroarbeit oder helfen bei der Bearbeitung von Grafiken, Fotos etc. Aber auch für die Kommunikation und andere Bereiche gibt es eine reichhaltige Auswahl.

Aber nicht nur für die täglichen Arbeiten eignet sich Ubuntu bestens. So stehen etliche Multimedia-Anwendungen bereit, die Musik- und Videodateien abspielen und bearbeiten können. Eine kurze und längst nicht vollständige Übersicht über die Programme, mit denen Sie Ihre tägliche Arbeit erledigen können, will Ihnen dieses Kapitel geben.

4.1 Der Dateimanager Nautilus

Der Standard-Dateimanager unter Ubuntu ist das Programm Nautilus. Er startet automatisch, sobald Sie einen externen Datenträger anschließen, wie USB-Stick, externe Festplatten etc., und zeigt deren Inhalt an. Bei neu eingelegten CDs und DVDs erscheint nur ein Icon auf dem Desktop; das Medium wird eingebunden. Nach einem Doppelklick darauf startet Nautilus und zeigt ebenfalls den Inhalt an. Nach einem Doppelklick auf eine angezeigte Datei können Sie diese ansehen bzw. bearbeiten.

Das Einbinden des Datenträgers (man nennt dies auch „Mounten") und die Anzeige eines entsprechenden Icons auf dem Desktop erledigt dabei das Systemprogramm `udevd`. Ubuntu kann quasi alle Dateisysteme einbinden und bearbeiten! Auch mit dem Dateisystem NTFS gibt es keine Probleme mehr. Siehe hierzu auch Kapitel 7.7.4.

HINWEIS: Beachten Sie, dass Sie bei externen Medien, wie z. B. USB-Sticks und USB-Festplatten, immer erst die Verbindung über den Auswurf-Knopf in Nautilus oder per *Laufwerk sicher entfernen* im Kontextmenü des entsprechenden Icons beenden sollten, bevor Sie das Medium entfernen! Sie vermeiden damit einen eventuellen Datenverlust!
Bei einer eingelegten CD oder DVD ist dies nicht erforderlich.

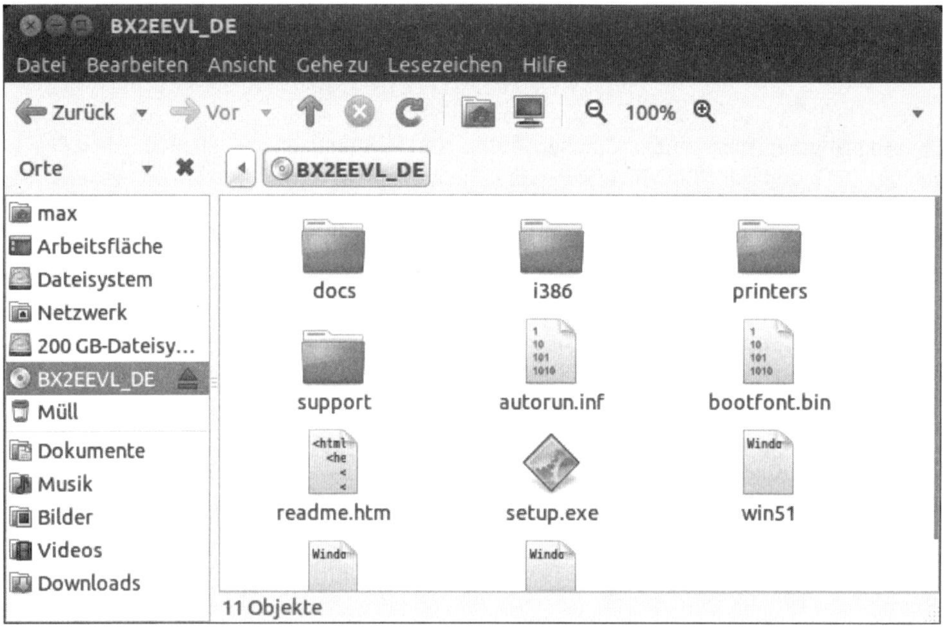

BILD 4.1 Nautilus mit dem Inhalt einer eingelegten CD

Ein Beispiel für den Auswurf-Knopf sehen Sie in Bild 4.1, direkt neben der Bezeichnung der CD.

Sie können den Dateimanager Nautilus auch von Hand starten, zum Beispiel über das Menü *Orte / Persönliche Ordner*, wenn er die Dateien und Verzeichnisse in Ihrem Homeverzeichnis anzeigen soll. Falls Sie öfter zu einer bestimmten Stelle im Dateisystem wechseln müssen, bietet Nautilus auch die Erstellung von „Lesezeichen“ an. Navigieren Sie einfach zum gewünschten Verzeichnis, und wählen Sie im Menü *Lesezeichen / Lesezeichen hinzufügen*. Dieser Verweis zum Ordner erscheint nun dauerhaft unter *Orte* und im linken Bereich des Nautilus-Fensters, zusammen mit den Laufwerken. Hier gibt es bereits etliche vordefinierte Lesezeichen, wie *Dokumente*, *Bilder* etc., die Sie wie alle anderen Lesezeichen bearbeiten können unter *Lesezeichen / Lesezeichen bearbeiten*. Klicken Sie darauf, kommen Sie in das entsprechende Verzeichnis.

Mit dem Mausrad ist ein Navigieren in diesem Fenster möglich. Ein Scrollbar auf der rechten Seite ist nur andeutungsweise sichtbar, wie dies bei Ubuntu nun allgemein üblich ist.

Nautilus kann auch die Dateien einer noch nicht eingebundenen Windows-Installation oder den Inhalt anderer lokaler Partitionen anzeigen über *Orte / Rechner*:

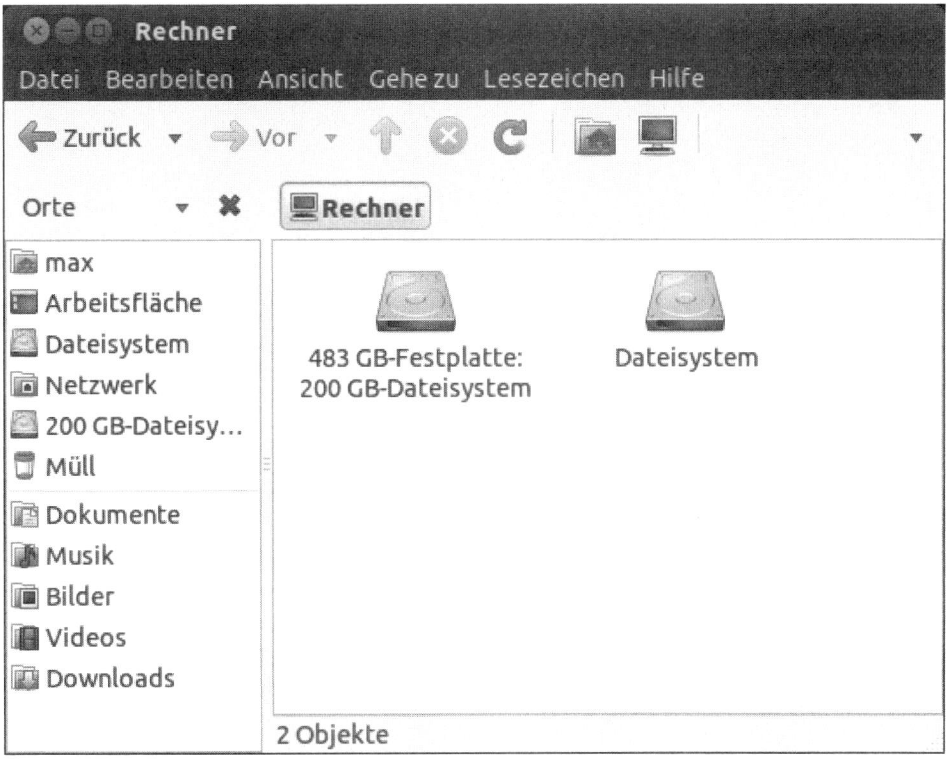

BILD 4.2 Die Dateisysteme auf dem lokalen Rechner

Ist die Partition, in der sich Windows oder ein anderes Betriebssystem befindet, bereits eingebunden („gemountet"), wird sie hier nicht mehr angezeigt. Haben Sie eine Windows-Partition bei der Installation eingebunden, ist dies meist über den Ordner `/windows` erfolgt. Wie Sie dies auch nachträglich permanent einrichten können, lesen Sie in Kapitel 7.7. Sie erreichen dann deren Daten, wenn Sie Nautilus zum Beispiel über *Orte / Persönliche Ordner* starten und danach entweder per Lesezeichen oder per *Dateisysteme* in den Ordner wechseln, an den das Dateisystem gemountet ist. Im Gegensatz zu früheren Versionen von Ubuntu werden in Natty die Partitionen wirklich gemountet und nicht wie früher per `gvfs` (Gnome Virtual File System) verbunden.

PRAXISTIPP: Schreiben Sie nie in eine Windows-Partition, wenn das Betriebssystem Windows vorher über den Ruhezustand oder über Hibernation verlassen wurde!

Einen Zugriff auf Windows-Rechner im Netzwerk erhalten Sie, indem Sie den Menüpunkt *Orte / Netzwerk* anwählen und daraufhin *Windows-Netzwerk* öffnen.

BILD 4.3 Übersicht über die Windows-Arbeitsgruppen im Netzwerk

HINWEIS: Eine aktivierte Firewall kann eine Verbindung zu anderen Rechnern blockieren!

Beachten Sie, dass damit kein Mount-Vorgang eingeleitet wird. Eine weitere Möglichkeit der Verbindung mit einem Windows-Server über das Menü *Orte / Verbindung zu Server ...* ist in Kapitel 16.7.1 beschrieben.

Eine Live-CD ermöglicht ebenfalls eine Einbindung der Windows-Partition. Besonders dann, wenn Sie über das Netzwerk Daten auf dem Rechner sichern oder aktualisieren wollen, ist dies auch dann noch machbar, wenn das Windows-System selbst nicht mehr bootet.

PRAXISTIPP

- Da standardmäßig ein schreibender Zugriff auf Windows-Partitionen möglich ist, müssen Sie bei Änderungen vorsichtig sein.
- Bei einer Live-CD haben Sie die Benutzer-ID 999 und die Gruppen-ID 999 und erhalten damit auf Linux- bzw. Ubuntu-Partitionen keine Schreibrechte (nur per `sudo` in einem Terminal).

4.1.1 Konfiguration von Nautilus

Ist Nautilus gestartet, können Sie unter dem Menü *Bearbeiten / Einstellungen* das Verhalten weitgehend Ihren Vorstellungen anpassen. Die Änderungen wirken bei jedem Start von Nautilus. Wollen Sie nur zeitweise ein anderes Verhalten, können Sie dieses unter dem Menü *Ansicht* veranlassen.

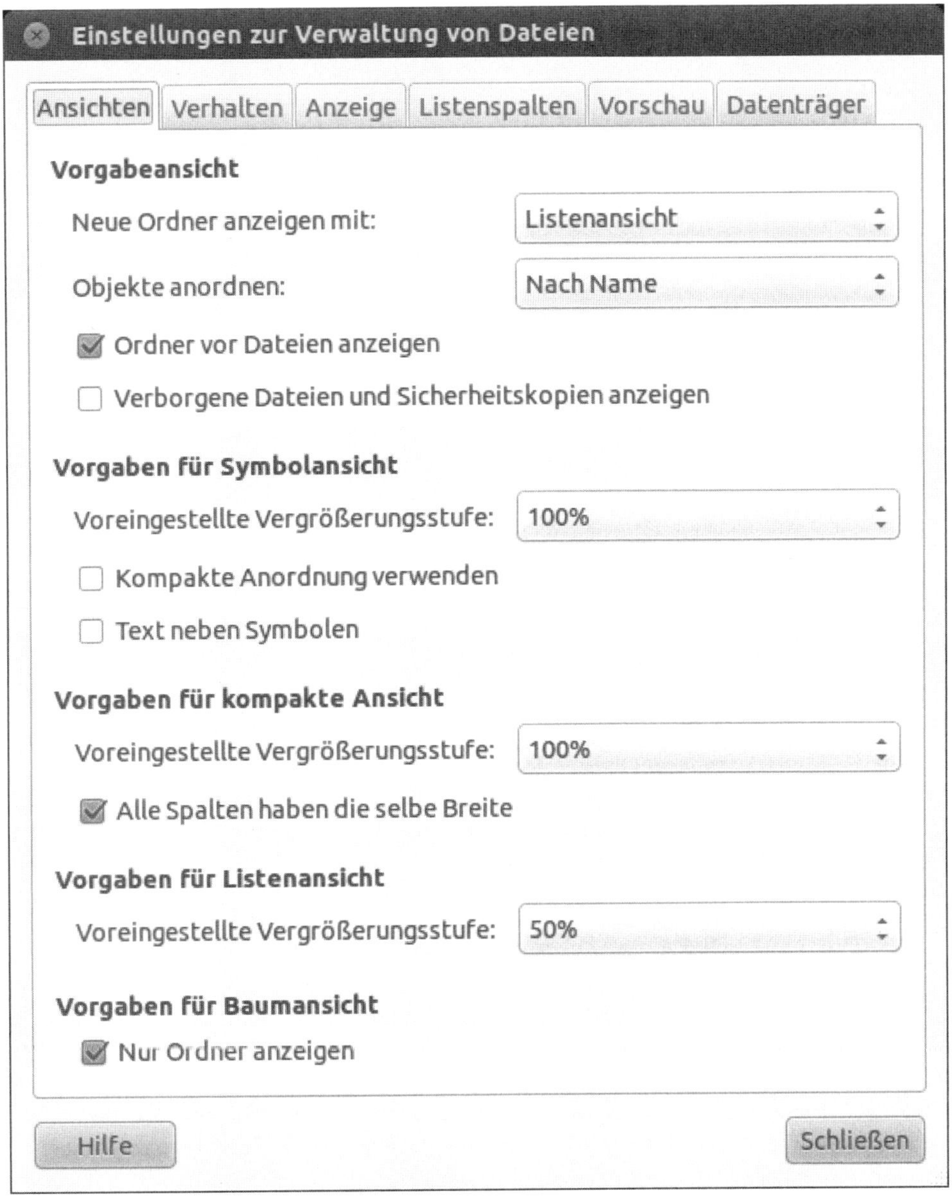

BILD 4.4 Die Konfigurationseinstellungen von Nautilus

HINWEIS

- Wenn Sie Dateien und Verzeichnisse ansehen wollen, die mit einem Punkt davor als versteckt gelten, ist entweder hier oder unter dem Menü *Ansicht* die Anzeige von verborgenen Dateien zu aktivieren.
- Einen Menüpunkt *Löschen*, der eine Datei löscht und nicht in den *Müll* (Papierkorb) verschiebt, können Sie dauerhaft unter dem Reiter *Verhalten* eintragen.

4.1.2 Bearbeiten von Dateien

Klicken Sie doppelt auf eine Datei, versucht Nautilus eine passende Anwendung zu starten, mit der Sie den Inhalt bearbeiten können. Findet er nichts Passendes, weil zum Beispiel das nötige Programm noch nicht installiert ist, zeigt er ein Fester an, in dem Sie selbst eine Anwendung aussuchen können. Für jede Datei können Sie auch selbst ein Programm bestimmen, wenn Sie mit der rechten Maustaste auf eine Datei klicken:

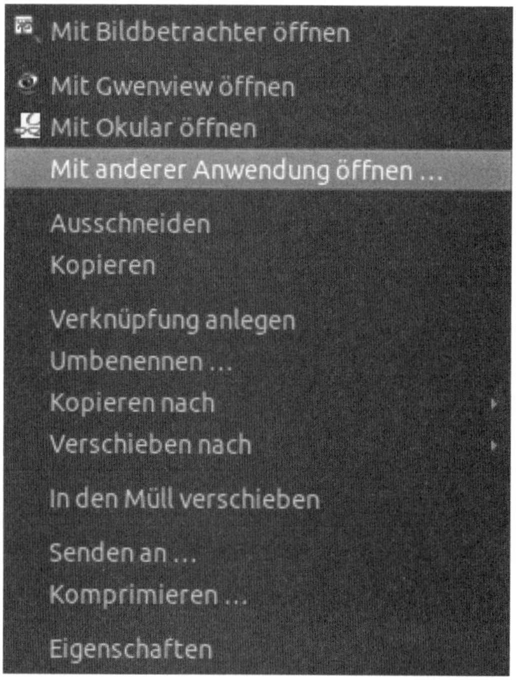

BILD 4.5 Das Kontextmenü einer Datei

Falls die Datei eine andere Anwendung als die standardmäßig eingetragene zur Bearbeitung benötigt, ist unter *Eigenschaften / Öffnen mit* eine entsprechende Zuweisung so einstellbar, dass sie nur einmal oder für alle weiteren Aufrufe gelten soll.

Es sind auch weitere Aktionen mit Dateien möglich, wie das Verschieben oder Kopieren. Sobald Sie eine Datei oder ein Verzeichnis selektieren und anschließend mit gedrückter Maustaste bewegen, ist damit automatisch eine Verschiebe-Aktion („move") verbunden. Sollten Sie jedoch mit Nautilus ein Objekt mit der Maus kopieren wollen, müssen Sie es erst selektieren und anschließend mit gedrückter Control-Taste [Strg] bewegen. Bei mehreren gestarteten Nautilus-Fenstern ist auch ein Verschieben bzw. Kopieren zwischen den Fenstern möglich.

Zur Selektion mehrerer Objekte können Sie in der Symbol-Ansicht (nicht in der Listenansicht) einen Bereich mit der Maus aufziehen. Weitere Objekte können Sie zusätzlich selektieren, indem Sie die Shift-Taste gedrückt lassen. Sie können danach alle auf einmal verschieben, löschen usw.

4.1.3 Rechte auf Dateien und Verzeichnisse

Sind Sie alleiniger Benutzer des Rechners, brauchen Sie sich um Berechtigungen in der Regel keine Gedanken zu machen. Gibt es aber weitere Anwender, mit denen Sie z. B. Daten austauschen wollen, sind die Berechtigungen erst anzupassen. Eine genaue Beschreibung der Rechte unter Ubuntu finden Sie in Kapitel 7.8.

Die Rechte von Dateien und Verzeichnissen können Sie unter Nautilus ansehen. Sie können diese auch verändern, sofern Sie hierzu eine Berechtigung haben, z. B. wenn Sie Eigentümer dieses Objektes sind. Selektieren Sie hierzu im Kontextmenü den Punkt *Eigenschaften* und anschließend *Zugriffsrechte*:

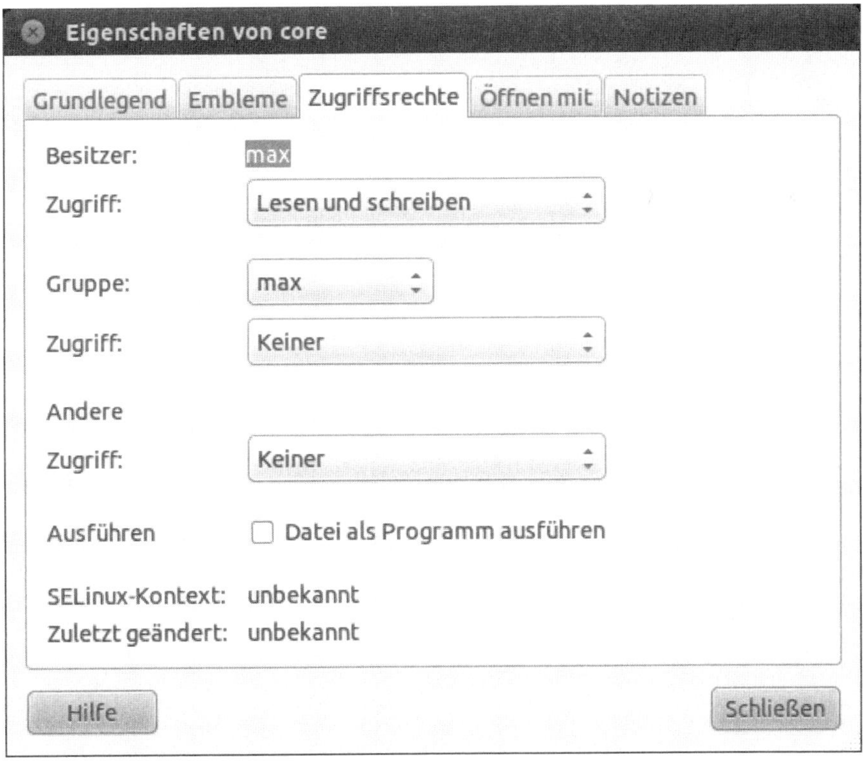

BILD 4.6 Die Zugriffsrechte einer Datei

4.1.4 Freigaben unter Nautilus erstellen

Die einfachste Art, ein Verzeichnis für Windows-Rechner freizugeben, ist unter Nautilus über dessen Kontextmenü machbar. Klicken Sie hierzu mit der rechten Maustaste auf das Verzeichnis und wählen Sie *Freigabeoptionen*. Sie werden nach weiteren Einstellungen gefragt:

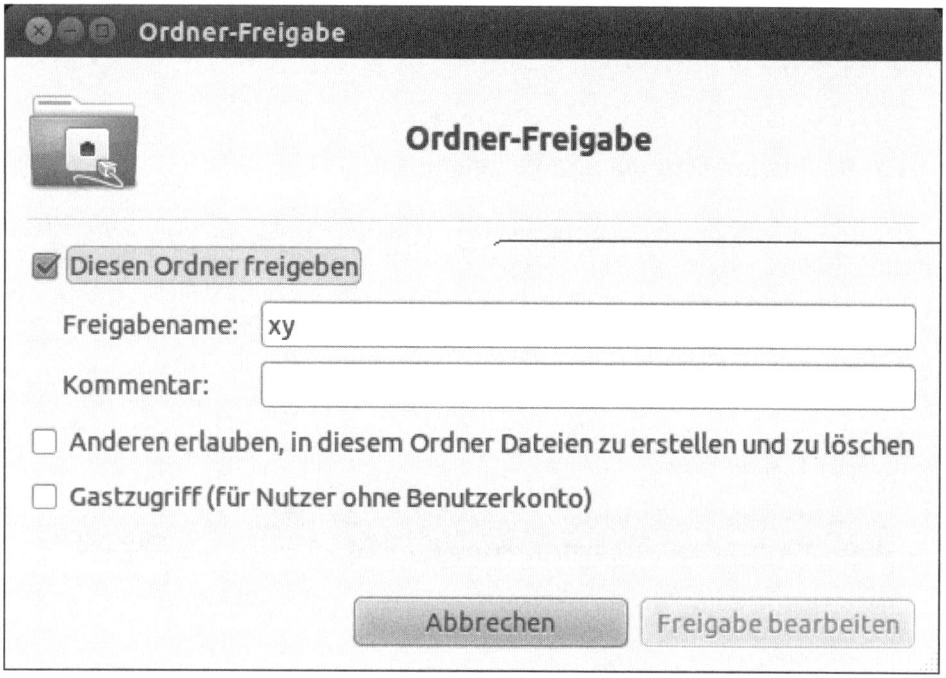

BILD 4.7 Ein Verzeichnis freigeben

Das Symbol für ein freigegebenes Verzeichnis erhält gegenläufige Pfeile in Rot und Grün:

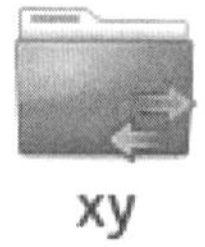

BILD 4.8 Die Anzeige eines freigegebenen Verzeichnisses

Sie müssen ein Samba-Passwort zusätzlich erstellen, wenn Sie keinen Gastzugriff erlauben, also einen Zugriff für jedermann ohne Passwort. Ein derartiges Passwort setzen Sie mit folgendem Kommando in einem Terminal für den Benutzer `max`:

```
user@ubuntu:~$ sudo smbpasswd -a max
```

Zusätzlich werden dabei automatisch das Paket `samba` und einige weitere installiert. Genauere Informationen hierzu finden Sie in Kapitel 16.

Nautilus kann noch viele weitere Aktionen durchführen, wie zum Beispiel ein komprimiertes Zip- oder Tar-Archiv anzeigen etc. Siehe auch: *http://wiki.ubuntuusers.de/nautilus*

4.2 Brennen von CD und DVD

Ubuntu bietet mehrere Brennprogramme an. Hier folgt eine Beschreibung der wichtigsten Programme.

4.2.1 Brennen mit Nautilus

Legen Sie einen leeren CD- oder DVD-Rohling ein, erkennt dies das System und bietet Ihnen das passende Programm an:

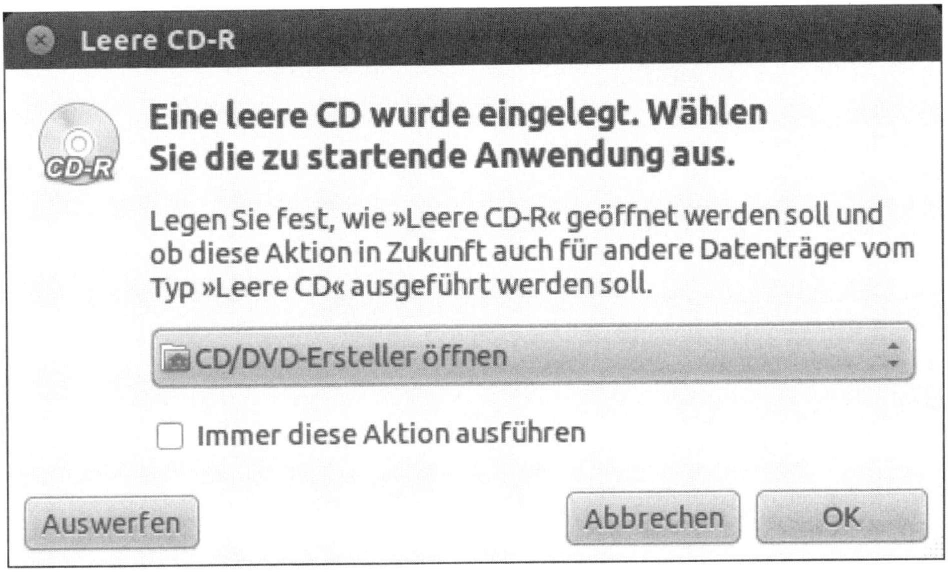

BILD 4.9 Dialog zum Brennen einer CD

Wenn Sie akzeptieren, können Sie anschließend in einem Fenster von Nautilus die zu brennenden Daten kopieren. Dabei gibt es vorerst keine Überprüfung, ob die Daten noch auf die CD oder DVD passen! Ist die Menge zu groß, stürzt Nautilus ab. Eine Funktion zum Verifizieren der gebrannten Daten gibt es nicht. Nautilus eignet sich daher nur für eine schnelle Sicherung.

4.2.2 Brennen mit Brasero

Mit dem Programm `brasero` haben Sie erheblich mehr Funktionen zur Auswahl. Sie starten es über *Anwendungen / Multimedia / Brasero CD/DVD-Brennprogramm*. Es bietet die Erstellung von Audio-, Video- und Datenprojekten sowie die Kopie von Medien und das Brennen von Abbildern.

Wählen Sie zum Beispiel die Erstellung eines Datenprojektes, können Sie in das Fenster von Brasero die gewünschten Daten mit der Maus ziehen oder über den Hinzufügen-Knopf (das grüne Kreuz oben) Daten hinzufügen.

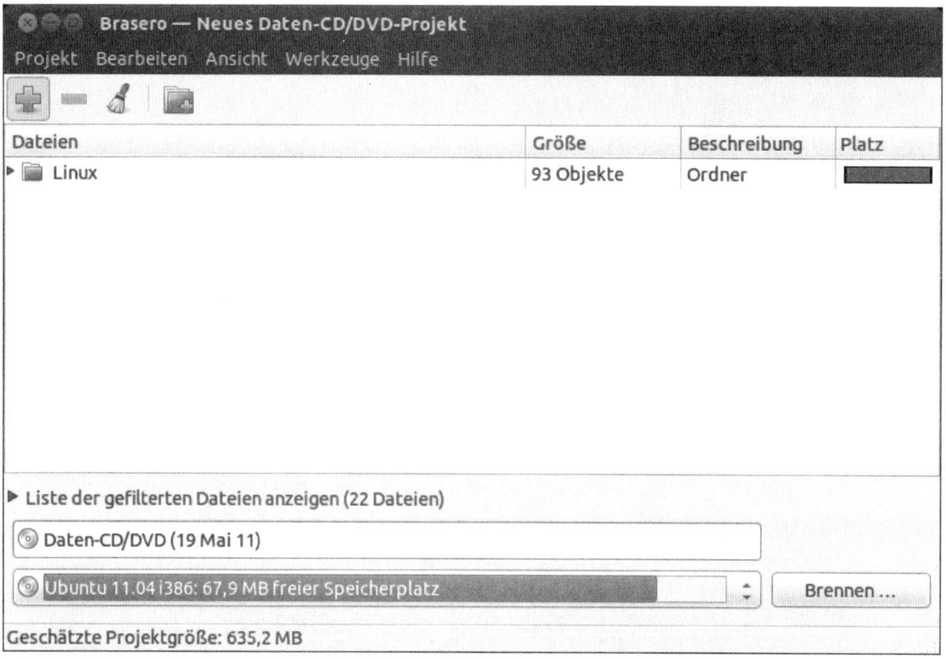

BILD 4.10 Das Auswahlfenster von Brasero

Über den Knopf *Brennen* erhalten Sie eine Übersicht der Brennoptionen, bevor der Brennvorgang beginnt. Eine Verifizierung ist auch hier nicht einstellbar.

HINWEIS: Brasero scheint auf mancher Hardware fehlerhaft zu arbeiten. Bei eigenen Versuchen hat es mehrere CD-RW-Rohlinge so „verbrannt", dass erst K3b sie wieder erkennen und löschen konnte! Dies zeigt, wie wichtig eine Überprüfung der gebrannten Daten ist!

K3b von KDE kann zudem eine Verifizierung der gebrannten Daten vornehmen. Es ist problemlos unter Gnome installierbar, benötigt aber viele zusätzliche Pakete.

Siehe auch: *http://wiki.ubuntuusers.de/brasero*

4.3 Suche nach Dateien

In einem weit verzweigten Dateisystem kann es durchaus vorkommen, dass eine Datei in einem Verzeichnis abgelegt und dort vergessen wurde. Mit dem Gnome-Suchdialog unter *Orte / Nach Dateien suchen* erhalten Sie ein Werkzeug zur schnellen Suche. Sie brauchen nur einen Teil oder den kompletten Namen einzugeben, nach dem das Programm `gnome-search-tool` suchen soll. Den zu durchsuchenden Ordner zu ändern und weitere Angaben einzugeben kann oft weiterhelfen:

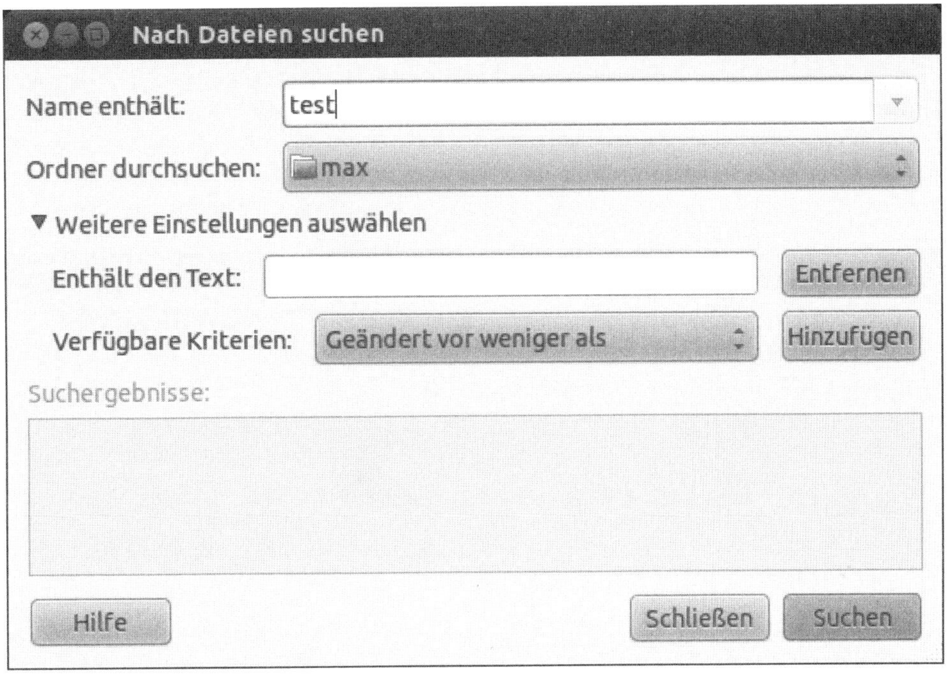

BILD 4.11 Das Suchprogramm von Gnome

Nautilus bietet ebenfalls eine Suchfunktion an. Klicken Sie in dessen Werkzeugleiste das Lupensymbol an, und Sie können in dem sich darunter öffnenden Suchfeld den Begriff eingeben, nach dem Nautilus im aktuell eingestellten Verzeichnis rekursiv suchen soll.

4.4 Evolution E-Mail

Nicht im Büro ist E-Mail heute unverzichtbar. Auch privat benutzen viele Leute diesen Internet-Dienst. Unter Windows kennen die meisten Anwender die Programme Outlook und Outlook-Express. Unter Ubuntu gibt es das Programm Evolution als Standardlösung, das einen Umstieg möglichst einfach gestalten will. Evolution ist nicht nur ein Mail-Programm; es enthält zusätzlich eine Terminverwaltung (Kalender) und einen Aufgabenplaner. Zudem besitzt es einen wirkungsvollen Spamfilter und bietet eine Synchronisationsmöglichkeit mit mobilen Geräten wie PDAs und Smartphones.

4.4.1 Die Einrichtung

Nach dem ersten Start werden Sie in einem Einrichtungsassistenten erst nach einer eventuellen früheren Sicherung von Evolution gefragt. Diesen Punkt können Sie überspringen.

Dann fordert er Sie dazu auf, erst Ihre Identität und danach die Daten von einem Ihrer Mail-Accounts einzugeben. Es folgen die Einstellungen für das Herunterladen von Mails. Voreinstellung ist IMAP. Sie können aber auch POP (für POP3) oder unter anderem einen Exchange-Server von Microsoft hier angeben. Wen Sie bei einigen Einstellungen unsicher sind, befragen Sie Ihren Provider oder informieren Sie sich auf dessen Webseite. Evolution hilft bei der Suche nach der passenden Authentifizierung über die Schaltfläche *Prüfen, welche Arten unterstützt werden*. Achten Sie darauf, zur Sicherheit eine SSL- oder TLS-Verschlüsselung anzugeben.

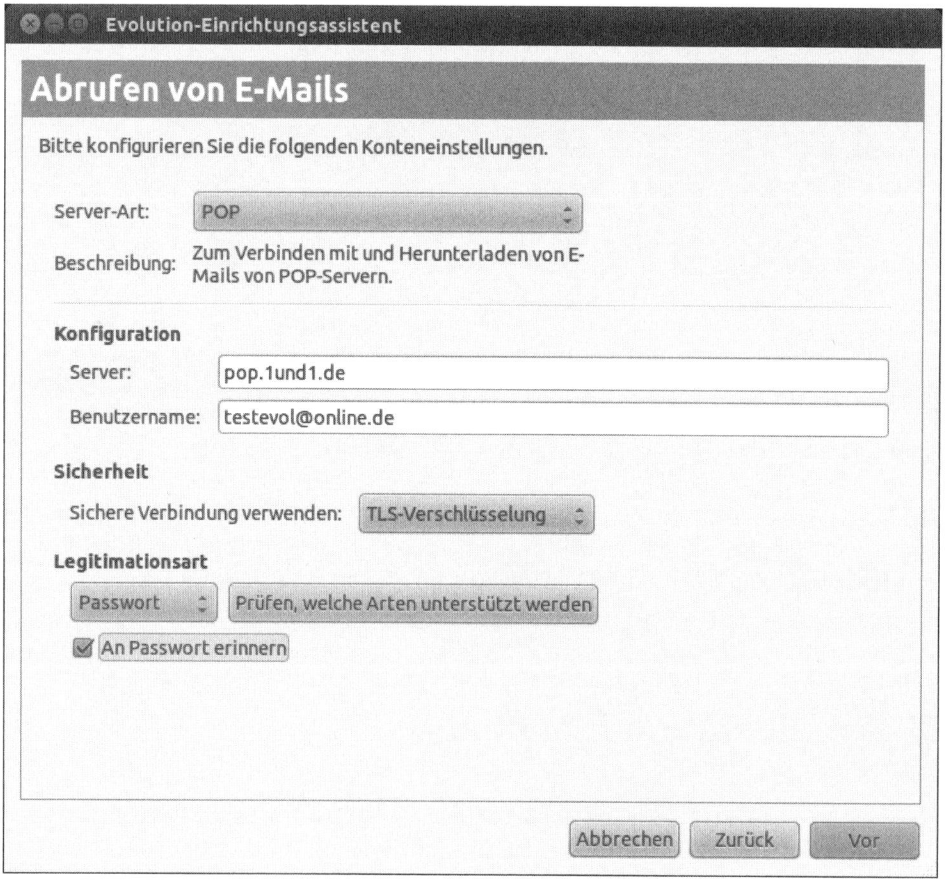

BILD 4.12 Einstellungen zum Abholen von Mails

Bei den Einstellungen für das Verschicken von Mails können Sie die Voreinstellung SMTP übernehmen. Auch hier sollten Sie darauf achten, eine TLS- oder SSL-Verschlüsselung anzugeben.

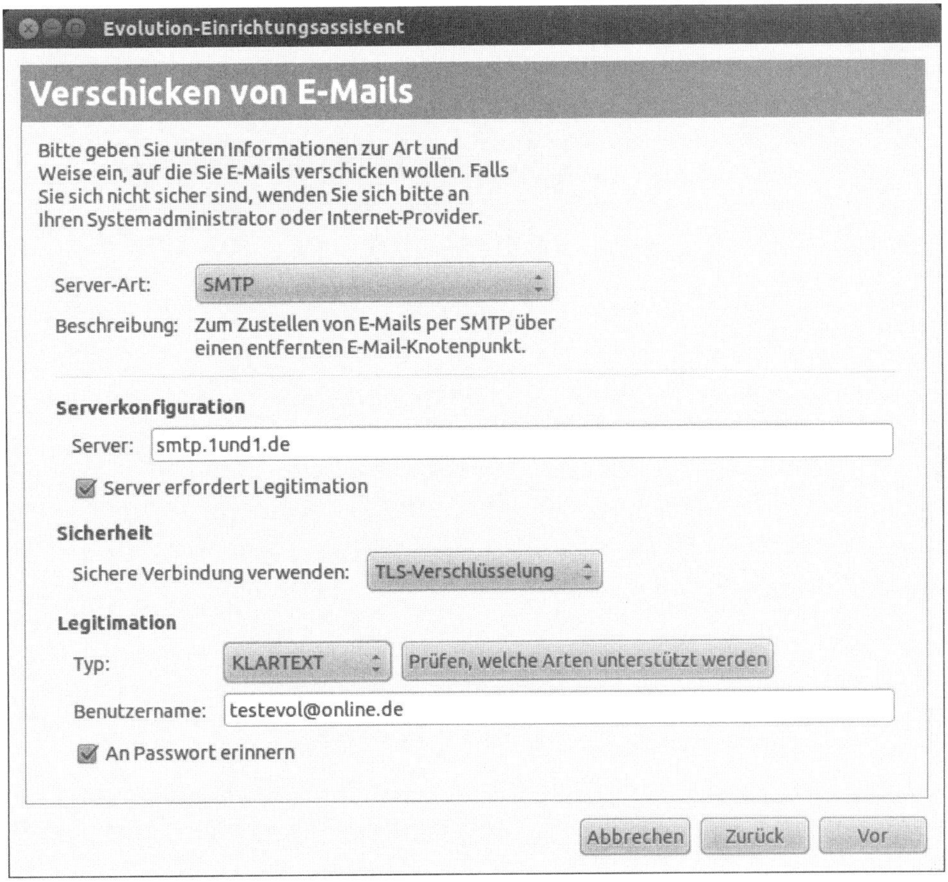

BILD 4.13 Einstellungen für das Verschicken von Mails

Alle genannten Einstellungen können Sie nachträglich ändern oder neue Konten einrichten über das Menü *Bearbeiten / Einstellungen*, sobald Evolution aufgerufen ist. In diesem Dialog sind noch viele weitere Einstellungen für Kontakte, E-Mails, Netzwerk, Kalender und etliches mehr möglich. Aus Sicherheitsgründen ist es empfehlenswert, immer nur eine einfache Darstellung der E-Mails anzugeben, da in HTML-Mails sich unliebsame Programme verstecken können.

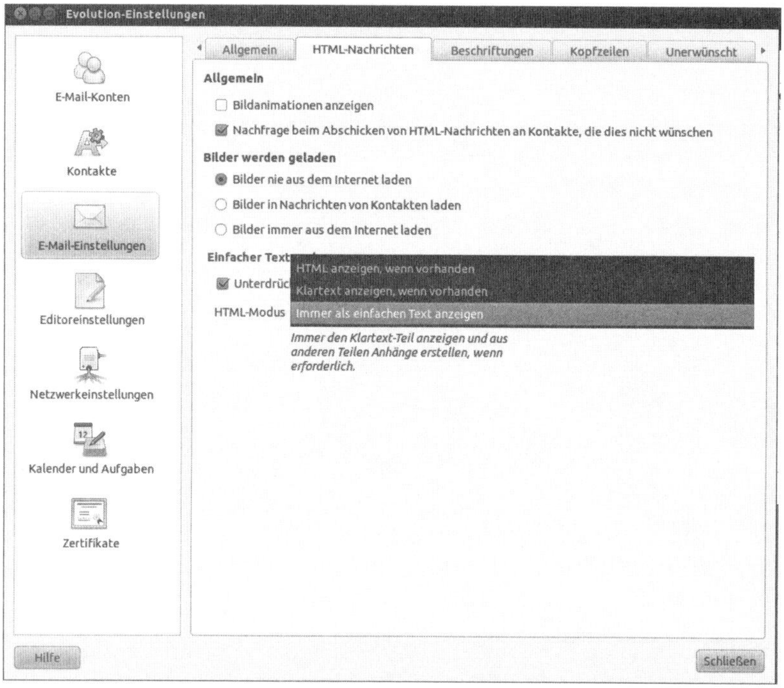

BILD 4.14 Darstellung von E-Mails

Eine Migration von Outlook-Daten ist ebenfalls möglich, indem Sie in Outlook erst die gewünschten Daten in eine PST-Datei exportieren und anschließend in Evolution über *Datei / Importieren* einspielen. Von anderen Mail-Programmen benötigen Sie die E-Mails im Mbox-Format. Siehe hierzu: *http://wiki.ubuntuusers.de/evolution#Datenmigration*

In dem Fenster von Evolution befinden sich in der bewährten Dreiteilung links eine Übersicht über die Postfächer, rechts oben die E-Mails aus dem gewählten Postfach und darunter deren Inhalt.

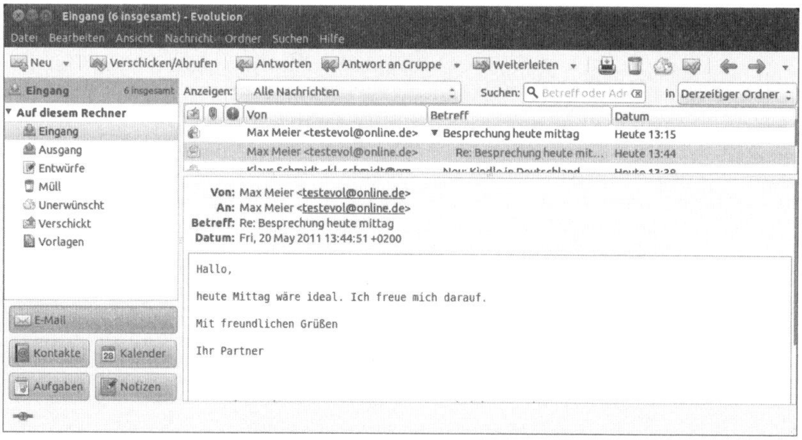

BILD 4.15 Die Mails in Evolution

In der Werzeugleiste unterhalb der Menüleiste befinden sich die Schaltflächen für die Neuerstellung, Verschickung, Weiterleitung etc. von E-Mails.

Ihre Kontakte sind über die entsprechende Schaltfläche links unten im Evolution-Fenster erreichbar oder auch unter *Ansicht / Fenster / Kontakte*. Dieses Fenster erlaubt Ihnen nicht nur, die Mail-Adressen der Kontakte zu lesen und zu bearbeiten, sondern auch über *Neu* neue zu erstellen oder in Kategorien einzusortieren.

Kontakte und Lesezeichen (aus Firefox) können Sie auch über das Internet speichern und auf andere Rechner übertragen. Öffnen Sie hierzu *System / Einstellungen / Ubuntu One* und installieren Sie wie aufgefordert das Programm `desktopcouch-ubuntuone`. Wenn Sie unter *Kontakte abgleichen* ebenfalls das nötige Programm installieren und ein Häkchen davor setzen, können Sie über das Internet Ihre Kontakte speichern und mit anderen Rechnern abgleichen.

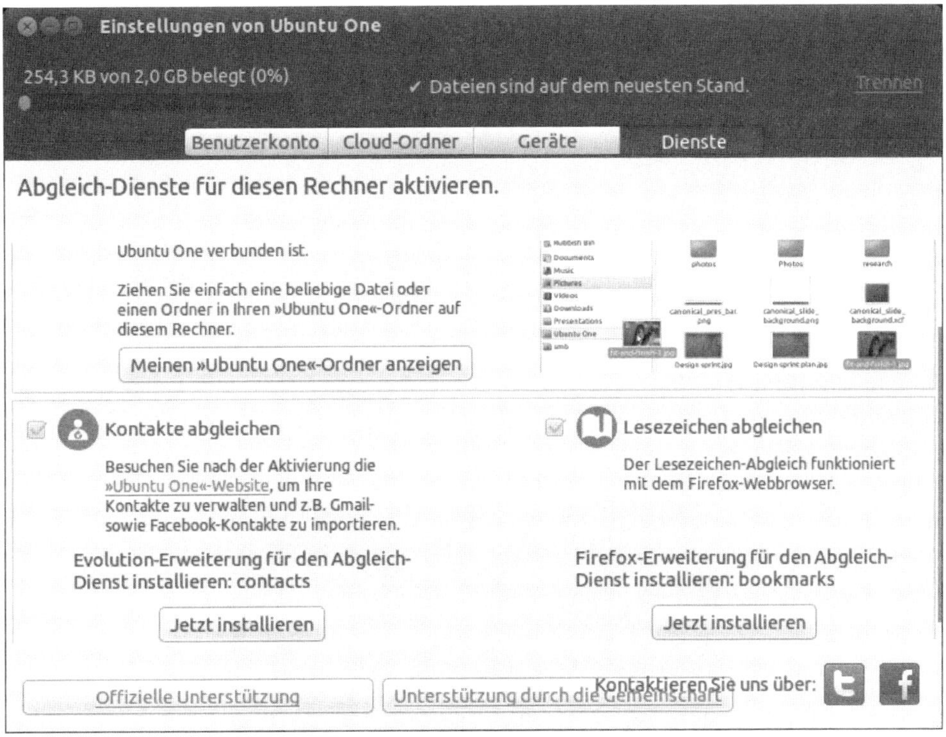

BILD 4.16 Abgleich von Kontakten und Lesezeichen

Nachdem die Installation von dem benötigten Programm beendet ist und Sie Evolution neu gestartet haben, können Sie Kontakte auf das Adressbuch „Ubuntu One" mit der Maus ziehen, um sie im Internet zu speichern. Voraussetzung sind natürlich eine Verbindung zum Internet und der gestartete Dienst „Ubuntu One". Sie sind mit dem Internet verbunden, wenn wie in Bild 4.16 oben rechts *Trennen* steht.

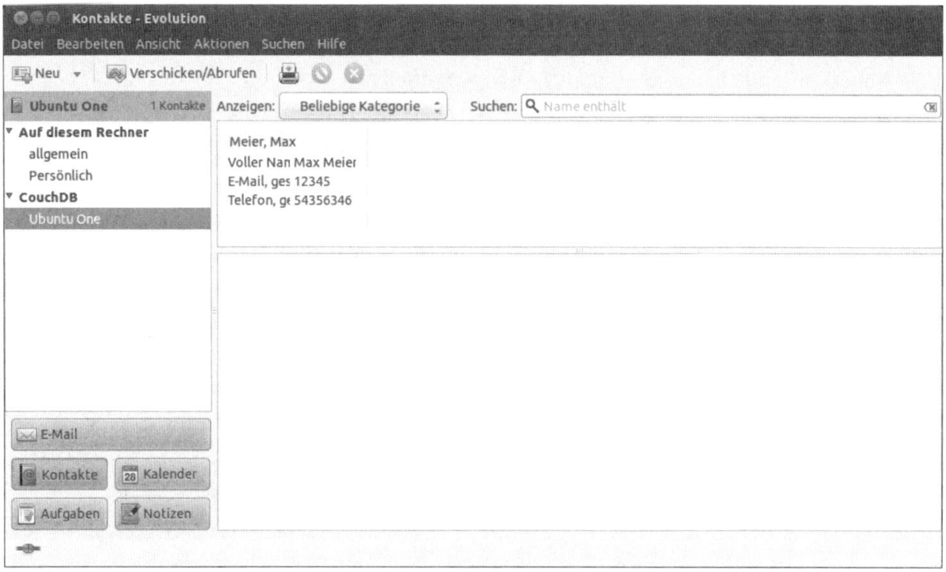

BILD 4.17 Abgleich mit Ubuntu One

Evolution bietet Ihnen zudem eine Verwaltung von Kalendern (Terminen), Aufgaben und Notizen.

Kalenderfunktionen

Der Systemkalender erscheint auf dem Desktop, wenn Sie auf die Uhrzeit oben links im Systempanel klicken.

BILD 4.18 Der Kalender von Ubuntu

Hier können Sie herausfinden, auf welchen Wochentag zum Beispiel der 13. April fiel, indem Sie über die Pfeile entsprechend navigieren. Der Administrator kann über *„Zeit- & Datumseinstellungen ...“* entsprechende Änderungen vornehmen.

Klicken Sie auf *Ereignis hinzufügen*, gelangen Sie in das Kalenderfenster von Evolution zur Terminverwaltung. Ist Evolution noch nicht konfiguriert, wird dies vorher angeboten.

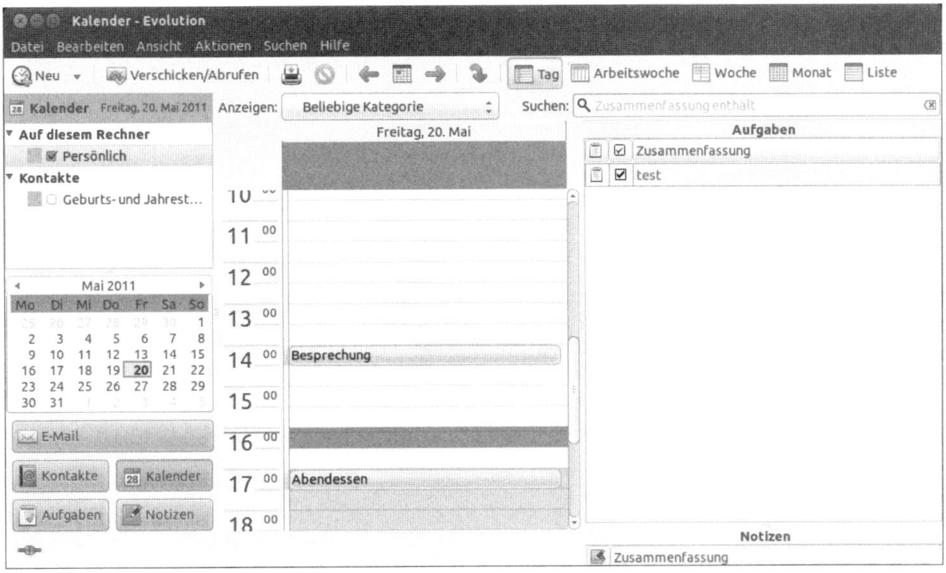

BILD 4.19 Der Kalender von Evolution

Die Darstellung können Sie in der Leiste oben ändern, sodass eine Woche oder ein Monat gleichzeitig angezeigt wird. Einen Termin tragen Sie einfach bei der gewünschten Zeit ein. Klicken Sie doppelt darauf, wenn Sie weitere Angaben dazu eingeben wollen. Dieses öffnet sich auch innerhalb von Evolution nach einem Klick auf die Schaltfläche *Kalender* links unten.

Sie können über das Menü *Datei / Neu / Kalender* weitere Kalender im Internet einbinden, zum Beispiel einen Google-Kalender.

Aufgaben

Aufgaben sind nicht wie Termine an einen bestimmten Zeitpunkt gebunden. Klicken Sie auf *Aufgaben* und dann auf *Klicken Sie hier, um eine neue Aufgabe einzufügen.* Wenn Sie weitere Angaben dazu eingeben wollen, klicken Sie doppelt auf die entsprechende Aufgabe. Ist eine Aufgabe erledigt, klicken Sie in das Quadrat links daneben. Die Aufgabe erhält damit ein Häkchen.

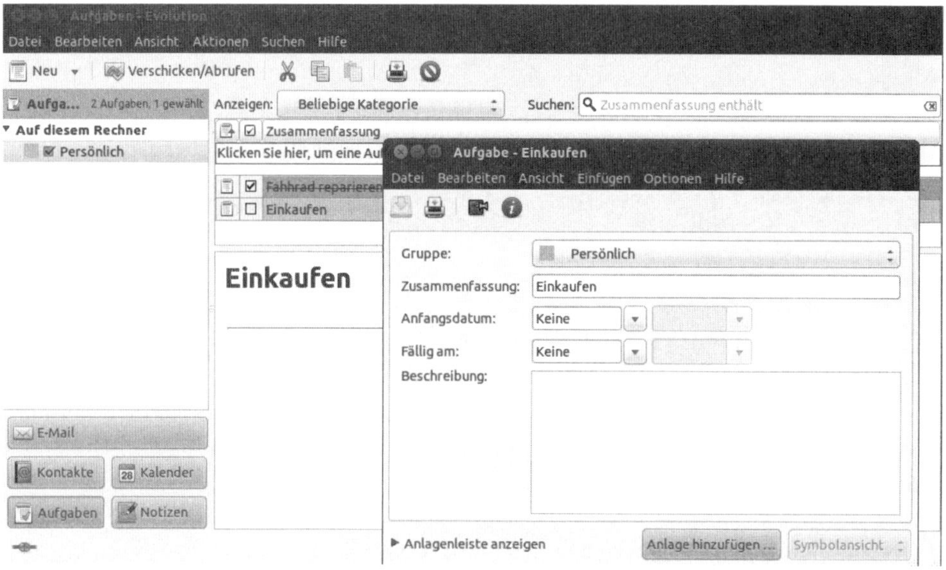

BILD 4.20 Aufgaben in Evolution mit weiterem Formular

Notizen

Klicken Sie auf *Notizen*, ermöglicht Ihnen Evolution, Ihre Notizen einzutragen. Sie sind ähnlich zu behandeln wie die schon beschriebenen Aufgaben. Notizen können Sie unter Ubuntu auch ohne Evolution erstellen mit dem Programm `tomboy`.

PRAXISTIPP: Die Programme aus dem Paket `redpst` bieten eine Konvertierung von Mailformaten in andere Formate an, wie zum Beispiel von Outlook-Mails in Formate von Linux.

Siehe auch: *http://wiki.ubuntuusers.de/evolution*

4.5 Firefox und Thunderbird

Nachdem die Firma Netscape die Sourcen für das Programm `Netscape` freigegeben hatte, konnte jeder Programmierer sich an dessen Weiterentwicklung beteiligen. Das neue Programm wurde `Mozilla` genannt.

Die Nachfolger vom Projekt Mozilla sind in einzelne Programme aufgespalten und separat installierbar. Es sind einerseits der Webbrowser `Firefox` und das reine Mail-Programm `Thunderbird` ohne zusätzliche Funktionen für Kalender etc. Während Firefox der Standardbrowser unter Ubuntu und vielen anderen Linux-Distributionen ist, führt Thunderbird ein wenig ein Schattendasein. Zu Unrecht, wie viele meinen. Es gibt Firefox und Thunderbird für viele Plattformen, auch für Windows. Siehe: *http://wiki.ubuntuusers.de/firefox*

Ihre Favoriten und weitere Daten können Sie aus dem Internet Explorer exportieren über *Datei / Importieren und Exportieren* und in Firefox einbinden. Siehe hierzu auch: *http://wiki.ubuntuusers.de/firefox/migration*

Firefox und Konsorten können mit etlichen Erweiterungen ausgestattet sein (Plug-ins oder Add-ons). Falls diese Probleme bereiten, ist ein Start ohne sie in der Kommandozeile möglich mit z. B. dem Aufruf: `firefox -safe-mode`.

4.5.1 Firefox-Erweiterungen

Für einen sicheren Zugang zum Internet sind Sie als Anwender unter Windows gewohnt, die Sicherheitsstufe möglichst hoch zu setzen, damit eine in einer Webseite eingebaute Schadsoftware weitgehend machtlos ist. Unter Firefox gibt es diese Stufen nicht; sie sind auch kaum nötig, da Firefox keinen ActiveX-Code und auch die Windows-Scripting-Aufrufe auf dubiosen Seiten nicht ausführt. Zudem sind derartige Programme unter Ubuntu nicht lauffähig, da sie für Windows programmiert sind.

Es könnten jedoch auch einmal Skriptaufrufe eingebettet sein, die für Linux programmiert sind. Um eine sehr hohe Sicherheit zu erhalten, keiner Schadsoftware in Webseiten zum Opfer zu fallen, können Sie Hilfsprogramme (sogenannte Add-ons) im Firefox installieren. Unter *Extras / Add-ons* öffnet sich ein Fenster, in dem Sie nach Add-ons suchen können.

Besonders interessant sind die Programme `noScript`, das JavaScript-Aufrufe blockiert, und `Flashblock`, das die Ausführung des als unsicher geltenden Flash nicht zulässt. Falls Sie dennoch auf einer Seite derartige Skripte benötigen, können Sie dies dennoch explizit zulassen. Nicht nur aus Sicherheitsgründen sind diese Erweiterungen sinnvoll. Viele Webseiten sind derart überfrachtet mit blinkenden und zappelnden Inhalten, dass ein ungestörtes Lesen ohne Blockierung schwer möglich ist.

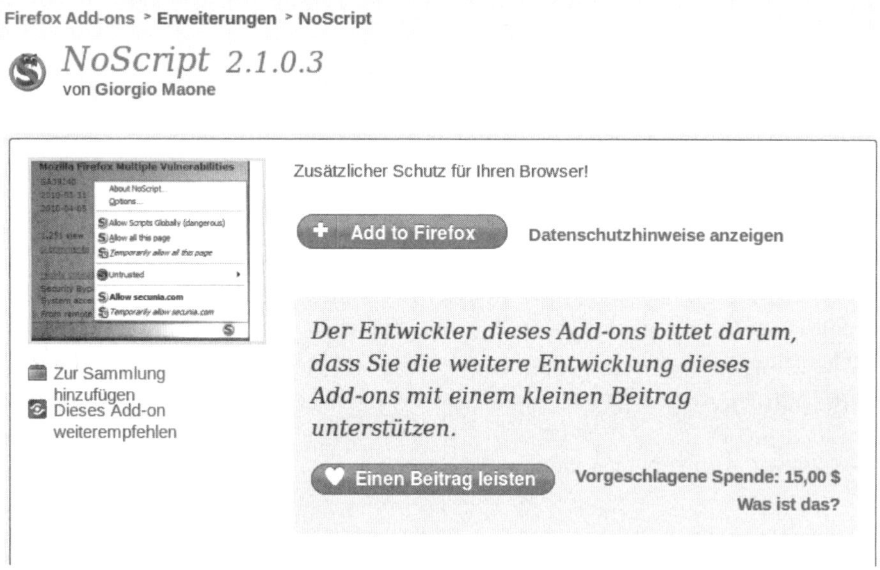

BILD 4.21 Das Suchergebnis nach `noscript` (Ausschnitt aus Firefox)

Installieren können Sie ein Add-on, indem Sie einfach auf *Add to Firefox* klicken. In einer Webseite, in der Skripte vorhanden sind, erscheint nun am unteren Rand ein Hinweis darauf, dass sie geblockt wurden. Unten rechts auf der Seite können Sie über *Einstellungen* bei bestimmten Seiten angeben, dass keine Skripte blockiert werden sollen, der Schutz nur temporär abzuschalten ist und vieles mehr.

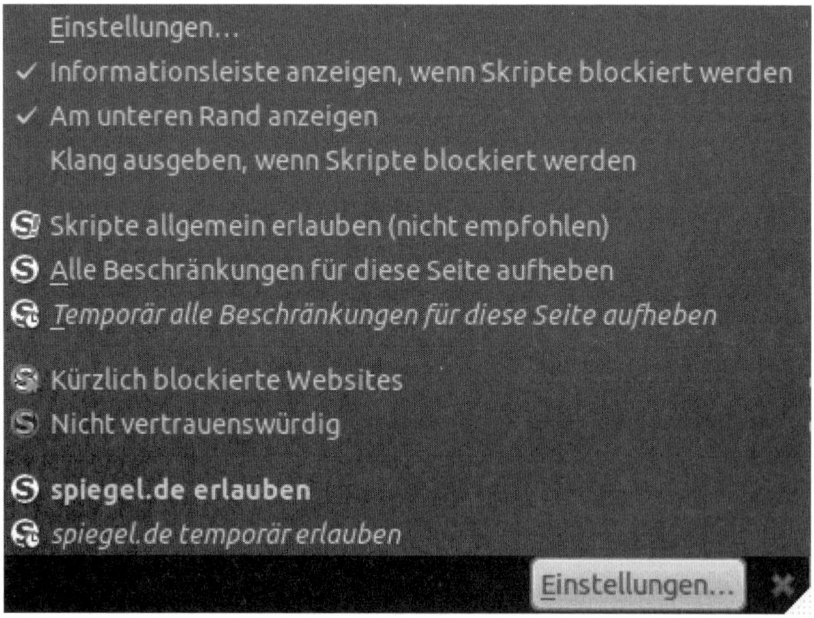

BILD 4.22 Die Einstellungen von `noscript`

4.6 LibreOffice

Ursprünglich wurde StarOffice von der deutschen Firma StarDivision entwickelt, von SUN aufgekauft und zuletzt von Oracle geschluckt. SUN gab die Sourcen von StarOffice frei für eine „freie“ Version OpenOffice, die eine Gemeinschaft von Programmierern weiterentwickelte. Nachdem SUN von Oracle aufgekauft wurde und es Meinungsverschiedenheiten über die Weiterentwicklung gab, heißt OpenOffice ab Version 3.3 nun LibreOffice.

OpenOffice und LibreOffice sind quasi Standard für Office-Anwendungen unter Linux. Enthalten sind mehrere Komponenten für Textverarbeitung, Tabellenkalkulation, Präsentation, Zeichnung etc.

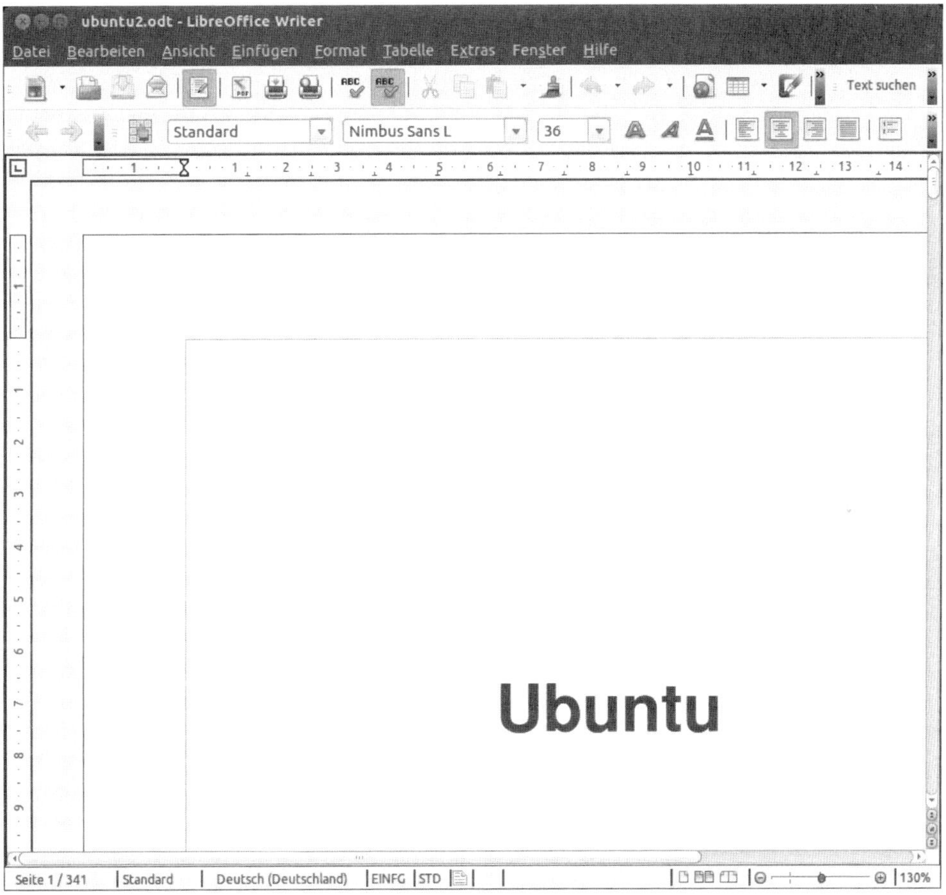

BILD 4.23 Die Ansicht von LibreOffice Writer

Ein großer Vorteil dabei ist auch, dass sowohl OpenOffice als auch LibreOffice auf verschiedenen Plattformen laufen können, wie unter Windows, Apple, UNIX, SGI und vielen mehr. Ein Austausch von Dokumenten ist damit leicht möglich.

Die Erstellung von PDF-Dateien ist direkt unter OpenOffice ab Version 1.1 möglich.

HINWEIS: Wenn Sie ein Dokument als PDF-Datei exportieren wollen, gibt es zwar hierfür unter OpenOffice und LibreOffice einen Menüeintrag unter *Datei / Export als PDF…*. Es kann dabei aber vorkommen, dass einige Systemfonts nicht in die Datei exportiert werden. Am besten drucken Sie das Dokument als PostScript-Dokument in eine Datei aus, das Sie unter *Datei / Drucken* unter dem Reiter *Optionen* einstellen können. Danach wandeln Sie es in eine PDF-Datei um mit folgendem Kommando:

```
user@ubuntu:~$ ps2pdf datei.ps
```

LibreOffice enthält einige neue experimentelle Funktionen, darunter einen Makro-Rekorder. Diese Funktionen können Sie verwenden, wenn Sie unter *Extras / Optionen* im Feld *Allgemein* die Option *Aktiviere experimentelle (instabile) Funktionen* aktiv setzen.

Zudem kann es auch Dokumente von Word Perfect, Microsoft Office und von vielen weiteren Anwendungen lesen, bearbeiten und in diesen Formaten abspeichern. Im Inhalt können dabei jedoch einige Formatierungen anders dargestellt werden. Makros von Microsoft funktionieren jedoch nicht! Dies kann als Nachteil angesehen werden; es verhindert aber auch die Ausführung vieler weit verbreiteter Makroviren.

PRAXISTIPP: OpenOffice und LibreOffice können viele Formate lesen und schreiben; auch diejenigen von Microsoft Office. Besonders von Microsoft Word ist bekannt, dass es bei langen Texten bzw. bei vielen Bildern mitunter aussetzt oder die Dokumentdatei verstümmelt zurückschreibt. Sollte Ihnen dies vorkommen, können Sie OpenOffice bzw. LibreOffice benutzen, um zu retten, was zu retten ist. In vielen Fällen wurden auf diese Art schon umfangreiche Dokumente wieder hergestellt, die Word selbst nicht mehr lesen konnte.

4.7 Der Dokumentenbetrachter `evince`

`Evince` kann mit vielen Textformaten umgehen, wie PDF- und PostScript-Dateien. In Ubuntu ist es als Standardanwendung für viele Formate eingetragen, wie PDF- und PostScript-Dateien. Es kann auch viele Bildformate anzeigen, wie Bitmap-, JPG-Dateien und etliche mehr.

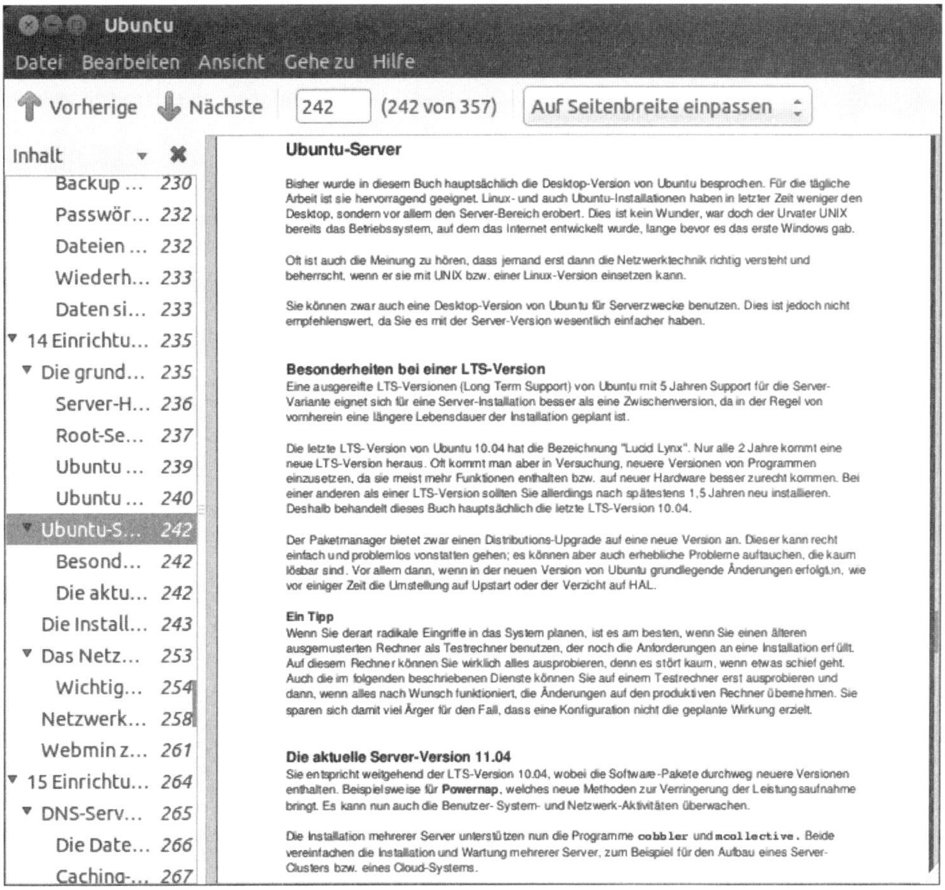

BILD 4.24 Der Dokumentenbetrachter `evince`

4.7.1 Acrobat Reader

Das Programm `acroread` zeigt unter Ubuntu ebenfalls PDF-Dateien an und bietet die Funktionalität, die Sie vom Acrobat Reader gewohnt sind. Er ist für viele weitere Plattformen vorhanden, wie Windows, Apple, UNIX usw.

Eine deutschsprachige Version können Sie über das `Software-Center` installieren, wenn Sie einen Eintrag für die neue Paketquelle `natty-partner` in Ihrem System akzeptieren.

4.8 Grafiken bearbeiten

Wer das Grafikprogramm `Photoshop` von Adobe kennt, kann auch mit `Gimp` umgehen. Es kann fast alles, was `Photoshop` kann, und stellt eine interessante kostenlose Alternative dar. Es erlaubt auch, Bilder direkt über einen Scanner einzulesen. Siehe hierzu Kapitel 5.3.

`Gimp` muss erst installiert werden, entweder über das Ubuntu Software-Center oder per Synaptic. Im letzteren Fall können Sie auch gleich die deutschen Hilfe-Seiten im Paket `gimp-help-de` mit installieren. Nach dem Start verteilt sich das Programm auf drei Fenster. Um die Übersicht nicht zu verlieren, empfiehlt sich der Start in einer eigenen Arbeitsfläche.

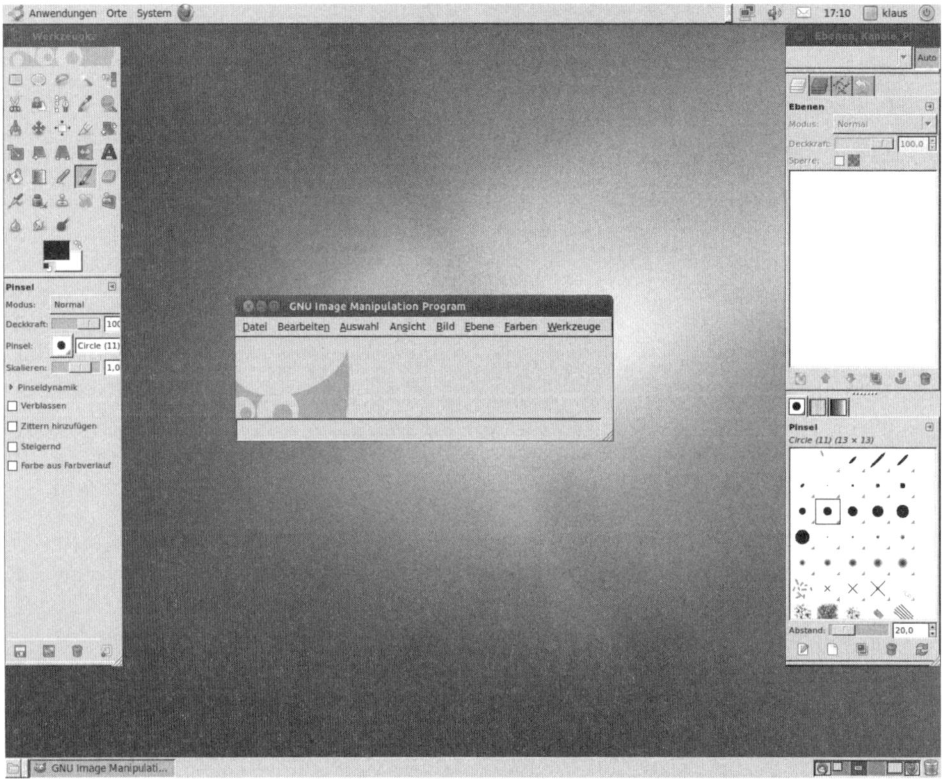

BILD 4.25 Das Grafikprogramm Gimp direkt nach dem Start

Siehe auch: *http://wiki.ubuntuusers.de/gimp*

4.8.1 Desktop-Publishing mit Scribus

Zum Erstellen hochwertiger Layouts für Druckzwecke, wie Vereinszeitungen, Werbeflyer etc., bietet sich ein Blick auf das Programm `Scribus` an. Es kann Designs in druckfertigen PDF-Dateien erstellen und auch mit der CMYK-Farbverwaltung für farbtreue Ausdrucke umgehen.

4.9 Programme parallel in Windows und Ubuntu verwenden

Unter Ubuntu ist es wie unter Linux üblich, die systemspezifischen Einstellungen unter `/etc` einzurichten und diejenigen für den jeweiligen Benutzer in seinem Homeverzeichnis in versteckten Dateien bzw. Verzeichnissen. Unter Windows erzeugen Anwenderprogramme ebenfalls Dateien, in denen Sie die Einstellungen vom Anwender und weitere Daten speichern.

Viele Programme gibt es sowohl für Windows und für Ubuntu, wie LibreOffice (OpenOffice), Firefox, Thunderbird, Gimp etc. Die Arbeit erleichtern kann eine gemeinsame Nutzung der Profile von Firefox, Thunderbird und Co, wenn die Programme abwechselnd in Windows und Ubuntu zum Einsatz kommen. Unter Windows liegen sie per Default unter dem Verzeichnis `C:\Users\<Username>\Anwendungsdaten`; die von Firefox in `Mozilla\Firefox\Profiles`, die von Thunderbird in `Thunderbird\Profiles` usw. Beim Aufruf mit der Option `-P` bieten Firefox bzw. Thunderbird einen Profilmanager, über den unter Ubuntu mit *Create Profile* die Windows-Profile einstellbar sind.

Voraussetzung hierfür ist, dass die Partition von Windows dauerhaft im Dateisystem bei jedem Booten eingebunden wird. Details hierzu können Sie in Kapitel 7.7.3 nachlesen. Windows darf jedoch nicht im Ruhezustand oder im Hibernation-Modus verlassen werden, da sonst ein Schreiben in dessen Dateisystem unangenehme Folgen haben kann.

4.10 Multimedia

Wer braucht neben der Arbeit nicht etwas Entspannung; sei es in Form von Musik, sei es als Video oder als Spiel zwischendurch. Ubuntu bringt bereits in der Standardvariante eine Menge von Multimedia-Anwendungen mit oder stellt sie zur Installation bereit. Wer hauptsächlich Multimedia-Anwendungen benötigt, kann die Variante Mythbuntu installieren, die speziell darauf abgestimmt ist und unter anderem auch ein Mediacenter mitbringt.

Wegen der unterschiedlichen rechtlichen Gegebenheiten in vielen Ländern ist jedoch wegen Patenten und Urheberrechten die Weitergabe von Software problematisch, die für das Abspielen bestimmter Formate erforderlich ist. Daher sind nicht alle Programme und Codecs in den Standard-Repositories enthalten. Wenn Sie bei der Installation ein Häkchen bei *Software von Drittanbietern installieren* eingetragen haben, ist bereits das Paket `ubuntu-restricted-addons` mit dem Fluendo-MP3-Plug-in installiert. Das Paket `ubuntu-restricted-extras` sollten Sie zusätzlich installieren; es enthält diverse Codecs für Audio- und Video-Wiedergabe.

Wie Sie eine weitere Auswahl an Paketen einbinden, können Sie nachlesen unter: *https://help.ubuntu.com/community/Medibuntu*

Weitere Informationen zu Paketquellen finden Sie in Kapitel 9 und unter: *https://www.launchpad.net*

Audiodateien wiedergeben

Die Standardanwendung für das Abspielen von Audioformaten ist unter Ubuntu Natty das Programm `Banshee`. Für einige Dateiendungen scheint dies noch nicht erfasst zu sein. Falls also die Video-Software `Totem` beim Aufruf einer MP3-Datei startet, sollten Sie die Datei mit einer anderen Anwendung starten, wie in Bild 4.5 gezeigt. Wählen Sie dann `Banshee` und belassen Sie die Voreinstellung, dass diese Anwendung nun als Standard für das System gilt.

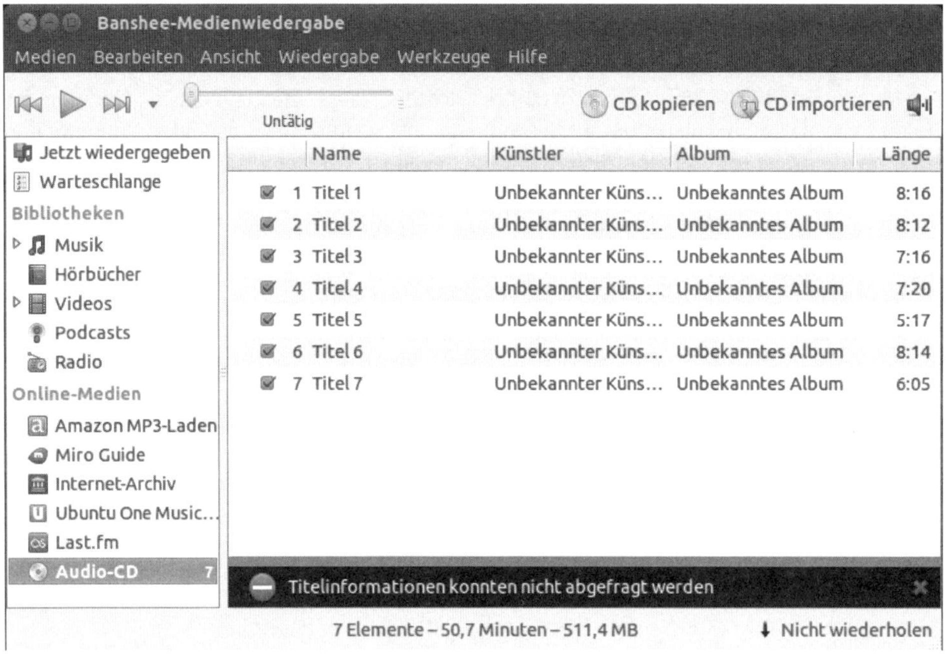

BILD 4.26 Der Audio-Player `Banshee` beim Abspielen einer CD

`Banshee` kann viele weitere Aktionen durchführen, wie die Titel im Internet suchen, den Inhalt einer CD einlesen, Musik zum Kauf im Amazon MP3-Laden oder im Ubuntu One Music Store anzeigen etc. Ein Rippen in das MP3-Format können Sie über *Bearbeiten / Einstellungen / Quellspezifisch* und anschließend nach der Wahl der Quelle *Audio-CD* angeben.

Siehe auch: *http://wiki.ubuntuusers.de/banshee*

Ein weiteres viel benutztes Programm für die Musikwiedergabe ist `Rhythmbox`. Für Audioaufnahmen (auch für Audioausgaben von anderen Programmen) eignet sich bestens `Audacity`. Mit `EasyTag` können Sie die MP3-Tags editieren; mit `normalize-audio` gleichen Sie den Pegel von Musikstücken an.

Unter Ubuntu gibt es noch zahlreiche weitere Programme für Multimedia-Anwendungen, geben Sie einfach in `Synaptic` den Suchbegriff „mp3“, „DVD“ oder Ähnliches ein.

HINWEIS: Falls Sie keinen Ton hören, überprüfen Sie den Lautstärkeregler. Sie finden ihn in dem oberen Panel rechts zwischen dem Symbol für *Network-Manager* und *Mail*.

Videos wiedergeben

Das Programm `Totem` ist das Standardprogramm für die Wiedergabe von Videos. Es kann jedoch nicht alle Formate wiedergeben. Besonders kommerzielle DVDs kann es nicht abspielen, sobald sie das CSS-Verschlüsselungsverfahren benutzen. Da der Einsatz von CSS in einer rechtlichen Grauzone liegt, müssen Sie für diese Zwecke ein kommerzielles Programm erwerben, wie zum Beispiel den `Fluendo DVD-Player`. Er bietet eine günstige Möglichkeit, auch unter Linux und Ubuntu verschlüsselte DVDs anzusehen.

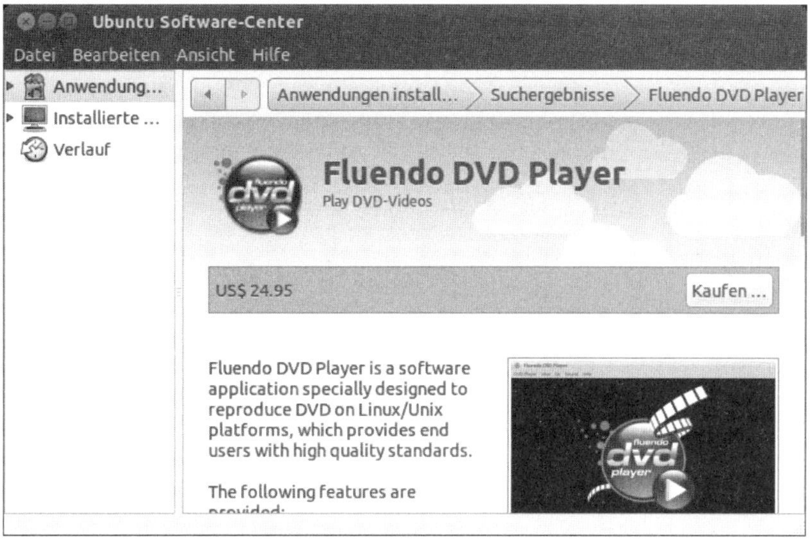

BILD 4.27 Der Fluendo DVD-Player im Ubuntu Software-Center

Sie können ihn entweder über das Ubuntu Software-Center per Kreditkarte erwerben oder auch zum Beispiel über *http://www.linux-discount.de/Store/an99/AN99-F01-INT/de/.*

`VLC` als Video-Player

Der Video-Player `VLC` ist auch auf vielen anderen Plattformen bekannt. Unter Ubuntu bringt er eine Vielzahl von Codes selbst mit, sodass er nahezu alle Videoformate abspielen kann, die nicht verschlüsselt sind. Er ist daher eine interessante Alternative zu `Totem`. Siehe auch: *http://wiki.ubuntuusers.de/VLC.*

`Real-Player`

Auch der `Real-Player` ist für alle Linux-Distributionen frei erhältlich, er gilt jedoch nicht als freies Programm. Wenn Sie eine Webseite wie zum Beispiel YouTube besuchen, die Videos anbietet, wird er automatisch gestartet.

Videoschnitt

Das freie Videoschnittprogramm `OpenShot` bietet eine einfach zu bedienende Oberfläche. Es ist sowohl im Ubuntu Software-Center oder per `Synaptic` erhältlich. Siehe auch: *http://wiki.ubuntuusers.de/openshot.*

Falls nur Werbung aus einer Aufnahme geschnitten werden soll, eignet sich hierfür das Paket `project-x`.

Das Programm `pitivi` ist ebenfalls ein viel benutzter Video-Editor. Siehe auch: *http://wiki.ubuntuusers.de/pitivi.*

Das Programm `RecordMyDesktop` kann ein Video von Aktionen auf dem Desktop erstellen. Siehe auch: *http://wiki.ubuntuusers.de/recordmydesktop.*

Fotoverwaltung

`Shotwell` ist Standard für die Verwaltung von Fotos. Es ist bereits automatisch installiert und kann auch die Aufnahmen von einer Kamera einlesen. Es beherrscht zusätzlich einige Funktionen zum Bearbeiten von Fotos. Ein weiteres Programm hierfür ist `digikam`, das den Ablauf vom Einlesen der Bilder aus der Kamera bis zur Archivierung und zum Drucken unterstützt.

4.11 Kommunikation

Falls Sie Konten bei Twitter, Facebook oder Identica benutzen wollen, hilft Ihnen dabei das Programm `Emphaty`. Es befindet sich unter *Anwendungen / Internet / Emphaty-Sofortnachrichtenprogramm.*

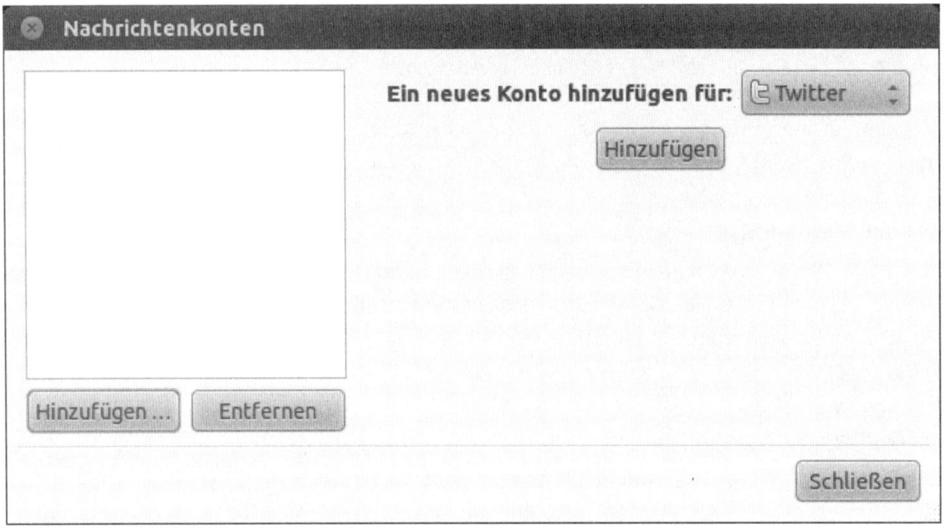

BILD 4.28 Einrichten eines Kontos bei Twitter, Facebook oder Identica

Mit `Gwibber` erhalten Sie Microbloggings wie Twitterfeeds etc.

Ähnlich wie beim Acrobat Reader können Sie das Video-Telefonieprogramm `Skype` über das Ubuntu Software-Center installieren, nachdem Sie die Paketquelle `natty-partner` in Ihrem System akzeptiert haben.

BILD 4.29 Die Paketquelle von `Skype`

Nachdem Sie akzeptieren, erhalten Sie das Fenster, in dem Sie die Installation starten können. Die Beta-Version 2.2 von Skype bietet zudem ein Desktop-Sharing an. Der Partner hat dabei Zugriff auf den eigenen Bildschirm. Erreichbar ist das Programm `skype` über *Anwendungen / Internet / Skype*. Sie müssen einer Lizenzvereinbarung zustimmen. Dann können Sie entweder einen eigenen Skype-Namen anfordern oder sich mit Ihren vorhandenen Daten anmelden.

BILD 4.30 Die Anmeldung bei Skype

4.12 Bildschirmfotos erstellen

Unter Gnome können Sie recht einfach ein Bild vom gesamten Bildschirm erstellen, indem Sie die Taste [DRUCK] betätigen. Mit der Taste [ALT] zusammen ist dies auch für einzelne Fenster möglich. Das Programm `gnome-screenshot` erreichen Sie auch unter *Anwendungen / Zubehör / Bildschirmfoto aufnehmen*. Die produzierten Bilder sind jedoch im Gnome-Bildbetrachter *Eye of Gnome* nicht lesbar, wenn sie als Bitmap abgespeichert sind. Es kommt die Meldung *Die Vorspanndaten der BMP-Datei sind Unsinn*. Das Programm `Dokumentenbetrachter` zeigt diese Bilder jedoch problemlos an.

Das Programm `ksnapshot` ist besser geeignet, da es weitere Einstellmöglichkeiten bietet und sich nach einer Aufnahme nicht beendet. Es muss erst nachinstalliert werden. Unter der KDE-Oberfläche ist es bereits dabei.

Auch unter `Gimp` können Sie unter *Datei / Erstellen / Bildschirmfoto ...* Bilder entweder vom gesamten Bildschirm, von einem Bereich oder von einzelnen Fenstern erstellen und weiter bearbeiten.

4.13 Windows-Programme unter Ubuntu starten

Oft ist es wünschenswert, Programme unter Ubuntu auszuführen, die Sie bereits unter Windows kennen und gekauft haben und die es womöglich für Ubuntu selbst nicht gibt. Mit den Programmen aus dem Paket `wine` können Sie etliche Windows-Programme unter Ubuntu ausführen, nachdem es installiert ist. Nach der Installation mit allen weiteren davon abhängigen Paketen sollten Sie zunächst das Programm `winecfg` in einem Terminal aufrufen. Auch die Kommandos auf der nächsten Seite sind in einem Terminal einzugeben. Zur Bedienung von Terminals sei auf Kapitel 6 verwiesen.

BILD 4.31 Die Konfiguration von WINE

Sie können nun ein Windows-Programm installieren, indem Sie zum Beispiel die Setup-Datei mit `wine` ausführen:

```
user@ubuntu:~$ wine setup.exe
```

Sie können auch ein Windows-Programm in Ihr Homeverzeichnis kopieren und dann wie folgt ausführen:

```
user@ubuntu:~$ wine programmname.exe
```

Zu beachten ist hierbei, dass eventuell nötige DLL-Dateien im selben Ordner abgelegt sein sollten. Auch sind nicht alle Windows-Programme lauffähig. Hier ein Beispiel für das Programm `freecell.exe` unter Ubuntu:

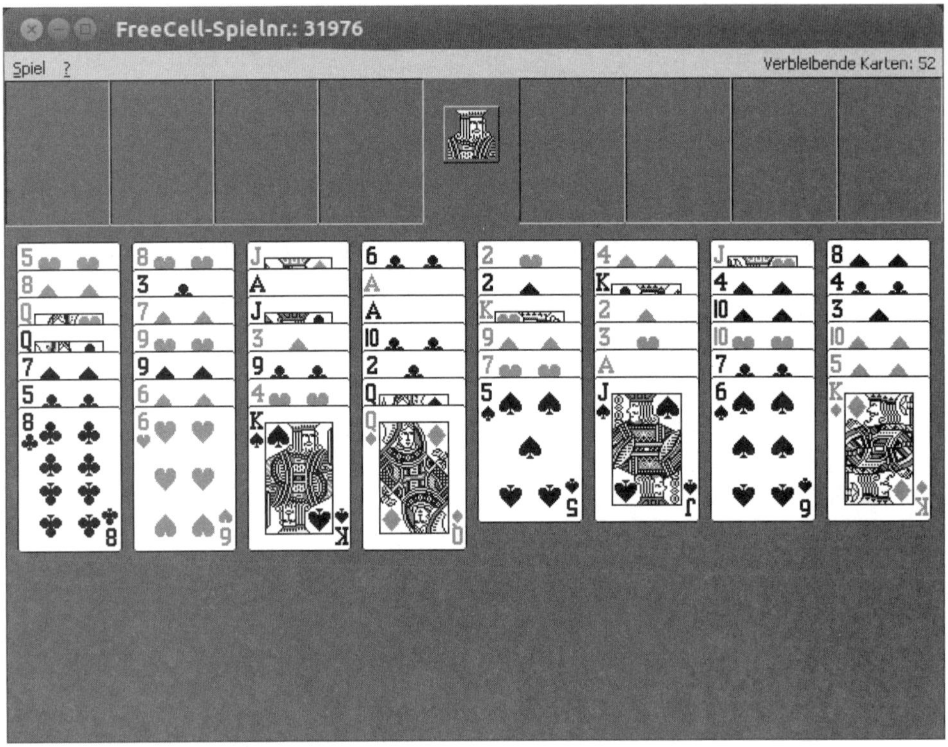

BILD 4.32 Ein Windows-Programm unter Ubuntu

Eine kommerzielle Version stellt das Programm `Crossover` dar, das Sie käuflich erwerben können. Es kann mit erheblich mehr Windows-Programmen umgehen. Siehe auch: *http://wiki.ubuntuusers.de/crossover*

Ubuntu bietet etliche weitere Virtualisierungssysteme, mit denen Windows-Programme oder ganze virtuelle Rechner gestartet werden können, wie `KVM`, `VirtualBox`, `VMWare` und etliche mehr. Siehe auch:

http://wiki.ubuntuusers.de/wine

http://wiki.ubuntuusers.de/KVM

http://wiki.ubuntuusers.de/virtualbox

http://wiki.ubuntuusers.de/vmware

5 Die Hardware einrichten

Damit ein Betriebssystem die angeschlossene Hardware benutzen kann, muss es erst mitgeteilt bekommen, wie es mit dieser Hardware umzugehen hat, also welche Treiber zu benutzen sind, welche Einstellungen gelten sollen etc. Wird für einen Windows-Rechner Hardware gekauft, ist wenigstens eine Diskette oder CD mit Treibern für alle aktuellen Versionen von Windows dem Gerät beigefügt. Mitunter finden sich noch Treiber für Apple-Betriebssysteme.

Im Gegensatz hierzu werden nur in seltenen Fällen die passenden Linux-Treiber beigelegt. Was bedeutet, dass Linux bzw. Ubuntu selbst die Treiber für möglichst viel Hardware als Kernel-Module mitbringen muss. Siehe hierzu Kapitel 8.1.

Bei sehr neuen Geräten oder bei Hardware, für die vom Hersteller keine Beschreibung zur Verfügung gestellt wird, kann deshalb diese gelegentlich nicht oder nicht optimal unter Linux betrieben werden. Generell gilt jedoch: ca. 90 – 95% der PC-Hardware ist unter Ubuntu verwendbar.

Dieses Kapitel will Ihnen eine Anleitung geben, wie Sie die wichtigsten Komponenten der Hardware unter Ubuntu einrichten und nutzen können. Außerdem lernen Sie Programme für die Grafik-Oberfläche kennen, die Ihnen eine Beobachtung des Systems ermöglichen.

Einen Überblick darüber, welche Hardware-Komponenten unter Ubuntu problemlos einsetzbar sind, bietet die Seite *http://www.ubuntu.com/certification/catalog.*

Hier weitere Webseiten, die Hilfe zu Hardware-Problemen anbieten:

https://wiki.ubuntu.com/HardwareSupport

http://wiki.ubuntuusers.de/Hardwaredatenbank

Siehe auch:

http://ikhaya.ubuntuusers.de/2011/02/11/canonical-veroeffentlicht-liste-mit-ubuntu-kompatibler-hardware

Es kann auch vorkommen, dass einige Treiber fehlen, die bestimmte Komponenten benötigen. Rufen Sie in diesem Fall das Ubuntu Software-Center auf und installieren Sie *Zusätzliche Treiber (jockey-gtk).*

5.1 Die Einrichtung vom Netzwerk

Der `NetworkManager` ist unter Ubuntu ein einfach zu bedienendes Werkzeug für die Netzwerkkonfiguration. Vor allem auf einem Einzelplatz-Rechner ist es interessant, da damit jeder Anwender ohne Root-Rechte Änderungen am Netzwerk vornehmen kann. Dies ist auch der Grund dafür, dass es sich für den Einsatz auf einem Server nicht eignet.

Normalerweise ist eine Netzwerkkarte unter Ubuntu per DHCP eingerichtet. Für den Fall, dass Sie eine statische Konfiguration bevorzugen oder kein DHCP-Server vorhanden ist, öffnen Sie den `NetworkManager`, indem Sie auf das Netzwerk-Symbol mit zwei gegenläufigen Pfeilen im oberen Panel klicken (bei Verbindungen mit WLAN ist es ein Funksymbol in Form von Wellen):

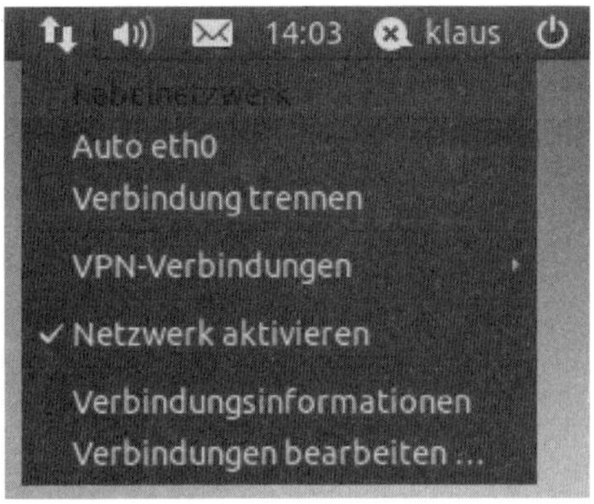

BILD 5.1 Das Menü vom NetworkManager

Nach einem Klick auf *Verbindungen bearbeiten ...* erscheint das eigentliche Fenster vom `NetworkManager`.

BILD 5.2 Der NetworkManager

Unter dem Reiter *Kabelgebunden* sehen Sie alle kabelgebundenen Netzwerk-Schnittstellen, die das System erkannt hat. Meist ist nur eine Netzwerkkarte eingebaut und bereits angewählt. Wählen Sie ansonsten die Netzwerkkarte aus und klicken Sie auf *Bearbeiten*, um Änderungen daran vorzunehmen:

BILD 5.3 Bearbeitung einer Netzwerk-Schnittstelle

Klicken Sie auf den Reiter *IPv4-Einstellungen*, und wählen Sie unter *Methode* den Eintrag *Manuell* aus. Geben Sie die gewünschten Angaben ein. Unter der Schaltfläche *Routen ...* können Sie weitere Routing-Einträge vornehmen. Siehe auch Kapitel 14. Unter *Verbindungsinformationen* im Menü vom `NetworkManager` können Sie überprüfen, ob die geänderten Werte nach dem Verlassen über den Knopf *Speichern* übernommen wurden.

HINWEIS: Falls ein Eintrag nicht sofort übernommen wird, wählen Sie im Menü vom `NetworkManager` z. B. den Eintrag *Auto eth0*, oder Sie trennen erst die Verbindung und verbinden erneut. Dies gilt besonders bei Änderungen vom Nameserver und vom Default-Gateway.

5.1.1 Verbindungen mit WLAN

Auf einem Notebook bzw. Netbook erhalten Sie ein erweitertes Menü vom `NetworkManager`, wenn Sie auf dessen Symbol links neben dem Lautsprecher klicken. Es ist eine Wellenstruktur bei aktiver WLAN-Verbindung, ansonsten ein leeres dreieckiges Segment:

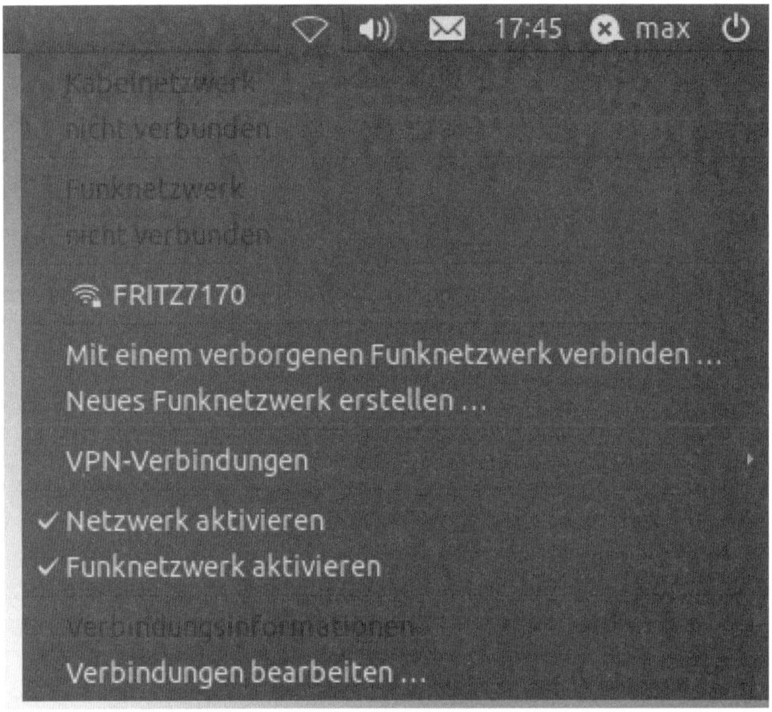

BILD 5.4 Das Menü vom NetworkManager auf einem Notebook

In diesem Menü sehen Sie alle WLAN-Funknetze, die gerade in Reichweite sind. In Bild 5.4 ist dies der Eintrag „FRITZ7170“. Sie können sich mit einem der angezeigten Netzwerke verbinden, indem Sie den gewünschten Eintrag anklicken. Es erscheint dann ein Fenster, das Sie zur Eingabe des erforderlichen Passworts auffordert:

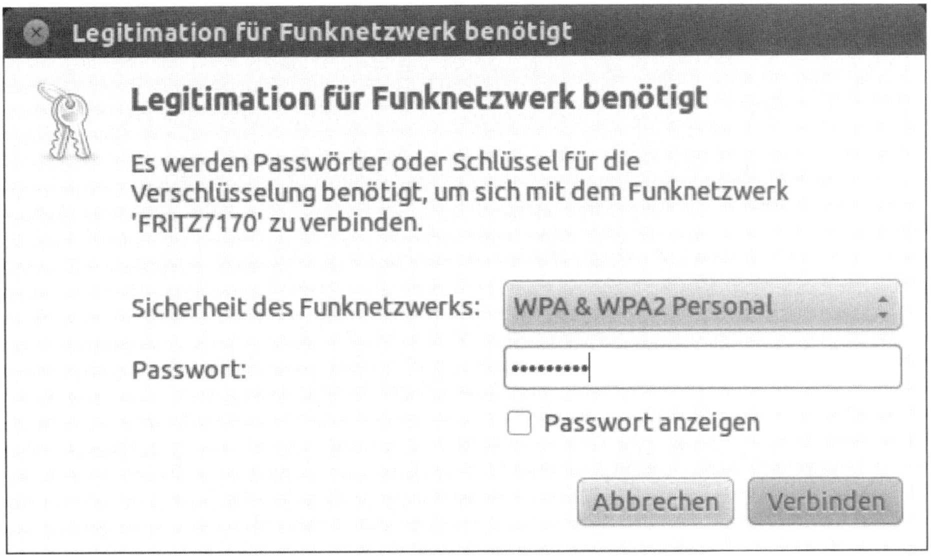

BILD 5.5 Verbindung mit einem WLAN eingehen

Nachdem Sie auf *Verbinden* klicken, versucht der `NetworkManager` eine Verbindung zu dem WLAN aufzubauen. Das Passwort speichert Ubuntu in einem sogenannten Schlüsselbund. Sie werden daher nach der Anmeldung aufgefordert, ein Passwort zum Entsperren dieses Schlüsselbunds einzugeben.

Falls das WLAN-Netzwerk seinen Namen (SSID) verbirgt, können Sie auch *Mit einem verborgenen Funknetzwerk verbinden …* wählen. Sie müssen dann in einem Dialog den Netzwerknamen und weitere Angaben selbst eingeben. Bei eigenen Versuchen war dies aus unerfindlichen Gründen jedoch nicht erfolgreich.

Seine Meldungen schreibt der `NetworkManager` in die Logdatei `/var/log/syslog`. Diese können bei Problemen hilfreich sein.

5.1.2 Verbindung über einen UMTS-Stick einrichten

Nicht überall gibt es WLAN-Netzwerke. Falls Sie eine schnelle Netzwerkverbindung benötigen und in Ihrer Umgebung ein UMTS-Funknetz vorhanden ist, können Sie auch mit einem UMTS-Modem eine Verbindung zum Internet mit Übertragungsraten von nominal bis zu 7,2 MBit/s einrichten. Diese Geräte sind bei vielen Notebooks und Netbooks bereits eingebaut.

Oft werden sogenannte Web-Sticks oder Surf-Sticks angeboten. Dies sind Sticks mit USB-Anschluss, die direkt mit eingelegter SIM-Karte über das eingebaute Mobilfunk-Modem eine Verbindung ins Internet ermöglichen. Es gibt Angebote mit Vertrag und solche mit Prepaid-Karten und Flatrate für 24 Stunden bzw. 30 Tage, mit denen die Kosten überschaubar bleiben. Dennoch haben etliche Provider etwas eigenartige Vorstellungen von einer Flatrate. So begrenzen sie beim Erreichen eines bestimmten Datenvolumens (meist 1 oder 5 GB) die Übertragungsrate oder schalten von UMTS auf das langsame GPRS um. Die Datenrate kann stark schwanken. Auch ist die Latenzzeit mit ca. 80–90 ms für viele Anwendungen zu hoch, wie z. B.

für VoIP. Fernwartung und Portweiterleitung sind in der Regel nicht möglich, da die meisten Provider nur eine Verbindung mit NAT bieten.

Stecken Sie den UMTS-Stick in eine USB-Buchse ein. In der Regel kann Ubuntu den Stick erkennen und automatisch einrichten. Sie brauchen dann nur noch die PIN-Nummer einzugeben.

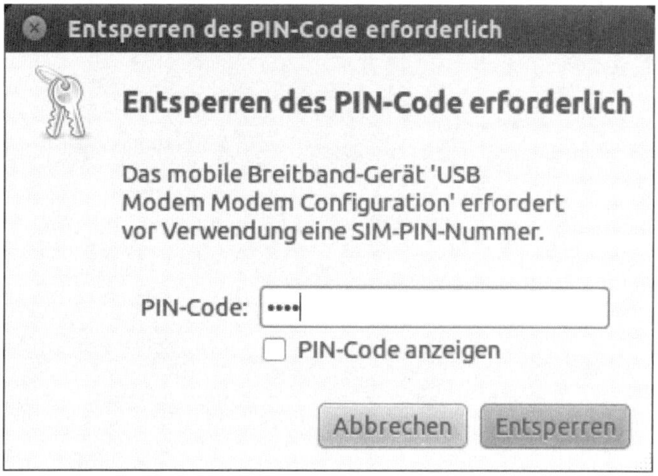

BILD 5.6 Die PIN-Nummer eingeben

Ansonsten klicken Sie auf die neu eingetragene Verbindung (z. B. *Mobile Broadband*) im Menü, oder öffnen Sie den `NetworkManager`. Klicken Sie auf den Reiter *Mobiles Breitband* und anschließend auf die Schaltfläche *Hinzufügen*. Sie erhalten einen Assistenten zur Einrichtung und können nun das Land und dann einen Dienstanbieter wählen.

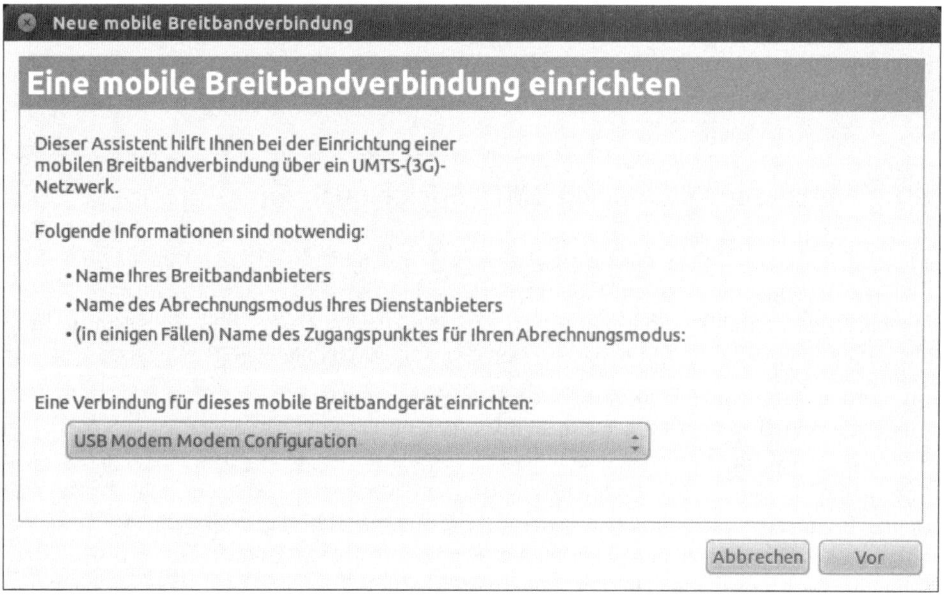

BILD 5.7 Der Assistent zum Einrichten einer mobilen Breitbandverbindung

Ist kein passender Anbieter aufgelistet, können Sie die Daten auch manuell eingeben. Dabei sollten Sie aufpassen, dass nicht der falsche Abrechnungsmodus eingestellt ist, wie z.B. Monatsflat anstelle Tagesflat. Ein Beispiel für Einstellungen sehen Sie in Bild 5.8.

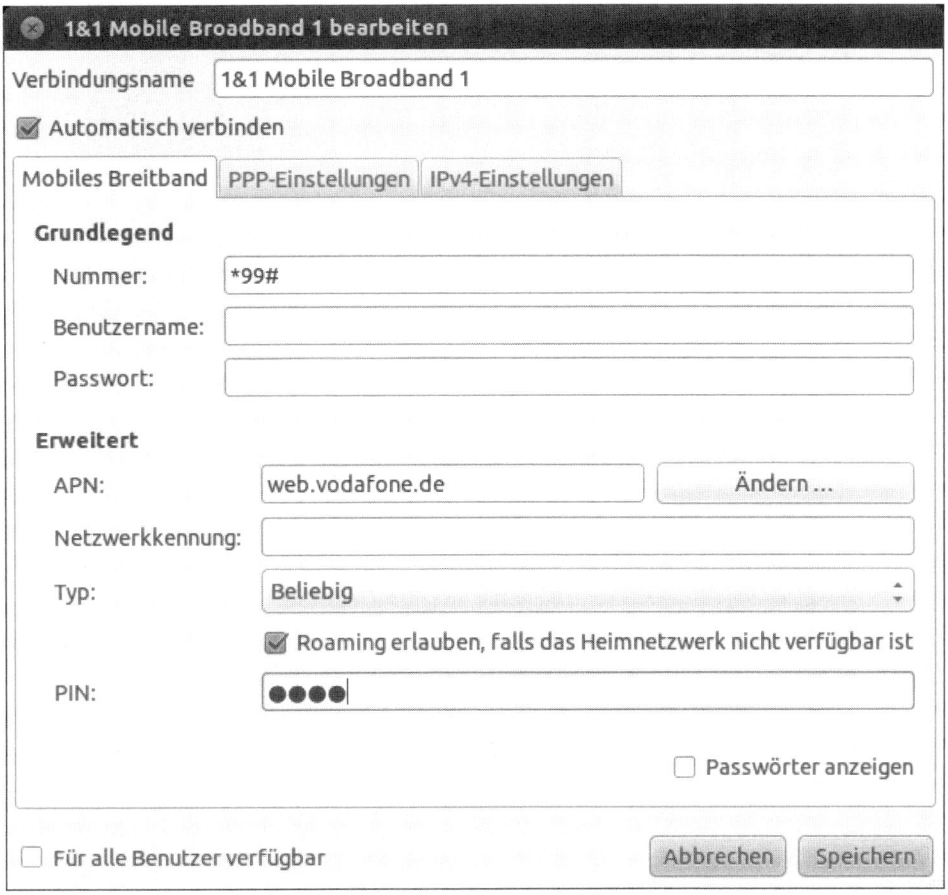

BILD 5.8 Beispiel für Verbindungsinformationen

Eine Auflistung möglicher Einträge für UMTS-Verbindungen anderer Provider finden Sie unter *http://www.teltarif.de/mobilfunk/internet/einrichtung.html.*

Im oberen Panel ist die Verbindungsstärke bei einer aktiven Verbindung sichtbar: Die Daten der Verbindung können Sie nun im Menü vom `NetworkManager` einsehen unter *Verbindungsinformationen* oder diese trennen unter *Verbindung trennen*:

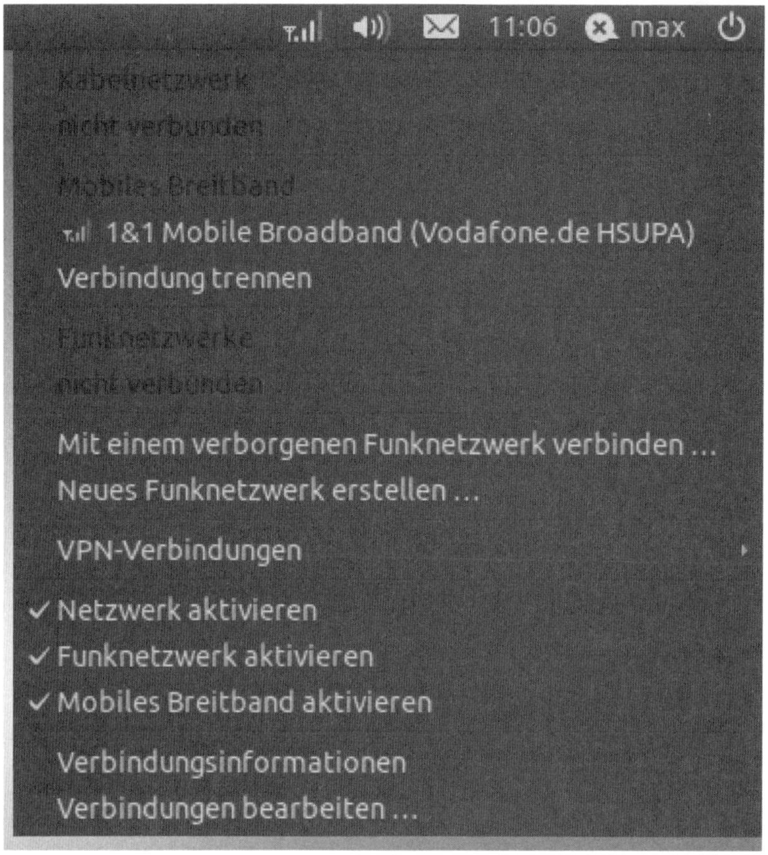

BILD 5.9 Das Menü vom `NetworkManager` bei aktiver Verbindung

Weitere Verbindungsarten

Heute sind ISDN- und Modemverbindungen kaum noch gebräuchlich. Eine Anleitung für den Zugang zum Internet per analogem Modem erhalten Sie unter *http://wiki.ubuntuusers.de/Internetzugang* und eine Anleitung für ISDN-Karten unter *http://wiki.ubuntuusers.de/ISDN-Karten.*

5.1.3 Bluetooth einrichten

Eine andere Variante von drahtloser Datenübertragung ist Bluetooth. Es sendet im 2,4-GHz-Band auf 78 Kanälen zwischen 2402 und 2480 MHz. Daher kann es Störungen beim gleichzeitigen Betrieb mit Wireless-LAN geben! Die Version 2.0+EDR (Enhanced Data Rate) kann bis zu 2,2 MBit/s übertragen.

Es gibt Notebooks und Netbooks mit eingebautem Bluetooth. Sie können aber auch jeden Rechner damit ausstatten, indem Sie einen Bluetooth-Adapter anschließen, zum Beispiel in

Form eines USB-Sticks. Ubuntu erkennt die wichtigsten Adapter und zeigt dies im oberen Panel in Form eines verschränkten „B“ an, das noch grau dargestellt ist.

BILD 5.10 Das Zeichen für einen erkannten Bluetooth-Adapter

Klicken Sie auf dieses Zeichen und anschließend auf *Einstellungen*, fordert Sie Ubuntu erst dazu auf, Bluetooth einzuschalten. Es kann relativ lange dauern, bis das System alle Bluetooth-Funktionen erkannt und eingeschaltet hat. Dann ist das Symbol im Panel nicht mehr grau. Mitunter kann es helfen, den Adapter bereits beim Booten einzustecken.

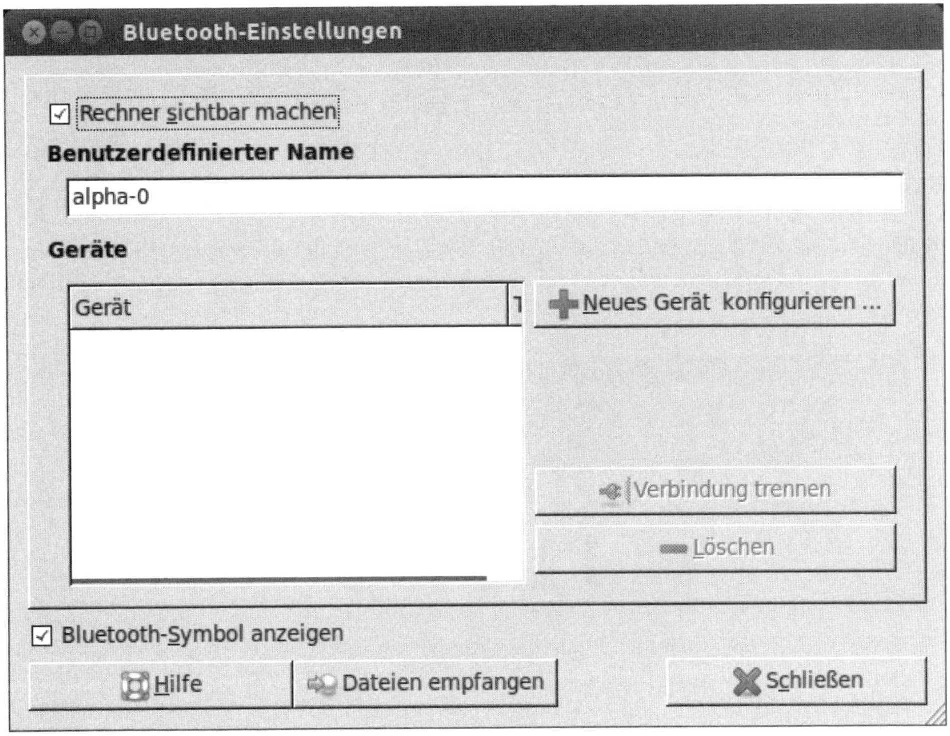

BILD 5.11 Die Bluetooth-Einstellungen

HINWEIS: Achten Sie darauf, dass Ihr Rechner und auch andere Bluetooth-Geräte als sichtbar eingestellt sind, wenn Sie eine Verbindung hierzu einrichten wollen.

Klicken Sie auf *Neues Gerät konfigurieren ...*, um eine Verbindung einzurichten.

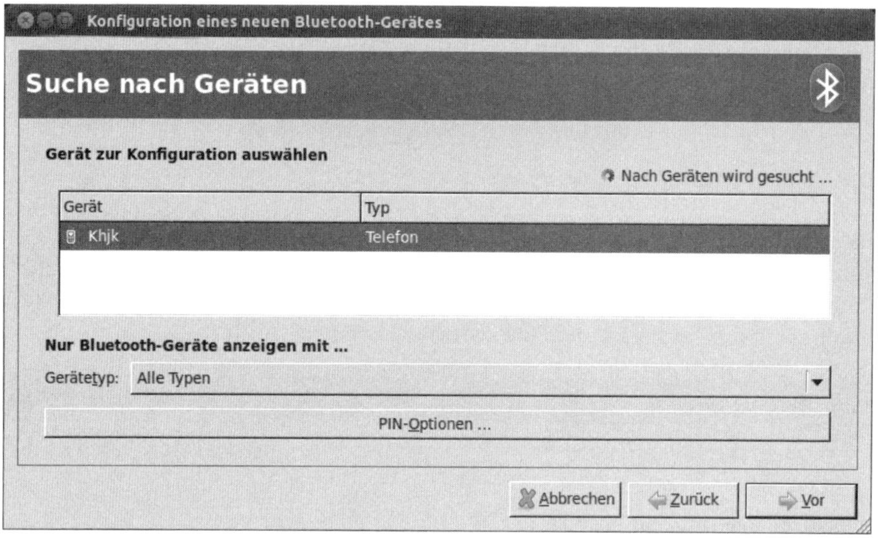

BILD 5.12 Die gefundenen Bluetooth-Geräte

Wählen Sie ein Gerät aus, und klicken Sie auf *Vor*. Nun brauchen Sie nur noch die angezeigte zufällige Nummer auf dem anderen Bluetooth-Gerät einzutragen, und die Verbindung ist eingerichtet:

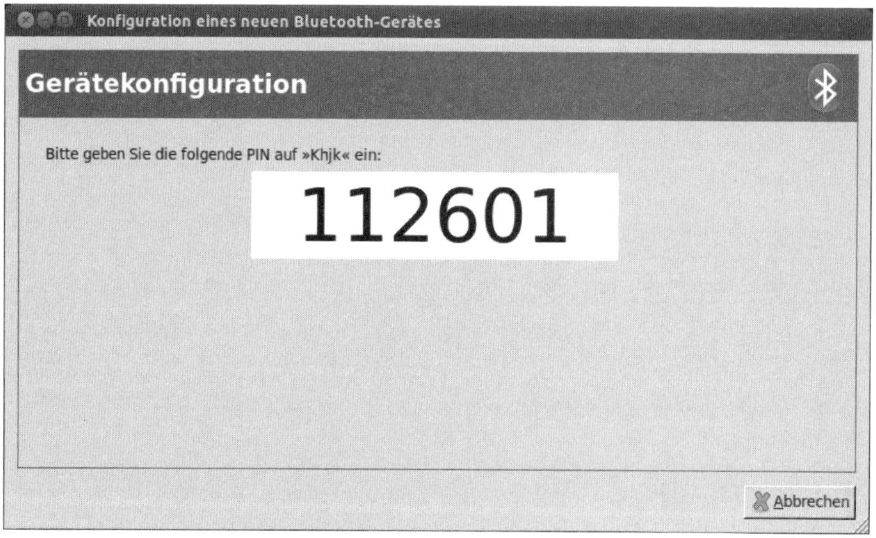

BILD 5.13 Die PIN-Nummer für die Verbindung

Von nun an können Sie mit dem anderen Gerät per Bluetooth über das Menü hinter dem Bluetooth-Zeichen jederzeit Daten senden oder empfangen bzw. die Daten auf dem Gerät durchsuchen, ohne eine weitere PIN eingeben zu müssen, da eine Gerätekopplung („Pairing“) eingerichtet ist. Beachten Sie aber, dass die Übertragungsrate mit 2,2 MBit/s nicht gerade berauschend ist.

Das Programm `hcitool` ist bereits standardmäßig über das Paket `bluez` installiert. `bluez` richtet den Bluetooth-Stack ein. Unter Gnome steht zudem das Paket `gnome-bluetooth` mit etlichen Programmen zum Datenaustausch etc. zur Verfügung.

In einem Terminal können Sie ebenfalls Tests durchführen, die das eigene Bluetooth-Device anzeigen mit:

```
user@ubuntu:~$ hcitool dev
 Devices:
     hci0  00:15:83:07:C8:89
```

Alle anderen Bluetooth-Devices in Reichweite anzeigen, die auf *sichtbar* eingestellt sind:

```
user@ubuntu:~$ hcitool scan
 Scanning
     00:18:42:EB:D2:46  Khjk
```

Mehr Informationen über ein Bluetooth-Gerät mit dem angegebenen Device können Sie hiermit anfordern:

```
user@ubuntu:~$ sudo hcitool info 00:18:42:EB:D2:46
```

Siehe auch: *http://wiki.ubuntuusers.de/Bluetooth*

5.2 Drucker konfigurieren

Im Idealfall kann Ubuntu einen angeschlossenen Drucker automatisch erkennen und konfigurieren, so wie im Beispiel mit dem Drucker Deskjet-F2200-series. Für den Fall, dass Sie manuell eingreifen müssen, starten Sie das Programm unter *System / Systemverwaltung / Drucken*:

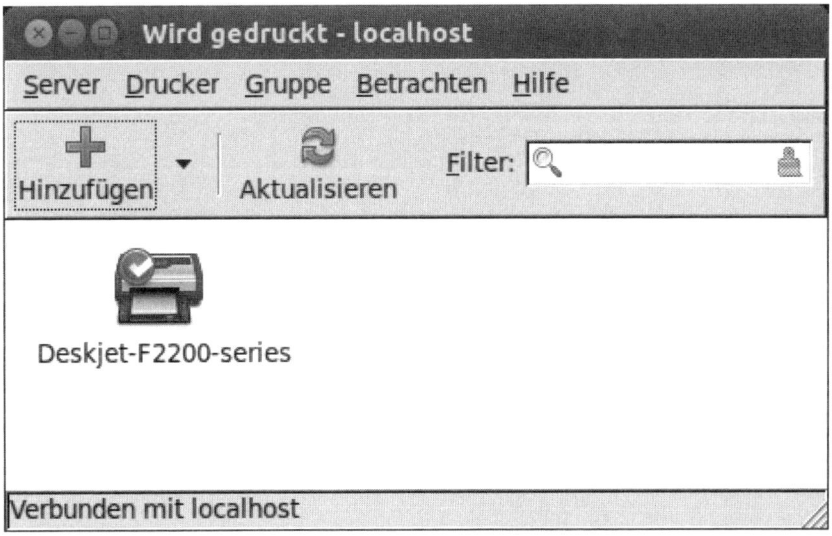

BILD 5.14 Vom System erkannte Drucker

Unter *Server / Neu / Drucker* können Sie in diesem Fenster einen neuen Drucker einrichten oder eine Verbindung zu einem Druckerserver aufnehmen:

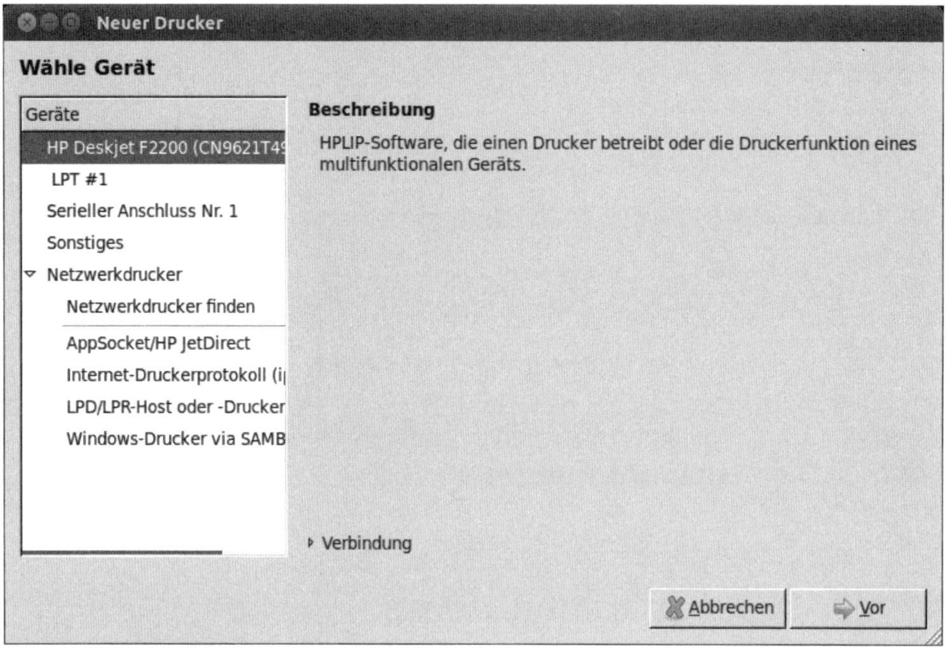

BILD 5.15 Der Assistent „Neuer Drucker“

Die Eigenschaften des Druckers können Sie ändern, indem Sie auf das Druckersymbol doppelt klicken oder im Kontextmenü diese anfordern:

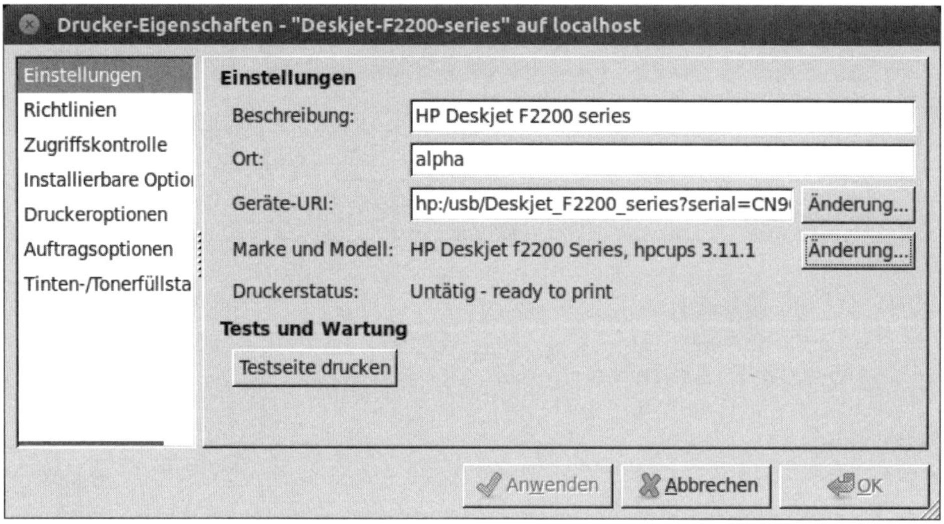

BILD 5.16 Die Eigenschaften vom aktuellen Drucker

Falls es Probleme bei der Erkennung gibt, können Sie auf die Schaltfläche *Änderung* hinter *Marke und Modell* klicken und gegebenenfalls einen anderen Treiber testen:

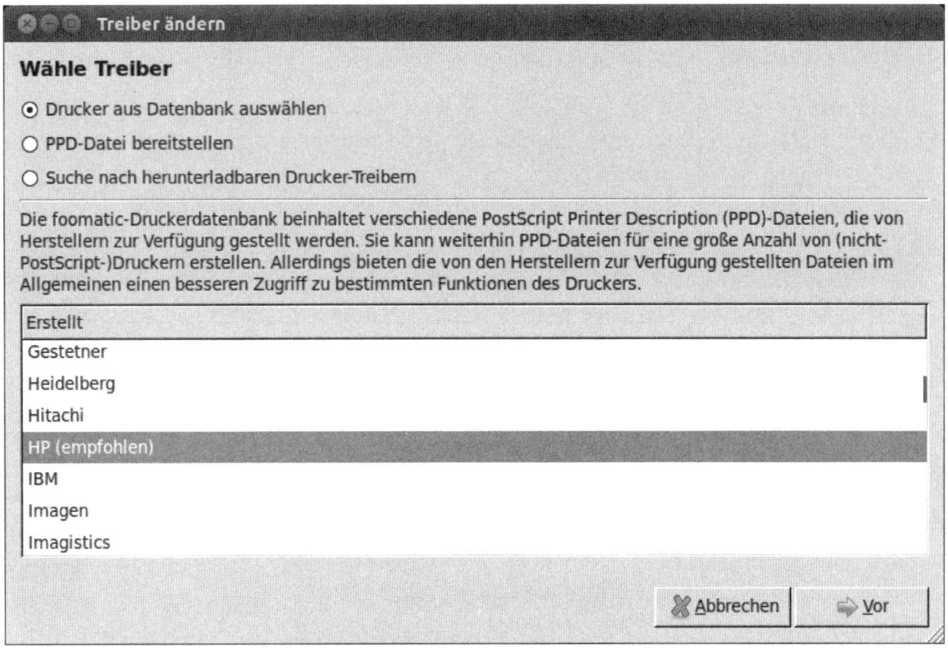

BILD 5.17 Einen anderen Treiber für den Drucker wählen

Besonders bei Druckern, die relativ neu auf dem Markt sind, kann es vorkommen, dass der passende Treiber noch nicht in der Druckerdatenbank vorhanden ist. Wählen Sie dann einfach einen Treiber des Vorgängermodells und testen Sie diesen. In der Regel sind solche Treiber bis auf wenige Details sehr gut brauchbar.

Einige Druckerhersteller bieten für Linux eigene Druckertreiber an, die Sie unter `Synaptic` einfach nachinstallieren können. So gib es das Paket `hplip-gui` für Drucker von HP, die nach der Installation über ein Symbol im Panel nach einem Klick mit der rechten Maustaste ein Kontextmenü zur Wartung anbietet.

BILD 5.18 Das Symbol für HP-Drucker

Für Epson Stylus-Drucker gibt es das Paket `escputil`. Das Paket `inkblot` unterstützt bei vielen Druckern das Auslesen des Füllstandes der Tintenpatronen. Mit dem Programm `Turboprint` können Sie nahezu alle Drucker ansprechen. Es ist jedoch nicht kostenlos; Sie können es aber 30 Tage lang testen. Siehe *http://www.turboprint.de.*

Zum Drucken unter Ubuntu siehe auch: *http://wiki.ubuntuusers.de/Drucker*

5.3 Scanner konfigurieren

Zum Scannen benötigen Sie das Paket `sane`, das Sie erst über `Synaptic` installieren müssen. Das folgende Kommando (in einem Terminal eingegeben) testet, ob ein Scanner erkannt wird:

```
user@ubuntu:~$ scamimage -L
```

Mit dem Programm `simple-scan` können Sie nun einen ersten Scanversuch starten. Sie erreichen es unter *Anwendungen / Grafik / Simple Scan*. Unter *Dokument / Einstellungen* sind andere Vorgaben möglich. Hier die gescannte Testseite vom installierten Drucker:

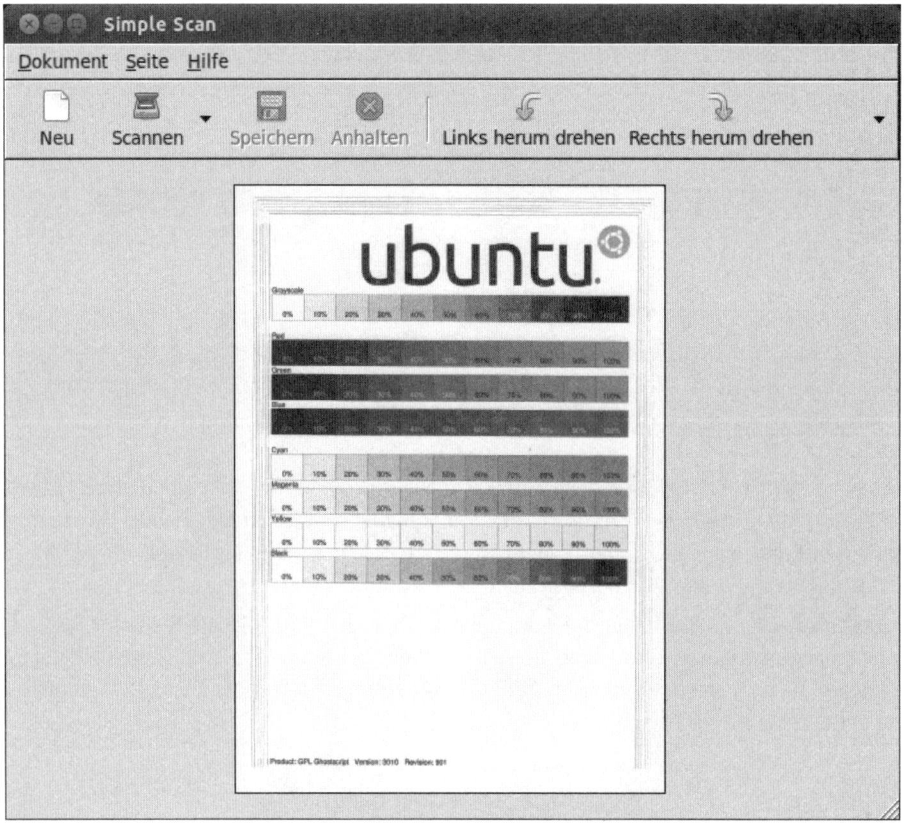

BILD 5.19 Das Programm `simple-scan`

Mehr Einstellmöglichkeiten und ein Vorschaubild (*Preview*) bietet das Programm `xscanimage` aus dem Paket `sane`. Auch unter `gimp` können Sie Bilder von einen Scanner direkt einlesen und weiter bearbeiten. Starten Sie `gimp` und erstellen Sie erst ein neues Bild mit *Datei / Neu*. In diesem Fenster können Sie nun mit *Datei / Erstellen / xscanimage / Device dialog ...* Zugriff auf den Scanner erhalten. Siehe auch: *http://wiki.ubunuusers.de/SANE*

Ein Scanner kann auch über ein Netzwerk zugänglich sein, wenn ein Scanserver mit dem Prozess `saned` gestartet ist. Vorsicht ist geboten bei einer Firewall! Siehe hierzu auch: *http://wiki.ubunuusers.de/SANE-Scanserver_im_Netzwerk*

5.4 Das System beobachten

Falls das System unerwartet reagieren sollte, können Sie mit etlichen Programmen die internen Funktionen überprüfen. Aber auch dann, wenn alles reibungslos funktioniert, kann es interessant sein, das System zu beobachten und dessen normale Aktionen kennenzulernen. Hier eine kleine Auswahl.

Die Systemüberwachung

Dieses Programm ist etwa vergleichbar mit dem Taskmanager unter Windows. Es zeigt Ihnen nicht nur den Ressourcenverbrauch, sondern auch wichtige Informationen über das System selbst, die laufenden Prozesse (siehe hierzu auch Kapitel 6.5) und die Dateisysteme.

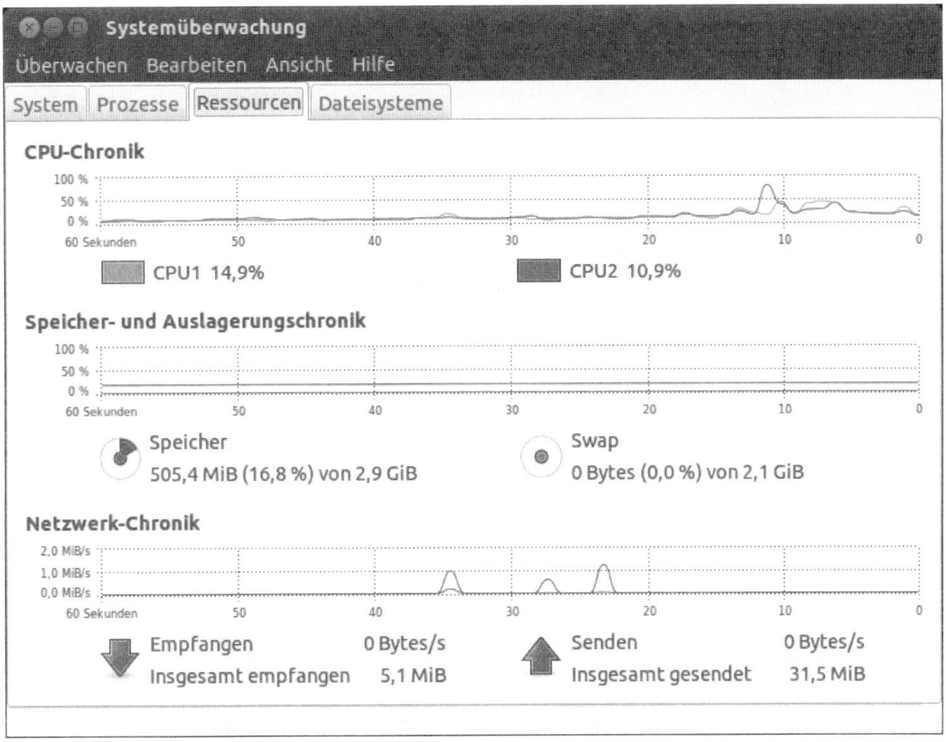

BILD 5.20 Die Überwachung der Ressourcen unter Ubuntu

Die Systemüberprüfung

Unter *System / Systemverwaltung / Systemüberprüfung* bietet Ihnen das System etliche Prüfungen für Hardware-Komponenten an. Allerdings auch für Komponenten, die nicht eingebaut sind. Sie können bei jeder Prüfung angeben, ob diese durchgeführt werden soll.

BILD 5.21 Die Systemüberprüfung

Die Festplattenbelegung analysieren

Wie schnell sammeln sich zahlreiche Daten an, die selbst die größte Festplatte füllen können, wenn das Löschen vergessen wird.

Unter *Anwendungen / Zubehör / Festplattenbelegung analysieren* können Sie den Speicherverbrauch Ihrer Dateien auf der Festplatte ansehen. Sie können auch einen einzelnen Ordner einlesen und deren Belegung anzeigen lassen oder das gesamte Dateisystem analysieren.

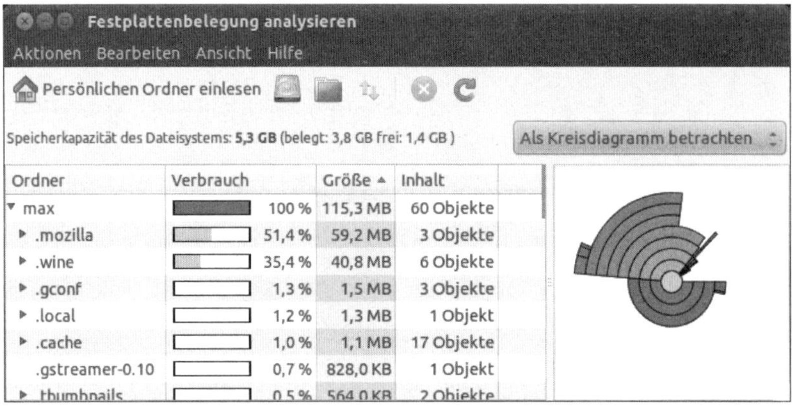

BILD 5.22 Die Festplattenbelegung analysieren

Die Netzwerkdiagnose

Unter *System / Systemverwaltung / Netzwerkdiagnose* erhalten Sie umfangreiche Werkzeuge, um das Netzwerk zu analysieren. Unter dem Reiter *Geräte* werden die Daten der einzelnen Netzwerk-Schnittstellen gezeigt. Der Reiter *Ping* ermöglicht Ihnen komfortabel, ein Ping-Kommando abzusetzen.

Im Reiten *Netzwerkstatus* können Sie sich über die Routing-Einträge und offene Ports informieren, ähnlich wie mit dem Kommando `netstat`. Unter dem Reiter *Port-Scan* ist ein Test auf freie Ports auf einen anderen Rechner im Netz möglich, ähnlich wie bei dem Kommando `nmap`.

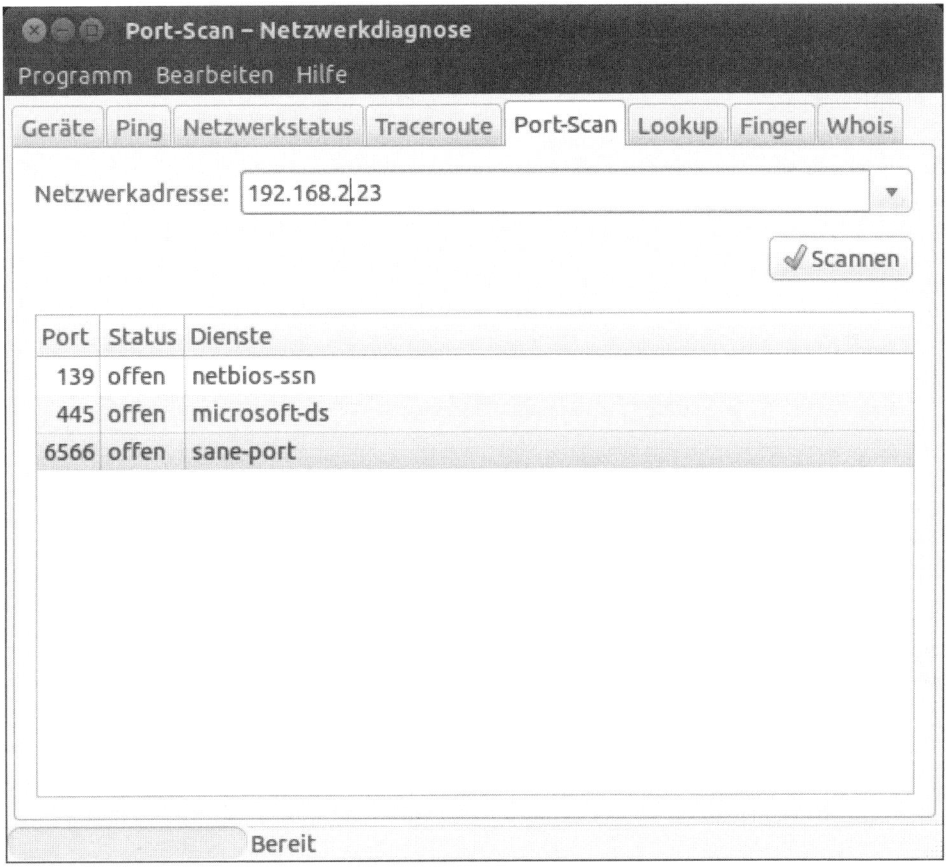

BILD 5.23 Die Netzwerkdiagnose

Unter *Lookup* ist über einen DNS-Lookup eine Auflösung einzelner Namen zu IP-Adressen und umgekehrt möglich, ähnlich wie mit dem Kommando `nslookup`. Der Dienst *Finger* spielt auf heutigen Rechnern kaum noch eine Rolle. Dagegen bietet *Whois* eine Anfrage, welche Eigentümer, IP-Adressen etc. sich hinter einer bestimmten Internet-Domain befinden.

5.5 Die Laufwerksverwaltung

Unter *System / Systemverwaltung / Laufwerksverwaltung* können Sie das Programm `palimpsest` starten. Es bietet Ihnen eine umfassende Übersicht nicht nur über die eingebauten Festplatten, sondern auch über externe Laufwerke.

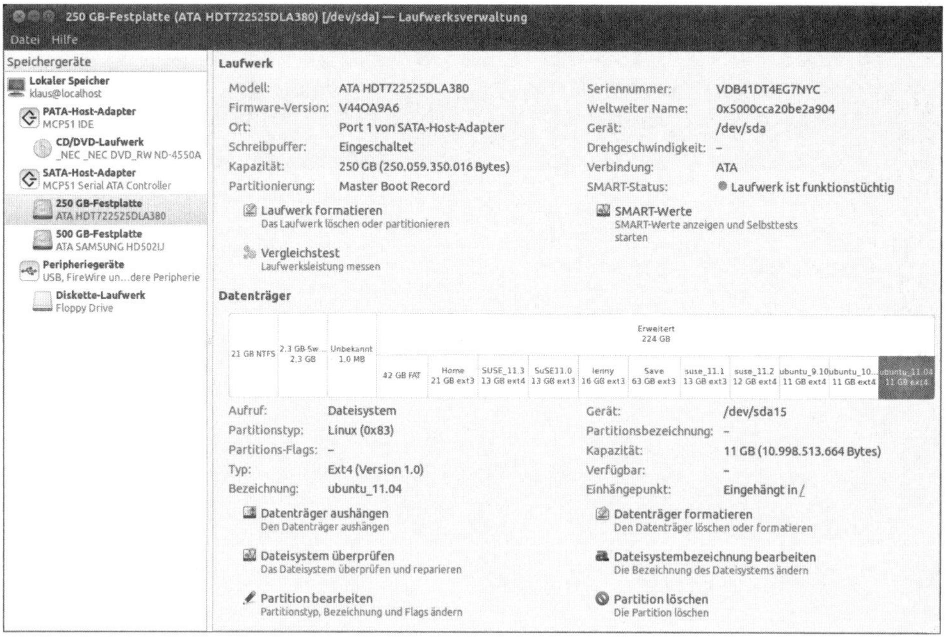

BILD 5.24 Die Laufwerksverwaltung

Die Anzeige ist dabei aufgeteilt in allgemeine Angaben zu dem Laufwerk mit der Möglichkeit, das gesamte Laufwerk mit einem anderen Dateisystem zu versehen („formatieren"), mit den SMART-Tools zu testen oder einen Test der Übertragungsrate vorzunehmen.

Darunter sind die einzelnen Partitionen aufgezeigt, die Sie einzeln aushängen, formatieren, überprüfen, löschen oder den Namen bzw. weitere Attribute ändern können. Für jede Aktion, die eine Änderung auf dem Laufwerk vornimmt, benötigen Sie Administratorrechte.

PRAXISTIPP: Programme, die Laufwerke bearbeiten können, sollten Sie mit äußerster Vorsicht bedienen. Es können sonst schnell Daten vom gesamten Laufwerk oder von einer wichtigen Partition verloren gehen!

Für das Partitionieren einer Festplatte eignet sich die Laufwerksverwaltung nicht. Hierfür gibt es das Programm `gparted`, das im Anschluss beschrieben ist. Sie ermöglicht jedoch die beschriebenen Aktionen und auch die Erstellung einer verschlüsselten Partition, wie dies unter anderem beschrieben ist unter *http://wiki.ubuntuusers.de/ Laufwerksverwaltung.*

Interessant bei der Laufwerksverwaltung sind vor allem die Tests, die Sie auf ein Laufwerk durchführen können. Über die Schaltfläche *Vergleichstest* erhalten Sie die Übertragungsrate der Festplatte:

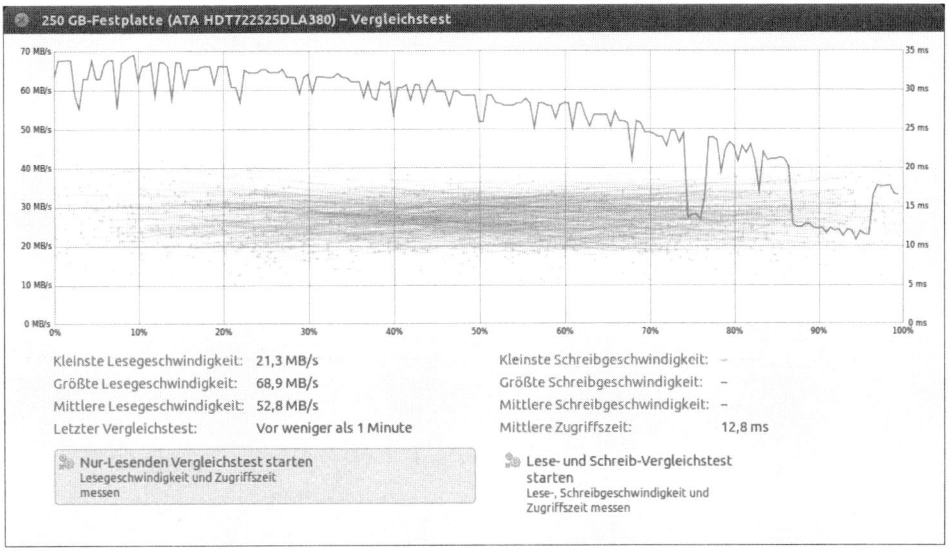

BILD 5.25 Ein Vergleichstest ermittelt die Geschwindigkeit vom Laufwerk.

5.5.1 Test von Festplatten mit SMART

Ein weiterer Test liefert Angaben über den „Gesundheitsstatus“ der Festplatte. Dafür benutzt das Programm `palimpsest` die SMART-Tools (SMART steht für „Self-Monitoring, Analysis and Reporting Technology“), die jede halbwegs aktuelle Festplatte beherrscht. Eine Ausnahme bilden externe USB-Festplatten, bei denen der USB-Controller oft den Zugriff auf SMART-Attribute verhindert. Ähnliches gilt für viele SCSI-Controller.

Sind die Werte in Ordnung, erscheint in der Spalte *Einschätzung* ein *Gut*. Falls bei einer Festplatte bedenkliche Werte angezeigt werden, sollten Sie die Platte sorgfältig beobachten. Nicht alle angezeigten Einschätzungen sind brauchbar; sie sind jedoch ein guter Ausgangspunkt.

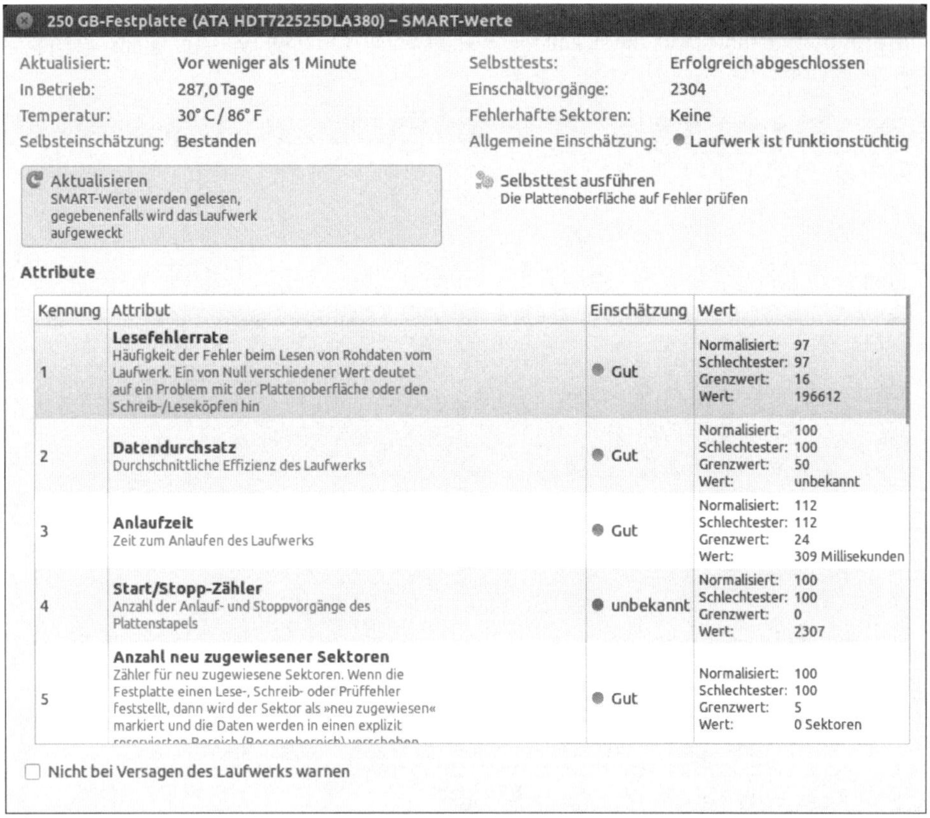

BILD 5.26 Die Ausgabe vom Zustand einer Festplatte mit SMART

Sie können auch über die Schaltfläche *Selbsttest ausführen* einen kurzen bzw. einen erweiterten Test auf die Festplatte durchführen. Bei einem kurzen Selbsttest erfolgt ein Test auf die wichtigsten Attribute, der nur wenige Minuten dauert, aber nicht besonders aussagekräftig ist.

Ein erweiterter Test führt einen kompletten Scan der Plattenoberfläche durch und kann eine Stunde und länger dauern, je nach Größe der Festplatte. Ein Weiterbenutzen der Platte ist aber in der Zwischenzeit möglich, wenn auch die Leistung etwas geringer in dieser Zeit ist. Findet dieser Test fehlerhafte Sektoren, sollten Sie die Festplatte entsorgen. Bei den heutigen Preisen lohnt sich der Ärger nicht, den fehlerhafte oder verstümmelte Daten ergeben können. Ein Backup hilft dann auch nicht weiter, da sich bereits in erstellten Backups die fehlerhaften Daten von dieser Festplatte befinden können!

Der Test, der als *Vermittlung* bezeichnet ist, versucht eventuelle Beschädigungen beim Transport zu entdecken.

Ein weiteres Programm, das die SMART-Attribute für den Administrator ermitteln kann, ist `smartctl`, das in einem Terminal mit Root-Rechten aufzurufen ist. Eine wesentlich komfortablere Ermittlung der SMART-Werte bietet das Programm `gsmartcontrol`. Sie können es starten unter *Anwendungen / Systemwerkzeuge / GSmartControl*, sofern das Paket `gsmart-control` installiert ist. Nachdem Sie Ihr Passwort eingegeben haben, mit dem Sie sich als

Administrator ausweisen, können Sie ein Laufwerk selektieren und dessen Daten analysieren. Sie erhalten dabei eine Hilfe in Form von aufklappenden Textkästen, die für jeden Eintrag eine passende Erklärung (in Englisch) anzeigen:

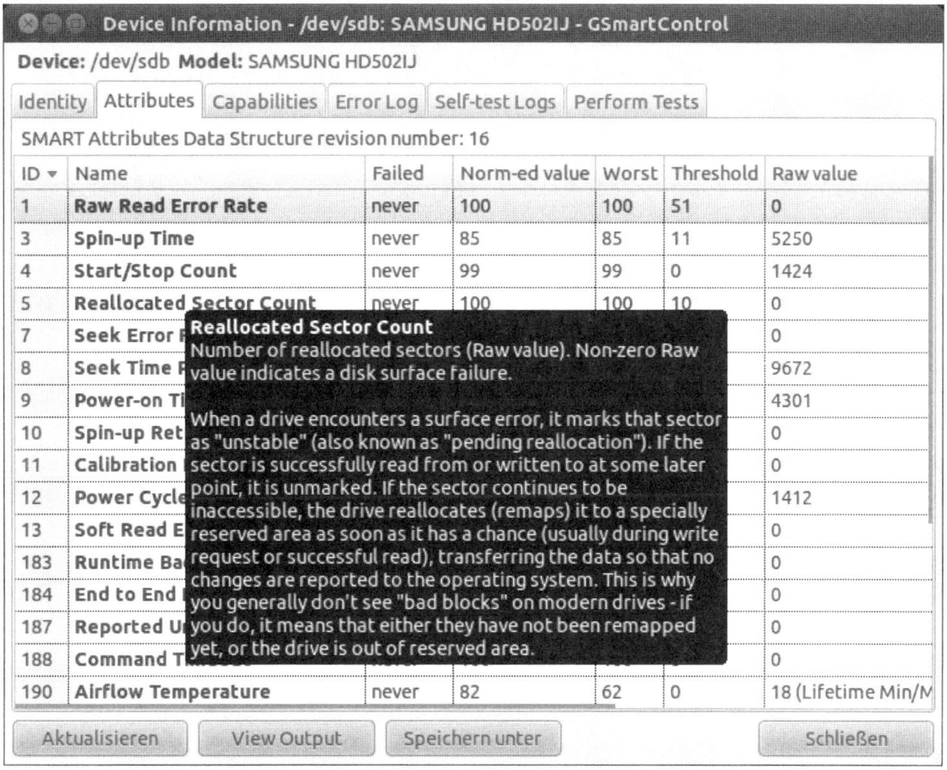

BILD 5.27 Das Programm `GSmartControl` mit einem eingeblendeten Hilfe-Text

Hier ist ebenfalls über den Reiter *Perform Tests* der Start von Selbsttests möglich, deren Ergebnisse unter *Self-test Logs* gespeichert sind.

Zusätzliche Hinweise zur Erkennung von Fehlern auf einer Festplatte bietet Kapitel 13.5.

Weitere Informationen zu SMART finden Sie unter:
http://wiki.ubuntuusers.de/ Festplattenstatus

5.6 Partitionieren mit gparted

Die Partitionierung von Festplatten mit dem Programm `fdisk` ist ausführlich in Kapitel 7.3 beschrieben. Wenn Sie eine grafische Oberfläche zur Partitionierung bevorzugen, können Sie das Programm `gparted` aufrufen, das Sie erst installieren müssen. Es bietet mehr Funktionen als `fdisk`, wie z.B. die Vergrößerung bzw. Verkleinerung bestehender Partitionen mitsamt dem darin enthaltenen Dateisystem. Es weigert sich aber, bereits gemountete Partitionen und damit auch die Root-Partition zu bearbeiten. Sobald eine logische Partition gemountet ist, sind auch alle anderen Partitionen in der erweiterten Partition für Löschvorgänge gesperrt. Bei größeren Änderungen empfiehlt sich der Einsatz einer Live-CD.

Nach der Installation können Sie es unter *System / Systemverwaltung / GParted Partitionierungswerkzeug* starten. Es benötigt ebenfalls Administratorrechte. Nach dem Start liest es erst alle erreichbaren Partitionen (was relativ lange dauern kann), bevor es eine grafische Darstellung bietet:

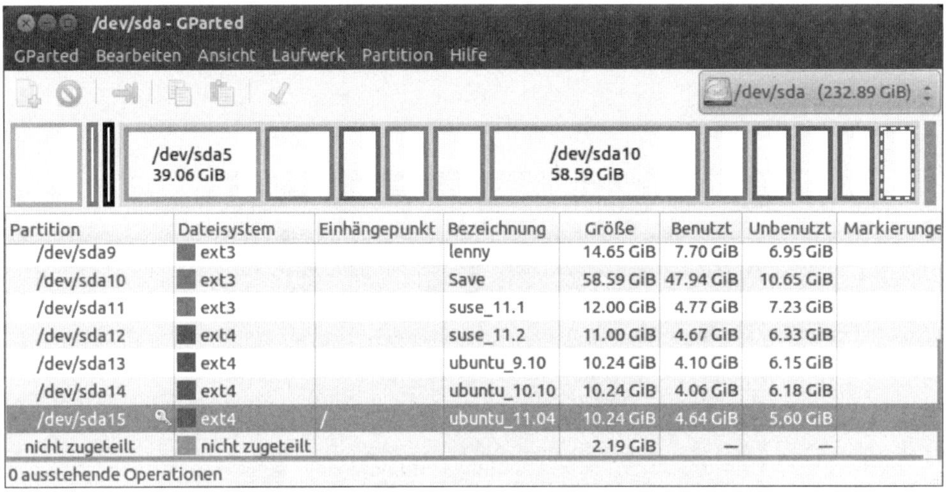

BILD 5.28 Das Programm `gparted`

Die Partitionen, die das System gerade eingebunden hat, sind mit einem kleinen Schlüssel versehen. Sie sind damit nicht veränderbar. Nach einem Klick auf eine Partition erhalten Sie ein Kontextmenü mit allen gerade auf diese Partition erlaubten Aktionen. Wenn Sie eine davon auswählen, wird sie erst gespeichert. Unter *Bearbeiten / Alle Operationen ausführen* werden alle gespeicherten Aktionen ausgeführt.

Siehe auch: *http://wiki.ubuntuusers.de/gparted*

6 Arbeiten auf der Kommandozeile

Oft wird behauptet, unter Windows wäre alles viel einfacher. Wer genauer hinsieht, wird bemerken, dass dies hauptsächlich der besseren Unterstützung durch die Hardware-Hersteller geschuldet ist. So bekommen Sie automatisch eine CD mit Treibern, wenn sie eine neue Grafikkarte, Drucker oder Ähnliches kaufen. Mit der Umstellung von Windows XP auf Windows 7 konnten viele Anwender sehen, wie schwierig es werden kann, wenn plötzlich neue Funktionen (wie die Heimnetzgruppen etc.) hinzukommen oder Einstellungen sich nicht mehr an ihrem gewohnten Platz befinden. Spätestens dann, wenn es um die Konfiguration einer Server-Version geht, braucht der Administrator ein solides Grundwissen; auch wenn es früher anders dargestellt wurde.

In den bisherigen Kapiteln konnten Sie gut ohne Kommandozeile auskommen. Viele Aktionen sind einfach mit der Maus zu erledigen. Auch die Konfiguration der Grafik-Oberfläche gehört dazu. Dennoch gibt es einen Punkt, ab dem selbst die beste Grafik-Oberfläche nicht mehr ausreicht. Auch bei Windows führte die Kommandozeile über viele Jahre ein Schattendasein. Erst in letzter Zeit hat sich hier vieles geändert. Die Einführung der PowerShell ist das beste Beispiel hierfür.

Etliche Kommandos in Ubuntu haben eine Vielzahl von Einstellungsmöglichkeiten, auch Optionen oder „Schalter" genannt. Wenn Sie mehrere Kommandos kombinieren wollen, würde dies Millionen von möglichen Werten ergeben, die keine grafische Oberfläche abdecken könnte. Besonders im Bereich der Server ist es viel effektiver, mit der Kommandozeile zu arbeiten. Demzufolge hat die Server-Edition von Ubuntu von Haus aus keine grafische Oberfläche.

In Kursen ist oft zu sehen, wie sich Teilnehmer mühen, eine Änderung in einer Datei wie z.B. `/etc/passwd` durchzuführen. Da wird erst ein Dateimanager gestartet und in das Verzeichnis `/etc` manövriert. Hier gibt es aber mehrere Hundert Dateien und Verzeichnisse, sodass die Suche nach einer bestimmten Datei ziemlich lange dauern kann. Ein anderer schreibt einfach in einem Terminal den Befehl `vi /etc/passwd` und ist mit der Änderung schon fertig, bevor der Fensterliebhaber überhaupt richtig angefangen hat.

Es gibt zwar Tausende von Befehlen unter Linux bzw. Ubuntu. Niemand muss sich aber alle merken. Es genügen in der Regel relativ wenige Befehle, die man immer wieder für eine effektive Arbeit mit Ubuntu benötigt. Und wenn man einen weiteren Befehl benötigt, gibt es Hilfen zum Suchen. Auch muss man sich nicht alle Optionen von einem Kommando merken; man sollte nur wissen, wie man diese in Erfahrung bringen kann. Dieses Kapitel will Ihnen dabei helfen.

6.1 Grundlegende Linux-Befehle

Besonders Umsteiger von DOS und Windows auf Linux werden viele Kommandos wiederfinden, die es auch unter DOS bzw. in der DOS-Box unter Windows gibt. Dies ist kein Wunder: Schließlich ist UNIX wesentlich älter als DOS, und viele Kommandos wurden aus UNIX entlehnt.

Vor allem die Befehle für Verzeichnisse sind fast identisch. Der Grund: Ursprünglich gab es kein hierarchisches Filesystem unter DOS. Nach der Eingabe des Befehls `dir` erschienen alle Dateien auf einer Festplatte bzw. Diskette und keine Verzeichnisse (die gab es ja noch nicht). Von UNIX wurden dann die entsprechenden Kommandos übernommen.

Deshalb hier ein kurzer Vergleich der wichtigsten Kommandos, um den Einstieg zu erleichtern:

DOS-Kommando	Linux-Kommando	Beschreibung
`attrib`	`chmod`	Datei-Attribute setzen
`cd`	`cd`	In ein anderes Verzeichnis wechseln
`cls`	`clear`	Den Text in einer Konsole löschen
`copy`	`cp`	Datei kopieren
`date`	`date`	Datum ausgeben bzw. ändern
`del`	`rm`	Datei löschen
`deltree`	`rm -r`	Ein Verzeichnis mit Inhalt löschen
`dir`	`ls`	Den Inhalt eines Verzeichnisses ausgeben
`echo`	`echo`	Text oder eine Umgebungsvariable ausgeben
`edit`	`vi,joe,sed ...`	Aufruf eines Texteditors
`fc`	`diff`	Den Inhalt von Dateien vergleichen
`fdisk`	`fdisk`	Partitionen ändern bzw. erstellen
`format`	`mkfs -t <format>`	Formatieren im angegebenen Format
`help`	`man`	Hilfstext zu einem Kommando anfordern
`mkdir`	`mkdir`	Neues Verzeichnis erstellen
`print`	`lpr`	Datei drucken
`rename, move`	`mv`	Datei umbenennen bzw. verschieben
`rmdir`	`rmdir`	Ein leeres Verzeichnis löschen
`set`	`set`	Alle Umgebungsvariablen ausgeben
`type`	`cat`	Den Inhalt einer Textdatei ausgeben
`xcopy /S /E`	`cp -a`	Ein komplettes Verzeichnis kopieren

Die meisten Linux-Kommandos haben weit mehr Optionen als die entsprechenden DOS-Befehle. Mit dem Kommando `man` bzw. `info` sind diese und zusätzliche Informationen erhältlich. Unter Linux gibt es zusätzlich die Möglichkeit, sich eigene Kommandos zu erstellen, entweder als Shell-Script (unter DOS als Batch-Datei bekannt) oder per Alias-Befehl.

PRAXISTIPP: Bei vielen Kommandos sind zwei Angaben erforderlich, wie beispielsweise beim Kopieren einer Datei. Sie können sich folgende Regel merken, die fast immer gilt:

Sie müssen erst die Quelle angeben, dann das Ziel!

HINWEIS: Unter Linux und auch unter Ubuntu erhalten Sie kaum Rückfragen nach der Art: „Sind Sie sich sicher ...“ Wenn Sie eine Datei kopieren und als Zieldatei ist bereits eine Datei vorhanden, wird sie gnadenlos überschrieben!

Ähnliches gilt, wenn Sie versehentlich die falsche Partition beim Erzeugen eines Dateisystems angeben. Sie müssen sich vorher absolut sicher sein, wenn Sie ein gefährliches Kommando ausführen!

6.2 Die Bedienung von Ubuntu mit der Kommandozeile

Bevor Sie beginnen, brauchen Sie erst einmal ein Terminal oder auch eine Konsole, vergleichbar mit der Eingabeaufforderung unter Windows. Der Begriff „Terminal“ kommt aus der Zeit, als ein Terminal mit Bildschirm und Tastatur über eine serielle Leitung an einem UNIX-Rechner angeschlossen war. Heute handelt es sich um eine Emulation (die „Nachahmung“) eines solchen Gerätes in einem Fenster. Im Gegensatz dazu versteht man unter einer Konsole den Textbildschirm, der erscheint, wenn keine grafische Oberfläche startet oder wenn Sie eine der Tastenkombination [Ctrl] + [Alt] + [F1] bis [Ctrl] + [Alt] + [F6] eingeben. Für die Kommandos selbst ist es unerheblich, wo sie diese eingeben. Sie müssen sich jedoch erst anmelden, was in der grafischen Oberfläche bereits der Fall ist.

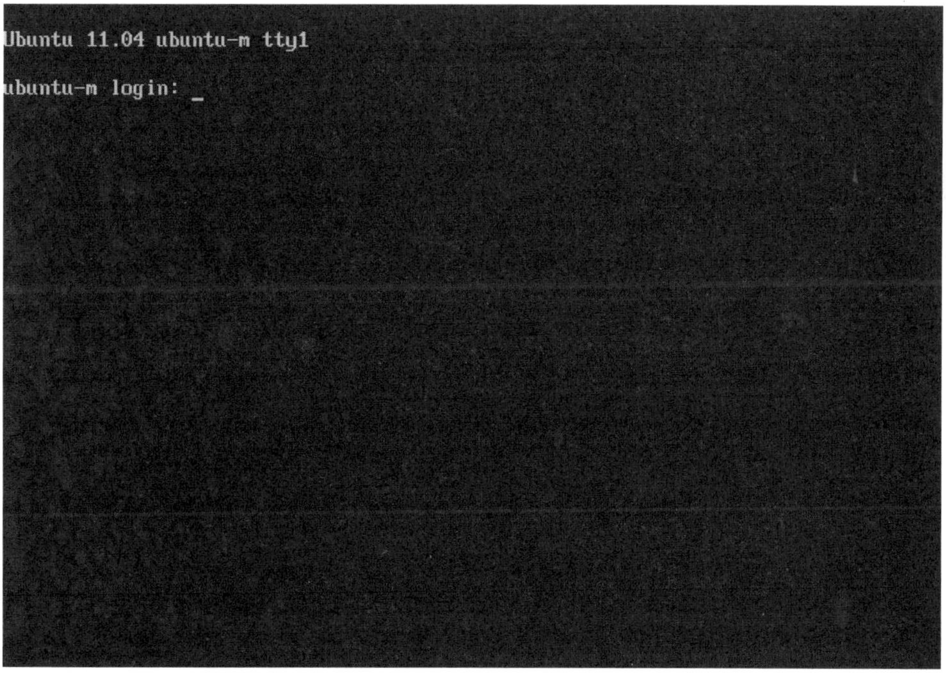

BILD 6.1 Die Konsole Nummer 1

BILD 6.2 Das Gnome-Terminal

Das Aussehen eines Terminals können Sie unter *Bearbeiten / Profileinstellungen* konfigurieren.

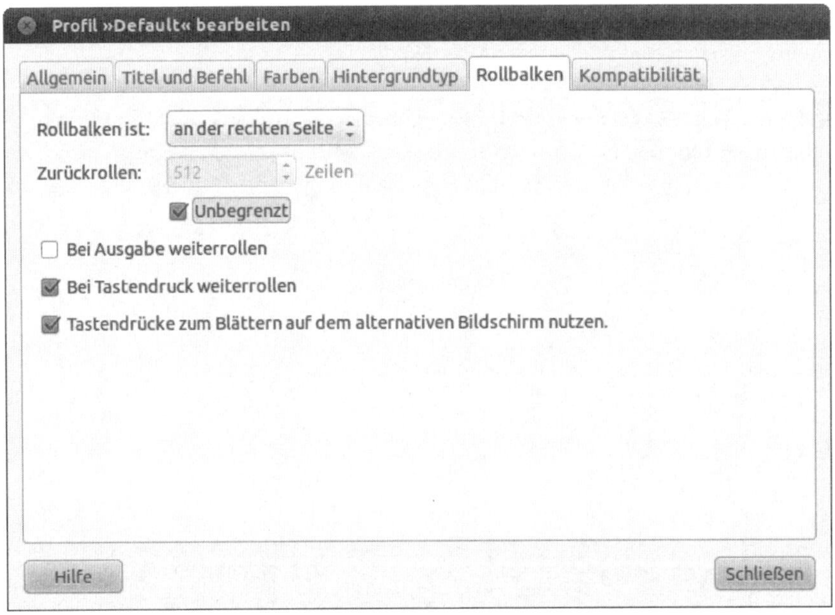

BILD 6.3 Das Terminal konfigurieren

So können Sie unter dem Reiter *Farben* andere Farben und Themen auswählen. Die Lesbarkeit kann dadurch allerdings beeinträchtigt werden. Interessant ist auch die Einstellung *Unbegrenzt* im Reiter *Rollbalken*, die das unbegrenzte Zurückrollen der Terminal-Ausgaben ermöglicht, z. B. bei umfangreichen Meldungen von Programmen.

6.3 Anmeldung und Abmeldung

Die Anmeldung (Login) am System erfolgt z. B. in einer Konsole durch die Eingabe der Kennung (Account) mit darauffolgender Eingabe des dazugehörigen Passwortes. Beide Eingaben sind durch die Taste [Return] abzuschließen. Die Abmeldung (Logout) ist entweder durch Eingabe des Befehls `exit` oder durch die Tastenkombination [CTRL] + [D] möglich. Oft ist auch der Befehl `logout` vorhanden.

Abbrechen eines Programms

Sollte ein im Vordergrund laufendes Programm zu lange dauern (wegen Endlosschleife etc.), ist ein Abbruch durch Eingabe von [CTRL] + [C] möglich.

Benutzereingaben

Nach einem Login bzw. in einem Terminalfenster (bei einer grafischen Oberfläche) erhält der Benutzer einen Prompt. Das kann ein einzelnes Zeichen mit nachfolgendem Blank sein, wie ein „$" oder „>" für einen einfachen Benutzer oder ein „#" für den Benutzer `root`. Meist sind mehr Informationen im Prompt enthalten, wie der Name des Rechners und des Anwenders, das aktuelle Verzeichnis etc., wie in diesem Beispiel:

```
max@ubuntu:~$
```

Hier ist der Name des Anwenders `max`, der Rechnername `ubuntu` und das Arbeitsverzeichnis, in dem sich `max` gerade befindet, ist dessen Homeverzeichnis (durch die Tilde ~ dargestellt).

Nach dem Prompt erscheint ein Cursor. Er zeigt die Position an, an der der nächste eingetippte Buchstabe erscheint. Es ist meist ein schwarzes Rechteck in der Größe eines Buchstabens; es kann aber auch ein Unterstrich oder Ähnliches sein. Auch Programme wie Editoren oder OpenOffice zeigen die aktuelle Position mit einem Cursor an, der ähnlich aussehen und auch blinken kann.

Eingaben für Beispiele in diesem Buch sind der Einfachheit halber wie folgt dargestellt; für Befehle, für die einfache Benutzerrechte ausreichen:

```
user@ubuntu:~$ ls
```

Die möglichen Ausgaben sind dann wie in diesem Beispiel dargestellt:

```
abc prot   t test.txt
```

Für Befehle, die Root-Rechte erfordern (bei der Anmeldung als `root` erscheint ein anderer Prompt):

```
root@ubuntu:~# mount
```

Jeder Befehl bzw. jedes Kommando ist durch die Taste [RETURN] abzuschicken. Erst dann erkennt das System die Eingabe! Bei Tastenkombinationen, wie z. B. dem gleichzeitigen Drücken der Taste [CTRL] (bzw. [STRG]) und der Taste [D] ist kein Drücken der Taste [RETURN] erforderlich, da diese Eingaben sofort wirken.

PRAXISTIPP: Alle Kommandos und Datei- bzw. Verzeichnisnamen sind case-sensitive!

Das heißt, es macht einen Unterschied, ob Groß- oder Kleinschreibung benutzt wird! So ist im Gegensatz zu Windows die Datei `abc` eine komplett andere Datei als `Abc` oder `ABC`.

Eine Konsole ist vergleichbar mit einem Terminal. Hier sind nur Text und Blockgrafik möglich. Unter Linux gibt es sechs solcher (virtueller) Konsolen. In jeder ist eine Benutzeranmeldung erforderlich. Es kann auch in jeder Konsole ein anderer Benutzer angemeldet sein, da Linux ein Multi-User-Betriebssystem ist.

Im Konsolen-Modus kann zwischen den Konsolen durch gleichzeitiges Drücken von [ALT] + [F1] ... bis [ALT] + [F6] in eine andere Konsole umgeschaltet werden (es sind maximal sechs Konsolen für Eingaben aktiv).

Mit [ALT] + [F7] können Sie von der Konsole zurück in den Grafik-Modus gelangen, falls XWindow gestartet ist. Falls mehrere Anwender angemeldet sind, kann dies auch [ALT] + [F8] usw. erfordern. Mit [CTRL] + [ALT] + [F1] kommen Sie vom Grafik-Modus wieder in den Konsolen-Modus (hier in die Konsole 1).

Durch die Cursor-Tasten [PFEIL NACH OBEN] bzw. [PFEIL NACH UNTEN] können Sie im Terminal die letzten Kommandos ansehen und eines mit der Return-Taste auswählen.

Mit der Kombination [BILD-NACH-OBEN] + [rechte SHIFT-Taste] bzw. [BILD-NACH-UNTEN] + [rechte SHIFT-Taste] kann der bisherige Bildschirminhalt vertikal verschoben (gescrollt) werden.

Textselektion

Per Doppelklick mit der linken Maustaste auf ein Wort wird dieses Wort selektiert, mit Dreifachklick wird der Text in der gesamten Zeile selektiert. Durch Ziehen mit gedrückter linker Maustaste über einen Bereich können Sie einen Textbereich auswählen.

Durch Drücken der mittleren Maustaste kann der wie oben selektierte Text in die Eingabezeile oder ein von einem Editor geöffnetes Dokument kopiert werden. Dies gilt auch für den Konsolen-Modus, wenn das Hintergrundprogramm `gpm` installiert und aktiv ist (über den Befehl: `/etc/init.d/gpm start`). Damit ist auch in Konsolen das Selektieren und Kopieren von Text mit der Maus möglich.

Um in die grafische Oberfläche zu gelangen, ist ebenfalls erst eine Anmeldung erforderlich. Auch in einer grafischen Oberfläche können mehrere Terminalfenster gleichzeitig mit unterschiedlichen Benutzeranmeldungen verwendet werden. Für Linkshänder kann in der grafischen Oberfläche die Maustaste für die Selektion auch auf die rechte Taste umgestellt werden.

Eingabehilfen

Ein Kommando braucht nicht komplett eingegeben zu werden; es reichen die ersten Buchstaben und danach das Betätigen der Tab-Taste. Der eingegebene Text wird dann vervollständigt, sofern er eindeutig einem Kommando zuzuordnen ist. Andernfalls erfolgt ein akustisches Signal. Nach erneuter Betätigung der Tab-Taste werden alle möglichen Kommandos angezeigt.

Gleiches gilt für Dateinamen. Der große Vorteil dabei ist, dass sich der Anwender nicht mehr verschreiben kann. Hiermit verlieren lange Dateinamen ihre Schrecken, da oft nur ein paar Buchstaben genügen, damit die Shell den Namen vervollständigen kann.

Neuere Versionen der Bash ermöglichen eine Suchfunktion über die Tastenkombination [CTRL] + [R]. Nach deren Eingabe erhält man einen anderen Prompt und kann nun die Buchstaben von einem Befehl oder einer Datei eingeben:

```
reverse-i-search)'a': rm abc
```

Die eingegebenen Buchstaben (im obigen Fall „a“) erscheinen hinter dem Prompt, und der letzte Befehl, der hierzu passt, ist hinter dem Doppelpunkt zu sehen. Das Drücken von [RETURN] aktiviert diesen Befehl erneut.

Eine mehrfache Eingabe von [CTRL] + R liefert der Reihe nach eine Rückwärtssuche nach allen vorangegangenen Treffern, die auf die bereits eingegebenen Buchstaben zutreffen. Durch Betätigen von [CTRL] + C lässt sich die Suchfunktion wieder abschalten, ohne einen Befehl zu aktivieren.

Mit dem Paket `bash-completion` (das unter Ubuntu per Default installiert ist) gelingt eine Vervollständigung auch mit den Optionen von Befehlen, wenn Sie vorher einen Bindestrich eingeben.

Ein kleiner Tipp am Rande: Drücken Sie die Tab-Taste zweimal hintereinander, ohne einen Text einzugeben. Sie erhalten damit die Anzahl aller möglichen Kommandos und die Frage, ob alle angezeigt werden sollen.

Start eines Programms

Zum Start eines Programms oder eines Kommandos wird der Name des Programms nach dem Eingabe-Prompt der Shell in die Kommandozeile getippt (wie z. B. `ls`), oft gefolgt von weiteren Angaben für dieses Programm, die zur Abarbeitung wichtig sind.

Einem Programm können Optionen mitgegeben werden, die die Abarbeitung beeinflussen (wie z. B. die Ausgabe in Langform bei `ls -l`). Sie heißen so, weil es keinen Zwang zu deren Eingabe gibt, sie also optional sind. Sie sind unter UNIX durch ein vorangestelltes „`-`“ oder „`--`“ gekennzeichnet. Optionen sind fest im Programm eingebaut und können zwar benutzt, aber nicht verändert werden.

Dagegen sind Parameter bestimmte Angaben vom Benutzer, die vom Programm nicht vorhersehbar sind, wie z. B. welche Datei bzw. welches Verzeichnis geöffnet werden soll. Oft sind bestimmte Parameter in einem Programm vorbelegt, wenn sie vom Benutzer keinen Wert erhalten. Sie bekommen dann einen Default-Wert. Ein Beispiel ist das Programm `ls`, welches das aktuelle Verzeichnis ausgibt, wenn kein Verzeichnis vom Benutzer angegeben ist. Der Wert „`.`“ ist damit der Default-Parameter von `ls`.

Ein Beispiel:

```
user@ubuntu:~$ ls -l /home
```

Hier ist das Programm `ls` mit der Option `-l` (die Ausgabe soll in Langformat erfolgen) und dem Parameter `/home` (welches Verzeichnis soll vom Programm bearbeitet werden) aufgerufen. Ein Backslash hat eine komplett andere Bedeutung als unter DOS! Er leitet keine Option ein, sondern er entwertet ein Zeichen.

Optionen können auch zusammengefasst werden. Hier ein Beispiel für eine rekursive Ausgabe aller Dateien (von allen Unterverzeichnissen).

Dieser Aufruf:

```
user@ubuntu:~$ ls -aR
```

ist das Gleiche wie:

```
user@ubuntu:~$ ls -a -R
```

oder auch wie:

```
user@ubuntu:~$ ls --all --recursive
```

Optionen können auch in langer Form angegeben werden. Diese Namen sind nicht trennbar. Damit sie nicht mit oben genannten Optionen verwechselt werden, folgen sie hinter zwei Bindestrichen. Mitunter ist ein Parameter mit einer Option verbunden und muss dann direkt hinter ihr angegeben sein! Zum Beispiel muss beim Programm `tar` direkt hinter der Option `-f` die Archivdatei stehen:

```
user@ubuntu:~$ tar -cf daten.tar /daten
```

Das Programm selbst kann entweder mit vollem Pfadnamen aufgerufen werden (z.B. `/bin/ls`) oder nur mit dem Namen des Programms (`ls`). Dann muss im Suchpfad nachgesehen werden, in welchem Verzeichnis sich das Programm befindet. Siehe hierzu auch 6.3.5.

Sobald ein neues Programm aufgerufen wird, läuft es in einem hierfür gestarteten neuen Prozess. Bei Systemen mit mehreren Prozessoren kann ein Programm auch bestimmten Prozessoren zugeordnet werden. Im folgenden Beispiel soll der Befehl `ls` nur auf Prozessor 0 oder 1 starten:

```
user@ubuntu:~$ taskset -c 0-1 ls
```

6.3.1 Dateien

Dateien sind Bereiche auf der Festplatte, in denen Daten abgespeichert sind. In „normalen" Dateien können einfache Texte enthalten sein, aber auch Daten, die in bestimmten Formaten hinterlegt sind, wie Bilder, Office-Dokumente, PDF-Dateien etc.

Unter UNIX und damit auch unter Ubuntu ist alles in einem Dateisystem eine Datei (auch Verzeichnisse sind spezielle Dateien). Auch der Zugriff auf Festplatte, Diskette, USB-Stick, Maus, Tastatur etc. erfolgt über Gerätedateien unter `/dev`. Nur die Kommunikation im Netzwerk erfolgt über Sockets.

Bei der ausführlichen Ansicht von Verzeichnissen mit Kommando `ls -l` ist am linken Rand ein Zeichen zu sehen, das die Art einer Datei kennzeichnet.

Ein Beispiel:

```
user@ubuntu:~$ ls -l
```

```
drwxr-xr-x   14 root     root          4096 Nov 10 17:34 X11
-rw-r--r--    1 root     root         15785 Sep 24 01:49 a2ps.cfg
```

Direkt im Anschluss an das Zeichen für die Datei-Art folgt bei `ls -l` die Ausgabe der Berechtigungen. Siehe hierzu Kapitel 7.8

6.3.2 Das hierarchische Dateisystem

In den Anfängen des PC gab es unter DOS (und auch unter etlichen Großrechner-Betriebssystemen) nur eine flache Anordnung der Dateien. Weil es keine Verzeichnisse gab, konnte der Inhalt einer Diskette mit vielen gespeicherten Dateien sehr unübersichtlich werden. Unter UNIX gab es von Anfang an die Möglichkeit, Dateien in Verzeichnissen zu ordnen. Dadurch konnten auch Verzeichnisse in Verzeichnissen erstellt werden usw. Man spricht von einem hierarchischen Dateisystem. Erst etwa ab der DOS-Version 2.0 wurde das Prinzip des hierarchischen Dateisystems von UNIX übernommen mit den meisten Kommandos, die zur Arbeit hierfür notwendig sind (wie `cd`, `mkdir` usw.).

In einem hierarchischen Dateisystem gibt es ein Verzeichnis, in dem alle anderen Dateien und Verzeichnisse ihren Ursprung haben: das Root-Verzeichnis. Unter Linux ist dies immer „`/`", unter DOS bzw. Windows kann dies sein: „`c:\`", „`d:\`" etc.

Ferner gibt es immer ein Verzeichnis, in dem der Benutzer sich gerade befindet: das Arbeitsverzeichnis oder Working Directory; mit dem Kommando `pwd` wird dessen Name angezeigt.

Ein Beispiel:

```
user@ubuntu:~$ pwd
/home/max
```

In jedem Verzeichnis gibt es mindestens zwei Einträge: ein Verzeichnis, dessen Name nur aus einem Punkt besteht (gleichbedeutend mit dem Namen dieses Verzeichnisses), und ein Verzeichnis, dessen Name zwei Punkte („..") enthält. Damit ist das Verzeichnis gemeint, das in der Hierarchie über diesem Verzeichnis liegt.

Ein Punkt steht demnach für das aktuelle Arbeitsverzeichnis, also für das Verzeichnis, in dem man sich gerade befindet (das mit dem Kommando `pwd` ausgegeben wird).

Beispiele mit gleicher Wirkung:

```
user@ubuntu:~$ ls .
```

oder

```
user@ubuntu:~$ ls
```

Die Tilde ~ (oder Wellenlinie) steht für das Homeverzeichnis. Zum Beispiel kann Benutzer `max` das Verzeichnis `test` in seinem Homeverzeichnis auf diese Arten auflisten.

Beispiele mit gleicher Wirkung:

```
user@ubuntu:~$ ls /home/max/test
```

oder

```
user@ubuntu:~$ ls ~/test
```

Mit dem Kommando `cd` („change directory") kann man in ein anderes Verzeichnis wechseln; z. B. mit „`cd ..`" in das übergeordnete Verzeichnis. Ohne Parameter gelangen Sie mit `cd` in das eigene Homeverzeichnis.

Beispiele mit gleicher Wirkung:

```
user@ubuntu:~$ cd
user@ubuntu:~$ cd ~
user@ubuntu:~$ cd $HOME
```

Es können absolute Pfadnamen oder relative Pfadnamen benutzt werden. Ein absoluter Pfad beginnt mit dem Root Verzeichnis und ist unabhängig davon, in welchem Verzeichnis sich der Benutzer befindet.

Beispiel:

```
user@ubuntu:~$ cd /usr/share/doc
```

Ein relativer Pfad hat das Arbeitsverzeichnis als Ausgangspunkt, also das Verzeichnis, in dem man sich gerade befindet.

Ein Beispiel. Sie befinden sich in `/home/max/doc` und geben folgendes Kommando ein:

```
user@ubuntu:~$ cd test
```

Nun befinden Sie sich im Verzeichnis `/home/max/doc/test`, falls dieses vorhanden ist. Ansonsten erfolgt eine Fehlermeldung.

6.3.3 Systemweite und eigene Konfigurationsdateien

Die Konfiguration ist generell unterteilt in eine systemweit gültige Konfiguration und eine, die ein einzelner Benutzer vornehmen kann. So können Sie als einfacher Anwender ein eigenes Hintergrundbild definieren, den Bildschirmschoner aktivieren und vieles mehr. Jede dieser Einstellungen betrifft nur Sie allein und niemand anderen.

Die Konfiguration des Systems dagegen kann nur der Administrator vornehmen. Diese Einstellungen gelten für alle Benutzer. Der Administrator kann auch bestimmte Default-Einstellungen festlegen, wie z. B. das als Standard geltende Hintergrundbild. Diese sind wirksam, solange ein Benutzer sie nicht ändert. Generell gilt, dass erst die Systemeinstellungen geladen werden und dann eventuell vorhandene eigene Einstellungen.

Seit den Zeiten von UNIX gilt, dass alle Systemdateien für „normale" Benutzer nicht schreibbar sind! Ein solcher Benutzer hat nur in seinem Homeverzeichnis und im Verzeichnis `/tmp` Schreibrechte!

6.3.4 Versteckte Dateien und Verzeichnisse

Dateien und Verzeichnisse, die mit dem Kommando `ls` nicht angezeigt werden sollen, können im Namen einen vorangestellten Punkt erhalten, wie z. B. `.bash_history` oder `.gnome2`. Es handelt sich bei diesen Namen meist um vom System erstellte Namen im Homeverzeichnis eines Benutzers oder um Konfigurationsdateien von Programmen, die auf diese Art versteckt werden.

So befinden sich beispielsweise die Einstellungen und zwischengespeicherte Dateien der Oberfläche Gnome unter dem Verzeichnis `~/.gnome2`. Die Einstellungen von Firefox liegen im Verzeichnis `~/.mozilla` etc.

Mit diesen Kommandos können versteckte Dateien und Verzeichnisse angezeigt werden (`-a` steht für „all"):

```
user@ubuntu:~$ ls -a
```

PRAXISTIPP: Beim Kopieren oder Verschieben von versteckten Dateien muss auf das Verzeichnis „..“ geachtet werden, das für das Verzeichnis eine Ebene höher steht! Wird es nicht ausgeschlossen, werden auch alle Einträge in diesem übergeordneten Verzeichnis mit erfasst!

Beispiel. Folgendes Kommando kopiert zu viel:

```
user@ubuntu:~$ cp -a .* /tmp/xy
```

Besser ist dieser Aufruf (siehe auch: Kapitel 6.3.11, Wildcards):

```
user@ubuntu:~$ cp -a .[!.]* /tmp/xy
```

Auch ist es bei eventuellen Problemen mit Programmen (die vor allem nach einem Update auftreten können) eine bewährte Lösung, die für dieses Programm versteckten Dateien bzw. Verzeichnisse zu löschen. Beim Aufruf des Programms werden sie wieder neu erstellt. So können Sie nach einem Update oder Problemen von Gnome die Verzeichnisse `~/.gnome2` löschen; die Einstellungen der Fenster, Bildschirmschoner etc. sind schnell wieder eingerichtet.

6.3.5 Der Suchpfad

Damit man sich nicht merken muss, in welchem Verzeichnis ein Programm oder Kommando hinterlegt ist, gibt es den Suchpfad. Mithilfe des Suchpfads ist es möglich, ein Programm nur mit seinem Namen aufzurufen, ohne dass man den kompletten absoluten Pfadnamen eingeben muss. Es ist die Umgebungsvariable `PATH`, in der alle Verzeichnisse (mit Doppelpunkt getrennt) eingetragen sind, die beim Aufruf eines Programms oder eines Kommandos in dieser Reihenfolge durchsucht werden sollen.

Sollte es einmal zwei Programme mit gleichem Namen geben, wird das Programm gefunden und ausgeführt, das im Suchpfad zuerst gefunden wird; außer man benutzt absolute Pfadnamen.

Beispiel für einen „gewöhnlichen“ Benutzer unter Ubuntu:

```
user@ubuntu:~$ echo $PATH
/usr/local/sbin:/usr/local/bin:/usr/sbin:/usr/bin:/sbin:/bin:/usr/games
```

Interessant ist im obigen Beispiel, dass am Schluss kein Punkt vorhanden ist. Er würde besagen, dass auch das Arbeitsverzeichnis als letztes Verzeichnis durchsucht werden soll. Es wird im Suchpfad aus Sicherheitsgründen meist weggelassen.

Der Systemadministrator `root` hat dagegen andere Einstellungen.

```
root@ubuntu:~# echo $PATH
/usr/local/sbin:/usr/local/bin:/usr/sbin:/usr/bin:/sbin:/bin
```

Oft genügt auch am Ende ein einzelner Doppelpunkt ohne Punkt, um das aktuelle Arbeitsverzeichnis zu durchsuchen! Dies gilt auch bei Shell-Skripten.

6.3.6 Das Hilfe-Programm man

Die vielen Optionen der meisten Linux-Kommandos kann sich keiner merken. Deshalb gibt es das Hilfe-Programm `man`, das zu fast jedem Kommando eine umfangreiche Beschreibung und weitere Informationen bietet (das Manual). Es ist eines der wichtigsten Kommandos überhaupt. Durch Drücken der Taste `q` wird die Hilfe wieder verlassen.

Beispiel:

```
user@ubuntu:~$ man ls
```

6.3.7 Kommandos mit rekursiver Wirkung

Sollen Kommandos nicht nur auf eine Datei oder ein Verzeichnis, sondern auch auf alle Dateien in allen Unterverzeichnisse und deren Unterverzeichnisse angewandt werden, sind sie so aufzurufen, dass sie rekursiv wirken. Manchmal unterscheiden sich die Optionen `-r` und `-R` (wie beim Kommando `ls`); die lange Form `--recursive` ist aber immer möglich.

Beispiele:

```
user@ubuntu:~$ ls -R /home
user@ubuntu:~$ grep -r text
user@ubuntu:~$ cp -r /home /h
user@ubuntu:~$ rm -r /h
```

6.3.8 Das Kommando history

`history` (ein eingebautes Kommando der `bash`) gibt die letzten (meist 1.000) Kommandos aus, die ein Benutzer in einer Shell eingegeben hat (aber nicht Kommandozeilen, die mit Blank beginnen). Sie sind in der versteckten Datei `~/.bash_history` gespeichert. Die Anzahl der zu speichernden Kommandos kann mit der Variablen HISTSIZE festgelegt werden (dies erfolgt meist in `/etc/profile` oder `~/.bashrc`).

Beispiel einer gekürzten Ausgabe von `history`:

```
user@ubuntu:~$ 532 vi /etc/mtools.conf
user@ubuntu:~$ 533 man passwd
```

Es können auch die Kommandos wiederholt werden, zum Beispiel das mit Nummer 532:

```
user@ubuntu:~$ !532
```

Der letzte Aufruf des `vi` soll wiederholt werden:

```
user@ubuntu:~$ !vi
```

HINWEIS: Da es für jeden Benutzer nur eine Datei `~/.bash_history` gibt, wird von einem Terminal erst dann diese Datei geschrieben, wenn Sie es beenden bzw. sich abmelden. Gleiches gilt für die Konsolen. Falls Sie mehrere Terminal-Fenster unter demselben Benutzernamen geöffnet haben, sind letzten Endes nur die Aktionen von dem Terminal gespeichert, das Sie zuletzt verlassen haben.

6.3.9 Texteditoren

In UNIX und Linux ist quasi die gesamte Konfiguration in Textdateien abgelegt. Für einen Administrator ist es daher sehr wichtig, sich mit einem Editor vertraut zu machen.

Unter Ubuntu können Sie eine Vielzahl von Editoren benutzen, vom einfachen `ed` bis zum Guru-Werkzeug `emacs`. Es sind bereits die wichtigsten Editoren installiert, andere können Sie nachinstallieren. Unter der grafischen Oberfläche Gnome ist der Editor `gedit` Standard. Er startet, wenn Sie im Dateimanager auf eine Datei doppelt klicken.

Wenn keine grafische Oberfläche vorhanden ist, wie dies in den Server-Versionen von Ubuntu der Fall ist, verringert sich die Auswahl etwas. Die beiden interessantesten Editoren, vor allem unter Ubuntu Server, dürften `nano` und `vi` sein, die auf einer Konsole oder im Terminal einsetzbar sind. Für diejenigen, die einmal den Norton-Commander benutzten, empfiehlt sich ein Blick auf den `Midnight-Commander`. Er kann mit `mc` aufgerufen werden; muss aber erst installiert werden.

Der Editor nano

Das Programm `nano` bietet eine Benutzer-Oberfläche mit einer Blockgrafik. Hier können Sie sofort mit dem Schreiben oder Editieren beginnen, Sie brauchen das Programm nur aufzurufen, am besten mit dem Namen der zu editierenden Datei:

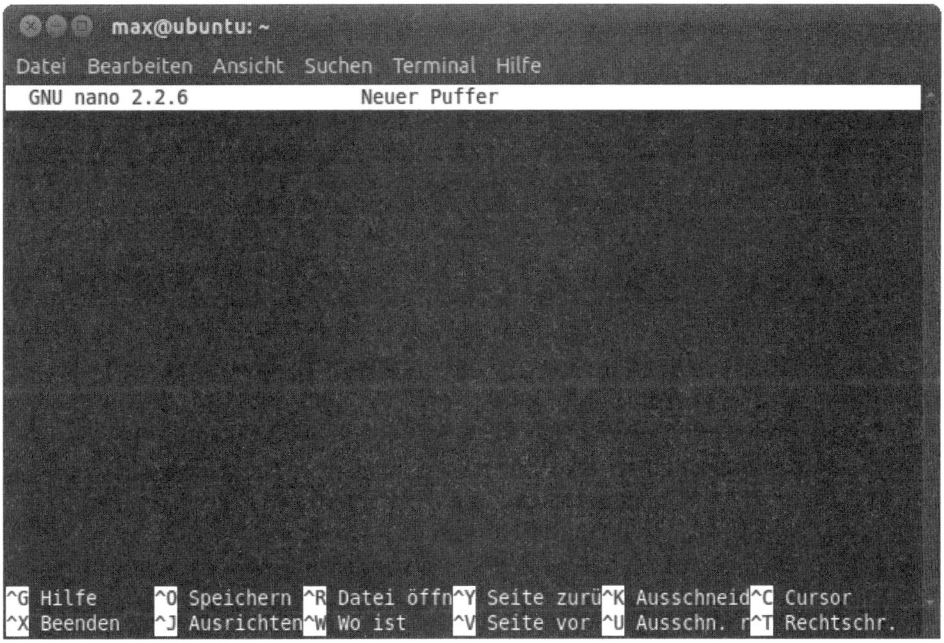

BILD 6.4 Der Editor nano

An unteren Ende sind die Tastaturbefehle als Hilfe eingeblendet, die Sie z. B. für das Beenden ([Ctrl] + X), das Schreiben der Änderungen ([Ctrl] + O) und weitere Aktionen benötigen.

Der Editor vi

Unter UNIX und allen seinen Derivaten hat sich als Standard der Editor `vi` („vi" für „visual") etabliert. Sein Vorteil ist, dass er in jedem UNIX und Linux vorhanden ist. Wenn Sie einen Blick auf dieses Programm werfen wollen, sollten Sie zuerst den Nachfolger vom `vi` installieren, den `vim` (für „vi improved"), der etliche weitere Möglichkeiten bietet.

Der `vi` hat den Ruf, kompliziert und kryptisch zu sein. Wenn Sie einige Tipps beachten, ist es aber gar nicht so schwierig, mit dem `vi` umzugehen. Für das Beispiel installieren Sie bitte das Programm `vim` und geben Sie folgendes Kommando zum Editieren der (noch nicht vorhandenen) Datei `xy` ein:

```
user@ubuntu:~$ vi xy
```

PRAXISTIPP: Wenn Sie beim Aufruf vom `vi` anstelle einer Datei ein Verzeichnis angeben, sehen Sie dessen Inhaltsverzeichnis, das Sie jedoch nicht editieren können! Wenn Sie versehentlich mehr als eine Datei beim Aufruf angeben, erscheint die zweite Datei, wenn Sie die erste beenden.

Wenn beim Editieren der Editor `vi` abgebrochen wird (z. B. durch einen Shutdown etc.), bleibt von der bisher editierten Datei eine Änderungsdatei im selben Verzeichnis übrig, die den gleichen Namen trägt, aber mit einem Punkt davor und `.swp` als Anhang. Zum Beispiel als Datei `.test.txt.swp`, wenn Sie die Datei `test.txt` editiert hatten. Diese Datei ist daher versteckt, und das Kommando `ls` kann sie nicht anzeigen, nur `ls -a`. Nach dem erneuten Start vom `vi` macht er auf diese Datei immer wieder aufmerksam. Sie können die Änderungen wieder herstellen mit dem internen Kommando `w`. Die Swp-Datei wird damit aber nicht gelöscht. Dies müssen Sie selbst erledigen, z. B. mit:

```
user@ubuntu:~$ rm .test.txt.swp
```

Nach dem Start vom `vi` können Sie noch nicht mit dem Schreiben beginnen! Sie befinden sich erst im Kommandomodus. Dies bedeutet, dass jeder Buchstabe, den Sie nun eintippen, erst als Kommando interpretiert wird. Um in den Eingabemodus zu gelangen, geben Sie am besten erst den Buchstaben „`i`" (für „insert") ein.

Nun können Sie beliebig Text eingeben und editieren. Wenn Sie das Ergebnis speichern wollen, benötigen Sie wieder ein Kommando, das nun mit einem Doppelpunkt einzuleiten ist. Sie müssen aber vorher den Eingabemodus mit der Taste [Esc] beenden:

`:w` Sie schreiben die Änderungen in die geöffnete Datei
`:q` Sie verlassen den Editor
`:wq` Sie schreiben die Änderungen und verlassen danach den Editor

Wenn Sie eine Datei geöffnet haben, auf die Sie keine Schreibrechte besitzen, erhalten Sie eine entsprechende Warnung, sobald Sie in den Eingabemodus wechseln wollen.

Haben Sie in einer Datei Änderungen vollzogen, wollen diese aber nicht speichern, können Sie die Datei auch ohne Schreibvorgang beenden. Wechseln Sie mit der Taste [Esc] in den Kommandomodus, und geben Sie folgendes Kommando ein: `:q!`

Mitunter kommt es vor, dass eine Datei zwar keine Schreibrechte hat, Sie aber dennoch Eigentümer dieser Datei sind. Dann können Sie mit folgendem Kommando das fehlende Recht übergehen: `:w!`

Eine Zeile können Sie im Kommandomodus löschen durch Eingabe von `dd`.

Eine oder mehrere Änderung können Sie rückgängig machen, indem Sie im Kommandomodus ein `u` eingeben.

Sie können auch mit der Maus Textstellen selektieren und im Eingabemodus mit der mittleren Maustaste an die aktuelle Cursor-Position einfügen. Sie können aber nicht mit der Maus den Cursor beeinflussen.

Nach einem Text suchen Sie, indem Sie im Kommandomodus einen Slash eingeben, gefolgt von dem zu suchenden Text, wie z. B. der Suche nach „abc":

```
/abc
```

Mit der Taste `n` springt der Cursor zum nächsten gefundenen Text, mit `N` zur vorherigen Fundstelle.

PRAXISTIPP: Der `vi` unterscheidet zwischen Groß- und Kleinschreibung bei der Suche. Um dies abzuschalten, können Sie folgendes Kommando eingeben („ic" für „ignore case"):

```
:set ic
```

Der `vi` ist ein sehr mächtiger Editor und bietet viele weitere Möglichkeiten. Weitere Informationen gibt Ihnen das Programm `vimtutor` bzw. finden Sie in der Manual-Seite mit: man vi

6.3.10 Der Kommando-Interpreter (Shell)

Jedes Betriebssystem muss die Befehle des Benutzers verstehen und ausführen können. Auch bei Systemen mit grafischer Oberfläche (Windows, Gnome ...) werden die Mausklicks letztendlich in Befehle umgewandelt, die das Betriebssystem versteht. Ist keine grafische Oberfläche vorhanden, müssen die Kommandos in einer Kommandozeile eingegeben werden.

Diese Umgebung (auch Shell genannt, weil sie wie eine Muschel um das System liegt) wird von dem Kommando-Interpreter zur Verfügung gestellt, der die eingegebenen Kommandos nach dem Abschicken mit der Return-Taste so umsetzt, dass sie vom Betriebssystem verstanden werden. Unter DOS heißt dieses Programm in der Regel `command.com`, unter UNIX und Linux gibt es eine größere Auswahl an Kommando-Interpretern. Jede Shell bietet unterschiedliche Funktionen und oft ein anderes Aussehen.

Unter UNIX war eine der ersten Shells die Bourne-Shell (nach ihrem Entwickler Steven Bourne benannt), die noch relativ wenige Kommandos und Komfort bot. Sie wird meist unter `/bin/sh` installiert. Die heute meist benutzte Shell ist vermutlich die `bash` (GNU Bourne-Again-Shell), die zur Bourne-Shell wesentliche Erweiterungen erhielt, wie die Vervollständigung von Dateinamen bzw. Kommandonamen mit der Tab-Taste, die Scroll-Möglichkeit der letzten Kommandos mit den Cursor-Tasten nach oben und unten etc.

Die installierten Shells sind meist unter dem Verzeichnis `/bin` zu finden, wobei auf die Standard-Shell in der Regel der Link `/bin/sh` zeigt. Dies bedeutet, dass bei Angabe von `/bin/sh` bzw. nur `sh` unterschiedliche Shells zur Anwendung kommen können, je nachdem, auf welchen Eintrag der Link zeigt! Unter Ubuntu ist es die Shell mit Namen `dash`, die der Korn-Shell ähnelt.

Sobald sich ein Benutzer in einer Konsole (bzw. Terminal) einloggt, erhält er eine Shell, die nun die eingegebenen Kommandos ausführt. Die Bereitschaft hierzu zeigt sie durch den Prompt an. Welche Shell gestartet wird, ist in der Datei `/etc/passwd` hinterlegt.

Beispieleintrag für User `max` in `/etc/passwd`:

```
max:x:1000:1000:max,,,:/home/max:/bin/bash
```

Der letzte Eintrag in dieser Zeile besagt hier, dass das Programm `/bin/bash` als Shell zu starten ist. Hier kann auch jede andere installierte Shell eingetragen sein.

Soll ein Account nicht zur Anmeldung als Benutzer, sondern nur zum Beispiel als Zugang für einen Dienst, für administrative Zwecke, zum Ändern des Passwortes über das Netz etc. zur Verfügung stehen, kann anstelle einer Shell auch ein anderer Eintrag vorhanden sein:

Eintrag	Beschreibung
`/bin/false`	es ist keine Anmeldung möglich
`/bin/true`	eine Anmeldung ist nur über einen X-Display-Manager in einer grafischen Oberfläche möglich. Der Benutzer erhält aber nie eine Shell.
`/usr/bin/passwd`	beim Anmeldeversuch (z.B. auch über `telnet` bzw. `ssh`) ist nur das Ändern des eigenen Passwortes möglich

In einer interaktiven Shell kann ein Benutzer Kommandos absetzen. Eine derartige Shell bekommen Sie nach der Anmeldung als Login-Shell oder beim Start eines neuen Terminals, wenn Sie schon am System angemeldet sind. Dabei wertet die gestartete `bash` die Dateien `/etc/bash.bashrc` und `~/.bashrc` aus.

Eine nichtinteraktive Shell wird dann gestartet, wenn ein Shell-Skript aufgerufen wird. Sie wertet keine Start-Dateien aus (wie `~/.bashrc` etc.), da die nötigen Umgebungsvariablen bereits vererbt wurden und damit bekannt sind. Nach dem Ende des Skripts ist diese Shell ebenfalls beendet.

Eine Login-Shell erhält ein Benutzer nach der Anmeldung an der Konsole oder über das Netzwerk. Sie wird vom Login-Prozess gestartet. Vor allem wichtige Umgebungsvariablen wie der Suchpfad (PATH), der Benutzername (USER) und andere werden über die Dateien `/etc/bash.bashrc` und `/etc/profile` mit den passenden Werten versorgt.

6.3.11 Wildcards oder Suchmuster (file-globbing)

Damit Namen nicht vollständig ausgeschrieben werden müssen, gibt es das Zeichen `*`, das einen beliebigen String repräsentiert, und das Zeichen `?`, mit dem ein einzelner Buchstabe gemeint ist. Die Auswertung von Suchmustern (Wildcards) erfolgt durch die Shell und wird auch „file-globbing“ genannt.

Einige Suchmuster:

`*`	steht für beliebige Zeichen; alle vorhandenen Namen passen darauf
`?`	steht für ein einzelnes beliebiges Zeichen
`[abc]`	gilt für genau ein Zeichen aus der angegebenen Menge (in eckiger Klammer)
`[0-9,a-z]`	genau ein Zeichen aus einem Bereich von Zeichen

`[!0-2]` durch das Ausrufezeichen wird die Menge verneint (hier: nicht 0, 1 oder 2)

Beispiele:

Alle Dateien und Verzeichnisse im aktuellen Verzeichnis ausgeben:

```
user@ubuntu:~$ ls *
```

Alle Dateien und Verzeichnisse im aktuellen Verzeichnis ausgeben, die mit dem Kleinbuchstaben `c` beginnen:

```
user@ubuntu:~$ ls c*
```

Alle Dateien und Verzeichnisse im aktuellen Verzeichnis ausgeben, die mindestens drei Zeichen enthalten:

```
user@ubuntu:~$ ls ???
```

Alle Dateien und Verzeichnisse im aktuellen Verzeichnis ausgeben, die entweder mit `c` oder `C` beginnen:

```
user@ubuntu:~$ ls [cC]*
```

Alle Dateien und Verzeichnisse im aktuellen Verzeichnis ausgeben, die mit den Buchstaben `a`, `b`, `c`, `r` oder `s` beginnen:

```
user@ubuntu:~$ ls [a-c,rs]*
```

Alle Dateien und Verzeichnisse im aktuellen Verzeichnis ausgeben, die nicht mit `f` beginnen:

```
user@ubuntu:~$ ls [!f]*
```

> **PRAXISTIPP**: Passt das Suchmuster auch auf Verzeichnisse, so wird mit dem Kommando `ls` deren Inhalt mit ausgegeben.

Beispiel:

Unter `/etc` alle Verzeichnisse mit drei Buchstaben ausgeben zusammen mit dem Inhalt.

```
user@ubuntu:~$ ls /etc/???
```

Ist dieses Verhalten nicht gewünscht, kann es mit der Option `-d` abgeschaltet werden. Dann zeigt `ls` nur noch die Namen von passenden Dateien und Verzeichnissen an, aber nicht mehr den Inhalt der Verzeichnisse:

```
user@ubuntu:~$ ls -d /etc/???
```

Namen von Dateien und Verzeichnissen können maximal 255 Zeichen lang sein.

6.3.12 Sonderzeichen

Sonderzeichen sind das Leerzeichen (Blank) „ “ und folgende Zeichen:

? * $ & ( ) [ ] { } < > ! | ~ ; # - ` `

Sie haben in Linux eine besondere Bedeutung (Blank als Trennzeichen; * als Wildcard etc.) und sollten in Dateinamen nicht verwendet werden! In der Regel interpretiert die Shell Sonderzeichen. Sind sie in Namen enthalten, muss entweder der Name in Anführungszeichen gesetzt werden, wenn darauf zugegriffen wird, oder das Sonderzeichen wird durch einen vorgestellten Backslash \ für die Shell entwertet, d.h., es hat keine Sonderbedeutung mehr.

Beispiel für eine Datei mit Blank im Namen:

```
user@ubuntu:~$ ls "abc def"
```

oder

```
user@ubuntu:~$ ls abc\ def
```

Alle Sonderzeichen, die von einfachen Anführungszeichen (Single Quotes) eingeschlossen sind, verlieren deren Sonderbedeutung.

Beispiel:

```
user@ubuntu:~$ echo 'Hallo $USER'
Hallo $USER
```

Die Sonderzeichen, die von doppelten Anführungszeichen (Double Quotes) eingeschlossen sind, verlieren deren Sonderbedeutung, mit Ausnahme von Dollarzeichen, Backtick (`...`) und Backslash.

Beispiel:

```
user@ubuntu:~$ echo "Hallo $USER"
Hallo max
```

6.3.13 Kommandoverknüpfung

Mehrere Kommandos können in einer Zeile angegeben werden. Werden sie mit Strichpunkt (Semikolon) getrennt, so werden sie hintereinander ausgeführt. Er ersetzt das Return-Zeichen, das sonst das Kommando abschickt.

Beispiele:

```
user@ubuntu:~$ ls; date
```

Werden sie mit einfachem Ampersand-Zeichen (&) getrennt, so wird das erste Kommando im Hintergrund, das zweite im Vordergrund ausgeführt.

Beispiel:

```
user@ubuntu:~$ ls & date
```

Werden sie mit doppeltem Ampersand-Zeichen gestartet, wird das zweite Kommando nur dann ausgeführt, wenn das erste erfolgreich war (logisches UND).

Beispiel:

```
user@ubuntu:~$ ls abc && rm abc
```

Werden sie mit doppeltem Pipe-Zeichen gestartet, wird das zweite Kommando nur dann ausgeführt, wenn das erste nicht erfolgreich war (logisches ODER).

Beispiel:

```
user@ubuntu:~$ ls abc || touch abc
```

Kommandos, die durch eine runde Klammerung verbunden sind, werden gemeinsam in einer Subshell ausgeführt.

Beispiel:

```
user@ubuntu:~$ (cd test; pwd )
/home/max/test
```

```
user@ubuntu:~$pwd
/home/max
```

Kommandos, die durch eine geschweifte Klammerung verbunden sind, werden in der gleichen Shell ausgeführt. Zu beachten ist hier, dass jedes Kommando mit einem Strichpunkt abgeschlossen sein muss! Ferner sind Blanks zwischen den Klammern und dem Kommando erforderlich.

Beispiel:

```
user@ubuntu:~$ { cd test; pwd; }
/home/max/test
```

```
user@ubuntu:~$ pwd
/home/max/test
```

6.3.14 Umgebungs-(Environment-)Variablen

Environment- oder Umgebungsvariablen sind Variablen, die jedem Programm in einer Shell zur Verfügung stehen. Viele Einstellungen (wie z. B. der Ort der Grafikausgabe über die Variable DISPLAY) werden beim Start eines Programms eingelesen und ausgewertet. Die meisten Umgebungsvariablen werden von dem aufrufenden Programm vererbt.

Mit Umgebungsvariablen werden in einer Shell wichtige Einstellungen und Benutzerangaben den aufgerufenen Programmen übergeben. Systemvariablen bestehen in der Regel nur aus Großbuchstaben!

Hier die wichtigsten Systemvariablen:

`HOME`	das Homeverzeichnis des angemeldeten Benutzers
`HOSTNAME`	Rechnername
`DISPLAY`	Bezeichnung der Grafikausgabe (für XWindow)
`LANG`	legt die Sprache für Meldungen des Systems fest
`PATH`	Suchpfad für Kommandos
`PWD`	Pfad vom aktuellen Verzeichnis, in dem man sich gerade befindet
`USER`	Name des eingeloggten Users, auf einigen Systemen auch LOGNAME
`PS1`	Einstellungen für den Prompt (Zeichenfolge am Anfang einer Eingabezeile)

Den Inhalt einer Umgebungsvariablen (nur zusammen mit dem Dollarzeichen) kann das Kommando ausgeben:

```
user@ubuntu:~$ echo $USER
max
```

Eine eigene Umgebungsvariable können Sie selbst definieren über z. B.:

```
user@ubuntu:~$ abc=123
```

Eine derartige Variable kann wieder gelöscht werden mit `unset`:

```
user@ubuntu:~$ unset abc
```

Globale Variablen

Damit eine Umgebungsvariable auch weitergegeben bzw. vererbt wird, muss sie mit dem Kommando `export` exportiert werden. Nur dann ist sie in den in dieser Shell gestarteten Programmen und in danach gestarteten Shells (Subshells) über die Vererbung bekannt, aber nicht in anderen Shells!

Damit auch andere Shells diese Variable kennen, muss sie in der Datei `.bashrc` bzw. bei Login-Shells in der Datei `.profile` im Homeverzeichnis eines Benutzers oder für alle Benutzer unter `/etc/profile` gesetzt werden. Mit dem Kommando `export` ohne Parameter aufgerufen können alle globalen Variablen angezeigt werden; mit `set` werden zudem alle anderen Shell-Variablen angezeigt.

Beispiel:

```
user@ubuntu:~$ export var7="Das ist ein Test"
user@ubuntu:~$ echo $var7
Das ist ein Test
```

6.3.15 Kommandosubstitution

Wenn Sie beim Aufruf eines Programms dessen Ausgabe weiter verwenden wollen, benötigen Sie diese Technik. Sie müssen hierzu das Programm entweder in Backticks (bzw. Graves `...`) oder in eine runde Klammer mit Dollarzeichen $(...) einschließen. Dann kann die Ausgabe von diesem Programm von anderen Programmen weiter benutzt werden oder dazu dienen, den Inhalt einer Umgebungsvariablen zu füllen.

Achtung: Bei einigen Shells sind nicht alle Schreibweisen möglich!

Beispiele mit gleicher Wirkung:

```
user@ubuntu:~$ echo 'date'
user@ubuntu:~$ echo $(date)
```

Das Ergebnis in eine Variable speichern:

```
user@ubuntu:~$ datum=$(date)
user@ubuntu:~$ echo $(datum)
Di 8. Mär 12:55:46 CET 2011
```

6.3.16 Der Alias-Befehl

Ein Alias ist ein Befehl (ein eingebautes Shell-Kommando), der unter einem anderen Namen (Alias) benutzt wird. Es kann auch eine Befehlsfolge sein. Damit können Sie sich eine Menge Tipparbeit ersparen, wenn Sie sich solche Befehle selbst eintragen.

Beispiel: neues Alias "`gross_erst`" einfügen:

```
user@ubuntu:~$ alias gross_erst="ls -lS"
```

alle Alias-Befehle anzeigen mit:

```
user@ubuntu:~$ alias
```

Alias-Befehl löschen mit `unalias`:

```
user@ubuntu:~$ unalias gross_erst
```

Viele Alias-Befehle werden unter Ubuntu in der Datei `~/.bashrc` mitgeliefert. Ein Benutzer kann auch eigene Alias-Befehle speichern in der Datei `~/.bash_aliases`.

Hat ein Alias-Befehl den gleichen Namen wie ein reguläres Kommando, kann der eigentliche Befehl entweder durch den kompletten Pfadnamen oder durch Voranstellung eines Backslash-Zeichens erreicht werden.

Beispiel für interaktives Löschen:

```
user@ubuntu:~$ alias rm="rm -i"
```

Einen Befehl des Systems (nicht das gleichnamige Alias) aufrufen:

```
user@ubuntu:~$ \rm nohup.out
```

oder:

```
user@ubuntu:~$ /bin/rm nohup.out
```

6.3.17 Einfache Skripte

Ein Shell-Skript ist nichts anderes als eine Zusammenstellung von Befehlen. Bei dessen Aufruf werden sie der Reihe nach abgearbeitet. Skripte sind unter Ubuntu sehr wichtig, besonders für die Administrierung des Systems.

In diesem Buch kann aus Platzgründen nur grundlegendes Wissen über Skriptprogrammierung vermittelt werden. Für eine tiefergehende Beschäftigung mit der Shell und Shell-Programmierung sei folgendes Buch vom Hanser Fachbuchverlag empfohlen:

- Autor: Rainer Krienke
- Titel: „Shell-Programmierung für Unix und Linux“
- 3., erweiterte Auflage, 329 Seiten, flexibler Einband
- ISBN-10: 3-446-40737-5 und ISBN-13: 978-3-446-40737-4
- Weitere Infos unter: *http://www.hanser.de/buch.asp?isbn=978-3-446-40737-4&area=Computer*

Hier die Grundstruktur einer Skript-Datei:

```
#!/bin/bash                  # welches Programm soll das Skript interpretieren
                             (ausführen)
#                            # ein Kommentar wird hiermit eingeleitet
ls -l                        # ein einzelnes Kommando
if test -e abc; then         # prüfen, ob Datei „abc“ vorhanden ist
echo "Datei abc da"          # dann Befehl ausführen
else                         # ansonsten
echo "Datei abc nicht da"    # eine Meldung ausgeben
fi                           # if-Kommando abschließen
```

Ein Shell-Skript sollte immer am Anfang mit dem Aufruf der interpretierenden Shell (das sog. „Shebang“) eingeleitet werden. Dies verhindert, dass eine andere als die gewünschte Shell zur Abarbeitung startet, die eventuell einige der Befehle im Shell-Skript nicht erkennt oder nicht ausführen kann. Ist kein Interpreter-Programm in der ersten Zeile angegeben, wird meist /bin/sh verwendet. Dies ist unter Ubuntu ein Link auf `/bin/dash`, also ein Ableger der Korn-Shell.

Ein Skript kann auf mehrere Arten gestartet werden. Meist wird ein Skript direkt aufgerufen. Dazu muss die Datei ausführbar sein (mit `chmod`).

Beispiel:

```
user@ubuntu:~$ chmod +x t1.sh
```

Es wird erst das Interpreter-Programm (die Shell) gestartet, bevor das Skript ausgeführt wird. Welches Programm bzw. welche Shell den Inhalt des Skripts in einer Subshell interpretieren soll, legt die erste Zeile in diesem Skript fest (per Pseudokommentar, das sog. „Shebang“).

Ein Beispiel für einen derartigen Skriptaufruf:

```
root@ubuntu:~# /etc/init.d/networking start
```

Hier ein Aufruf als Parameter einer bestimmten Shell. Diese Shell interpretiert alle Anweisungen im Skript ebenfalls in einer Subshell und wertet sie aus. Das Skript braucht hierzu nicht ausführbar zu sein. Die Angabe einer Shell in der ersten Zeile („Shebang“) wird dabei ignoriert.

Ein Beispiel:

```
user@ubuntu:~$ sh t1.sh
```

Wird hingegen das Skript mit dem (in der Shell eingebauten) Punkt-Kommando gestartet, dann wird kein neuer Shell-Prozess gestartet. Es wird in dem gleichen Prozess abgearbeitet, der für die Shell schon vorhanden ist. Das Skript braucht hierzu nicht ausführbar zu sein, da es dem Punkt-Kommando als Parameter übergeben wird. Deshalb ist auch die Angabe einer Shell in der ersten Zeile des Skripts („Shebang“) hier nicht nötig und wird ignoriert! Meist steht ein einzelner Punkt für das aktuelle Arbeitsverzeichnis. Hier ist der Punkt aber kein Parameter, sondern ein Kommando!

Der Start über das Punkt-Kommando ist der einzige Weg, in einer bereits vorhandenen Shell Umgebungsvariablen oder Alias-Befehle einzubringen. Ein Start wie oben gezeigt, würde eine Subshell erzeugen, die sofort wieder mit allen Einstellungen verschwunden wäre, sobald das Skript beendet ist.

Beispiel:

```
user@ubuntu:~$ . ~/.bashrc
```

Da in heutigen Linux-Distributionen und auch unter Ubuntu das aktuelle Verzeichnis (Arbeitsverzeichnis) nicht im Suchpfad enthalten ist, wird das Skript nicht gefunden, wenn Sie es einfach nur mit seinem Namen aufrufen. Erst mit Eingabe von `./` vor dem Dateinamen wird die Shell angewiesen, die Datei im aktuellen Verzeichnis zu suchen. Hier hat der Punkt wieder diese Bedeutung, da er ein Teil vom Pfadnamen ist.

Beispiel:

```
user@ubuntu:~$ ./t1.sh
```

Wie in jedem Programm sind viele Kommentare auch in einem Skript sinnvoll, damit andere und auch man selbst nach einiger Zeit noch weiß, worum es geht!

PRAXISTIPP: Die Vergabe von SUID-Rechten ist für Skripte zwar möglich, aber aus Sicherheitsgründen wirkungslos! Nur übersetzte Programme werden mit einem SUID-Recht unter der Kennung des Benutzers ausgeführt.

Beenden eines Skripts

Ein Skript ist dann zu Ende, wenn die Shell entweder alle Kommandos abgearbeitet hat oder auf ein Kommando `exit` trifft.

Abbruch eines Skripts

Ein Skript kann entweder mit dem Kommando `kill` auf die ausführende Shell oder durch gleichzeitiges Betätigen der Tasten [STRG] + [C] innerhalb der Shell abgebrochen werden, in der es gestartet wurde.

Vordefinierte Variablen und Aufrufparameter

Der Inhalt dieser Variablen kann in der Kommandozeile oder in einem Skript ausgewertet werden:

`$?`	Rückgabewert des letzten Kommandos
`$!`	PID des zuletzt gestarteten Hintergrundprozesses
`$$`	PID der aktuellen Shell
`$0`	Dateiname des Shell-Skripts bzw. der gestarteten Prozedur
`$1`	Name des ersten Aufruf-Parameters
`$9`	Name des neunten Aufruf-Parameters
`$#`	Anzahl der dem Skript übergebenen Parameter
`$`	die Shell-Optionen der aktuellen Shell

Beispiel für das Skript `inhalt.sh`:

```
#!/bin/sh
echo "Parameter1 ist $1";
echo "Parameter2 ist $2";
ls -l $1
cat $2
```

Nach dem Aufruf erhalten Sie die Parameter und die Aktion der im Skript gestarteten Kommandos mit:

```
user@ubuntu:~$ inhalt.sh /tmp xy
```

HINWEIS: Auch wenn Sie Skriptdateien ohne die Endung `.sh` erstellen können, ist es ratsam, eine solche Endung zu benutzen. Sie sehen dann auf einen Blick, dass es sich um ein Skript handelt.

Der Rückgabewert

Jedes Programm, jede Shell-Funktion und jedes Shell-Skript gibt beim Beenden eine Zahl in der Variablen `$?` zurück, die Aufschluss darüber gibt, ob es fehlerfrei beendet wurde.

`0` bedeutet:	alles in Ordnung (auch automatisch bei normalem Programmende)
`1` bis `255` bedeutet:	Programmabbruch wegen Fehler

Damit kann überprüft werden, ob ein Kommando erfolgreich war und die Bearbeitung im Skript fortgesetzt werden kann oder ob eine Fehlermeldung auszugeben ist mit eventuellem

Abbruch des Skripts. Mit dem Befehl `exit` kann man bewusst einen anderen Wert als „0“ setzen, um damit dem aufrufenden Programm einen Hinweis auf unvorhergesehene Probleme zu geben.

Beispiel.

Auf das Verzeichnis `/root` darf ein normaler User nicht zugreifen; in `$?` steht dann ein Wert größer als 0:

```
user@ubuntu:~$ ls /root
/bin/ls: /root: Keine Berechtigung
$ echo $?
2
```

Die Ausführung mehrerer Kommandos mit doppeltem Ampersand-Zeichen (UND-Verknüpfung) beruht ebenfalls auf der Auswertung des Rückgabewerts des ersten Kommandos. Ist das erste Kommando fehlerhaft beendet worden, wird das zweite Kommando nicht mehr gestartet.

Beispiel:

```
user@ubuntu:~$ ls /root && cp /root/abc .
```

Gleiches gilt für Kommandos, die mit doppeltem Pipe-Zeichen verbunden sind (ODER-Verknüpfung). Das zweite Kommando wird nur dann ausgeführt, wenn das erste nicht erfolgreich war.

Beispiel:

```
user@ubuntu:~$ ls abc || touch abc
```

In Linux verrichten viele Shell-Skripte ihre Arbeit. Oft fügen Administratoren eigene Skripte hinzu, um immer wiederkehrende Aktionen zu starten. Ein Skript sollte jedoch nicht länger als ein bis zwei Seiten sein, da es sonst sehr unübersichtlich wird. Besser ist es dann, eine andere Programmiersprache zu wählen.

6.4 Kommandos zur Dateiverwaltung

Hier folgen die wichtigsten Kommandos zur Verwaltung von Dateien. Jeder Benutzer sollte sie kennen, der mit Ubuntu auf der Kommandozeile arbeiten will.

ls zur Ausgabe vom Inhalt von Verzeichnissen

Mit dem Befehl `ls` kann der Inhalt eines Verzeichnisses ausgegeben werden (vgl. `dir` unter DOS). Ist kein Verzeichnis angegeben, zeigt das Kommando den Inhalt des aktuellen Arbeitsverzeichnisses; also das Verzeichnis, in das der Benutzer vorher mit dem Befehl `cd` gelangt ist. Nach der Anmeldung befindet sich jeder Anwender automatisch in seinem Homeverzeichnis.

Beispiele: Inhalt von Verzeichnis `/etc` ausgeben:

```
user@ubuntu:~$ ls /etc
```

Rekursives Auflisten (mit allen Unterverzeichnissen und deren Inhalt) von Verzeichnis `/etc`:

```
user@ubuntu:~$ ls -R /etc
```

oder

```
user@ubuntu:~$ ls --recursive /etc
```

Inhalt des Arbeitsverzeichnisses in langer Form ausgeben (mit Rechten, Datum etc.)

```
user@ubuntu:~$ ls -l
```

Inhalt des Arbeitsverzeichnisses so anzeigen, dass die neuesten Dateien zuerst ausgegeben werden:

```
user@ubuntu:~$ ls -lt
```

`cd` zum Ändern des aktuellen Arbeitsverzeichnisses

Mit `cd` kann das aktuelle Arbeitsverzeichnis gewechselt werden. Sind keine Parameter vorhanden, wird in das Homeverzeichnis des Benutzers gewechselt!

Beispiel:

```
user@ubuntu:~$ cd /etc
```

Wechsel in das Homeverzeichnis von User `max`:

```
user@ubuntu:~$ cd ~max
```

`cp` zum Kopieren von Dateien und Verzeichnissen

Mit `cp` können Dateien (auch mehrere) oder Verzeichnisse vom Ursprungsort (Quelle) in das gewünschte Verzeichnis (Ziel) kopiert werden. Im Unterschied zu DOS müssen immer sowohl Quelle als auch Ziel angegeben sein!

Zum Kopieren von Verzeichnissen muss die Option `-r` bzw. `-R` (für rekursiv) bzw. `-a` für ein Archivieren angegeben sein! Ansonsten werden nur Dateien kopiert!

Mit Option `-v` gibt es mehr Informationen. Falls der Datei Schreibrechte fehlen, Sie aber Eigentümer im Zielordner sind, hilft die Option `-f` (`--force`).

> **PRAXISTIPP:** Ohne die Option `-i` für eine interaktive Abfrage erfolgt ein Überschreiben von eventuell bereits vorhandenen Dateien und Verzeichnissen für das Ziel ohne Rückmeldung! ■

Beispiele:

Kopieren von `/etc/hosts` in das aktuelle Verzeichnis:

```
user@ubuntu:~$ cp /etc/hosts .
```

Rekursives Kopieren des gesamten Inhalts von Verzeichnis `/etc` in das aktuelle Verzeichnis:

```
user@ubuntu:~$ cp -r /etc .
```

Wie oben, aber mit `-i` für eine interaktive Abfrage an den Benutzer (welche Dateien sollen kopiert werden):

```
user@ubuntu:~$ cp -ri /etc .
```

Rekursives Kopieren mit Dateiattributen (Properties, wie Datum, Berechtigungen etc.) von Verzeichnis `/etc` in das aktuelle Verzeichnis:

```
user@ubuntu:~$ cp -rp /etc .
```

Die Option `-a` ist besonders wichtig und oft benutzt; sie beinhaltet die Optionen `-dRp`.

`-d` behält symbolische Links und löst sie nicht auf; `-R` steht für das rekursive Kopieren eines Verzeichnisses; `-p` behält wichtige Dateiattribute, also mindestens Eigentümer, Berechtigungen und Zeitstempel (erweiterbar).

Archivieren (mit Datum, Rechte, Links etc.) von Verzeichnis `/etc` in das aktuelle Verzeichnis:

```
user@ubuntu:~$ cp -a /etc .
```

`file` zur Ermittlung vom Dateityp

Unter DOS und Windows wird durch eine Endung mit drei Buchstaben hinter dem letzten Punkt (Extension) festgelegt, welchen Inhalt eine Datei besitzt. Daran wird erkannt, welches Programm zu starten ist, wenn diese Datei angeklickt wird. Unter UNIX und Linux kann oft auf solch eine Endung verzichtet werden. Die Art des Inhalts kann man über das Kommando `file` ermitteln.

Beispiele:

```
user@ubuntu:~$ file t1.pdf
```

```
t1.pdf: PDF document, version 1.4
```

```
user@ubuntu:~$ file abc
```

```
abc: UTF-8 Unicode text
```

Oft werden dennoch die meisten Dateien mit einer eindeutigen Endung abgespeichert, um sofort zu erkennen, welchen Inhalt sie haben.

Der Dateisystemtyp einer Partition kann ebenfalls mit dem Programm `file` ermittelt werden. Es benötigt die Option `-s` für „special-files" und mitunter auch die Option `-k`, damit nach der ersten Ausgabe weiter gesucht wird, falls diese noch keinen passenden Eintrag liefert.

Beispiel:

```
root@ubuntu:~# sudo file -s /dev/sda1
```

```
[sudo] password for max:
/dev/sda1: Linux rev 1.0 ext4 filesystem data, UUID=8ec20645-4042-4034-9531-
e773793b2b63 (needs journal recovery) (extents) (large files) (huge files)
```

`diff` und `md5sum` zum Vergleichen von Dateiinhalten

Vergleicht zwei Dateien oder Verzeichnisse Zeile für Zeile (im Gegensatz zu `cmp` für Binärdateien). Bei Binärdateien stellt `diff` nur fest, ob es Unterschiede gibt. Sind keine Unterschiede vorhanden, erfolgt keine Ausgabe. Ansonsten erscheint bei Textdateien die Differenz (sie wird z. B. bei Patch-Dateien verwendet).

Beispiel:

```
user@ubuntu:~$ diff test1 test2
```

Wesentlich sicherer sind die Kommandos `md5sum` und `sha1sum` der Verfahren MD5 (Message Digest Algorithm 5) und SHA (Secure Hash Algorithm) sowie eines der noch sichereren SHA2-Verfahren (SHA-224, SHA-256, SHA-384, SHA-512). All diese Kommandos eignen sich besonders zur Prüfung heruntergeladener Dateien (für die eine derartige Prüfsumme bereitgestellt wird) bzw. zur Integritätsüberprüfung wichtiger Dateien. Eine einfache Checksumme liefert auch das Kommando `sum`.

Ein Beispiel:

```
user@ubuntu:~$ md5sum test1
```

Dieser Wert kann nun mit einem vorher ermittelten Hash-Wert bzw. bei einem Download mit dem aus dem Internet verglichen werden.

Vergleich mehrerer Dateien mit vorher abgelegten Hashwerten:

```
user@ubuntu:~$ md5sum test1 test2 test3 > summe
user@ubuntu:~$ md5sum --check summe
```

Prüfung einer heruntergeladenen ISO-Datei:

```
user@ubuntu:~$ sha256sum lucid-server-amd64.iso
```

```
76d2e94e021eb87791f8d3b93ae5b2759981dfad4539fb6c7dd471f2351a9a90 lucid-server-
amd64.iso
```

Diesen Wert können Sie nun mit dem Wert auf der Download-Webseite unter SHA256SUMS vergleichen. Sind beide identisch, verlief der Download fehlerfrei. Da der Hash-Wert komplett anders ist, wenn sich nur ein Bit ändert, genügt es, nur den Anfang und das Ende der Werte zu vergleichen.

`find` zum Suchen von Dateien

Es sucht nach Dateien im angegebenen Verzeichnis, die bestimmte Eigenschaften erfüllen, wie Name, Größe, Rechte etc. Siehe auch Kapitel 6.7.3

Beispiel:

```
user@ubuntu:~$ find /etc -name fstab
```

`mkdir` zum Erstellen von Verzeichnissen

Es dient dem Erstellen von vorerst leeren Verzeichnissen.

Beispiel:

```
user@ubuntu:~$ mkdir abc
```

Erstellen von dem kompletten Verzeichnisbaum `abc/xy/123`:

```
user@ubuntu:~$ mkdir -p abc/xy/123
```

`mv` zum Verschieben bzw. Umbenennen von Dateien und Verzeichnissen

Das Kommando `mv` verschiebt eine Datei oder Verzeichnis in ein anderes Verzeichnis. Liegt das Ziel im aktuellen Verzeichnis, benennt das Kommando `mv` nur die angegebene Datei bzw. das Verzeichnis um. Beim Verschieben in ein anderes Filesystem erfolgt ein Kopiervorgang mit anschließendem Löschen der Quelle.

PRAXISTIPP: Ist das Ziel eine bestehende Datei, wird diese ohne Rückfrage durch die Quelldatei ersetzt! Mit Option `-i` kann eine Rückfrage erreicht werden.

Beispiele:

Umbenennen der Datei `test1` in `test2`:

```
user@ubuntu:~$ mv test1 test2
```

Verschieben der Dateien `test1` und `test2` in das Verzeichnis `xy`:

```
user@ubuntu:~$ mv test1 test2 xy
```

Verschieben von Verzeichnis `yyy` in das Verzeichnis `xy`:

```
user@ubuntu:~$ mv yyy xy
```

`rm` zum Löschen von Dateien und Verzeichnissen

Dieses Kommando löscht ebenfalls Dateien und Verzeichnisse ohne Rückfrage! Soll zur Sicherheit eine Nachfrage erfolgen, kann es mit Option `-i` aufgerufen werden. Auf Verzeichnisse kann der Befehl nur mit der Option `-r` (rekursiv) angewandt werden.

Beispiele: Datei `xy` löschen:

```
user@ubuntu:~$ rm xy
```

Verzeichnis `abc` rekursiv mit allen Dateien, Verzeichnissen und Unterverzeichnissen löschen:

```
user@ubuntu:~$ rm -r abc
```

Dateien mit Sicherheitsrückfrage löschen:

```
user@ubuntu:~$ rm -ir abc
```

Will man immer vor dem Löschen eine Rückfrage einrichten, kann man auch ein Alias für diesen Befehl erstellen.

```
user@ubuntu:~$ alias "rm=rm -i"
```

`rmdir` zum Löschen von leeren Verzeichnissen

Mit `rmdir` kann nur ein leeres Verzeichnis gelöscht werden. Soll ein Verzeichnis gelöscht werden, das nicht leer ist, muss dies mit dem Kommando `rm -r` erfolgen.

Beispiel:

```
user@ubuntu:~$ rmdir /h
```

`touch`

Mit dem Kommando `touch <Dateiname>` ohne weitere Optionen bekommt die angegebene Datei das aktuelle Datum, d. h., alle Zeitstempel werden gesetzt (wichtig z. B. für Compileraufrufe mit `make`). Existiert die angegebene Datei vorher nicht, wird eine leere Datei erstellt!

Eine Datei kann auch ein anderes Datum bekommen, z. B. die Datei „`t1`“ den 23. Januar, 12:26 Uhr:

```
user@ubuntu:~$ touch -t "01231226" t1
user@ubuntu:~$ touch -d "January 23 12:26" t1
```

oder zusammen mit dem Jahr 2011:

```
user@ubuntu:~$ touch -t "201101231226" t1
user@ubuntu:~$ touch -d "January 23 2011 12:26" t1
```

Das Kommando `touch` kann auch die Zeitstempel (bis auf das Change-Datum) von Dateiobjekten kopieren:

```
user@ubuntu:~$ touch -r datei1 datei2
```

time

Das Kommando `time` liefert keine Uhrzeit, sondern die Zeit, die ein Programm zur Ausführung brauchte; als Gesamtzeit (real), User-Anteil (user) und Systemanteil (sys). Es eignet sich damit für Laufzeitmessungen und Benchmarks.

Beispiel:

```
user@ubuntu:~$ time ls -l
```

6.5 Kommandos zur Prozessverwaltung

In UNIX bzw. Linux wird für jedes ausgeführte Programm ein Prozess gestartet. Jeder Prozess bekommt beim Start eine eindeutige Nummer, die Prozess-ID (PID). Dies ist eine 16 Bit große Zahl von 1 bis 65.535. Auch wenn ein Prozess beendet wird, erhält der als Nächstes gestartete nicht wieder die gleiche PID, sondern die nachfolgende Zahl. Erst wenn alle möglichen IDs vergeben sind, fängt die Vergabe der Zahlen wieder von vorne an (noch benutzte Zahlen natürlich ausgenommen).

Der erste gestartete Prozess nach dem Hochfahren ist der Prozess `init` mit der PID 1. Dieser startet dann alle weiteren Prozesse anhand der Skripte für die zugehörigen Prozesse eines Runlevels. Jeder Prozess (den init-Prozess selbst startet der Kernel) wird von einem anderen Prozess gestartet, der auch Vater- oder Parent-Prozess genannt wird. Der init-Prozess als erster Prozess ist somit der Vater bzw. Großvater aller anderen (Sohn-)Prozesse.

Ein Prozess kann im Vordergrund (die Konsole bzw. das Terminalfenster ist blockiert) oder im Hintergrund laufen. Ist ein Hintergrundprozess autark (alle Ausgaben eines Hintergrundprozesses werden in Dateien umgeleitet und keine Eingaben erwartet), dann spricht man auch von einem Daemon-Prozess (meist sind dies Server-Prozesse).

ps zur Anzeige von Prozessen

Mit dem Kommando `ps` (process status) ist eine Anzeige der laufenden Prozesse möglich. Ohne Optionen werden nur die eigenen gerade aktiven Prozesse ausgegeben. Siehe auch: man ps.

Beispiel für die Ausgabe der aktiven Prozesse in der aktuellen Shell:

```
user@ubuntu:~$ ps
  PID TTY          TIME CMD
 1596 pts/0    00:00:00 bash
16877 pts/0    00:00:00 ps
```

Im obigen Beispiel ist zu sehen: die Nummer des Prozesses (Prozess-ID oder PID); die Bezeichnung des Terminals (z. B. `ttyS0` für ein Gerät an der 1. seriellen Schnittstelle, `tty2` für eine

Konsole oder `pts/0` für ein Terminal-Fenster in einer grafischen Oberfläche); die verstrichene Rechenzeit und das Kommando, mit dem der Prozess aufgerufen wurde. Es zeigt alle Prozesse an, die mit dem aktuellen Terminal verbunden sind!

Ausgabe aller Prozesse auf dem System im vollen Format:

```
user@ubuntu:~$ ps -ef
```

Ausführliche Ausgabe aller Prozesse des Benutzers max:

```
user@ubuntu:~$ ps -fu max
```

Da auch bei einem Multitasking-System zur gleichen Zeit immer nur ein Prozess pro Prozessor bzw. Core mit Status `R` („running“) gerade ausgeführt werden kann, müssen die anderen Prozesse warten mit Zustand `S` („sleeping“), bis sie an die Reihe kommen, also vom Scheduler aktiviert werden. Ein Prozess kann auch den Zustand `D` haben, wie es beim Warten auf eine Verbindung zu einem Rechner per NFS eintreten kann, der nicht mehr erreichbar ist. Zu weiteren Prozesszuständen siehe: man ps.

Zombie-Prozesse werden mit Zustand `Z` angezeigt. Ein solcher Prozess kann dann entstehen, wenn ein Prozess sich beenden und dies seinem Vaterprozess mitteilen will, dieser aber bereits beendet ist. Dies ist normalerweise nicht schlimm, da der Prozess bereits fertig ist. Er kann nicht mit einem Kill-Kommando beendet werden! Erst ein Neustart beendet sie. Zum Glück kommt dies nur sehr selten vor und weist oft auf die Notwendigkeit eines Updates hin. Das Kommando `top` zeigt die Anzahl von Zombie-Prozessen an.

Das Kommando `ps` mit Option `-l` zeigt den Prozessstatus in der zweiten Spalte an.

Beispiel:

Nach eventuellen Zombie-Prozessen suchen:

```
user@ubuntu:~$ ps -elf | grep Z
```

```
F S UID     PID PPID C PRI NI ADDR SZ WCHAN STIME TTY      TIME CMD
1 Z max    2234 1989 0 80   0 -     0 exit   09:56 ?    00:00:00 [kded4]
<defunct>
0 S max    2870 2780 0 80   0 -  1291 pipe_w 10:23 tty1 00:00:00 grep
--color=auto Z
```

Mit `pstree` können Sie die laufenden Prozesse baumförmig ohne zusätzliche Informationen ausgeben.

Beispiel: Anzeige der Prozesshierarchie mit dicker Darstellung der aktuellen Prozesse

```
user@ubuntu:~$ pstree -ah
```

Auch mit folgenden Kommandos ist eine baumartige Übersicht möglich:

```
user@ubuntu:~$ ps -eH
user@ubuntu:~$ ps axf
```

`top` zeigt aktive Prozesse

Das Kommando `top` zeigt eine Aufstellung der aktiven Prozesse mit Ausgabe der Systembelastung (nicht auf jedem System möglich).

Mit `top` können weitere Aktionen durch Eingabe von Buchstaben durchgeführt werden. Hier die wichtigsten:

- `d` Zeitintervall der Auffrischung angeben
- `k` Prozess beenden (kill)
- `r` einem Prozess eine andere Priorität vergeben (renice)
- `u` nur die Prozesse eines Users anzeigen
- `q` beendet das Programm top

Unter Gnome zeigt die Systemüberwachung (startbar über *System / Systemverwaltung / Systemüberwachung*) unter anderem die aktiven Prozesse; unter KDE ist `kpm` die grafische Version von `top`; und `ksysguard` ist über ein Netzwerk hinweg einsetzbar.

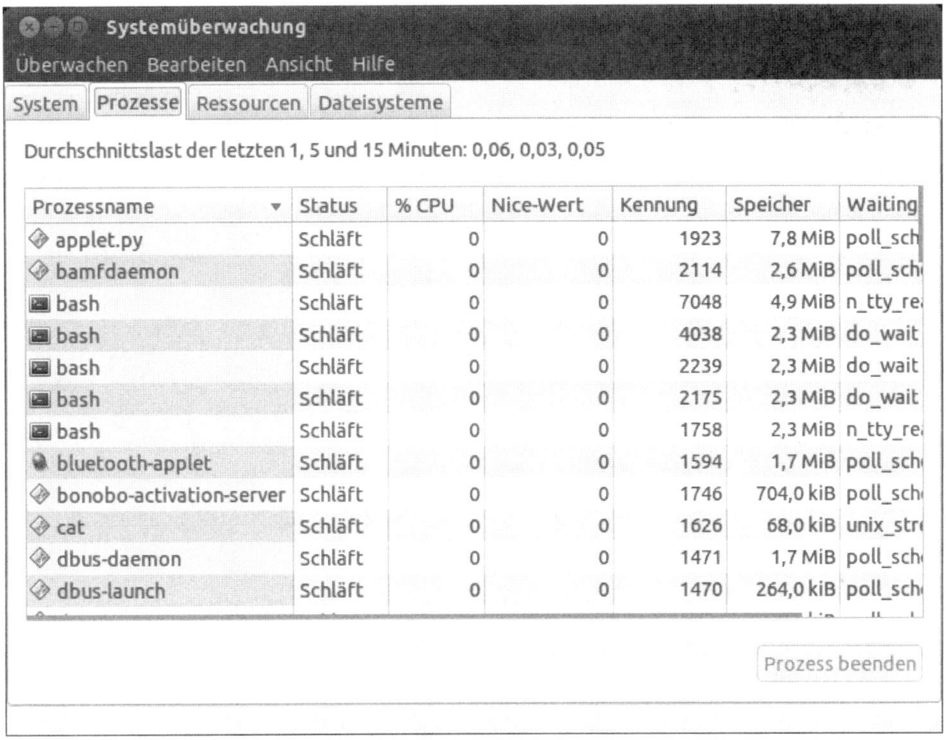

BILD 6.5 Die Anzeige der laufenden Prozesse in der Systemüberwachung

Programm im Vorder- oder Hintergrund starten

Ein Programm wird normalerweise im Vordergrund laufen, wenn es in einer Shell aufgerufen wird. Ein solcher Vordergrundprozess kann in der Regel mit der Tastenkombination [CTRL] + [C] beendet werden (auf deutscher Tastatur [STRG] + [C]). Daraufhin zeigt die Shell wieder einen Eingabe-Prompt.

Damit gestartete Programme die Eingabe weiterer Kommandos in der Shell nicht verhindern (die Shell zeigt erst dann wieder einen Eingabe-Prompt, wenn das Programm beendet ist), kann es als Hintergrundprozess gestartet werden. Hierzu ist ein Ampersand-Zeichen (&) am Schluss der Eingabe nötig (mit oder ohne Blank dazwischen);

Beispiel:

```
user@ubuntu:~$ xeyes &
```

Nur Prozesse, die im Vordergrund laufen, können mit der Tastenkombination [CTRL] + [C] beendet werden.

Sobald eine Shell beendet wird (entweder durch die Kommandos `exit` bzw. `logout` oder durch die Tastenkombination [CTRL] + [D]), sind damit alle Programme ebenfalls beendet, die eine Verbindung zu dieser Shell über offene Dateien hatten.

Soll ein Prozess auch dann noch weiter laufen, wenn die Shell beendet ist (er ignoriert dann das Hangup-Signal SIGHUP), kann er über das Kommando `nohup` gestartet werden. Er erhält dann die PPID (Parent Process ID) 1. Der Vaterprozess wird dann der Prozess `init` selbst.

Beispiel:

```
user@ubuntu:~$ nohup xosview &
```

Jede Verbindung zu der aktuellen Shell geht damit verloren. Dieser Prozess kann dann nur noch über seine PID mit `kill` beendet werden. Da dann auch keine Ausgabe auf die Konsole mehr möglich ist, schreibt solch ein Prozess seine Ausgaben in die Datei `nohup.out` im aktuellen Arbeitsverzeichnis.

Das Kommando `kill`

Jeder Prozess kann Signale empfangen und dadurch in gewissen Grenzen gesteuert werden. Signale werden mit dem Kommando `kill` verschickt. Ist keine Signalnummer angegeben, gilt das Signal SIGTERM mit Nummer 15, das einen Prozess beendet (terminiert), wenn es der Prozess nicht abfängt. Anstelle der Nummer kann auch der Name des Signals (ohne das „SIG" davor) benutzt werden.

Das Signal 9 (SIGKILL) kann von einem Programm nicht abgefangen werden, es beendet den Prozess also immer, zu dem das Signal geschickt wird, sofern die Berechtigung dazu vorhanden ist!

Nur derjenige Benutzer kann einem Prozess ein Signal schicken, der ihn auch gestartet hat und der daher unter den Rechten dieses Benutzers läuft. Eine Ausnahme gibt es für den Benutzer root, der das Recht auf alle Prozesse hat.

Beispiel: Der Prozess mit der PID 4711 soll beendet werden (manche Prozesse können dies auch ignorieren):

```
user@ubuntu:~$ kill 4711
```

Der Prozess mit der PID 4712 soll mit Signal SIGKILL beendet werden, ohne dass das Programm dies verhindern kann.

Beispiel:

```
user@ubuntu:~$ kill -9 4712
```

oder

```
user@ubuntu:~$ kill -KILL 4712
```

Viele Hintergrundprozesse können auch durch das Signal Hangup dazu gebracht werden, die Konfigurationsdatei erneut einzulesen. Sie werden damit nicht beendet. Besonders bei Server-Applikationen ist dies sehr wichtig, da der Prozess damit nicht unterbrochen wird.

Beispiel:

```
root@ubuntu:~# kill -HUP 4713
```

oder

```
root@ubuntu:~# kill -1 4713
```

Eine Liste aller möglichen Signale mit deren Kurzform zeigt das Kommando: `kill -l`

Eine genaue Beschreibung der Signale liefert das Kommando: `man 7 signal`

Anstelle der PID kann auch der Name eines Prozesses benutzt werden. Da es aber mehrere Prozesse mit dem gleichen Namen geben kann, gibt es hierfür ein anderes Kommando, nämlich `killall`. Es ist aber nicht auf jedem System vorhanden.

Beispiel:

```
user@ubuntu:~$ killall firefox
```

`nice` zur Änderung der Priorität

Da Linux ein Multi-User-Betriebssystem ist und demnach viele Anwender sich den gleichen Rechner teilen können, gibt es zusätzlich die Möglichkeit, einen Prozess mit einer niedrigeren Priorität laufen zu lassen, damit andere Prozesse nicht beeinträchtigt werden (der Prozess bekommt dann nur Rechenzeit, wenn keine anderen Prozesse mit höherer Priorität gerade Rechenzeit beanspruchen).

Mit dem Kommando `nice` („seid nett zueinander") kann ein Prozess mit einer anderen Priorität gestartet werden; mit `renice` kann wie mit `top` die Priorität eines bereits laufenden Prozesses geändert werden. Im Gegensatz zu `top` können mit `renice` mehrere Prozesse zugleich geändert werden.

Die Priorität kann mit Zahlen zwischen -20 (höchste Priorität, nicht „nett") und 19 (niedrigste Priorität, aber sehr „nett" und damit der höchste Nice-Wert) eingestellt werden. Negative Zahlen, also hohe Prioritäten, sind dem Benutzer `root` vorbehalten bzw. Prozessen, die mit Root-Rechten laufen. Ohne Angabe gestartet erhält ein Prozess den Default-Wert 0.

Ein „normaler" Benutzer kann (wenn er sie überhaupt ändern kann) eine Priorität nur verkleinern, also die Prioritätsnummer oder den Nice-Wert erhöhen, aber die Priorität nicht mehr erhöhen!

Beispiele:

Das Programm `xterm` mit Priorität +10 starten:

```
user@ubuntu:~$ nice -n 10 xterm
```

Das Programm `xterm` mit hoher Priorität -12 starten (nur für `root` möglich):

```
root@ubuntu:~# nice -n -12 xterm
```

Bei Programm mit der PID 4711 die Priorität vermindern:

```
user@ubuntu:~$ renice +5 4711
```

Mit dem Kommando `ps` kann der Nice-Wert durch die Option `-l` (für „long format") ausgegeben werden:

Beispiel:

```
user@ubuntu:~$ ps -elf
```

Auch das Kommando `top` zeigt den Nice-Wert unter der Spalte „NI".

6.6 Inhalt von Dateien ansehen

Soll nur der Inhalt einer Datei ausgegeben werden (ohne Änderung), reicht meist eines der folgenden Programme:

`cat`	gibt den Inhalt der angegebenen Dateien auf der Standardausgabe aus
`zcat`	wie `cat`, beherrscht auch mit `gzip` komprimierte Dateien
`more`	gibt Datei seitenweise auf der Standardausgabe aus. Durch die Taste <RETURN> gelangt man eine Zeile weiter, über die Taste <BLANK> eine Bildschirmseite weiter. Die Taste q beendet das Programm. Eine Suche nach Text ist wie bei `less` möglich.
`zmore`	gibt eine mit `gzip` komprimierte Datei seitenweise auf der Standardausgabe aus
`head`	gibt den Anfang der Datei aus (die ersten zehn Zeilen; durch Option `-n` einstellbar)
`tail`	gibt das Ende der Datei aus (die letzten zehn Zeilen; durch Option `-n` einstellbar)
`tail -f datei`	gibt permanent das Ende der Datei aus, auch die inzwischen angefallenen Änderungen
`less`	Dateibetrachter („less is more"), auch für formatierte Texte; mit Scroll-Möglichkeit (mit Eingabe von `F` dieselbe Funktion wie bei `tail -f`). Mit der Taste `h` erscheint ein Hilfetext.

Die Positionierung zu einer Zeile ist `bei less` mit Eingabe der Zeilennummer und RETURN bzw. G möglich (z.B. 7G). Nur mit G allein bis zum Dateiende. Die Taste q beendet das Programm. Eine Suche ist wie beim vi wie folgt möglich:

Eine Suche ist wie beim `vi` wie folgt möglich:

`/text`	sucht nach dem angegebenen Text
`?text`	sucht rückwärts nach dem angegebenen Text
`n`	die letzte Suche wiederholen
`N`	die letzte Suche rückwärts wiederholen

6.6.1. Weitere Kommandos zur Dateiverwaltung

Das Kommando `cat` gibt Text aus Dateien aus (wie unter DOS das Programm `type`). Die Ausgabe wird meist umgeleitet. Es können auch mehrere Dateien in eine Datei zusammengeführt werden.

Beispiel:

```
user@ubuntu:~$ cat -v x.txt y.txt z.txt > txt
```

`hexdump` gibt den Inhalt von Dateien hexadezimal und mit Option `-C` zusätzlich alle druckbare Zeichen als Klartext aus. Die Option `-n` kann die Anzahl der auszugebenden Bytes festlegen. Mit `ghex` steht zudem ein grafischer Hexeditor zur Verfügung.

Beispiel:

```
user@ubuntu:~$ hexdump -C /bin/ls
```

`od` (für octal dump) gibt den Inhalt von Dateien als dezimalen, oktalen oder hexadezimalen Dump aus. Die Option `-t` legt das Format fest. Ein Beispiel für hexadezimalen Dump mit Ausgabe druckbarer Zeichen:

```
user@ubuntu:~$ od -t xz x.txt
```

Das Kommando `sort` sortiert den Text einer Datei oder von einem per `stdin` ankommenden Datenstrom zeilenweise und gibt das Ergebnis nach `stdout` aus. Diejenigen Zeichen werden zuerst im Ergebnis aufgeführt, die in der ASCII-Tabelle eher eingetragen sind; eine Ziffer 0 kommt demnach vor dem Buchstaben a, und Großbuchstaben kommen vor Kleinbuchstaben!

Ohne Option `-n` wird lexikografisch sortiert, was bedeutet, dass bei Ziffern der gemeinsame Zahlenwert keine Beachtung findet. So erscheint z. B. die Ziffernfolge 10 vor der Ziffer 2; während bei numerischer Sortierung mit Option `-n` erst die 2 und dann die 10 kommt!

Trennzeichen für Felder sind die Zeichen Blank und Tabulator, wenn nichts anderes definiert ist.

Beispiel:

Sortieren des Textes ab Feld Nummer 3 bis Feld Nummer 5

```
user@ubuntu:~$ sort -k 3,5 xy
```

Rückwärts sortieren von Feld Nummer 3 bis Feld Nummer 5, ab Feld Nummer 6 wieder normal sortieren:

```
user@ubuntu:~$ sort -k 3r,5 -k 6 xy
```

Die Passwortdatei nach den ersten Zeichen pro Zeile (also hier nach dem Account-Namen) sortieren:

```
user@ubuntu:~$ cat /etc/passwd | sort
```

> **HINWEIS**: Das Kommando `sort` kann keine binären Daten verarbeiten (wie Programme, Bilddateien etc.), weil es auf das Zeichen Newline zur Erkennung einer neuen Zeile angewiesen ist.

Mit dem Kommando `split` kann eine große Datei in mehrere kleine mit einer vorgegebenen maximalen Größe „aufgesplittet" werden.

Beispiel:

Aufteilung einer großen Datei (image.gz) in Dateien mit der Größe von max. 699 MiB z. B. zum Brennen auf CD. Ohne Angabe eines Namens gibt es Dateinamen, die mit x beginnen. Durch das Präfix „image.gz_" erhält man Dateien wie „image.gz_aa", „image.gz_ab" usw.:

```
user@ubuntu:~$ cat image.gz | split -b 699m - image.gz_
```

Zusammenführung der aufgeteilten Dateien in eine einzige Datei:

```
user@ubuntu:~$ cat image.gz_* > image.gz
```

Das Kommando `uniq` kürzt gleiche Zeilen in einer Datei oder einem Datenstrom zu einer Zeile. Wird oft nach dem Befehl `sort` benutzt, damit mehrere gleiche Zeilen zusammenhängend als Ergebnis vorhanden sind. Die Option `-c` zählt gleiche Zeilen und stellt die Anzahl der

Ausgabe voran; Option `-d` zeigt nur die gleichen Zeilen; Option `-i` ignoriert Groß- und Kleinschreibung; Option `-f` legt die Anzahl der am Anfang zu ignorierenden Felder fest.

```
user@ubuntu:~$ cat file | sort | uniq
```

Zum Zählen von Zeichen, Wörtern und Zeilen einer Datei bzw. eines Textstroms gibt es das Kommando `wc`. Es steht für „word count". Bei einem Font wie UTF-8 zählt `wc` ein Umlautzeichen (z. B. „ü") mit Option `-m` als zwei Zeichen, mit `-c` aber als 3 Bytes.

Beispiel:

```
user@ubuntu:~$ wc x.txt
```

Die genannten Befehle werden meist nicht einzeln, sondern in Kombination mit anderen Befehlen benutzt, um das gewünschte Ergebnis zu erhalten. Man spricht auch von einer Pipeline.

Ein Beispiel:

```
user@ubuntu:~$ cat xy | sort | uniq -c | sort -nr | nl | head -20 > out.
txt
```

6.6.2 Reguläre Ausdrücke

Regular Expressions sind quasi Suchmuster, die durch sogenannte Metazeichen gebildet werden und bestimmten Programmen vorgeben, in welcher Art und Weise sie Texte durchsuchen bzw. Teile davon ersetzen sollen.

Sie ähneln den Wildcards, welche die Shell zur Erweiterung von Dateinamen ausführt, bevor sie das Ergebnis an ein Programm weiterreicht; sie dürfen aber nicht mit diesen verwechselt werden! Man nennt den Vorgang bei Shells auch File Globbing (siehe auch: man 7 glob). Reguläre Ausdrücke benutzen andere Metazeichen für Wildcards als eine Shell!

Metazeichen sind bestimmte Zeichen, die eine besondere Bedeutung besitzen. Diese Bedeutung können sie für die Shell durch Voranstellung von \ (Backslash) verlieren, sie sind dann entwertet, sodass sie wie gewöhnliche Zeichen behandelt werden. Siehe auch: man 7 regex.

Beispielsweise bedeutet „`.*`" eine beliebige Menge von Zeichen (auch keine Zeichen, also mit Länge 0), bzw. der Ausdruck „`^$`" steht für eine leere Zeile.

PRAXISTIPP:

- Nicht alle genannten Metazeichen können in allen Programmen benutzt werden. Das Programm `egrep` bzw. `grep -E` zur Interpretation von diesen erweiterten regulären Ausdrücken ist dann erforderlich.
- Will man sichergehen, dass die Suchmuster nicht von der Shell interpretiert werden, sind sie für die Shell zu entwerten (wie z. B. in Hochkommata einzuschließen oder mit vorangestelltem Backslash). Am besten ist es, die Suchmuster generell in Hochkommata einzuschließen.

Die wichtigsten Wildcards der Shell im Vergleich zu denen von regulären Ausdrücken:

Shell-Wildcard	Regular Expression	Bedeutung
?	.	Ein einziges beliebiges Zeichen
*	.*	Eine beliebige Zeichenfolge (gilt auch für überhaupt keinen Text!)
[a-d,x]	[a-d,x]	Ein einzelnes Zeichen aus der Menge von Zeichen, wie hier aus „abcdx"
[!abcd]	[^abcd]	Negation eines Zeichens aus der Menge (alle anderen Zeichen sind gemeint außer denen, die angegebenen sind)

Der Inhalt einer eckigen Klammer steht für genau ein Zeichen aus der Menge, die in dieser Klammer definiert ist. Kommata als Trennzeichen sind möglich, aber nicht erforderlich. Es kann hiermit auch über einen Bindestrich ein Bereich angegeben werden.

Beispiel:

`[abcx-z]` steht für die Buchstaben a, b, c, x, y und z.

In regulären Ausdrücken dienen oft auch Metazeichen als Anker:

Ausdruck	Bedeutung
^	Anfang der Zeile
$	Ende der Zeile
^...$	Text zwischen Anfang und Ende der Zeile
\<	Wortanfang
\>	Wortende

Das Programm `grep`

Eines der wichtigsten Kommandos zum Suchen und Filtern von Text ist `grep` (Global Regular Expression Print). Hiermit kann nicht nur in Dateien (auch rekursiv alle Dateien in einem Verzeichnis mit allen Unterverzeichnissen) nach einem bestimmten Text gesucht werden, sondern auch in der Ausgabe von Programmen. Die Zeilen werden ausgegeben, die eine Übereinstimmung mit dem Suchmuster enthalten. Meist wird `egrep` benutzt für Suchen mit erweiterten Regular Expressions, wie bei `grep -E`.

Unter Ubuntu geben `grep` und `egrep` die Fundstellen farbig markiert aus.

Beispiele:
Alle Zeilen aus der Datei `/etc/services` ausgeben, in denen der Text `imap` vorkommt:

```
user@ubuntu:~$ grep imap /etc/services
```

Alle Zeilen aus der Datei `/etc/services` ausgeben, in denen die Texte `imap` und `http` vorkommen:

```
user@ubuntu:~$ egrep imap\|http /etc/services
```

Alle Zeilen, in denen der Text «imap» vorkommt, werden gezeigt, aber nicht die Zeilen mit „imaps":

```
user@ubuntu:~$ grep imap /etc/services | grep -v imaps
```

Das Wort „hallo" anzeigen, wenn es am Ende einer Zeile steht:

```
user@ubuntu:~$ grep 'hallo$' xy
```

Nur die Prozesse ausgeben, die dem User „max“ gehören:

```
user@ubuntu:~$ ps -ef | grep '^max'
```

PRAXISTIPP: Ein Buchstabenbereich, wie z. B. [a - d], kann je nach System und Spracheinstellung (in $LC_ALL bzw. $LANG) entweder nur die Zeichen abcd enthalten oder aber auch Großbuchstaben wie aAbBcCdD.

Unter Ubuntu erkennt `grep` zwar auch Großbuchstaben und gibt diese aus, wenn Sie über eine Mengenangabe nach Kleinbuchstaben suchen; es markiert aber nur diejenigen Fundstellen farbig, die genau zum Suchmuster passen.

Ein Beispiel hierzu: Alle Zeilen in der Datei `xy` ausgeben, in denen einem Buchstaben eine Ziffer folgt:

```
user@ubuntu:~$ grep '[a-z][0-9]' xy
```

6.6.3 Weitere wichtige Kommandos

Mit dem Kommando `date` kann die Systemzeit ausgegeben bzw. gesetzt werden (das Ändern ist nur mit Root-Rechten möglich).

Beispiele:

```
user@ubuntu:~$ date
 Sa 14. Mai 16:53:37 CEST 2011
```

Die aktuelle Systemzeit auf 11:39 Uhr setzen:

```
root@ubuntu:~# date -s "11:39"
```

Datum von Dateien und Verzeichnissen

Jede Datei und jedes Verzeichnis enthält drei Arten von Zeitstempeln:

- das Datum der letzten Inhaltsänderung (mtime)
- das Datum der letzten Statusänderung (ctime)
- das Datum des letzten Zugriffs (atime)

Mit dem Kommando `ls` kann nicht nur der Inhalt eines Verzeichnisses ausgegeben werden, sondern auch die Ausgabe nach Zeitstempel sortiert werden.

Beispiele:

Zeigen und Sortieren nach der letzten Inhaltsänderung (modification time bzw. mtime)

```
user@ubuntu:~$ ls -lt
```

Zeigen und Sortieren nach der letzten Statusänderung (change time bzw. ctime)

```
user@ubuntu:~$ ls -ltc
```

Zeigen und Sortieren nach dem letzten Zugriff (last used time bzw. atime)

```
user@ubuntu:~$ ls -ltu
```

Das Kommando `stat` gibt den Inhalt wichtiger Attribute einer Datei aus, wie der Zeitstempel des letzten Zugriffs (Access), der letzten Änderung (Modify), der letzten Statusänderung (Change) sowie Größe, Dateityp, Zugriffsrechte, Eigentümer, Gruppe etc.

Beispiel:

```
user@ubuntu:~$ stat disks
```

```
  File: "disks"
  Size: 18987           Blocks: 40         IO Block: 4096   reguläre Datei
Device: 816h/2070d      Inode: 727099      Links: 1
Access: (0644/-rw-r--r--)  Uid: ( 1000/   klaus)   Gid: ( 1000/ UNKNOWN)
Access: 2010-02-18 10:39:16.000000000 +0100
Modify: 2010-02-04 13:19:27.000000000 +0100
Change: 2010-02-04 13:19:28.000000000 +0100
```

Mit dem Kommando `free` kann nicht nur ermittelt werden, wie viel Hauptspeicher eingebaut und gerade benutzt wird, sondern auch der gesamte Swap-Speicher. Auch das Kommando `top` zeigt den gesamten Speicher samt Swap-Speicher und wie viel davon benutzt ist.

Das Kommando `last` listet die letzten eigenen Anmeldungen am System bzw. an Konsolen oder Terminal-Fenstern auf. Auch von jedem Terminal-Fenster wird protokolliert, wann es geöffnet und geschlossen wurde. Die Werte sind in der Datei `/var/log/wtmp` gespeichert.

Mit dem Kommando `lastlog` wird der Zeitpunkt der letzten Anmeldung von jedem der auf dem lokalen Rechner eingetragenen Benutzer gezeigt. Es liest die Datei `/var/log/lastlog`.

Komprimierung von Dateien

Mit den Kommandos `zip`, `bzip2` und `gzip` ist eine Komprimierung einer Datei möglich.

Beispiel: Komprimieren einer Datei `abc` mit `gzip`. Es wird eine Datei `abc.gz` erstellt mit dem gleichen Datum, wie sie die ursprüngliche Datei hatte, die nun gelöscht ist:

```
user@ubuntu:~$ gzip abc
```

Wiederherstellen dieser Datei:

```
user@ubuntu:~$ gunzip abc.gz
```

Komprimieren mit `bzip2`. Hier wird die ursprüngliche Datei zur Datei `abc.bz2`:

```
user@ubuntu:~$ bzip2 abc
```

Das Wiederherstellen (Entkomprimieren) geht analog zu `bunzip2` oder `bzip2 -d`:

```
user@ubuntu:~$ bunzip2 abc.bz2
```

Komprimieren mit `zip`. Hier kommen alle Dateien in dem aktuellen Verzeichnis in das Archiv:

```
user@ubuntu:~$ zip -r archiv.zip *
```

Die Installation vom Paket `p7zip-full` ermöglicht auch den Umgang mit der 7zip-Komprimierung.

Umgang mit tar-Archiven

Mit dem Programm `tar` ist eine Erstellung eines Archivs mit mehreren Dateien oder dem Inhalt eines Verzeichnisses möglich. Da es für Linux viele Programme und Source-Code in Tar-Archiven gibt, ist dieses Verfahren immer noch wichtig.

Einige wichtige Optionen von `tar`:

`c`	create (Archiv erzeugen)
`x`	extract (Archiv auspacken)
`z`	compress (per `gzip`)
`j`	compress (per `bzip2`)
`Z`	compress (per `zip`)
`v`	verbose (Ausgabe der archivierten Dateien)
`l`	local (nur aktuelle Partition verwenden)
`t`	test bzw. table bzw. `--list` (Archiv testen und Inhalt auflisten; ohne Auspacken)
`f`	file (für das Archiv verwendete Datei)
`--exclude`	Muster für Dateien oder Verzeichnisse, die nicht in das Archiv kommen sollen

Werden Optionen ohne Bindestrich angegeben, müssen alle Optionen in einer Reihe aufgeführt sein. Mit Bindestrich können die Optionen einzeln und an unterschiedlichen Stellen angegeben werden! Die Archivdatei muss dabei am Ende der Optionen direkt nach `-f` stehen!

Es sind folgende Dateiendungen für Tar-Archive vorgesehen:

- ein unkomprimiertes Tar-Archiv hat die Endung `.tar`
- eines, das mit `gzip` komprimiert ist, hat die Endung `.tar.gz` oder `.tgz`
- eines, das mit `bzip2` komprimiert ist, hat die Endung `.tar.bz2` oder `.tbz`
- eines, das mit `zip` komprimiert ist, hat die Endung `.tar.Z`

Beispiele:

Das Verzeichnis `/boot` in die Datei `boot.tar` im aktuellen Arbeitsverzeichnis archivieren:

```
user@ubuntu:~$ tar cf boot.tar /boot
```

Den Inhalt von Archiv `boot.tar` ausgeben:

```
user@ubuntu:~$ tar tf boot.tar
```

Archiv wieder im aktuellen Verzeichnis auspacken:

```
user@ubuntu:~$ tar xf boot.tar
```

Archiv von einem Verzeichnis erstellen mit zusätzlicher Komprimierung durch `gzip`:

```
user@ubuntu:~$ tar czf archiv.tgz /etc
```

Archiv wieder im aktuellen Verzeichnis auspacken:

```
user@ubuntu:~$ tar xzf archiv.tgz
```

Das Verzeichnis `abc` ohne das Verzeichnis `xy` soll archiviert werden:

```
user@ubuntu:~$ tar czf a.tgz abc --exclude xy
```

Beim Entpacken ist auch ein vorhandenes Verzeichnis als Ziel möglich, wie z. B.:

```
user@ubuntu:~$ tar xzf archiv.tgz -C Documents
```

Ein Entpacken ist auch über eine Pipeline möglich:

```
user@ubuntu:~$ gunzip -c archiv.tgz | tar -xf -
user@ubuntu:~$ gunzip -c archiv.tgz | tar -x
```

dd für Disk-Images

Das Kommando dd kann direkt (also ohne das Filesystem zu benutzen) auf eine Festplatte oder Diskette zugreifen. Man kann damit eine komplette Partition oder gar Festplatte in eine Datei kopieren. Dies ist dann interessant, wenn von einer Diskette oder CD zusammen mit dem Boot-Sektor ein Disk-Image erstellt werden soll oder wenn eine Partition zu sichern ist, für die es keine Treiber zum Mounten gibt. Da für Input und Output unterschiedliche Blockgrößen benutzt werden können, ist ein Konvertieren eines Datenstroms ebenfalls möglich.

PRAXISTIPP

- Ein direktes Schreiben mit dd in eine Partition löscht dort alle vorhandenen Daten! Ein Filesystem in dieser Partition ist schon nach einigen Sekunden unwiderruflich zerstört, wenn man das Schreibrecht darauf hat.
- Die mit dd zu sichernde Partition sollte nicht gemountet sein, da sonst ein erneutes Mounten dieses Images Probleme bereiten kann!

Als Parameter kann unter anderem angegeben werden:

Die Input-Datei oder Gerät mit `if=...`

Die Output-Datei oder Gerät mit `of=...`

Die zu benutzende Blockgröße mit `bs=...`

Die Anzahl der Blöcke mit `count=...`

Fehlt die Input- bzw. Output-Datei, gilt als Default-Wert `stdin` bzw. `stdout`.

Fehlt die zu benutzende Blockgröße, wird eine Größe benutzt, die zu dem Gerät passt.

Fehlt die Anzahl der Blöcke, erfolgt ein Lesen bis zum Ende der Partition!

Beispiel zum Erstellen eines CD-Images:

```
root@ubuntu:~# dd if=/dev/cdrom of=CD-Image
```

Einlesen des Boot-Sektors der 1. Partition:

```
root@ubuntu:~# dd if=/dev/sda1 of=boot_sda1 count=1
```

Prüfen, ob im MBR `lilo` oder `grub` als Boot-Manager eingerichtet ist:

```
root@ubuntu:~# dd if=/dev/sda count=1 | od -t xz
```

Erstellen eines Images einer kompletten Festplatte:

```
root@ubuntu:~# dd if=/dev/sdb of=sdb.img
```

Sicherung per `ssh` auf den anderen Rechner 192.168.1.1, auf dem natürlich der `sshd` laufen muss:

```
root@ubuntu:~# dd if=/dev/sdb | ssh root@192.168.1.1 cat "> /data/sdb.
img"
```

Die erstellte Datei kann man auch per Loop-Mechanismus mounten, z.B. für Tests oder eine Rücksicherung.

Hier ein Beispiel für ein derartiges Mount-Kommando:

```
root@ubuntu:~# mkdir /mnt/y
root@ubuntu:~# mount -o loop sdb.img /mnt/y
```

Auch ein direktes Sichern eines Dateisystems ist möglich. Sind Bereiche davon zerstört, kann `dd` die noch brauchbaren Reste hiermit lesen (mit `sync` werden fehlende Stellen mit Nullen aufgefüllt, und mit `noerror` liest `dd` auch bei Fehlern weiter); oft ist aber `dd_rescue` besser geeignet:

```
root@ubuntu:~$ dd if=test/xy of=/media/disk/xy conv=noerror,sync
```

`dd_rescue`

Bei Fehlern auf dem Datenträger bricht das Programm `dd` in der Regel ab. Um dennoch zu retten, was zu retten ist, kann man entweder mit `dd` und der Option `noerror` arbeiten, oder man benutzt das Kommando `dd_rescue`, das auch Datenträger liest, die teilweise zerstört sind (z.B. durch fehlerhafte Sektoren etc.). Die Blöcke, die trotz mehrfachen Leseversuchen nicht mehr lesbar sind, werden mit Option `-A` mit Nullbytes aufgefüllt. Ein Filesystem-Check sollte danach auf die gesicherten Daten erfolgen.

Da durch wiederholte Leseversuche die Festplatte eventuell noch weiteren Schaden erleiden kann, gibt es Programme, mit denen erst alle intakten Sektoren gelesen werden und danach alle anderen. Das Tool `myrescue` von *http://myrescue.sourceforge.net/* arbeitet beispielsweise auf diese Art.

Eine kurze Hilfe ist mit dem Befehl `dd_rescue -h` erhältlich. Weitere Infos sind unter `/usr/share/doc/packages/ddrescue` zu finden.

Beispiel zum Erstellen eines Images von einer CD:

```
root@ubuntu:~# dd_rescue /dev/sdc CD-Image.iso
```

6.7 Ein- und Ausgabe-Umleitung

Die Ausgabe eines Programms kann, anstelle auf dem Bildschirm zu erscheinen, auch in eine Datei geleitet werden. Besonders in Skripten und bei der Administration von Ubuntu Server kommen Umleitungen oft vor.

Beispiel:

```
user@ubuntu:~$ ls > ls.txt
```

Genauso ist auch eine Umlenkung der Eingabe für ein Programm von der Standardeingabe von einer Datei her möglich. Die Eingabe-Umleitung klappt nur bei Programmen, die auch eine Eingabe erwarten!

Beispiel:

```
user@ubuntu:~$ mail max@irgendwo.de -s test < testtext.txt
```

Hier wird eine Mail an den Benutzer `max` verschickt, deren Betreff „test" heißt und deren Text dazu aus „testtext.txt" kommt. Das Mail-Programm `mail` fragt hier nicht mehr nach dem zu verschickenden Text nach (der sonst interaktiv eingegeben werden muss).

Arten der Ausgabe-Umleitung

Mit einzelnem Pfeil „>"	Die Zieldatei wird erzeugt oder eine vorhandene Datei mit diesem Namen überschrieben.

Mit doppeltem Pfeil „>>“ Die Zieldatei wird erzeugt oder der umgeleitete Text an den in der Datei schon vorhandenen Text angefügt.

PRAXISTIPP: Bei einer Ausgabeumleitung darf nicht in die gleiche Datei umgeleitet werden, die gerade gelesen wird. Die Datei wird dann gelöscht.

Folgendes Beispiel löscht den Inhalt der Datei `abc`:

```
user@ubuntu:~$ cat abc > abc
```

Bei einer Umleitung, die die Ausgabe an die gleiche Datei anhängt, kann es je nach System zu einer Endlosschleife kommen!

Beispiel:

```
user@ubuntu:~$ cat < abc >> abc
```

Umleitung mit Datei-Descriptor

Jeder Prozess unter Linux hat mindestens drei offene Dateien bzw. Kanäle:

`stdin` für Input bzw. die Eingabe (meist von Tastatur)

`stdout` für Output bzw. die Ausgabe (auf Bildschirm, Konsole, X-Term ...)

`stderr` für die Ausgabe von Fehlermeldungen (auf Bildschirm ...)

Jede geöffnete Datei erhält einen Datei-Descriptor (ganze Zahl, Integer), auch Datei-Handle genannt. `stdin` hat immer 0, `stdin` eine 1 und `stderr` eine 2.

Sollen sowohl die Ausgaben über `stdout` als auch die über `stderr` in die gleiche Datei umgeleitet werden, sind folgende Schreibweisen möglich:

```
user@ubuntu:~$ ls /etc > err.txt 2>&1
user@ubuntu:~$ ls /etc &> err.txt
user@ubuntu:~$ ls /etc >& err.txt
```

Ein Anhängen an eine vorhandene Datei ist aber nur mit der ersten Variante möglich.

Beispiel:

```
user@ubuntu:~$ ls /etc >> err.txt 2>&1
```

Umleitung in Programme (Pipelining)

Wie bei einer Pipeline, die Öl von einem Tank zu einem anderen Tank leitet, gibt es einen Mechanismus, die Ausgabe eines Programms an ein anderes Programm zur weiteren Verarbeitung (Filterung) weiterzuleiten. Hierzu werden die Programme mit dem Pipe-Zeichen („|“) verbunden.

Beispiel:

```
user@ubuntu:~$ ps ax | grep bash
```

Hier wird die Ausgabe des Kommandos `ps` (Programmstatus) zur Eingabe des Programms `grep`, das in dem erhaltenen Text nach der Zeichenfolge „bash“ sucht und nur diese auf `stdout` ausgibt.

Das Programm, das die Ausgabe liefert, muss ev. warten, wenn das empfangende Programm längere Zeit mit der Verarbeitung benötigt, da nur so viel in die Pipeline geschickt werden kann, wie abgeholt wird.

Es können auch mehrere Programme verkettet werden:

```
user@ubuntu:~$ ps ax | grep bash | wc
```

Hier wird obiger Output zu dem Programm `wc` („word count") zusätzlich weitergeleitet, das dann nur noch ausgibt, wie viele Zeichen, Bytes und Zeilen der Input enthält.

Bei vielen Programmen kann mit dem Zeichen „-" die Input-Datei auf die Pipe umgeschaltet werden:

```
user@ubuntu:~$ cat xy.tar.gz | tar tzf -
```

Im Beispiel von tar geht es auch einfacher:

```
user@ubuntu:~$ cat xy.tar.gz | tar tz
```

Das Programm xargs

Es wird meist für Programme verwendet, die nicht auf eine Abfrage von `stdin` vorbereitet sind. Es nimmt entweder eine beliebig große Liste für den Input von einer Pipe entgegen und leitet es an ein weiteres Programm nicht über eine Pipe, sondern als Parameter weiter. Das ist auch bei Programmen möglich, die nicht von einer Pipe lesen können (wie `ls`, `rm`, `mv` etc.), bzw. ein Programm (wie `find`) erstellt intern eine Liste, die über `xargs` einem anderen Programm weitergereicht wird.

Damit wird quasi das eigentliche Programm von `xargs` so oft immer wieder aufgerufen, bis die Liste Zeile für Zeile abgearbeitet ist. Mit Option `-d` kann ein Endezeichen definiert werden, und `-I` (großes „i") legt einen String fest, der als Platzhalter dient und von jedem Element der Ausgabe überschrieben wird. Es impliziert `-x` (beendet nach Erreichen der mit `-s` festgelegten Größe) und `-L` (womit die maximale Anzahl der Zeilen festlegbar ist).

Ein weiterer Vorteil von `xargs` ist, dass damit kein Eintrag verloren gehen kann (bis zu einer Größe von 128 KiB oder mit Option `-s` erweiterbar); im Gegensatz zu einer Pipe, die eine begrenztere Puffergröße hat.

Zudem ist `xargs` für Texte erforderlich, in denen mindestens ein Blank vorhanden sein kann. Dann ist die Option `-0` beim Aufruf erforderlich (und die Aktion `-print 0` bei `find`)!

Beispiele:

```
user@ubuntu:~$ echo "/etc /home /bin " > file_list
user@ubuntu:~$ cat file_list | xargs ls
user@ubuntu:~$ find /etc -name *.conf | xargs cat
user@ubuntu:~$ find / -mount -uid 1002 -print0 | xargs -0 chown max
user@ubuntu:~$ find . -name "*.bak" | xargs -I text rm text
```

Das Kommando `tee`

Sollen die Daten, die in einer Pipe fließen, quasi angezapft und z. B. zu Debugzwecken in eine oder mehrere Dateien geschrieben werden, kann das Kommando `tee` in den Datenstrom eingefügt werden. Die Option `-a` dient zum Anhängen der Daten in die angegebene Datei (ansonsten wird überschrieben).

Beispiel:

```
user@ubuntu:~$ cat file_list | tee -a xy.txt | xargs ls
```

Die vielfältigen Möglichkeiten der Umleitung resultieren aus dem Grundprinzip von UNIX: Small is beautiful; womit ausgedrückt wird, dass möglichst kleine Programme miteinander kombiniert schneller und sicherer arbeiten als ein sehr großes, das alles können soll.

Spezialdateien für Ein- und Ausgabe-Umleitungen

Hier folgen wichtige Spezialdateien, die oft im Zusammenhang mit Ein- und Ausgabe-Umleitungen benötigt werden.

Spezialdatei	Beschreibung
`/dev/null`	„Abfall-Eimer" für Daten; meist für Ausgaben, die nicht sichtbar sein sollen. Alles, was in diese Datei kommt, ist endgültig verloren! Da es sich um eine Gerätedatei handelt, wird die Datei nicht größer, egal wie viele Daten sie bekommt. Sie muss daher mit dem Kommando `mknod` erstellt werden, falls sie einmal versehentlich gelöscht wurde!
`/dev/zero`	Nullen-Lieferant ohne „End of File"-Zeichen (Bytes, in denen alle Bits „0" sind); z. B. für die Initialisierung einer RAM-Disk etc.
`/dev/random`	Lieferant für Zufallszahlen mit sehr hoher Qualität. Ein Output kommt nur dann, wenn im System zufällige Aktionen erfolgen, wie Mausbewegungen oder beliebige Tastatureingaben.
`/dev/urandom`	Lieferant für große Mengen von Zufallszahlen mit kontinuierlicher Ausgabe, aber nicht so hoher Qualität (kann beobachtet werden mit z. B.: `cat /dev/urandom | mimencode`).

6.7.1 Kommandos und Dateien zur Dokumentation

`whatis`

Zur Ergänzung für das Kommando `man` durchsucht `whatis` die Index-Datenbank der Manual-Seiten und gibt die gefundenen Einträge mit einer Kurzbeschreibung aus, ohne die Manual-Seiten selbst anzuzeigen.

Beispiel:

```
user@ubuntu:~$ whatis man
```

`apropos`

Es durchsucht in den Manual-Seiten die Manual-Kurzbeschreibung (über die Index-Datenbank in der Datei `/var/cache/man/index.db`) und gibt die gefundenen Einträge mit einer Kurzbeschreibung aus. Wird diese nicht gefunden, benutzt es die alte „whatis-Datenbank", die vom Kommando `mandb` aufgebaut wird.

Das Kommando `apropos` ist besonders dann wichtig, wenn der Name von einem benötigten Kommando noch nicht bekannt ist, dafür aber ein bestimmtes Wort in demselben Zusammenhang. (Gleiches Verhalten wie mit „`man -k <Kommando>`".)

Beispiel:

```
user@ubuntu:~$ apropos print
```

mandb

Mit dem Programm mandb kann der User root die Datenbank neu erstellen, die zum schnellen Finden der Manual-Seiten vorhanden ist (z. B. für die Kommandos apropos und whatis). Es benutzt hierzu die globale Datei /etc/manpath.config bzw. die Variable MANPATH, die jeder Benutzer selbst anpassen kann. Das Kommando accessdb (nur für root) zeigt den Index in einem für Menschen lesbaren Format.

Ausdrucken von man-pages

Da die mitgelieferten Manual-Seiten oft recht umfangreich sind, kann der Ausdruck leichter zum Lesen sein. Damit die enthaltenen Formatierungen nicht verloren gehen, ist der Parameter -t (für Troff-Formatierung) erforderlich.

Beispiel:

```
user@ubuntu:~$ man -t <manpage> | lpr
```

Das info-System

Von der Free Software Foundation stammt ein weiteres System, um Hilfe-Seiten anzuzeigen, das übersichtlicher ist, indem der Text in einer Baumstruktur mit Querverweisen angeboten wird. Die Syntax der Bedienung ist an die des Editors Emacs angelehnt, der diese Seiten auch anzeigen kann. Sind keine Info-Seiten zu einem Kommando unter /usr/share/info vorhanden, werden auch Seiten im man-Format benutzt.

Das Kommando info zeigt den Inhalt einer solchen Hilfe-Seite.

Vorwärts blättern ist mit der Leertaste möglich, zurück mit der Backspace-Taste, Mit der Taste m gelangt man zum Menü, in dem der gewünschte Eintrag als Text einzugeben ist. Mit n und p kann man zur nächsten bzw. zur vorherigen Seite blättern; mit u eine Ebene höher. Querverweisen folgt man mit r. Das Drücken der Taste q verlässt das info-System. Mit ? gibt es eine Übersicht aller Kommandos.

Das KDE-Programm konqueror kann sowohl man-Seiten als auch info-Seiten über eine entsprechende URL wie man:Programmname bzw. info:Programmname anzeigen.

HOWTOs

Es sind detaillierte Anleitungen über ein bestimmtes Thema oder die Handhabung eines Programms (meist in Englisch). Sie sind meist im Paket howto gesammelt. Nach der Installation sind sie zu finden unter /usr/share/doc/howto in den Sprachen Deutsch und Englisch. Unter /usr/share/doc/howto/de/html befinden sich viele HOWTOs im HTML-Format (zur Ansicht im Browser).

FAQ (Frequently Asked Questions)

Hier werden häufig gestellte Fragen zu sehr vielen Themen gesammelt und beantwortet.

Paketbezogene Docu (readme etc.)

Für nahezu jedes installierte Paket wird unter Ubuntu ein Verzeichnis mit Anleitungen, README-Dateien, Beispielen etc. erstellt. Für Anwendungen in den Verzeichnissen unter /usr/share/<paketname> und für Systempakete unter /usr/share/doc/<paketname>.

Im Kommando eingebaute Hilfe

Die meisten Kommandos bringen eine kurze Hilfe mit. Sie wird in der Regel ausgegeben entweder über die Option `-h` oder `--help`.

Beispiel:

```
user@ubuntu:~$ ls --help
```

Die Datei `/etc/issue`

In der Datei `/etc/issue` wird vom Distributor die Information über die Version dieser Linux-Distribution abgelegt. Sie wird vor jedem Login auf einer Konsole vom Prozess `mingetty` ausgewertet und angezeigt.

Beispiel für den Inhalt der Datei `/etc/issue`:

```
Ubuntu 10.10 \n \l
```

Nach der Anmeldung in einer Konsole erscheint z.B. dieser Text:

```
Ubuntu 10.10 Rechnername tty1
```

Das Zeichen `\n` wird durch den Rechnernamen ersetzt und `\l` durch den Namen der Konsole. Dagegen wird die Datei `/etc/issue.net` nur bei einer Anmeldung über das Netzwerk (z.B. über `telnet` oder `ssh`) benutzt. Sie enthält meist weniger Informationen als `/etc/issue`, um Angreifern nicht zu helfen.

Ein Beispiel für den Inhalt der Datei `/etc/issue.net`:

```
Ubuntu 10.10
```

Das Kommando `wall`

Über das Programm `wall` kann als Nachricht an alle angemeldeten Benutzer der Inhalt einer Datei oder interaktiv (bis zur Eingabe von CTRL D) geschickt werden. Die Mitteilung wird in allen Konsolen eingeblendet; bei einer grafischen Oberfläche in einem Popup-Fenster.

Beispiel: Den Inhalt der Datei `test` an alle Benutzer schicken:

```
user@ubuntu:~$ wall < test
```

Das Programm `uname`

Es gibt Informationen über den gestarteten Kernel und weitere Systemeigenschaften aus.

Beispiel:

In das Modul-Verzeichnis `misc` des aktiven Kernels wechseln:

```
root@ubuntu:~# cd /lib/modules/'uname -r'/misc
```

6.7.2 Suchen nach Programmen

`which`

Diese Shell-Funktion (bzw. Programm) durchsucht die Einträge im Suchpfad und gibt den kompletten Pfad des ersten gefundenen Programms im Filesystem ohne Manual-Seiten aus. Oft ist die Option `-a` erforderlich.

In der Shell eingebaute (builtin) Kommandos wie `cd`, `echo`, `pwd`, `set` etc. werden nicht ausgegeben!

```
user@ubuntu:~$ which edquota
/usr/sbin/edquota
```

`whereis`

Gibt den kompletten Pfad eines Programms im Filesystem aus, einschließlich der Manual-Seiten. Der Suchpfad wird hierbei nicht berücksichtigt (wichtig bei Systemkommandos und einfachen Anwendern)!

```
user@ubuntu:~$ whereis edquota
edquota: /usr/sbin/edquota /usr/share/man/man8/edquota.8.gz
```

`type`

Es durchsucht wie `which` den Suchpfad nach Programmen. Im Gegensatz zu `which` ist es ein in der Shell eingebautes Kommando. `type -P` („PATH search") hat die gleiche Wirkung wie `which`.

```
user@ubuntu:~$ type edquota
edquota is /usr/sbin/edquota
```

`whatis`

Im Gegensatz hierzu durchsucht `whatis` die Index-Datenbank der Manual-Seiten und gibt die gefundenen Einträge aus.

```
user@ubuntu:~$ whatis whatis
whatis (1)          - durchsucht die Indexdatenbank nach Kurzbeschreibungen
```

6.7.3 Suchen nach Dateien

Das Programm `find`

Mit dem Kommando `find` können Sie Dateien und Verzeichnisse mit bestimmten Attributen suchen (nach Name, Größe, Datum der letzten Änderung ...).

Das Programm beginnt mit der Suche in dem als Startverzeichnis angegebenen Verzeichnis (auch mehrere durch Blank getrennte Verzeichnisse) und sucht nach den in Tests genannten Kriterien, die meist ein Suchmuster verlangen. Ist kein Startverzeichnis angegeben, sucht `find` im aktuellen Verzeichnis. Es können auch Wildcards für Startverzeichnis und Suchmuster angegebenen werden. Mit Option `-regex` sind zudem reguläre Ausdrücke für ein Suchmuster möglich.

HINWEIS: Die Suchmuster sollten immer in einfachen oder doppelten Anführungszeichen eingeschlossen sein, damit sie nicht vorher von der Shell interpretiert werden (dies gilt nicht bei Wildcards für das Startverzeichnis, da diese die Shell auswerten soll)!

Beispiele:

Im gesamten Filesystem (auch in allen mit `mount` verbundenen Partitionen und Netzlaufwerken) nach einer Datei oder einem Verzeichnis suchen, deren Namen mit „clock" endet:

```
user@ubuntu:~$ find / -name "*clock"
```

wie oben, aber kein anderes gemountetes Verzeichnis untersuchen:

```
user@ubuntu:~$ find / -mount -name xclock
```

alle Verzeichnisse im Homeverzeichnis suchen:

```
user@ubuntu:~$ find ~ -type d
```

alle Dateien suchen, die das SUID-Bit für root gesetzt haben (ein Minuszeichen (-) prüft auf alle angegebenen Rechte; ein Pluszeichen (+) auf mindestens eines der angegebenen Rechte):

```
user@ubuntu:~$ find / -user 0 -perm -u+s
```

Namen ohne Unterschied auf Groß- und Kleinbuchstaben suchen:

```
user@ubuntu:~$ find /tmp -iname "k*"
```

Wird ein numerischer Wert angegeben, bezieht sich der Test auf genau diesen Wert. Ein Minuszeichen davor bedeutet, alle kleineren Werte und ein Pluszeichen davor alle größeren Werte zu suchen.

Beispiele: Alle Dateien im eigenen Homeverzeichnis werden gesucht, die das letzte Mal vor genau 20 Tagen verändert wurden:

```
user@ubuntu:~$ find ~ -ctime 20
```

wie oben, nur dass hier Dateien gesucht werden, die vor mehr als 20 Tagen verändert wurden:

```
user@ubuntu:~$ find ~ -ctime +20
```

wie oben, nur bezieht sich hier die Suche auf Dateien, die vor weniger als 20 Tagen verändert wurden:

```
user@ubuntu:~$ find ~ -ctime -20
```

wie oben, nur für Dateien mit einer Größe von genau 200 Blöcken zu je 512 Byte (wie mit „b" als Default). 200k = 200 KB, 200c = 200 Byte ...

```
user@ubuntu:~$ find ~ -size 200
```

Es ist auch eine logische Verknüpfung mehrerer Bedingungen möglich:

`-a`	logische „UND"-Verknüpfung; alle genannten Bedingungen müssen erfüllt sein (default)
`-o`	logische „ODER"-Verknüpfung; nur eine der genannten Bedingungen muss erfüllt sein
`!`	logische „NICHT"-Verknüpfung; die folgende Bedingung darf nicht erfüllt sein

Beispiel: Suchen nach allen Dateinamen, die entweder mit „k" oder mit „s" beginnen (die Klammern müssen entwertet werden!):

```
user@ubuntu:~$ find /tmp \( -name "k*" -o -name "s*" \)
```

Sind mehrere Testausdrücke vorhanden und ist keine logische Verknüpfung zwischen ihnen angegeben, ist automatisch eine UND-Verknüpfung eingestellt!

Die Aktion `-print` wird per Default benutzt, wenn keine andere angegeben ist. Soll eine andere Aktion erfolgen, kann mit der Anweisung `-exec` oder `-ok` (das vor der Ausführung den Benutzer fragt) ein beliebiges Kommando aufgerufen werden. Damit dieses Programm auch die Ergebnisse des Suchlaufs übermittelt bekommt, muss diesem Programm der Parameter „leere Liste“ übergeben werden (geschweifte Klammern „{}“; die Liste wird dann von `find` gefüllt). Der Abschluss der Aktion muss ein Strichpunkt sein, der aber entwertet sein muss (mit Blank und Backslash davor), damit ihn die Shell nicht interpretiert.

PRAXISTIPP: Bei Verwendung von Wildcards, wie *,? etc., muss die Abfrage in Hochkommata eingeschlossen sein, da sonst diese die Shell interpretiert! Für jeden Treffer wird ein neuer Prozess aufgerufen.

Beispiele:

Alle Dateien in `/tmp`, die seit mehr als 30 Tagen nicht mehr geändert wurden, kommen in eine Liste (leere Liste = {}) und werden mit dem Kommando `rm` gelöscht:

```
user@ubuntu:~$ find /tmp -mtime +30 -exec rm {} \;
```

wie oben, aber mit zusätzlicher Ausgabe der gelöschten Dateien:

```
user@ubuntu:~$ find /tmp -mtime +30 -exec ls {} \; -exec rm {} \;
```

Auch mit `xargs` ist eine Aktion möglich, wenn wie oben alte Dateien gelöscht werden sollen:

```
user@ubuntu:~$ find /tmp -mtime +30 | xargs rm
```

Bei Dateien, die Blanks im Namen enthalten, ist ein Abschluss mit einem Null-Byte erforderlich:

```
user@ubuntu:~$ find /tmp -mtime +30 -print0 | xargs -0 rm
```

Bei Programmen wie `tar` gibt es möglicherweise Probleme, da immer nur ein Name über die Konstruktion `{}` übergeben wird.

Sieht der Befehl so aus wie hier:

```
user@ubuntu:~$ find /tmp -mtime +30 -exec tar cf /tmp/xy.tar {} \;
```

dann ist in dem Archiv `/tmp/xy.tar` nur die letzte Datei enthalten, da das Archiv bei jeder folgenden Datei immer wieder neu erstellt wird. Besser ist dann folgender Ausdruck, der die Update-Funktion von `tar` benutzt, jedoch nicht bei komprimierten Archiven verwendbar ist:

```
user@ubuntu:~$ find /tmp -mtime +30 -exec tar uf /tmp/xy.tar {} \;
```

Die Weiterleitung über eine Pipe ist in der Regel schneller. Hier sollen alle Dateien mit `tar` gesichert werden, die älter als 30 Tage sind (über die Option `-T` wird `tar` hier angewiesen, die Dateien aus einer Liste zu holen, die mit „-“ den Input der Pipe repräsentiert):

```
user@ubuntu:~$ find . -mtime +30 | tar czf /tmp/xy.tgz -T -
```

Auch als Kommandosubstitution ist der Aufruf möglich, z. B.:

```
user@ubuntu:~$ tar czf /tmp/xy.tgz $(find . -mtime +30)
```

Ähnliches geht auch mit xargs, wie folgendes Beispiel zeigt:

```
user@ubuntu:~$ find . -name '*.bak' | xargs rm
```

Sind Blanks in Namen enthalten, müssen sie mit einem Null-Byte abgeschlossen sein (mit `-print 0`) wie bei folgendem Ausdruck:

```
user@ubuntu:~$ find . -name '*.bak' -print0 | xargs -0 rm
```

7 Die Administration auf der Kommandozeile

Bei Ubuntu-Server gibt es standardmäßig keine grafischen Hilfsmittel zur Administration. Aber auch auf einer Desktop-Variante sind immer wieder Kommandos in einer Kommandozeile erforderlich, da keine grafische Oberfläche alle Fälle abdecken kann, die einen Administrator erwarten. In diesem Kapitel erfahren Sie, was bei dieser Art der Administration zu beachten ist.

7.1 Arbeiten mit sudo

Bisher konnten Sie die Programme ohne weitere Aktionen aufrufen. Sobald Sie aber am System Änderungen vornehmen wollen, erhalten Sie eine Fehlermeldung, dass Sie keine Rechte hierfür haben, oder Sie erhalten nicht die gewünschten Angaben.

Beispiel: Lassen Sie sich die Belegung der Festplatte mit folgendem Kommando ausgeben:

```
user@ubuntu:~$ fdisk -l
```

Es passiert nichts. Das heißt nicht, dass Ihr Rechner keine Festplatte hat, sondern Sie verfügen einfach nicht über genügend Rechte.

Unter Linux und Ubuntu sind alle Dateien und Verzeichnisse so geschützt, dass nur der Administrator `root` Änderungen vornehmen kann. Bei vielen Dateien hat ein anderer Anwender noch nicht einmal das Recht, den Inhalt zu lesen. Ein „gewöhnlicher" Benutzer kann nur in seinem Homeverzeichnis und im Verzeichnis `/tmp` Änderungen vornehmen!

Es ist zwar ein Benutzerkonto für `root` vorhanden, es besteht aber keine Chance, sich als `root` anzumelden, da kein passendes Passwort hierfür eingetragen ist. Um dennoch das System zu administrieren, gibt es das Kommando `sudo`. Die Konfiguration von diesem Kommando befindet sich in der Datei `/etc/sudoers`. Sie können diese Datei nur mit Root-Rechten ansehen oder ändern. Für Änderungen sollten Sie das Kommando `visudo` benutzen, das unter Ubuntu den Editor `nano` benutzt und die Syntax beim Zurückschreiben von Einträgen prüft.

Die wichtigste Zeile in der Datei `/etc/sudoers` ist die letzte Zeile:

```
# Members of the admin group may gain root privileges
%admin ALL=(ALL) ALL
```

Mit diesem Eintrag erhält jeder Anwender Root-Rechte, der in der Gruppe `admin` enthalten ist, sobald er dieses Kommando benutzt. Normalerweise stellen Sie dieses Kommando vor den eigentlichen Befehl, wie z. B.:

```
user@ubuntu:~$ sudo fdisk -l
```

Sobald Sie einmal `sudo` aufgerufen und danach Ihr eigenes Passwort eingegeben haben, brauchen Sie für weitere 15 Minuten kein Passwort mehr einzugeben, wenn Sie `sudo` erneut verwenden.

Wenn dies zu umständlich ist, gibt es zwei weitere Möglichkeiten:

1. Sie starten folgenden Befehl, der Ihnen ab sofort in dem aktuellen Terminal eine Root-Shell verleiht:

   ```
   user@ubuntu:~$ sudo su -
   ```

   Damit sind Sie nun beliebig lange als Benutzer `root` abgemeldet, ohne dass Sie dessen Passwort kennen müssen. Dass Sie nun `root` sind, sehen Sie an dem anderen Prompt. Der Bindestrich am Ende (oder Option `-l`) bewirkt, dass Sie eine Login-Shell erhalten, in der auch die Umgebung auf den Benutzer `root` umgestellt ist. Mit dem Kommando `sudo -s`, das oft für diesen Zweck empfohlen wird, erhalten Sie nur keine Login-Shell!

2. Sie können dem Benutzer `root` ein Passwort vergeben mit:

   ```
   user@ubuntu:~$ sudo passwd root
   ```

   Ab sofort können Sie sich mit diesem Passwort in jeder Konsole als `root` anmelden. In einem Terminal benötigen Sie folgenden Aufruf, um eine Root-Shell zu erhalten:

   ```
   user@ubuntu:~$ su -
   ```

   Der Nachteil dabei ist, dass mit diese Methode sich nun auch ein Angreifer über das Netzwerk als `root` anmelden könnte. Auch gelten oben genannte Einschränkungen.

Falls Sie in dem Terminal wieder als „normaler“ Anwender arbeiten wollen, können Sie entweder `exit` oder [STRG] + D eingeben, um sich als `root` abzumelden.

> **PRAXISTIPP**: Wenn Sie Ihren Rechner verlassen, kann jeder andere in diesem Terminal Befehle mit Root-Rechten ausführen, sobald Sie eine Root-Shell geöffnet haben! Diese Aktion ist nur dann empfehlenswert, wenn sich Ihr Rechner in einem abschließbaren Raum befindet.
>
> Ein Benutzer kann sein Passwort auch über *System / Einstellungen / Persönliche Angaben* ändern, falls eine grafische Oberfläche vorhanden ist. ■

In einer grafischen Oberfläche, wie Gnome, KDE etc., können Sie auch Befehle mit Root-Rechten ausführen. Sobald Sie ein derartiges Kommando starten, wie z. B. `synaptic`, werden Sie aufgefordert, in einem Fenster Ihr Passwort einzugeben. Hier wird ebenfalls `sudo` wirksam über die grafischen Varianten `gksudo` (unter Gnome) bzw. `kdesu` (unter KDE). Dabei müssen Sie Ihr Passwort eingeben, auch dann, wenn Benutzer `root` aktiviert wurde.

Auch für die Befehle `halt` und `restart` benötigen Sie Root-Rechte, ebenso wie bei `shutdown` zum Herunterfahren (mit Option `-h`) bzw. zum Neustart des Systems mit:

```
user@ubuntu:~$ sudo shutdown -r now
```

7.2 Die Verzeichnisstruktur

Einer der wichtigsten Unterschiede zu Windows-Systemen ist bei UNIX bzw. Linux die klare Strukturierung der Systemdateien in viele Unterverzeichnisse. So hat im Grunde jede Datei und jedes Verzeichnis im System seinen fest zugewiesenen Platz. So kann man daher schon anhand des Pfadnamens in den meisten Fällen sagen, um welches Programm es sich handelt. Ein Programm wie z.B. `/sbin/fsck` dient administrativen Zwecken, allein schon deshalb, weil es sich unter `/sbin` befindet.

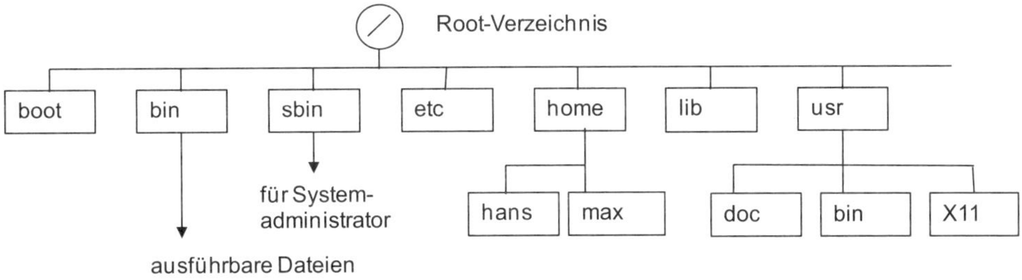

BILD 7.1 Die vereinfachte Verzeichnisstruktur unter Linux

Der Ursprung für alle Verzeichnisse unter Linux ist das Root-Verzeichnis „/"

Die Verzeichnisse des Wurzel-Dateisystems

`/bin` Verzeichnis für wichtige Kommandos, die während des Hochfahrens und zur Reparatur des Systems zwingend notwendig sind. Es muss auf der Root-Partition liegen!

`/boot` enthält die zum Hochfahren (Booten) benötigten Dateien und Kernel-Konfiguration. Der Kernel liegt entweder hier oder direkt unter `/`. Eine eigene Partition hierfür wird nur in wenigen Fällen benötigt.

`/dev` Verzeichnis für Gerätedateien (Devices) zum Zugriff auf die Hardware. Es muss auf der Root-Partition liegen! Ab Kernel 2.6 erledigt das Programm `udev` die Einrichtung der meisten Gerätedateien.

`/etc` enthält Konfigurationsdateien, Informationen über zu mountende Partitionen und Runlevel usw. Es wird beim Booten benötigt und muss auf der Root-Partition liegen.

`/home` Heimat-(Home-)Verzeichnisse der „einfachen" Benutzer (der Administrator root gehört nicht dazu). Es nimmt die Daten und Konfigurationseinstellungen der Benutzer auf. Dieses Verzeichnis muss schreibbar sein, da jederzeit Änderungen erfolgen können. Es ist eine eigene Partition für `/home` empfehlenswert; diese kann dann erhalten bleiben, wenn Linux neu installiert werden sollte. Zudem kann ein Benutzer nicht so viel Platz verbrauchen, dass das System nicht mehr benutzbar ist!
Dieses Verzeichnis kann auch über ein Netzwerk zentral zur Verfügung gestellt werden, damit jeder Benutzer auf jedem vernetzten Rechner an seine Daten gelangt.

`/lib` Verzeichnis für wichtige Shared Libraries und Kernel-Module, die beim Booten erforderlich sind. Es muss auf der Root-Partition liegen!

/mnt Ein leeres Verzeichnis für temporär zu mountende Geräte. Viele Distributionen benutzen ein eigenes Verzeichnis (z. B. /media) zum Mounten von CD-ROM, Floppy etc.

/opt Verzeichnis für optionale Programme

/proc Verzeichnis für Informationen über Prozesse, Hardware ..., die der Kernel hier einblendet. Der Inhalt ist virtuell und erscheint erst nach dem Mounten des proc-Filesystems.

/root Das Homeverzeichnis für den Administrator root. Er muss auch dann an seine Daten kommen können, wenn das Homeverzeichnis nicht gemountet ist, wie beim Booten des Systems im Single-User-Modus etc.

/sbin für Programme zur Systemverwaltung, die nur der Administrator bedient, und Programme, die der Boot-Vorgang benötigt. Es muss auf der Root-Partition liegen.

/srv Für die Daten von Diensten, wie Webserver bzw. FTP-Server etc.

/sys ähnlich wie bei /proc blendet der Kernel ab Version 2.6 hier unter anderem Infos über erkannte Hardware und deren Treiber ein. Der Inhalt ist virtuell und erscheint erst nach dem Mounten des sysfs-Filesystems.

/tmp für temporäre Dateien und Verzeichnisse, die während des Betriebes von vielen Programmen erstellt werden. Es muss für alle Benutzer schreibbar sein. Der Inhalt wird bei Ubuntu Server automatisch nach dem Booten gelöscht.

/usr Verzeichnis für Programme und Dateien, die für die Systemverwaltung nicht benötigt werden. Daher gibt es auch die Verzeichnisse /usr/bin, /usr/lib etc. Große Programmpakete werden mitunter nicht hier, sondern unter /opt installiert. (Ausnahme: XWindow liegt unter /usr/lib/X11 bzw. /usr/X11.)

/var Verzeichnis für variable Dateien, wie Logfiles, Spoolverzeichnisse (Mail), Lockfiles ... Es muss schreibbar sein und kann auch in einer eigenen Partition liegen.

Mindestens eine Partition, die Root-Partition mit dem Verzeichnis /, ist immer notwendig. Wie Sie die Dateisysteme bei der Installation in Partitionen aufteilen können, können Sie auf den folgenden Seiten lesen.

HINWEIS: Partitionen und Dateisysteme sind etwas grundsätzlich verschiedenes. Erst muss eine Partition vorhanden sein. Dann kann in dieser ein Dateisystem erstellt werden.

7.3 Die Partitionierung

Wenn die Kapazität einer Platte in einzelne Bereiche unterteilt wird, spricht man auch von Partitionieren. Da vor allem unter Windows die Aufteilung einer Festplatte relativ gut versteckt ist, wird im Folgenden genauer darauf eingegangen.

Eine Festplatte auf einem PC kann seit den Zeiten des Rechners IBM AT (ab ca. 1984) in vier primäre Partitionen unterteilt werden, die im Master Boot Record eingetragen werden. Der Master Boot Record oder kurz MBR genannt ist der erste Sektor auf einer Festplatte überhaupt. Jede Festplatte hat einen MBR, aber nur einer ist für das Booten relevant. Er enthält Informationen über die maximal vier primären Partitionen und welche davon für den Boot-Vorgang aktiv ist sowie eventuell über den Boot-Loader, eine kleine Routine in Maschinensprache, die vom Startprogramm des BIOS-Bausteins aufgerufen wird, um ein System zu booten.

Eine dieser vier primären Partitionen kann als erweiterte Partition (Extended Partition) erstellt sein. Sie ist im Grunde nur ein Behälter für weitere Partitionen, die aber nicht mehr im MBR aufgelistet, sondern in einer verketteten Liste untereinander über die jeweiligen Boot-Sektoren verbunden sind. Man nennt sie logische Partitionen (unter Windows logische Laufwerke). Es ist nur eine erweiterte Partition pro Platte möglich; sie ist sozusagen der Spezialfall einer primären Partition.

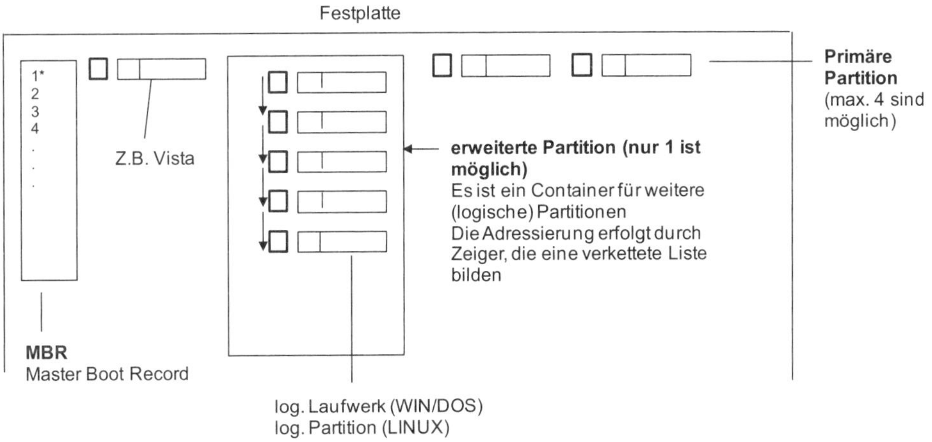

BILD 7.2 Beispiel der Aufteilung einer Festplatte

Jede Partition hat als ersten Sektor einen Boot-Sektor. Der nächste folgende Sektor ist der Superblock mit wichtigen Informationen über die Partition und das verwendete Dateisystem.

Mit EFI (Extensible Firmware Interface) bzw. dessen Nachfolger UEFI (Unified Extensible Firmware Interface) ändert sich dies (es ist bei aktuellen Apple-Rechnern auf Intel-Basis bereits dabei). Dann hat die Festplatte eine GPT-Kennung (GUID Partition Table), und es gibt nur noch (bis zu 128) primäre Partitionen. Ein MBR ist dabei zwar immer noch vorhanden; aber nur noch aus Gründen der Kompatibilität mit älteren Betriebssystemen. Der MBR zeigt dann grundsätzlich an, dass die Platte voll belegt ist.

Festplatten mit mehr als 2 TB können (außer mit Tricks bei der Sektorgröße) nur noch mit GPT booten und Partitionen mit mehr als 2 TB anbieten. Im Bereich oberhalb 2 TB ist eine Nutzung unter Linux als Laufwerk möglich, wenn ein geeigneter Hostadapter samt Treiber vorhanden ist. Über den MBR sind nur 2 hoch 32 Sektoren ansprechbar, er kann also maximal 2 TB bei einer Sektorgröße von 512 Byte adressieren! Es gibt bisher nur wenige Mainboards, die anstelle vom BIOS das neue UEFI anbieten. Es verwendet 64 Bit lange Sektornummern. Neben Linux (über Grub2) können auch die neuen Versionen von Windows damit umgehen. Ein Start eines älteren Betriebssystems bzw. ein Booten von USB ist dann aber kaum bis gar nicht möglich!

Mindestens eine Partition ist für die Installation zwingend notwendig. Sie wird auch die Root-Partition oder Systempartition genannt, da sich dort das Root-Verzeichnis „/" befindet. Eine Linux-Installation kann sich auch über mehrere Partitionen erstrecken. Nur wichtige Verzeichnisse, die zum Booten erforderlich sind (wie `bin`, `lib`, `etc` ...), müssen in der Root-Partition liegen.

Oft ist es sinnvoll, weitere Partitionen anzulegen, in denen dann Dateisysteme für die Verzeichnisse erstellt sind, wie dies für `/home`, `/var` usw. möglich ist. Sie werden beim Hochfahren des Systems entweder automatisch an die richtige Stelle des Verzeichnisbaumes gemountet oder erst bei Bedarf (z. B. bei Geräten wie Floppy, CD-ROM ...). In der Datei `/etc/fstab` ist festgelegt, was beim Booten wo gemountet werden soll.

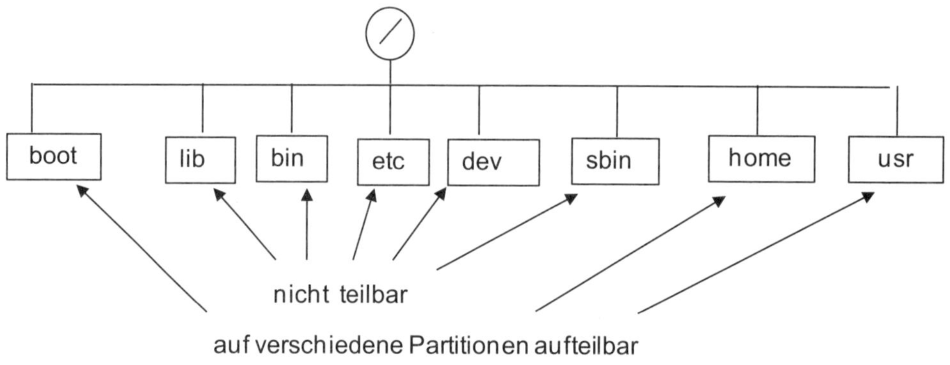

BILD 7.3 Die wichtigsten Verzeichnisse im Root-Verzeichnis und deren Verteilbarkeit

Für die Linux-Dateisysteme sind unbedingt Filesysteme wie ext3, ext4 oder neuere wie XFS, JFS, brtfs etc. erforderlich! NTFS oder FAT scheiden für die Installation aus.

Besonders geeignet sind Journaling-Filesysteme, wie ext3 und ext4. Nach einem Stromausfall oder dem Abschalten des Rechners müssen sie nicht mehr komplett auf Konsistenz überprüft werden, was sehr lange dauern kann. Nur noch diejenigen Dateien, die vom System zu diesem Zeitpunkt benutzt wurden, sind zu überprüfen und gegebenenfalls zu rekonstruieren. Unter Ubuntu wird das Dateisystem ext4 als Standard verwendet, falls Sie nicht anderes einstellen.

Sie können bei der Installation oder auch nachträglich Ubuntu in mehrere Partitionen aufteilen. Im Folgenden finden Sie eine Übersicht über die wichtigsten Verzeichnisse, die sich hierzu eignen.

Das Verzeichnis /home

Für das Verzeichnis /home, in dem alle Daten der einzelnen Anwender gespeichert sind, ist eine eigene Partition sehr empfehlenswert; damit können alle Daten der Benutzer erhalten bleiben, wenn eine neue Version von Ubuntu installiert werden sollte.

Das Verzeichnis /boot

Oft wird oft für das Verzeichnis /boot eine eigene Partition erstellt, z.B. wenn ältere BIOS-Versionen Probleme hervorrufen. Heute ist dies in den meisten Fällen nicht mehr notwendig, außer in speziellen Fällen, wie bei einem RAID-System oder mit LVM (Logical Volume Manager) zur Aufteilung der Festplatte!

Das Verzeichnis /var

Die Einträge unter /var (für variable Daten, wie Mails, auszudruckende Dateien etc.) sind für den Ablauf des Systems sehr wichtig, sodass hierfür besonders auf Servern oft eine eigene Partition erstellt wird.

Die Swap-Partition

Diese Partition belegt eine Sonderstellung, da sie kein Dateisystem enthält. Es sollte in jedem Fall eine Swap-Partition vorhanden sein, damit bei einem Speicherüberlauf ein Weiterarbeiten möglich ist! Sie stellt einen Sonderfall dar, da sie kein Dateisystem enthält. Unter Windows gibt es hierfür die Auslagerungsdatei. Da ein Zugriff auf eine Swap-Partition schneller geht als auf eine Datei, wird unter Linux generell für die Auslagerung von im Moment nicht benötigten Daten aus dem Hauptspeicher eine Partition benutzt.

In früheren Zeiten, als noch sehr wenig Hauptspeicher vorhanden war, gab es die Faustregel, dass die Größe der Swap-Partition doppelt so groß sein soll wie die Größe des Hauptspeichers. Bei heutigen Hauptspeichern von mehreren Gigabyte gilt dies nur noch dann, wenn Sie zum Beispiel beim Ausschalten von Ubuntu im Ruhezustand („Suspend to Disk") sichergehen wollen, dass genug Platz für die Speicherung vom aktuellen Zustand vorhanden ist.

7.3.1 Benennungsschema für Partitionen

Unter Linux bzw. Ubuntu gibt es keine Laufwerksbuchstaben wie unter Windows. Die Verbindung zu einem Datenträger erfolgt hier über den Mount-Mechanismus zu einem zunächst leeren Verzeichnis (den Mountpoint), den es seit Windows 2000 auch unter Windows gibt, dort aber kaum benutzt wird. Erst wenn ein Dateisystem von einer Partition gemountet ist, sind alle darin enthaltenen Dateien und Verzeichnisse in diesem Verzeichnis sichtbar und so benutzbar, als ob sie sich direkt dort befinden würden.

Da unter Linux bzw. UNIX auch Geräte (wie Festplatte, CD-ROM ...) über spezielle Dateien (Gerätedateien) angesprochen werden, ist eine genauere Kenntnis der Namenskonvention dieser Dateien sinnvoll. Die nötigen Gerätedateien sind unter dem Verzeichnis /dev abgelegt bzw. sie werden bei Bedarf über den Prozess udev erzeugt.

Früher wurden die Festplatten über deren Gerätepfad mit `/dev/hda`, `/dev/hdb` etc. bezeichnet und serielle Platten sowie SCSI-Platten mit `/dev/sdx`. Seitdem der Treiber `libata` für alle Plattenarten gilt (auch für USB-Sticks, externe Festplatten etc.), gibt es nur noch die Bezeichnung `/dev/sdx`.

`/dev/sda`	die erste Festplatte
`/dev/sda1`	erste primäre Partition auf der ersten Festplatte
`/dev/sda5`	erste logische Partition auf der ersten Festplatte
...	
`/dev/sdb1`	erste primäre Partition auf zweiter Festplatte bzw. erstem USB-Stick
`/dev/sdc2`	zweite primäre Partition auf dritter Festplatte, zweitem USB-Stick etc.
...	
`/dev/sr0`	erstes CD-ROM-Laufwerk
`/dev/fd0`	erstes Diskettenlaufwerk

Wenn Sie nur eine Festplatte in Ihrem Rechner eingebaut haben, hat diese die Bezeichnung `/dev/sda`. Die erste Partition ist dann unter `/dev/sda1` erreichbar. Sobald Sie eine weitere Festplatte oder einen USB-Stick anschließen, wird die Bezeichnung `/dev/sdb` vergeben usw. Die nachfolgenden Nummern 1 bis 4 sind den primären Partitionen vorbehalten. Dabei ist es egal, wie viele primäre Partitionen wirklich vorhanden sind. So ist z. B. `/dev/sda5` immer die erste logische Partition auf der ersten Festplatte.

Unter Ubuntu erfolgt eine eindeutige Benennung über die UUID (Universally Unique Identifier), die bei der Erstellung des Filesystems in einer Partition vergeben wurde. Damit sind die einzelnen Datenträger intern eindeutig identifizierbar, auch dann noch, wenn sich deren Reihenfolge ändert. Die UUID eines Dateisystems können Sie über die folgenden Programme erhalten, z. B. für `/dev/sda1`:

```
root@ubuntu:~# blkid /dev/sda1
root@ubuntu:~# file -s /dev/sda1
root@ubuntu:~# dumpe2fs /dev/sda1 | grep UUID
```

Partitionieren mit `fdisk`

Zum Erstellen von Partitionen kann das Programm `fdisk` verwendet werden. Für dieses Programm sind immer Superuser-Rechte (als Benutzer `root`) erforderlich. Ein weiteres oft benutztes Programm ist `parted`, für das es auch eine grafische Oberfläche (`gparted`) gibt; siehe Kapitel 5. Partitionen für Windows sollten Sie zur Sicherheit unter Windows erstellen!

Einige wichtige Kommandos innerhalb von `fdisk`:

`a`	eine primäre Partition als aktiv (bootbar) setzen
`d`	eine Partition löschen
`l`	bekannte Partitionstypen anzeigen
`m`	diese Beschreibungen werden als Online-Hilfe ausgegeben
`n`	eine neue Partition erstellen. Die Art der zu erstellenden Partition wird nachgefragt.
`p`	Belegung der Festplatte ausgeben („print partition table“)

- `t` die File System ID (FSID bzw. den Typ einer Partition) ändern
- `v` Ausgabe nicht verwendeter Sektoren
- `q` Beenden, ohne Änderungen auf Platte zu schreiben (quit)
- `w` Schreiben der Änderungen und Beenden des Programms
- `x` extra Funktionen für Experten: auch hier ist mit `m` eine Hilfe möglich. Dabei ist vor allem die Option `f` interessant, die die Reihenfolge der Nummerierung von logischen Partitionen in eine aufsteigende korrigiert (falls eine logische Partition vor der letzten Partition gelöscht und wieder neu angelegt wurde). Eine Rückkehr aus diesem Modus ist mit `r` möglich.

Der Aufruf muss immer für die gesamte Festplatte erfolgen, nie auf eine einzelne Partition! Hier ein Beispiel zur Erstellung einer neuen primären Partition:

```
root@ubuntu:~# fdisk -cu /dev/sda
```

```
Befehl (m für Hilfe): n
Befehl Aktion
   l       Logische Partition (5 oder größer)
   p       Primäre Partition (1-4)
p
Partition 4 ausgewählt
Erster Sektor (45467648-488397167, Vorgabe: 45467648):
Benutze den Standardwert 45467648
Last Sektor, +Sektoren or +size{K,M,G} (45467648-45469693, Vorgabe:
45469693):
Benutze den Standardwert 45469693

Befehl (m für Hilfe): w
Die Partitionstabelle wurde verändert!

Rufe ioctl() um Partitionstabelle neu einzulesen.

WARNING: Re-reading the partition table failed with error 16: Das Gerät
oder die Ressource ist belegt.
The kernel still uses the old table. The new table will be used at
the next reboot or after you run partprobe(8) or kpartx(8)
Synchronisiere Platten.
```

Damit der Kernel nach Änderungen mit `fdisk` die neue Partitionstabelle einliest, ist bei installiertem Paket `parted` folgendes Kommando möglich (bei Benutzung von `parted` erfolgt dies automatisch):

```
root@ubuntu:~# partprobe
```

HINWEIS: `fdisk` erstellt Partitionen, ohne diese automatisch zu formatieren! Erst mit dem Befehl „`w`" schreibt `fdisk` die Änderungen auf die Festplatte, nicht vorher!

Wenn Sie nur die Belegung von allen Festplatten ausgeben wollen, können Sie diesen Befehl eingeben (`-l` für list; `-u` für die Ausgabe in Sektoren):

```
root@ubuntu:~# fdisk -lu
```

PRAXISTIPP: Da manche neuere Festplatten intern 4 kByte große Sektoren verwenden, dem System aber Sektoren mit 512 Byte anzeigen, sollten Sie in solch einem Fall darauf achten, dass die Zahl der ausgegebenen Sektoren einer Partition durch 8 teilbar ist. Die Performance bei Zugriffen auf die Festplatte ist damit erheblich besser.

Die Partitionstabelle kann unter `fdisk` geprüft werden mit dem Experten-Kommando „`v`" (erhältlich durch vorherige Eingabe von „`x`").

HINWEIS: Beim Löschen einer Partition werden nur die Einträge im MBR bzw. in den Boot-Sektoren verändert, der Datenbereich auf der Festplatte bleibt davon unberührt. Deshalb kann auch eine gelöschte Partition wieder hergestellt werden, indem genau an der gleichen Stelle mit gleicher Größe eine neue Partition erstellt wird. Der Inhalt der alten Partition ist dann wieder lesbar! Dies kann gefährlich sein, wenn Sie eine Festplatte nur löschen und danach verkaufen oder zur Entsorgung geben. Siehe Kapitel 13.

Eine versehentlich gelöschte Partition können Sie wieder aktivieren, wenn die Position auf der Festplatte bekannt ist.

PRAXISTIPP: Sichern Sie sich die Informationen der Partitionen von Ihren Rechnern an einem sicheren Ort. Folgendes Kommando gibt sie aus:

```
user@ubuntu:~$ sudo fdisk -lu
```

Drucken Sie sich diese Angabe aus und legen Sie diese zu der Dokumentation vom jeweiligen Rechner. Sollte einmal eine Partition durch Unachtsamkeit oder aus anderen Gründen unbeabsichtigt gelöscht werden, können Sie diese per `fdisk` an der gleichen Stelle mit der gleichen Größe wieder einrichten, und alle Daten sind wieder vorhanden, die sich darin befanden.

Vor rund zehn Jahren hatte der Autor damit ein prägendes Erlebnis. Es ging damals um einen Rechner, der auf der ersten Platte Windows NT und auf der zweiten Platte mehrere Linux-Partitionen enthielt. Beim Start von Windows NT erschien einmal ein Fenster, in dem eine Reparatur der Festplatte angeraten wurde. Das war zwar überraschend, da es hierfür keinen Grund geben konnte, aber wer will sich nicht gerne etwas reparieren lassen? Beim nächsten Booten war klar, dass sämtliche Partitionen auf der zweiten Festplatte fehlten. Windows NT hatte einfach den Master Boot Record dieser Platte gelöscht. Da die Belegung ausgedruckt war, konnten alle Partitionen ohne Datenverlust wieder hergestellt werden.

HINWEIS: Wenn allerdings auf dem Bereich einer gelöschten Partition bereits ein Schreibvorgang erfolgte, ist keine Rettung mehr möglich! Sie sollten dann sofort den Rechner per Reset anhalten! Weitere Tipps zum Thema Datenrettung finden Sie in Kapitel 13.

Etliche Betriebssysteme (wie Windows) benötigen eine passende Nummer für die Partition, die den Typ des Filesystems darin angibt. Ist dieser Code bzw. File System ID (FSID) unbekannt, kann Windows auf die Partition nicht zugreifen. Unter Linux kann selbst dann ein Filesystem gemountet werden, wenn die FSID nicht zu dem Filesystem passt, das sich darin befindet (dies ist aber nicht ratsam!). Es muss nur der passende Treiber im Kernel vorhanden sein. Die FSID kann per `fdisk` mit der Option `t` geändert werden. Option `L` listet bekannte IDs auf.

Beispiele wichtiger File System IDs (FSID), auch Partitionstyp genannt:

FSID (hexadezimal)	Dateisystem
01	FAT12
05	erweiterte Partition
07	HPFS oder NTFS
0B	FAT32
0C	FAT32 mit LBA-Adressierung
0F	erweiterte Partition mit LBA-Adressierung
82	Linux Swap
83	Partition für Linux-Dateisysteme (ext3, ext4 ...)

7.4 Die Dateisysteme

Damit auf einer Partition bzw. auf einer Diskette Daten abgelegt werden können, muss dieser Datenträger erst mit einem Filesystem versehen werden. Man spricht auch von Formatieren.

Unter Linux sind viele Filesysteme möglich. Das am weitesten verbreitete ist ext2 mit dem Nachfolger ext3. Es können aber auch fast alle anderen bekannten Filesysteme, wie FAT, FAT32, HPFS, NTFS unter Linux benutzt werden. Als Einschränkungen sind die Rechte unter Windows nicht eindeutig auf die Rechte unter Linux abbildbar, und Gerätedateien von Linux sind nicht unter FAT, FAT32, HPFS, NTFS möglich.

Zumindest für die Root- und Home-Partition sind unbedingt Filesysteme wie ext2, ext3 oder neuere wie ext4, XFS, JFS etc. erforderlich!

Die Filesysteme, die Beginn und Ende von Operationen auf Dateien sowie oft auch die Änderungen daran in einem Journal protokollieren, nennt man auch Journaling-Filesysteme. Diese Dateien müssen nach einem Stromausfall oder dem Abschalten des Rechners nicht mehr komplett auf Konsistenz überprüft werden. Nur noch diejenigen Dateien, die vom System zu diesem Zeitpunkt benutzt wurden, sind zu überprüfen und gegebenenfalls zu rekonstruieren, was wesentlich schneller geht. Vertreter sind ext3, ext4, XFS, NTFS (Windows) etc.

PRAXISTIPP: Unter Ubuntu können Sie mehrere Partitionen auf einem USB-Stick erstellen; Windows kann jedoch nur die erste davon erkennen.

7.4.1 Aufbau einer Inode

Die Inodes sind in der Inode-Tabelle gespeichert. Dies ist keine Datei, sondern eine Struktur, die im Wesentlichen der FAT (File Allocation Table) von DOS bzw. der MFT (Master File Table) von NTFS entspricht. Dieser Bereich liegt (vereinfacht gesagt) hinter dem Boot-Sektor (BS) und dem Superblock (SB). Eine Inode erhält die Verwaltungsinformationen einer Datei (da auch Verzeichnisse im Grunde Dateien sind, gilt dies auch hierfür), aber nicht deren Namen. Der eigentliche Inhalt von Dateien ist in den Dateiblöcken abgelegt.

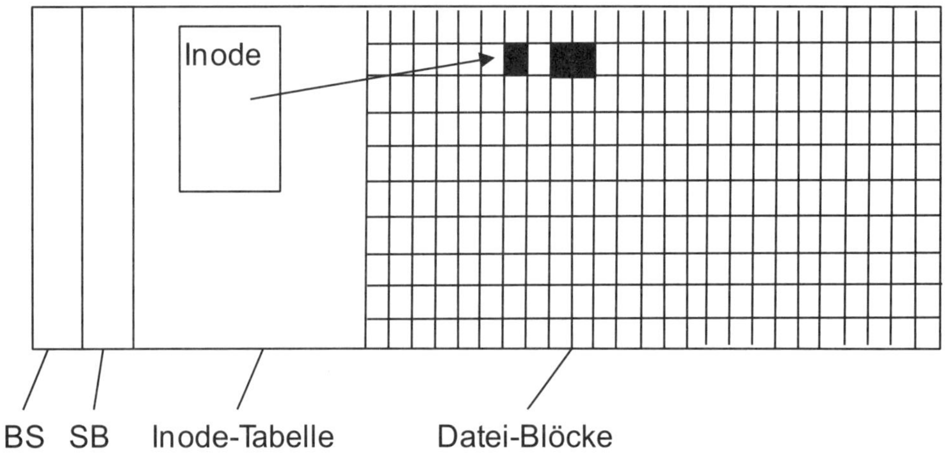

BILD 7.4 Schematische Darstellung einer Partition mit Dateiblöcken (schwarz)

Mit diesem System können maximal nur etwas mehr als 16 Millionen Blöcke adressiert werden. Um auch die heutigen Festplattengrößen in den Griff zu bekommen, sind die Partitionen von Linux in Blockgruppen mit bis zu jeweils 128 MiB eingeteilt (bis auf die letzte Gruppe). Jede Blockgruppe hat eine eigene Inode-Tabelle, sodass selbst bei einer Blockgröße von nur 1 KiB über 160 MiB adressierbar sind; also mehr als die erwähnten 128 MiB.

Das Kommando `dumpe2fs` zeigt alle diese Gruppen zusammen mit dem Superblock („Primary Superblock") und den Ersatz-Superblöcken („Backup Superblock") sowie die freien Bereiche und die Blöcke mit Daten.

Beispiel: Die Superblock-Informationen von einem ext2- bis. ext4-Filesystem auflisten:

```
root@ubuntu:~# dumpe2fs -h /dev/sda3
```

Alle Superblöcke einer Partition ausgeben; das Filesystem muss dazu intakt sein:

```
root@ubuntu:~# dumpe2fs /dev/sda3 | grep -i superblock
```

Die Informationen über die Ersatz-Superblöcke benötigen Sie, wenn der erste Superblock beschädigt sein sollte und ein Filesystem-Check erforderlich ist.

Der Name einer Datei ist nur in dem Verzeichnis vorhanden, in dem die Namen der darin vorhandenen Dateien mit dem Link auf die beschreibende Inode eingetragen sind! Damit kann auf ein und dieselbe Datei per Hardlink mehrfach mit unterschiedlichen Namen gezeigt werden. Siehe hierzu Kapitel 8.6.

7.5 Erstellen eines Filesystems mit `mkfs`

Eine frisch erstellte Partition kann noch nicht benutzt werden, da sie noch kein Filesystem (bzw. Dateisystem) enthält (manche Programme können dennoch „roh" darauf schreiben). Sie muss erst mit einem Filesystem versehen werden (unter Windows spricht man von „formatieren"). Dies gilt auch für andere Datenträger, wie Disketten, USB-Sticks, externe Festplatten etc. Die unter Linux verbreitetsten Filesysteme sind ext3 und dessen Nachfolger ext4.

Das Programm zum Erstellen eines Filesystems ist `mkfs` (Abkürzung von „make filesystem"). Es beherrscht nahezu alle möglichen Filesysteme. Deshalb muss beim Aufruf mitgegeben werden, welcher Dateisystemtyp gewünscht ist. Hier die Syntax von `mkfs`:

```
mkfs [ -t Dateisystem-Typ ] [Optionen] <Device> [Anzahl Blöcke]
```

Es kann auch der Typ im Aufrufnamen mitgegeben werden, z. B.:

```
mkfs.ext3 [Optionen] <Device> [Anzahl Blöcke]
```

Siehe auch: *http://de.wikipedia.org/wiki/Inode*

Beispiele:

Erstellung eines ext3-Filesystems (Journaling-Filesystem):

```
root@ubuntu:~# mkfs -t ext3 /dev/sda12
```

Erstellen mit Prüfen auf defekte Blöcke (mit Programm `badblocks`):

```
root@ubuntu:~# mkfs -t ext3 -c /dev/sda12
```

Erstellen als XFS-System (Journaling-Filesystem):

```
root@ubuntu:~# mkfs.xfs /dev/sda3
```

oder

```
root@ubuntu:~# mkfs -t xfs /dev/sda3
```

Erstellen als FAT-Dateisystem; mit Option „`-n`" kann ein Label (Name) gesetzt werden:

```
root@ubuntu:~# mkdosfs -F 32 -n part-c /dev/sda7
```

HINWEIS: Unter Ubuntu können Sie ein FAt32-Dateisystem mit fast beliebiger Größe erzeugen. Unter Windows ist die Größe auf maximal 32 GiB beschränkt. ■

Auch eine CD oder DVD benötigt ein Dateisystem. Es handelt sich entweder um ISO 9660 bzw. um UDF (Universal Disk Format), das vor allem bei DVD, DVD-RAM, HD-DVD und Blue-Ray zum Einsatz kommt.

Siehe auch: *http://de.wikipedia.org/wiki/Universal_Disk_Format/*

Mit `tune2fs` können in Filesystemen mit ext2 bis ext4 etliche Parameter nachträglich geändert werden, wie der Name (Label), der für `root` reservierte Bereich, wann eine Überprüfung (Check) erfolgen soll usw.

PRAXISTIPP: Bei der Erstellung eines Dateisystems mit `ext3` oder `ext4` bleiben per Default 5 % der Kapazität für den Benutzer `root` reserviert. Bei der Root-Partition ist dies sinnvoll, da ein Weiterarbeiten der unter der Kennung `root` laufenden Systemdienste damit gewährleistet ist, wenn der Platz eng wird. Ansonsten könnten andere Anwender sehr viel Platz für eigene Dateien verbrauchen, sodass für das eigentliche System nicht mehr ausreichend vorhanden ist.

Bei manchen Partitionen, wie bei einer Home-Partition, ist diese Vorsichtsmaßnahme aber nicht nötig. Deshalb können Sie hierbei oder auch bei Partitionen für Filme usw. diesen reservierten Bereich für normale Anwender freigeben. Bei einer 500-GB-Partition sind es immerhin 25 GB, die sonst ungenutzt bleiben.

Das Kommando hierfür lautet z. B. für Partition `/dev/sdb2`:

```
root@ubuntu:~# tune2fs -m 0 /dev/sdb2
```

7.6 Das Programm `fsck` (File System Check)

Ein Test des Filesystems auf einer Partition kann entweder automatisch oder manuell mit dem Kommando `fsck` angestoßen werden.

PRAXISTIPP: Die zu überprüfende Partition darf nicht schreibbar gemountet sein, da sonst während der Prüfung die Daten verändert werden könnten und damit die Konsistenz nicht gewährleistet ist! Deshalb wird die Root-Partition beim Booten erst read-only gemountet (falls ein Check notwendig sein sollte) und, nachdem alles in Ordnung ist, auf schreibbar gesetzt.

Ein Remount der Systempartition auf schreibbar kann wie folgt aussehen:

```
root@ubuntu~# mount -n -p -o remount,rw /
```

Check beim Systemstart

Beim Booten von Linux wird `fsck` mit der Option `-A` aufgerufen. Welche Partitionen beim Booten zu überprüfen sind, ist im letzten (sechsten) Feld der Datei `/etc/fstab` durch eine Nummer eingestellt: 1 und 2 = prüfen; 0 = nicht prüfen.

Die Root-Partition bekommt die Nummer 1 und wird immer zuerst geprüft. Haben mehrere Partitionen dort die Zahl 2 hinterlegt, erfolgt der Check auf diese Partitionen gleichzeitig, wenn sie sich auf unterschiedlichen Festplatten befinden. Ansonsten erfolgt die Prüfung hintereinander. Welchen Filesystem-Typ `fsck` prüfen soll, steht ebenfalls in der Datei `/etc/fstab`.

Manuellen Aufruf von `fsck`

`fsck` ist nur ein Frontend, welches das eigentliche Check-Programm aufruft und die Optionen an dieses weitergibt.

Der Check-Vorgang beim Booten wird über ein Start-Skript gesteuert; unter Ubuntu von `/etc/init/mountall.conf`.

Die Varianten von `fsck` können für viele Filesysteme angewandt werden:

- `e2fsck` bzw. `fsck.ext2`, `fsck.ext3` oder `fsck.ext4` für das ext2- bis ext4-Filesystem
- `fsck.msdos` für FAT-Systeme
- `fsck.vfat` für Windows-VFAT-Systeme
- `fsck.xfs` für XFS-Dateisysteme
- `fsck.jfs` für JFS-Dateisysteme
- `fsck.reiserfs` bzw. `reiserfsck` für das Reiser-Filesystem

Beispiele:

```
root@ubuntu:~# fsck.ext3 -p /dev/sda12
root@ubuntu:~# dosfsck /dev/fd0
root@ubuntu:~# reiserfsck /dev/sda7
```

Defragmentieren

Obwohl Filesysteme mit ext2 bis ext4 darauf ausgelegt sind, bei Schreibvorgängen eine Fragmentierung möglichst zu vermeiden, kann dies im Laufe der Zeit dennoch bei sehr intensiv genutzten Datenbeständen in größerem Umfang vorkommen. Die Ausgabe von `fsck` zeigt den Grad der nicht hintereinander folgenden Blöcke in Prozent über alle Dateien, was leider nicht sehr aussagekräftig ist.

Es gibt kein aktuelles Programm unter Linux, das ein derartiges Filesystem defragmentieren kann. Eine Abhilfe gibt es nur, indem der gesamte Inhalt auf ein anderes Medium (auch als Tar-Archiv) kopiert und danach neu eingelesen wird. Das Programm `debugfs` bzw. `filefrag` aus dem Paket `e2fsprogs` zeigt den Fragmentierungsgrad einer Datei an (mehr Ausgaben erzeugt die Option `-v`).

7.6.1 Das Verzeichnis `lost+found`

Das Verzeichnis `lost+found` wird nur beim Erstellen eines der Filesysteme ext2, ext3 und ext4 automatisch erzeugt! Werden bei einem Filesystem-Check Inodes gefunden, die keine Verbindung zu einem Verzeichniseintrag mehr haben (aber noch nicht gelöscht sind), so werden diese im Verzeichnis `lost+found` mit der jeweiligen Inode-Nummer als Dateinamen abgelegt.

7.6.2 Die Kommandos `debugfs` und `dumpe2fs`

Mit `debugfs` kann man den Zustand eines Filesystems mit ext2 bis ext4 untersuchen und ändern. Dies ist ein gefährliches Kommando und sollte nur im Notfall von erfahrenen Administratoren benutzt werden.

Mit `dumpe2fs` ist bei ext2 bis ext4 das Auslesen des Superblocks möglich. Dies ist dann wichtig, wenn der erste (der primäre) Superblock beschädigt ist. Dann kann ein anderer beim Check bzw. beim Mounten angegeben werden.

Beispiele:

Nur die Superblock-Information ausgeben:

```
root@ubuntu:~# dumpe2fs -h /dev/sdb1
```

Alle Superblöcke einer Partition ausgeben; das Filesystem muss dazu aber intakt sein:

```
root@ubuntu:~# dumpe2fs /dev/sda3 | grep -i superblock
```

Beim Check einen anderen Superblock benutzen:

```
root@ubuntu:~# e2fsck -b 32768 /dev/sda3
```

Ein Filesystem mit ex2 bis ext4 kann man auch über einen anderen Superblock mounten (die Nummer hinter der Option `sb` ist die logische Blocknummer vom Superblock multipliziert mit der Blockgröße; z. B. ist bei 4K-Blöcken die Nummer 32768 mit 4 zu multiplizieren, es ist also 131072 anzugeben):

```
root@ubuntu:~# mount -t ext3 -o sb=131072 /dev/sda3 /mnt/x
```

PRAXISTIPP: Falls der Superblock einer Partition nicht mehr benutzbar ist und auch ein Check mit einem anderen Superblock fehlschlägt, werden mit Option `-S` als letzte Rettung nur der Superblock und die Gruppeninformation der Partition neu erstellt, wenn die Blockgröße mit der bei der Erstellung übereinstimmt (ohne Gewähr, dass damit die Partition gerettet werden kann):

```
root@ubuntu:~# mke2fs -s /dev/sda12
```

Danach sollte ein Check auf die Partition erfolgen:

```
root@ubuntu:~# e2fsck /dev/sda12
```

7.7 Mounten von Dateisystemen

Jedes Filesystem muss erst gemountet (eingebunden) werden, damit auf die Dateien ein Zugriff möglich ist (nicht bei `fsck`). Damit wird eine Verbindung zwischen einer Gerätedatei und einem leeren Verzeichnis (dem Mount-Point) hergestellt, über das dann ein Zugriff erfolgen kann. Das Mounten aktiviert den nötigen Kernel-Treiber, der beim Zugriff auf Dateien die Übersetzung in das vorhandene Filesystem übernimmt. Hat der Kernel keinen passenden Treiber für ein Filesystem, kann er es auch nicht mounten.

Durch das Mounten erfolgt quasi eine Übersetzung auf die Eigenheiten des Dateisystems. Lediglich für einen direkten Zugriff auf den Inhalt einer Partition (z. B. mit `dd` oder `tar`) ist ein Mounten nicht erforderlich. Ein derartiger „roher" („raw") Zugriff auf die Partition nimmt keine Rücksicht auf die interne Struktur und kann diese zerstören!

Eine Partition mit einem darin erstellten Filesystem kann in ein bereits gemountetes Filesystem (wie auch das Root-Filesystem /) eingehängt („montiert") werden. Damit sind Laufwerksbuchstaben überflüssig. Das Verzeichnis, an das die Partition angebunden wird, muss immer vorher erstellt worden sein!

Beim Mounten sind einige zusätzliche Einstellungen wichtig, wie der Filesystem-Typ, die Gerätedatei, der Mountpoint und Optionen (read-only oder read-write und weitere filesystemspezifische Einstellungen).

Es kann auch ein Mounten über ein Netzwerk erfolgen. Dazu ist ein gestarteter Serverprozess auf dem Rechner nötig, der die Daten zur Verfügung stellt und das dazu passende Protokoll (wie `nfs`, `cifs` etc.).

Die Struktur des Mount-Befehls:

```
Befehl   Filesystem-Typ   [weitere Optionen]   Quelle Ziel   (Mount-Point)
mount    -t ext3          -v -o rw             /dev/sda10    /mnt/test
```

Die Option `-v` (verbose = geschwätzig) meldet das Ergebnis der Aktion.

Mit der Option `-t` können Sie den Typ des Filesystems (ext2, vfat, iso9660, nfs usw.) angeben. Da viele Filesysteme automatisch erkannt werden, ist diese Option meist nicht erforderlich.

Beispiele:

```
root@ubuntu:~# mkdir /mnt/test
root@ubuntu:~# mount -t ext2 /dev/sda10 /mnt/test
```

In der Datei `/etc/fstab` können die Einstellungen und Optionen von Mount-Befehlen hinterlegt werden. Dann brauchen nicht mehr alle Optionen beim Mounten angegeben zu werden; es reicht dann z. B. der Mountpoint:

```
user@ubuntu:~$ mount /save
```

Beim Aufruf des Befehls `mount -a` werden alle (noch nicht eingebundenen) Filesysteme gemountet, die in `/etc/fstab` ohne die Option `noauto` eingetragen sind. Dies erfolgt beim Hochfahren des Betriebssystems.

Den Mount-Befehl kann nur der Benutzer `root` absetzen; außer es ist in der Datei `/etc/fstab` der Eintrag `user` bzw. `users` vorhanden (z. B. für CD-ROM, Floppy etc.). Dann hat jeder Benutzer die Erlaubnis für genau diesen Mount-Befehl, so wie er in `/etc/fstab` definiert ist. Auch das Kommando `tune2fs` kann die Mount-Optionen in einem Dateisystem dauerhaft eintragen, mit denen es gemountet werden soll.

Weitere wichtige Optionen für `mount`:

Option	Beschreibung
`-f`	simuliert den Mount-Vorgang (meist zusammen mit Option `-n`)
`-h`	zeigt einen Hilfetext an
`-o <liste>`	Leitet eine Liste mit weiteren Mount-Optionen ein (siehe Seite 176)
`-r`	das Dateisystem wird nur zum Lesen gemountet (Synonym für „`-o ro`")

Option	Beschreibung
-n	Mounten ohne Eintrag in /etc/mtab; die Kommandos df bzw. mount zeigen dies nicht an
-v	gibt weitere Meldungen aus
-w	das Dateisystem wird zum Schreiben und Lesen gemountet. Default-Einstellung, wenn nichts anderes angegeben ist (Synonym für „-o rw“).
-B	ermöglicht ein erneutes Mounten von einem Teil eines bereits gemounteten Verzeichnisses an anderer Stelle im System; auch mit --bind möglich.

Folgende Kommandos zeigen, was gemountet ist (nicht bei Mount-Vorgängen mit Option -n!):

```
user@ubuntu:~$ mount
user@ubuntu:~$ cat /etc/mtab
user@ubuntu:~$ df
```

Folgender Aufruf zeigt auch „unsichtbare“ Mountvorgänge (bei einem Mount mit Option -n) an:

```
user@ubuntu:~$ cat /proc/mounts
```

Zudem gibt es weitere wichtige allgemeine Optionen für mount. Es sind ausgeschriebene Namen, die entweder in /etc/fstab (siehe nächste Seiten) in Spalte 4 stehen oder beim Mount-Kommando mit der Option -o eingeleitet werden.

Mount-Option	Beschreibung
defaults	Entspricht diesen Optionen: rw, suid, dev, exec, auto, nouser und async
async	Ein-/Ausgabe-Operationen des Dateisystems asynchron über Buffer durchführen (Default).
sync	Ein- und Ausgabeoperationen synchron durchführen (Änderungen sofort speichern). Der Effekt ähnelt einem Aufruf vom Kommando sync nach jeder Schreiboperation.
atime	Zugriffszeit der Inodes (atime) bei jedem Zugriff setzen (Default)
noatime	Inode-Zugriffszeiten (atime) nicht bei jedem Zugriff setzen.
auto	Wenn in /etc/fstab eingetragen, wird mit mount -a das Filesystem gemountet (Default).
noauto	Wenn in /etc/fstab eingetragen, erfolgt kein Mounten mit mount -a
dev	Gerätedateien auf dem Dateisystem sind gültig und werden interpretiert (Default).
nodev	Gerätedateien auf diesem Dateisystem werden (aus Sicherheitsgründen) nicht interpretiert.
exec	Programme (Binärdateien) auf dem Dateisystem dürfen ausgeführt werden (Default).
noexec	Programme (Binärdateien) auf dem Dateisystem dürfen (aus Sicherheitsgründen) nicht ausgeführt werden.
suid	SUID und SGID Bits werden beachtet (Default).
nosuid	Die SUID und SGID Bits von Programmen auf diesem Dateisystem werden (aus Sicherheitsgründen) ignoriert.

Mount-Option	Beschreibung
`user`	Jeder eingetragene User darf dieses Dateisystem mounten, aber nur dieser darf es auch wieder unmounten. Es gelten dann diese Default-Optionen: `noexec`, `nosuid`, `nodev`
`users`	wie oben, nur ohne Eintragung des Users in `/etc/mtab`, der den Mount-Vorgang durchführte; jeder andere Benutzer kann damit mit `umount` das Device auch wieder aushängen.
`nouser`	Nur `root` darf das Dateisystem mounten (Default). Wie `user` und `users` nur in `/etc/fstab` erlaubt.
`uid=...`	Mounten mit Dateisystemrechten des angegebenen Users bei FAT, NTFS, iso9660, udf ...
`gid=...`	mount wie oben, aber mit den Rechten der angegebenen Gruppe
`remount`	Neu-Mounten eines bereits gemounteten Filesystems mit meist anderen Optionen, z. B.: `mount -o remount,rw /`
`ro`	Read Only – das Dateisystem wird ReadOnly (nur lesbar) gemountet.
`rw`	Read Write – das Dateisystem wird ReadWrite (les- und schreibbar) gemountet (Default).

Bei vielen Filesystemen können zusätzliche spezielle Optionen übergeben werden!

Siehe auch: man mount *http://wiki.ubuntuusers.de/Dateisystem*

7.7.1 Mounten über ein Netzwerk

Nicht nur Partitionen, sondern auch Freigaben im Netzwerk können in das Dateisystem an beliebiger Stelle und vor allem mit eindeutigem Namen eingebunden werden. Wer hat sich schon immer gefragt, welche Daten in Windows sich hinter dem Laufwerksbuchstaben „J" befinden. Sind dort Daten von Server2 oder vom Nachbarrechner oder sonst etwas hinterlegt? Unter Ubuntu können Sie den Mountpoint direkt als `/mnt/server2` bzw. `/mnt/server1/rechnungen` etc. definieren und so den Überblick wahren.

Bei Mount-Vorgängen von Netzwerkfreigaben und bei anderen Dateisystemen als ext3 oder ext4 gelten weitere Optionen. In Kapitel 16.7 finden Sie die Beschreibung für das Mounten einer Windows-Freigabe. Siehe auch: man mount

7.7.2 Das Programm `umount`

Ein mit `mount` eingebundenes Filesystem kann mit `umount` wieder „ausgehängt" werden. Das geht nur dann, wenn niemand mehr auf dieses Filesystem zugreift, also z. B. mit `cd` das Arbeitsverzeichnis dorthin verlegt hat. Es reicht, bei `umount` nur den Mount-Point oder nur das Device anzugeben.

Beispiele:

```
root@ubuntu:~# umount /nmt/save
root@ubuntu:~# umount /dev/sda5
```

Mit `umount -a` werden alle nicht von Programmen verwendeten Dateisysteme abgehängt. Beim Herunterfahren (`shutdown`) wird dieses Kommando ausgeführt, das alle gemounteten Dateisysteme unmountet (die in der Datei `/etc/mtab` aufgelistet sind).

Falls noch ein Programm den Datenträger benutzt, ist kein Aushängen möglich. Mit dem Kommando `lsof` können Sie dieses Programm in Erfahrung bringen, z. B.:

```
user@ubuntu:~$ lsof /mnt/save
```

Das Kommando `umount` kann nur derjenige „einfache" Benutzer ausführen, der auch das Gerät gemountet hat (falls er die Berechtigung zum Mounten hat), der Benutzer `root` ist immer berechtigt.

7.7.3 Die Datei `/etc/fstab`

Der Zugriff auf Datenträger über Menüs wie *Orte -> Rechner* bindet diesen nur so lange ein, wie der Zugriff dauert (ab Ubuntu 11.04). Wenn Sie dauerhaft einen Datenträger einbinden wollen, müssen Sie ihn in der Datei `/etc/fstab` eintragen.

Es ist eine der wichtigsten Systemdateien überhaupt. Zumindest das Root-Dateisystem muss hier hinterlegt sein, sonst ist kein Booten möglich. Hier werden zudem die Partitionen hinterlegt, die während des Boot-Vorgangs automatisch bzw. die von „normalen" Anwendern gemountet werden sollen.

Felder einer Zeile in der Datei `/etc/fstab`:

Feld	Beschreibung
`file system`	Bezeichnung des Dateisystems (oder Netzlaufwerk). Meist sind Partitionen als UUID eingetragen; hier sind aber auch weitere Bezeichnungen möglich, wie z. B. `/dev/sda1`
`mount point`	Mountpoint (`swap` oder `none` für Swap-Partitionen)
`type`	Art des Filesystems (`auto` für automatische Erkennung; `swap` für Swap-Partitionen ...)
`options`	Die ausgeschriebenen Mount-Optionen, durch Komma getrennt
`dump`	Anweisung für Kommando `dump` (heute nicht mehr aktuell)
`pass`	für Filesystem-Check mit Nummer für die Priorität des Checks. „1" steht für das Root-Filesystem. „2" für weitere zu prüfende Filesysteme; bei gleicher Nummer erfolgt der Check hintereinander, auf unterschiedlichen Platten aber gleichzeitig. „0" (oder leer) bedeutet keinen Check.

Fehlen die Werte der letzten beiden Felder, wird der Wert 0 für jedes Feld verwendet. Dateisysteme, die nicht mehr vorhanden sind oder die das System nicht prüfen kann, wie CD-ROM, NTFS-Dateisysteme etc., dürfen hier nicht zum Prüfen angegeben werden, da dies sonst den Boot-Vorgang anhält!

Welche Filesysteme der aktuelle Kernel unterstützt, steht unter `/proc/filesystems`. Sie werden beim Typ `auto` durchprobiert.

Beispiel für eine bei der Installation erstellte Datei /etc/fstab:

```
# <file system> <mount point> <type> <options>  <dump> <pass>
proc            /proc         proc   nodev,noexec,nosuid 0    0
# / was on /dev/sda5 during installation
UUID=de78a5aa-4534-4bea-82e8-269123b5c636 /     ext4  errors=remount-ro 0  1
# /home was on /dev/sda8 during installation
UUID=365941dd-737b-4d00-8d36-d4508f9721d9 /home ext4  defaults          0  2
# /tmp was on /dev/sda6 during installation
UUID=3581bcaf-d383-4774-8455-4f06225dc16d /tmp  ext4  defaults          0  2
# /var was on /dev/sda7 during installation
UUID=8a2e8341-b0f1-4cb8-807d-333e718b440b /var  ext4  defaults          0  2
# /windows was on /dev/sda1 during installation
UUID=AAD84789D847532D /windows     ntfs    defaults,umask=007,gid=46    0  0
# swap was on /dev/sda2 during installation
UUID=16d98072-28c4-477b-931b-82f1d2e1d866 none  swap  sw                0  0
```

Die Datei /etc/fstab wird bei der Installation automatisch mit den Einträgen von den Partitionen erstellt, die Sie eingebunden haben. Siehe Kapitel 2.

Wenn weitere Partitionen vorhanden sind, empfiehlt sich ein manueller Eintrag vom Administrator.

Die Dateisysteme, die in /etc/fstab beschrieben sind, können vereinfacht in das Filesystem eingehängt werden; entweder über den Mountpoint:

```
# mount /windows
```

oder per Device-Angabe:

```
# mount /dev/sda1
```

Die fehlenden Angaben holt sich dabei das Programm mount aus der Datei /etc/fstab. Vor allem kann dann auch ein einfacher Anwender ein Mounten durchführen, wenn die Option user oder users dort eingetragen ist. Eine Ausnahme stellen bisher noch NTFS-Dateisysteme dar. Hier hat nur der Administrator root die Erlaubnis zum Mounten (außer durch weitere Eingriffe am System, von denen abgeraten wird).

Auf neueren Linux-Distributionen wie unter Ubuntu werden Gerätedateien bei Bedarf von dem Hintergrundprozess udevd erzeugt. Vor allem die Gerätedateien für Multimedia-Geräte, wie CD-ROM, DVD, USB-Stick etc., werden auf diese Art erzeugt, zusammen mit dem entsprechenden Mountpoint unter /media.

Sind alle Angaben bei einem Mount-Befehl von der Kommandozeile vorhanden, wird die Datei /etc/fstab ignoriert. Änderungen in /etc/fstab werden erst beim Booten bzw. beim nächsten manuellen Mount-Vorgang wirksam.

7.7.4 Einbindung von NTFS

Unter Linux war schreibender Zugriff auf NTFS-Filesysteme lange Zeit problematisch, da Microsoft die Spezifikation dieses Filesystems geheim hielt. Daher muss per „try and error" von den Linux-Entwicklern herausgefunden werden, wie dieses Filesystem funktioniert. Lesender Zugriff ist schon seit mehr als zehn Jahren möglich, aber beim Schreiben konnten bis vor einigen Jahren noch Fehler auftreten.

Der neue Open-Source-Treiber `ntfs-3g` von der finnischen Firma Tuxera ist sehr schnell und bietet einen schreibenden Zugriff auf NTFS-Filesysteme. Das Paket `ntfs-3g` ist automatisch installiert.

Das Paket `ntfs-3g` benutzt die Einstellungen in `/etc/fstab`.

Beispiel für ein NTFS-Dateisystem, für das der Benutzer mit UID=1000 Eigentümer ist:

```
/dev/sda1 /windows ntfs defaults,users,noauto,uid=1000,gid=users 0 0
```

Unter Ubuntu gibt es dabei kein Icon auf dem Desktop.

Ein Mount kann auch ohne Eintrag in `/etc/fstab` durch den Administrator `root` erfolgen, sodass z.B. der User mit UID=1000 Schreibrechte hat:

```
root@ubuntu:~# ntfs-3g /dev/sdd1 /mnt/test -o uid=1000,fmask=0111,dmask
=0,locale=de_DE
```

oder auch mit den Default-Optionen:

```
root@ubuntu:~# mount -t ntfs-3g /dev/sdd1 /mnt/test
```

Die Einbindung kann wieder gelöst werden mit dem Kommando:

```
root@ubuntu:~# umount /mnt/sdb1
```

Auch ein Zugriff auf Alternate Data Streams ist möglich, wenn beim Mounten mit `ntfs-3g` die Option `streams_interface=windows` angegeben ist.

> **PRAXISTIPP**: Schreiben Sie nie in eine Windows-Partition, wenn das Betriebssystem Windows vorher im Ruhezustand oder über Hibernation verlassen wurde!

7.7.5 Das Kommando `lsof`

Es listet geöffnete Dateien und Netzverbindungen. Ohne Parameter gibt es alle offenen Dateien aus. Es eignet sich auch für Sicherheitsüberprüfungen, da es auch geöffnete Netzwerkverbindungen, Gerätedateien und Sockets anzeigt.

Beispiele:

Alle Programme anzeigen, die Port 80 geöffnet halten (`-i` allein zeigt alle offenen Netzwerkverbindungen):

```
root@ubuntu:~# lsof -i tcp:80
```

Alle Programme ausgeben, welche die Datei `/home/max/abc` geöffnet haben:

```
user@ubuntu:~$ lsof /home/max/abc
```

Alle vom Benutzer `root` geöffneten Dateien anzeigen:

```
user@ubuntu:~$ lsof -u root
```

Alle gelöschten Dateien zeigen, die noch geöffnet, aber sonst nicht mehr sichtbar sind:

```
user@ubuntu:~$ lsof +L1
```

Zeigt alle im Verzeichnis `/tmp` geöffneten Dateien:

```
user@ubuntu:~$ lsof +D /tmp
```

Programmdateien, die von Benutzer `max` ausgeführt werden (`-a` steht für UND-Verknüpfung der Optionen):

```
user@ubuntu:~$ lsof -a -d txt -u max
```

PRAXISTIPP

- Ein Benutzer, der nicht `root` ist, sieht bei `lsof -i` nur die Ports größer als 1024!
- Bei Befall mit einem Root-Kit kann die Ausgabe verfälscht sein!

7.8 Dateizugriffsrechte verwalten

Jede Datei und jedes Verzeichnis (gilt auch für Gerätedateien, Pipes, Links etc.) hat unter Linux festgelegte Rechte (vergleichbar mit UNIX, Windows 2008 und Windows 7). Damit soll verhindert werden, dass ein Unbefugter persönliche oder andere nicht für die Öffentlichkeit bestimmte Dokumente (Dateien und Verzeichnisse) ohne Erlaubnis einsehen oder manipulieren kann.

Wie Sie die Rechte unter einer grafischen Oberfläche erkennen und ändern können, wurde bereits in Kapitel 4 gezeigt. Dieses Vorgehen reicht jedoch nicht immer. Angenommen, Sie wollen die Rechte vieler Dateien in einem bestimmten Verzeichnis ändern. Über ein Programm wie Nautilus würde dies eine kleine Ewigkeit dauern. Auch können Sie damit nur wenige Rechte beeinflussen. Mit einem Kommando dauert es nur einen Augenblick. Zur Administration eines Rechners benötigen Sie weitere Mechanismen, die hier vorgestellt werden.

Das Shadow-Passwort-System

Unter UNIX wurden ursprünglich die Benutzer mit ihren verschlüsselten Passwörtern in der Datei `/etc/passwd` gespeichert. Da etliche Programme (wie auch `ls`) auf diese Datei lesend zugreifen müssen (mit den Rechten des Benutzers), kann diese Datei nicht gegen lesenden Zugriff geschützt werden.

Damit wäre es möglich, durch sog. Crack-Programme die verschlüsselten Passwörter zu knacken und mit den ermittelten Passwörtern Missbrauch zu treiben. Um dies zu verhindern, wurde die Datei `/etc/shadow` eingeführt, welche die verschlüsselten Passwörter mit einigen zusätzlichen Attributen (Gültigkeitsdauer des Passwortes, in welchen Abständen muss es geändert werden ...) enthält.

Die Datei `/etc/shadow` ist nur für den Benutzer `root` lesbar (bzw. für unter der Kennung `root` laufende Programmen wie der Login-Prozess). Damit kann ein anderer Benutzer keine verschlüsselten Passwörter mehr lesen, und die Sicherheit gegen Einbrüche ist wesentlich verbessert.

PRAXISTIPP: Die benutzten Passwörter sollten so gewählt werden, dass sie nicht erraten werden können. Sonst ist der beste Schutz wirkungslos.

Es sollte auch nicht mit einem Wörterbuch-Vergleich zu ermitteln sein, sondern es sollten mindestens sechs Zeichen sein, Klein- und Großbuchstaben gemischt, mit Ziffern oder Zeichen wie # + . , ; etc.!

Nimmt man sehr komplizierte Passwörter, die man sich nicht merken kann, ist wiederum die Gefahr sehr groß, dass die Passwörter auf Zetteln am Monitor oder unter der Tastatur deponiert werden!

Tipp: Am einfachsten können Passwörter gemerkt werden, wenn eine „Eselsbrücke" vorhanden ist, z.B. die ersten Buchstaben eines Gedichts oder Reims:

Passwort: fgidEsdF entspricht dann: „Fest gemauert in der Erde steht die Form ..."

Passwort ändern mit `passwd`

Jeder Benutzer kann sein eigenes Passwort ändern mit dem Kommando `passwd`. Zum Schutz vor Missbrauch muss das bisherige Passwort mit eingegeben werden.

Es sollte ein Passwort eingegeben werden, das nicht zu erraten und auch nicht mit einem Wörterbuch-Vergleich zu ermitteln ist (mindestens acht Zeichen, Klein- und Großbuchstaben gemischt, mit Ziffern oder Zeichen wie # + . , ; etc.)!

7.8.1. Datei-Arten

Unter UNIX und damit auch unter Linux ist nahezu alles in einem Dateisystem eine Datei (auch Verzeichnisse sind spezielle Dateien). Bei der ausführlichen Ansicht von Verzeichnissen mit Kommando `ls -l` sind am linken Rand Zeichen zu sehen, die den Typ einer Datei kennzeichnen.

Beispiel:

```
user@ubuntu:~$ ls -l
```

```
drwxr-xr-x   14 root     root        4096 Nov 10 17:34 X11
-rw-r--r--    1 root     root       15785 Sep 24 01:49 a2ps.cfg
```

Die Bedeutung der wichtigsten Zeichen für die Datei-Art:

- `-` normale (reguläre) Datei
- `b` Block-Device (Zugriff erfolgt blockweise)
- `c` Character-Device (Zugriff erfolgt Zeichen für Zeichen)
- `d` Verzeichnis
- `l` symbolischer Link
- `p` benannte Pipe

Rechte auf Dateien

Direkt im Anschluss an das Zeichen für die Datei-Art folgt bei `ls -l` die Ausgabe der Berechtigungen. Es sind drei Gruppen zu jeweils drei Zeichen. Diese bedeuten bei Dateien:

`r` (read)	Datei ist lesbar
`w` (write)	Datei ist schreibbar
`x` (execute)	Datei ist ausführbar (durch ein Programm oder Skript)

Rechte auf Verzeichnisse

Bei Verzeichnissen gibt es etwas andere Bedeutung:

`r` (read)	Der Verzeichnisinhalt kann z. B. mit `ls` ausgelesen werden
`w` (write)	Der Verzeichnisinhalt (Dateien und Unterverzeichnisse) kann geändert und gelöscht werden (notwendig zum Löschen von Dateien in Verzeichnissen)
`x` (execute)	Das Verzeichnis kann in einem Pfadnamen erscheinen (wichtig für das Wechseln in ein Verzeichnis mit Kommando `cd`)

Die Benutzerklassen

Alle Rechte werden in Eigentümer (`u` = user), Gruppe (`g` = group) und andere (`o` = others) aufgeteilt. Bei der Ausgabe der Datei-Attribute in Langform mit `ls -l` werden die Rechte in drei Dreiergruppen mit den möglichen Werten `rwx` ausgegeben; zuerst für den Eigentümer, dann die Rechte für die zugehörige Gruppe und als Letztes die Rechte für alle anderen. Sollen alle Benutzerklassen betroffen sein, ist dies mit `a` für alle (all) möglich.

Der Eigentümer ist derjenige, der eine Datei oder ein Verzeichnis erstellt hat bzw. dem der Besitz vom Verwalter `root` übertragen wurde. Für jedes Objekt ist ein Eigentümer eingetragen.

Die Einführung einer Gruppe vereinfacht in vielen Fällen die Vergabe von Rechten. So kann ein Anwender in der Gruppe `einkauf` Mitglied sein. Wird nun für alle Dateien das Leserecht für die Gruppe `einkauf` gesetzt, so haben alle Mitglieder dieser Gruppe die Leseberechtigung. Welche Mitglieder eine Gruppe hat, ist in der Datei `/etc/group` hinterlegt. Jede Datei und jedes Verzeichnis gehören mindestens einer Gruppe. Es ist per Default die primäre Gruppe, die für jeden Benutzer mit dem Namen des Accounts zusätzlich erstellt wurde. Jeder Benutzer gehört mindestens dieser Gruppe an. Diese wird beim Erstellen des Benutzer-Accounts als die primäre Gruppe eingetragen (in der Datei `/etc/passwd`).

Andere (others) sind alle Benutzer des Systems, die weder Eigentümer sind noch Mitglieder der Gruppe, der die Datei gehört.

Prüfung der Rechte bei einem Zugriff

Die Berechtigungen für den Inhaber eines Accounts werden zuerst für die Eigentümerrechte geprüft. Sind bereits hier die nötigen Rechte vorhanden (Benutzer ist Eigentümer), sind die weiteren Einträge unerheblich. Gleiches gilt für die Gruppenrechte. Erst wenn keine anderen Berechtigungen zum Zuge kommen, gelten diejenigen für alle anderen.

Ist für eine Aktion ein Recht nicht vorhanden, z. B. das Schreibrecht für die Gruppe, so wird nur an dessen Stelle ein Bindestrich gezeigt.

Beispiel: Ausgabe der Rechte der Datei `abc` mit folgendem Kommando

```
user@ubuntu:~$ ls -l abc
-rw-rw-r--    1 max      max         512   Mar 22 09:39 abc
```

Hier ist der Eigentümer der User `max`; er hat Schreib- und Leserechte; die Datei gehört der Gruppe `max`; alle Mitglieder dieser Gruppe haben ebenfalls Schreib- und Leserechte; alle anderen haben nur Leserechte.

Numerische Darstellung der Rechte

Für jedes Vorhandensein eines Rechtes wird eine binäre „1“ vergeben, für jedes Fehlen eine „0“:

Eigentümer	Gruppe	Andere
rwx	rwx	rwx
110	110	110

Das Resultat aus obigem Beispiel ist in Oktal-Schreibweise die Berechtigung „666“.

7.8.2 Ändern von Berechtigungen mit `chmod`

Für die Kommandozeile gibt das Kommando `chmod`, um die Rechte an einer Datei festzulegen. Datei `abc` soll die Rechte `rwxr-xr-x` erhalten (entspricht den Rechten `755` in oktaler Schreibweise):

```
user@ubuntu:~$ chmod 755 abc
```

Über `chmod` können die Rechte auch mit Symbolen für User (`u`), Group (`g`) und Other (`o`) gesetzt werden. Das hat den Vorteil, dass nur das gewünschte Recht und nicht die gesamte Berechtigung einer Datei verändert wird! Dies ist wichtig beim rekursiven Ändern in Verzeichnissen, da das x-Recht auf Verzeichnisse meist erhalten bleiben soll.

HINWEIS:

- Der Eintrag für Other (o) darf nicht mit Owner (u) verwechselt werden!
- Bei rekursiven Änderungen müssen Sie sicherstellen, dass die x-Rechte von Unterverzeichnissen nicht entfernt werden. Ansonsten ist kein Zugriff mehr darauf möglich!

Mit einem „+“ wird ein Recht gesetzt, mit „-“ ein Recht entzogen, mit „=“ werden die Rechte komplett für eine Benutzerklasse gesetzt. Die Sonderrechte suid, sgid und t-Bit werden mit den Symbolen „s“ bzw. „t“ bezeichnet (siehe auch nächste Seiten).

Beispiele:

Datei `abc` soll zusätzlich ein Schreibrecht für alle erhalten:

```
user@ubuntu:~$ chmod o+w abc
```

Datei `abc` soll das Schreibrecht für die Gruppe entzogen werden:

```
user@ubuntu:~$ chmod g-w abc
```

Gleichzeitig Schreibrecht für die Gruppe und Leserecht für alle entziehen; vor und nach dem Komma dürfen keine Blanks stehen!

```
user@ubuntu:~$ chmod g-w,o-r abc
```

Datei `abc` soll für den Eigentümer die Rechte `rwx` gesetzt bekommen:

```
user@ubuntu:~$ chmod u=rwx abc
```

Für Verzeichnis `docs` und alle Unterverzeichnisse die Lese- und Schreibrechte für alle anderen entfernen:

```
user@ubuntu:~$ chmod -R o-r,o-w docs
```

Beim Erstellen von Verzeichnissen kann auch mit der Option `-m` eine Berechtigung wie mit `chmod` übergeben werden.

```
user@ubuntu:~$ mkdir -m 700 abc
```

7.8.3 Sonderrechte

Wird bei einem Programm ein SUID-Bit gesetzt (für Substitute User-ID Bit), z. B. mit `chmod 4755 <datei>`, dann erhält dieses Programm beim Ausführen die effektiven Rechte des Eigentümers (nicht mehr die Rechte desjenigen, der es aufruft). Ist der Eigentümer der Benutzer `root`, erhält somit auch das Programm Root-Rechte. Dies gilt nicht für die Ausführung von Skripten!

Erhält ein Verzeichnis das SGID-Bit (Substitute Group-ID Bit), z. B. mit `chmod 2755 <name>`, erhalten alle in diesem Verzeichnis neu erzeugten Dateien und Verzeichnisse die Gruppenzugehörigkeit dieses Verzeichnisses. Die Darstellung erfolgt mit kleinem „`s`“, wenn zusätzlich ein x-Recht vorhanden ist.

Auf Programme (Dateien) angewandt bewirkt ein SGID-Bit ähnlich dem SUID-Bit, dass ein solches Programm beim Aufruf die Rechte der Gruppe erhält, zu dem es gehört (nicht mehr die Rechte der Gruppen, zu denen der Benutzer gehört). Aus Sicherheitsgründen ist die Vergabe von einem SGID-Recht für Programme sehr problematisch!

Für Verzeichnisse, die von mehreren Anwendern benutzt werden (wie z. B. `/tmp`), ist das t-Bit möglich. Es verhindert, dass ein anderer als der Eigentümer eine Datei in solch einem Verzeichnis umbenennen oder löschen kann, außer man ist der Eigentümer dieses Verzeichnisses. Ein kleines „t“ wird bei den Rechten gezeigt, wenn zusätzlich ein x-Recht vorhanden ist; sonst ein großes.

Bei Dateien ist das t-Bit nur bei ausführbaren Programmen sinnvoll. Es wird auch Sticky-Bit genannt und bedeutet hier, dass der Programmcode nach dem ersten Aufruf im Hauptspeicher bleiben soll (sticky wie klebrig). Bei modernen Systemen wird es kaum noch benutzt, da sie einen effektiven Buffer-Mechanismus haben.

Numerische Darstellung der Sonderrechte

Hier wird quasi für die Sonderrechte eine neue Spalte vor dem Eigentümer hinzugefügt. Diese enthält SUID-Bit, SGID-Bit und t-Bit. Für jedes gesetzte Recht wird eine „1“ vergeben, ansonsten „0“.

Sonderrechte			Eigentümer	Gruppe	Andere
SUID	SGID	t-Bit	r w x	r w x	r w x
0	0	1	1 1 0	1 1 0	1 1 0

Im obigen Beispiel wäre das Resultat in Oktal-Schreibweise die Berechtigung „1666“.

Beispiele:

Setzen des SUID-Bits für das Programm `xy`:

```
root@ubuntu:~# chmod u+s xy
```

Setzen des Sticky-Bits (t-Bit) für Verzeichnis `/tmp`:

```
root@ubuntu:~# chmod +t /tmp
```

oder

```
root@ubuntu:~# chmod 1777 /tmp
```

Zudem können mit der Konfiguration von `sudo` bestimmten Benutzern mehr Rechte gegeben werden.

7.8.4 Löschrechte von Dateien und Verzeichnissen

Das Löschen von Dateien mit `rm` (und Verzeichnissen mit `rm -r` oder `rmdir`) ist nur möglich, wenn ein w-Recht für das Verzeichnis vorhanden ist, in dem das betreffende Objekt liegt. Besonders Umsteiger von Windows können damit Probleme bekommen.

Grund: Es wird beim Löschen nicht die Datei beschrieben, sondern der Eintrag für diese Datei in dem entsprechenden Verzeichnis wird entfernt. Deshalb muss ein Schreibrecht für das Verzeichnis vorhanden sein, in dem die Datei liegt.

Der Platz auf der Festplatte wird freigegeben, aber die Daten selbst werden nicht entfernt! So kann (mit entsprechendem Aufwand) der Inhalt einer gelöschten Datei wieder rekonstruiert werden, solange die Dateiblöcke der ursprünglichen Datei nicht überschrieben sind. Eine Funktion „`undelete`" wie unter DOS ist unter Linux allerdings nicht vorhanden!

Die Eigenschaften einer Datei (ohne den Namen dieser Datei) sind in der Inode abgelegt. Dies ist pro Datei eine Struktur, die sich in Tabellen- bzw. Listenform am Anfang einer Partition befindet (hinter dem sogenannten Superblock, im Anschluss an den Boot-Sektor).

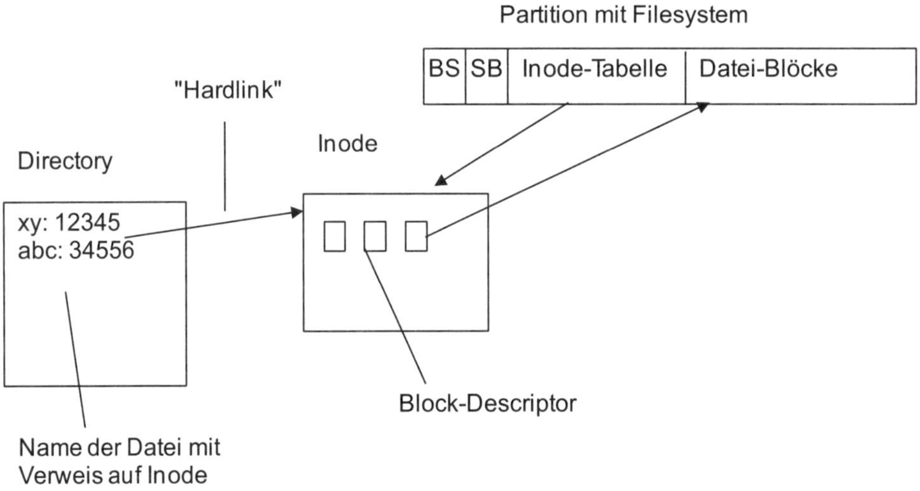

BILD 7.5 Die Verbindung von Verzeichniseinträgen zu den Datei-Blöcken

Der Name einer Datei ist nur in einem Directory-Eintrag vorhanden! Damit kann auf ein und dieselbe Datei mehrfach mit unterschiedlichen Namen gezeigt werden. Es ist im Grunde ein Hardlink. Siehe Kapitel 8.6.

7.8.5 Das Kommando `umask`

Sollen alle neu erzeugten Dateien bzw. Verzeichnisse mit bestimmten Rechten versehen sein, so kann dies durch das Kommando `umask` erfolgen. Hiermit wird eine Maske gesetzt, mit der von den maximal möglichen Rechten in Oktal-Schreibweise die gesetzten Bits abgezogen werden.

In der Regel ist eine umask-Anweisung in einer der Startdateien für die Shell eingetragen; für die globale Wirkung in `/etc/profile` oder für jeden einzelnen Benutzer in `~/.bashrc` bzw. `~/.profile`.

Beispiel:

```
user@ubuntu:~$ umask 022
```

Als Ergebnis werden alle neuen Dateien mit der Rechtekombination 644 erzeugt, also `mit rw- r-- r--` oder binär `110 100 100` (zur Sicherheit ohne x-Recht). Das Schreibrecht für die Gruppe und für andere ist nicht gesetzt. Verzeichnisse werden mit der Rechtekombination 755 erzeugt!

Durch Aufruf von `umask` ohne Parameter erhält man die aktuell gesetzte Maske.

7.8.6 Ändern der Anmeldung mit `su`

Mit dem Kommando `su` („switch user“) kann sich ein Benutzer in einer Konsole oder einem Terminal als ein beliebiger anderer Benutzer anmelden, ohne sein bisheriges Login zu verlassen. Ohne Angabe von einem Benutzernamen gilt der Account von Benutzer `root`.

Dies ist besonders dann wichtig, wenn sich aus Sicherheitsgründen ein Administrator als einfacher Benutzer angemeldet hat (was dringend empfohlen ist) und zwischendurch eine Anmeldung als `root` benötigt. Er braucht sich dann nicht auszuloggen, sondern kann sich mit `su` in dem gleichen Fenster als `root` anmelden und wird nach Eingabe des richtigen Passworts der Benutzer `root`.

Mit der Option Bindestrich `-` bzw. `-l` (wie „login“) hinter `su` wird zudem die Umgebung mit Suchpfad, allen Environment-Variablen usw. mit aufgebaut, und ein Wechsel in das Homeverzeichnis erfolgt (wie bei einer Login-Shell).

Anmelden als Benutzer `root` mit Auswertung der Login-Skripte:

```
user@ubuntu:~$ su -
```

Anmelden als Benutzer `max` mit Auswertung der Login-Skripte (z. B. um Berechtigungen für `max` zu testen):

```
user@ubuntu:~$ su - max
```

7.8.7 Eigentümer ändern mit `chown`

Soll eine Datei oder ein Verzeichnis einen anderen Eigentümer bekommen, ist das Kommando `chown` erforderlich. Dies ist nur dem Administrator bzw. dem Benutzer `root` gestattet.

Ein Beispiel:

```
root@ubuntu:~# chown max xy
```

7.8.8 Befehle, die angemeldete Benutzer anzeigen

Folgende Befehle zeigen die Benutzer, die sich an der Konsole, über den Display-Manager oder über das Netzwerk angemeldet haben. Wenn Sie innerhalb von einem Terminal eine andere Identität annehmen, erkennen sie dies nicht.

`w`

Zeigt an, welche Benutzer gerade wie lange angemeldet sind und welche Kommandos ausgeführt werden.

`who`

Zeigt an, welche Benutzer gerade angemeldet sind. Eine Liste wird in die Datei `/var/run/utmp` geschrieben, die für alle User zumindest lesbar sein muss, um eine Antwort zu erhalten.

`whoami`

Dieses Kommando zeigt, unter welchem Namen man selbst angemeldet ist.

`who am i`

Ist eine Variante von `whoami`, die zusätzlich auch das für die Anmeldung benutzte Terminal ausgibt.

7.8.9 Zusätzliche Datei-Attribute

In einem Filesystem mit ext2 bis ext4 sind weitere Attribute auf Dateien möglich, die mit `lsattr` ausgegeben und mit `chattr` gesetzt werden können. Änderungen können nur durch den Benutzer `root` erfolgen.

Hier einige dieser Attribute:

- `A` die `atime` (letzter Zugriff) einer solchen Datei wird nicht aktualisiert. Das kann (vor allem auf Notebooks) Plattenzugriffe sparen (wenn die Datei aus einem Buffer gelesen wird).
- `a` in solch eine Datei kann nur weiterer Inhalt an Ende angefügt, bestehender aber nicht gelöscht werden (append). Auch ein Löschen der Datei selbst ist nicht möglich.
- `i` in einer derartigen Datei ist nichts mehr änderbar (immutable). Man kann sie weder löschen, umbenennen oder den Inhalt verändern. Auch ein Hard-Link auf sie ist nicht möglich.
- `S` das Schreiben einer derartigen Datei erfolgt sofort (sync) und nicht erst in einem Cache.
- `e` die Datei benutzt Extents des ext4-Dateisystems. Dies ist mit `chattr` nicht änderbar.

Beispiele:

```
root@ubuntu:~# chattr +acs xy
root@ubuntu:~# lsattr xy
```

Siehe auch: man chattr; man lsattr

7.8.10 Erweiterte Datei-Attribute

Oben genannte Attribute sollten nicht mit den erweiterten Attributen verwechselt werden, die auf die Dateisysteme ext2, ext3, ext4, XFS, JFS und reiserfs möglich sind. Das entsprechende Dateisystem muss hierzu mit der Mount-Option `user_xattr` eingebunden sein. Damit Sie diese Attribute ausgeben bzw. bearbeiten können, müssen Sie erst das Paket `attr` installieren. Nicht alle Namen sind für derartige Attribute möglich. Ubuntu selbst benutzt sie nicht. Bei Samba- und Windows-Freigaben können sie jedoch wichtig sein.

Folgendes Kommando setzt z. B. das Attribut `user.max` mit Wert `123` auf die Datei `xy`:

```
user@ubuntu:~$ setfattr -n user.max -v 123 xy
```

Die erweiterten Attribute auf die Datei `xy` gibt dieser Befehl aus:

```
user@ubuntu:~$ getfattr -d xy
```

Rekursiv für alle Dateien im aktuellen Arbeitsverzeichnis erweiterte Attribute ausgeben:

```
user@ubuntu:~$ getfattr -dR .
```

Die Namen der Attribute sind meist „user.DOSATTRIB“ (bei Samba-Freigaben) etc.

Siehe auch: man 5 attr; man setfattr; man getfattr.

■ 7.9 Benutzer- und Gruppenverwaltung

Jeder, der Linux benutzen will, braucht ein Benutzerkonto oder Account. Eine Anmeldung erfolgt dann durch Eingabe dieses Namens mit anschließendem Passwort. Ferner können bestimmte Benutzer zu Gruppen zusammengefasst werden, um die Rechtevergabe zu vereinfachen.

Hier die Dateien und Kommandos, die zur Verwaltung erforderlich sind.

Die Datei `/etc/passwd`

In der Datei `/etc/passwd` werden die eingetragenen Benutzer hinterlegt. Sie muss für alle lesbar sein. Früher standen hier auch die verschlüsselten Passwörter. Bei Systemen mit einem Shadow-Passwort-System sind diese in `/etc/shadow` hinterlegt, um ein Knacken des Passworts zu vermeiden.

Im System ist jeder angemeldete Benutzer nur durch dessen User-ID (UID) bekannt. Der Name des Kontos steht nur in der Datei `/etc/passwd`.

Beispiel eines Benutzerkontos:

```
max:x:1000:1000:Max Meier,3. Stock,Telefon 1234:/home/max:/bin/bash
```

Es gibt folgende Einträge pro Account (durch Doppelpunkt getrennt):

1. Anmeldename (Account) des Benutzers
2. Früher war hier der Platz für das Passwort; im Shadow-Passwort-System befindet sich hier nur noch ein Platzhalter „x". Fehlt das „x", ist nur eine Anmeldung ohne Passwort möglich; der Inhalt der Datei `/etc/shadow` wird dann ignoriert! Eine derartige Änderung sollte nur im Notfall erfolgen, da sonst keine Anmeldung mehr möglich ist.
3. User-ID (UID). Eindeutige Nummer des Benutzers im System (Nummer von 0 bis 65.535). Der Administrator root hat immer als UID die Nummer 0.
   Jeder Eintrag mit UID = 0 hat Root-Rechte.
4. Gruppennummer der Login-Gruppe (GID) des Benutzers (Nummer von 0 bis 65.535). Jeder Benutzer ist mindestens Mitglied in einer Gruppe, der primären Gruppe oder Login-Gruppe (auch Standardgruppe genannt). Die vom Benutzer angelegten Dateien bekommen diese GID zugewiesen.
5. Kommentarfeld mit beliebigem Inhalt. Der Inhalt wird vom Programm `finger` ausgegeben.
   In der Praxis hat sich durchgesetzt, folgende personenbezogene Daten hier einzutragen (durch Komma getrennt): Name und Vorname des Benutzers, Büro-Standort (Zimmernummer), Telefonnummern (dienstlich, privat) etc.
6. Pfad zum Homeverzeichnis. In dieses wird nach der Anmeldung gewechselt.
7. Name des Programms, das nach der Anmeldung starten soll (aus `/etc/shells`)

Der Eintrag `nobody` steht für einen gesperrten Benutzereintrag, der möglichst wenige Rechte hat (entfernt vergleichbar mit „Gast" bei Windows):

```
nobody:x:65534:65534:nobody:/nonexistent:/bin/sh
```

Die Datei `/etc/shadow`

In dieser Datei werden bei einem Shadow-Passwort-System die verschlüsselten Passwörter und weitere Daten zur Gültigkeit abgelegt. Diese Datei kann nur vom Benutzer `root` gelesen und geändert werden! Damit kann auch kein anderer Anwender die verschlüsselten Passwörter lesen, um sie eventuell mit Passwort-Crackprogrammen zu entschlüsseln.

Beispiel einer Zeile (mit verkürztem verschlüsselten Passwort, da es sehr lang ist):

```
max:$6$ElrV4aSv$3MR7Fx/3tUOq/PtJkveLVBVEka53spkx.Ac7hG/P.:15024:0:99999:7:::
```

Es gibt folgende Einträge pro Account (durch Doppelpunkt getrennt):

1. Anmeldename (Account) des Benutzers, wie in `/etc/passwd` eingetragen
2. das mit einem Krypto-Verfahren verschlüsselte Passwort; mit einem Salt-Wert „versalzen" (ergibt zusätzlich 4096 Kombinationen). Ist kein Eintrag vorhanden, konnte sich früher jeder ohne Eingabe eines Passwortes anmelden, der den Account-Namen kennt. Dies ist nun nicht mehr möglich. Das Zeichen „`!`" zeigt eine Sperrung des Accounts an.
3. Datum, an dem das Passwort zuletzt geändert wurde (die Anzahl der Tage seit dem 1. Januar 1970 bis zum Tag der letzten Änderung). 0 bedeutet, dass das Passwort beim nächsten Login zu ändern ist.

4. Anzahl der Tage seit der letzten Änderung, bis das Passwort wieder geändert werden darf (Mindestalter). Ist dieser Wert größer als die Gültigkeitsdauer, kann das Passwort nie geändert werden (0 steht für keine Beschränkung).
5. Gültigkeitsdauer eines Passwortes. Es sind die Anzahl der Tage, die zwischen zwei Änderungen vergehen können, bis das Passwort geändert werden muss. Meist steht hier der Wert von 99.999 Tagen.
6. Die eingestellte Anzahl der Tage vor dem Ablauf des Passworts soll eine Warnung bei der Anmeldung erscheinen (meist sieben Tage vorher).
7. Anzahl der Tage nach dem Ablauf des Passworts, in denen noch eine Anmeldung möglich ist. Bei leerem Feld oder mit Wert 0 Tage ist dieses Feature abgeschaltet.
8. Ablaufdatum des Passworts (Anzahl der Tage seit dem 1. Januar 1970, bis das Passwort ungültig ist). Ist der Eintrag leer, läuft das Passwort nie ab.
9. reserviert

Bei den meisten System-Accounts (wie `bin`, `sys` usw.) ist als Passwort nur ein Stern eingetragen. Damit kann niemand sich mit diesen Konten anmelden, da es kein Passwort gibt, das zutrifft. Nur der als Administrator eingetragene Benutzer kann sich z. B. durch das Kommando `su` anmelden, um darüber Systemprozesse zu starten. Diese Konten sind auch nicht zum interaktiven Anmelden gedacht, sondern nur für Systemzwecke reserviert.

Siehe auch: man 5 shadow

Die Datei `/etc/group`

In dieser Datei werden alle Gruppennamen und deren Mitglieder gespeichert, sofern es nicht die primäre Gruppe ist. Diese Datei muss ebenso wie die Datei `/etc/passwd` für jeden lesbar sein. Jeder Benutzer ist mindestens Mitglied in einer Gruppe, der primären Gruppe oder Login-Gruppe. Die Zugehörigkeit zu dieser Gruppe ist nicht hier, sondern in `/etc/passwd` eingetragen.

Zusätzlich zur primären Gruppe kann er in beliebig vielen Gruppen Mitglied sein. In welchen, das steht in der Datei `/etc/group`. Diese Mitgliedschaft verleiht ihm das Recht, alle Dateien und Verzeichnisse zu benutzen, die Rechte für eine dieser Gruppen eingetragen haben.

Beispiel: Auszug aus einer Datei `/etc/group`:

```
root:x:0:
daemon:x:1:
bin:x:2:
sys:x:3:
adm:x:4:max
...
max:x:1000:
```

Hier ist deutlich zu sehen, dass jeder eingetragene Benutzer, wie auch bei Debian üblich, eine Gruppe erhält, die den gleichen Namen wie sein Anmeldenamen hat.

Es gibt folgende Einträge pro Gruppe (durch Doppelpunkt getrennt):

1. Gruppenname
2. Platz für das Gruppenpasswort; mit Platzhalter „x“ besetzt, wenn `/etc/gshadow` vorhanden ist
3. Gruppen-ID (Nummer von 0 bis 65.535); 0 bis 999 sind dem System vorbehalten.

4. Liste der Mitglieder (Account-Namen) dieser Gruppe, durch Komma getrennt; die Zugehörigkeit zur primären Gruppe ist für jeden Account nur in `/etc/passwd` hinterlegt!
   Es sind keine Gruppennamen als Mitglieder wie unter Windows möglich (keine Schachtelung von Gruppen)! Unter Windows werden bei einer Schachtelung die Mitglieder ebenfalls aufgelöst, sodass es nicht grundsätzlich anders ist.

Die Datei `/etc/gshadow` und das Gruppenpasswort

Auch einer Gruppe kann ein Passwort mit `gpasswd` zugewiesen werden. Dieses dient dazu, einem Mitglied der Gruppe zusätzliche administrative Aufgaben zu delegieren, um den Administrator zu entlasten.

Das Gruppenpasswort wird ähnlich wie das Benutzerpasswort bei einem Shadow-Passwort-System unter `/etc/gshadow` abgelegt.

Es gibt folgende Einträge in `/etc/gshadow`:

1. Gruppenname
2. verschlüsseltes Passwort für den Gruppenadministrator
3. Administrator der Gruppe
4. Liste der Anwender, die sich mit dem Kommando `newgrp` zum Mitglied dieser Gruppe machen dürfen.

7.9.1 Kommandos zur Benutzerverwaltung

Die Verwaltung von Benutzern kann auch über Kommandos erfolgen. Auf einer Server-Installation ist dies oft der effektivere Weg. Viele Kommandos können nur mit Root-Rechten ausgeführt werden!

Beim Erstellen von Benutzer-Accounts sollten Sie aufpassen, dass die Berechtigungen für das Homeverzeichnis stimmen. Unter Ubuntu wird dieses so erstellt, dass alle anderen Benutzer Leserechte darin haben, was mitunter so nicht gewünscht ist!

PRAXISTIPP: Die Identität eines Benutzers richtet sich ausschließlich nach der UID und nicht nach dem Namen des Accounts! Wird ein Account gelöscht und unter der gleichen UID ein neuer eingerichtet, ist der neue Benutzer dann auch Eigentümer aller Dateien des vorherigen Benutzers (falls noch solche Dateien vorhanden sind)! Mit dem Kommando `find` können Sie diese Dateien suchen:

```
USER@UBUNTU:~$ find / -uid 500
```

■

Unter Debian und Ubuntu sollten Sie möglichst das Programm `adduser` benutzen, das die menügeführte Einrichtung eines neuen Benutzer- und Gruppen-Accounts ermöglicht. Dabei fragt es alle Angaben interaktiv ab. Sie brauchen nicht alle Felder auszufüllen, normalerweise reicht es, nur das Passwort doppelt einzutragen, das der Anwender erhalten soll. Die Angaben für Raumnummer, Telefon etc. sind nur dann wichtig, wenn Sie als Administrator einen Überblick über die eingetragenen Benutzer bewahren wollen.

adduser bietet zudem, im Gegensatz zu dem grafischen Tool zur Benutzerverwaltung, über die Option --encrypt-home eine Verschlüsselung vom Homeverzeichnis des neuen Benutzers an. Eine automatische Anmeldung ist dann nicht mehr möglich und wäre auch sinnlos! Dies ist dann möglich, wenn das Paket ecryptfs-utils installiert ist, was nur dann automatisch der Fall ist, wenn Sie bei der Installation von Ubuntu einen verschlüsselten Account angelegt haben. Siehe hierzu Kapitel 12.

Ein Beispiel für das Anlegen eines neuen Benutzer-Accounts:

```
root@ubuntu:~# adduser max
```

```
Lege Benutzer "max" an ...
Lege neue Gruppe "max" (1001) an ...
Lege neuen Benutzer "max" (1001) mit Gruppe "max" an ...
Erstelle Home-Verzeichnis "/home/max" ...
Kopiere Dateien aus "/etc/skel" ...
Geben Sie ein neues UNIX-Passwort ein:
Geben Sie das neue UNIX-Passwort erneut ein:
passwd: Passwort erfolgreich geändert
Benutzerinformationen für max werden geändert.
Geben Sie einen neuen Wert an oder drücken Sie ENTER für den Standardwert
    Vollständiger Name []: Max Meier
    Raumnummer []: 11
    Telefon geschäftlich []: 4711
    Telefon privat []: 1233
    Sonstiges []:
Sind diese Informationen korrekt? [J/n]
```

Unter Ubuntu gibt es das Programm deluser, das den als Parameter übergebenen Benutzer-Account löscht.

HINWEIS

- Dieses Kommando löscht gleichzeitig auch die gleichnamige Gruppe.
- Das Homeverzeichnis des Benutzers wird nicht automatisch gelöscht! Nur mit Option -r bzw. mit --remove-home beim Kommando deluser werden das Homeverzeichnis, die Mailbox und eventuell vorhandene Crontab-Einträge gelöscht.

Ein Beispiel:

```
root@ubuntu:~# deluser max --remove-home
```

```
Suche Dateien zum Sichern/Löschen ...
Dateien werden gelöscht ...
Entferne Benutzer "max" ...
Warnung: Die Gruppe "max" hat keine Mitglieder mehr.
Fertig.
```

Angaben zu einem bereits vorhandenen Account (wie UID, Username, Homeverzeichnis etc.) können Sie mit usermod ändern. Bei Änderung des Login-Namens erfolgt nicht automatisch eine Änderung des Homeverzeichnisses (außer mit gesetzter Option -m). Der Name des Accounts ist der letzte Parameter.

Beispiel: Benutzer max in mehrere Gruppen aufnehmen:

```
root@ubuntu:~# usermod -G users,dialout,video,users max
```

Das Ablaufdatum (Age = Alter) des Passwortes eines Benutzers kann mit `chage` von `root` entweder interaktiv oder über Optionen geändert werden.

Beispiele als Benutzer `root`:

Das Ablaufdatum des Passworts können Sie ändern. Ist der Eintrag leer, läuft das Passwort nie ab. Das Datum kann auch im Format JJJJ-MM-TT eingegeben werden, wie hier am 2.7.2011:

```
root@ubuntu:~# chage -E 2011-07-02 max
```

fünf Tage vor dem Ablauf des Passworts soll eine Warnung erscheinen:

```
root@ubuntu:~# chage -W 5 max
```

Ein Listing der eigenen Einstellungen können Sie auch als normaler User ausgeben lassen:

```
max@ubuntu:~$ chage -l max
```

```
Letzte Passwortänderung                                    : Mai 03, 2011
Passwort läuft ab                                          : nie
Passwort inaktiv                                           : nie
Benutzerzugang läuft ab                                    : nie
Minimale Anzahl der Tage zwischen Passwortänderungen       : 0
Maximale Anzahl der Tage zwischen Passwortänderungen       : 99999
Anzahl Tage, an denen vor Passwortablauf gewarnt wird      : 7
```

7.9.2 Das Kommando `passwd` für den Administrator

Dieser Befehl wurde bereits für „gewöhnliche“ Benutzer auf Seite 182 erwähnt. Der Systemadministrator `root` kann zudem die Passwörter aller Benutzer ändern, indem er zusätzlich den Namen des Benutzeraccounts eingibt.

Das ist dann nötig, wenn z.B. ein Benutzer sein Passwort vergisst. Das bisherige Passwort braucht er nicht einzugeben, da er es nicht kennen kann.

PRAXISTIPP: Der Administrator darf das Passwort eines Benutzers nicht mit dem Kommando `passwd` ändern, wenn sein Homeverzeichnis verschlüsselt ist! Der Anwender kommt dann nicht mehr an seine verschlüsselten Daten heran. Siehe Kapitel 12.7.

Einige Optionen von `passwd` (weitere Optionen siehe: man passwd):

- `-a` gibt zusammen mit `-S` den Status der Passwörter aller Accounts aus.
- `-d` Passwort wird für den angegebenen Account gelöscht.
- `-e` Der Benutzer muss beim nächsten Login das Passwort ändern.
- `-l` Passwort wird gesperrt (locked) für den angegebenen Account.
- `-s` die Anmeldeshell des Benutzers auf die angegebene Shell ändern
- `-u` Passwort wird wieder freigegeben (unlocked) für den angegebenen Account.
- `-S` Status des Passworts für den angegebenen Account ausgeben (LK für „locked“, NP für „no password“, PS für „existing or locked password“).

Beispiele:

Passwort für `max` sperren

```
root@ubuntu:~# passwd -l max
```

Passwort für `max` ändern

```
root@ubuntu:~# passwd max
```

Status des Passworteintrags von Benutzer `max` ausgeben:

```
root@ubuntu:~# passwd -S max
max P 05/10/2011 0 99999 7 -1
```

HINWEIS: Mit dem Kommando `passwd` ist es nicht möglich, in einem Skript ein Passwort zu ändern! Hierfür gibt es das Programm `chpasswd`.

7.9.3 Gruppen bearbeiten

Das Kommando `groupadd` fügt eine neue Gruppe dem System hinzu. Mit Option `-g` kann der neuen Gruppe eine GID bestimmt werden, die noch nicht vergeben ist. Ansonsten erhält die Gruppe die nächste freie GID.

Beispiel:

```
root@ubuntu:~# groupadd einkauf
```

Mit `groupmod` ändern Sie Eigenschaften einer bestehenden Gruppe. Der Name der zu ändernden Gruppe ist letzter Parameter.

Wird die GID einer Gruppe geändert, bedeutet dies das Gleiche, als ob man eine neue Gruppe erstellt hätte. Bei allen Dateien, die zu der alten Gruppe gehörten, muss danach die Gruppenzugehörigkeit geändert werden, zum Beispiel mit dem Kommando `find`!

Beispiele:

Den Namen der angegebenen Gruppe ändern, die GID bleibt gleich!

```
root@ubuntu:~# groupmod -n verkauf einkauf
```

Einen Benutzer der angegebenen Gruppe hinzufügen:

```
root@ubuntu:~# groupmod -A max disk
```

Der Befehl `groupdel` löscht eine bestehende Gruppe. Primäre Login-Gruppen können nicht gelöscht werden. Sie werden für die Benutzer benötigt! Für die Dateien, die zu der gelöschten Gruppe gehörten, muss danach die Gruppenzugehörigkeit geändert werden!

Beispiel:

```
root@ubuntu:~# groupdel verkauf
```

Die Zugehörigkeit zu einer Gruppe ändern

Mit dem Kommando `newgrp` können Sie zeitweise Ihre Zugehörigkeit zu einer primären oder Standardgruppe abändern. Es ändert die reale GID des Benutzers.

Beispiel:

```
user@ubuntu:~$ newgrp adm
```

Ist er nicht Mitglied in dieser anderen Gruppe, wird er nach dem Gruppenpasswort gefragt. Ist kein Passwort für diese Gruppe vergeben oder kennt es der Benutzer nicht, wird der Zugang verweigert. Ansonsten wird die bisherige Shell durch eine neue ersetzt, in der die Zugehörigkeit geändert ist, solange sie benutzt wird. Mit der Option `-l` wird zudem die Umgebung mit Suchpfad, allen Environment-Variablen usw. mit aufgebaut.

Auch mit dem Kommando `sg` ist dieses möglich, das `su` ähnelt. Im Gegensatz zu `newgrp` kann ein Kommando mitgegeben werden, das unter der GID der angegebenen Gruppe ausgeführt wird. Sobald das Kommando beendet ist, befindet man sich wieder in der gleichen Shell. Die Option `-l` bzw. `-` ist auch hier möglich.

Beispiel:

```
user@ubuntu:~$ sg root "vi /var/log/syslog"
```

7.9.4 Check der Passwort-Dateien

Der Benutzer `root` kann prüfen, ob die Einträge in den Dateien `/etc/passwd` und `/etc/shadow` zusammenpassen. Hierfür gibt es das Kommando `pwck`. Besonders nach manuellen Änderungen (was nicht empfehlenswert ist) sollte eine Prüfung stattfinden.

Die Konsistenz der Einträge in den Dateien `/etc/group` und `/etc/gshadow` überprüft das Kommando `grpck`.

7.9.5 Die Datei `/etc/profile`

Jede Login-Shell wertet diese Datei aus. Sie enthält wichtige Einstellungen für die neue Sitzung. Somit sind die dort hinterlegten Standardeinstellungen für alle angemeldeten Benutzer wirksam. Hier und über weitere eingebundene Skript-Dateien (wie `/etc/hash.bashrc`) wird der Suchpfad ermittelt und unterschiedlich für `root` und gewöhnliche Benutzer gesetzt.

Weiter befinden sich hier Terminal- und Tastatureinstellungen, wichtige Pfadnamen zu den Manual-Seiten, Alias-Definitionen, die Größe der History-Datei, das Aussehen für den Prompt (über die Umgebungsvariable `PS1`) etc.

Ferner können hier die Angaben zu den Rechten neu erstellter Dateien mit `umask` sowie Grenzwerte für Rechenzeit, Speicher, Anzahl geöffneter Dateien etc. mit dem Kommando `ulimit` gesetzt werden und vieles mehr.

Die Datei `/etc/profile` wird (durch das Punkt-Kommando) bei der Anmeldung so ausgeführt, dass die Befehle in der gleichen Shell bearbeitet werden und keine neue Shell hierfür gestartet wird. Deshalb müssen alle hier enthaltenen Umgebungsvariablen mit `export` ausgeführt werden. Eine Variable kann wieder gelöscht werden mit `unset`.

7.9.6 Das Verzeichnis `/etc/skel`

Der Inhalt dieses Verzeichnisses wird in der Regel als Grundgerüst (Skelett) in das Homeverzeichnis eines neu erstellten Benutzerkontos kopiert. Es enthält viele nützliche Dateien (meist mit einem Punkt vor dem Namen als versteckte Dateien gekennzeichnet), die für die Anmeldung (`.bashrc`) und etliche Programme sinnvolle Voreinstellungen mitliefern. Der Administrator kann hier einem neuen Benutzer Vorgaben für etliche Programme eintragen.

7.9.7 Anzeige der Benutzer- und Gruppen-ID

Das Kommando `groups` zeigt alle Gruppen an, in denen ein Benutzer Mitglied ist. Ist kein Benutzername angegeben, wird der aktuelle Login-Name benutzt.

Beispiel:

```
user@ubuntu:~$ groups
 max adm dialout cdrom plugdev lpadmin admin sambashare
```

Mit dem Befehl `id` erhalten Sie die UID eines Benutzers und die GIDs aller Gruppen, in denen er Mitglied ist. Ist kein Benutzername angegeben, wird der aktuelle Login-Name benutzt.

Beispiel:

```
user@ubuntu:~$ id
 uid=1001(max) gid=1001(max) Gruppen=1001(max),4(adm),20(dialout),24(cdrom),
 46(plugdev),112(lpadmin),120(admin),122(sambashare)
```

Die effektive ID ändert sich, wenn z.B. das gestartete Programm ein SUID-Bit gesetzt hat! Letztlich zählt die effektive ID.

7.10 Wichtige Netzwerkkommandos

Wie schnell kann es vorkommen, dass es Probleme mit der Vernetzung gibt. Besonders bei Ubuntu Server sind Netzwerkkommandos daher unverzichtbar. Aber auch bei einem Desktop-System kann es nicht schaden, einige der wichtigsten zu kennen. Weitere Kommandos zum Einrichten von Netzwerken finden Sie in Kapitel 14 beschrieben.

`ping`

Das Kommando `ping` sendet an einen anderes Gerät eine Aufforderung zur Antwort (ICMP-Request). Damit lässt sich die Erreichbarkeit von Geräten (wie Router) oder Rechnern im angegebenen Netz testen. Im Gegensatz zu Windows beendet sich das Programm nicht automatisch. Sie können es mit [Ctrl] + C unterbrechen, oder mit Option `-c` die Anzahl der verschickten Pings angeben.

Beispiel:

```
user@ubuntu:~$ ping 192.168.1.250
```

```
192.168.1.250
PING 192.168.1.250 (192.168.1.250) 56(84) bytes of data.
64 bytes from 192.168.1.250: icmp_seq=1 ttl=128 time=0.608 ms
64 bytes from 192.168.1.250: icmp_seq=2 ttl=128 time=0.605 ms
...
```

Der hier gezeigte TTL-Wert ist der Standardwert von TTL auf dem Rechner, der auf den Ping antwortet.

Für IPv6 gibt es das Kommando `ping6`.

`traceroute`

Mit `traceroute` (unter Windows nennt sich der Befehl „`tracert`") kann der Weg der Pakete durch die dazwischenliegenden Router per ICMP ermittelt werden. Hierzu verschickt `traceroute` Pakete (standardmäßig UDP-Pakete auf Port 33434), die eine begrenzte Lebensdauer haben. Ist der TTL-Wert auf 1 gesetzt, kommt das Paket nur bis zum nächsten Router, der dann ein ICMP-Paket vom Typ 11 (TTL equals 0) zurückschickt. Mit einem ttl-Wert von 2 erreicht es den folgenden Router usw.

Nicht alle Router werden angezeigt, wie z. B. diejenigen nicht, die ICMP-Pakete verwerfen. Unter Ubuntu muss das Paket `traceroute` erst installiert werden. Automatisch installiert ist `traceroute6`, das aber nur IPv6 beherrscht.

Das Programm `traceroute` ist sowohl für IPv4 als auch für IPv6 geeignet. Mit Option `-6` benutzt es nur IPv6. Falls die Auflösung von einem Ziel für beide Protokolle möglich ist, verwendet es IPv4. Siehe auch: man traceroute

Beispiel:

```
user@ubuntu:~$ traceroute www.ubuntu.com
```

Ein aktuelleres Programm zur Verfolgung von Routen ist `mtr` (aus dem Paket `mtr-tiny`), das die Funktionen von `traceroute` und `ping` kombiniert. Es zeigt nicht nur den Pfad an, sondern aktualisiert die Ausgabe in regelmäßigen Abständen.

Beispiel:

```
user@ubuntu:~$ mtr www.ubuntu.com
```

`tracepath`

Dieser Befehl ist automatisch installiert und eng verwandt mit `traceroute`. Seine Aufgabe ist es, die Größe der MTU (Maximum Transfer Unit) auf der gesamten Übertragungsstrecke zwischen zwei Geräten zu überprüfen. Dabei werden UDP-Pakete mit maximaler Größe an einen (möglichst) unbenutzten Port des Zielrechners verschickt. Für jede Teilstrecke lässt sich so ermitteln, ob sie eine kleinere MTU hat als die vorherige. Man erhält damit die PMTU (Path Maximum Transfer Unit) für bestimmte Pfade.

Beispiel:

```
root@ubuntu:~# tracepath www.spiegel.de
```

Ist keine blockierende Firewall im Pfad vorhanden, gibt `tracepath` am Ende eine Zusammenfassung aus.

netstat

Das Kommando `netstat` kann Informationen über Netzwerkverbindungen und Interfaces anzeigen. Vor allem bei Server-Anwendungen ist dieses Kommando sehr hilfreich, da es auf einen Blick die geöffneten Ports anzeigen kann.

Beispiele:

Anzeigen der Programme, die auf TCP-Verbindungen warten:

```
user@ubuntu:~$ netstat -plt
```

Anzeigen aller TCP- und UDP-Verbindungen:

```
user@ubuntu:~$ netstat -atu
```

Anzeigen aller TCP-Verbindungen: ohne Namensauflösung:

```
user@ubuntu:~$ netstat -atn
```

```
Aktive Internetverbindungen (Server und stehende Verbindungen)
Proto Recv-Q Send-Q Local Address           Foreign Address         State
tcp        0      0 192.168.2.2:53          0.0.0.0:*               LISTEN
tcp        0      0 127.0.0.1:53            0.0.0.0:*               LISTEN
tcp        0      0 0.0.0.0:22              0.0.0.0:*               LISTEN
tcp        0      0 127.0.0.1:631           0.0.0.0:*               LISTEN
tcp        0      0 127.0.0.1:953           0.0.0.0:*               LISTEN
tcp6       0      0 :::139                  :::*                    LISTEN
tcp6       0      0 :::53                   :::*                    LISTEN
tcp6       0      0 :::22                   :::*                    LISTEN
tcp6       0      0 ::1:631                 :::*                    LISTEN
tcp6       0      0 ::1:953                 :::*                    LISTEN
tcp6       0      0 :::445                  :::*                    LISTEN
tcp6       0      0 192.168.2.2:445          192.168.2.249:1025     VERBUNDEN
```

Beginnt eine lokale Adresse mit 127.0.0.1, dann lauscht ein Dienst nur auf Localhost, ist also von außen nicht erreichbar. Zu sehen sind auch alle gerade offenen Verbindungen.

Statistik aller aktiven Interfaces anzeigen:

```
user@ubuntu:~$ netstat -i
```

```
Kernel Interface table
Iface   MTU Met   RX-OK RX-ERR RX-DRP RX-OVR    TX-OK TX-ERR TX-DRP TX-OVR Flg
eth0   1500   0     128      0      0      0      165      0      0      0 BMRU
eth1   1500   0    9592      0      0      0     5203      0      0      0 BMRU
lo    16436   0     453      0      0      0      453      0      0      0 LRU
```

tcpdump **und** wireshark

Treten Probleme im Netz auf, können Sie mit dem Kommando `tcpdump` den Verkehr im Netzwerk überprüfen. Es versetzt das Device (Ethernet-Karte) in den sog. „promiscous-mode"; das bedeutet, dass die Karte nun alle Pakete empfangen soll und nicht mehr nur die Pakete, die an sie gerichtet sind. Es gibt dann die Header der Pakete aus. Leider kann es auch für das Ausspähen (Sniffen) von Passwörtern etc. missbraucht werden. Für die Anwendung sind Root-Rechte erforderlich!

Bei einem Switch ist die Anwendung vom `tcpdump` in der Regel sinnlos, da er nur die Pakete weiterleitet, die für den eigenen Rechner bestimmt sind (außer der Switch kann bestimmte Ports umstellen, wenn er zu managen ist).

Mit `tcpdump` können boolesche Verknüpfungen festgelegt werden, um die Ausgabe einzugrenzen. Siehe auch: man tcpdump.

Beispiel:

Alle Pakete im Netz anzeigen:

```
root@ubuntu:~# tcpdump -i eth0
```

Alle Pakete vom Netz 192.168.* anzeigen, aber nicht die, die vom Netz 60.62.* ausgehen:

```
root@ubuntu:~# tcpdump -i eth0 net 192.168 and not src net 60.62
```

Die Nachfolger von `tcpdump` sind die Programme `ethereal` und deren Weiterentwicklung `wireshark`, die beide in einer grafischen Oberfläche laufen und damit mehr Komfort bieten. Die Regeln von `tcpdump` sind auch bei diesen Programmen anwendbar.

Eine Eingabe von „`tcp.dstport == 110`“ beispielsweise zeigt nur Pakete, die an einen POP3-Server gerichtet sind.

Unter Wireshark müssen Sie erst ein „Capture“ einstellen, also eine Aufzeichnung von Paketen an einer vorgegebenen Schnittstelle. Im Menü *Capture / Interfaces* können Sie die gewünschte Schnittstelle angeben. Mit *Capture / Start* beginnen die Aufzeichnung und die Ausgabe der gesammelten Pakete. *Capture / Stop* beendet das Sammeln. Die Resultate können Sie über das Menü *Analyze* auswerten.

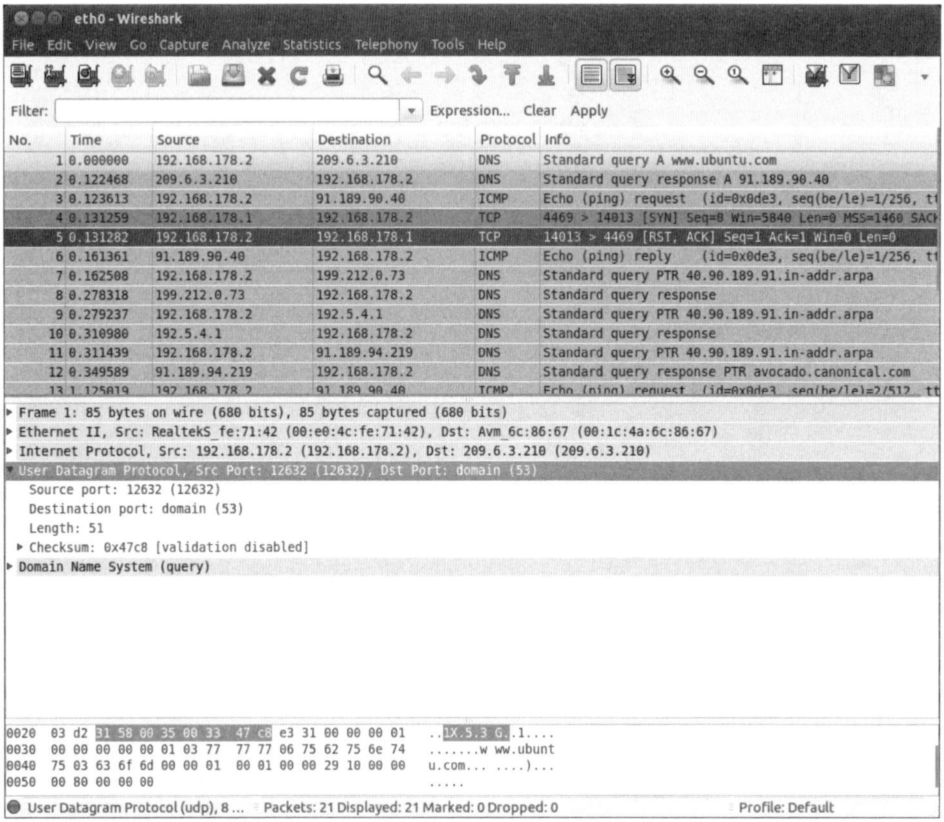

BILD 7.6 Wireshark mit der Anzeige eines Pings

Unter `wireshark` können Sie die Filtereinstellungen auch über Mausklicks zusammenstellen. Die Sprache ist nicht änderbar; es erscheint jedoch die Beschreibung der Schaltflächen in Deutsch.

Eine Anleitung finden Sie unter: *http://www.nwlab.net/tutorials/wireshark*

Siehe auch: *www.wireshark.org*

Die Netzwerkumgebung erforschen mit `nmap` und `zenmap`

Um die Sicherheit des eigenen Netzes bzw. der darin enthaltenen Rechner zu testen, gibt es zahlreiche Tools. Sie sind in der Hand eines erfahrenen Administrators ein wirksames Werkzeug. In der Hand eines Hackers können sie aber auch zu Einbrüchen missbraucht werden.

Ein Programm zum Scannen offener Ports ist `nmap`, das erst mit dem Paket `nmap` zu installieren ist. Es beherrscht eine Vielzahl unterschiedlicher Methoden, wie Stealth-Scans, die nicht in Logdateien protokolliert werden. Manche Scans kann jeder Benutzer ausführen. Für die meisten benötigt man jedoch Root-Rechte!

Beispiele:

Scan des Rechners beta mit Prüfung, welches Betriebssystem sich darauf befindet:

```
root@ubuntu:~# nmap -O beta
```

Stealth-Scan des Rechners beta mit Prüfung, welches Betriebssystem sich darauf befindet:

```
root@ubuntu:~# nmap -sS -O beta
```

Prüfung der Ports 25 und 80 auf allen Rechnern im Netzwerk (es darf kein Blank nach „PS" stehen; Port 80 ist Default):

```
root@ubuntu:~# nmap -sP -PS25,80 192.168.1.1-254
```

Prüfung, welche Rechner im angegebenen Netz aktiv sind (ist auch bei abgeschaltetem ICMP erfolgreich); bei einem normalen Benutzer können weniger Rechner gefunden werden als bei einem Test mit root:

```
user@ubuntu:~$ nmap -sP 192.168.1.0/24
```

Das Programm `zenmap` bietet eine grafische Oberfläche, einmal zur Eingabe von Optionen und zum anderen zum Betrachten der Ergebnisse. Sie können es über das Paket `zenmap` installieren. In der Statusleiste am unteren Rand werden dann die gerade benutzten Optionen angezeigt. Geben Sie erst das Ziel ein (entweder einen Rechnernamen, eine IP-Adresse oder ein Netzwerk), dann das Scan-Profil (auf welche Art gescannt werden soll) und starten Sie die Prüfung über die Schaltfläche *Scan*.

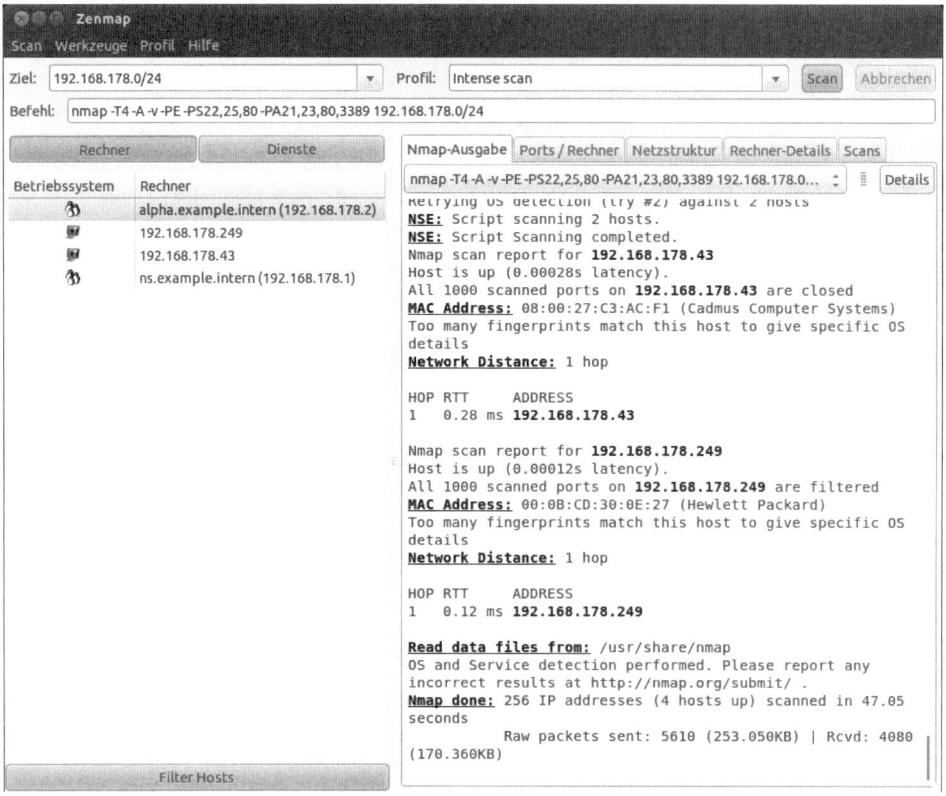

BILD 7.7 Das Ergebnis eines Scans mit zenmap

Wenn der Scan beendet ist, sehen Sie im linken Bildschirm die Aufstellung aller geprüften Rechner bzw. deren Dienst, wenn Sie darüber auf die Schaltfläche *Dienste* klicken. Nach dem Anklicken eines Rechners bzw. von einem Dienst sehen Sie im rechten Feld die Details hierzu: entweder die offenen Ports über Reiter *Ports/Rechner* oder eine Zusammenfassung unter Reiter *Rechner.*

Das Programm gibt nur die Ergebnisse aus, die es ermitteln konnte. Ist ein Rechner durch einen Firewall geschützt, sind nur wenige Ergebnisse vorhanden.

Vor allem in der Anzeige, zu der Sie über den Reiter *Netzstruktur* gelangen, sind auf einen Blick die Rechner zu erkennen, die viele offene Ports haben (ein Rechner ist als grüner Kreis dargestellt, wenn er weniger als drei offene Ports hat; Gelb bei drei bis sechs offenen Ports und Rot bei mehr als sechs offenen Ports; nicht gescannte Rechner haben einen weißen Kreis). Router, Switche und WLAN Access Points sind als Quadrat dargestellt. Ein Rechner, auf dem mehrere Ports gefiltert sind, ist als gelbes Schloss zu sehen.

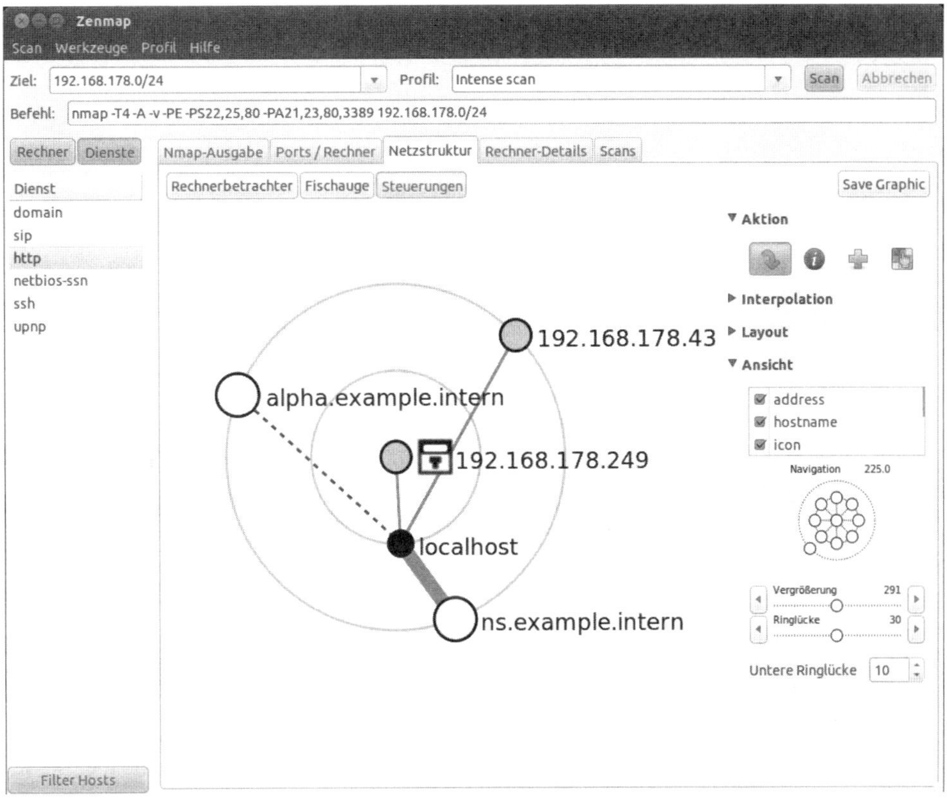

BILD 7.8 Beispiel einer grafischen Darstellung von einem Scan

Der Rechner, den Sie anklicken, wird im Zentrum dargestellt. Über den Reiter *Steuerungen* innerhalb der Darstellung werden rechts Schaltflächen zur Anpassung der Grafik eingeblendet. Ist dort als *Aktion* der Knopf „i" für Information angewählt, erscheint nach dem Anklicken eines Rechners ein Fenster mit Informationen über ihn.

Siehe auch: *http://nmap.org/book/zenmap-topology.html*

`telnet`

Das Kommando `telnet` (Terminal EmuLation over NETwork nach RFC 854) ermöglicht es normalerweise, eine Terminal-Sitzung auf einem anderen Rechner zu führen, so als ob man vor dem entfernten Rechner sitzen würde. Alle Programme, die in einer solchen Sitzung aufgerufen werden, laufen auf dem entfernten Rechner ab und nicht auf dem Rechner, vor dem man sich befindet! Da `telnet` wie `rlogin` zu den unsicheren Kommandos zählt, da das Passwort und alle Befehle im Klartext übertragen werden, benutzt man heute die Secure Shell `ssh` oder `nc` (Netcat) für Sitzungen auf anderen Rechnern.

Ohne weitere Port-Angabe wird die Verbindung zu einem Telnet-Server (auf Port 23) versucht. Dies ist unter Linux der Server-Prozess `telnetd`, der auf dem entfernten Rechner gestartet sein muss.

Heute benutzt man `telnet` fast nur noch dazu, die Verbindung zu einem beliebigen anderen Server-Prozess (nur über TCP) zu testen, indem dessen TCP-Port-Nummer beim Aufruf als letzter Parameter mitgegeben wird. Damit kann ermittelt werden, ob der Dienst überhaupt erreichbar ist, wie er antwortet und ob eine eventuell angebotene Anmeldung möglich ist. Ein Telnet-Server ist hierzu nicht erforderlich.

Beispiel:

Aufruf einer Telnet-Sitzung auf dem Rechner 192.168.1.1:

```
user@ubuntu:~$ telnet 192.168.1.1
```

Test eines Mail-Servers über Port 25:

```
user@ubuntu:~$ telnet 192.168.1.1 25
```

7.11 Die Secure Shell (ssh)

Anstelle des unsicheren `telnet`, das Passwörter und Daten unverschlüsselt überträgt, sollte für das Anmelden auf einem anderen Rechner das Programm `ssh` benutzt werden. Hier werden sowohl Passwörter als auch die gesamte Session verschlüsselt übertragen.

Ursprünglich durfte die Secure Shell nur für private Zwecke frei benutzt werden. Zum Ausgleich wurde ein neues Programm entwickelt, das vollständig unter der GPL steht und das sich OpenSSH nennt (*www.openssh.org*). Die Dateien der älteren Versionen von `ssh` sind von `openssh` weiter verwendbar. Unter Ubuntu gibt es auch die Portierung des unter Windows bekannten Programms `putty`, das weitere Aktionen bietet.

Das Paket `ssh` bringt sowohl den SSH-Server als auch das Client-Programm `ssh` mit, das normalerweise automatisch installiert ist. Die Installation kann über `synaptic` erfolgen oder mit folgendem Kommando:

```
root@ubuntu:~# apt-get install openssh-server
```

Nach der Installation ist der SSH-Server automatisch aktiv; auch nach jedem Neustart. Falls Sie beim Start Optionen mitgeben wollen, können Sie diese in die Datei `/etc/default/ssh` schreiben, die nach einem Restart der Skript-Datei aktiv sind. Welche Optionen möglich sind, verrät die Manual-Seite mit: man sshd.

Auf dem Zielrechner muss der Prozess `sshd` als Hintergrundprozess laufen, da es sich um eine Client-Server-Verbindung handelt.

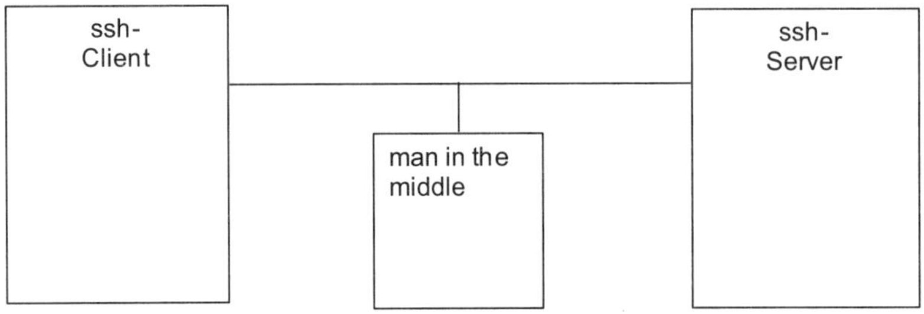

BILD 7.9 Eine Attacke auf eine ssh-Verbindung

Es kann sich ein anderer Computer als der Zielrechner ausgeben, indem er den Zielrechner z.B. durch eine Denial-of-Service-Attacke ausschaltet und die IP-Adresse des Zielrechners annimmt (Man-in-the-middle-Attacke). Um dies zu verhindern, erstellt der SSH-Server auf dem Rechner einen oder mehrere Host-Keys (in der Regel beim ersten Aufruf von `sshd`). Dies ist ein Schlüsselpaar aus einem Public-Key und einem Private-Key, die nur zusammen gültig sind.

Version 2 von `ssh` erstellt die Dateien `/etc/ssh/ssh_host_rsa_key` und `/etc/ssh/ssh_host_rsa_key.pub` für RSA-Keys sowie `/etc/ssh/ssh_host_dsa_key` und `/etc/ssh/ssh_host_dsa_key.pub` für DSA-Keys.

Der Public-Key (wie `/etc/ssh/ssh_host_rsa_key.pub`) ist für die Öffentlichkeit bestimmt, während der Private-Key (wie `/etc/ssh/ssh_host_rsa_key`) keinesfalls von Unbefugten gelesen werden darf! Die Dateien der privaten Schlüssel haben daher die Berechtigungen so eingestellt, dass nur der Benutzer `root` sie lesen kann.

Die Konfigurationsdatei von `sshd` ist `/etc/ssh/sshd_config`. Hier brauchen Sie normalerweise keine Änderungen durchzuführen. Falls Sie die Port-Nummer von SSH ändern wollen (was kaum Sicherheit bringt), den Benutzer `root` sperren oder weitere Änderungen vornehmen wollen, sind Sie hier richtig.

Nach dem Neustart werden die Änderungen wirksam:

```
# /etc/init.d/sshd restart
```

PRAXISTIPP: Da für jede neue SSH-Anmeldung ein neuer Prozess gestartet wird, sind bereits bestehende SSH-Verbindungen von einem Neustart nicht betroffen! Sie bleiben auch bei einem Stopp des `sshd` so lange bestehen, bis deren Verbindung beendet wird! ■

Bei der Default-Einstellung `StrictModes yes` ist ein hoher Schutz gegen Man-in-the-middle-Attacken gegeben, da damit eine Anmeldung unterbunden wird, falls der Host-Key geändert ist!

Heute ist nur noch das Protokoll Nummer 2 für SSH gebräuchlich, da es wesentlich sicherer als das frühere Protokoll mit Nummer 1 ist.

HINWEIS: Bei Rechnern, die per DHCP konfiguriert sind, kann es zu Problemen kommen, da sich SSH die IP-Adressen der akzeptierten Rechner merkt. Ändert sich diese, gibt es eine Fehlermeldung aus! ■

Der Anmeldevorgang per `ssh`

Meldet sich ein SSH-Client an einem SSH-Server an, erhält er von dem Server dessen Public-Key. Der Client erzeugt nun eine Zufallszahl, verschlüsselt sie mit einem Public-Key des Servers und schickt sie zurück. Der Server kann anhand seines Private-Keys diese Zahl entschlüsseln und sie als Schlüssel für die nun folgende symmetrische Verschlüsselung benutzen. Die Verbindung ist damit sehr abhörsicher und schnell.

Ist eine Anmeldung erfolgreich, gibt `sshd` den Zeitpunkt der letzten Anmeldung aus und zeigt den Inhalt der Datei `/etc/motd` an. Welche Personen sich anmelden, trägt der SSH-Server in der Log-Datei `/var/log/auth.log` ein.

Es erzeugt eine Login-Shell mit der Abarbeitung der für eine Login-Shell möglichen Dateien sowie folgender weiterer Start-Skripte (in dieser Reihenfolge):

1. Die typischen Umgebungsvariablen werden gesetzt und die Datei `~/.ssh/environment` wird ausgewertet, die Zeilen im Format „Variablen-Name=Wert" enthält (falls vorhanden und falls es dem Benutzer erlaubt ist).
2. Die Datei `~/.ssh/rc` (falls vorhanden)
3. Die Datei `/etc/ssh/sshrc` (falls vorhanden und falls keine Datei `~/.ssh/rc` gefunden wird)
4. Es erfolgt nun ein Wechsel in das Homeverzeichnis des angemeldeten Benutzers. Wurde ein Kommando bei der SSH-Anmeldung mit übergeben, wird es in der erzeugten Shell ausgeführt und diese danach beendet.

Der Zugriff zur Secure Shell kann (dies ist in der Regel kompiliert) auf dem entfernten Rechner durch Einträge in den Dateien `/etc/hosts.allow` und `/etc/hosts.deny` geregelt werden.

Beispiel aus der Datei `/etc/hosts.allow`:

```
sshd : 192.168.2.20 : ALLOW
```

Ist die Datei `/etc/nologin` auf dem Zielrechner vorhanden, ist kein Login möglich; auch nicht als `root`! Bei Verzögerungen zeigt die Option `-v` (auch mehrfach anzugeben) mögliche Probleme an.

Die Datei mit den Einstellungen für alle SSH-Clients auf dem lokalen Rechner heißt `/etc/ssh/ssh_config`. Jeder Benutzer kann eine Datei für eigene Client-Einstellungen benutzen mit Namen `~/.ssh/config`.

Wichtige Optionen von `ssh`:

`-X`	es wird automatisch die Umgebung für das X-Protokoll eingerichtet
`-C`	hiermit erfolgt eine Komprimierung der übertragenen Daten
`-l`	es gestattet einen anderen Benutzernamen zum Anmelden
`-p`	einen anderen als Port 22 zum SSH-Server benutzen, falls dieser so konfiguriert ist

Zur Anmeldung unter anderem Namen gibt es zwei Schreibweisen. Hier als Beispiele:

```
user@ubuntu:~$ ssh -l max alpha
user@ubuntu:~$ ssh max@alpha
```

Damit ist eine Anmeldung z.B. mit dem Benutzernamen `max` möglich, auch wenn man mit einem anderen Namen eingeloggt ist, den es auf dem Zielsystem womöglich nicht gibt.

Sie können auch eine grafikfähige Sitzung von einem anderen Ubuntu-Rechner aus einrichten (die Datei `.Xauthority` wird dabei erstellt):

```
user@ubuntu:~$ ssh -X alpha
```

```
The authenticity of host 'alpha (192.168.2.2)' can't be established.
ECDSA key fingerprint is d6:b8:27:24:ab:f0:e1:f2:00:7b:34:ea:f5:af:ff:b4.
Are you sure you want to continue connecting (yes/no)? yes
```

```
Warning: Permanently added 'alpha,192.168.2.2' (ECDSA) to the list of known
hosts.
max@alpha's password:
Welcome to Ubuntu 11.04 (GNU/Linux 2.6.38-8-generic i686)

 * Documentation: https://help.ubuntu.com/

Last login: Wed May 11 09:59:12 2011
/usr/bin/xauth: file /home/max/.Xauthority does not exist
```

Bei der ersten Verbindung zu einem SSH-Server (der Public-Host-Key des Zielrechners ist noch nicht bekannt) erfolgt eine Abfrage, ob dessen Key mit dem angezeigten Fingerprint als bekannt aufgenommen werden soll. Der Fingerprint wird beim Erstellen eines Keys über `ssh-keygen` ausgegeben und kann auf anderen Wegen als über das Netzwerk übermittelt werden (z.B. per Telefon). Ist man sich nicht sicher, ob es sich wirklich um den gewünschten Rechner handelt, muss man mit „no" antworten!

Falls Sie den Fingerprint von Ihrem Rechner nicht mehr kennen, erhalten Sie ihn erneut mit:

```
$ ssh-keygen -l -f /etc/ssh/ssh_host_rsa_key.pub
```

Wird dagegen mit „yes" bestätigt, kann von nun ab bei jeder Kontaktaufnahme der Zielrechner anhand dessen gespeicherten Public-Keys eindeutig erkannt werden. Der öffentliche Host-Key des entfernten Rechners wird dann automatisch in der Datei `$HOME/.ssh/known_hosts` im Homeverzeichnis derjenigen Person gespeichert, die den Key akzeptiert hat.

Einen Key können Sie selbst erstellen. Es werden dabei die entsprechenden Dateien unter `~/.ssh` erzeugt. Mit der Option `-t` können Sie das Verschlüsselungsverfahren (`rsa` oder `dsa`) angeben. Ohne diese Option wird per Default das Verfahren RSA benutzt.

Beispiel:

```
user@ubuntu:~$ ssh-keygen
```

Mit der Option `-N` ist auch direkt eine Passphrase (auch Mantra genannt) beim Aufruf möglich; auch hier können Sie das Verschlüsselungsverfahren (`rsa` oder `dsa`) mit Option `-t` angeben.

Beispiel:

```
user@ubuntu:~$ ssh-keygen -N "geheim" -t rsa
```

Beim Erstellen der Schlüssel wird nach einer Passphrase gefragt. Dies dient dem Schutz der Schlüssel, da nur derjenige diesen Schlüssel verwenden kann, der die Passphrase kennt. Ein versehentliches Bekanntwerden der Schlüssel ist dann nicht mehr so problematisch. Die erstellten Schlüssel können über die Option `-p` auch nachträglich mit einer Passphrase versehen oder eine bestehende verändert werden, wenn die alte Passphrase bekannt ist:

```
user@ubuntu:~$ ssh-keygen -p
```

PRAXISTIPP: Eine vergessene Passphrase kann nicht wieder hergestellt werden! Sie müssen sich diese sehr gut merken oder ausgedruckt zu den Rechnerunterlagen geben.

Ein Host-Key darf im Gegensatz hierzu keine Passphrase enthalten, da sonst bei jedem Booten diese eingegeben werden müsste. In der Regel werden direkt nach der Installation die Schlüssel für Protokoll 2 für die Verschlüsselungen RSA und DSA mit `ssh-keygen` erzeugt und unter `/etc/ssh` abgelegt.

Anmelden ohne Passwort

Wenn der Public-Key der Person, die die Verbindung herstellt (aus dem Verzeichnis `$HOME/.ssh`), auf dem Zielrechner in dem Homeverzeichnis der Person abgelegt ist, deren Namen mit dem Parameter `-l name` angegeben ist, dann ist zum Einloggen kein Passwort mehr erforderlich, nur noch eine bei der Key-Erstellung angegebene Passphrase.

Den öffentlichen Schlüssel, den Sie wie oben beschrieben erstellt haben, können Sie nun auf den Zielrechner in die Datei `$HOME/.ssh/authorized_keys` des gewünschten Benutzers mit dem genau für diesen Zweck vorhandenen Kommando `ssh-copy-id` übertragen, nachdem die Eingabe des nun noch nötigen System-Passwortes erfolgte. Ist unter `$HOME/.ssh` mehr als eine öffentliche Schlüsseldatei vorhanden, ist diese mit der Option `-i` anzugeben.

Beispiel für das Verschicken eines Keys als Benutzer `max` auf Rechner `beta`:

```
user@ubuntu:~$ ssh-copy-id max@beta
```

7.11.1 Tunnelling per ssh

Mit einem SSH-Tunnel kann man die kostengünstige Struktur des Internet nutzen, um Dienste über das unsichere Internet kommunizieren zu lassen. Mit `ssh` können auch potenziell unsichere Dienste (bei dem die Passwörter im Klartext übermittelt werden, wie IMAP, POP3, LDAP ...) über sichere Tunnelverbindungen aufgebaut werden, nicht aber FTP. Dabei werden nicht nur die Passwörter verschlüsselt übertragen, sondern auch alle Daten. Werden nur Ports oberhalb 1024 umgeleitet, sind keine Root-Rechte erforderlich!

Beispiel für den Aufbau eines Forward-Tunnels:

```
root@ubuntu:~# ssh -l root -L 110:server.example.com:110 server.example.com
```

Durch Eingabe des Passwortes für den Benutzer `root` ist nun eine sichere Verbindung mittels POP3 vom lokalen Rechner zu dem Rechner mit Namen „server" möglich. Auf dem lokalen Rechner muss man als `root` angemeldet sein, wenn privilegierte Ports (< 1024) betroffen sind.

Der lokale Port 110 wird damit an den entfernten (remote) Port des anderen Rechners umgeleitet. Voraussetzung ist natürlich, dass auf dem Remote-Rechner ebenfalls der SSH-Daemon gestartet ist!

Um nicht dem Port auf dem eigenen Rechner in die Quere zu kommen (falls dieser bereits von einem Programm benutzt wird oder keine Root-Rechte vorhanden sind), ist auch ein anderer lokaler Port einstellbar:

```
root@ubuntu:~# ssh -l root -L 3000:server:110 server
```

In dem Programm, das die Mails abholt, muss nun nur noch der neue Port 3000 bekannt gegeben werden.

7.11.2 Sicheres Kopieren über ein Netz mit Secure Copy (scp)

Das Programm `scp` dient zur sicheren (verschlüsselten) Übertragung von Dateien und Verzeichnissen. Wenn auf dem Zielrechner ein anderer Benutzername gelten soll, muss dieser vorangestellt sein mit einem nachfolgenden Klammeraffen-Zeichen.

PRAXISTIPP: Die Option `-l` hat hier eine andere Bedeutung als bei dem Kommando `ssh`!

User `egon` will beispielsweise das Verzeichnis `Documents` auf den Rechner 120.20.120.1 in das dortige Verzeichnis `/tmp` kopieren; er wird als `egon` angemeldet, wenn er keinen Benutzernamen angibt:

```
user@ubuntu:~$ scp Documents 120.20.120.1:/tmp
```

Es ist nicht nötig, den absoluten Pfadnamen auf dem Zielrechner anzugeben, wenn in das Homeverzeichnis eines Users kopiert werden soll; es reicht hierzu ein Doppelpunkt (ohne Slash)! Soll eine Datei oder ein Verzeichnis im Homeverzeichnis das Ziel sein, genügt es, dieses bzw. die Datei zu nennen.

Ein Beispiel für ein Kopieren in das Homeverzeichnis von User `max` mit der Anmeldung als Benutzer `max`:

```
user@ubuntu:~$ scp Documents max@120.20.120.1:
```

Ein Kopieren ist schwierig, wenn der Benutzer auf dem Zielrechner kein Passwort hat, wie dies bei `root` per Default unter Ubuntu der Fall ist. Hier empfiehlt sich die Einrichtung eines Schlüssels, wie oben beschrieben.

Ein Kopieren mit `scp` ist nur dann möglich, wenn der Zielbenutzer in der Datei `/etc/passwd` entweder eine Shell (`/bin/sh` bzw. `/bin/bash`) oder die spezielle Shell `scponly` eingetragen hat!

PRAXISTIPP: Unter Windows bieten die Programme `putty` und `kitty` einen Zugang zu einem SSH-Server. Mit `winscp` und `pscp.exe` ist auch ein sicheres Kopieren (wie bei `scp`) möglich. Zur Fernwartung bietet sich hier `Teamviewer` an, das einfacher ist und auch eine Telefonverbindung bietet.

7.12 Downloads mit wget

Zum einfachen Download über die Befehlszeile bietet sich das Kommando `wget` an. Es beherrscht die Protokolle http, https und ftp. Ferner kann es auch über einen Proxy arbeiten. Es kann bei Störungen bis zu drei zusätzliche Versuche starten, bis es den Download abbricht. Die bereits abgeholten Daten sind dabei nicht verloren. Es kann abgebrochene Downloads an der gleichen Stelle fortsetzen.

Gesteuert wird `wget` auch über die globale Konfigurationsdatei `/etc/wgetrc` bzw. über die Datei `~/.wgetrc`, die jeder Benutzer in seinem Homeverzeichnis nach eigenen Vorstellungen anlegen kann.

Befindet sich die zum Download bestimmte Datei schon im selben Verzeichnis, bekommt die neue Datei den gleichen Namen mit .1 als Anhang.

Beispiele:

Download von einem Installations-Image:

```
u@ubuntu:~$ wget http://cdimage.ubuntu.com/dvd/current/natty-dvd-i386.iso
```

Einen unterbrochenen Download fortsetzen:

```
user@ubuntu:~$ wget -c ftp://www.beispiel.de/xy.rpm
```

Einen Proxy einstellen in der Datei `~/.wgetrc`:

```
http_proxy = http://alpha.example.de:3128
ftp_proxy = http://alpha.example.de:3128
use_proxy = on
```

Zu weiteren Einstellungen siehe die Datei: `/etc/wgetrc`

Siehe auch: man wget

Unter Gnome bietet das Programm `gwget` eine grafische Oberfläche an; unter KDE das Programm `kget`.

8 Wichtige Systeminterna

Besonders bei der Administrierung eines Servers ist eine gute Kenntnis der internen Vorgänge eines Systems unerlässlich. In diesem Kapitel lernen Sie die wichtigsten Systeminterna von Ubuntu für eine erfolgreiche Administration kennen.

8.1 Kernel-Module

In Linux ist es möglich, Teile des Kernels (z. B. Treiber) als separate Datei abzulegen und bei Bedarf in den Kernel einzubinden. Solche Dateien werden Kernel-Module genannt. Die Vorteile hiervon sind, dass einmal der Kernel wesentlich kleiner ist und andererseits die Entwicklung von Treibern für Linux sehr vereinfacht wird. Zum Test braucht dann nicht der gesamte Kernel übersetzt und durch Neustart aktiviert zu werden. Es reicht, das Modul nach einer Änderung einzubinden und bei Fehlern wieder zu entfernen. Beim Booten wird überprüft, welche Hardware vorhanden ist, und diese dann über einen Treiber im Kernel eingebunden.

HINWEIS: Eine bestimmte Hardware kann erst dann benutzt werden, wenn das entsprechende Modul vorhanden und geladen bzw. im Kernel fest eingebaut ist.

Normalerweise ist im Kernel die Einstellung aktiv, dass das automatische Laden von Modulen unterstützt wird. Dann kann der Kernel bei Bedarf automatisch die nötigen Module nachladen mit allen zusätzlich davon abhängigen Modulen. Ein gewisses Plus an Sicherheit kann man erhalten, wenn der Kernel die Module nicht automatisch lädt. Dann müssen Sie als Administrator allerdings den Kernel selbst übersetzen und zudem sicherstellen, dass alle benötigten Module statisch im Kernel eingebunden sind.

Sind Treiber bereits beim Bootvorgang nötig, dann muss das Modul für diese Funktion entweder fest im Kernel eingebunden sein oder in einer RAM-Disk mit Namen `initrd.img` mitgeliefert werden. Ansonsten kann es „kernel-panic" geben. Die Datei `initrd.img-<version>` mit den benötigten Modulen wird normalerweise automatisch unter dem Verzeichnis `/boot` erstellt.

Die Module sind in Unterverzeichnissen von `/lib/modules/<Kernelversion>` abgespeichert, wobei „Kernelversion" für den Namen des Kernels steht, für den die Module übersetzt wurden. Die einzelnen Module sind Objektdateien mit der Endung „`.ko`" im Dateinamen.

Etliche Module sind von anderen Modulen abhängig, die zuerst geladen werden müssen. Die Abhängigkeiten sind in der Datei `/lib/modules/<Kernelversion>/modules.dep` hinterlegt. Welche Module gerade geladen sind, können Sie sich über das Kommando `lsmod` ausgeben lassen. Hierzu sind Root-Rechte erforderlich.

```
root@ubuntu:~# lsmod
```

```
Module                  Size  Used by
vesafb                 13449  1
binfmt_misc            13213  1
snd_intel8x0           33213  2
snd_ac97_codec        105614  1 snd_intel8x0
ac97_bus               12642  1 snd_ac97_codec
...
```

Sie sehen den Namen des Moduls, dessen Größe, wie oft es benutzt wird und welche anderen Module es verwenden, von diesem Modul also abhängig sind. Kernel-Module können Sie auch selbst laden oder entladen, was nur in sehr seltenen Fällen oder zu Testzwecken nötig ist. Hierzu eignet sich das Kommando `modprobe`, das zudem auch auf alle abhängigen Module wirkt. Mit Option `-r` entlädt es das angegebene Modul und alle davon abhängigen Module wieder. Es benutzt die Kommandos `insmod` und `rmmod`.

Beispiel für das manuelle Laden und Entladen eines SCSI-Treibers:

```
root@ubuntu:~# modprobe -v aic79xx
```

```
insmod /lib/modules/2.6.38-8-generic/kernel/drivers/scsi/scsi_transport_spi.ko
insmod /lib/modules/2.6.38-8-generic/kernel/drivers/scsi/aic7xxx/aic79xx.ko
```

```
root@ubuntu:~# modprobe -vr aic79xx
```

```
rmmod /lib/modules/2.6.38-8-generic/kernel/drivers/scsi/aic7xxx/aic79xx.ko
rmmod /lib/modules/2.6.38-8-generic/kernel/drivers/scsi/scsi_transport_spi.ko
```

Das Kommando `modinfo` zeigt Informationen über ein Modul.

```
root@ubuntu:~# modinfo aic79xx
```

Wird eine neue Hardware eingebaut, wie zum Beispiel ein SCSI-Controller, muss das hierfür nötige Modul geladen werden, damit sie dem System bekannt ist. Geschieht dies nicht automatisch, ist der Modulname in der Datei `/etc/modules` einzutragen. Die eventuell erforderlichen Optionen und weitere Modulinformationen befinden sich in den Dateien im Verzeichnis `/etc/modules.d`.

Oft muss ein Modul vor dem Start von dem Kernel geladen sein, wie zum Beispiel bei einem SCSI- oder RAID-Controller, der die Boot-Festplatte bedient. Dann muss es in der Datei `/boot/initrd.img` vorhanden sein. Welche Module dies betrifft, ist in der Datei `/etc/initramfs-tools.d/modules` einzutragen. Das Programm `update-initramfs` erstellt danach die passende Datei `initrd.img`. Auch bei einem Kernel-Update wird diese Datei automatisch neu erstellt.

Die Angabe von Boot-Optionen kann ebenfalls Einfluss darauf haben, welche Kernel-Module aktiv werden. Siehe hierzu auch Kapitel 11.

Über DKMS (Dynamic Kernel Module Support) können auch selbst kompilierte Module bei einem Kernel-Update automatisch auf den neuen Stand gebracht werden. Dies ist vor allem bei Modulen interessant, die bei der Installation von VirtualBox oder von proprietären Grafiktreibern automatisch von den Installationsskripten erstellt werden. Hierbei legt das System die Datei `dkms.conf` unter `/usr/src/<Name-des-Paketes>` ab.

Siehe hierzu auch: *http://wiki.ubuntuusers.de/DKMS*

PRAXISTIPP: Sobald ein Kernel-Update installiert wurde, ist ein neuer Kernel mit dessen Modulen auf der Festplatte abgelegt. Der bisherige Kernel ist jedoch weiterhin im Hauptspeicher aktiv. Sie sollten daher nicht mehr weiter arbeiten, sondern einen Neustart des Systems durchführen.

Wenn Sie mit einer Live-CD eine Reparatur an einer Ubuntu-Installation durchführen wollen, beachten Sie, dass wahrscheinlich bereits ein neuerer Kernel auf der Festplatte vorhanden ist. Die Kernel-Module, die sich auf der Live-CD befinden, passen dann nicht zu dem installierten Kernel. Ein Wechsel der Root-Partition mit dem Kommando `chroot` kann damit problematisch sein.

8.2 PAM (Pluggable Authentication Modules)

Für die Anmeldung ist die Prüfung per Datei `/etc/passwd` oft nicht mehr ausreichend. Viele Dienste benötigen neue Methoden der Anmeldung (wie Biometrie) bzw. eigene Passwortabfragen. Dabei gibt es die Unterscheidung zwischen Authentifikation, also die Überprüfung, ob es sich um den vorgegebenen Benutzer handelt, und Autorisierung, ob also der angemeldete Anwender die Berechtigung hat, eine bestimmte Datei zu öffnen etc.

Bei der Firma SUN (nun Oracle) wurde schon ca. 1995 eine neue Methode entwickelt. Die Grundidee von PAM besteht darin, die Authentifikation in Bibliotheken auszulagern, die sich um das Einlesen und Prüfen der Benutzerdaten kümmern. Das Programm erfährt nur, ob ein Benutzer erkannt wurde oder nicht.

Unter Linux hat normalerweise jedes Programm bzw. Funktion, welches/welche Anmeldungen vornimmt, eine eigene PAM-Datei. Im Verzeichnis `/etc/pam.d` sind für etliche Dienste die Methoden zur Benutzeranmeldung als Dateien hinterlegt, die meist nach dem Dienstnamen benannt sind. Sollte einmal keine PAM-Datei vorhanden sein, wird auf die Datei `/etc/pam.d/other` zugegriffen.

Da bei Änderungen des Login-Mechanismus oft viele Module betroffen sind, gingen viele Linux-Distributionen dazu über, die Einträge in gemeinsamen Dateien wie `/etc/pam.d/common-auth`, `/etc/pam.d/common-password` etc. zu sammeln. Eventuelle Änderungen sind damit meist nur noch in diesen Dateien zu tätigen. Sie sind in anderen PAM-Dateien per Include-Anweisung eingebunden.

Anweisungen können auch in einer einzigen Datei `/etc/pam.conf` eingetragen sein, was selten vorkommt. Dann steht am Anfang jeder Zeile der Dienstname, für den die nachfolgende Anweisung gilt. Die PAM-Module haben die Endung „`.so`" im Dateinamen und liegen in der Regel im Verzeichnis `/lib/security`, bei 64-Bit-Installationen unter `/lib64/security`.

Eine Regel ist aufgebaut aus dem Typ des Moduls, dem Kontroll-Flag, dem PAM-Modul und weiteren Parametern.

Es gibt vier unterschiedliche Typen von Modulen, die bezeichnen, wann und wie diese zum Einsatz kommen:

- `auth`: identifiziert den Benutzer anhand von Passwort, Fingerabdruck, Chipkarte etc.
- `account`: bestimmt, ob der Anwender überhaupt berechtigt ist, den Dienst zu benutzen. Es kann z. B. das Anmelden verweigern, wenn das Passwort abgelaufen ist.
- `Session`: sie werden vor oder nach der Anmeldung aufgerufen, z. B. um Login-Versuche oder die verbrauchte Zeit zu protokollieren. Hiermit können auch benutzerspezifische Einstellungen für die Sitzung gesetzt werden, wie Limits, Berechtigungen, Mounten von Verzeichnissen etc.
- `password`: enthalten Sonderfunktionen wie das Prüfen und Ändern von Passwörtern

Für einen Login-Vorgang muss von jedem Typ mindestens ein Eintrag vorhanden sein. Kontroll-Flags legen fest, welche Aktionen bei einer Anmeldung ablaufen sollen:

- `required`: Alle so markierten Module müssen erfolgreich durchlaufen werden, sonst schlägt die Anmeldung fehl. Die folgenden Module werden zwar noch abgearbeitet, deren Status wird aber ignoriert.
- `requisite`: Muss auch erfolgreich durchlaufen werden. Anders als bei „required" werden bei einem Fehlschlag keine anderen Module mehr aufgerufen. Bei Erfolg werden die übrigen Module abgearbeitet, und der Status „erfolgreich" bleibt bestehen, bis ein anderes Modul fehlschlägt. Ist sinnvoll, wenn man verhindern will, dass ein Modul unter bestimmten Bedingungen zum Zuge kommt.
- `sufficient`: Das erfolgreiche Durchlaufen führt sofort zu einer Erfolgsmeldung (vorausgesetzt, kein „required"-Modul ist vorher fehlgeschlagen). Weitere Module werden dann nicht mehr aufgerufen. Nur bei einem Misserfolg werden die folgenden Module abgearbeitet.
- `optional`: Das Modul wird ausgeführt, ein Erfolg oder Misserfolg hat keine Bedeutung.

8.2.1 Parameter für PAM-Module

Nach dem Namen für das PAM-Modul können weitere Parameter an das Modul übergeben werden. Einige Module erwarten die Aufruf-Parameter in eigenen Dateien, wie z. B. das Modul „`pam_limits.so`" in der Datei `/etc/security/limits.conf`.

Einige Parameter:

Parameter	Beschreibung
`none`	keine Parameter für diese Aktion
`nullok`	Das Passwort kann auch leer sein.
`nullok_secure`	Speziell bei Debian; das leere Passwort ist nur bei Geräten aus `/etc/securetty` möglich.
`debug`	für weitere Meldungen
`use_first_pass`	Fehlermeldung, wenn keine Meldung eines vorherigen Moduls vorliegt
`use_authtok`	Das neue Passwort wird so gesetzt, wie es vom vorherigen Modul empfangen wurde (ansonsten wird nach dem neuen Passwort gefragt).

Beispiel für Datei /etc/pam.d/login:

```
auth       optional   pam_faildelay.so delay=3000000
auth       required pam_securetty.so
auth       requisite pam_nologin.so
session [success=ok ignore=ignore module_unknown=ignore default=bad]
pam_selinux.so close

session      required    pam_env.so readenv=1
session      required    pam_env.so readenv=1 envfile=/etc/default/locale

# Standard Un*x authentication.
@include common-auth

auth       optional   pam_group.so
session    required   pam_limits.so
session    optional   pam_lastlog.so
session    optional   pam_motd.so
session    optional   pam_mail.so standard

# Standard Un*x account and session
@include common-account
@include common-session
@include common-password

session [success=ok ignore=ignore module_unknown=ignore default=bad]
pam_selinux.so open
```

Die Funktion „login" wird aufgerufen bei einer Anmeldung an einer Konsole, per Telnet etc. Bei Anmeldung per Secure Shell wird die Funktion „login" nicht benutzt, sondern „sshd".

Erst wird in /etc/passwd und /etc/shadow nachgesehen. Bei einem Fehlschlag kommen die folgenden Module nicht mehr zum Einsatz. Weitere Prüfungen darauf, ob ein Root-Login vorliegt, ob die Datei /etc/nologin existiert, ob ungelesene Mails vorhanden sind etc., folgen nun. Zum Abschluss werden die Grenzen für Systemressourcen ausgewertet. Lediglich für den User mit UID 0 (root) gelten keine Beschränkungen.

8.3 Der Prozess cron

In einem Betriebssystem gibt es immer wieder Aufgaben, die entweder einmalig zu einer bestimmten Zeit oder regelmäßig zu festgelegten Zeitpunkten zu starten sind. Unter Windows nennt sich dies „Geplante Tasks" oder seit Vista „Aufgabenplanung".

Der Hintergrundprozess cron prüft einmal pro Minute, ob zu vorgegebener Zeit ein Programm oder Skript zu starten ist. Hierzu kann root die systemweite Konfigurationsdatei /etc/crontab editieren. Sie darf kein Link sein; nur der Benutzer root darf Schreibrechte darauf besitzen!

Die Datei /etc/crontab enthält Zeilen, die erst aus fünf Feldern für den Zeitpunkt einer Aktion bestehen, gefolgt von dem Benutzernamen, mit dessen Rechten das anschließende Programm aufgerufen werden soll. Es sollten hier immer absolute Pfadnamen eingetragen sein! Groß- und Kleinschreibung ist (bis auf Programmnamen etc.) egal. Bereiche sind nur bei Nummern erlaubt! Siehe auch: man 5 crontab

Feldname	erlaubte Werte
Minute	0 - 59
Stunde	0 - 23
Tag im Monat	1 - 31
Monat	1 - 12 oder der Monatsname; die ersten drei Buchstaben des engl. Namens reichen
Wochentag	0 - 7 oder der englische Name: 0 und 7 = sun, 1 = mon, 2 = tue, 3 = wed, 4 = thu, 5 = fri, 6 = sat. Ein Eintrag, bei dem „sun“ am Ende steht (wie „fri-sun“), ist nicht erlaubt, auch nicht „5-0“, dafür ist „5-7“ möglich. Der zweite Eintrag muss größer als der erste sein!

Zu beachten ist:

- Der Wert steht als Platzhalter für jeden möglichen Wert.
- Die ersten vier Felder sind logisch UND-verknüpft; den Tag der Ausführung bestimmt der Eintrag im Feld „Tag im Monat“ und zusätzlich der im Feld „Wochentag“, auch wenn sie nicht zusammentreffen! Ein Wert * in einem dieser Felder bewirkt, dass nur der Eintrag in dem anderen Feld gilt.
- Bereiche sind erlaubt, wie z. B. 7-12. Der zweite Eintrag muss größer als der erste sein! Auch Perioden sind möglich. So bewirkt */5 im Feld „Minuten“ eine Ausführung alle 5 Minuten oder 0-12/2 alle 2 Minuten im Bereich 0 bis 12 (nicht mit allen Versionen von cron). Listen können Bereiche und Perioden zusammenfassen, wie z. B. 1,7-12,14,16,20-32/3.
- Der Benutzer root kann am Anfang der Zeile einen Bindestrich „-“ benutzen. Dies verhindert eine Meldung per `syslog`.

Es sind zusätzlich Einstellungen für die zu benutzende Shell und den Suchpfad möglich. Weiter kann die per Mail zu benachrichtigende Person angegeben werden, wenn ein Fehler in dem Programmablauf auftritt. Produziert das Programm Meldungen nach `stdout` bzw. `stderr`, können diese nur per Mail verschickt werden:

```
SHELL=/bin/sh
PATH=/usr/bin:/usr/sbin:/sbin:/bin:/usr/lib/news/bin
MAILTO=root
```

Sollen keine Mails verschickt werden, ist auch folgende Einstellung möglich (Probleme mit der Ausführung bemerkt man dann aber womöglich nicht!):

```
MAILTO=""
```

Beispiele:

Jeden Tag um 4 Uhr soll der komplette Inhalt im Verzeichnis `/tmp` gelöscht werden:

```
0 4 * * * root /bin/rm -r /tmp/*
```

Von Montag bis Freitag und zusätzlich am 7. jeden Monats das obige Kommando ausführen:

```
0 4 7 * mon-fri root /bin/rm -r /tmp/*
```

alle 5 Minuten (von Montag bis Freitag) per `fetchmail` Mail abholen:

```
*/5 * * * 1-5 root /usr/bin/fetchmail
```

`cron` erlaubt auch, folgende Begriffe anzugeben:

`@reboot`	Start nach dem Booten
`@yearly`	Start einmal pro Jahr (am 1. Januar)
`@annually`	Start einmal pro Jahr (am 1. Januar)
`@monthly`	Start einmal pro Monat (am 1. des Monats)
`@weekly`	Start einmal pro Woche (am Sonntag um 0 Uhr)
`@daily`	Start einmal pro Tag (um 0 Uhr)
`@hourly`	Start einmal pro Stunde (zu jeder vollen Stunde)

PRAXISTIPP: Es erfolgt damit keine Ausführung der eingerichteten Aktionen, wenn zu dem fraglichen Zeitpunkt der Rechner nicht eingeschaltet ist! Ubuntu benutzt daher `anacron`. Siehe die folgenden Seiten. ■

8.3.1 Das Kommando `crontab`

Für alle Benutzer gibt es das Programm `crontab`, mit dem auch Einstellungen in einer der Cron-Dateien unter `/var/spool/cron/tabs/<user>` möglich sind. Damit erhalten Sie erst eine Abfrage, welchen Editor Sie verwenden wollen. Nach der Auswahl startet ein Editor, wie z. B. `nano`, der Standard ist. Beim Beenden erfolgt eine Prüfung auf fehlerhafte Einträge.

Wichtige Optionen von `crontab`:

`-e`	für den aufrufenden Benutzer wird ein Editor zur Eingabe von Einstellungen gestartet
`-l`	zur Ausgabe bereits vorhandener Einstellungen über den Standard-Editor
`-r`	eine vorhandene Crontab-Datei des Benutzers mit allen Einstellungen wird gelöscht
`-u`	kann von `root` aufgerufen werden, um die Einstellungen eines bestimmten Users zu zeigen

Beispiele:

```
user@ubuntu:~$ crontab -e
root@ubuntu:~# crontab -u max -l
```

Die Syntax der erzeugten Datei ist ähnlich der Datei `/etc/crontab`. Da hiermit die Programme bzw. Skripte nur unter der Kennung des erstellenden Benutzers laufen können, entfällt die Angabe des entsprechenden Accounts.

Beispiel für eine Einstellung von User max. Das Skript `t3` unter `~/test` wird einmal pro Minute ausgeführt:

```
* * * * * test/t3
```

Siehe auch: man 1 crontab

8.3.2 Die Konfigurationsdateien von `cron`

`/etc/crontab`

Dies ist die zentrale Konfigurationsdatei für `cron`. Von hier erfolgt auch der Start der weiteren Skripte, die stündlich, täglich, wöchentlich und monatlich ausgeführt werden sollen. Die Zeiten, die hier eingetragen sind, stehen für den Start dieser Aktionen. Wann genau ein bestimmtes Skript letzten Endes ausgeführt wird, ist damit nicht festgelegt.

Als Beispiel die Standardeinträge in dieser Datei:

```
SHELL=/bin/sh
PATH=/usr/local/sbin:/usr/local/bin:/sbin:/bin:/usr/sbin:/usr/bin

# m h dom mon dow user command
17 *    * * *   root    cd / && run-parts --report /etc/cron.hourly
25 6   * * *   root    test -x /usr/sbin/anacron || ( cd / && run-parts --
report /etc/cron.daily )
47 6    * * 7   root    test -x /usr/sbin/anacron || ( cd / && run-parts --
report /etc/cron.weekly )
52 6    1 * *   root    test -x /usr/sbin/anacron || ( cd / && run-parts --
report /etc/cron.monthly )
```

`/etc/cron.d`

Dieses Verzeichnis kann Dateien im selben Format wie `/etc/crontab` enthalten, die von `cron` überwacht werden. Unter Ubuntu liegt hier meist die Datei `anacron`, über die Anacron-Aufträge gestartet werden. Siehe weiter unten.

`/etc/cron.hourly (...daily, ...weekly, ...monthly)`

Diese Verzeichnisse können Shell-Skripte enthalten, deren Start in den entsprechenden Zeitabständen erfolgt. So werden alle Skripte im Verzeichnis `/etc/cron.daily` einmal pro Tag ausgeführt. Der folgende Aufruf in der Datei `/etc/crontab` startet die täglichen Skripte nacheinander ab 6:25 Uhr:

```
25 6 * * *  root test -x /usr/sbin/anacron || ( cd / && run-parts --report
/etc/cron.daily )
```

`/etc/cron.allow`

Existiert diese Datei, dürfen nur diejenigen Anwender mit `crontab` arbeiten, die darin eingetragen sind (pro Zeile ein Anwender). Die Datei `/etc/cron.deny` wird dann nicht mehr ausgewertet!

`/etc/cron.deny`

Existiert diese Datei, dürfen diejenigen Anwender nicht mit `crontab` arbeiten, die darin eingetragen sind.

Kein Anwender außer root hat die Erlaubnis für `cron`, wenn weder `/etc/cron.allow` noch `/etc/cron.deny` existieren.

`/var/spool/cron/tabs/<user>`

Hier sind die Befehle der normalen User hinterlegt, die über `cron` regelmäßig auszuführen sind.

8.3.3 Das Kommando `at`

Mit dem Kommando `at` kann einmalig zu einem bestimmten Zeitpunkt ein Programm gestartet werden. Hierzu muss der Hintergrundprozess `atd` laufen, der einmal pro Minute prüft, ob Aufträge anliegen.

Die Aufträge werden zusammen mit der beim Erstellen des Auftrags aktuellen Umgebung (wie Homeverzeichnis, Pfad etc.) unter dem Verzeichnis `/var/spool/atjobs` abgelegt. Die abgearbeiteten Jobs befinden sich im Verzeichnis `/var/spool/atspool`.

Beispiele:

Der Inhalt einer Datei soll zu einer bestimmten Zeit ausgeführt werden:

```
user@ubuntu:~$ at 11:20 < script
 job 2 at 2004-01-03 11:20
```

Mit der Option `-f` kann für die Aufgaben eine Skript-Datei benutzt werden.

```
user@ubuntu:~$ at 23:00 -f /root/backup_script
 job 3 at 2004-01-03 23:00
```

Ohne Option `-f` wird der Job (das auszuführende Programm) von `stdin` gelesen (es erscheint dann der Prompt `"at>"`). Jeder einzelne Auftrag wird nun in einer eigenen Zeile übergeben, bis [CTRL] + D als Ende-Zeichen eingetippt wird. Wird ein Datum mit angegeben, muss es hinter der Uhrzeit stehen im Format „Monat, Tag und ev. einer Jahreszahl“:

```
user@ubuntu:~$ at 12:00 24.4.07
 at> logrotate
 at> <EOT>
 job 4 at 2007-04-24 12:00
```

Mit der Option `-q` können die Aufträge zudem in Warteschlangen eingeordnet werden. Dies sind Namen von „a“ bis „z“. Ist kein Name einer Warteschlange angegeben, gilt „a“ als Name. Aufträge in alle anderen Queues erhalten eine niedrigere Priorität.

Beispiel für Eingabe über die Kommandozeile mit Warteschlange „e“ (es erscheint dann der Prompt ‚`at>`‘):

```
user@ubuntu:~$ at 12:00 -q e
 at> logrotate
 at> updatedb
 at> <EOT>
```

Es können nicht nur Zeiten wie 12:00 angegeben werden, sondern auch bestimmte Namen, wie „midnight“, „noon“ oder „teatime“ (4 Uhr Nachmittag). Zudem sind auch Ausdrücke wie „now +3 hours“ oder „tomorrow“ etc. nach der Zeitangabe möglich.

Mit Option `-v` wird dann die exakte Zeit angezeigt, zu der der Job ausgeführt wird. Die möglichen Namen sind in der Datei `/usr/share/doc/packages/at/timespec` abgelegt.

Beispiel:

```
user@ubuntu:~$ at -v now + 3 hours
```

Wird der Job ausgeführt, erhält der Benutzer eine Mail mit den Ausgaben dieses Jobs, der den Auftrag gegeben hat. Mit Option `-m` erhält er auch dann eine Mail, wenn keine Ausgaben erzeugt werden.

Mit den Dateien /etc/at.allow und /etc/at.deny kann wie bei cron bestimmten Benutzern erlaubt oder verboten werden, at-Aufträge zu starten. Wenn /etc/at.allow existiert, dürfen nur die dort eingetragenen User at benutzen. Meist existiert die Datei /etc/at.deny, die alle Accounts enthält, die at nicht benutzen dürfen. Wenn keine dieser Dateien existiert, hat nur root die Erlaubnis hierzu. Siehe auch: man at

Das Kommando atq gibt die Liste vorgemerkter Aktionen aus. Mit der Option -q werden nur die Aufträge ausgegeben, die in der genannten Warteschlange eingeordnet sind. Dies sind Namen von „a" bis „z". Ist kein Name einer Warteschlange angegeben, werden die Jobs aller Warteschlangen gezeigt.

Beispiel: Jobs der Warteschlange „b" ausgeben:

```
user@ubuntu:~$ atq -q b
```

Mit atrm <nr> kann ein at-Auftrag wieder gelöscht werden, bevor er abgearbeitet ist. Es ist die Nummer anzugeben, die beim Abschicken des at-Kommandos angezeigt oder die mit atq ermittelt wurde. Ein normaler Benutzer kann nur die eigenen Aufträge löschen!

Beispiel: Job Nr. 2 und 3 löschen:

```
user@ubuntu:~$ atrm 2 3
```

Wenn ein Fehler in der Abarbeitung erfolgte bzw. wenn Ergebnisse nach stdout bzw. stderr geschrieben werden sollen, erhält wie bei cron der Benutzer diese Ausgaben per Mail zugestellt!

8.3.4 Der Prozess anacron

anacron ist für Rechner gedacht, die nicht durchgehend eingeschaltet sind. Dann ist es sinnlos, einen Auftrag zum Beispiel um 0 Uhr 30 einzustellen. Bei vielen Aufgaben (wie logrotate, updatedb oder den Update des Systems) ist es relativ egal, zu welcher Uhrzeit sie ablaufen, wenn sie nur regelmäßig gestartet werden.

Daher führt anacron (im Gegensatz zu cron) seine Aufgaben in Intervallen aus, deren kleinste Einheit ein Tag ist. Anacron läuft nicht ständig, sondern wird bei Bedarf gestartet und sieht dann in seiner Konfigurationsdatei /etc/anacrontab nach, ob eine Aufgabe schon eine bestimmte Anzahl von Tagen nicht abgearbeitet wurde, und startet sie, falls dies zutrifft. Gewöhnliche Benutzer können anacron allerdings nicht einsetzen!

Siehe auch: man anacrontab.

Aufbau der Datei /etc/anacrontab

```
Periode  Verzögerung  Job-Identifier  Kommando
```

Bedeutung der Angaben:

Periode	Anzahl von Tagen, die zwischen zwei Ausführungen vergangen sein müssen. Hier sind auch Einträge möglich wie `@weekly`, `@monthly` etc.; wobei `@monthly` sicherstellt, dass nur einmal pro Monat ein Aufruf erfolgt, egal wie lange der Monat ist
Verzögerung	Wert in Minuten, um nicht alle Aufgaben gleichzeitig zu starten
Job-Identifier	eine für alle Jobs eindeutige Bezeichnung, die weder Blank noch Slash enthalten darf und Teil des nachfolgenden Kommandos sein muss; Wildcards sind möglich, müssen aber vor der Shell geschützt sein.
Kommando	der auszuführende Befehl. Ist er in einem der in PAHT aufgeführten Verzeichnisse, dann reicht der Name, ansonsten ist der komplette Pfad anzugeben.

Beispiele für Einträge in `/etc/anacrontab`

```
SHELL=/bin/sh
PATH=/usr/local/sbin:/usr/local/bin:/sbin:/bin:/usr/sbin:/usr/bin

# These replace cron's entries
1   5  cron.daily        nice run-parts --report /etc/cron.daily
7   10 cron.weekly       nice run-parts --report /etc/cron.weekly
@monthly      15       cron.monthly nice run-parts --report /etc/cron.monthly
```

Nach dem Start erkennt `anacron` über diese Einträge, welche Jobs es täglich, wöchentlich und monatlich auszuführen hat. Es benutzt hierfür das Kommando `run-parts`.

PRAXISTIPP: Sind alle anstehenden Jobs ausgeführt, beendet sich `anacron`! Deshalb muss es per `cron` zu bestimmten Zeiten (meist 1 x pro Tag) bzw. per Boot-Skript beim Hochfahren gestartet werden (ein Restart ist nicht möglich!).

Unter `/var/spool/anacron` speichert `anacron` für jeden Job eine Datei mit dem Datum des letzten Starts in Namen.

8.3.5 Der Nachfolger `fcron`

Bei `cron` ist es nicht möglich, die Ausführung eines Programms abhängig von der Uptime des Rechners zu steuern, wie es `anacron` kann. Beides kann der Nachfolger `fcron`, auch das Nachholen von versäumten Befehlen, wenn der Rechner erst später eingeschaltet wird. Es muss erst das Paket `fcron` installiert werden, das `anacron` ersetzt.

Folgende Beispiele gelten nur für `fcron`. Täglich einen Befehl mit Priorität 5 ausführen:

```
%daily,nice(5) test/t3
```

Oder alle 15 Minuten nach dem Booten den Befehl ausführen:

```
@ 15 test/t3
```

8.4 Zeitzonen

Die Systemzeit wird von UNIX und Linux intern als Anzahl der Sekunden gespeichert, die seit dem 1.1.1970 vergangen sind. Bei 32-Bit-Systemen ist ein Überlauf im Jahre 2038 zu erwarten (falls es dann noch 32-Bit-Rechner gibt). Auf den Uhrenbaustein (Real Time Clock bzw. RTC) des Mainboards wird nur beim Booten zugegriffen, um die interne Systemzeit zu stellen!

Die Zeit kann entweder nach lokaler Zeit (nach der Zeit, die der Uhrenbaustein zeigt) oder nach der Universalzeit (UTC oder Universal Time Coordinated) gestellt werden, die der Greenwich-Zeit auf Längengrad 0 entspricht. Dann ist allerdings ein Ausgleich zur aktuellen Zeit in Form einer Zeitzone (Time Zone) erforderlich, der die Differenz zu UTC angibt.

Folgendes Kommando rechnet die eigene Uhrzeit in UTC-Zeit um:

```
user@ubuntu:~$ date -u
```

Da die Zeit nicht überall auf der Welt den gleichen Wert hat, wurden Zeitzonen eingeführt, um die lokale Zeit anzupassen. Unter Linux befinden sich die Dateien, die die Zeitzonen definieren, im Verzeichnis `/usr/share/zoneinfo`. Die Einstellungen für die mitteleuropäische Zeit befinden sich dann in `/usr/share/zoneinfo/Europe/Berlin`.

Bei Rechnern, die Dienste im Internet bereitstellen, wird die Zeit der Hardware-Uhr meist auf UTC bzw. GMT (Greenwich Mean Time) gestellt und mit einer Zeitzone (z. B. CET für mitteleuropäische Zeit) an die aktuelle Zeit angepasst. Vor allem auf Rechnern im Internet (z. B. bei Mailservern ...) ist dies sinnvoll. Ferner sollte per Zeitsynchronisation etwa mit `ntpd` immer die Systemzeit synchronisiert sein! Auf Rechnern, auf denen auch Windows zum Einsatz kommt, ist die Einstellung auf lokale Zeit empfehlenswert.

In der Datei `/etc/localtime` steht die aktuelle Zeitzone als C-Struktur. Es ist entweder ein Link auf eine der Zonen-Dateien unter `/usr/share/zoneinfo` oder eine Kopie einer dieser Dateien. Hier ist auch die Information über Sommerzeit und Winterzeit abgelegt.

Das Kommando `tzselect`

Das Shell-Skript `tzselect` bietet eine Auswahl der einzustellenden Zeitzone an. Unter Ubuntu kann auch in der Datei `/etc/timezone` die aktuelle Zeitzone eingetragen werden. Der Eintrag für mitteleuropäische Zeit lautet: „Europe/Berlin".

Das Kommando `hwclock`

Es dient zum Anzeigen und Stellen der Hardware-Uhr.

Beispiele: Die Zeit der Hardware-Uhr nach der aktuellen Systemzeit setzen:

```
root@ubuntu:~# hwclock --utc --systohc
root@ubuntu:~# hwclock -w
```

Das Kommando `clockdiff` zeigt den Unterschied der lokalen Zeit zu der Zeit auf einem anderen Rechner bzw. Gerät (wenn es nicht über eine Firewall blockiert ist):

```
root@ubuntu:~# clockdiff 192.168.1.1
```

Zur Einstellung der Zeit gibt es zudem das Kommando `ntpdate` und den Zeitserver `ntpd`. Siehe hierzu Kapitel 15.3.

8.4.1 Lokalisierung von Ubuntu

Damit das System weiß, in welcher Sprache die Anwender Meldungen und Ausgaben erwarten, welcher Font hierzu benutzt werden soll, welche Zeitformate etc. gelten sollen, gibt es die Variable `LANG`. Sie dient zur Festlegung von Landessprache, Staat nach ISO-639-1 und Zeichenkodierung.

Beispiel:

```
user@ubuntu:~$ echo $LANG
 de_DE.utf8
```

Das Kommando `locale` gibt weitere mögliche Variablen zur Lokalisierung mit der aktuellen Besetzung aus. Unter Ubuntu ist mit dem Paket `locales` und dem Kommando `dpkg-reconfigure locales` eine Festlegung möglich.

Da in letzter Zeit die meisten Linux-Distributionen auf UTF-8 umstellten, kann es Probleme mit der Darstellung von Umlauten geben, wenn eine Datei von einem derartigen System von einem älteren mit der Kodierung ISO-8859-15 bearbeitet wird. Auch beim Mailversand können Umlaute falsch dargestellt sein, wenn sie von einem System mit anderer Kodierung kommen.

8.5 Die Systemprotokollierung über `rsyslog`

Da ein Hintergrundprozess nicht einfach auf den Bildschirm schreiben kann, wenn ein Fehler etc. vorkommt, gibt es einen speziellen Prozess, der diese Meldungen in vordefinierte Dateien schreibt, den `rsyslogd` (RSyslog-Daemon). Das Startskript lautet `/etc/init.d/rsyslog`. Bereits seit 2004 gibt es diese Erweiterung von Syslog. Er unterstützt unter anderem zusätzlich auch die Anbindung einer Datenbank. Dann können auch über SQL-Abfragen an die Datenbank die Log-Einträge wesentlich gründlicher ausgewertet werden, vor allem bei stark frequentierten Servern.

Die Datei `/etc/rsyslog.conf`

Diese Datei ist die Konfigurationsdatei des `rsyslogd`. Hier befinden sich generelle Einstellungen, wie die Berechtigungen der Logdateien etc. Weitere Einstellungsdateien mit Endung `.conf` befinden sich im Verzeichnis `/etc/rsyslog.d`. In diesen Dateien ist festgelegt, in welche Dateien welche Meldungen zu schreiben sind. In der Regel liegen diese Meldungsdateien im Verzeichnis `/var/log`.

Besonders auf einem Server ist ein Protokollieren der Abläufe unverzichtbar. Sonst wäre zum Beispiel das Entdecken von Einbruchsversuchen nicht möglich.

Die Konfigurationseinstellungen des früher weit verbreiteten `syslog` kennt auch der `rsyslog`, wie auch die Facilities und Prioritäten des `syslog`. Über folgende Anweisung kann `rsyslog` auch ev. vorhandene Einstellungen vom `syslog` einbinden:

```
$IncludeConfig /etc/syslog.conf
```

Unter Ubuntu gibt es zusätzlich die Datei `/etc/default/syslogd`, in der Startparameter wie „`-r`" eingetragen werden können, falls der `rsyslog` auch Log-Meldungen von anderen Rechnern entgegennehmen soll. Dies ist besonders bei Servern wichtig, die ihre Meldungen (z. B. bei Angriffen) zur Sicherheit über das Netzwerk auf weiteren Rechnern ablegen wollen.

Die grundsätzliche Struktur ist immer:

```
<Herkunft der Meldung>.<Priorität> [<Option>] <Aktion>
```

Für die Herkunft („facility", laut RFC 16) sind folgende Kategorien möglich:

`auth`	Meldungen, die die Sicherheit betreffen, wie z. B. den Login etc. (entspricht dem früheren Eintrag „`security`")
`authpriv`	wie oben, aber mit vertraulichen Meldungen
`cron`	Meldungen des Cron-Daemons
`daemon`	Meldungen aller anderer Daemon-Prozesse
`kern`	Kernel-Meldungen
`local0 - local7`	frei verwendbar
`lpr`	Meldungen des Druckerdaemons `lpd`
`mail`	Meldungen des Mail-Systems
`news`	Meldungen des News-Systems
`syslog`	Meldungen des syslog-Daemons selbst
`user`	Meldungen aus normalen Anwenderprogrammen
`uucp`	Meldungen des UUCP-Systems
`mark`	Markierung

Die Prioritäten bzw. Dringlichkeiten in absteigender Reihenfolge:

`emerg`	Letzte Meldung vor dem Absturz (wie das frühere „`panic`")
`alert`	Alarmierende Nachrichten, die ein Eingreifen erfordern
`crit`	Meldungen über kritische Situationen
`err`	Fehlermeldungen (wie das frühere „`error`")
`warning`	Warnungen im laufenden Betrieb (wie das frühere „`warn`")
`notice`	Meldungen von besonderen Situationen im normalen Betrieb
`info`	Meldungen des normalen Betriebsablaufs
`debug`	Mitteilungen zur Fehlersuche

Eine besondere „Priorität" stellt „`none`" dar; sie bedeutet, dass nichts von der angegebenen Herkunft auszugeben ist. Dies ist wichtig, wenn zum Beispiel Passwörter vorkommen. Die alten Schlüsselwörter `error`, `warn` und `panic` für Prioritäten sollten nicht mehr benutzt werden!

Mehrere Kategorien bzw. Prioritäten können, durch Komma getrennt, als Liste eingetragen sein. Werden mehrere Kombinationen von Herkunft und Priorität gleichzeitig benutzt, sind sie durch Strichpunkt zu trennen. Vorherige Einstellungen werden durch nachfolgende überschrieben!

Spezielle Schreibweisen

- Als Wildcard für Herkunft und für Priorität ist auch der Stern (*) für alle zusammen möglich.
- Steht eine Priorität allein, gilt diese und alle höheren!
- Steht vor einer Priorität ein Gleichheitszeichen (=), soll nur diese Priorität gelten und keine höhere.
- Steht vor einer Priorität ein Ausrufezeichen (!), sollen sie und alle höheren Prioritäten ignoriert werden.
- Stehen beide Zeichen (!=) vor einer Priorität, wird genau diese ignoriert.

Aktionen der Ausgabe

Aktion	Beschreibung
in Textdatei	Ausgabe erfolgt sofort (synchron), wenn sie wichtig sind, oder mehrere Meldungen gesammelt bei einem vorangestellten Minus (-) vor dem Dateinamen. Der Dateiname muss mit absolutem Pfadnamen eingetragen sein.
in Terminal oder Konsole	Durch Angabe eines Terminals (tty...)
an bestimmte User	Durch Angabe eines Benutzers oder einer Liste von Usern bzw. * (an alle).
an andere Rechner im Netz	Weiterleiten an einen `syslogd` auf einen anderen Rechner über den UDP-Port 514 (dieser muss mit der Option `-r` gestartet sein). Der Rechner wird mit dem Zeichen „@“ vor dem Namen eingetragen. In welcher Datei dann die Meldung auf dem entfernten Rechner erscheint, entscheidet dessen Konfiguration. Auch der `rsyslog` und der `syslog-ng` sind als Empfänger einsetzbar. Es ist auch das Protokoll TCP möglich, wenn die Zeichen „@@“ vor dem Rechnernamen stehen.

Beispiele:

Alles über `*.err`, aber nichts von `kern.warning` und nichts von `authpriv` auf Konsole 10 ausgeben:

```
kern.warning;*.err;authpriv.none        /dev/tty10
```

Ausgabe von allen Meldungen (außer von `authpriv`) über das Netz an Rechner `alpha`. Dort muss der `syslogd` oder `rsyslogd` mit Option `-r` gestartet sein:

```
*.*;authpriv.none                               @alpha
```

Bei vom Programm `logger` erzeugten Meldungen vom Typ `kern.warning` klappt dies nicht mit `kern.warning`, nur mit:

```
*.warning                                       @alpha
```

Ausgabe in Textdatei ohne Synchronisation:

```
mail.*                                  -/var/log/mail
```

Alle Meldungen mit Priorität `alert` und `emerg` an bestimmte User, falls sie eingeloggt sind:

```
*.alert                                         root,max
```

Ausgabe aller Meldungen (ohne Synchronisation) außer von `mail` und `news`, damit keine übersehen wird:

```
*.*;mail.none;news.none                          -/var/log/messages
```

Nur Meldungen in eine eigene Datei leiten, die genau die Prioritäten `warning` und `error` haben:

```
*.=warning;*.=err                                -/var/log/warn
```

Server-Anwendungen unter Ubuntu schreiben ihre Meldungen meist in die Dateien `/var/log/syslog` und `/var/log/daemon`

Um die neuen Einträge in dieser Datei zu beobachten, kann entweder das Kommando `less /var/log/syslog` (mit Eingabe von Buchstabe F) oder `tail -f /var/log/syslog` aufgerufen werden. Das Programm `multitail` kann dies (nach dessen Installation) mit mehreren Dateien.

Rsyslog-Templates

Eine Konfiguration ist auch über Templates möglich. So kann das traditionelle Ausgabeformat über das Template „`TraditionalFormatWithPRI`" eingerichtet werden. Siehe auch: man rsyslog.conf

Eine Ausgaberegel für die Datei `/var/log/messages` lautet wie folgt:

```
*.*;mail.none;news.none   -/var/log/messages;RSYSLOG_TraditionalFileFormat
```

Auch Filterungen sind einfach, wie z.B. alle kritischen Meldungen in eine separate Datei schreiben:

```
*.=crit     /var/log/crit;RSYSLOG_TraditionalFileFormat
```

Ebenso ist zur Erhöhung der Sicherheit eine Weiterleitung der Meldungen zu einem anderen Rechner über TCP oder UDP machbar. Auf dem sendenden Rechner per TCP mit dem Eintrag (entweder mit IP-Adresse oder auflösbarem Namen):

```
*.* @@remotename
```

oder per UDP (nur mit einem „@"-Zeichen):

```
*.* @remotename
```

Auf dem Remote-Rechner (der die Protokollierung vornimmt) reicht dann für den Empfang per TCP in der Konfigurationsdatei von `rsyslog`:

```
$ModLoad imtcp.so
$InputTCPServerRun 514
```

und per UDP:

```
$ModLoad imudp.so
$InputUDPServerRun 514
```

Eine MySQL-Datenbank für `rsyslog` legt der Aufruf von folgendem Kommando an, wenn das entsprechende Modul installiert ist:

```
root@ubuntu:~# createDB.sql
```

Es ist dann nur noch das Passwort für den DB-Administrator erforderlich, das aus Sicherheitsgründen nicht dasjenige vom Account `root` des Systems sein sollte:

```
root@ubuntu:~# mysqladmin -u root password mein_password
```

8.5.1 Das Testprogramm `logger`

Mit dem Programm `logger` können eigene Log-Einträge erstellt werden, um die Konfiguration zu testen, was dringend empfohlen ist. Die Option `-p` stellt die Kategorie und die Priorität der Meldung ein. Ist nichts angegeben, gilt immer: `user.notice`. Mit Option `-f` kann man den Inhalt einer Datei an einen `syslogd` verschicken. Die Option `-t` („tag") setzt den Namen, der dem sendenden Dienst entspricht (ohne Angabe dieser Option gilt „`logger`").

Beispiel: Ausgabe einer Meldung in `/var/log/mail`:

```
user@ubuntu:~$ logger -p mail.info "Das ist ein Test"
```

8.5.2 Auswertung von Logbuch-Einträgen

Da sich im Laufe der Zeit sehr viele Einträge in Log-Dateien sammeln können, ist eine Auswertung nur durch Ansehen mit einem Editor schwierig. Mit dem Kommando `grep` kann man die Einträge herausfiltern, die im Moment nicht wichtig sind.

Beispiel: Alle Meldungen des DNS-Servers Bind nach `/tmp/syslog` kopieren:

```
user@ubuntu:~$ grep bind /var/log/syslog > /tmp/syslog
```

Unter anderem ist auch mit den Programmen `logwatch`, `logdigest`, `epylog`, `kde-log-viewer` etc. eine bessere Auswertung bzw. ein automatisches Auswerten von Log-Dateien auf bestimmte Einträge möglich.

8.5.3 Meldungen archivieren mit `logrotate`

Log-Dateien können im Laufe der Zeit sehr groß werden. Man sollte sie aber nicht löschen, da oft wichtige Zustände darin protokolliert sind. Das Programm `logrotate` kann Log-Dateien komprimieren und als Archiv umbenennen oder auch die Datei als Mail verschicken, wenn bestimmte Merkmale erfüllt sind, wie die Überschreitung einer maximalen Größe, Erreichen eines Datums etc. Siehe auch: man logrotate

Die Einstellungen sind unter `/etc/logrotate.conf` gespeichert und werden beim Aufruf mitgegeben.

Beispiel für einen Eintrag in `/etc/logrotate.conf`:

```
/var/log/wtmp {
    missingok
    monthly
    create 0664 root utmp
    rotate 1
}
```

Meist sind die Einstellungen für die Prozesse in eigenen Dateien im Verzeichnis `/etc/logrotate.d` abgelegt. Über die Datei `/etc/cron.daily/logrotate` erfolgt der tägliche Aufruf von `logrotate`.

8.6 Harte und symbolische Links

Ein Hardlink (oder auch „echter“ Link genannt) ist ein Verweis auf eine Struktur, die als Inode bezeichnet wird. Er ist nur innerhalb einer Partition möglich! Das Ziel muss beim Erstellen eines Hardlinks vorhanden sein und auf derselben Partition liegen. Viele Dateisysteme erlauben kein Verzeichnis als Ziel (wie ext2, ext3 und ext4)!

Alle Dateien und Verzeichnisse sind im Grunde Hardlinks. So sind mehrere Verweise als Hardlink auf die gleiche Datei möglich, ohne dass sie mehrfach Speicher beansprucht. Dann ist nicht mehr zu unterscheiden, welche Datei das Original ist, da alle Verweise auf die gleiche, die Datei beschreibende Struktur (Inode) zeigen und die Attribute und der Inhalt der Dateien exakt identisch sind. Sie unterscheiden sich nur im Namen.

Hardlinks können benutzt werden, um Dateien mehrmals im Dateisystem abzulegen, ohne dass dafür mehr Platz benötigt wird! Änderungen in einer solchen Datei sind dann sofort in allen anderen Dateien sichtbar, die per Hardlink auf diese Datei zeigen. Beim Löschen einer Datei wird deren Link-Counter um eins verkleinert. Wenn der letzte Hardlink auf eine Datei gelöscht ist, ist damit auch die Datei gelöscht, da der Link-Counter dann den Eintrag 0 enthält.

Ist schon eine Datei vorhanden, die denselben Namen wie ein zu erstellender Link hat, erfolgt eine Fehlermeldung. Mit Option `-f` kann der Link dennoch erstellt werden, mit Option `-i` erfolgt eine Abfrage vom Benutzer.

Beispiel. Einen neuen Hardlink `abc1` auf die bestehende Datei `abc` anlegen:

```
user@ubuntu:~$ ln abc abc1
```

Prüfung mit dem Kommando `ls -li` (Option `-i` dient zum Anzeigen der Inode-Nummer):

```
user@ubuntu:~$ ls -li abc
 32333 -rw-r--r--    2 max    users            6 Sep 2 14:16 abc
user@ubuntu:~$ ls -li abc1
 32333 -rw-r--r--    2 max    users            6 Sep 2 14:16 abc1
```

Hier ist deutlich sichtbar, dass die Dateien die gleiche Inode besitzen und der Inode-Counter nun auf 2 steht.

Mit dem Kommando `find` können die Inodes von Hardlinks in der entsprechenden Partition gesucht werden.

Beispiel mit `find`:

```
user@ubuntu:~$ find /home -xdev -inum 32333
```

Mit Option `-inum` kann `find` nach der Datei mit der angegebenen Inode suchen.

Die Option `-xdev` bewirkt dabei, dass die Partition für die Suche nicht verlassen wird.

Ein symbolischer Link, auch Softlink genannt, ist eine spezielle Datei mit neuer Inode und einem eigenen Dateityp, die einen Verweis auf eine andere Datei oder ein Verzeichnis enthält. Er ist im gesamten erreichbaren Dateisystem anwendbar (auch über ein Netzwerk per nfs, smbfs etc auf gemountete Verzeichnisse). Es sind alle Dateitypen als Ziel möglich.

Das Ziel braucht nicht vorhanden zu sein; ein symbolischer Link kann sogar ins Leere zeigen. Das kann passieren, wenn das Ziel gelöscht oder ein symbolischer Link, der einen relativen Pfadnamen enthält, in ein anderes Verzeichnis kopiert wird.

Oft gibt es symbolische Links in Verzeichnissen, für die es möglich sein soll, dass sie auf eigenen Partitionen liegen und als nicht schreibbar gemountet werden können.

Beispiel zum Erzeugen eines symbolischen Links:

```
user@ubuntu:~$ ln -s /etc/fstab fstab
```

Und die Prüfung:

```
user@ubuntu:~$ ls -l fstab
 lrwxrwxrwx 1 max users 10 2004-06-15 11:38 fstab -> /etc/fstab
```

Wird ein symbolischer Link gelöscht, bleibt das Ziel (Datei oder Verzeichnis) erhalten, nur der Link selbst wird gelöscht!

Beim Kopieren einer Datei, die einen symbolischen Link darstellt, wird nicht der Link kopiert, sondern die Datei, auf die der Link zeigt! Mit Option `-d` bzw. `--no-dereference` kann dies verhindert werden. Das ist aber nicht sinnvoll, wenn der Link relative Pfadnamen enthält und in ein anderes Verzeichnis kopiert wird!

Beispiel:

```
user@ubuntu:~$ cp -d fstab fstab1
user@ubuntu:~$ ls -l fstab*
 lrwxrwxrwx 1 max users 10 2004-06-15 11:38 fstab -> /etc/fstab
 lrwxrwxrwx 1 max users 10 2004-06-15 11:42 fstab1 -> /etc/fstab
```

PRAXISTIPP: Ob ein Link oder ein Verzeichnis kopiert wird, kann sich auch an einem nachfolgenden Slash entscheiden!

Beispiel:

einen Link erzeugen

```
user@ubuntu:~$ ln -s /boot boot
```

nur den Link kopieren

```
user@ubuntu:~$ cp -r boot boot1
```

das gesamte Verzeichnis wird hiermit kopiert, auf das der Link zeigt:

```
user@ubuntu:~$ cp -r boot/ boot2
```

8.7 Hardware-Informationen

Mit dem Programm `lspci` werden Informationen von den eingesteckten Karten am PCI-Bus bzw. AGP-Bus ausgegeben. Für die Hardware-Identifizierung und eine eventuelle Fehlersuche kann dies vorteilhaft sein.

Beispiel:

```
user@ubuntu:~$ lspci
```

Wesentlich mehr Informationen gibt der Befehl mit der Option `-v` und noch mehr mit `-vv` aus.

```
user@ubuntu:~$ lspci -vv
```

Informationen über Slot1 auf Bus 0 für alle Funktionen zeigt:

```
root@ubuntu:~# lspci -v -s 0:1.*
```

Die Infos vom Controller „AC 97“ zeigt:

```
root@ubuntu:~# lspci -v | grep "AC'97"
```

Welcher USB-Controller vorhanden ist, kann ermittelt werden mit diesem Kommando:

```
root@ubuntu:~# lspci -v | grep HCI
```

Für USB-Geräte ist auf ähnliche Art das Kommando `lsusb` zuständig.

```
root@ubuntu:~# lsusb
```

```
Bus 002 Device 001: ID 1d6b:0001 Linux Foundation 1.1 root hub
Bus 001 Device 002: ID 090c:1000 Feiya Technology Corp. Flash Drive
Bus 001 Device 001: ID 1d6b:0002 Linux Foundation 2.0 root hub
```

Hier sind die USB-Hubs und ein eingesteckter USB-Stick zu sehen.

Mit dem Kommando `hwinfo` erhalten Sie im Terminal weitere Informationen über die vorhandene Hardware. Das Paket `hwinfo` muss vorher installiert sein.

8.8 Das /proc-Filesystem

Das Filesystem unter `/proc` ist ein virtuelles Filesystem. Es existiert nicht auf der Festplatte, sondern wird vom Kernel erstellt. Es dient zum einen dazu, den Zustand des Systems zu zeigen (wie gestartete Prozesse, Hardware-Informationen, Kernel-Version etc.). Zum anderen können Eigenschaften des Systems geändert werden, indem in Dateien unter `/proc/sys` bestimmte Werte geschrieben werden; 0 (für abgeschaltet oder falsch) oder 1 (für eingeschaltet oder wahr).

Beispiel für das Einschalten von IP_Forward (das Weiterleiten beim Routing):

```
root@ubuntu:~# echo 1 > /proc/sys/net/ipv4/ip_forward
```

Siehe hierzu auch Kapitel 14.

Das Verzeichnis `/proc` muss hierzu gemountet sein. In der Datei `/etc/fstab` ist dafür ein Mount-Eintrag erforderlich, der beim Booten das /proc-Filesystem an den Mountpoint `/proc` mountet.

Auszug aus `/etc/fstab`:

```
proc          /proc          proc     nodev,noexec,nosuid 0        0
```

Wichtige Dateien unter `/proc` für die Hardware-Darstellung:

`/proc/ioports`	Information über benutzte IO-Adressen
`/proc/interrupts`	Information über benutzte Interrupts
`/proc/iomem`	Anzeige der Speicherbereiche der verschiedenen Speicherarten
`/proc/kcore`	Der komplette Inhalt des Swap-Speichers wird hier gespiegelt.
`/proc/cpuinfo`	Informationen über den/die verwendeten Prozessoren

`/proc/devices`	Liste der block- und zeichenorientierten Geräte
`/proc/partitions`	Liste aller dem System bekannten Partitionen
`/proc/bus`	Dateien für die gefundenen Bussysteme (PCI, USB ...)
`/proc/net`	Dateien für den Netzwerkstatus sowie Netzwerkeinstellungen
`/proc/fb`	Kernel besitzt Framebuffer-Unterstützung

Weitere wichtige Informationen von Kernel und Software im /proc-Verzeichnis:

`/proc/cmdline`	Die Aufruf-Parameter, mit denen der Kernel gestartet wurde, die entweder von einem Boot-Manager mitgegeben oder manuell beim Booten eingetippt wurden.
`/proc/filesystems`	Liste aller aktuell benutzbaren Dateisysteme, die im Kernel bekannt sind.
`/proc/meminfo`	Es enthält Informationen, wie viel Arbeitsspeicher gerade benutzt ist.
`/proc/modules`	Liste der aktuell geladenen Kernel-Module mit Abhängigkeiten.
`/proc/mounts`	Liste von allen im Moment gemounteten Dateisystemen.
`/proc/version`	Die Version des gestarteten Kernels.

Ferner existiert in `/proc` für jeden gestarteten und noch nicht beendeten Prozess ein eigenes Verzeichnis, das nach dessen Prozess-ID (PID) benannt ist. Wie dieser Prozess gestartet wurde, steht unter anderem in der Datei `cmdline` in jedem dieser Verzeichnisse.

PRAXISTIPP: Da im Verzeichnis `/proc` der Inhalt dynamisch erzeugt ist, sollte es bei einem System-Backup nie mit gesichert werden (sonst kann es zu Endlos-Schleifen kommen)!

8.9 Das /sys-Filesystem

Unter Kernel 2.6 gibt es zusätzlich zu `/proc` das Verzeichnis `/sys`, das ebenfalls ein virtuelles Verzeichnis ist und auch `sysfs` genannt wird. Es muss ebenfalls gemountet sein. Der Kernel gibt in diesen Verzeichnissen weitere Informationen über das System aus.

Die Einträge bilden ein Gerätemodell und sind nach Kategorien („kobject") aufgeteilt. Blockgeräte finden sich zum Beispiel unter `/sys/block` und Zeichengeräte sind unter `/sys/class` abgebildet. Dadurch können einzelne Geräte und Treiber an mehreren Stellen unter `/sys` auftauchen.

Folgendes Kommando gibt z. B. die Major- und Minor-Nummern vom Gerät `/dev/sda` aus:

```
user@ubuntu:~$ cat /sys/block/sda/dev
```

Einträge lassen sich nicht nur auslesen, sondern viele auch wie unter `/proc` beschreiben, um Einstellungen an der Hardware vorzunehmen. Im Paket „`sysfsutils`" sind Tools zum Umgang mit `sysfs` mitgeliefert. Mit dem Kommando `systool` lassen sich dann alle unterstützten Busse, Klassen und Devices ausgeben. Die unter `/sys` angebotenen Informationen benutzt z. B. der `udev-daemon`, um neue Geräte zu erkennen und einzubinden.

8.10 Der Udev-Daemon

Geräte wie Festplatten, USB-Sticks etc. werden unter UNIX und Linux über eine passende Geräte-Datei (device-file) angesprochen. Alle diese Dateien liegen unter dem Verzeichnis `/dev`. In früheren Versionen von Linux gab es für jedes denkbare Gerät hier bereits eine Geräte-Datei.

Das DevFS-System sollte zunächst eine Lösung bieten, setzte sich jedoch nicht durch. Als Nachfolger gibt es ab Kernel 2.6 den Daemon `udevd`, der für die vom Kernel erkannte neue Hardware automatisch unter `/dev` eine entsprechende Geräte-Datei erstellt und sie wieder löscht, wenn sie nicht mehr benötigt wird. Geräte-Dateien, die immer vorhanden sein sollen, müssen unter `/lib/udev/devices` eingetragen sein.

Der Udev-Daemon benutzt die Einträge unter `/sys`. Die Hauptkonfigurationsdatei ist `/etc/udev/udev.conf`, in der Einträge für das Wurzelverzeichnis und der Ort der Udev-Datenbank möglich sind bzw. das Logverhalten definiert ist:

```
udev_log="err"
```

Die Regeln, die festlegen, wie die Hardware zu behandeln ist, liegen in Dateien mit der Endung `.rules` im Verzeichnis `/etc/udev/rules.d`. Beim Start des Systems liest der Udev-Daemon alle diese Regel-Dateien in alphabetischer Reihenfolge. Deshalb beginnen die Namen meist mit einer Nummer, um die Reihenfolge festzulegen. Er erkennt auch eventuelle Änderungen.

Wenn Sie nun ein externes Gerät, wie einen USB-Stick, an den Rechner anstecken, erkennt dies der Udev-Daemon. Er erzeugt eine neue Gerätedatei unter `/dev`, erstellt einen eindeutigen Mount-Point unter `/media`, mountet den Stick über diese Datei und erzeugt ein Icon auf dem Desktop. Wenn Sie mehr als ein externes Gerät wie zwei USB-Sticks und eine eSATA-Festplatte anschließen, kann jedes einzelne Gerät eindeutig zugeordnet werden, egal in welcher Reihenfolge dies geschieht.

8.11 Shared Libraries

Da jedes Programm immer wieder gleiche Funktionen und Routinen benötigt (z. B. zum Öffnen einer Datei), ist es zweckmäßig, diese Programmteile zentral in sog. Bibliotheken (Libraries) aufzubewahren, anstelle die erforderlichen Bibliotheksfunktionen an das Programm statisch zu linken.

Mit den „Shared Libraries" werden allen Programmen, die sich auf eine bestimmte Library beziehen, die benötigten Programmfunktionen zur Verfügung gestellt. Sie sind entfernt vergleichbar mit den DLLs (Dynamic Link Library) unter Windows, haben aber nicht deren Probleme mit der Versionsverwaltung.

Die Vorteile:

- Die Programme sind wesentlich kleiner.
- Änderungen an wichtigen Routinen können zentral erfolgen.

Die Nachteile:

- Es müssen immer alle Libraries installiert sein, die ein Programm benötigt. Besonders bei älteren Programmen oder anderen Distributionen kann das Probleme geben.
- Bei Arbeiten von einer Live-CD können einige benötigte Libraries fehlen.

Beim Aufruf eines Programms, das eine Library benötigt, startet das Programm `/lib/ld-linux.so` und lädt die angeforderte Library. Damit die Library-Dateien nicht bei jedem Aufruf von Programmen gesucht werden müssen, erstellt das Programm `ldconfig` die Datei `/etc/ld.so.cache`, die eine Liste von Libraries enthält (für einen schnellen Zugriff ist sie in einem Datenbankformat erstellt).

`ldconfig` benötigt hierfür die Datei `/etc/ld.so.conf`, in der die Pfade zu allen Verzeichnissen hinterlegt sind, die Libraries enthalten können. Die Verzeichnisse `/lib` und `/usr/lib` werden immer berücksichtigt.

Nach jeder Installation von Paketen, die weitere Libraries mitbringen, muss das Programm `ldconfig` erneut aufgerufen werden, damit die Einträge in der Cache-Datei `/etc/ld.so.cache` wieder stimmen! Dies wird bei der Installation von einem Paket in der Regel automatisch erledigt.

Die benötigten Libraries werden (vereinfacht dargestellt) in folgenden Plätzen gesucht:

- immer in den Standardverzeichnissen `/lib` und `/usr/lib`
- in den Verzeichnissen, die in der Datei `/etc/ld.so.conf` hinterlegt sind
- in den Verzeichnissen, deren Pfade die Umgebungsvariable `LD_LIBRARY_PATH` enthält

Siehe auch: man ld.so; man ldconfig

Beispiel:

Welche Shared Libraries benötigt das Programm `date`?

```
user@ubuntu:~$ ldd /bin/date
```

9 Programme installieren und entfernen

Bei der Installation von Ubuntu gelangt bereits eine Menge an Programmen auf die Festplatte. Dennoch gibt es viele weitere Programme, die Sie im Laufe der Zeit benötigen. Wie Sie Erweiterungen und Updates installieren können, erfahren Sie in diesem Kapitel.

9.1 Das Paketmanagement

Zur Erleichterung der Installation bzw. der Nachinstallation einzelner Programme wurden die hierfür erforderlichen Dateien mit allen zusätzlich notwendigen Informationen zu Paketen zusammengefasst. Ein Paketmanager verwaltet und installiert die gewünschten Programme und weitere für die Funktion benötigten Dateien.

Damit ist zudem, im Gegensatz zu Windows, ein Update von allen Programmen möglich, die über Pakete installiert wurden. Dies betrifft auch Komponenten, die nicht direkt von Ubuntu kommen, wie z. B. Firefox, OpenOffice etc.

Ein Paket besteht aus folgenden Bestandteilen:

- den komprimierten Dateien, die für den Ablauf eines Programms notwendig sind
- einer Liste, von welchen anderen Paketen Abhängigkeiten bestehen
- einem Informationsteil, der Versionsnummer, Datum, Verfasser etc. enthält
- einem Inhaltsverzeichnis
- Manual-Seiten
- Skripten zur Änderung von Rechten, Einrichtung spezieller Devices etc.

Durch die Liste der Abhängigkeiten wird sichergestellt, dass bei der Installation alle Programme und Bibliotheken vorhanden sind, die benötigt werden. Gibt es Probleme mit bereits installierten Programmen, werden entsprechende Meldungen ausgegeben. Ein Paketmanager kann mit einem Installationsprogramm unter Windows verglichen werden mit der Ausnahme, dass bei der Deinstallation ein sauberer Zustand zurückbleibt.

Der große Vorteil von Paketen ist, dass nach der Installation fast nie ein Neustart des Systems erforderlich ist; nur dann, wenn ein neuer Kernel installiert wurde. Bei einem Update von XWindow sollten Sie die aktuelle Sitzung beenden und sich neu anmelden.

9.2 Das Ubuntu Software-Center

Das Software-Center bietet einen einfachen Weg, auf der grafischen Oberfläche wichtige Pakete zu installieren. Sie können es aufrufen über *Anwendungen / Ubuntu Software-Center.*

BILD 9.1 Das Ubuntu Software-Center

Sie erhalten zusätzlich einige Empfehlungen für interessante Pakete. Nachdem Sie auf ein Paket klicken, erhalten Sie weitere Informationen, einen Screenshot und mitunter Bewertungen anderer Anwender. Klicken Sie einfach auf die Schaltfläche *Installieren*, falls Sie es auf der Festplatte wünschen, und geben Sie Ihr Passwort ein. Das Angebot wird laufend erweitert.

■ 9.3 Die Aktualisierungsverwaltung

Es sollte in regelmäßigen Abständen geprüft werden, ob es für bestimmte Software eine neue fehlerbereinigte Version gibt. Für die Sicherheit eines installierten Systems ist dies unerlässlich. Dies gilt jedoch nicht bzw. nur eingeschränkt für die Verwendung einer Live-CD, da eine solche nicht für tägliche Arbeiten geeignet ist und Änderungen nach der Beendigung die Updates verloren wären.

Bereits bei der Installation können Sie angeben, dass alle installierten Pakete über das Internet aktualisiert werden sollen. Hierzu ist eine möglichst schnelle Internet-Verbindung nötig. Am besten ist es, wenn Sie einen DSL-Router benutzen, der per DHCP eine automatische Netzwerkkonfiguration ermöglicht.

Nachträglich können Sie die Aktualisierungsverwaltung jederzeit starten, um den Support von Ubuntu zu nutzen. Support bedeutet, dass nur sicherheitskritische Updates durchgeführt werden. Dies hat den Vorteil, dass es weniger Updates gibt, aber auch den Nachteil, dass der Anwender nicht die jeweils aktuelle Version einer Software erhält.

Starten Sie das Programm über *System / Systemverwaltung / Aktualisierungsverwaltung*. Es zeigt die Pakete an, für die bereits ein Update verfügbar ist:

BILD 9.2 Die Aktualisierungsverwaltung

Wenn Sie auf *Aktualisierungen installieren* klicken und Ihr eigenes Passwort eingeben, startet das komplette Update des Systems.

Damit Sie nicht immer wieder die Updates selbst anstoßen müssen, können Sie in der Aktualisierungsverwaltung unter *Einstellungen* im Reiter *Aktualisierungen* einen Automatismus einrichten. Am besten, Sie belassen den Eintrag, dass täglich auf Aktualisierungen geprüft werden soll. Darunter können Sie *Sicherheitsaktualisierungen ohne Bestätigung installieren* wählen, da dies die sicherste Variante darstellt. Sie benötigen hierzu das Passwort des Benutzers, der als Administrator gilt. Eine Aktualisierung können Sie damit nicht mehr vergessen:

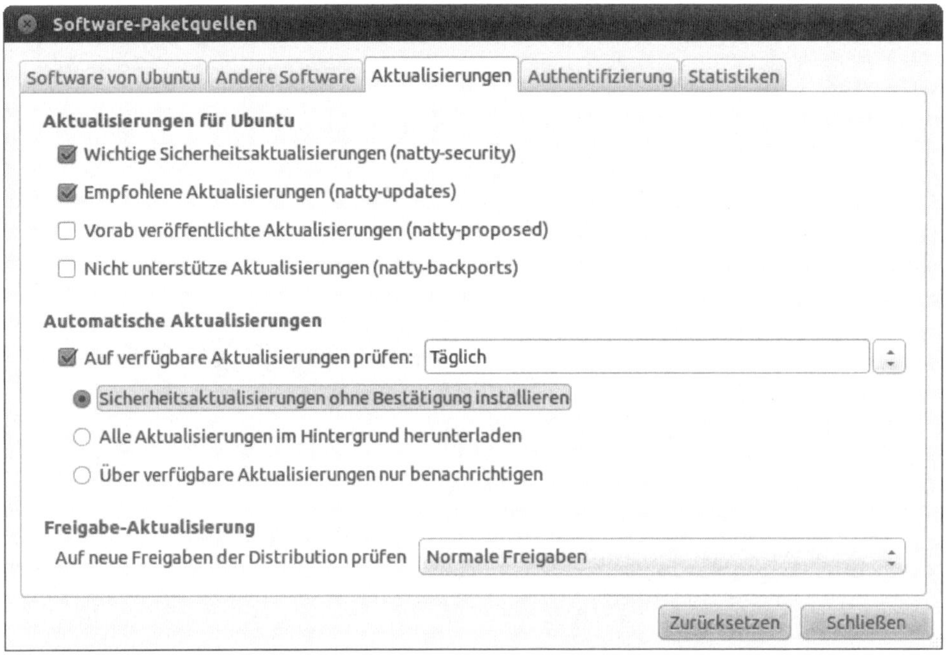

BILD 9.3 Einrichten der automatischen Aktualisierung des Systems

PRAXISTIPP: Falls nach dem Update ein Neustart fällig ist, wird dies durch ein rotes Abmeldemenü rechts oben angezeigt. Sie sollten dann nicht weiter arbeiten, sondern einen Neustart durchführen, da sonst Probleme mit Kernel-Modulen auftreten können. Siehe Kapitel 8.

Das Ubuntu-Team ist sehr sorgfältig in der Erstellung von Updates. In seltenen Fällen kann es aber, wie dies auch unter Windows gut bekannt ist, zu Problemen nach einem Update kommen. Wenn Sie dieses Risiko verhindern wollen und dem Automatismus nicht ganz trauen, können Sie *Über verfügbare Aktualisierungen nur benachrichtigen* wählen. Sie können dann jedes einzelne Update auf einem Testrechner erst einmal testen, bevor Sie das Update auf dem Produktiv-Rechner einspielen.

9.4 Das Programm `synaptic`

Das Programm `synaptic` bietet eine grafische Oberfläche und ist damit sehr benutzerfreundlich. Es verwendet die gleiche Konfiguration wie das Programm `apt-get`, das Sie im Anschluss kennenlernen. Das Programm `synaptic` bietet komfortabel die Aktionen, die zur Paketverwaltung nötig sind, wie die Bearbeitung der Datei für die Paketquellen `sources.list`, das Einbinden von CDs, die Aktualisierung der Paketlisten und der installierten Pakete, die Auswahl der gewünschten Pakete zur Installation, eine Definition von Filtern und vieles mehr.

Synaptic können Sie unter *System / Systemverwaltung / Synaptic-Paketverwaltung* starten. Da dieses Programm Administratorrechte benötigt, müssen Sie Ihr Passwort eingeben.

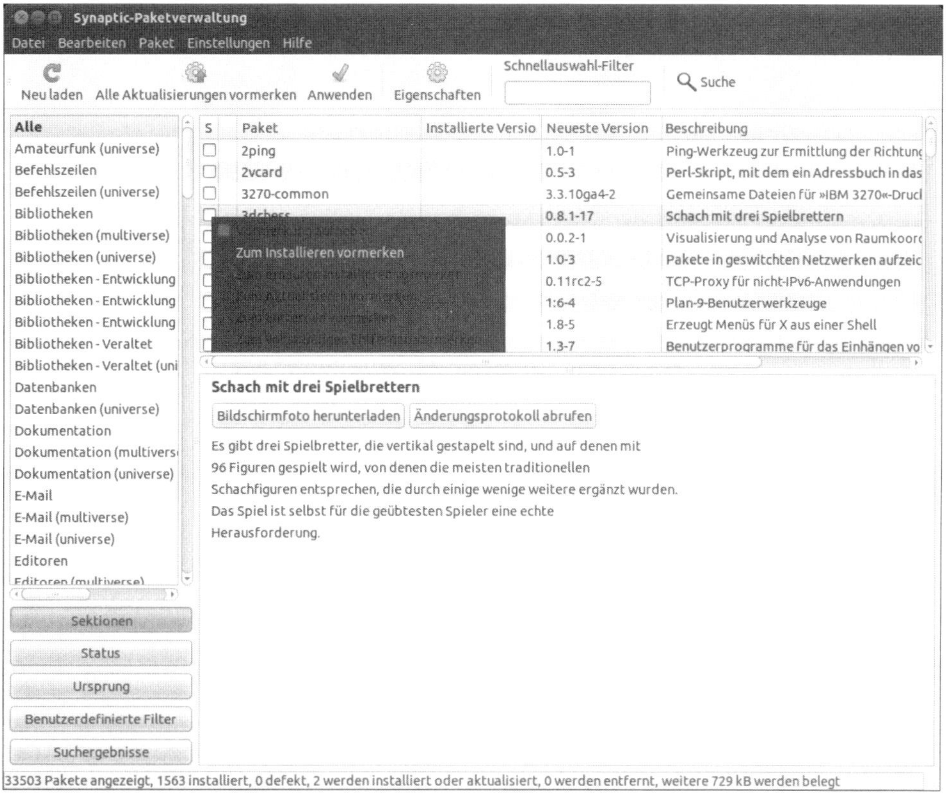

BILD 9.4 Die Synaptic-Paketverwaltung

Im Internet gibt es mehr als 30.000 Pakete für Ubuntu. Im Hauptbereich des Fensters sehen Sie nur die ersten Pakete. Um dennoch schnell ein passendes Paket zu finden, können Sie in dem *Schnellauswahl-Filter* einen Suchbegriff eingeben. Es werden dann nur noch die Pakete angezeigt, für die es einen Zusammenhang mit diesem Begriff gibt; sei es im Namen, in der Beschreibung etc.

Der erste Schritt sollte eine Aktualisierung der Paketlisten sein. Klicken Sie hierzu auf die Schaltfläche *Neu laden*. Sie gehen damit sicher, dass immer die aktuellen Daten über die

Pakete zur Verfügung stehen. Klicken Sie auf *Aktualisierungen vormerken*, um die Updates von bereits installierten Paketen vorzumerken, für die es aktuelle Versionen gibt.

Falls Sie ein weiteres Paket installieren wollen, können Sie es auswählen, indem Sie mit der Maus auf das Quadrat links daneben klicken und *Zum Installieren vormerken* wählen. Oft sind etliche weitere Pakete zur Installation erforderlich, von denen das gewünschte Paket abhängig ist. Bestätigen Sie einfach die angebotene Liste der Pakete.

Die Aktualisierungen und die zur Installation ausgewählten Pakete werden erst dann installiert, wenn Sie die auf die Schaltfläche *Anwenden* klicken.

HINWEIS: Wenn Sie in `synaptic` in dem Fenster für die Schnellsuche einen Text eingeben, werden nur die Pakete gezeigt, die auf diesen Text passen. Falls Sie danach z. B. eine andere Sektion wählen, kann es vorkommen, dass Sie keinen Inhalt darin sehen, da die aktuelle Filtereinstellung noch wirkt!

Unter Synaptic können Sie auch die Paketquellen bearbeiten, die genauer unter Kapitel 9.6.1 beschrieben sind. Unter *Einstellungen / Paketquellen* können Sie weitere Quellen angeben und bearbeiten.

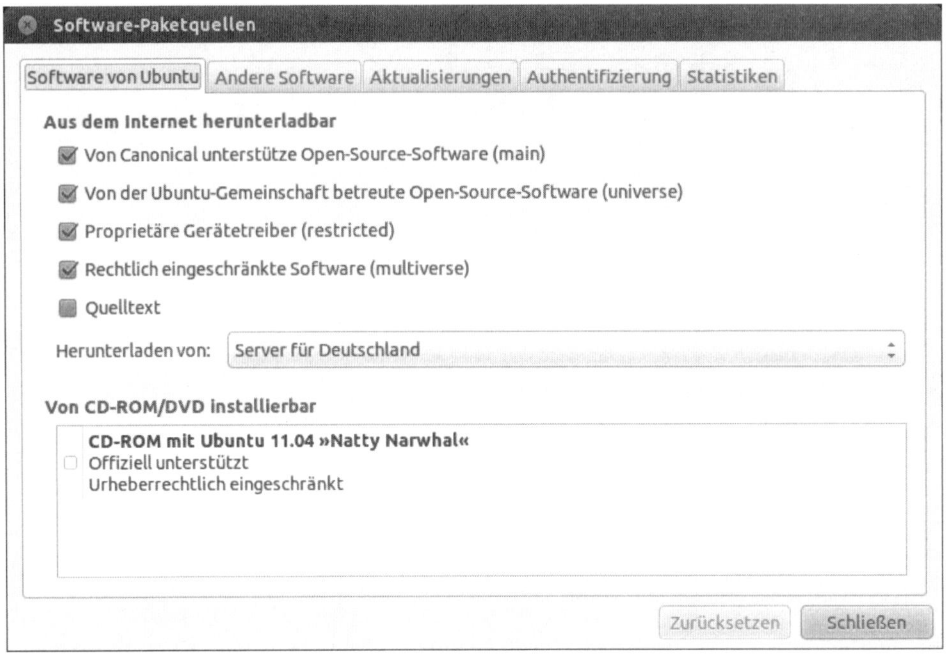

BILD 9.5 Die Bearbeitung der Paketquellen

Nach jeder Änderung müssen Sie mit *Neu laden* die Informationen über die Pakete aktualisieren. Unter dem Reiter *Aktualisierungen* können Sie wie bereits in der Aktualisierungsverwaltung beschrieben die entsprechenden Angaben eintragen.

9.4.1 Paket-Sektionen

Die Pakete sind zur besseren Übersicht in Paket-Sektionen bzw. Bereiche gruppiert. Wenn Sie `synaptic` starten, sehen Sie alle Sektionen am linken Rand aufgelistet. So gibt es Gruppen, die Pakete für E-Mail, Datenbanken, Spiele usw. enthalten. Wenn sie nicht aus den Hauptkomponenten stammen, ist auch angegeben, ob sie den Komponenten `universe` oder `multiverse` angehören. Siehe hierzu Seite 244.

Pakete können ebenfalls weitere Pakete enthalten. Sie werden Meta-Pakete genannt. Diese werden angezeigt, wenn Sie in `synaptic` auf die Sektionen *Meta-Pakete, Meta-Pakete (multiverse)* und *Meta-Pakete (universe)* klicken. Mit einem solchen übergeordneten Paket können Sie beispielsweise eine komplette Grafik-Oberfläche nachinstallieren, wie die von KDE, XFCE oder LXDE.

9.4.2 Pakete aufräumen

Ältere Pakete und auch nicht mehr benutzte Kernel-Pakete sollten Sie möglichst bald löschen. In der grafischen Oberfläche können Sie den „`Rechner-Hausmeister`" unter dem Menü *System / Systemverwaltung* benutzen, um nicht mehr verwendete Pakete zu entfernen. Es startet damit das Programm `computer-janitor-gtk`. Sie sollten dabei sehr vorsichtig sein und genau prüfen, ob Sie die zum Löschen vorgeschlagenen Pakete auch wirklich löschen wollen!

Das Programm „Ubuntu Tweak" von *http://ubuntu-tweak.com/* mit dem *Paketreiniger* bietet eine ähnliche Funktion. Unter *Anwendungen / Systemwerkzeuge / Ubuntu Tweak* können Sie es nach der Installation starten. Beim ersten Start bietet es an, seine Paketquelle für Updates einzutragen, was Sie bejahen können. Um Änderungen durchführen zu können, müssen Sie erst über *Entsperren* Ihr Passwort eingeben, damit das Programm mit Root-Rechten arbeiten kann. Es kann zudem auch Software installieren, die Energiespareinstellungen ändern und vieles mehr; ist aber keine offizielle Ubuntu-Software.

9.5 Der Debian-Paketmanager

Debian und darauf aufbauende Distributionen wie Ubuntu etc. benutzen das vom Debian-Team entwickelte System `debconf` zur Verwaltung von Debian-Paketen. Das wichtigste Programm daraus ist der `dpkg` (debian GNU/Linux package manager) mit der Konfigurationsdatei `/etc/dpkg/dpkg.cfg`. Falls Sie ein Paket aus dem Internet herunterladen, brauchen Sie zum Installieren dieses Programm auf der Kommandozeile.

Der Name eines Debian-Paketes endet mit `.deb` und ist wie folgt aufgebaut:

`Programmname_Versionsnummer_Architektur.deb`

Die Pakete sind in Sektionen eingeteilt, wie `admin`, `games` etc. Ein Paket kann vier Skripte enthalten, die entweder vor und nach der Installation bzw. der Deinstallation tätig werden können und meist eine Vorkonfiguration erledigen.

Mit dem eigentlichen Paketmanager `dpkg` werden Sie in der Regel kaum etwas zu tun haben. Das nachfolgend beschriebene `apt-get` erledigt die meiste Arbeit. Dennoch kann es von Vorteil sein, einige Optionen von `dpkg` zu kennen. Vor allem dann, wenn Sie ein einzelnes Debian-Paket herunterladen oder Sie sich darüber informieren wollen.

> **HINWEIS**: Kommandos zum Installieren und Deinstallieren benötigen grundsätzlich Root-Rechte.

Beispiele zum Einsatz von `dpkg`:

Ein bereits vorhandenes Paket installieren bzw. updaten:

```
root@ubuntu:~# dpkg --install paket.deb
root@ubuntu:~# dpkg -i paket.deb
```

Alle installierten Pakete mit deren Statusinformation ausgeben:

```
root@ubuntu:~# dpkg -l
```

Beschreibung der angegebenen Paketdatei ausgeben:

```
user@ubuntu:~$ dpkg -I paket.deb
```

Den Inhalt der angegebenen Paketdatei ausgeben:

```
user@ubuntu:~$ dpkg --contents paket.deb
```

Das angegebene Paket ohne die Konfigurationsdateien entfernen:

```
root@ubuntu:~# dpkg -r paketname
```

> **PRAXISTIPP**: Wenn Sie ein Paket deinstallieren, bleiben die Konfigurationsdateien erhalten. Dies erleichtert die Installation einer neueren Version. Für den Fall, dass Sie das Paket komplett entfernen wollen, gibt es die Option `--purge`.

Das angegebene Paket mit allen Dateien entfernen („Purge“):

```
root@ubuntu:~# dpkg --purge paketname
```

Die Dateien eines installierten Paketes auflisten:

```
user@ubuntu:~$ dpkg -L paketname
```

Die Dateien eines noch nicht installierten Paketes auflisten:

```
user@ubuntu:~$ dpkg -c paket.deb
```

Unvollständig installierte Pakete suchen; bietet bei Problemen Abhilfe an:

```
root@ubuntu:~# dpkg -C
```

Oft ist es wichtig, das Paket zu finden, aus dem eine bestimmte Datei stammt. Sie können hierzu ein Muster bzw. Wildcards angeben. Sie können auch den kompletten Pfadnamen eingeben.

Ein Beispiel:

```
user@ubuntu:~$ dpkg -S /bin/ls
coreutils: /bin/ls
```

Mitunter ist der Status von Paketen interessant. So können Sie herausfinden, ob bestimmte Pakete richtig installiert sind.

```
user@ubuntu:~$ dpkg -s paketname
```

Der Paketstatus wird so ausgegeben:

`ii` für install ok + installed;

`iU` für install ok + unpacked;

`r` für removed

`n` für noch nicht installiert

`p` für purge (gelöscht mit Rückständen) etc.

Die Installationsskripte eines bereits installierten Pakets kann man zudem wie folgt immer wieder neu aufrufen, damit die Grundkonfiguration erneut abläuft:

```
root@ubuntu:~# dpkg-reconfigure paket
```

9.6 APT (Advanced Package Tool)

Dem `dpkg` übergeordnet ist ein mächtiges und komfortables Installationsprogramm mit Namen `APT`. Während `dpkg` nur feststellen kann, ob Abhängigkeiten erfüllt sind (eine Paketdatei mit der Endung .deb muss hierzu bereits vorhanden sein), kann `APT` zusätzlich alle Abhängigkeiten auflösen und die notwendigen Pakete per Download aus dem Internet holen. Danach übergibt es die Namen der zu installierenden bzw. zu aktualisierenden Pakete alle auf einmal dem Programm `dpkg`, das dann die Aktionen ausführt.

Zudem kann `APT` Pakete von verschiedenen Quellen beziehen und über einen Versionsmechanismus nur Pakete verwenden, die zu einer bestimmten Version gehören (z. B. die als stabil bzw. die als in Entwicklung befindlich gekennzeichnet sind).

9.6.1 Die Paketquellen

Die Namen der Quellen, die `APT` benutzen soll, werden in `/etc/apt/sources.list` und in Dateien mit Endung `.list` im Verzeichnis `/etc/apt/sources.list.d` gesucht. Es können beliebig viele Quellen angegeben werden, die auch Repositories heißen. Von Zeit zu Zeit sollte geprüft werden, ob die Einträge noch aktuell sind, da es sonst Fehlermeldungen geben kann!

PRAXISTIPP: Nach jeder Änderung der Repositories ist das Kommando `apt-get update` aufzurufen!

Ein Beispiel für einen Eintrag:

```
deb http://de.archive.ubuntu.com/ubuntu/ natty main restricted
```

Bedeutung der Einträge in /etc/apt/sources.list:

deb	vorkompilierte Pakete benutzen (für Pakete mit Quellcode gibt es „deb-src")
<src>	Paketquelle: CDROM, URL zu einem FTP- oder HTTP-Server etc.
<release>	die Variante (Release) oder der Name der Version; kann auch mit Option -t interaktiv angegeben werden.

Nach dem Release-Namen können folgende Paketkomponenten folgen:

main

Sie enthält die Hauptkomponenten (Pakete) von Ubuntu, die der Lizenz von Ubuntu unterliegen. Das Ubuntu-Team stellt hierfür die nötigen Sicherheitspatches zur Verfügung. Normalerweise gilt dies für die Dauer von 18 Monaten; bei LTS-Versionen drei Jahre für die Desktop-Variante und fünf Jahre für die Server-Variante. In Synaptic sind diese Pakete mit dem Ubuntu-Emblem markiert.

restricted

Auch diese Pakete sind wichtig für eine Ubuntu-Installation; sie unterliegen aber nicht der Lizenz von Ubuntu. Meist handelt es sich um binäre Treiber für Grafikkarten und andere Hardware, die von den Herstellerfirmen entwickelt wurden. Das Ubuntu-Team kümmert sich ebenfalls um derartige Pakete, ist aber auf die Zulieferung der Herstellerfirmen angewiesen. In Synaptic sind auch diese Pakete mit dem Ubuntu-Emblem markiert.

universe

Diese Pakete unterliegen ebenfalls nicht der Lizenz von Ubuntu. Es sind Open-Source-Programme, die von der Ubuntu-Community gepflegt und mit Updates versorgt werden. Viele interessante Pakete stammen aus dieser Quelle. Das Ubuntu-Team stellt selbst keinen Support zur Verfügung.

multiverse

Hier befinden sich Pakete, die im Sinne der Ubuntu-Lizenz „unfrei" sind, also nicht einer Open-Source-Lizenz unterliegen. Vor allem Multimedia-Anwendungen stammen aus dieser Quelle. Das Ubuntu-Team stellt selbst keinen Support zur Verfügung. Dafür gibt es engagierte Betreiber, die auch Updates einpflegen.

Ein Beispiel in sources.list:

```
deb http://de.archive.ubuntu.com/ubuntu/ natty multiverse
```

Zudem gibt es viele weitere Quellen für Ubuntu, wie z.B. diejenigen für Sourcen, also die Quellcode-Dateien und Backports, für ältere Versionen rückportierte Pakete aus neuen Entwicklungen.

Es sollten in /etc/apt/sources.list Einträge für Sicherheits-Updates nie fehlen, wie z.B.:

```
deb http://security.ubuntu.com/ubuntu natty-security main restricted
deb http://security.ubuntu.com/ubuntu natty-security universe
deb http://security.ubuntu.com/ubuntu natty-security multiverse
```

Die Pakete einer Ubuntu-CD stammen aus `main` und `restricted`; eine DVD enthält etliche weitere Pakete aus `restricted`. Soll ein Verweis auf eine Installations-CD in die Datei `sources.list` mit aufgenommen werden, ist das Programm `apt-cdrom` erforderlich. Es berechnet für jede CD-ROM eine eindeutige Identifikation, die in `/var/lib/apt/cdroms.list` gespeichert wird. Sie sollten dann bei jedem Update die CD bzw. DVD eingelegt haben. Für jede CD oder DVD ist hierzu nach dem Einlegen folgender Befehl abzusetzen:

```
root@ubuntu:~# apt-cdrom add
```

HINWEIS: Die Paketquellen können Sie auch über das Programm `synaptic` bzw. über die Aktualisierungsverwaltung einrichten oder entfernen.

Es kann bei `dpkg-reconfigure` mit dem Parameter `--priority` eingestellt werden, ab welcher Priorität (low, medium, high, critical) Fragen an den Admin gerichtet werden sollen. Dies kann auch statisch eingerichtet werden per `dpkg-reconfigure debconf`.

PRAXISTIPP: Die Informationen zu den Paketen sind in einer Datenbasis ähnlich einer Datenbank gespeichert. Auf diese ist ein schreibender Zugriff nur für ein Programm zur selben Zeit möglich! Wenn also gerade ein Update erfolgt, kann kein „`apt-get install`" oder Ähnliches erfolgen!

Die Konfiguration von `APT` befindet sich im Verzeichnis `/etc/apt`. Sind sowohl die Datei `/etc/apt/apt.conf` als auch Dateien unter `/etc/apt/apt.conf.d` vorhanden, können die Einträge von `apt.conf` eventuell vorhandene andere Konfigurationen überschreiben. Die Datei `apt.conf` wird zuletzt ausgewertet! Der folgende Aufruf gibt die aktuelle Konfiguration von `APT` aus:

```
root@ubuntu:~# apt-config dump
```

Ein Kommentar in den Konfigurationsdateien von `APT` wird mit zwei Schrägstrichen („//") eingeleitet! Jeder andere Eintrag muss mit einem Strichpunkt am Zeilenende abgeschlossen sein! Nach Änderungen der Konfiguration sind Programme wie `synaptic` etc. neu zu starten.

Falls eine Fehlermeldung wie diese erscheint: „E: Dynamic MMap ran out of room", sind so viele Pakete vorhanden, dass bei genügend Hauptspeicher ein größeres Cache-Limit in eine Konfigurationsdatei von APT einzutragen ist, wie z. B.:

```
APT::Cache-Limit "30.000.000";
```

Siehe auch: http://wiki.ubuntuusers.de/paketquellen

PRAXISTIPP: Beim Einsatz von fremden Paketquellen sollten Sie sehr vorsichtig sein; sie könnten einen Trojaner oder ein Rootkit enthalten! Außerdem können sie das Paketmanagement stören.
Siehe hierzu: *http://wiki.ubuntuusers.de/Fremdquellen*

9.6.2 Die Versionsverwaltung von APT

Generell kann man feststellen, dass unter Linux die Vergabe einer Versionsnummer sehr strikt erfolgt. So sind meist eine Version wie 0.9 und deren Abkömmlinge bereits wesentlich stabiler, als dies sonst erwartet wird. Selbst ein Programm, das noch als Beta-Version deklariert ist, wäre für andere Systeme womöglich schon seit Jahren im Verkauf und hätte bereits die Version 3.0. Nicht selten werden sogar Alpha-Versionen verbreitet, die bereits gute Arbeit leisten. Derartige Programme sind dann auch eindeutig als „experimental“ oder als Testversion gekennzeichnet.

Ein großer Vorteil von Debian und allen darauf aufbauenden Distributionen (wie Ubuntu, Linspire, Knoppix ...) ist die Kontrolle darüber, welche Version (Release) und damit welche Stabilität die installierten Pakete bzw. deren Updates haben sollen. Bei anderen Distributionen ist dies kaum oder nur eingeschränkt möglich. Bei der SUSE-Distribution z. B. muss man den „Suse Linux Enterprise Desktop“ (SLED) oder „Suse Linux Enterprise Server“ (SLES) beziehen, wenn man stabile Software wünscht; openSUSE entspricht etwa der Variante „testing“. Ähnlich verhält es sich bei Red Hat mit dem Unterschied zwischen „Red Hat Enterprise Linux“ (RHEL) bzw. CentOS und Fedora. Wie es bei den diversen Windows-Versionen aussieht, soll hier nicht das Thema sein.

So kann man sich für ausgiebig getestete und als stabil deklarierte Programme (z. B. „maverick“) für den produktiven Einsatz oder für neuere im Test befindliche Varianten („natty“) entscheiden, die dann aber eventuell fehlerhaft sind. Bei einem Upgrade werden auch automatisch alle Dienste neu gestartet, die von Updates betroffen sind. Ein Neustart des Systems ist im Grunde nur noch bei der Installation eines neuen Kernels erforderlich. Auch eine Mischung ist möglich. Die entsprechenden Quellen in der Datei `sources.list` müssen hierzu vorhanden sein.

Ist nichts angegeben, gilt die neueste verfügbare Version eines Pakets. Auch unter `synaptic` ist eine derartige Festlegung unter *Einstellungen / Einstellungen / Distribution* möglich.

Ubuntu macht von diesem Feature bisher keinen Gebrauch. Wenn Sie dennoch in Ihrem System darauf zurückgreifen wollen, sollten Sie sehr viel Erfahrung mit dem Paketmanagement mitbringen.

Siehe hierzu auch: *http://wiki.ubuntuusers.de/apt-pinning*

9.6.3 Arbeiten mit `apt-get`

Oft kommt es vor, dass man ein Paket installieren will, das von dem Vorhandensein eines oder mehrerer anderer Pakete abhängig ist. Diese können wiederum von anderen Paketen abhängig sein. So kann die Installation eines einzigen Paketes einen Rattenschwanz anderer Pakete nach sich ziehen, die ebenfalls installiert werden müssen. Das Programm `apt-get` löst nicht nur die Abhängigkeiten auf, es kann auch alle zusätzlich benötigten Pakete aus dem Internet oder von einer CD holen.

Mit `apt-get` (einem Frontend zu `APT`) kann `APT` auf der Kommandozeile gesteuert werden. Seine Konfiguration erfolgt entweder in der Datei `/etc/apt/apt.conf` oder über die Dateien im Verzeichnis `/etc/apt/apt.conf.d`.

So ist in der Datei `/etc/apt.conf.d/20archive` festgelegt, dass die heruntergeladenen Pakete maximal 30 Tage im APT-Archiv (im Verzeichnis `/var/cache/apt/archieves`) gespeichert werden können, außer die Gesamtgröße übersteigt 500 MB.

Sie können alle Pakete im Archiv löschen (bis auf die Lock-Dateien):

```
root@ubuntu:~# apt-get clean
```

Sie können auch nur alle veralteten (nicht mehr benutzbaren) Pakete im Archiv löschen:

```
root@ubuntu:~# apt-get autoclean
```

In der Datei `/etc/apt/apt.conf.d/70debconf` ist z.B. festgelegt, ob Pakete nach der Installation automatisch mit dem Kommando `dpkg-preconfigure` konfiguriert werden sollen. Sollte dies nicht erwünscht sein (was selten der Fall sein dürfte), kann man diese Zeile mit zwei Schrägstrichen auskommentieren:

```
DPkg::Pre-Install-Pkgs {"/usr/sbin/dpkg-preconfigure --apt || true";};
```

Siehe auch: man apt.conf

Wichtige Optionen für `apt-get`:

Option	Beschreibung
-d	Paket nur herunterladen; nicht installieren oder entpacken
-f	es soll versucht werden, beim Fehlschlagen mit der Integritätsprüfung fortzufahren
-m	zusammen mit -f auch bei fehlenden Paketen weiter installieren (--ignore-missing)
-h	Hilfetext ausgeben
-s	nichts tun, nur eine Simulation durchführen
-t	setzt das Release vom dem zu installierenden Paket (es übergeht die Default-Einstellung)
-u	eine Liste der Pakete ausgeben, die mit dem nachfolgenden Kommando aktualisiert werden
-y	alle Fragen mit „Ja" beantworten, ohne nachzufragen

Folgender Befehl holt aktuelle Listen der installierbaren Pakete vom Quellmedium. Er muss immer als Erstes zum Auffrischen aufgerufen werden sowie nach jeder Änderung in der Datei `sources.list`!

```
root@ubuntu:~# apt-get update
```

Alle Pakete auf die aktuelle Version bringen (keine alten Pakete löschen); dies sollte immer die nächste Aktion nach „`apt-get update`" sein; mit Option `-u` werden die Pakete nur angezeigt, die updatefähig sind:

```
root@ubuntu:~# apt-get upgrade
```

PRAXISTIPP: Ist nach einem Update ein Neustart nötig, erscheint das Abmeldemenü rechts oben im Bildschirm in roter Farbe. Dies ist immer bei einem Kernel-Update der Fall. Sie sollten nun nicht mehr weiter arbeiten, sondern einen Neustart durchführen!

Abhängigkeiten und Unstimmigkeiten überprüft dieses Kommando:

```
root@ubuntu:~# apt-get check
```

Einige weitere Beispiele.

Das Paket `wget` installieren bzw. updaten:

```
root@ubuntu:~# apt-get install wget
```

Das Paket `wget` neu installieren, da es ev. beschädigt ist:

```
root@ubuntu:~# apt-get install --reinstall wget
```

Das Paket `wget` mit dieser Versionsnummer installieren:

```
root@ubuntu:~# apt-get install wget=1.10.2-3
```

Das Paket `wget` mit den dafür abhängigen Paketen entfernen:

```
root@ubuntu:~# apt-get remove wget
```

Das Paket `wget` mit Konfigurations-Dateien entfernen:

```
root@ubuntu:~# apt-get remove --purge wget
```

Mehrere Pakete können durch Zeichen nach dem Paketnamen in einem Kommando gebündelt werden. So steht „+“ für installieren; „-“ für entfernen (remove); „=“ für eine bestimmte Versionsnummer. Beispiel:

Das Paket „`evolution`“ installieren und Paket „`wget`“ entfernen

```
root@ubuntu:~# apt-get install evolution wget-
```

Mit `apt-cache` können zudem auf alle über Einträge in der Datei `sources.list` bekannten (auch auf noch nicht installierte) Pakete Abfragen durchgeführt werden.

Suche nach Paketen mit dem String „`browser`“ in der Beschreibung

```
user@ubuntu:~$ apt-cache search browser
```

Detaillierte Informationen zum angegebenen Paket ausgeben:

```
user@ubuntu:~$ apt-cache show wget
```

Alle installierten Pakete mit deren Abhängigkeiten zeigen:

```
user@ubuntu:~$ apt-cache dump
```

9.6.4 Schutz der Pakete

Jede Paketquelle mit allen darin enthaltenen Paketen ist besonders gesichert, damit niemand präparierte Pakete einbringt, die Schadsoftware enthalten. Bei der Installation sind die benötigten öffentlichen Schlüssel automatisch auf der Installations-CD dabei. Wenn Sie eine neue Paketquelle einrichten, sollten Sie zu Ihrer eigenen Sicherheit deren öffentlichen Schlüssel importieren.

Das Programm `apt-key` verwaltet die hierzu nötigen Schlüssel, die in der Datei `/etc/apt/trusted.gpg` abgelegt sind. Alle vorhandenen Schlüssel zeigt

```
root@ubuntu:~# apt-key list
```

Die Schlüssel werden aktualisiert mit:

```
root@ubuntu:~# apt-key update
```

Einen Schlüssel entfernen kann:

```
root@ubuntu:~# apt-key del <Key>
```

Sollten Warnungen auftreten, dass ein Public-Key nicht verfügbar ist, können Sie entweder die Keys von Ubuntu installieren mit:

```
root@ubuntu:~# apt-get install ubuntu-keyring
root@ubuntu:~# apt-get install ubuntu-extras-keyring
```

oder einen bestimmten Key von einem öffentlichen Keyserver holen und importieren:

```
root@ubuntu:~# gpg --keyserver wwwkeys.eu.pgp.net --recv-keys <key>
root@ubuntu:~# gpg --armor --export <key> | apt-key add -
```

Damit keine falschen Schlüssel installiert werden, sollten Sie vorher den Fingerprint des Schlüssels prüfen:

```
root@ubuntu:~# gpg --fingerprint <key>
```

Sollte die Meldung erscheinen, dass die Spracheinstellung nicht korrekt ist, ist dieser Befehl ev. hilfreich:

```
root@ubuntu:~# dpkg-reconfigure locales
```

9.6.5 Eine Grafik-Oberfläche installieren

`APT` kann auch mit Sektion umgehen, die bereits auf Seite 241 besprochen wurden. Wenn Sie zum Beispiel bei Ubuntu Server eine komplette Grafik-Oberfläche nachinstallieren wollen, geht dies wie folgt:

```
root@ubuntu:~# apt-get install kubuntu-desktop
root@ubuntu:~# apt-get install xubuntu-desktop
root@ubuntu:~# apt-get install lubuntu-desktop
```

Sie können dies auch durchführen, wenn bereits eine Grafik-Oberfläche vorhanden ist. Dann ist zum Beispiel im Display-Manager ein Umschalten von Gnome auf KDE möglich. Siehe hierzu Kapitel 3.

9.6.6 Proxy-Einstellungen für APT

Kann APT nur über einen bereits vorhandenen Proxy ins Internet gelangen, muss dies APT bekannt gegeben werden. Falls der Proxy zudem eine Authentifizierung verlangt, ist dies wie folgt möglich:

```
root@ubuntu:~# export http_proxy=http://username:password@
192.168.1.1:3128
```

Einen Proxy können Sie auch in einer Datei wie z.B. `/etc/apt/apt.conf.d/02proxy` eintragen:

```
Acquire
{   http {
    Proxy "http://max:password@192.168.2.20:3128";
    Timeout "120"; }
    ftp {
    Proxy "ftp://max:password@192.168.2.20:3128";
    Timeout "120";
    Passive "true"; }
}
```

9.6.7 Probleme der Paketverwaltung beheben

Dem Autor ist es in vielen Jahren nur einmal „gelungen“, die Paketverwaltung in einen inkonsistenten Zustand zu bringen. Unter Windows ist dann das probate Mittel, eine Neuinstallation oder das Zurücksetzen auf einen geeigneten Wiederherstellungspunkt (so vorhanden) vorzunehmen. Unter Linux bzw. Ubuntu gibt es keine Wiederherstellungspunkte. Sie sind auch nicht nötig. Eine Reparatur der Paketverwaltung ist (in einem Terminal) möglich durch Eingabe von:

```
root@ubuntu:~# apt-get -f install
root@ubuntu:~# dpkg --configure -a
```

Treten Probleme bei der Installation auf, sind eventuell diese Kommandos nützlich.

Die Abhängigkeiten neu auflösen, wenn Installationen fehlschlagen:

```
root@ubuntu:~# apt-get -f install
```

Die Installation nur simulieren ohne Ablegen auf der Festplatte:

```
root@ubuntu:~# apt-get -s wget
```

alle noch unkonfigurierten Pakete konfigurieren:

```
root@ubuntu:~# dpkg --configure -a
```

PRAXISTIPP: Es kann immer nur eine Paketverwaltung aktiv sein, da sie die Paket-Datenbank öffnen muss und für andere Programme sperrt! Wenn `apt-get` gerade im Hintergrund ein Update durchführt, das Sie über die Aktualisierungsverwaltung eingerichtet haben, können Sie dieses Programm im Moment nicht benutzen.

Sie erhalten dann folgende Meldung:

```
E: Konnte Sperre /var/lib/apt/lists/lock nicht bekommen - open (11: Die
Ressource ist zur Zeit nicht verfügbar).
E: Das Verzeichnis /var/lib/apt/lists/ kann nicht gesperrt werden
```

Der Prozess `apt-get` ist nicht im Systemmonitor zu sehen, nur über die Programme `ps`, `top` etc.:

```
user@ubuntu:~$ ps -ef | grep apt-get
```

```
root      1693 1631 97 11:52 ?        01:44:44 apt-get -qq -y update
max       1959 1609 0 13:40 pts/1     00:00:00 grep --color=auto apt-get
```

Warten Sie einfach so lange, bis das Update beendet ist. Wenn Sie Ubuntu von CD installiert haben und `apt-get` beim Update auf eine CD wartet, die nicht eingelegt ist, kann es vorkommen, dass der Prozess hängt, wie im obigen Beispiel zu sehen ist. Dann müssen Sie eingreifen, indem Sie die Installations-CD einlegen oder den Prozess mit dem Kommando `kill` beenden. Sie können auch in den Software-Paketquellen den Eintrag für die CD herausnehmen, z. B. über die Aktualisierungsverwaltung.

9.7 Das Programm `aptitude`

Das Programm `synaptic` wurde bereits beschrieben. Besonders für den Einsatz von Ubuntu Server ist jedoch das Programm `aptitude` gedacht und besser geeignet.

Im Gegensatz zu `apt-get` und `synaptic` gibt `aptitude` auch Empfehlungen aus („recommends“; mit Option `--with-recommends` bzw. `-r` werden sie als Abhängigkeiten angesehen) und kennzeichnet alle zur Auflösung von Abhängigkeiten automatisch selektierten Pakete, damit sie beim Entfernen des ursprünglichen Pakets auch wieder automatisch mit entfernt werden können.

Das Kommando `aptitude` können Sie in einer Kommandozeile ähnlich wie `apt-get` mit Parametern benutzen. Auch ein normaler Anwender kann es verwenden, kann aber damit keine Änderungen am System durchführen. Ohne Parameter aufgerufen, bietet es einen grafischen Modus, in dem es interaktiv mit der Tastatur als auch mit der Maus bedient werden kann. Für den Server-Einsatz eignet sich daher `aptitude` besser als `apt-get`. Bei den Desktop-Varianten von Ubuntu wird `aptitude` nicht automatisch installiert, bei der Server-Variante ist es immer dabei.

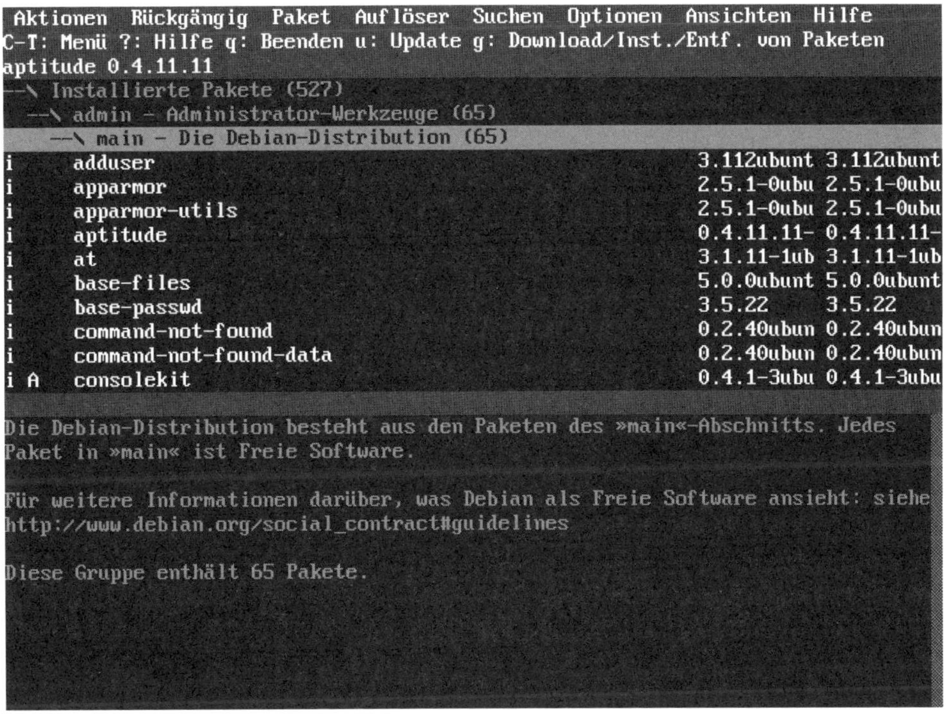

BILD 9.6 Das Programm `aptitude` im interaktiven Modus

Die Pakete sind in Gruppen eingeteilt, die über eine *Schnellauswahl (Tasks)* erreichbar sind. Sie können eine Gruppe öffnen und schließen, indem Sie mit den Pfeiltasten darauf navigieren und die Taste [RETURN] betätigen. Alle Pakete einer Gruppe sind auf einmal selektiert, wenn die Gruppe markiert wird.

Hier einige Tastenkommandos im interaktiven Modus von `aptitude`:

Taste	Beschreibung
+	markiert ein Paket oder Gruppe zur Installation; es wird dann in Grün dargestellt
-	markiert ein Paket zum Löschen; es ist dann violett dargestellt
_	(Unterstrich) wie oben, aber ein Paket vollständig löschen („purge“)
=	markiert ein Paket auf „Hold“, damit es nie aktualisiert wird; es ist dann weiß dargestellt
:	die Hold-Markierung vom Paket rückgängig machen
i	zeigt die Beschreibung eines Pakets
d	zeigt die Abhängigkeiten eines Pakets
v	zeigt die verfügbaren Versionen eines Pakets
u	aktualisiert die Liste der verfügbaren Pakete, wie bei „aptitude update“
U	alle Pakete markieren, für die es ein Update gibt
m	Paket als manuell installiert markieren
M	Paket als automatisch installiert markieren
g	startet die Installation der gewählten Pakete
q	beendet den aktuellen Zustand

Ist ein Konflikt mit Abhängigkeiten nicht lösbar, sind die entsprechenden Pakete rot markiert; die Pakete, die zur Aktualisierung anstehen, sind blau dargestellt.

Der erste Buchstabe am Anfang einer Paketzeile (auch bei Ausgaben von „`aptitude search`“) bedeutet:

Zeichen	Bedeutung
i	Paket ist installiert
c	Paket ist nicht installiert; Konfigurationsdateien sind von einer früheren Installation noch vorhanden
p	Paket ist noch nicht installiert
B	Paket hat nicht erfüllte Abhängigkeiten (es ist „kaputt“)
C	Paket ist halb konfiguriert
H	Paket ist halb installiert
u	Paket ist ausgepackt, aber noch nicht konfiguriert
v	Name weist auf eine Funktion hin (virtuell); zur Installation gibt es andere gleichnamige Pakete

Der zweite Buchstabe am Anfang einer Paketzeile zeigt die gewählte Aktion:

Zeichen	Aktion
i	Paket ist zum Installieren markiert („install“)
d	Paket ist zum Löschen markiert („delete“)
h	Paket ist zum Halten markiert; es wird nicht mehr aktualisiert („hold“)
p	Paket vollständig mit Konfigurationsdateien löschen („purge“)
r	Das installierte Paket noch einmal installieren („reinstall“)
u	Paket auf die aktuelle Version bringen („update“)

Ein dritter Buchstabe „A" nach dem Anfang einer Paketzeile zeigt, dass dieses Paket automatisch installiert wurde, um Abhängigkeiten aufzulösen, wie z. B. in Bild 9.1 zu sehen ist.

Gesetzte Markierungen bleiben auch erhalten, wenn das Programm mit „`q`" beendet wird.

`aptitude` schreibt seine Aktivitäten (nicht bei „`aptitude update`") in die Logdatei: `/var/log/aptitude`

Prinzipiell können Sie mit `aptitude` genauso arbeiten wie mit `apt-get`. Es benutzt ebenfalls die gleiche Konfiguration wie `apt-get`, ist aber nicht automatisch installiert.

Hier eine Gegenüberstellung:

Befehl von aptitude	Befehl von apt-get
`aptitude update`	`apt-get update`
`aptitude safe-upgrade`	`apt-get upgrade`
`aptitude full-upgrade`	`apt-get dist-upgrade`
`aptitude autoclean`	`apt-get autoclean`
`aptitude clean`	`apt-get clean`
`aptitude install name`	`apt-get install name`
`aptitude remove name`	`apt-get remove name`
`aptitude purge name`	`apt-get remove --purge name`
`aptitude -f install`	`apt-get -f install`
`aptitude -s name`	`apt-get -s name`
`aptitude show name`	`apt-cache show name`
`aptitude search muster`	`apt-cache search muster`

Als Beispiel die Installation vom Paket `wget`:

```
root@ubuntu:~# aptitude install wget
```

PRAXISTIPP: Sie sollten Pakete immer nur auf eine Art installieren oder entfernen, entweder mit `apt-get` bzw. `synaptic`, oder mit `aptitude`. Ansonsten können einige Informationen von `aptitude` verloren gehen, wenn Sie ein Paket mit `aptitude` installieren und mit `apt-get` entfernen.

Überflüssige, automatisch installierte Pakete können Sie entfernen mit:

```
root@ubuntu:~# apt-get autoremove
```

9.8 Das Programm `tasksel`

`tasksel` bietet eine übergeordnete Auswahl (task), um alle Pakete auf einmal auszuwählen, die für ein bestimmtes Ziel erforderlich sind, um zum Beispiel einen Mailserver, Webserver etc. einzurichten. Es ist nur bei der Server-Version von Ubuntu automatisch installiert und benötigt `aptitude`. Besonders auf einem Server vereinfacht dieses Programm die Installation. Damit ist nicht nur eine Installation, sondern auch eine Deinstallation von Paketgruppen möglich. Eine bereits vorhandene Konfiguration bleibt dabei erhalten.

Den Einsatz von `tasksel` sehen Sie in den Kapiteln für die Server-Applikationen ab Kapitel 14.

9.9 Ein System-Upgrade durchführen

Wie Sie Sicherheits-Updates im System einrichten, wurde bereits in Kapitel 4 zur Aktualisierungsverwaltung besprochen. Ein System-Upgrade geht wesentlich weiter. Damit ist ein Wechsel auf einen neuen Distributionsstand (z. B. von „maverick“ auf „natty“) gemeint. Eine Möglichkeit wäre wie folgt:

```
root@ubuntu:~# apt-get dist-upgrade
```

Besser für ein System-Upgrade eignet sich folgendes Skript, das zudem mit Option `-s` eine „Sandbox“, also ein Test-Dateisystem anbietet. Mit Option `-m=server` oder `-m=desktop` können Sie zudem das Verhalten für die Desktop- bzw. Server-Version optimieren:

```
root@ubuntu:~# do-release-upgrade
```

PRAXISTIPP: Vorher sollten Sie wichtige Daten sichern und alle fremden Paketquellen entfernen. Ein System-Upgrade kann dann problematisch sein, wenn größere Änderungen in der neuen Ubuntu-Version eingebaut sind, wie z. B. in der Vergangenheit die Umstellung auf Upstart oder der Verzicht auf HAL. Sie sollten danach das System ausgiebig testen! Am besten probieren Sie ein derartiges Upgrade auf einem Testrechner. Es eignet sich hierzu ein relativ einfacher Rechner, der sonst kaum noch Verwendung findet. Stellt sich dabei heraus, dass ein System-Upgrade größere Probleme bereitet, sollte eine Neuinstallation den Vorzug erhalten.

10 Das Grafiksystem

Eine Grafik-Oberfläche wird heute als selbstverständlich angenommen. Es ist jedoch ein kompliziertes Zusammenspiel vieler Programme. Das merkt man vor allem dann, wenn es einmal Probleme damit gibt, sei es bereits bei der Installation oder bei der täglichen Arbeit.

In den meisten Fällen werden Sie mit derartigen Problemen nicht konfrontiert. Es kann aber vorkommen, dass Ubuntu auf einer bestimmten Grafik-Hardware nur dann im Grafik-Modus arbeitet, wenn bestimmte Boot-Optionen eingetragen sind (siehe Kapitel 11). Oder die Auflösung, die Sie wünschen, wird unter *System / Einstellungen / Bildschirme* nicht bereitgestellt (siehe Kapitel 3).

Dieses Kapitel will Ihnen deshalb die Grundlagen der Grafik-Oberfläche zeigen und Tipps bei Problemen geben.

10.1 XWindow als Grundlage der Grafik

XWindow ist der Grafikstandard für UNIX- und Linux-Systeme. Es wurde Mitte der Achtzigerjahre beim MIT in Boston entwickelt. Seit Längerem ist die Version 11, Release 6 aktuell, kurz X11R6 genannt.

XWindow arbeitet über eine Client-Server-Beziehung. Der XServer (auch Display-Server genannt) stellt den hardware-nahen Teil dar, der die Grafikausgabe (Bildschirm) und die Eingabegeräte (Tastatur, Maus, Grafiktablett etc.) verwaltet, während die Grafikanwendungen (wie Firefox, OpenOffice ...) die Clients sind. Eine freie und damit lizenzfreie Version eines XServers ist XFree (für PC-Anwendungen heißt es wegen der 8086-Architektur XFree86). Ab 2004 wird wegen Lizenzproblemen die Version von Xorg verwendet.

Die Befehle zum Zeichnen von Grafikkomponenten (wie eine Linie etc.) erhält der XServer von den Clients über ein TCP/IP-Netzwerkprotokoll (das X-Protokoll nach RFC 1013). XWindow ist damit von Haus aus netzwerkfähig. Dies bedeutet, dass eine Anwendung auf einem entfernten Rechner laufen kann (der z. B. mit sehr viel Hauptspeicher bestückt ist), während die Grafikausgabe auf dem Rechner erfolgt, vor dem der Anwender sitzt.

Deshalb ist bei XWindow immer ein installiertes Netzwerk erforderlich, und wenn es nur das Loopback-Device ist, das nach der Installation von TCP/IP automatisch vorhanden ist.

Hierüber gelangen die Netzwerkanweisungen innerhalb eines Rechners direkt an den XServer, auch ohne eine Netzwerkkarte.

Vorteil:
Die Grafikausgabe ist netzwerkfähig! Zudem bleibt das System stabil, weil nicht jedes Programm (eventuell fehlerhaft) auf die Hardware zugreifen kann.

Nachteil:
Die Grafikausgabe ist etwas langsamer als bei direktem Zugriff.

Mit DRI (Direct Rendering Interface) kann auch unter Linux die Netzwerkschicht umgangen und Grafikausgaben können direkt in den Grafikspeicher geschrieben werden, vergleichbar mit DirectX unter Windows. Damit ist eine wesentliche Beschleunigung der Grafik möglich (z. B. für schnelle Spiele). Allerdings ist es nicht netzwerkfähig, da der Weg über ein Netzwerkprotokoll umgangen wird.

Weitere Infos zum DRI-Projekt: *http://dri.sourceforge.net/*

Der Fenster-Manager (oder Window-Manager) setzt auf dem XServer auf und legt das Aussehen der Fenster und deren Bedienelemente fest. In diesen vom Fenster-Manager erstellten Fenstern erfolgt dann die Abarbeitung der eigentlichen Grafikprogramme, die der Anwender startet.

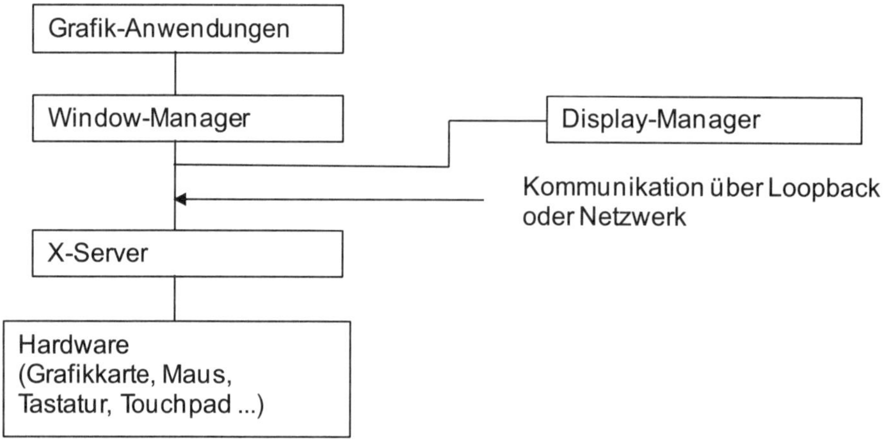

BILD 10.1 Der grundsätzliche Aufbau der Grafik-Oberfläche

10.2 Der Anmelde-Manager (Display-Manager)

Bevor der Anwender angemeldet ist, bekommt er vom Display-Manager einen Anmeldeschirm, in dem er seinen Kontonamen und das dazugehörige Passwort eingeben kann. Hier kann auch eine andere Session gewählt werden, wie eine KDE-Oberfläche (sofern diese installiert ist). Bei der automatischen Anmeldung bekommen Sie den Display-Manager nur dann zu sehen, wenn Sie sich abmelden oder den Benutzer wechseln, wie dies bereits in Kapitel 3 beschrieben wurde.

Meist wird der `GDM` (Gnome Display Manager) oder der `KDM` (KDE Display Manager) benutzt. `GDM` und `KDM` können auch weitere Aktionen anbieten, wie die Auswahl eines anderen Fenster-Managers, ein Menü zum Herunterfahren oder für andere Startarten (wie den Recovery-Modus), Einstellungen für Barrierefreiheit und vieles mehr.

Sobald ein Benutzer sich korrekt anmeldet, startet der Display-Manager einen Fenster-Manager (Window-Manager), der nun die für Gnome oder KDE typische Oberfläche aufbaut und die Fenster der Anwendungen verwaltet. Alle Programme, die der Anwender nun startet, laufen unter der Benutzerkennung von dem angemeldeten Anwender ab. Der Display-Manager bleibt dabei im Hintergrund aktiv und wartet, bis sich der Benutzer abmeldet. Dann zeigt er wieder den Login-Bildschirm an.

10.3 Der Fenster-Manager (Window-Manager)

Nach der Anmeldung übernimmt der Window-Manager die Kontrolle und baut den Bildschirm auf. Unter Gnome ist dies das Programm `gnome-session` und unter KDE das Programm `KWM`. Er ist für das Aussehen der Fenster zuständig sowie das Verhalten der Maus und bietet Menüs, Icons und vieles mehr an. Dieses Programm ist ein Anwendungsprogramm wie jedes andere auch und legt das generelle Aussehen der Oberfläche fest. In Kapitel 4 finden Sie weitere Informationen darüber.

10.4 Der XServer

Wie schon erwähnt, verwenden die meisten Linux-Distributionen seit 2004 nicht mehr den XServer von XFree86 mit dessen Konfigurationsdatei `/etc/X11/XF86Config`, sondern den Server von „X.Org“. Dessen Konfigurationsdatei heißt `/etc/X11/xorg.conf` (bei älteren Systemen ist es oft ein Link auf die Datei `/etc/X11/XF86Config` oder umgekehrt).

Bei der Konfiguration musste früher die gesamte Hardware, die für Grafikein- und -ausgabe benötigt wird, dem XServer bekannt gegeben werden. Seit es den PCI- bzw. AGP-Bus gibt, ist eine automatische Erkennung und Konfiguration der Grafikkarte möglich. Der eigentliche XServer ist unter Xorg das Programm `/usr/bin/X`.

Anstelle der Datei `xorg.conf` kann es auch das Verzeichnis `/etc/X11/xorg.conf.d` geben. Hier sind die Einstellungen auf mehrere Dateien in diesem Verzeichnis verteilt. Ist dennoch eine Datei `xorg.conf` vorhanden, geht deren Inhalt vor!

Bei neueren Systemen ist eine Datei `xorg.cfg` nicht mehr erforderlich und meist auch nicht mehr vorhanden, da der XServer sich über Kernel-Module automatisch selbst konfigurieren kann. Bei speziellen Einstellungen kann aber eine solche Datei erstellt werden, die dann vom XServer erkannt und benutzt wird.

Bei den meisten Grafikkarten ist eine manuelle Konfiguration nicht erforderlich. Falls es dennoch Probleme gibt, finden Sie am Ende dieses Kapitels eine kurze Anleitung. Es gibt zudem spezielle proprietäre Konfigurations-Programme für Grafikkarten von Nvidia (`nvidia-settings`) oder ATI (`fireglcontrolpanel`).

Der XServer schreibt seine Meldungen und Fehlerberichte in die Dateien `~/.xsession-errors` und `/var/log/Xorg.0.log`. Der XServer wird normalerweise vom Display-Manager gestartet. Sie können ihn auch in einer Konsole über das Kommando `startx` starten, wenn die Grafik konfiguriert, aber noch nicht gestartet ist.

Auch unter Windows kann man die Ausgabe von XWindow-Programmen ansehen, wenn eine Verbindung zu einem Linux-Server vorhanden und ein XServer installiert ist, wie `X-Win32` oder der von Hummingbird.

Informationen zu XWindow erhalten Sie mit folgenden Kommandos:

Die Version des XServers ausgeben:

```
user@ubuntu:~$ X -showconfig
```

Einstellungen des Displays ausgeben, wie die Größe des Displays als Grundlage für die Berechnung der Auflösung (z. B. mit `xdpyinfo | grep dimension`)

```
user@ubuntu:~$ xdpyinfo
```

Attribute eines selektierten Fensters ausgeben, wie Farbtiefe etc.

```
user@ubuntu:~$ xwininfo
```

10.5 KMS und proprietäre Grafiktreiber

Bei neueren Distributionen wird per Default keine Datei `xorg.conf` mehr erzeugt. Die Initialisierung und die Umschaltung der Grafikmodi erfolgt nun direkt im Kernel per `KMS` (Kernel-based Mode Setting). Dabei wandern ab Kernel 2.6.29 etliche Routinen zum Ansprechen der Grafikkarte in den Kernel. Beim Aufwachen aus einem Schlafzustand erledigt dabei der Kernel die Re-Initialisierung der Grafikhardware, was bei manchem älteren XServer noch nicht reibungslos klappt.

Der XServer benötigt mit `KMS` keine Root-Rechte mehr. Die proprietären Grafiktreiber von ATI und Nvidia schalten `KMS` ab. Der Start nach einem Update von neueren Kernels kann mitunter scheitern, wenn `KMS` nicht über die Boot-Option „`nomodeset`" abgeschaltet oder wenn eine Datei `xorg.conf` mit eigenen Grafikmodi vorhanden ist!

Falls die Datei `xorg.conf` für spezielle Einstellungen gewünscht ist, kann sie dennoch erzeugt werden.

10.6 Weitere Grafiktreiber

Sind keine passenden Treiber für die eingebaute Grafikkarte vorhanden, können auch die Standardtreiber für VGA, VESA (für die VESA-Modi der Grafikkarte) und Framebuffer benutzt werden. Sie haben jedoch den Nachteil, dass sie meist langsamer sind und keine 3D-Beschleunigung bieten!

VESA (Video Electronics Standard Association) hat einige Grafikauflösungen standardisiert, die die meisten Grafikkarten anzeigen können. Schon beim Booten kann dieser Treiber über die Kernel-Option xdriver=vesa angegeben werden.

Ein Beispiel für einen dauerhaften Eintrag des VESA-Treibers in der Datei `xorg.conf`:

```
Section "Device"
 Driver "vesa"
EndSection
```

Mit einem Framebuffer-Treiber wird direkt auf den Bildspeicher der Grafikkarte zugegriffen. Auch wenn beim Booten eine Grafik erscheint, erfolgt dies über den Framebuffer. Das ist nur möglich, wenn im Kernel die Unterstützung für den Framebuffer eingerichtet ist (dann ist die Datei `/proc/fb` vorhanden).

Ein Beispiel für den Framebuffer-Treiber in `xorg.conf`:

```
Section "Device"
 ...
 Driver     "fbdev"
 ...
EndSection
```

Der Rechner muss hierzu mit der Boot-Option "`vga=<n>`" gestartet werden (entweder über Einträge in der Grub-Konfiguration oder durch Eingabe beim Booten), wobei "`n`" für den Framebuffer-Modus steht. Folgender Befehl (das Paket `hwinfo` muss erst installiert werden) zeigt die möglichen Modi der eingebauten Grafikkarte als Hexadezimal-Werte (z. B. 0x318 für Auflösung „1024x768" mit 24 Bit Farbtiefe; dies wäre dann dezimal 792).

```
root@ubuntu:~# hwinfo --framebuffer
```

Die Auflösung VGA ist immer möglich, allerdings ist dies nur die letzte Notlösung.

10.7 Start von Grafikanwendungen über das Netzwerk

Wie schon erwähnt, kann XWindow auch über ein Netzwerk betrieben werden. Damit ist nicht nur ein Arbeiten auf einem anderen, eventuell besser ausgestatteten Rechner möglich, der zum Beispiel sehr viel Hauptspeicher, schnelle Prozessoren oder wichtige Programme enthält. Es gestattet auch eine Fernwartung von Servern und vieles mehr.

Hier ein einfaches Beispiel. Öffnen Sie eine SSH-Verbindung auf einen anderen Rechner mit Linux oder Ubuntu:

```
user@ubuntu:~$ ssh -X remotehost
```

Wenn die Meldung *Connection refused* erscheint, bedeutet dies, dass entweder der SSH-Dienst nicht gestartet bzw. gar nicht installiert ist oder die Firewall eine Verbindung blockiert. Installieren Sie das Paket SSH auf dem Zielrechner und versuchen Sie den letzten Befehl noch einmal.

Nach der Sicherheitsabfrage (die Sie mit *yes* bestätigen) und der Eingabe Ihres Passworts auf dem anderen Rechner können Sie nun ein beliebiges Programm auf diesem Rechner starten. Es läuft nicht auf Ihrem lokalen Rechner, nur die Ausgabe erscheint dort.

Falls Sie auf dem anderen Rechner einen anderen Account haben, geben Sie diesen beim Start der Verbindung ein, wenn Ihr Benutzername dort z. B. "`max`" lautet:

```
user@ubuntu:~$ ssh -X -l max remotehost
```

oder auch

```
user@ubuntu:~$ ssh -X max@remotehost
```

Sie können auch auf dem anderen Rechner ein Grafikprogramm starten, wie z. B. `firefox`. Das Programm läuft auf dem Zielrechner ab, die Grafik sehen Sie auf Ihrem Bildschirm.

Der Start eines Grafikprogramms auf einem anderen Rechner gelingt auch dann, wenn dort keine grafische Oberfläche installiert ist, wie bei Ubuntu-Server! Es braucht nur der X-Server installiert zu sein, was unter Ubuntu immer der Fall ist. Oft muss der SSH-Server nachinstalliert werden.

10.8 Die Grafikauflösung anpassen

Wenn ein Start der Grafik fehlschlägt, gelangen Sie in eine der Konsolen, in der Sie sich einloggen und die Datei ändern können.

Die Konfigurationsdatei `xorg.conf` ist in mehrere Abschnitte (Sektionen) aufgeteilt, die mit `Section <name>` begonnen und mit `End Section` beendet werden. Änderungen an dieser Datei werden erst nach dem Neustart des XServers wirksam!

Hier ein Beispiel für eine minimale Datei `xorg.conf`:

```
Section "Device"
        Identifier "xy"
        Driver "vesa"
EndSection

Section "Monitor"
        Identifier "abc"
        HorizSync 30-80
        VertRefresh 43-70
EndSection

Section "Screen"
        Identifier "default"
        Device "xy"
        Monitor "abc"
        DefaultDepth 24
        Subsection "Display"
```

```
                Depth 24
                Modes "1280x1024" "1152x864" "1024x768" "800x600" "640x480"
                ViewPort 0 0
        EndSubsection
EndSection
```

Wenn die Grafik-Oberfläche zwar startet, die Auflösung aber nicht mit der vom Display übereinstimmt, können Sie eine eigene Auflösung definieren. Sie sollten dies mit großer Vorsicht angeben, da sonst ev. das Display Schaden nehmen kann!

Mit dem Programm `xrandr` und Option `-q` ermitteln Sie den aktuellen Status der Anzeige:

```
user@ubuntu:~$ xrandr -q
```

```
Screen 0: minimum 320 x 200, current 1280 x 1024, maximum 4096 x 4096
VGA-1 connected 1280x1024+0+0 (normal left inverted right x axis y
axis) 376mm x 301mm
   1280x1024      60.0*+   75.0     72.0
   1152x864       75.0
   1024x768       75.1     70.1     60.0
   832x624        74.6
   800x600        72.2     75.0     60.3
   640x480        72.8     75.0     66.7     60.0
   720x400        70.1
   640x350        70.1
```

Ist die gewünschte Auflösung nicht dabei, können Sie eine sog. „Modline" erstellen, in der alle Angaben enthalten sind, die die Grafik-Hardware für eine bestimmte Auflösung benötigt. Eine Quelle für Modlines ist das Programm `cvt`, das ohne Root-Rechte auskommt:

```
user@ubuntu:~$ cvt 1280 1024 60

root@ubuntu:~# 1280x1024 59.89 Hz (CVT 1.31M4) hsync: 63.67 kHz; pclk:
109.00 MHz

Modeline "1280x1024_60.00" 109.00 1280 1368 1496 1712 1024 1027 1034 1063
-hsync +vsync
```

Dabei steht der erste Parameter für die X-Auflösung, danach kommen die Y-Auflösung und die Refresh-Rate. Bei den heute vorherrschenden Flachbildschirmen ist meist eine Bildwiederholrate von 60 Hz ausreichend.

Sie können nun diese Modline dem System bekannt geben:

```
# xrandr --newmode "1280x1024_60.00" 109.00 1280 1368 1496 1712 1024 1027
1034 1063 -hsync +vsync
```

Der (erste bzw. einzige) Monitor 0 erhält hiermit diese Modline zugewiesen:

```
root@ubuntu:~# xrandr --addmode LVDS "1280x1024_60.00"
```

Die Einstellung aktiviert nun folgender Befehl, ohne dass ein Neustart vom XServer erforderlich ist:

```
root@ubuntu:~# xrandr --output default --mode "1280x1024_60.00"
```

PRAXISTIPP: Die Auflösung bzw. die Einträge für die horizontalen und vertikalen Frequenzen vom Monitor dürfen nie höher eingestellt sein, als dies der Monitor verträgt. Ansonsten kann er beschädigt werden!

Ist alles in Ordnung, können Sie die Einstellungen in die Datei ~/.xprofile in Ihrem Homeverzeichnis oder systemweit in /etc/X11/xorg.conf unter den Sections „Modes“ und „Screen“ übernehmen.

Eine weitere Beschreibung für die Einstellung einer anderen Auflösung von XWindow zusammen mit Beispielen einer Datei xorg.conf finden Sie unter: *https://wiki.ubuntu.com/X/Config/Resolution*

11 Der Bootvorgang

Normalerweise brauchen Sie sich um den Bootvorgang nicht zu kümmern. In ca. 95 % aller Fälle geht mit dem Booten alles glatt, und es sind keine weiteren Eingriffe nötig. Nur wenn Sie Hardware besitzen, die Probleme macht, einen speziellen Fall haben oder nach einer Neuinstallation von Windows nicht mehr an Ubuntu herankommen, brauchen Sie weitere Aktionen. Gibt es jedoch einmal Probleme, erfahren Sie in diesem Kapitel, welche Aktionen Sie durchführen können.

11.1 BIOS und Grub

Ist nur ein System auf einem Rechner installiert, sind die Verhältnisse einfach. Der Boot-Manager braucht nur dieses System zu starten, weiter nichts. Bis Windows XP erledigt diesen Job das Programm `ntldr`, das die Datei `boot.ini` auswertet und den entsprechenden Kernel `ntoskrnl.exe` lädt. Ab Windows Vista ist das Programm `bootmgr` hierfür zuständig.

Der Anwender bekommt davon in der Regel nichts mit, da in den meisten Fällen nur ein System vorhanden ist. Schwieriger wird es dann, wenn mehrere Betriebssysteme installiert sind. Deshalb soll erst in Kürze dargestellt werden, wie der Boot-Vorgang auf einem PC abläuft.

Im „BIOS"-Baustein auf dem Mainboard sind drei Bereiche zu unterscheiden:

- Das Startprogramm, das nach dem Einschalten des Rechners aktiv wird
- Die Programmroutinen vom eigentlichen BIOS (noch aus DOS-Zeiten), die für die Ausgabe von Buchstaben, zur Abfrage der Tastatur bzw. zum Zugriff auf Diskette oder Festplatte erforderlich sind
- Ein Setup-Programm zur Änderung von Einstellungen, wie der Uhrzeit, der Bootreihenfolge etc. Die Einstellungen werden beim Verlassen des Programms in einem statischen Speicher (wie dem Uhrenbaustein) abgelegt, der über eine Batterie gepuffert ist.

Das Booten eines Betriebssystems nach dem Einschalten des Rechners läuft vereinfacht in diesen Schritten ab:

- Das Startprogramm im BIOS wird nach einem Reset aktiv und startet dann POST (Power ON Self Test), Speichertest, Initialisierung der Hardware etc. bis hin zum Suchen und Aktivieren eines kurzen (in Maschinensprache hinterlegten) Boot-Codes im Boot-Sektor eines Datenträgers (Diskette, Festplatte, CD-ROM etc.). Die eingestellte Bootreihenfolge (z. B. CD-ROM, C) entscheidet über die Reihenfolge der Suche.

- Ist die Bootreihenfolge so eingestellt, dass von Festplatte gebootet werden soll, dann sucht das Startprogramm aus dem BIOS-Baustein zunächst im ersten Sektor der Festplatte, dem MBR (Master Boot Record), nach einem Boot-Code (auch Boot-Loader genannt). Dieser startet einen Boot-Manager, der dann ein oder mehrere installierte Betriebssysteme als Auswahl zum Booten anbietet.
- Falls im MBR kein Boot-Code vorhanden ist, wird ein solcher in dem Boot-Sektor gesucht, der zu der als aktiv gekennzeichneten primären Partition gehört. Ist dort ein solcher hinterlegt, wird er ausgeführt. Damit startet ein Boot-Manager, der letzten Endes ein Betriebssystem hochfährt, indem er dessen Kernel startet (wie z. B. bei Windows und Linux).
- Ist die Bootreihenfolge im BIOS so eingestellt, dass beim Hochfahren des Computers von einem USB-Stick oder einer Diskette gebootet werden soll, dann ist ein Hochfahren auch über einen startbaren USB-Stick bzw. eine Diskette möglich. Dass heißt, dass im MBR vom USB-Stick bzw. im Boot-Sektor der Diskette ebenfalls ein Boot-Code eingetragen ist.

`Grub` (GRand Unified Bootloader) ist der aktuelle Boot-Manager von Linux. Er muss also entweder über einen Eintrag im Master Boot Record (MBR) oder in dem Boot-Sektor der als aktiv gekennzeichneten Partition gestartet werden. Der frühere Boot-Loader LILO (Linux-Loader) wird heute kaum noch benutzt.

Ein Hochfahren von Ubuntu ist auch über dem Boot-Manager von Windows möglich, wenn dieser entsprechend vorbereitet ist. Siehe weiter unten.

PRAXISTIPP: Das Dateisystem XFS beginnt am ersten Sektor der Partition, es gibt dabei keinen Boot-Sektor!

11.2 Grub2

Bei Verwendung des Dateisystems Ext4 bzw. bei einem Rechner mit einem EFI-System anstelle eines BIOS ist entweder ein gepatchtes Grub oder das neue Grub2 erforderlich. Das bisherige Grub wird ab Version 0.97 nicht mehr weiter entwickelt. Die Distribution Ubuntu 9.10 war das erste Ubuntu, das Grub2 bei einer Neuinstallation benutzte. Grub2 kann zudem auch Systeme mit Software-RAID oder LVM starten. Eine eigene Boot-Partition ist dann nicht mehr erforderlich. Auch beim Booten von USB-Sticks etc. bringt Grub2 Vorteile, da es Partitionen an deren UUID (Universally Unique Identifier) erkennen kann. Grub2 kann auch Unicode als Font benutzen.

Die Datei `/boot/grub/menu.lst` gibt es bei Grub2 nicht mehr. Die Einträge der auf einem Rechner installierten Betriebssysteme sind in der Datei `/boot/grub/grub.cfg` abgespeichert. Diese Datei sollte nicht mehr manuell geändert werden! Das Kommando `update-grub` bzw. `update-grub2` erstellt deren Inhalt, indem es alle auf dem Rechner vorhandenen Systeme ermittelt und für jeden Kernel (und jeden Memory-Test) einen eigenen Eintrag hinzufügt. Es wird auch bei jedem Kernel-Update automatisch gestartet und aktualisiert dabei den Grub-Startmechanismus.

Einträge in der Datei /etc/default/grub bestimmen das generelle Verhalten von Grub2. Wenn man Änderungen am Boot-Verhalten einbringen will, dann sollte dies nur in dieser Datei erfolgen.

Ein Beispiel:

```
GRUB_DEFAULT=0
#GRUB_HIDDEN_TIMEOUT=0
GRUB_HIDDEN_TIMEOUT_QUIET=true
GRUB_TIMEOUT=10
GRUB_DISTRIBUTOR='lsb_release -i -s 2> /dev/null || echo Debian'
GRUB_CMDLINE_LINUX_DEFAULT="quiet splash"
GRUB_CMDLINE_LINUX=""
```

Hier sind im Wesentlichen die erste Zeile und die vierte Zeile interessant. Die Nummer nach "GRUB_DEFAULT" in der ersten Zeile legt das Betriebssystem fest, das zu starten ist, wenn der Benutzer nicht eingreift. Die Zählweise beginnt hier mit „0“. Es bedeutet „0“, dass der erste Eintrag in /boot/grub/grub.cfg benutzt werden soll; „1! steht für den zweiten Eintrag usw.

In Zeile 4 bedeutet die Zahl hinter „GRUB_TIMEOUT“ die Anzahl von Sekunden, die Grub auf eine Eingabe vom Benutzer wartet. Falls Sie immer die Bootmeldungen sehen wollen, können Sie in der vorletzten Zeile die Einträge quiet und splash entfernen.

Erst nach folgendem Kommando werden geänderte Einträge in das Boot-Menü übernommen:

```
root@ubuntu:~# update-grub
```

Unter Ubuntu kann das Boot-Menü recht unübersichtlich werden, wenn mehr als eine Linux-Installation sich zusammen mit Windows auf dem Rechner befinden. Zudem kann es vorkommen, dass man eine Installation nur über eine bestimmte Boot-Option starten kann. Diese Option bei jedem neuen Start von Hand einzugeben, ist kaum praktikabel.

Die Datei /boot/grub/grub.cfg, die für die Einträge im Boot-Menü zuständig ist, sollte nicht editiert werden. Sie würde beim nächsten Kernel-Update sowieso wieder überschrieben werden. Stattdessen ist es möglich, eine eigene Datei für das Boot-Menü zu erstellen, deren Inhalt am Ende des Boot-Menüs automatisch angehängt wird. Sie muss den Namen /boot/grub/custom.cfg haben und darf nur Einträge der Art „menuentry ..." enthalten. Damit einer dieser Einträge als Default gestartet wird, ist eine Anpassung in /etc/default/grub erforderlich, z. B „GRUB_DEFAULT=5“.

Damit Sie den Eintrag nicht nach jedem Kernel-Update zu ändern brauchen, können Sie die symbolischen Links benutzen, die auf die aktuellen Dateien von Kernel (hinter dem Schlüsselwort „linux“) und Initrd (der Initial RAM-Disk hinter dem Wort „initrd“) zeigen.

Hier ein Beispiel für die Datei /boot/grub/custom.cfg:

```
menuentry 'Ubuntu' --class ubuntu --class gnu-linux --class gnu --class os {
    recordfail
    insmod part_msdos
    insmod ext2
    set root='(hd0,msdos14)'
    search --no-floppy --fs-uuid --set 022b3657-b7b3-48a2-8788-8e0e71ef7401
    linux   /vmlinuz root=UUID=022b3657-b7b3-48a2-8788-8e0e71ef7401 ro nomodeset
    initrd /initrd.img
}
```

Besonders wichtig sind hier die Zeilen, die wie folgt beginnen:

`menuentry`	leitet einen Eintrag im Boot-Menü ein
`set root=`	Die Root-Partition der zu startenden Installation
`linux`	Der Name der Kerneldatei
`initrd`	Der Name der Datei für die Initial RAM-Disk

Siehe auch: *http://wiki.ubuntuusers.de/GRUB_2/Grundlagen*

PRAXISTIPP

- Falls Sie mehrere Linux- bzw. Ubuntu-Installationen auf demselben Rechner durchführen, ist beim Booten immer der Grub-Startmechanismus der letzten Installation aktiv. Änderungen in anderen Installationen bleiben dann für den Bootvorgang wirkungslos!
- Wenn in einer anderen Linux-Installation ein Kernel-Update erfolgt, muss der Grub-Startmechanismus durch `update-grub` neu erstellt werden. Warum die kompletten Kernelnamen eingetragen sind und nicht die vorhanden Links zu den Kernels, ist unklar.

HINWEIS: Einige Details vom Aussehen des Boot-Menüs, wie das als Standard angesehene Betriebssystem, können Sie über den `StartUpManager` ändern, den Sie erst installieren müssen. Er bietet auch unter dem Reiter *Erweitert* die Erstellung einer Rettungsdiskette an.

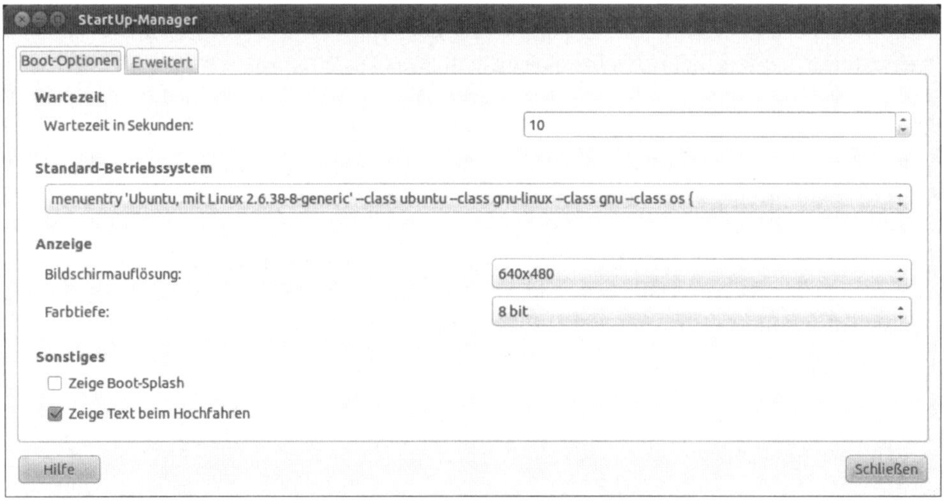

BILD 11.1 Der StartupManager

11.3 Bootmechanismus reparieren

Sobald Sie auf einem Rechner mit Ubuntu eine Windows-Neuinstallation durchführen, ist der Bootmechanismus von Ubuntu zerstört. Aber auch dann, wenn dieser Mechanismus, zum Beispiel durch eigene Eingriffe, nicht mehr einwandfrei arbeitet, können Sie ihn jederzeit reparieren.

Bevor Sie Änderungen an dem Bootmechanismus durchführen, sollten Sie mit der Materie vertraut sein. Falls ein Booten durch eigene Änderungen nicht mehr möglich sein sollte, können Sie über eine Live-CD die Dateien reparieren. Ein gutes Verständnis der grundlegenden Kommandos in Kapitel 6 und 7 ist dabei vorausgesetzt.

Legen Sie zunächst eine Installations-CD von Ubuntu ein und booten Sie davon. Falls Sie Ubuntu auf einen USB-Stick oder eine externe Festplatte installiert haben, können Sie auch hiervon booten. Es ist grundsätzlich auch eine Live-CD von einem anderen Linux geeignet, wie z. B. eine aktuelle Knoppix-CD. Öffnen Sie ein Terminal oder benutzen Sie eine der Konsolen, zu der Sie in der Regel mit [STRG] + [ALT] + [F1] etc. kommen.

Es ist erforderlich, die genaue Bezeichnung der Root-Partition von Ubuntu zu kennen. Dann können Sie diese Partition als Benutzer `root` mounten und mit dem Kommando `chroot` dieses Filesystem als neues Root-Filesystem definieren.

Ein Beispiel:

Die Root-Partition mounten:

```
ubuntu@ubuntu:~# sudo su -
root@ubuntu:~# mount /dev/sda8 /mnt
```

Verzeichnis `/dev` mit dem `/dev` der gemounteten Partition verbinden:

```
root@ubuntu:~# mount --bind /dev /mnt/dev
```

Die gemountete Partition zur Root-Partition machen:

```
root@ubuntu:~# chroot /mnt
```

Die genannten „Pseudo"-Verzeichnisse mounten

```
root@ubuntu:~# mount /proc; mount /sys
```

Geben Sie nun das folgende Kommando ein, wenn Sie den Bootmechanismus vom MBR der ersten Festplatte (die erste, die das BIOS-Startprogramm findet) aus aktivieren wollen:

```
root@ubuntu:~# grub-install /dev/sda
root@ubuntu:~# umount /proc /sys
root@ubuntu:~# exit
```

Nach einem Neustart sollte der Bootmechanismus wieder in Ordnung sein. Eventuell müssen Sie noch im Anmelde-Manager die Sprache neu einstellen, bevor Sie sich anmelden.

PRAXISTIPP: Bei mancher Hardware dürfen Sie nicht den Master Boot Record (MBR) überschreiben, wie schon in Kapitel 2 erwähnt. Geben Sie daher eine andere primäre Partition an, die aktiv sein muss, z. B.:

```
root@ubuntu:~# grub-install /dev/sda3
```

■

Eine Partition können Sie am einfachsten mit dem Programm `fdisk`. aktivieren. Siehe auch Kapitel 7.

11.4 Dualboot mit Windows

Windows kann von Boot-Manager ebenfalls nicht genau so wie eine Linux-Installation gestartet werden. Da Grub den Kernel von Windows nicht direkt ausführen kann, gibt er diese Aufgabe an den Boot-Manager von Windows weiter. Der Eintrag „`chainloader +1`" im nachfolgenden Beispiel bedeutet also, dass er über den Boot-Sektor der Windows-Partition (dem Sektor Nummer 1 auf dieser Partition) den Boot-Manager von Windows startet.

Hier ein Beispiel für das Booten von Vista:

```
menuentry "Windows Vista (loader) (on /dev/sda1)" {
        insmod part_msdos
        insmod ntfs
        set root='(hd0,msdos1)'
        search --no-floppy --fs-uuid --set d834f8ff34f8e184
        chainloader +1
}
```

Besonders interessant an dem Boot-Manager Grub ist, dass Sie dessen Startmechanismus auch auf einem anderen Datenträger (in dessen Boot-Sektor bzw. MBR) installieren können. Damit wäre beispielsweise eine Installation von Ubuntu auf einem Rechner mit Windows möglich, ohne dass ein Boot-Menü von Ubuntu erscheint. Erst wenn Sie einen entsprechend präparierten USB-Stick (oder eine Diskette) einstecken, erhalten Sie nach dem Einschalten das Boot-Menü, über das Sie Ubuntu starten können.

Dann ist auch eine Neuinstallation von Windows kein Problem mehr für Ubuntu. Windows interessiert sich nicht für Linux-Installationen und kappt bei seiner Installation alle Verbindungen zu anderen Systemen. Auch bei der Reparatur des Bootmechanismus von Windows (z.B. in der Wiederherstellungskonsole) ist danach kein Start von Ubuntu mehr möglich. Wenn Sie mit folgendem Kommando einen USB-Stick (oder Diskette) vorbereiten, können Sie auch in solchen Fällen noch Ubuntu booten, indem Sie die Bootreihenfolge im BIOS ändern und diesen einfach einstecken.

Bitte vergewissern Sie sich, dass Sie die richtige Gerätebezeichnung von Ihrem USB-Stick verwenden!

Ein Beispiel für einen USB-Stick auf `/dev/sdc`:

```
root@ubuntu:~# grub-install --no-floppy /dev/sdc
```

Ein Beispiel für eine Diskette:

```
root@ubuntu:~# grub-install /dev/fd0
```

Obwohl keine Daten auf diesen Datenträgern dabei gelöscht werden (es wird nur der Boot-Sektor beschrieben), sollten Sie extrem vorsichtig sein und besser vorher ein Backup durchführen.

Ubuntu kann auch auf einem USB-Stick als Live-System installiert sein, wie in Kapitel 2 beschrieben. Es bootet nach dem Neustart des Rechners bei angeschlossenem USB-Stick.

Falls Sie sich wider Erwarten dazu entscheiden sollten, Ubuntu nicht mehr zu verwenden, können Sie den Bootmechanismus unter Windows ab Vista wieder herstellen, indem Sie Windows booten und über die Taste [F8] die Computerreparaturoptionen anwählen. In der Eingabeaufforderung können Sie dann folgendes Kommando absetzen:

```
bootrec /fixmbr
```

Bei älteren Windows-Versionen, wie Windows XP, müssen Sie anders vorgehen. Der Befehl `fixmbr` aus der Wiederherstellungskonsole entfernt den Boot-Code aus dem MBR, den Ubuntu dort hinterlegt hat.

11.5 Booten über Windows

Auch der Boot-Manager von Windows kann Ubuntu starten. Ein Vorteil dabei ist, dass bei einer Neuinstallation von Windows diese Einträge erhalten bleiben, wenn Sie für Windows eine eigene Startpartition benutzen.

Starten Sie Ubuntu und lassen Sie den Boot-Code in den Boot-Sektor der Root-Partition schreiben. Vergewissern Sie sich, dass Sie die richtige Root-Partition kennen (z. B. über das Kommando `df`). Wenn dies z. B. die Partition 8 ist, geben Sie in einem Terminal folgenden Befehl ein:

```
root@ubuntu:~# grub-install /dev/sda8
```

Sichern Sie nun diesen Boot-Sektor in einer Datei mit:

```
root@ubuntu:~# dd if=/dev/sda8 bs=512 count=1 of=ubuntu.boot
```

Die erstellte Datei `ubuntu.boot` kopieren Sie nun in das oberste Verzeichnis des Windows-Dateisystems, nachdem Sie es über den Dateimanager eingebunden haben.

Ab Windows Vista können Sie in einer Eingabeaufforderung folgendes Kommando eingeben:

```
bcdedit /create /d "Ubuntu" /application BOOTSECTOR
```

Die GUID, die Sie damit erhalten, setzen Sie bei den folgenden Kommandos anstelle von „`<GUID>`" ein:

```
bcdedit /set <GUID> device Partition=C
bcdedit /set <GUID> PATH \ubuntu.boot
bcdedit /displayorder <GUID> /addlast
```

Es ist für die Änderung auch das Freeware-Programm `EasyBCD` von `http://neosmart.net` geeignet, das einfacher zu bedienen ist.

Unter älteren Windows-Versionen bis Windows XP geht es einfacher. Den Verweis auf die Datei mit dem Boot-Code brauchen Sie hier nur in die Datei `boot.ini` einzutragen.

Ein Beispiel (der Eintrag für Ubuntu befindet sich in der letzten Zeile):

```
...
multi(0)disk(0)rdisk(0)partition(1)\WINDOWS="Microsoft Windows XP Professional"
C:\ubuntu.boot="Ubuntu"
```

Wenn Sie nun unter Windows im Boot-Menü den Eintrag „`Ubuntu`" wählen, erhalten Sie den Boot-Manager von Ubuntu.

11.6 Boot-Optionen

Ubuntu ist so geplant, dass der Anwender kaum in die Interna des Systems einzugreifen braucht. In der Regel funktioniert das auch. Dennoch gibt es eine Vielzahl von Hardware, für die ein doch relativ kleines Team um Ubuntu nicht für jeden Fall eine Lösung einplanen kann. Dann wird es recht aufwendig, so wie es auch der Fall ist, wenn unter Windows etwas nicht sofort funktioniert.

Wenn Ubuntu oder eine Variante von Ubuntu von CD oder DVD nicht starten sollte, sehen Sie sich erst einmal alle Boot-Optionen an. Sie erhalten das Boot-Menü, wenn Sie direkt nach dem Erkennen des Bootmediums (es erscheint am unteren Bildschirmrand ein Startsymbol) die Taste [Tab], [Esc] oder [Shift] drücken. Sie müssen erst noch die Sprache einstellen.

Über das Boot-Menü können Sie Ubuntu im Live-Modus starten, es installieren, die CD bzw. DVD auf Fehler prüfen, den Arbeitsspeicher zur Sicherheit mit dem Programm `memtest86` testen oder, wenn Sie die CD nicht benutzen wollen, das bereits installierte Betriebssystem starten.

BILD 11.2 Das Boot-Menü einer Ubuntu-CD

Nach dem Betätigen der Taste [F6] werden die Boot-Optionen für diesen Eintrag in einer Textzeile unten am Bildschirm sichtbar. Zusätzlich erhalten Sie rechts ein Menü, in dem Sie die gebräuchlichsten Änderungen der Boot-Optionen angeboten bekommen. Mit den Cursor-Tasten können Sie dort eine Option anwählen; das Drücken der Return-Taste bzw. der Blank-Taste aktiviert diese. Nach Eingabe von [Esc] verschwindet das Menü wieder.

In der Zeile für die Boot-Optionen können Sie ebenfalls mit den Cursor-Tasten zu einem Eintrag navigieren und diesen editieren. So können Sie beispielsweise die Optionen „splash" und „quiet" entfernen, damit alle Meldungen beim Booten erscheinen. Diese können wertvolle Hinweise auf Hardware-Probleme geben! Das Bootmenü einer Ubuntu-DVD enthält 2 weitere Zeilen, eine für die Installation im Textmodus (ähnlich einer Alternate-CD) und eine für die Reparatur eines beschädigten Systems, womit Sie im Wesentlichen bei einem installierten Ubuntu den Bootloader neu installieren oder eine Shell zur Reparatur öffnen können.

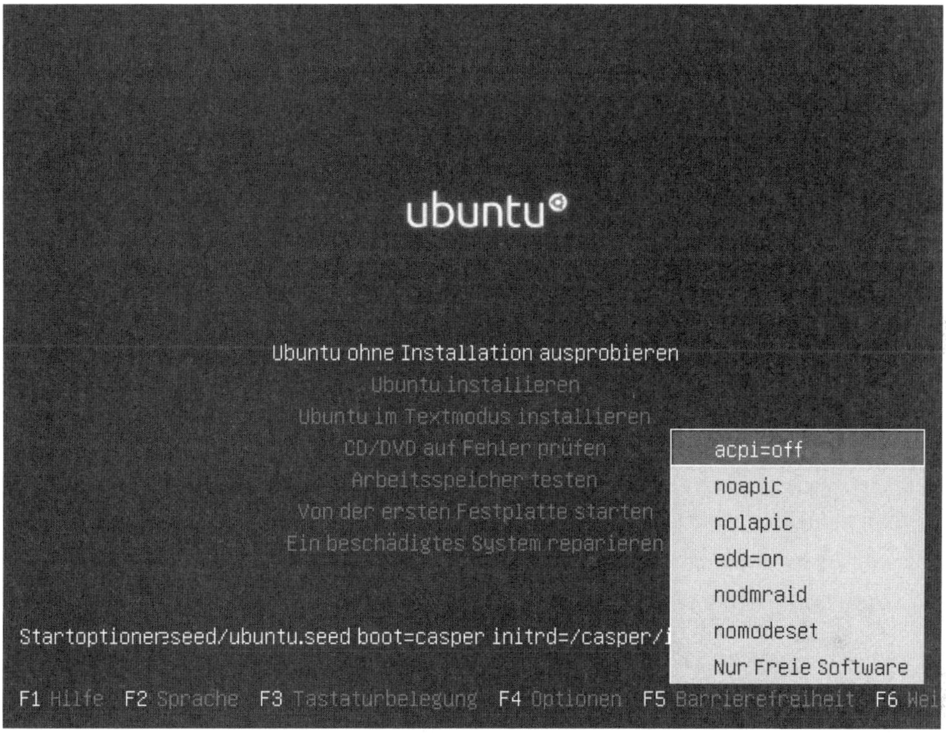

BILD 11.3 Bootmenü einer DVD mit weiteren Optionen und der Zeile für Boot-Optionen

Weitere Einstellungen können Sie hier mit Taste [F5] für die Barrierefreiheit vornehmen, wenn Sie Hilfen wie eine Bildschirmlupe etc. benötigen sollten. Normalerweise sind keine derartigen Hilfen aktiv.

Mit der Funktionstaste [F4] können Sie einen Treiber beim Booten anbieten, indem Sie eine entsprechende CD einlegen. Dies ist wichtig für Hardware, die bereits beim Booten mit einem Treiber versorgt sein muss, wie zum Beispiel einem SCSI-Controller, an dem die Festplatte angeschlossen ist.

Ist Ubuntu bereits auf der Festplatte installiert, können Sie die Optionen für einen Eintrag temporär für den nächsten Start ändern, sobald das Boot-Menü vom Boot-Manager Grub erscheint. Es erscheint normalerweise nur dann, wenn mehrere Systeme sich auf dem Rechner befinden. Wenn Sie nach dem Einschalten die Taste [BLANK] betätigen, erhalten Sie das Menü dennoch.

Selektieren Sie den gewünschten Eintrag mit den Cursor-Tasten.

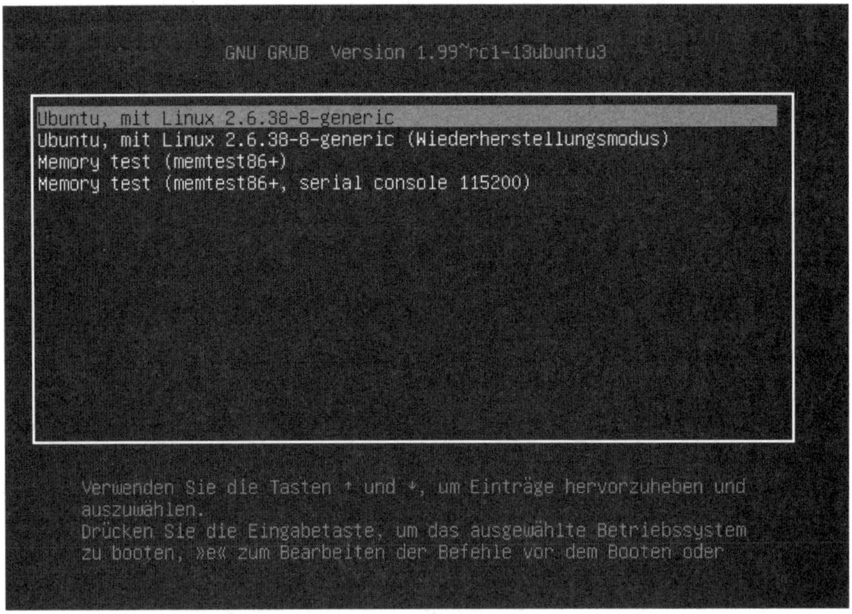

BILD 11.4 Das Boot-Menü beim Start eines installierten Ubuntu

Wenn Sie die Taste „E" betätigen, werden Ihnen alle Zeilen so angeboten, wie sie in der Datei `grub.cfg` bzw. `custom.cfg` hinterlegt sind. Mit den Cursor-Tasten können Sie nun eine bestimmte Stelle in einer der Zeilen ansteuern und diese editieren. Eine solche Änderung wirkt jedoch nur einmalig.

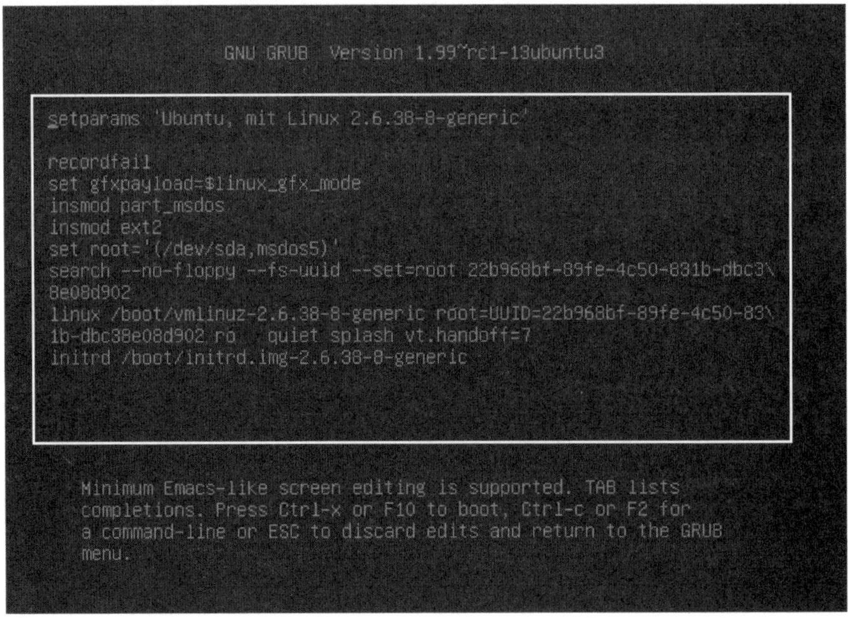

BILD 11.5 Die Booteinstellungen eines selektierten Eintrags

Mit Eingabe von [CTRL] + [X] startet der Boot-Manager das System mit den geänderten Werten.

Die Boot-Option „persistent" bedeutet, dass sich Ubuntu auf dem USB-Stick eine passende Partition für Änderungen suchen soll, die Sie während des Betriebs vornehmen.
Siehe auch: *http://wiki.ubuntuusers.de/Live-USB_-_persistente_installation*

Die Boot-Option „norandmaps" verhindert ASLR generell (siehe Kapitel 2). Zur Laufzeit schaltet ein Wert von „1" in /proc/sys/kernel/randomize_va_space ASLR ein, mit einem Wert von „0" ist es ausgeschaltet.

Weitere wichtige Boot-Optionen:

Option	Beschreibung
ro	Start erst im Read-only-Modus, wechselt danach auf rw. Sollte nicht geändert werden.
single	Nur einer von mehreren Prozessoren soll benutzt werden
quiet	Unterdrückt die meisten Boot-Meldungen
splash	Zeigt dem Begrüßungs-Bildschirm mit Logos etc. an
apm=off	Keinen APM-Modus (Advanced Power Management) verwenden, z. B. wenn das BIOS ein fehlerhaftes Power-Management liefert
noresume	Der Boot-Manager soll starten ungeachtet davon, ob ein früherer Systemzustand in der Swap-Partition gesichert wurde (beim Herunterfahren mit „Suspend to Disk")
edd=off	Kein EDD (BIOS Enhanced Disk Drive Calls über den erweiterten BIOS-Aufruf Int13) verwenden. Dies kann z. B. bei älteren Mainboards helfen.
nohz=off	Schaltet die Timer-Interrupts im Leerlauf vom Kernel-Timer ab („tickless mode", ist z. B. bei älterem VirtualBox-Programmen nötig)
highres=off	Schaltet den hochauflösenden Modus vom Timer ab; oft zusammen mit nohz=off.
processor.max_cstate=1	Begrenzt die höchste Stromsparfunktion des Prozessors auf C1; bei manchen Notebooks gibt es ein Fiepen im Zustand C4, dies verhindert „processor.max_cstate=3"
nomodeset	Bei Startproblemen mit XWindow schaltet diese Option KMS (Kernel-based Mode Setting) ab, das die Grafikauflösung automatisch ermittelt und einstellt. Die Option x11failsafe ist dann oft nicht mehr erforderlich. Eine Datei xorg.conf mit den nötigen Auflösungen (z. B. von einer früheren Linux-Version) ist dann sinnvoll, ansonsten kann man eine sehr niedrige Auflösung erhalten.
fb=false	Der Framebuffer wird damit deaktiviert
nodma	Für alle IDE-Geräte (Festplatten ...) DMA-Beschleunigung deaktivieren
noapic	Ohne APCI (Advanced Programmable Interrupt-Controller) starten
nolapic	Ohne den APCI-Teil in der CPU starten
acpi=off	Ohne ACPI (Advanced Configuration and Power Interface) starten

Es gibt erheblich mehr Boot-Optionen. Eine Übersicht liefert bei installierten Kernel-Quellen die Datei unter: `/usr/src/linux/Documentation/kernel-parameters.txt`

Weitere Informationen finden Sie unter:

http://wiki.ubuntuusers.de/Ubuntu-CD_Problembehebung
http://wiki.ubuntuusers.de/booten

11.6.1 Start des Systems

Hier in Kürze die Abfolge des eigentlichen Bootvorgangs von Linux bzw. Ubuntu:

- Grub lädt die Datei `initrd.img` und den Linux Kernel
- Kernel-Routinen erkennen und initialisieren die Hardware (ev. mit den Kernel-Modulen in der `initrd.img`)
- Der Kernel mountet die Root-Partition vorerst nur zum Lesen
- Als erster Prozess wird der Prozess init mit PID 1 gestartet
- Die Dateisysteme werden überprüft und gegebenenfalls repariert
- Der Kernel remountet die Root-Partition schreibbar
- Der Prozess `init` startet nun alle weiteren Prozesse, entweder über SYS-V-Init oder per Upstart

11.7 Die Runlevel

Nach dem Hochfahren des Systems werden die zu startenden Hintergrundprozesse in Runlevel gruppiert. So gibt es Prozesse, die das Netzwerk starten, und andere, die einen bestimmten Dienst aktivieren.

Die Runlevel sind mit Nummern (und manchmal auch Buchstaben) bezeichnet. Es gibt die Runlevel 0 (für Halt bzw. den ausgeschalteten Zustand), Runlevel S (für die Initialisierung nach dem Start), 1 bis 5 und 6 (für Restart). Der Runlevel 1 steht in Ubuntu für den Reparaturmodus. Die Level 2 bis 5 sind gleichwertig und stehen für den normalen Betrieb.

Der Befehl `runlevel` zeigt den vorherigen und den aktuellen Runlevel an. Gibt es keinen vorherigen Runlevel, wird „N“ ausgegeben:

```
root@ubuntu:~# runlevel
N 2
```

In einen anderen Runlevel gelangen Sie normalerweise über das Kommando `init`. Wenn Sie in Runlevel 1 wechseln, gelangten Sie in früheren Versionen von Ubuntu in das Wiederherstellungsmenü:

```
root@ubuntu:~# init 1
```

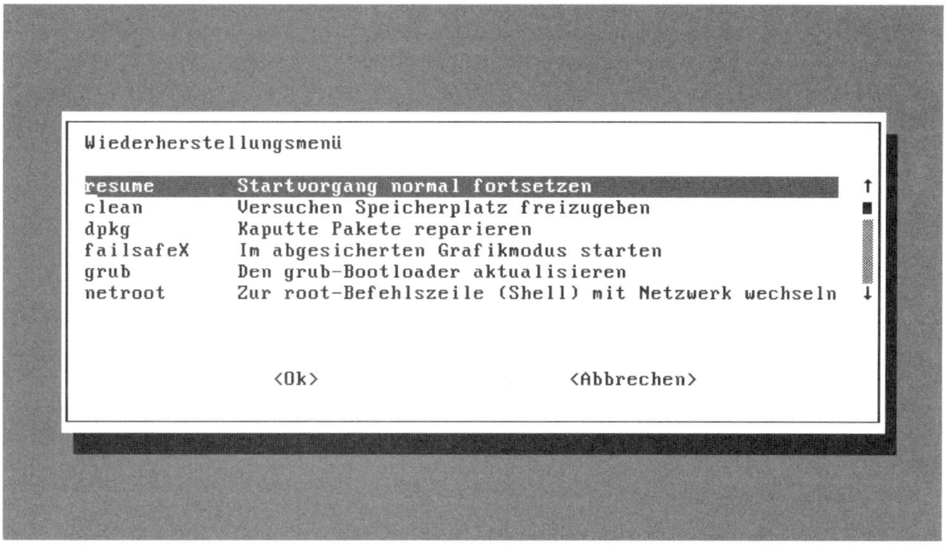

BILD 11.6 Das Wiederherstellungsmenü

Das aktuelle Ubuntu 11.04 bleibt dabei hängen. Da es unklar ist, ob es sich um einen Fehler handelt oder ob diese Funktion nicht mehr unterstützt wird, soll dies dennoch hier beschrieben sein.

Der Wechsel in Runlevel 0 ist gleichbedeutend mit einem Shutdown, beim Wechsel in Runlevel 6 erfolgt ein Neustart des Systems.

11.7.1 SYS-V-Init

Der ursprüngliche Startmechanismus kommt noch von der UNIX-Variante System V (auch Sys-V genannt). Welche Prozesse für welchen Runlevel gestartet werden sollen, ist beim SYS-V-Init in symbolischen Links in den Verzeichnissen `/etc/rc*.d` hinterlegt. Die eigentlichen Startskripte (Shell-Skripte) befinden sich im Verzeichnis `/etc/init.d`. So sind die Desktop-Varianten von Ubuntu bis Version 9.04 mit diesem Mechanismus ausgestattet, die Server-Variante bis Version 10.04.

Alle Skripte werden dabei in einer bestimmten Reihenfolge abgearbeitet. Braucht ein Prozess länger, weil er auf etwas wartet, verzögert dies das Hochfahren.

Ein Beispiel für einen direkten Aufruf einer Skript-Datei, der alle Netzwerkfunktionen beendet:

```
root@ubuntu:~# /etc/init.d/networking stop
```

Die Netzwerkfunktionen startet wieder folgender Aufruf:

```
root@ubuntu:~# /etc/init.d/networking start
```

Ähnlich können Dienste gestartet, beendet oder erneut gestartet werden, wie z.B. der Druckserver cups:

```
root@ubuntu:~# /etc/init.d/cups restart
```

Eine andere Schreibweise mit service für obigen Aufruf wäre:

```
root@ubuntu:~# service cups restart
```

Alternativ ist auch das Kommando invoke-rc.d oft gebräuchlich, z.B:

```
root@ubuntu:~# invoke-rc.d cups restart
```

Ein Benutzer will nicht bei jedem neuen Booten die entsprechenden Skripte von Hand starten. Damit der Aufruf automatisch erfolgt, sind im jeweiligen Verzeichnis für einen bestimmten Runlevel alle Verweise auf die Skripte enthalten, die beim Erreichen dieses Runlevels aktiv werden sollen, wie z.B. im Verzeichnis /etc/rc2.d für Runlevel 2.

Diese Einträge haben entweder ein „S" (für Start) oder ein „K" (für Kill bzw. Stop) mit einer nachfolgenden Zahl für die Reihenfolge vorangestellt. So bedeutet „S35networking", dass das Skript zum Start der Netzwerkfunktionen später ausgeführt wird als beispielsweise „S30urandom".

Dauerhaft können Sie einen Dienst mit den Kommandos insserv und update-rc.d aktivieren bzw. deaktivieren; siehe weiter unten. In der Regel wird dies bereits nach der Installation eines Pakets automatisch erledigt. Diese Kommandos sind normalerweise nur für Testzwecke oder spezielle Anforderungen erforderlich.

Beispiel zum Deaktivieren von cups:

```
root@ubuntu:~# insserv -r cups
```

Den Dienst cups wieder aktivieren:

```
root@ubuntu:~# insserv cups
```

11.7.2 Start mit Upstart

Das Boot-System basiert nun nicht mehr auf SYS-V-Init, sondern auf Upstart, was auch die Bootzeit verkürzt. Die ersten Tests mit Upstart erfolgten schon mit Ubuntu 6.10. Es sind aber noch nicht alle Startskripte umgestellt, sodass mitunter ein Start nach SYS-V-Init (im Kompatibilitätsmodus) erforderlich ist. Upstart liegt unter Ubuntu 11.04 in der Version 0.9.7-1 vor, sodass noch einige Änderungen zu erwarten sind.

Bei Upstart steht die Reihenfolge des Starts der Prozesse nicht fest, sondern die Startskripte aus /etc/init.d werden bei Bedarf gestartet oder von einem Ereignis gesteuert (wenn z.B. ein gewünschter Prozess sich beendet oder bestimmte Bedingungen eintreten) über die Dateien in /etc/init. Auch das Drücken von [STRG] + [ALT] + [ENTF] ist ein derartiges Ereignis.

Die Datei /etc/inittab gibt es nicht mehr nach der Installation, sie kann aber erstellt werden, falls bestimmte Einstellungen erwünscht sind.

Die Startskripte (Jobs) werden nicht mehr direkt aufgerufen, sondern über das Kommando initctrl. Der Befehl initctrl list zeigt den Status der Jobs. Das erste Ereignis ist startup, das von Upstart selbst initiiert wird.

Weitere Informationen zu Upstart finden Sie unter: *http://wiki.ubuntuusers.de/upstart*

Für die Steuerung der Dienste ist das Kommando `initctl` entwickelt worden. Folgende Befehle, die Links auf `initctl` sind, vereinfachen die Kontrolle der Dienste:

`start`	startet den angegebenen Dienst
`stop`	beendet den angegebenen Dienst
`restart`	beendet den angegebenen Dienst und startet ihn neu
`reload`	bringt den Dienst über ein Signal zum erneuten Einlesen der Konfiguration
`status`	zeigt den Status des angegebenen Diensts

So bewirken folgende Kommandos in gleicher Weise den Neustart eines Dienstes:

```
root@ubuntu:~# initctl restart dienstname
root@ubuntu:~# restart dienstname
```

Siehe auch: man initctl

Weiterhin ist auch die Schreibweise von SYS-V-Init möglich.

Ein Beispiel:

```
root@ubuntu:~# /etc/init.d/cups restart
```

Alternativ ist für die Steuerung der Dienste auch das Kommando `service` einsetzbar. Ein Beispiel:

```
root@ubuntu:~# service cups restart
```

Ab Ubuntu-Natty gibt es das Programm `init-checkconf`, mit dem Sie die Job-Konfigurationsdateien auf Syntaxfehler prüfen können.

Siehe auch: *http://upstart.at/2011/03/16/checking-jobs-and-events-in-ubuntu-natty*

HINWEIS: Bei einem „Stop" ist der Dienst nur vorübergehend beendet; beim nächsten Hochfahren des Systems wird er erneut gestartet. Wenn Sie wollen, dass ein Dienst generell nicht mehr startet, müssen Sie ihn deaktivieren. Das Kommando `update-rc.d` wurde zwar ursprünglich für SYS-V-Init entwickelt, es kann aber auch Upstart-Skripte aktivieren bzw. deaktivieren.

Als Beispiel hier die Deaktivierung vom Dienst `cups`:

```
root@ubuntu:~# update-rc.d -f cups remove
```

Die erneute Aktivierung von `cups` mit seinen Default-Einstellungen:

```
root@ubuntu:~# update-rc.d cups defaults
```

HINWEIS: Wenn Sie einen Dienst deaktivieren, läuft der dazugehörige Prozess dennoch weiter, sofern er vorher, z.B. beim Systemstart, gestartet wurde! Es können mit dem Start eines Dienstes auch mehrere Prozesse starten. Sie sollten einen deaktivierten Dienst wie oben beschrieben stoppen, bevor Sie das System herunterfahren.

Siehe auch: *http://wiki.ubuntuusers.de/dienste*
man update-rc.d
/usr/share/doc/upstart/README:Debian.gz

Weitere Programme, die im Hintergrund aktiv sind, können Sie über die grafische Oberfläche Gnome steuern. Über *System / Einstellungen / Startprogramme* erhalten Sie das entsprechende Programm. Dies sind zwar im weiteren Sinn auch Dienste, sie sind aber nicht systemweit, sondern nur für den angemeldeten Benutzer aktiv. Siehe hierzu Kapitel 3.

In UNIX und damit auch in Linux und Ubuntu werden derartige Hintergrundprozesse oft auch „Daemon" genannt. Daher kommt das „d" am Ende des Namens vieler derartiger Prozesse, wie `powerd`, `xinetd`, `saned` etc. Dies hat nichts mit Dämonen zu tun, sondern der Name „Daemon" bezeichnet dabei einen dienstbaren Geist.

Besonders im Zusammenhang mit der Einrichtung von Server-Programmen bzw. dem Start von Diensten im folgenden Kapitel ist ein zumindest ansatzweises Verständnis der Startmechanismen von Vorteil.

11.8 Check von Diensten

Upstart ist vor allem im Server-Einsatz noch umstritten. Hier geht es weniger um schnelles Booten, sondern um den zuverlässigen Start wichtiger Dienste. Falls es einmal vorkommen sollte, dass ein Dienst nicht startet oder sich nach einiger Zeit beendet, können Sie sich ein Checkprogramm erstellen.

Eine Möglichkeit ist die Erstellung eines Skripts, das in regelmäßigen Abständen von `cron` aufgerufen wird und prüft, ob ein Prozess noch läuft. Hier ein Beispiel, das beim Booten des Rechners gestartet werden sollte und beliebig erweiterbar ist. Wenn der Start eines Hintergrundprozesses nicht klappt, erfolgt ein Eintrag in der Datei `/tmp/start` und der Benutzer `root` erhält die Fehlermeldung per Mail:

```
#!/bin/bash
# Dieses Script prueft regelmaessig, ob bestimmte Prozesse noch laufen.
# Falls nicht, startet es diese neu.
#
# Pruefung vom Web-Server
HTTPD='ps ax|grep -v grep| grep -c http'
if [ $HTTPD == "0" ]; then
    echo "'date': Apache nicht da" >> /tmp/start
    echo "" >> /tmp/start
    /etc/init.d/apache start >> /tmp/err >/dev/null
    mail root@localhost -s Startproblem mit Apache < /tmp/err
fi
#
# Pruefung vom Mail-Server
...
```

12 Sicherung des Systems

Im professionellen Umfeld wird größter Wert auf Sicherheit gelegt. Hier geht es oft um sensible Daten, die für eine Firma überlebenswichtig sind. In diesem Kapitel erhalten Sie einen Überblick darüber, wie Sie Ubuntu und die abgespeicherten Daten schützen können.

Bevor Aktivitäten bezüglich Sicherheit begonnen werden, sollte erst ein Sicherheitskonzept für die gesamte Firma erstellt und schriftlich hinterlegt werden!

- Hierzu sollte mindestens gehören, wer auf welche Dateien zugreifen darf und mit welchen Rechten; wer zuständig ist für Sicherheit, Backups, wer ist Stellvertreter etc. Sie sollten für jeden wichtigen Rechner ein Logbuch einrichten und den Buchführer festlegen.

Viele Risiken kommen von innerhalb einer Firma und nicht von außerhalb! Es sollte in jeder Firma eine Risikoanalyse vorgenommen werden. Sie sollte konkrete Aussagen enthalten, welche Risiken für die Firma relevant sind und was dagegen unternommen wird.

Diese Analyse ist natürlich nach einer gewissen Zeit nicht mehr aktuell und sollte deshalb in gewissen Zeitabständen wiederholt werden.

Besonders hoch ist oft das Risiko des „Social Engineering", also das Aushorchen von Mitarbeitern über Einladungen, Feiern etc. Zum Beispiel meldet sich jemand als Wartungstechniker, der eben mal ein Passwort zu Testzwecken benötigt. Oder es wird ein unzufriedener Mitarbeiter zu einem Glas Bier eingeladen und bei dieser Gelegenheit ausgefragt.

Nicht zu unterschätzen sind auch unzufriedene Mitarbeiter, die Geheimnisse für Geld anbieten, Dokumente manipulieren oder gar Sabotage versuchen. Mitarbeiter, die Ressourcen der Firma missbrauchen (die lange im Internet surfen, viel ausdrucken etc.) sind zwar weniger eine Gefahr für die Sicherheit, sie fügen aber immer noch Schaden zu.

Es sollten grundsätzlich nur die Dienste über das Netzwerk angeboten werden, die unbedingt gebraucht werden! Dies gilt auch für die Dienste, die „standalone" laufen sollen, also nicht über das Programm `inetd` bzw. `xinetd` gestartet werden (wie Samba, SSH, Apache usw.).

PRAXISTIPP: Je mehr Dienste von außen erreichbar sind, umso größer ist die Gefahr, dass einer von ihnen missbraucht wird (z. B. der Dienst „finger" zum Ausspionieren der angemeldeten Benutzer) oder dass eine noch nicht bekannte Sicherheitslücke vorhanden ist, die irgendwann einer entdecken und ausnützen kann.

Deshalb sind überflüssige Dienste aus der Konfiguration von `inetd` zu entfernen. Am sichersten ist es natürlich, wenn `inetd` erst gar nicht gestartet ist. Dann ist auch keine Änderung in dessen Konfigurationsdateien nötig. Unter Ubuntu benötigen Sie den Dienst `inetd` im Wesentlichen nur für die Konfiguration von Samba per `SWAT`. Ähnliches gilt für den `portmapper`, der nur für Dienste nötig ist, die auf RPC (Remote Procedure Call) basieren, wie z. B. NFS oder NIS.

Viele Dienste können auch unter anderen Benutzerkennungen gestartet werden und nicht unter der Benutzerkennung `root`, wie es z. B. bei Apache und DNS möglich ist. Auch ein Start in einer Chroot-Umgebung ist oft machbar. Es erhöht die Sicherheit weiter, falls es doch Schwachstellen in diesen Programmen geben sollte.

Potenziell unsichere Protokolle wie NFS oder SMB sollten nur Freigaben im lokalen Netz erhalten und nie ins Internet! Bei einer zugrunde liegenden Tunnel-Software bzw. einem VPN (Virtual Private Network) mit starker Verschlüsselung ist dies allerdings unbedenklich.

Ein Rechner, der direkt mit dem Internet verbunden ist, sollte auch durch einen Paketfilter oder besser durch eine Firewall-Lösung geschützt sein. Es ist aber zu beachten, dass diejenigen Dienste, die vom Internet her erreichbar sein müssen, dadurch kaum geschützt sind! Welche Ports offen sind, können Sie lokal per `netstat` und von außen per `nmap` überprüfen.

Für eine hohe Sicherheit notwendig ist auch, die Systemmeldungen regelmäßig zu prüfen. Vor allem die Datei `/var/log/syslog` kann viele Einträge über Angriffsversuche enthalten.

Über die Datei `/etc/nologin` kann ein Einloggen über das Netz so lange verhindert werden (z. B. wegen einer Systemwartung), wie diese Datei vorhanden ist.

12.1 Anmeldung nicht als root

Weiter kann die Sicherheit erheblich verbessert werden, wenn der Administrator sich nur dann als Benutzer `root` mit dem Kommando `su` anmeldet, wenn dies zur Administration nicht zu vermeiden ist! In allen anderen Fällen reicht eine Anmeldung als „normaler" Benutzer ohne besondere Rechte.

Damit sind nicht nur Flüchtigkeitsfehler weniger gravierend (das System kann nicht beschädigt werden, wenn versehentlich ein gefährliches Kommando schiefgeht); es ist auch ein wesentlich höherer Schutz vor Viren, Trojanern und ähnlichen Angriffen vorhanden!

Damit `root` nicht auf seine Mails verzichten muss, kann in der Datei `/etc/aliases` durch einen Eintrag wie den folgenden erreicht werden, dass alle Mails an `root` an die Benutzerkennung umgeleitet werden, unter der `root` sich normalerweise einloggt.

Änderung in `/etc/aliases` zur Umleitung der Mails für `root` an den Benutzer-Account `max`:

```
root: max
```

Diese Änderung sollte möglichst am Ende der Datei erfolgen, um eventuelle weitere Alias-Einträge für `root` nicht zu übersehen. Es darf nicht vergessen werden, danach das Kommando `newaliases` aufzurufen, damit der Eintrag wirksam wird. Siehe auch Kapitel 18.

Unter Ubuntu ist auch Standard, diese Benutzerkennung in die Gruppe `adm` aufzunehmen, damit der Administrator über diese Kennung die Datei `/var/log/syslog` ohne Anmeldung als `root` lesen und das Programm `sudo` benutzen kann.

Ein weiteres Problem stellt die Tatsache dar, dass der Administrator `root` die Passwörter aller Benutzer ändern kann! Wenn nun jemand als `root` auf einem Rechner angemeldet ist, sollte er diesen nicht mehr unbeaufsichtigt lassen. Unverzichtbar ist das Sperren des Displays, sobald er den Raum verlässt, damit niemand unter der Kennung von `root` unautorisiert das System verändern oder sich selbst Root-Rechte verleihen kann. Dies kann z. B. durch einen Bildschirmschoner mit Passwort erfolgen oder durch ein Bluetooth-Gerät, das (unter KDE) den Bildschirmschoner aktiviert, sobald es sich entfernt.

12.1.1 Die Tastenkombination [CTRL] + [ALT] + [DEL]

Auf einer deutschen Tastatur sind die Tasten [STRG] + [ALT] + [ENTF] gemeint. Diese Tastenkombination bewirkt bei vielen Betriebssystemen (nicht bei Windows NT und dessen Nachfolger), einen Neustart durchzuführen.

Unter Linux ist diese Möglichkeit per Default für alle Benutzer erlaubt. Bei Rechnern, die nur der Administrator herunterfahren darf, kann die Funktion abgeschaltet werden. Neuere Versionen von Ubuntu haben keine Datei `/etc/inittab` mehr, die das entsprechende Shutdown-Kommando früher enthielt, wie z. B.:

```
ca::ctrlaltdel:/sbin/shutdown -r -t 4 now
```

Diese Zeile konnte auskommentiert werden, und die Tastenkombination [STRG] + [ALT] + [ENTF] ist deaktiviert. Diese Änderung wurden erst wirksam durch das Kommando: `init q`

Nach der Umstellung auf Upstart ist nun in der Datei `/etc/init/control-alt-delete.conf` folgende Zeile mit einem Kommentarzeichen davor zu versehen:

```
# exec shutdown -r now "Control-Alt-Delete pressed"
```

Hier könnte auch anstelle von Shutdown ein anderer Programmstart eingetragen werden, wie z. B. die Systemüberwachung, falls ein „Windows-Feeling“ erwünscht ist.

12.2 Regelmäßiger Test des Systems

Auch wenn ein System noch so sicher eingerichtet ist, kann eine absolute Sicherheit nicht erreicht werden. Diesem Ziel kommt man aber näher, wenn man bestimmte Prüfungen immer wieder neu durchführt.

Als Programme, die im System täglich ablaufen, bieten sich an:

`Aktualisierungsverwaltung`	zum Einspielen von Sicherheitsupdates
`chkrootkit`	zur Überprüfung auf Rootkits
`logwatch`	zur Prüfung der Logdateien auf verdächtige Einträge

Besonders wichtig ist, regelmäßig Sicherheitsupdates zu installieren. Sie sollten darauf achten, nur solche Installationsquellen einzurichten, denen Sie vertrauen können!

Zudem können eigene Skripte nachsehen, ob wichtige Prozesse noch laufen, und sie andernfalls neu starten, ähnlich dem Beispiel in Kapitel 11.8.

Zudem können Hintergrundprogramme wie der `smartd` die Parameter der Festplatte analysieren und eine Benachrichtigung verschicken, falls es eine Verschlechterung bestimmter Werte gibt. Siehe Kapitel 5.

Ein Update-Konzept und eine Backup-Strategie sollten immer vorhanden sein! Auch sollten sensible Daten immer durch Verschlüsselung geschützt sein. Siehe Kapitel 12.8.

12.3 Weitere Schutzmaßnahmen in Ubuntu

Bei Ubuntu wird darauf geachtet, dass das System bereits nach der Installation so sicher wie möglich ist. Es sind viele entsprechende Mechanismen eingebaut, wie zum Beispiel die Sicherung der Ptrace-Schnittstelle, mit der Programme Zugriff auf den Speicher anderer Programme erlangen können. Unter Ubuntu ist mit dem Wert „1" unter `/proc/sys/kernel/yama/ptrace-scope` dies per Default nur für Kindprozesse erlaubt. Erst mit dem Wert „0" haben weitere Programme die Erlaubnis, was für Rechner sinnvoll ist, die zur Programmentwicklung dienen.

Um Angriffe von Haus aus zu erschweren, darf ein Anwender auch keine Hardlinks auf Dateien erzeugen, für die er keine Rechte hat!

Über die zusätzlichen Dateiattribute aus Kapitel 7.8.9 ist ein weiterer Schutz wichtiger Dateien möglich. So können Sie Logdateien mit dem Append-Attribut belegen, das ein Löschen verhindert. Oder Sie schützen Systemdateien vor Änderungen mit dem Immuteable-Attribut. Dabei sollten Sie vermeiden, dass Sie selbst diesen Schutz vergessen und lange nach Fehlern suchen, wenn eine Änderung dennoch anstehen sollte!

12.3.1 Virenscanner

Unter Ubuntu benötigen Sie in der Regel keine Virenscanner. Nur dann, wenn Sie Dateien zusammen mit Windows benutzen, kann ein Virenscanner von Vorteil sein. Die meisten Virenscanner für Linux sind On-Demand-Scanner, was bedeutet, dass sie nur dann aktiv sind, wenn Sie einen Suchlauf starten. Für den Hausgebrauch sind die meisten Scanner kostenlos, für Server hingegen nicht.

Ein kostenloser Scanner ist ClamAV, den Sie erst nachinstallieren müssen.

```
root@ubuntu:~# apt-get update
root@ubuntu:~# apt-get install clamav
```

Dessen Virus-Datenbank aktualisieren Sie über den Befehl:

```
root@ubuntu:~# freshclam
```

Da nicht immer die neueste Version von diesem Programm in den Paketquellen vorhanden ist, kann es zu der Meldung kommen: „Warning: Your ClamAV installation is OUTDATED!" Wenn der Versionsunterschied nicht allzu groß ist, können Sie dennoch weiter damit arbeiten.

Siehe auch: *http://wiki.clamav.net/bin/view/Main/UpgradeInstructions*

Zur Prüfung auf Viren starten Sie das Programm und geben Sie die Datei oder das Verzeichnis an, das es auf Viren testen soll:

```
user@ubuntu:~$ clanscan /windows
```

Auf diese Art können Sie auch eine Windows-Installation auf Viren testen, indem Sie vorher die entsprechende Partition einbinden. Zu weiteren Optionen siehe: man clamscan

Da ein einzelner Scanner mitunter Viren übersieht, gibt es weitere Virensuchprogramme, die noch nicht in den Paketquellen von Ubuntu vorhanden sind. Hier eine Auswahl:

- Kaspersky: *http://support.kaspersky.com/de*
- Antivir: *http://www.avira.com/de/index*
- F-Secure: *http://www.f-secure.com/de/web/business_de/support/downloads/-/carousel/view/79*
- F-Prot: *http://www.f-prot.com/download/home_user/download_fplinux.html*
- Avast: *http://www.avast.com/linux-home-edition*

12.3.2 Rootkits

Rootkits sind besonders lästige und gefährliche Eindringlinge. Es erstellt für Angriffe eine Hintertür und verschleiert diese durch Manipulation wichtiger Systemprogramme. So können Programme wie `ps`, `ls`, `netstat` usw. von einem Rootkit durch geänderte Versionen ausgetauscht werden, sodass der Administrator das Rootkit nicht erkennen kann. Oft ist eine Suche erst über eine Live-CD erfolgreich.

Um Rootkits auf dem lokalen System zu suchen, sind die Programme `chkrootkit` und `rkhunter` aus den gleichnamigen Paketen geeignet. Sie können diese Pakete einfach über `synaptic` installieren. `chkrootkit` müssen Sie unter Root-Rechten ausführen. `rkhunter` startet hingegen automatisch einmal pro Tag.

Das Programm `chkrootkit` vergleicht die Ergebnisse von `ps` mit den Einträgen unter `/proc`, die der Kernel erstellt. Es sucht zudem nach Netzwerkkarten, die in den Promiscous-Modus versetzt wurden, und nach weiteren verdächtigen Hinterlassenschaften von Trojanern.

Sie können eine Untersuchung starten mit diesem Aufruf:

```
root@ubuntu:~# chkrootkit
```

Eine Liste aller verfügbaren Tests erhalten Sie durch die Option `-l`. Auch einen Test wichtiger Programme können Sie damit veranlassen, wie zum Beispiel:

```
root@ubuntu:~# chkrootkit netstat ps
```

Wenn `chkrootkit` nichts findet, gibt es entsprechende Meldungen aus. Eine absolute Sicherheit ist damit jedoch nicht gegeben. Ein noch unbekanntes Rootkit kann es kaum finden.

Deshalb gibt es weitere Programme, die Rootkits aufspüren können, wie der Rootkit-Jäger `rkhunter`. Es testet wichtige Systemprogramme, indem es deren von `md5sum` erstellten Hash-Wert mit den Werten in der eigenen Datenbank vergleicht und etliches mehr.

Eine Datenbank vom aktuellen Zustand erstellt folgendes Kommando. Es sollte möglichst bald nach der Installation erfolgen, da dann noch kein Rootkit vorhanden ist:

```
root@ubuntu:~# rkhunter --propupd
```

Eine manuelle Überprüfung des Systems starten Sie mit:

```
root@ubuntu:~# rkhunter --check
```

Diesen Test können Sie bei einem Verdacht auch von einer Live-CD aus durchführen. Sie können damit sichergehen, dass ein eventuell vorhandenes Rootkit den Test nicht stört.

In der Datei `/etc/default/rkhunter` sind bereits Default-Werte eingetragen. Der Start einmal pro Tag erfolgt auch ohne Änderung in dieser Datei.

Die eigentliche Konfiguration befindet sich in `/etc/rkhunter.conf`. Hier ist auch die Log-Datei eingetragen mit dem Default-Eintrag `/var/log/rkhunter.log`. Findet es eine verdächtige Datei, meldet es dies per Mail. Sie sollten hierzu eine Mail-Adresse nach „MAIL-ON-WARNING“ in der Konfigurationsdatei eintragen.

Ist das System als infiziert erkannt, ist die beste Lösung eine Neuinstallation. Sie können zwar auch einfach nur die gemeldeten Dateien neu installieren; es könnten dabei jedoch einige Hinterlassenschaften von Rootkits übersehen werden!

Ein weiteres Programm, das Rootkits aufspüren kann, ist `tripwire`.

12.3.3 Firewall

Viele Windows-Anwender können sich ein Arbeiten mit Windows ohne Firewall, Virenscanner und weitere Utensilien kaum noch vorstellen. Es muss aber die Frage erlaubt sein, ob es nicht ein Betriebssystem geben kann, das von sich aus sicher ist und all das nicht braucht? Natürlich wird es nie absolute Sicherheit geben, auch nicht unter Linux bzw. Ubuntu. Dennoch kommen diese Systeme dem angesprochenen Ziel schon recht nahe.

Dass vor etlichen Jahren mit Windows XP bis Service Pack 1 noch während des Einspielens von Sicherheitsupdates sich bereits Viren in das System einnisten konnten, stellt ein besonders drastisches Beispiel dar. Unter Ubuntu brauchen Sie sich kaum darüber zu sorgen, dass ohne Firewall ein Angriff aus dem Internet erfolgreich ist.

Auch eine Firewall bietet nur begrenzte Sicherheit. Wenn Sie eine Server-Applikationen im Internet bereitstellen, müssen Sie den entsprechenden Port zu diesem Dienst öffnen, wie z. B. Port 25 für einen Mailserver. Wenn dann der Mailserver eine Sicherheitslücke hat, kann die Firewall zu dessen Schutz gar nichts beitragen.

Sobald Sie über einen sogenannten DSL-Router mit dem Internet verbunden sind, haben Sie bereits einen wirksamen Schutz vor Attacken aus dem Internet. In solchen Geräten ist heutzutage automatisch eine Firewall aktiv, die nur die Antworten aus dem Internet durchlässt, die auf vorher verschickte Anfragen eintreffen. Man nennt dies auch „Stateful Inspection“.

Unter Ubuntu gibt es eine wirksame Firewall, die auf dem Paket `iptables` basiert. Diese muss aber erst eingerichtet werden. Per Default sind alle Verbindungen offen. Das Standardprogramm unter Ubuntu zum Einrichten ist `ufw` (Uncomplicated FireWall). Die Default-Einstellungen befinden sich in der Datei `/etc/default/ufw`, wie zum Beispiel die Unterstützung von IPv6.

Besonders auf Rechnern, die nicht durch einen DSL-Router oder Ähnliches geschützt sind, bietet sich der Einsatz von UFW an. Wenn Sie mit folgendem Kommando die Firewall aktivieren, können Sie zwar selbst noch beliebig auf andere Rechner zugreifen, von außen sind jedoch alle Zugriffe gesperrt („Stateful Inspection"):

```
root@ubuntu:~ufw enable
Die Firewall ist beim System-Start aktiv und aktiviert
```

Nun haben Sie einen Schutz vor Angriffen von außen nach jedem Systemstart. Falls Sie den Schutz einmal abschalten wollen, geht dies mit dem Kommando:

```
root@ubuntu:~ufw disable
Firewall deaktiviert und beim System-Start deaktiviert
```

Das grafische Frontend `gufw` bietet nach der Installation eine Einrichtung über eine grafische Oberfläche unter *System / Systemverwaltung / Firewall-Konfiguration*. Ihr Passwort zum Start unter Root-Rechten wird abgefragt. Nach dem Start ist erst ein Klick auf *Freigeben* erforderlich. Setzen Sie ein Häkchen neben *Aktiviert*, dann ist bereits die Firewall wie oben beschrieben aktiv, auch beim nächsten Systemstart.

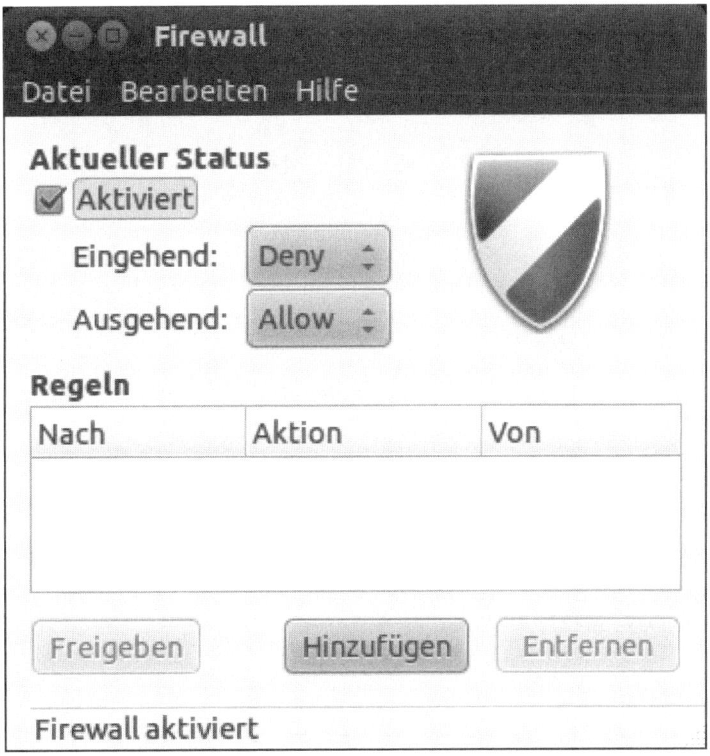

BILD 12.1 Die Firewall konfigurieren mit gufw

Über *Hinzufügen* können Sie spezielle Regeln einfügen, sodass von außen auf Ihren Rechner über die entsprechenden Protokolle ein Zugriff erlaubt ist.
Siehe auch: *http://wiki.ubuntuusers.de/UFW*

Die Einrichtung einer Firewall kann auch über andere Programme wie z. B. `fwbuilder` erfolgen, das Sie vorher installieren müssen.

12.3.4 AppArmor

Jedes Programm kann Fehler enthalten. Auch wenn unter Linux und Ubuntu bei wichtigen Applikationen mehr Fehler entdeckt und entfernt werden, weil die Sourcen für jedermann offen stehen, ist auch hier keine 100%ige Fehlerfreiheit möglich. Bei Programmen, die von außen frei zugänglich sein müssen, weil sie eine Dienstleistung anbieten, ist ein Schutz über eine Firewall nicht möglich.

Aber auch bei Programmen des täglichen Bedarfs, wie bei Firefox, Adobe Reader usw., können Fehler von einem Eindringling benutzt werden, um Kontrolle über das System zu erlangen. Um dies zu verhindern, gibt es die Kernelerweiterungen AppArmor und SELinux. Ubuntu ist mit AppArmor ausgestattet, das über ein Regelwerk die Aktivitäten von Programmen auf Auffälligkeiten überwacht. Dies kann bereits dann der Fall sein, wenn zum Beispiel Firefox in einen Systemordner schreiben will.

Diese Regeln sind in Profilen im Verzeichnis `/etc/apparmor.d` abgelegt. Aber auch die besten Regeln können nicht zu 100% einen Missbrauch verhindern.
Siehe hierzu auch: *http://wiki.ubuntuusers.de/AppArmor*

12.4 Erstellung von Backups

Da Festplatten mechanische Systeme sind, die nach einer gewissen Zeit Abnutzungserscheinungen aufweisen (Badspots = fehlerhafte Stellen auf der Magnetschicht) oder sogar komplett ausfallen können (Head-Crash = der Lesekopf berührt die Magnetschicht und zerstört große Bereiche der Platte), ist eine regelmäßige Sicherung unerlässlich.

Ein Backup ist deshalb sehr wichtig, da ein Verlust der Daten, über die ein Unternehmen verfügt, für die Firma in kurzer Zeit den Bankrott bedeuten kann! Bevor eine Sicherung stattfindet, muss festgelegt werden, welche Daten regelmäßig zu sichern sind. Dies sind meist die Daten, die von den Mitarbeitern immer wieder verändert werden, wie Datenbanken, Rechnungen, Adressverzeichnisse etc.; aber auch die Dateien mit Mitarbeiterdaten wie Passwörtern.

Das Betriebssystem selbst braucht meist nur direkt nach dem Einrichten gesichert zu werden, z. B. als Image der Partition. Gleiches gilt für Verzeichnisse, die sich nicht ändern und die auch read-only gemountet sein können.

HINWEIS

- Unter Linux gibt es keine Markierungen mit einem Archiv-Attribut wie unter Windows oder DOS.
- Das beste Backup kann wertlos sein, wenn bereits Fehler auf der Festplatten-Oberfläche vorhanden sind. Sie sollten daher regelmäßig Tests mit `SMART` bzw. dem Kommando `badblocks` durchführen, um anfällige Festplatten rechtzeitig zu erkennen.

Ein einziges Band oder anderes Medium wie CD-ROM, DVD etc. reicht nicht! Sollte dieses Medium defekt sein, sind alle Sicherungen wertlos. Auch ist damit kein Rückgriff auf ältere Daten möglich! Deshalb sind mehrere Medien erforderlich, die im Wechsel zu beschreiben sind. Ferner müssen regelmäßige Tests erfolgen, ob die Medien einwandfrei sind und eine Wiederherstellung der enthaltenen Daten möglich ist!

12.4.1 Backup-Strategie

Sicherungsmedien sollten immer auch an einem anderen, sicheren Ort aufbewahrt werden (wie in einem Brandschutzkeller, Banksafe etc.). Man nennt dessen Planung auch einen Off-site-Datensicherungsplan.

Eine Strategie zum Abdecken eines Zeitraumes von einem Jahr könnte so aussehen (ist abhängig von den zu sichernden Daten und den Gegebenheiten der Firma):

Täglich inkrementelles Backup (Montag bis Donnerstag):	Bandbedarf: 4 Medien
Vollsicherung einmal in der Woche (Freitagabend):	Bandbedarf: 4 Medien
Vollsicherung einmal im Monat (am letzten Tag):	Bandbedarf: 2 Medien
Vollsicherung einmal pro Quartal:	Bandbedarf: 4 Medien

Insgesamt würden auf diese Art also mindestens 14 Medien benötigt.

Unter Linux kann das Kommando `mt` Informationen über das Bandlaufwerk ermitteln. Siehe auch: man mt.

PRAXISTIPP: Gestartete Datenbanken sollten Sie vor der Sicherung herunterfahren oder mit dem Backup-Programm der Datenbank (falls vorhanden) sichern!

12.4.2 Sicherungsmedien

Die Kapazität von Medien sollte zur Sicherung geeignet sein. Wichtig sind auch die Geschwindigkeit, mit der die Daten gesichert werden, und vor allem die Langzeitstabilität! Neben externen Medien, wie USB-Sticks und beschreibbaren Datenträgern (CD, DVD, DVD-RAM, Blue-Ray etc.), sind im professionellen Umfeld vor allem DAT- und LTO-Laufwerke mit bis zu 12 TB an Kapazität gebräuchlich, die über Robotersysteme beliebig erweiterbar ist. Bei einem DAT-Streamer (Bandlaufwerk mit Kassetten) bzw. LTO-Laufwerken ist erst ein Zugriff über SCSI bzw. SAS einzurichten. Siehe auch: *http://de.wikipedia.org/wiki/Linear_Tape_Open*

Soll der Adapter schon beim Booten aktiv sein (z.B. beim Betriebssystem auf SCSI-Platte), so muss das SCSI-Modul entweder fest im Kernel kompiliert oder in der Datei `initrd.img` als Modul vorhanden sein. Siehe hierzu Kapitel 8.

Angesprochen wird ein Streamer über einen Device-Eintrag unter `/dev`:

`/dev/st0`	Schreiben nach vorherigem Rückspulen an den Anfang
`/dev/nst0`	Schreiben ohne Rückspulen; Fortsetzung an aktueller Bandposition

Für einen Zugriff auf große Datenmengen eignen sich Wechselfestplatten oder NAS-Systeme.

12.5 rsync zur Synchronisierung von Daten

Zur Spiegelung bzw. zum Backup von Verzeichnissen und Datenbeständen von Rechnern auch über ein Netzwerk ist das Programm `rsync` sehr gut geeignet. Vor allem deshalb, da es selbst bei unbekannten Dateiarten erkennt, welche Teile dieser Datei verändert wurden. So werden selbst bei großen Dateien nur die Teile der Datei über das Netzwerk übertragen, die geändert wurden, und nicht die gesamte Datei. Das ist allerdings bei manchen Dateitypen (wie Videos) und verschlüsselten Dateien nicht möglich!

Wenn viele Daten schnell und einfach gesichert werden sollen, ist `rsync` hierfür hervorragend geeignet. Vor allem dann, wenn die Übertragungsrate vom Netzwerk oder vom Speichermedium nicht besonders groß ist. Angenommen, Sie wollen 1.000 GB an Daten auf einer USB-Festplatte sichern. Dies wird ziemlich lange dauern, selbst über die neue USB3-Schnittstelle. Wenn Sie nun an etlichen Dateien Änderungen vornehmen, dauert es wieder sehr lange, bis alles gesichert ist. Das Programm `rsync` erkennt die geänderten Dateien und kopiert nur diese auf die externe Festplatte. Die Zeitersparnis kann erheblich sein!

Da es auch über ein Netzwerk arbeiten kann, eignet es sich gut für NAS-Speicherlösungen, wenn Sie das SSH-Protokoll unterstützen.

HINWEIS

- Als erstes Verzeichnis ist immer die Quelle anzugeben, als zweites das Ziel (das zu synchronisierende Verzeichnis), nie umgekehrt, da sonst Änderungen verloren gehen können!
- Ein Schrägstrich (Slash) am Ende des Quellverzeichnisses bewirkt, dass im Zielverzeichnis kein neues Verzeichnis erstellt wird!

Beispiel:

Spiegelung vom Inhalt des Originalverzeichnisses `xx` auf den angeschlossenen USB-Stick:

```
root@ubuntu:~# rsync -av xx/* /media/Kingston
```

Bei einer Synchronisation über Rechnergrenzen hinweg wird ein Programm zu Hilfe genommen, das ein Login durchführen kann, wie die Secure Shell `ssh`, die die Übertragung gleichzeitig verschlüsselt. Sie wird per Default benutzt. Mit `ssh` kann zudem durch den Austausch von Schlüsseln der Login-Vorgang vereinfacht werden. Siehe hierzu auch Kapitel 7.

Um mit `rsync` Dateien von Rechner zu Rechner übertragen zu können, muss `ssh` auf beiden Rechnern installiert sein und zudem der SSH-Server auf dem Zielrechner.

Beispiele:

Spiegelung des Inhalts von dem lokalen Originalverzeichnis `xx` in das Verzeichnis `yy` im Homeverzeichnis des Benutzers auf Rechner `beta` ohne ein Verzeichnis `xx` unter `yy` zu erstellen:

```
user@ubuntu:~$ rsync -av xx/ beta:yy
```

wie oben, aber mit zusätzlichem Einloggen auf `beta` unter anderem Namen; wie hier als der Benutzer `root`:

```
user@ubuntu:~$ rsync -av xx/ root@beta:yy
```

wie oben, aber auf dem Zielrechner wird zusätzlich das Verzeichnis `xx` unter `yy` mit dem zu übertragenden Inhalt angelegt (wegen des fehlenden Slash hinter `xx`):

```
user@ubuntu:~$ rsync -av xx root@beta:yy
```

Wurden zwischenzeitlich auf dem Quellverzeichnis Dateien und Unterverzeichnisse gelöscht, werden sie im Zielverzeichnis nur dann auch gelöscht, wenn die Option `--delete` angegeben ist.

Beispiel.

Den Inhalt von Verzeichnis `xx` mit dem Inhalt im Verzeichnis `/root/yy` auf Rechner `beta` abgleichen:

```
user@ubuntu:~$ rsync -av --delete xx/* root@beta:/root/yy
```

Option `-b` erzeugt ein Backup der zu löschenden Dateien mit der Endung als Tilde ~. Sie können auch eine andere Endung angeben über Option `--suffix`;

```
user@ubuntu:~$ rsync -avb --suffix=.bak --delete xx root@beta:/root/yy
```

Mit Option --backup-dir erzeugt rsync im Zielverzeichnis ein Verzeichnis mit dem angegebenen Namen, in das es die zu löschenden Dateien verschiebt (Hinweis: der folgende Befehl ist in einer Zeile zu schreiben):

```
user@ubuntu:~$ rsync -avb --suffix=.bak --delete --backup-dir=bak xx
root@beta:/root/yy
```

Auch geänderte Dateien gelangen mit der Option `--backup-dir` in dieses Backup-Verzeichnis; aber jeweils nur eine Version, die bei der nächsten Synchronisation überschrieben wird.

PRAXISTIPP

- Ist die Reihenfolge von Quelle und Ziel vertauscht, kann dies neue Dateien durch alte überschreiben!
- Besonders vorsichtig sollten Sie bei der Option `--delete` sein, da sonst bei einer falschen Zielangabe womöglich Dateien gelöscht werden, die Sie noch benötigen!

Bei Filesystemen mit NTFS empfiehlt es sich, nicht die Option `-a` zu verwenden, sondern `-rt`, da die Berechtigungen nicht identisch sind und deshalb sonst viel mehr zu kopieren ist. Ist das Ziel oder die Quelle ein FAT32-System, helfen ebenfalls die Optionen `-rt`; mitunter auch der Windows-Kompatibilitätsmodus mit `--modify-window=1` bzw. auch `--size-only`.

HINWEIS: Bei Unsicherheiten sollten Sie erst einmal zusätzlich die Option `-n` benutzen, die nur die Aktionen zeigt, die `rsync` durchführen würde, aber diese nicht wirklich ausführt.

Beispiel für den testweisen Abgleich einer Festplatte mit NTFS-Dateisystem:

```
user@ubuntu:~$ rsync -rtn test /media/backup
```

Soll mehr als eine Version aufbewahrt werden, empfiehlt sich das Programm `rsnapshot`, das nicht standardmäßig installiert wird. Es wird konfiguriert über die Datei `/etc/rsnapshot`.

conf und in der Regel über cron aufgerufen. Per Default legt das Programm unter /.snapshots die Backups von den Verzeichnissen an, die über das Schlüsselwort „backup“ in der Konfig-Datei angegeben sind. Auch Backups von nicht lokalen Dateien sind über das Netz möglich. Nicht geänderte Dateien werden beim nächsten Snapshot als Hardlink abgelegt, um Platz zu sparen.

Mit grsync gibt es eine grafische Oberfläche für rsync, die eine einfache Selektion vom Quell- und Zielverzeichnis gestattet. Dieses Programm muss ebenfalls erst installiert werden. Es ist auch möglich, von Hand Dateien und auch einen Zielrechner anzugeben, der über das Netzwerk erreichbar und auf dem ein SSH-Server gestartet ist. Über das „i-Symbol“ am oberen Fensterrand können Sie die Übertragung testweise starten („Dry run“); und mit einem Klick auf das Zahnradsymbol rechts oben erfolgt der eigentliche Start.

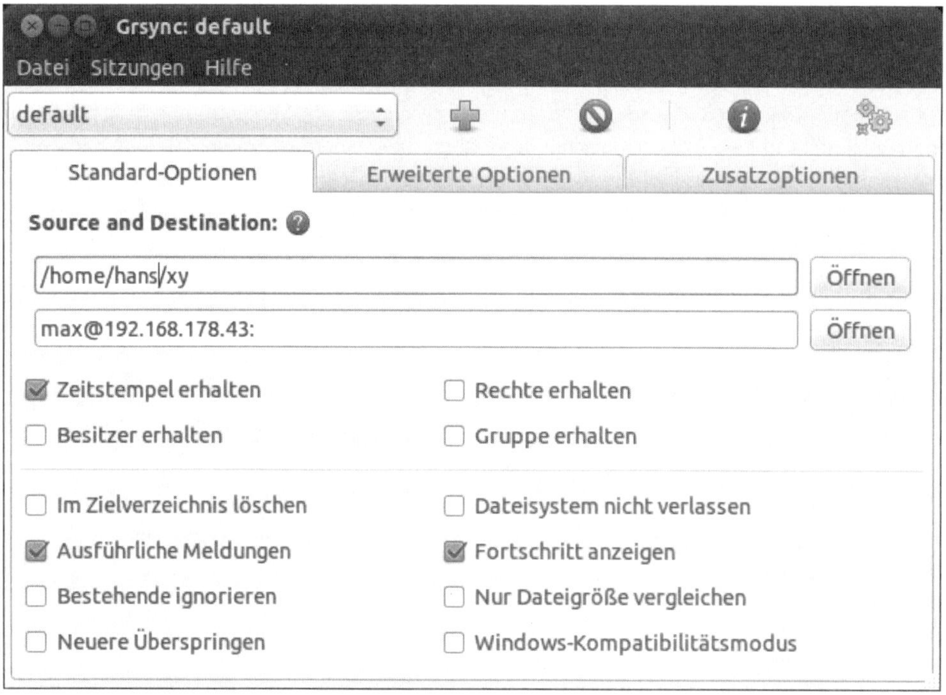

BILD 12.2 Das Programm grsync als Frontend zu rsync

Beachten Sie, dass Sie ein eventuell nötiges Passwort im dem Terminal-Fenster eintragen müssen, von dem aus Sie das Progamm aufrufen. Deshalb ist es besser, bei einem Backup über ein Netzwerk grsync in einem Terminal aufzurufen.

HINWEIS: rsync ist auch für Windows erhältlich unter: *www.cygwin.com*

Es gibt auch viele andere Backup-Programme. Geben Sie als Suchbegriff unter synaptic einfach *backup* ein, und Sie erhalten eine Vielzahl von Treffern. Besonders interessant sind die grafischen Tools backintime, rsnapshot, dar und vbackup, die sich besonders für den privaten Gebrauch eignen. Aber auch kommerzielle Programme bieten viele Einstellungen und Komfort, wie `arkeia`, `PerfectBackup`, `ArcServe` etc.

Für eine Synchronisation von zwei Seiten aus gibt es das Programm `unison`. Es arbeitet allerdings noch nicht sauber mit `ssh` zusammen.

12.6 BackInTime

Hier als Beispiel das Paket `Backintime`. Nach der Installation des Pakets `backintime-gnome` können Sie das Programm unter *Anwendungen / Systemwerkzeuge* starten, entweder für den Gebrauch über den Benutzer `root` oder als normaler Anwender. Beim ersten Start müssen Sie einen Ordner für die Sicherungen und mindestens eine Datei oder ein Verzeichnis angeben, die/das zu sichern ist.

Für automatische Backups können Sie unter *Schedule* einen Zeitplan einrichten. Unter *Where to save snapshots* geben Sie das Verzeichnis an, das für die Speicherung benutzt werden soll. Dies kann ein Verzeichnis oder ein gemountetes, externes Laufwerk sein. Unter *Include* sind die Verzeichnisse anzugeben, die gesichert werden sollen. Unter *Exclude* können Sie davon bestimmte Teile von der Sicherung ausnehmen, wie zum Beispiel die Pseudoverzeichnisse `/proc` und `/sys`.

BILD 12.3 Die Einstellungen von BackInTime

Ein Backup stellen Sie wieder her, indem Sie einen Snapshot auswählen und das gewünschte Verzeichnis markieren. Das Programm bietet noch viele weitere Möglichkeiten. Siehe hierzu auch: *http://wiki.ubuntuusers.de/Back_in_time*

12.7 Ubuntu One, die „Festplatte" im Internet

Ubuntu bietet Ihnen standardmäßig bis zu 2 GB kostenlosen Speicherplatz im Internet für eigene Daten an. Sie brauchen sich nur unter *System / Einstellungen / Ubuntu One* zu registrieren. Sie erhalten per E-Mail einen Bestätigungscode, den Sie in das Formular zur Registrierung eingeben müssen. Das Passwort speichert Ubuntu in einem Schlüsselbund, den Sie nach der Anmeldung mit Ihrem Master-Passwort entsperren sollen.

Für mehr Speicher ist ein monatlicher Betrag zu entrichten, im Moment 8 € für 50 GB. Auf welchem Rechner Ihre Daten endgültig abgespeichert sind, entscheidet eine Datenbank, die den Speicherplatz einer sogenannten „Cloud" verwaltet, also einen Pool vieler Rechner.

Der Dienst, der Dateien von Ihrem Rechner zu Ubuntu One synchronisiert, startet automatisch. Nun können Sie die gewünschten Daten in den Ordner Ubuntu-One kopieren, und der Dienst schickt sie automatisch zu dem für Sie reservierten Speicher im Internet. Eventuelle Änderungen in diesem Verzeichnis synchronisiert er mit bereits verschickten Daten, sodass nur die geänderten Daten zu übertragen sind.

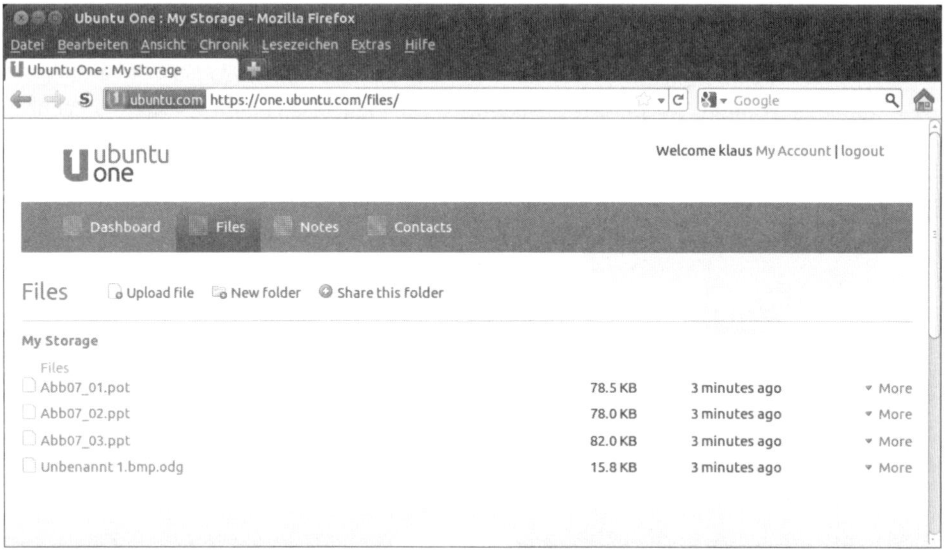

BILD 12.4 Der Inhalt eines Ubuntu-One-Speichers im Webbrowser

Der wesentliche Vorteil dabei ist, dass Sie weltweit auf Ihre Daten zugreifen können, sobald Sie eine Verbindung zum Internet erhalten. Sie können damit auch Ihre Daten auf mehreren Rechnern abgleichen, wie die Kontakte unter Evolution, die Lesezeichen von Firefox oder weitere persönliche Einträge wie Notizen etc. Sie brauchen nur im Webbrowser auf einen Eintrag zu klicken und zu wählen, ob der Inhalt angezeigt oder auf der Festplatte abgespeichert werden soll.

Für andere Anwender können Sie das Verzeichnis freigeben über das Fenster *Ubuntu-One-Freigaben* und die Schaltfläche *Share this folder*.

Sie sollten aber Folgendes beachten:

- Sie haben kaum Kontrolle darüber, ob diese Daten jemand anders einsieht oder benutzt. Eine eigene Verschlüsselung ist daher sehr empfehlenswert. Die Übertragung zu Ubuntu-One erfolgt zwar verschlüsselt; die Daten sind dort unverschlüsselt abgelegt. Zudem weiß niemand, ob der Schlüssel einmal in falsche Hände gerät.
- Sie benötigen eine schnelle Internet-Verbindung, am besten per DSL. Damit haben Sie aber eine wesentlich geringere Übertragungsrate zum Internet hin (Upload) als aus dem Internet (Download). Bei einer 16-MBit-Leitung sind dies rund 2 MBit pro Sekunde, also etwa ein Achtel. Um 2 GB hochzuladen, sind ca. drei Stunden zu veranschlagen.
- Wenn Sie unterwegs sind, haben Sie womöglich eine wesentlich schlechtere Übertragungsrate zur Verfügung, Selbst bei einer 16-MBit-Leitung dauert es ca. 20 bis 25 Minuten, bis 2 GB heruntergeladen sind.
- Falls Leitungsprobleme auftauchen, kommen Sie nicht an Ihre Daten heran. Auch kann es nach Naturkatastrophen oder politischen Umwälzungen Probleme mit dem Internet-Zugang geben. Sie sollten daher immer eine lokale Kopie aufbewahren.

Eine Datei können Sie zum Beispiel mit Programmen aus dem Paket `gnupg` verschlüsseln, das automatisch installiert ist. Ein Beispiel:

```
user@ubuntu:~$ gpg -c datei.txt
```

Es erscheint ein Eingabefenster, in dem das Passwort einzugeben ist, und ein weiteres Mal eins zur Bestätigung. Sie erhalten die Datei `datei.txt.gpg` zusätzlich zur Originaldatei. Zum Entschlüsseln ist Folgendes einzugeben (das Passwort speichert der `gpg-agent` im Hintergrund):

```
user@ubuntu:~$ gpg -o datei.txt -d datei.txt.gpg
```

12.7.1 Das Programm tar

Mit dem Programm `tar` ist eine Erstellung eines Archivs möglich. Ursprünglich war es das Programm der Wahl für Archivierungen auf Bändern („tar“ kommt von „Tape-Archiv“). Es können zu sichernde Dateien oder ein Verzeichnis angegeben werden. Dieses wird dann mit allen Dateien und Unterverzeichnissen gesichert. Siehe auch Kapitel 6.6.3.

PRAXISTIPP

- Wird auf einen Datenträger über dessen Gerätedatei geschrieben, erfolgt ein raw-Zugriff, also ein „rohes“ Schreiben ohne ein Filesystem. Alle Daten gehen dabei verloren!
- Ein Bandlaufwerk braucht nicht gemountet zu werden, da es kein Filesystem enthält!

`tar` speichert nur dann die Berechtigungen der Dateien und Verzeichnisse korrekt, wenn es unter dem Account `root` gestartet ist! Unter einem normalen Benutzer werden die Rechte dem jeweiligen Benutzer angepasst, falls ein Lesen der Daten überhaupt möglich ist.

Beispiele:

Vollsicherung vom Bandanfang an mit Kompression per `gzip` ohne den Inhalt der Pseudo-Verzeichnisse `/proc` und `/sys` und ohne weitere gemountete Verzeichnisse; die Fehler werden in der Datei `/tmp/err` protokolliert, die Namen der gesicherten Dateien wegen des Parameters `v` (verbose) in der Datei `/tmp/prot`:

```
root@ubuntu:~# tar cvzlf /dev/st0 / --exclude /proc --exclude /sys > /
tmp/prot 2>/tmp/err
```

Zurückschreiben obiger Bandsicherung mit:

```
root@ubuntu:~# tar xzf /dev/st0
```

PRAXISTIPP

- Bei Vollsicherung des Root-Verzeichnisses sollte ein Sichern bzw. ein Zurückschreiben entweder nur mit Start von Linux in der RAM-Disk oder über eine andere Linux-Installation erfolgen! Damit ist auch erreicht, dass eventuelle Datenbanken nicht aktiv sind, die sonst Probleme machen können!
- Die Pseudo-Verzeichnisse `/proc` und `/sys` sollten Sie nicht sichern!

12.8 Verschlüsselung

Besonders auf mobilen Rechnern ist es dringend zu empfehlen, wichtige Daten zu verschlüsseln. Aber auch USB-Sticks und andere Datenträger können leicht gestohlen werden oder verloren gehen. Der Schaden kann beträchtlich sein, wenn wichtige Daten in falsche Hände geraten. Die geringe Einbuße an Performance ist dagegen leicht zu verschmerzen.

12.8.1 Verschlüsseltes Homeverzeichnis

Bei der Installation können Sie bereits angeben, ob ein Homeverzeichnis verschlüsselt werden soll. Ist es bereits verschlüsselt angelegt, bietet Ubuntu bisher keine Kommandos, dies wieder rückgängig zu machen. Es kommt dabei `ecrypt` („Enterprise Cryptographic File System") zum Einsatz.

Einen Benutzer mit verschlüsseltem Homeverzeichnis können Sie nachträglich entweder auf der Kommandozeile (z. B. bei Ubuntu Server) mit folgendem Kommando anlegen:

```
root@ubuntu:~# adduser max --encrypt-home
```

```
Lege Benutzer "max" an ...
Lege neue Gruppe "max" (1001) an ...
Lege neuen Benutzer "max" (1001) mit Gruppe "max" an ...
Erstelle Home-Verzeichnis "/home/max" ...
Verschlüsselung wird eingerichtet ...
```

```
************************************************************************
YOU SHOULD RECORD YOUR MOUNT PASSPHRASE AND STORE IT IN A SAFE LOCATION.
 ecryptfs-unwrap-passphrase ~/.ecryptfs/wrapped-passphrase
THIS WILL BE REQUIRED IF YOU NEED TO RECOVER YOUR DATA AT A LATER TIME.
************************************************************************


Done configuring.

Kopiere Dateien aus "/etc/skel" ...
Geben Sie ein neues UNIX-Passwort ein:
Geben Sie das neue UNIX-Passwort erneut ein:
passwd: Passwort erfolgreich geändert
Benutzerinformationen für max werden geändert.
Geben Sie einen neuen Wert an oder drücken Sie ENTER für den Standardwert
    Vollständiger Name []: Max Meier
    Raumnummer []: 11
    Telefon geschäftlich []: 4711
    Telefon privat []: 1234
    Sonstiges []:
Sind diese Informationen korrekt? [J/n]
```

Oder Sie benutzen den grafischen Dialog über *System /Systemverwaltung / Benutzer und Gruppen*:

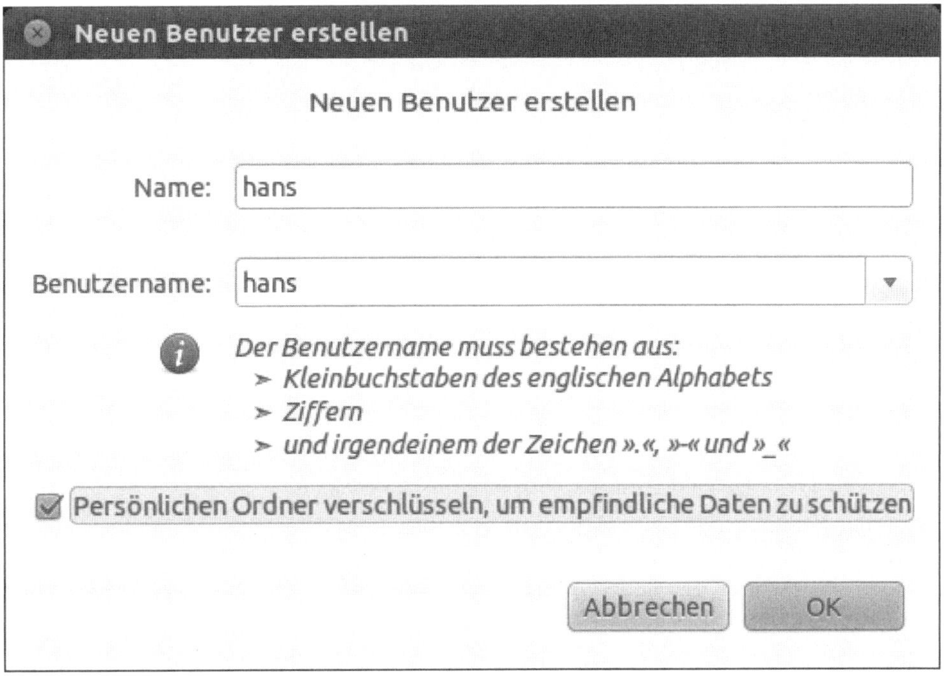

BILD 12.5 Einen Benutzer mit verschlüsseltem Homeverzeichnis anlegen

Bei der ersten Anmeldung wird Ihnen die Passphrase gezeigt, mit der Sie im Grunde nichts anfangen können. Wichtig ist Ihr Passwort, das Sie beim Anmelden am System benutzen. Schreiben Sie dieses Passwort auf ein Blatt Papier oder speichern Sie es auf einem Medium

(USB-Stick etc.) und schließen Sie dieses an einem sichereren Platz weg. Sonst kann niemand mehr an Ihre Daten herankommen, wenn Sie Ihr Passwort vergessen, auch nicht der Administrator!

PRAXISTIPP: Ihr Passwort müssen Sie gut verwahren, dass sonst keiner mehr an die verschlüsselten Daten herankommen kann, auch nicht der Administrator!

Beim Anmelden wird nun das Verzeichnis `~/.Private`, in dem sich die verschlüsselten Daten befinden, an das Homeverzeichnis des Anwenders gemountet. Danach kommt er automatisch in dieses Homeverzeichnis, sodass er normalerweise keinen Unterschied zu einem nicht verschlüsselten Homeverzeichnis erkennt:

```
user@ubuntu:~$ df
```

```
Dateisystem          1K-Blöcke   Benutzt Verfügbar Ben% Eingehängt auf
/dev/sda15            10572064   3712056   6322972  37% /
none                   1529976       692   1529284   1% /dev
none                   1539212      2344   1536868   1% /dev/shm
none                   1539212       720   1538492   1% /var/run
none                   1539212         0   1539212   0% /var/lock
/dev/sda6             20158332  10197452   8936880  54% /home
/home/max/.Private    20158332  10197452   8936880  54% /home/max
```

Versucht zum Beispiel der Benutzer `root` oder jemand anderes, das Verzeichnis ohne entsprechende Rechte auszulesen, erhält er nur die folgenden Dateien:

```
user@ubuntu:~$ ls /home/max
```

```
Access-Your-Private-Data.desktop README.txt
```

Auf Ihre Daten können Sie wie folgt wieder zugreifen, falls zum Beispiel der Administrator das Passwort mit dem Kommando `passwd` geändert hat. Wie Sie über eine Live-CD per Kommando `chroot` eine installierte Partition zu einer Root-Partition machen können, falls der Bootmechanismus beschädigt ist, ist bereits in Kapitel 11.3 beschrieben. Das Paket `ecryptfs-utils` muss installiert sein! Sie können sich als Benutzer `root` anmelden und danach als der Anwender, der sein Passwort vergessen hat. Als `root` brauchen Sie hierzu nicht das Passwort dieses Anwenders:

```
root@ubuntu:~# su - max
```

Oder Sie melden sich direkt als Benutzer an, wenn das System problemlos bootet. Wenn Sie sich im Homeverzeichnis befinden, reicht dieser Befehl:

```
max@ubuntu:~$ ecryptfs-mount-private
```

```
Enter your login passphrase:
Inserted auth tok with sig [155afdcb6649ccef] into the user session
keyring

INFO: Your private directory has been mounted.
INFO: To see this change in your current shell:
  cd /home/max
```

```
max@ubuntu:~$ cd /home/max
```

Als Passphrase müssen Sie das Passwort eingeben, das Sie selbst (nicht `root`) zuletzt geändert haben!

Wenn mehrere Benutzer gleichzeitig angemeldet sind, wirken nur noch die Berechtigungen auf das Homeverzeichnis als Schutz. Diese sind per Default so gesetzt, dass ein lesender Zugriff auf die Homeverzeichnisse anderer Anwender möglich ist, wenn kein verschlüsseltes Homeverzeichnis vorhanden ist! Bei einer Verschlüsselung des gesamten Systems, wie im Anschluss beschrieben, ist dies nicht anders. Diese Berechtigungen kann der Administrator für alle bzw. jeder einzelne Anwender für sich selbst ändern. Siehe Kapitel 7.8.

Wird ein Benutzer mit einem verschlüsselten Homeverzeichnis angelegt, erhält dieses wesentlich restriktivere Rechte. Kein anderer als `root` kann darin lesen, sobald der Anwender angemeldet ist!

Ein Benutzer mit einem verschlüsselten Homeverzeichnis kann sich nicht über einen Public-Key per SSH vom Netzwerk aus anmelden (wie in Kapitel 7.11.2 beschrieben), da das Verzeichnis mit dem Schlüssel verschlüsselt ist!

PRAXISTIPP: Der Administrator darf das Passwort eines Benutzers nicht mit dem Kommando `passwd` ändern, wenn dessen Homeverzeichnis verschlüsselt ist! Der Anwender kommt dann nicht mehr an seine verschlüsselten Daten, wenn er sich nicht sein Passwort gesichert hat! ■

Über das Programm `ecryptfs-mograte-home` kann nachträglich der Administrator ein verschlüsseltes Homeverzeichnis erzeugen, wenn dies beim Anlegen eines Benutzers versäumt wurde. Der Benutzer muss sich dabei vor dem nächsten Neustart anmelden!

Weitere Informationen über `ecryptfs` erhalten Sie unter:

http://ecryptfs.sourceforge.net/

http://wiki.ubuntuusers.de/ecryptfs

12.8.2 Verschlüsselung des gesamten Systems

Das Homeverzeichnis zu verschlüsseln ist nur die halbe Miete. Viele sensible Dateien können sich im Verzeichnis `/tmp` oder in Spoolverzeichnissen vom Drucker etc. befinden. Dazu kommt, dass bei Herunterfahren in den Ruhezustand der gesamte Zustand des Systems in der Swap-Partition gespeichert ist; von USB-Sticks und anderen Medien ganz zu schweigen.

Damit alle Daten gesichert sind, die sich im System befinden, sollten Sie das Betriebssystem verschlüsseln. Dies bietet sich bei der Installation über eine Alternate-CD bzw. eine Ubuntu-DVD mit dem Verfahren `DM-Crypt` an:

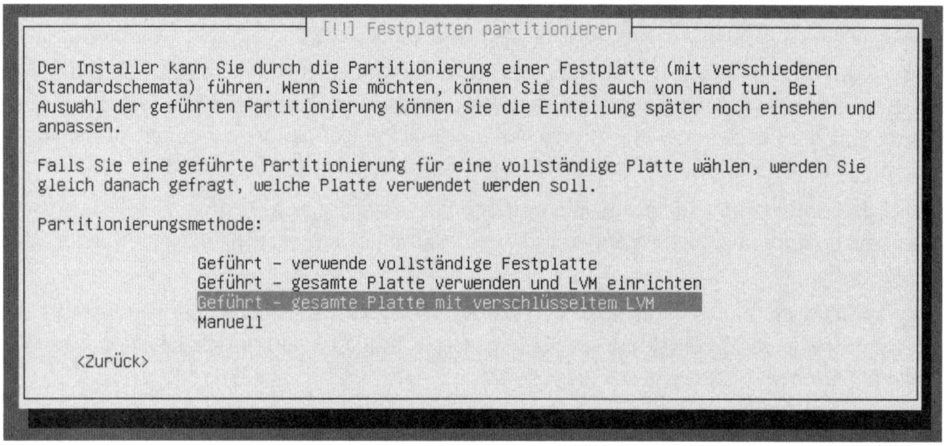

BILD 12.6 Die gesamte Verschlüsselung des Systems

Dabei gehen jedoch alle Daten und Betriebssysteme verloren, die sich bereits auf der Festplatte befinden. Beim jedem Bootvorgang müssen Sie nun die Passphrase eingeben. Für einen Server eignet sich diese Art der Installation also kaum.

Es wird dabei eine Boot-Partition mit dem Dateisystem ext2 erstellt, die als einzige Partition nicht verschlüsselt ist und dies auch nicht sein darf. Hier hinein gelangen jedoch nicht Daten von Benutzern!

Der Rest wird über den Logical Volume Manager (LVM) in Dateisysteme mit ext4 aufgeteilt. Sie können auch nur einen Teil der Festplatte für Ubuntu benutzen und den freien Platz entweder nachträglich für die Vergrößerung einer Partition frei halten oder dort ein weiteres Betriebssystem wie zum Beispiel Windows installieren.

12.8.3 Verschlüsselung von USB-Sticks

Sie können im Grunde jedes Dateisystem in einer Partition mit dem Verfahren `DM-Crypt` verschlüsseln. Dieses können Sie wie folgt auf einem USB-Stick erzeugen. Das Paket `cryptsetup` ist vorher zu installieren, falls noch nicht geschehen. Die Partition auf dem USB-Stick ist in dem Beispiel `/dev/sdc1`:

```
root@ubuntu:~# cryptsetup luksFormat --cipher aes-cbc-essiv:sha256 dev/
sdc1
```

```
WARNING!
========
Hiermit überschreiben Sie Daten auf /dev/sdc1 unwiderruflich.

Are you sure? (Type uppercase yes): YES
LUKS-Passsatz eingeben:
Passsatz wiederholen:
```

```
root@ubuntu:~# cryptsetup luksOpen /dev/sdc1 cfile
```

```
Geben Sie den Passsatz für /dev/sdc1 ein:
```

```
root@ubuntu:~# mkfs.ext2 /dev/mapper/cfile
root@ubuntu:~# cryptsetup luksClose /dev/mapper/cfile
```

Der „Passsatz“ ist nichts anderes als die Passphrase (quasi das Passwort für den Zugang), die Sie hier eingeben müssen. Sie brauchen diesen Stick danach nur noch einzustecken, und Ubuntu fragt nach diesem „Passsatz“, bevor es den Inhalt mountet. Sie können anschließend ein Verzeichnis mit Rechten für alle Benutzer erstellen, da sonst nur mit Root-Rechten ein Schreiben auf dem verschlüsselten Dateisystem möglich ist. Eine Alternative wäre, anstelle von ext2 das Dateisystem FAT32 zu benutzen.

Sie können auch den USB-Stick so partitionieren, dass Sie zwei oder mehr Partitionen auf dem USB-Stick erzeugen. Die erste Partition kann ganz normal mit FAT32 belegt sein und unter Windows problemlos benutzt werden. Die zweite Partition dagegen ist verschlüsselt und fällt unter Windows nicht auf.

Im Internet gibt es den Tipp, den Header einer solchen Partition zu sichern, um damit einem eventuellen Datenverlust vorzubeugen. Die hierfür nötigen Kommandos wären:

```
root@ubuntu:~# cryptsetup luksHeaderBackup --header-backup-file <file>
<device>
root@ubuntu:~# cryptsetup luksHeaderRestore --header-backup-file <file>
<device>
```

Siehe hierzu: *http://code.google.com/p/cryptsetup/wiki/FrequentlyAskedQuestions*

Weitere Informationen zu DM-Crypt finden Sie unter: *http://de.wikipedia.org/wiki/Dm-crypt*

HINWEIS: Zum Verschlüsseln ist auch `TrueCrypt` geeignet, das für viele Betriebssysteme vorhanden ist, unter anderem für Windows und Ubuntu. Siehe *http://www.truecrypt.org*

13 Tipps für die Praxis

In diesem Kapitel finden Sie eine Zusammenstellung von weiteren Tipps, die im Arbeitsalltag oft nützlich sind. Ubuntu bringt einen gut bestückten Werkzeugkoffer mit, der auch für den Umgang mit Windows etliche interessante Kommandos bietet. Sie helfen ihnen dabei, gelöschte Dateien oder Partitionen wieder zu finden, die Festplatte zu analysieren oder einen Zugriff auf die Windows-Dateien selbst dann noch zu erhalten, wenn Windows selbst nicht mehr startet.

13.1 Die Home-Partition verlagern

Falls bereits eine Home-Partition auf dem Rechner vorhanden ist, auf dem Sie Ubuntu installieren, sollten Sie diese bei der Installation nicht einbinden! In dieser Partition können sich noch Skripte und Konfigurationen befinden, die für das aktuelle Ubuntu nicht mehr passen. Wenn Sie der einzige Benutzer auf dem Rechner sind und es sich nicht um eine verschlüsselte Home-Partition handelt, installieren Sie Ubuntu zunächst so, dass es das Homeverzeichnis in der Root-Partition anlegt.

Starten Sie das frisch installierte Ubuntu und binden Sie die frühere Home-Partition unter `/mnt/home` ein. Dieses Verzeichnis müssen Sie erst erstellen. Wenn Ihr Benutzername z. B. `max` ist, kopieren Sie Ihr neues und noch fast leeres Verzeichnis `/home/max` dort in ein Verzeichnis, wie z. B. `max_ubuntu_11.04`.

Vorher sollten Sie in der Datei `/etc/fstab` einen Verweis auf die bisherige Home-Partition eintragen, wie z. B. in einer Zeile wie dieser:

```
UUID=6c1f90f5-f32f-4b59-9126-486118c9cc2e /home ext4 defaults 0 2
```

In der Datei `/etc/passwd` müssen Sie in der Zeile vom Benutzer `max` das Homeverzeichnis anpassen:

```
max:x:1000:1000:max,,,:/home/max_ubuntu_11.04:/bin/bash
```

Hier das weitere Vorgehen:

```
root@ubuntu:~# cp -a /home/max /mnt/home/max_ubuntu_11.04
root@ubuntu:~# mv /home /home_ori
```

```
root@ubuntu:~# mkdir /home
root@ubuntu:~# mount /home
root@ubuntu:~# umount /mnt/home
```

Wenn Sie dies ähnlich mit eventuell vorhandenen anderen Linux-Installationen durchführen, können Sie nun jede Ubuntu-Version und jedes andere Linux in beliebiger Reihenfolge booten, ohne dass sich die Einträge in der Home-Partition in die Quere kommen. Sie kommen immer automatisch in das richtige Homeverzeichnis.

Sollte die Home-Partition im Laufe der Zeit zu klein geworden sein, können Sie auf ähnliche Art die Verzeichnisse in eine größere Partition mithilfe einer Live-CD kopieren. Diese Partition können Sie entweder auf einer zweiten Festplatte erstellen oder über das Netzwerk zum Beispiel per NFS oder iSCSI einbinden.

13.1.1 Große Festplatten verwenden

Ab Ubuntu 10.10 erstellt das Installationsprogramm automatisch eine GPT auf Festplatten, die größer als 2 TB sind. Ansonsten kann dies das Programm `parted` mit dem Befehl `mklabel`. Selbst ohne UEFI und GPT kann man eine Festplatte mit mehr als 2 TB benutzen, wenn die letzte Partition kurz vor der 2-TB-Grenze beginnt, da in einem MBR die Partitionen nur durch ihren Startsektor und ihre Größe definiert sind. Mit UEFI und GPT werden solche Trickserеien überflüssig.

13.2 Fernwartung

Auf einen Ubuntu-Rechner können Sie problemlos über das Netzwerk zugreifen und eine Fernwartung vornehmen. Am einfachsten geht dies über das SSH-Protokoll. Sie benötigen auf dem Zielrechner nur einen gestarteten SSH-Server, der nicht von einer Firewall blockiert sein darf.

Ein Zugriff ist von quasi jedem Rechner aus möglich, der entweder den SSH-Client installiert hat (was bei nahezu jedem Unix- oder Linux-Rechner der Fall ist), oder Sie benutzen einen Windows-Rechner mit dem Programm `PuTTY`. Auch einen Datenaustausch gestatten unter Ubuntu das Programm `SCP` (Secure Copy, siehe Kapitel 7) oder unter Windows das Programm `WinSCP`. Eine Konfiguration per `Webmin` ist einfach über einen beliebigen Browser auch unter Windows machbar und sogar von Haus aus mit SSL verschlüsselt, sodass selbst eine Verbindung über das Internet kein Problem darstellt. Siehe hierzu Kapitel 14.6.

Etwas schwieriger ist es, Grafikprogramme von Ubuntu unter Windows anzeigen zu lassen, die zum Beispiel über `PuTTY` auf Ubuntu gestartet werden. Sie benötigen hierzu einen XServer, der die Grafikausgabe erledigt. Für Windows sind Programme wie das kostenpflichtige `Hummingbird Exceed` (*http://connectivity.opentext.com*) oder das kostenlose `Cygwin/X` (*http://x.cygwin.com/*) bzw. `Xming` (*http://sourceforge.net/projects/xming/*) zu installieren.

Es gibt jedoch auch andere Lösungen, wie das kostenlose `VNC`, das für quasi alle Plattformen verfügbar ist. Unter Ubuntu sind hierzu entweder das Paket `x11vnc` für den VNC-Server oder `qvncviewer` für den VNC-Client zu installieren. Eine Verbindung über einen Browser ist ebenfalls möglich. Siehe auch: *http://de.wikipedia.org/wiki/Virtual_Network_Computing*

http://wiki.ubuntuusers.de/VNC

Das Programm `vinagre` unter Ubuntu bietet ein einfaches Betrachtungsprogramm für entfernte Bildschirme über die Protokolle VNC und SSH. Per SSH ist nur ein Textmodus möglich. Erstellen Sie zunächst nach der Installation vom Paket `x11vnc` auf dem Zielrechner ein Passwort für VNC:

```
user@ubuntu:~$ x11vnc --storepasswd
```

Starten Sie nun auf dem Zielrechner folgendes Programm:

```
user@ubuntu:~$ x11vnc -rfbauth .vnc/passwd
```

Öffnen Sie anschließend eine Verbindung zu diesem Rechner über *Anwendungen / Internet / Betrachter für entfernte Bildschirme* per Protokoll VNC. Sie können nun den Zielrechner fernsteuern.

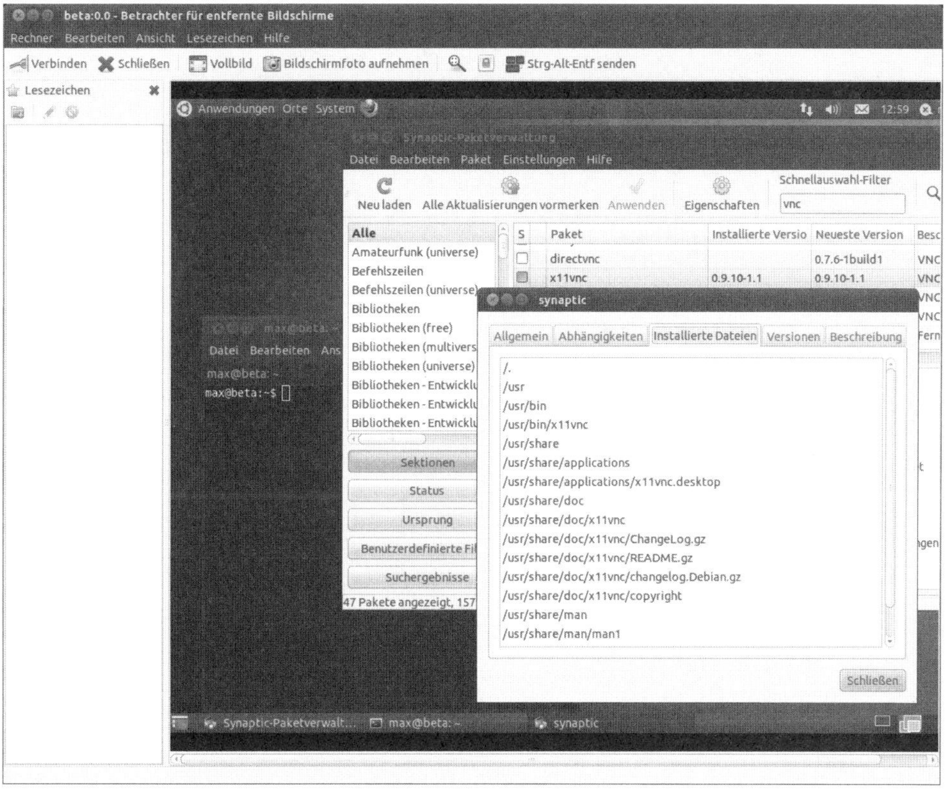

BILD 13.1 Fernsteuerung über VNC

13.2.1 Zugriff auf einen Windows-Rechner

Für die Fernsteuerung von Windows bietet Ubuntu mehrere Programme. Hier eine kleine Auswahl.

Das Programm `rdesktop`

Das Kommando `rdesktop` ist normalerweise bereits seit der Installation vorhanden. Beachten Sie, dass auf dem Windows-Rechner der Terminaldienst und unter den Systemeigenschaften der Remotedesktop aktiviert sein muss! Auch darf eine Firewall den Port 3389 nicht blockieren. Sie können eine Verbindung starten mit:

```
user@ubuntu:~$ rdesktop <IP-Adresse>
```

oder, wenn der Name auflösbar ist, mit:

```
user@ubuntu:~$ rdesktop rechnername
```

Weitere Optionen müssen Sie im Aufruf mitgeben. Siehe hierzu: man rdesktop

Das Programm `tsclient`

Ubuntu bietet ein komfortableres Programm zum Zugriff auf andere Rechner. Sie erreichen es unter *Anwendungen / Internet / Terminal-Server-Client.*

BILD 13.2 Das Programm „Terminal-Server-Client“

Hier können Sie zahlreiche Vorgaben einstellen, wie den Benutzernamen, die Größe der Anzeige, ob Sound mit übertragen werden soll, eine Leistungsoptimierung und etliches mehr. Sie können sogar unter dem Reiter *Lokale Ressourcen* den Punkt *Mein lokales Laufwerk auf dem entfernten Rechner hinzufügen* anwählen, sodass die gesamten Daten von Ubuntu (das gesamte Root-Verzeichnis) dort verfügbar sind.

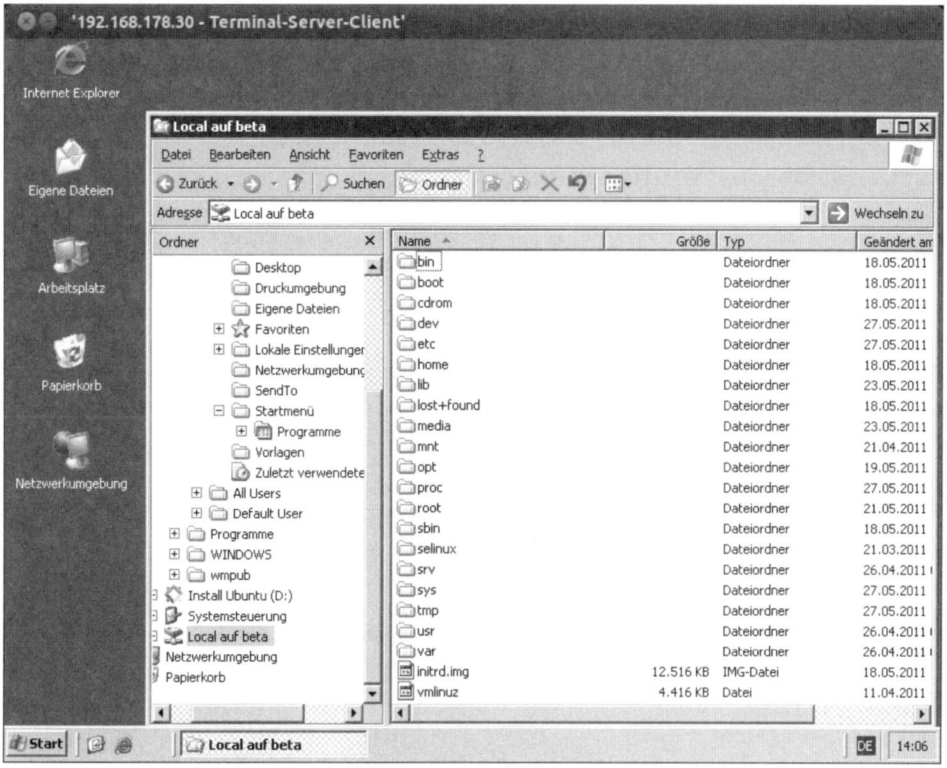

BILD 13.3 Remotedesktopverbindung zu einem Windows XP-Rechner

PRAXISTIPP

- Beachten Sie, dass die meisten Fernwartungen ein ungeschütztes bzw. schwach geschütztes Protokoll verwenden. Sie sind nicht für Verbindungen über das Internet gedacht. Beim Programm `vinagre` können sie dennoch einstellen, dass es einen Rechner für einen SSH-Tunnel zur sicheren Verbindung verwenden soll.
- Beachten Sie auch, dass die Desktop-Versionen von Windows nur einen einzigen auf der Grafik-Oberfläche angemeldeten Benutzer zulassen.

13.3 Datenrettung

Es kann schnell vorkommen, dass eine Festplatte den Geist aufgibt oder Dateien versehentlich gelöscht werden. Als Erstes sollten Sie in einer derartigen Situation den Reset-Knopf betätigen. Vor allem dann, wenn Sie unter Windows arbeiten. Sonst besteht die Gefahr, dass die Stellen, an denen die Daten einer Datei lagen, vom Betriebssystem überschrieben werden.

Falls eine Partition oder die gesamte Festplatte gelöscht ist, gibt es unter Ubuntu Rettung.

13.3.1 Gelöschte Partitionen wiederfinden

Mit den Programmen `gpart` und `testdisk` können unter anderem gelöschte Partitionen auf der Festplatte wieder gefunden werden. Eine Garantie besteht jedoch nicht!

Deshalb ist es die beste Methode, die mit dem Befehl `fdisk -clu` (unter Root-Rechten) ausgegebenen Bereiche der Partitionen in einer Datei zu sichern und im Bedarfsfall die gelöschten Partitionen an der gleichen Stelle mit der gleichen Größe wieder zu erstellen; zum Beispiel mit dem Programm `fdisk`. Falls noch kein Schreibvorgang auf diese Stellen erfolgte, sind dann die Partitionen wieder so benutzbar wie vorher.

Beispiel für die Ausgabe der Belegung aller angeschlossenen Datenträger:

```
root@ubuntu:~# fdisk -clu
```

```
Platte /dev/sda: 483.4 GByte, 483352641536 Byte
255 Köpfe, 63 Sektoren/Spur, 58764 Zylinder, zusammen 944048128 Sektoren
Einheiten = Sektoren von 1 × 512 = 512 Bytes
Sector size (logical/physical): 512 bytes / 512 bytes
I/O size (minimum/optimal): 512 bytes / 512 bytes
Disk identifier: 0x8ec18ec1

   Gerät boot.     Anfang        Ende      Blöcke   Id System
/dev/sda1   *          63   390625062   195312500    7 HPFS/NTFS
/dev/sda2       390625280   394530815     1952768   82 Linux Swap / Solaris
/dev/sda3       394532862   511717375    58592257    5 Erweiterte
/dev/sda5       394532864   433592319    19529728   83 Linux
/dev/sda6       433594368   453124095     9764864   83 Linux
/dev/sda7       453126144   472655871     9764864   83 Linux
/dev/sda8       472657920   511717375    19529728   83 Linux
```

Die logischen Partitionen müssen in der richtigen Reihenfolge eingerichtet sein! Abhelfen können die Extrafunktionen in `fdisk`. Siehe hierzu Kapitel 7.3.1.

13.3.1.1 Das Programm `gpart`

Während `gpart` nur die Platte auf gelöschte Partitionen scannt und die gefundenen als Bereiche ausgibt, ist `testdisk` ein umfassendes Tool zur Datenwiederherstellung. Auf einer Ubuntu-CD sind die genannten Programme jedoch nicht dabei, auch nicht auf einer DVD. Wenn Sie diese als Live-CD benutzen wollen und eine Internet-Verbindung haben, müssen Sie noch einige Vorbereitungen treffen.

Starten Sie die Live-CD und öffnen Sie ein Terminal, in dem Sie sich Root-Rechte verschaffen. Sie brauchen kein Passwort einzugeben:

```
ubuntu@ubuntu:~$ sudo su -
```

Bei Verwendung einer DVD brauchen Sie die folgende Änderung nicht durchzuführen. Bei einer CD entfernen Sie in der Datei `/etc/apt/sources.list` das Kommentarzeichen vor der angegebenen Zeile:

```
...
deb http://archive.ubuntu.com/ubuntu natty universe
...
```

Nun können Sie die Programme aus dem Internet installieren:

```
ubuntu@ubuntu:~$ apt-get update
ubuntu@ubuntu:~$ apt-get install gpart testdisk
```

Sie können auch die entsprechenden Paketdateien von selbst aus dem Internet von folgenden Seiten holen, auf einem USB-Stick speichern und davon installieren.

http://packages.ubuntu.com/de/natty/i386/gpart

http://packages.ubuntu.com/de/natty/i386/testdisk

Weitere Informationen zur Installation finden Sie in Kapitel 9.

Der Aufruf von `gpart` zum Suchen von Partitionen auf der ersten Festplatte:

```
root@ubuntu:~# gpart /dev/sda
```

PRAXISTIPP: Es gibt keine Garantie dafür, dass die genannten Programme gelöschte Partitionen wieder finden. Deshalb sollten Sie die Partitionstabelle nach der Installation mit folgendem Aufruf ausgeben und an einem sicheren Ort sichern:

```
root@ubuntu:~# fdisk -clu
```

13.3.1.2 Das Programm `testdisk`

Ähnlich kann mit dem Programm `testdisk` ebenfalls ein Test über die gesamte Platte auf gelöschte Partitionen erfolgen. Es arbeitet immer mit dem aktuellen MBR. Eine Sicherung der kompletten Festplatte ist vor Rettungsversuchen dringend empfohlen!

Bei der Verwendung von `testdisk` sollten Sie sicherstellen, dass die Platte möglichst im selben Rechner eingebaut ist, in dem sie partitioniert wurde. Ansonsten muss die BIOS-Einstellung für den Plattenzugriff gleich sein (wie LBA-Modus etc.).

Die Struktur der Partitionen kann mit `testdisk` überprüft werden. Dieses Programm kann auch wie `gpart` gelöschte Partitionen wiederfinden und rekonstruieren sowie beschädigte Boot-Sektoren wiederherstellen. Situationen, in denen die gesamte Platte gelöscht ist, verlieren damit zum großen Teil ihren Schrecken.

Nach dem Aufruf von `testdisk` fragt das Programm erst einmal, ob es eine neue Log-Datei anlegen soll, was Sie bejahen können. Danach erfolgt die Suche nach vorhandenen Geräten (auch CD-ROM-Laufwerke), die dann in einem Auswahlmenü zur Selektion erscheinen. Bei einem PC ist als *partition table type* der Punkt `[Intel]` zu wählen.

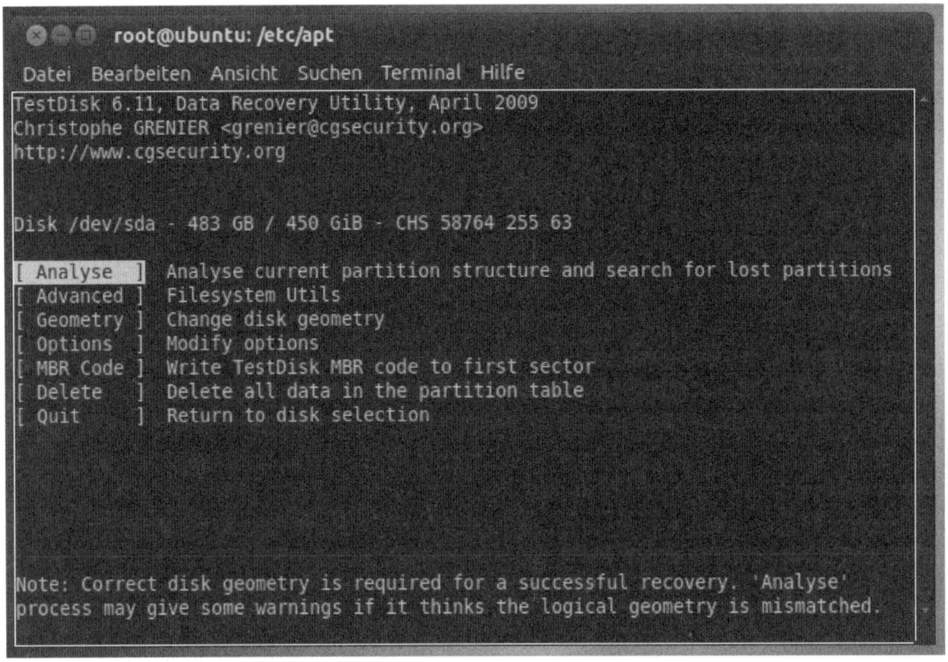

BILD 13.4 Das Programm `testdisk`

Es werden nun folgende Sektionen angeboten:

`[Analyse]` Analysiert die aktuelle Partitionsstruktur und sucht nach gelöschten Partitionen.

`[Advanced]` für Boot-Sektor-Recovery bzw. Dump des Boot-Sektors.

`[Geometry]` zum Ändern der Plattengeometrie (nur für Experten). Dies kann dann nötig sein, wenn `testdisk` nicht mit den richtigen Werten für die Anzahl der Köpfe etc. arbeitet.

`[Options]` um aktuelle Optionen anzuzeigen bzw. zu ändern.

`[MBR Code]` Beschreibt den MBR mit einem testdisk-eigenen Boot-Menü (zum Start einer Partition). Ein bereits installierter Boot-Manager wird überschrieben!

`[Delete]` Löscht die Partitionstabelle (MBR) der gewählten Platte. Löst manche Probleme mit falsch erstellten Einträgen im MBR.

`[Quit]` beendet das Programm.

Nach Wahl von `[Analyse]` erfolgt erst die Ausgabe der bekannten Partitionen. Ist der MBR leer oder ungültig, kann mit *MBR Code* dieser nun mit gültigen Daten versehen werden.

Mit `[Quick Search]` wird mit der Analyse der Platte begonnen; eine Frage, ob auch nach Vista-Partitionen gesucht werden soll, ist zu bejahen. Das Programm startet nun die Suche und zeigt meist schon nach relativ kurzer Zeit eine Tabelle gefundener Partitionen an, während es gründlich weiter sucht. Ist es mit der Suche fertig, erhalten Sie nach Betätigung der Enter-Taste das Ergebnis.

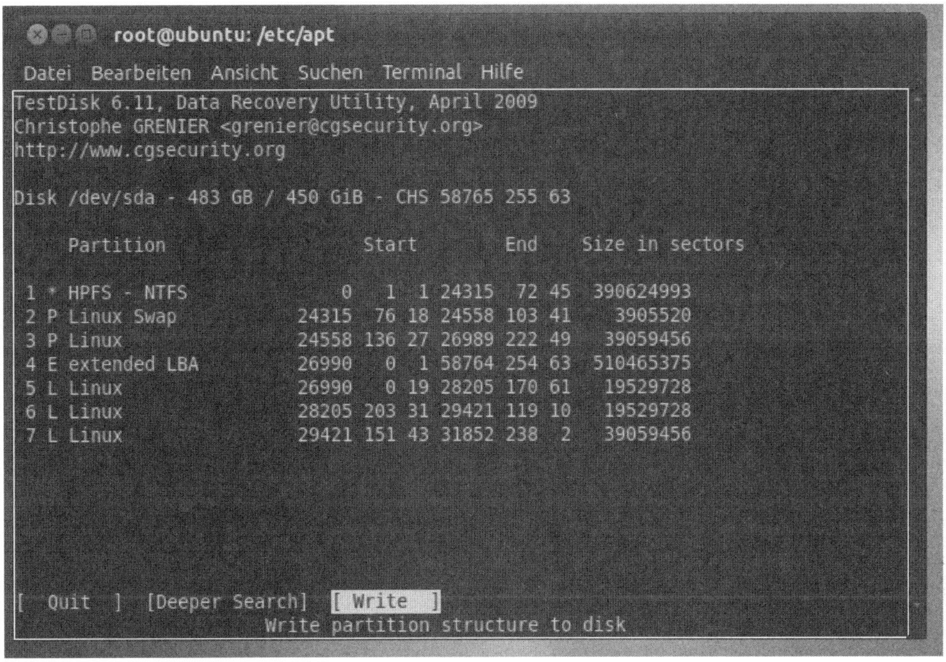

BILD 13.5 Ein mögliches Ergebnis von `testdisk`

Sie können nun mit `[Deeper Search]` gründlicher nach weiteren Partitionen suchen, falls noch nicht alle gefunden sein sollten. Mit Auswahl von `[Write]` ist ein Zurückschreiben der gefundenen Partitionseinstellungen möglich. Ansonsten gibt es keine Änderungen an der Festplatte.

HINWEIS

- Die Nummerierung der Zylinder beginnt mit 0 und nicht mit 1 wie bei `fdisk`!
- Das Programm `testdisk` gibt es auch für Windows.

Im gezeigten Beispiel war die Wiederherstellung nicht erfolgreich, vermutlich deswegen, weil es sich um ein virtuelles System unter VirtualBox handelte. Dies zeigt, wie wichtig eine Speicherung der Partitionierungsdaten nach der Installation ist.

Siehe auch: *http://wiki.ubuntuusers.de/Festplatten_Problembehebung*

Mit `testdisk` können Sie auch eine unter Windows eingerichtete dynamische Festplatte zu einem Basisdatenträger zurück umwandeln. Lesen Sie hierzu beispielsweise: *http://www.heise.de/ct/hotline/Dynamischen-in-Basisdatentraeger-zurueckwandeln-318352.html*

13.3.2 Wiederherstellung von Dateien unter Ubuntu

Das Programm `photorec` (aus dem Paket `testdisk`) kann nicht nur Bilddateien, sondern eine Vielzahl anderer Formate rekonstruieren. Es wurde für die Rettung von Bildern aus Flash-Speichern entwickelt, ist aber auch bei zerstörten Partitionstabellen, Exe- und Zip-Dateien einsetzbar, solange die Struktur des Filesystems noch einigermaßen intakt ist. Auch Abbilder von Dateisystemen sind geeignet.

Es ist empfehlenswert, vorher von dem Datenträger ein Abbild mit `dd` oder `dd_rescue` zu erstellen. Ein Aufruf kann dann erfolgen mit:

```
user@ubuntu:~$ /usr/sbin/photorec /tmp/karte.img
```

Beim Aufruf mit Root-Rechten findet das Programm unter Umständen mehr Treffer. Handelt es sich um ein Abbild, ist beim nachfolgenden Dialog als *partition table type* der Eintrag *None* anzugeben. Nachdem *Search* gewählt ist, fragt das Programm, ob es nur den freien Bereich oder den gesamten Platz durchsuchen soll, und anschließend nach dem Ordner, in den es die gefundenen Dateien speichern kann.

13.3.3 Daten sicher löschen

Der umgekehrte Fall liegt vor, wenn Sie sensible Daten so löschen wollen, dass es schier unmöglich ist, sie wieder herzustellen. Das Programm `wipe` aus dem gleichnamigen Paket leistet dies auf Dateien, mit Option `-r` auch auf Verzeichnisse. Weitere ähnliche Programme finden Sie im Paket `secure-delete`. Das Programm `shred` (aus dem Paket `coreutils`) würfelt den Inhalt einer Datei durcheinander, sodass diese danach gelöscht werden kann ohne die Möglichkeit einer Wiederherstellung.

13.3.4 Eine komplette Festplatte löschen

Bevor Sie eine benutzte Festplatte verkaufen oder als Elektronik-Schrott wegbringen, sollten Sie den Inhalt komplett löschen, damit die Daten nicht in falsche Hände gelangen. Ein probates Mittel ist das Kommando `dd` („disk dump"), das im folgenden Beispiel die Festplatte mit zufälligen Bits überschreibt. Vergewissern Sie sich, dass Sie die Gerätebezeichnung von genau der Festplatte verwenden, die Sie löschen wollen, und nicht die einer anderen Platte.

Im folgenden Beispiel ist `/dev/sdb` als Bezeichnung der Festplatte angenommen:

```
root@ubuntu:~# dd if=/dev/urandom of=/dev/sdb conv=noerror
```

13.3.5 Eine Festplatte komplett auslesen

Falls Sie eine Festplatte auf gelöschte Dateien hin untersuchen oder generell Tests darauf durchführen wollen, ist es ratsam, dies nicht auf der Originalplatte durchzuführen, sondern erst ein Abbild zu erstellen und auf diesem zu arbeiten. Ansonsten können auch noch die Daten verloren gehen, die womöglich zu retten gewesen wären.

Bei Fehlern auf dem Datenträger bricht das Programm dd in der Regel ab. Um dennoch zu retten, was zu retten ist, kann man entweder mit dd und der Option *noerror* arbeiten, oder man benutzt das Kommando dd_rescue, das auch Datenträger liest, die teilweise zerstört sind (z. B. durch fehlerhafte Sektoren etc.). Die Blöcke, die trotz mehrfachen Leseversuchen nicht mehr lesbar sind, werden mit Option -A mit Nullbytes aufgefüllt. Ein Filesystem-Check sollte danach auf die gesicherten Daten erfolgen.

Da durch wiederholte Leseversuche die Platte eventuell noch weiteren Schaden erleiden kann, gibt es zudem das Tool myrescue, das erst alle intakten Sektoren ausliest und danach alle anderen. Sowohl dd_rescue als auch myrescue müssen erst installiert werden.

Eine kurze Hilfe ist mit dem Befehl dd_rescue -h erhältlich. Weitere Infos sind unter /usr/share/doc/packages/ddrescue zu finden.

Beispiel zum Erstellen eines CD-Images:

```
root@ubuntu:~# dd_rescue /dev/sdc CD-Image.iso
```

13.4 Aktionen auf das NTFS-Dateisystem

Das Paket ntfsprogs bietet etliche Tools für den Umgang mit NTFS-Filesystemen. Hier die wichtigsten Programme:

Tool	Beschreibung
ntfsresize	Zur Änderung der Größe eines NTFS-Datenträgers
ntfsundelete	Findet Dateien, die gelöscht wurden, und stellt sie wieder her
ntfsclone	Nimmt effizient ein Backup oder eine Wiederherstellung eines Datenträgers vor
mkntfs	Erzeugt einen NTFS-Datenträger auf einer Partition (auch möglich: mkfs.ntfs)
ntfscat	Gibt den Inhalt einer Datei in der Standardausgabe aus
ntfsinfo	Zeigt Attribute von Dateien (auch der ADStreams) oder vom Device an
ntfslabel	Zum Anzeigen oder Setzen des Namens eines NTFS-Filesystems
ntfsls	Listet Verzeichnisinhalte von einem NTFS-Filesystem auf
ntfscluster	Identifiziert Dateien, die einen angegebenen Sektor oder Cluster benutzen
ntfscmp	Vergleicht zwei Dateien in einem NTFS-Filesystem
ntfsfix	Behebt die gröbsten Fehler von einem NTFS-Filesystem und markiert es als „dirty" zum genauen Prüfen unter Windows
ntfscp	Kopiert eine Datei in ein NTFS-Dateisystem und überschreibt damit eine bereits bestehende Datei
ntfsmount	Kann NTFS-Filesysteme mounten, auch per Loop-Device

Auch *Alternate Data Streams* (ADS) kann das Programm ntfsinfo auf nicht gemounteten Devices ausgeben, wenn es mit den nötigen Rechten und einem Dateinamen aufgerufen wird. Unter Windows selbst kommen Sie mit den mitgebrachten Systemkommandos nicht mehr an diese Daten heran!

Ein Beispiel. Erstellen Sie unter Windows eine Testdatei mit:

```
C:\ echo "Das ist ein Test" > test:abc.txt
```

Sie erhalten die Datei `test`, die mit einer Größe von 0 Byte angezeigt wird.

Informationen über die Datei gibt es mit:

```
root@ubuntu:~# ntfsinfo /dev/sdd1 -F test
```

Eine Ausgabe des ADS-Inhalts erfolgt mit:

```
root@ubuntu:~# ntfscat /dev/sdd1 -n abc.txt test
```

Unter Ubuntu kann bei Problemen mit dem Windows-Dateisystem das Programm `ntfsfix` aufgerufen werden. Damit werden nur einige fundamentale Probleme von NTFS repariert und eine Überprüfung unter Windows erzwungen, indem die Partition als „dirty" markiert wird. Unter Windows reicht nicht ein Filesystem-Check unter *Eigenschaften / Extras*, um die Markierung wieder aufzuheben. Es ist ein anschließender Start von `chkdsk` erforderlich.

13.4.1 Backup eines NTFS-Filesystems

`ntfsclone` kann die „automatische Systemwiederherstellung" (ASR) von Windows fast vollständig ersetzen. Im Gegensatz zu ASR erfolgt beim Zurückspielen der Sicherung kein Löschen mit Neupartitionieren und Formatieren der gesamten Festplatte! Es ist damit also kein Backup der Anwenderdaten in den weiteren Partitionen nötig, nur eine zu einem früheren Zeitpunkt erstellte Image-Datei in einer versteckten Partition. Das Image kann auch auf einer anderen Festplatte, im Netzwerk, auf DVD, auf einem Wechselmedium etc. abgespeichert werden. Eine Installations-CD ist nicht nötig.

Das Kommando `ntfsclone` ermöglicht die Erstellung einer Image-Datei, die nur die belegten Blöcke eines NTFS-Filesystems berücksichtigt. Im Gegensatz dazu steht das Programm `dd`, das alle Blöcke liest, also auch Blöcke mit gelöschten Dateien.

Bei einem „einfachen" Abbild der Partition werden alle nicht belegten Blöcke (z.B. von gelöschten Dateien) durch Folgen von Nullbytes ersetzt. Das Image belegt genauso viel Platz wie die Partition, kann aber gut komprimiert werden durch Programme wie `gzip`, `bzip2` etc. Ist das Image komprimiert, ist es nicht mehr mountbar!

Bei Sicherung mit dem „speziellen" Format werden alle nicht belegten Blöcke weggelassen, wodurch die Sicherung weniger Platz benötigt. Der Nachteil hiervon ist, dass solch ein Image generell nicht mountbar ist und nur noch mit `ntfsclone` zurückgeschrieben werden kann.

Einige Beispiele:

Sichern der NTFS-Partition `/dev/sda1` in die Datei `sda1.img` (ohne spezielles Format); die Datei bekommt dieselbe Größe, die die gesicherte Partition hat:

```
root@ubuntu:~# ntfsclone -o sda1.img /dev/sda1
```

Das erstellte Image kann auch gemountet werden, um den Inhalt zu überprüfen:

```
root@ubuntu:~# mkdir /mnt/image
root@ubuntu:~# mount -t ntfs -o loop sda1.img /mnt/image
```

Zurückschreiben des oben erstellten Images:

```
root@ubuntu:~# ntfsclone -O /dev/sda1 sda1.img
```

Sichern der NTFS-Partition /dev/sda1 im speziellen Format in die Datei sda1.img:

```
root@ubuntu:~# ntfsclone -s -o sda1.img /dev/sda10
```

Zurückspielen des Images im speziellen Format:

```
root@ubuntu:~# ntfsclone -r -O /dev/sda1 sda1.img
```

Sichern der NTFS-Partition /dev/sda1 im speziellen Format mit zusätzlicher Komprimierung:

```
root@ubuntu:~# ntfsclone -s -o - /dev/sda1 | bzip2 -c > sda1.img.bz2
```

Zurückspielen des komprimierten Images:

```
root@ubuntu:~# bunzip2 -c sda1.img.bz2 | ntfsclone -r -O /dev/sda1 -
```

Kopieren des Inhalts der Partition 1 der 1. Festplatte auf Partition 1 der 2. Festplatte. Die Zielpartition muss vorher angelegt werden und sollte etwas größer sein; mit z. B. „ntfsresize /dev/sdb1" ist danach eine Anpassung möglich:

```
root@ubuntu:~# ntfsclone -s -o - /dev/sda1 | ntfsclone -r -O /dev/sdb1 -
```

Handelt es sich beim Kopieren um eine Windows-Systempartition, muss danach eventuell der Startmechanismus angepasst werden, z. B. durch das Kommando fixboot in der Wiederherstellungskonsole. Zu beachten ist auch, dass Windows im MBR eine Plattennummer einträgt, die für jede Platte unterschiedlich sein muss. Als Abhilfe kann die erste Platte kurz deaktiviert werden, damit ein Booten von der 2. Platte möglich ist!

Beim Backup ohne das spezielle Format kann die Sicherung mit ntfsmount wie ein Loopback-Device gemountet werden; das Image vergrößert sich automatisch, wenn neue Daten hinzukommen (der Mountpoint muss vorher erstellt sein). Mit der Option --rescue werden fehlerhafte Sektoren übersprungen:

```
root@ubuntu:~# ntfsclone --rescue -o sda1.img /dev/sda1
root@ubuntu:~# ntfsmount sda1.img /mnt/sda1
```

13.4.2 Dateien auf NTFS-Filesystemen wiederherstellen

Das Programm ntfsundelete kann gelöschte Dateien auf NTFS-Filesystemen wiederherstellen, natürlich nur dann, wenn sie noch nicht von anderen Inhalten überschrieben sind. Deshalb muss die Partition sofort per umount ausgehängt bzw. der Rechner ausgeschaltet werden.

Wird es ohne Optionen aufgerufen, gibt es eine Liste der Nummern aller Dateien aus, die wiederherstellbar sind; zusammen mit dem Löschdatum, dem Namen und dem Prozentsatz, wie viel von der Datei noch übrig ist. Die NTFS-Partition braucht hierzu nicht gemountet zu sein.

Beispiel:

```
root@ubuntu:~# ntfsundelete /dev/sda1
```

```
Inode    Flags %age Date            Size Filename
---------------------------------------------------------------
16       F..!    0% 1970-01-01         0 <none>
17       FN..  100% 2007-06-14      2808 bootex.log
18       F..!    0% 1970-01-01         0 <none>
19       F..!    0% 1970-01-01         0 <none>
5312     FN..  100% 2006-10-02 727617536 <none>
5313     FR..  100% 2007-01-21       312 TS1Brun1.bat
...
```

Die Flags bedeuten:

`F/D` Datei oder Verzeichnis;

`N/R` (Non-)Resident data stream;

`C/E` Compressed/Encrypted data stream;

`!` Fehlende Attribute

Ein Aufruf mit Option `-u` gefolgt von `-i` für die Inode der zu restaurierenden Datei stellt diese wieder her, falls möglich. Mit Option `-o` kann die Datei unter einem anderen Namen und mit `-d` in einem anderen Ordner erstellt werden anstelle des aktuellen Verzeichnisses. In der Originalpartition gibt es keine Änderungen!

Ist die Partition gemountet, ist die Option `-f` (`--force`) erforderlich.

Beispiel:

```
root@ubuntu:~# ntfsundelete -u -i 5312 -o test.mpg -d /tmp /dev/sda1
```

13.5 Fehler auf Festplatten erkennen

Jede Festplatte kann im Laufe der Zeit durch Alterung, schlechte Behandlung oder über Abrieb durch Staub auf der Magnetschicht Schäden bekommen. Das kann zur Folge haben, dass Bereiche nicht mehr einwandfrei gelesen oder beschrieben werden können. Ist nur ein Bit defekt, ist dies ein Badspots, und den dazugehörigen Block nennt man Badblock. Zwar können die meisten modernen Festplatten bis zu einem bestimmten Grad Fehler intern korrigieren; eine Garantie hierfür gibt es aber nicht. Backups sind für diese Art von Fehlern keine Hilfe, da bereits fehlerhafte Dateien bei einem Backup gesichert sein können!

Ein System mit RAID5 korrigiert auftretende Fehler. Aber nicht jeder kann oder will sich ein RAID-System mit drei oder mehr Platten zulegen; auf Notebooks geht das aus Platzgründen auch gar nicht.

Wie schon in Kapitel 5 gezeigt, kann ein Selbsttest mit SMART eine Prüfung der Oberfläche einer Festplatte durchführen. Dieser Test meldet jedoch nur den ersten fehlerhaften Block. Dann wissen Sie aber nur, dass es fehlerhafte Bereiche auf der Festplatte gibt; aber nicht, ob wichtige Dateien davon betroffen sind. Der schadhafte Bereich kann zum Beispiel gar nicht belegt sein, oder es befinden sich dort relativ unwichtige Video- oder MP3-Dateien, die dann beim Abspielen gerade einmal leicht ruckeln. Ist jedoch die Steuererklärung betroffen, kann dies größere Auswirkungen haben.

Das Programm `badblocks` aus dem Paket `e2fsprogs`, das bei jedem Linux dabei ist, scannt die gewünschte Partition auf fehlerhafte Blöcke. Es gibt nicht nur den ersten Fehler, sondern alle gefundenen defekten Blocknummern aus. Dabei spielt das verwendete Dateisystem keine Rolle. Das Programm testet auch Disketten, FAT- und NTFS-Filesysteme und sogar Partitionen ohne Dateisystem. Ein Test auf RAID-Systeme ist allerdings nicht sinnvoll, sondern nur auf Einzelplatten!

HINWEIS: Ein Test auf fehlerhafte Blöcke kann wie ein Selbsttest eine bereits beschädigte Festplatte erheblich belasten.

Wenn bereits ein Verdacht besteht, dass die Platte beschädigt ist, sollte dieser Test nicht durchgeführt werden. Die Platte kann dabei endgültig den Geist aufgeben. Es muss jeder selbst entscheiden, ob er versucht zu retten, was noch zu retten ist, oder ob er ein professionelles Datenrettungsinstitut damit beauftragt (am besten mit einer ausgedruckten Partitionstabelle als Hilfestellung). Denn auch das komplette Kopieren der gespeicherten Daten stellt eine Belastung dar, die auf einer beschädigten Festplatte womöglich noch mehr Fehler provoziert. Wenn schon, dann sollte das schon erwähnte Programm `myrescue` Verwendung finden, da es die Festplatte weniger belastet, indem es erst alle intakten Bereiche ausliest und danach die als defekt erkannten Blöcke.

Das Kommando `badblocks` kennt mehrere unterschiedlich gründliche Tests. Ohne weitere Optionen nur mit der zu testenden Zielpartition aufgerufen startet `badblocks` einen einfachen Read-only-Test, wie dieser auch zusätzlich bei den Befehlen `mke2fs -c` zum Erzeugen eines Filesystems („Formatieren") und `e2fsck -c` für dessen Test erfolgt. Damit erfährt man womöglich nicht alle vorhandenen Fehler, aber es geht relativ schnell (die Zeit ist vergleichbar mit dem langen Selbsttest bei `smartctl`). Ein weiterer Vorteil ist, dass dieser Test auch auf gemountete Partitionen anwendbar ist, ohne dem Rechner oder den Anwendern eine Zwangspause zu verordnen. Nur wenn das Programm fehlerhafte Blöcke findet, gibt es Meldungen aus!

Ein Beispiel:

```
root@ubuntu:~# badblocks -b 4096 /dev/sda2
```

Mit Option `-b 4096` ist hier die Blockgröße angegeben, die wichtig ist, wenn Sie die Ausgabe der Blocknummern weiter verwenden wollen. Standard ist 1024. In großen Partitionen hat aber die Blockgröße meist einen Wert von 4096 Byte.

Die Blockgröße (Block Size) erfahren Sie bei den Dateisystemen ext2 bis ext4 über ein Kommando wie dieses:

```
root@ubuntu:~# dumpe2fs -h /dev/sda2 | grep "Block"
```

```
dumpe2fs 1.41.14 (22-Dec-2010)
Block count:              2685440
Block size:               4096
Blocks per group:         32768
```

Die Option `-n` erlaubt einen erheblich genaueren Test. Es ist der nicht zerstörende „Read-Write Test". Mit der zusätzlichen Option `-v` gibt das Programm die getesteten Blöcke aus. Eine Beschleunigung bringt die Option `-c`, die die Anzahl der gleichzeitig zu testenden Blöcke festlegt (der Defaultwert ist 64):

```
root@ubuntu:~# badblocks -n -b 4096 -v -c 16384 /dev/sda2
```

Dieser Test darf nicht auf gemountete Partitionen angewandt werden, noch nicht einmal dann, wenn sie read-only gemountet sind. Ein Test der Root-Partition ist daher nur möglich über eine weitere Linux-Installation oder über eine Live-CD. Auf Anwenderdaten ist der Test dann durchführbar, wenn sie in einer eigenen Partition `/home` untergebracht sind, die der Administrator vorher aushängen muss.

Falls das Programm defekte Blöcke findet, sollten Sie möglichst schnell die wichtigen Daten retten, falls sie noch zu retten sind, und danach die Festplatte entsorgen. Es ist die Wahrscheinlichkeit groß, dass weitere Fehler in nächster Zeit auftreten! Bei den heutigen Preisen für Festplatten lohnt sich der Ärger meist nicht, den verlorene Daten einbringen können. Mit den Kommandos `e2fsck -c` (mit dem „Read-only-Test“) bzw. `e2fsck -cc` (mit dem wesentlich länger dauernden nicht zerstörenden „Read-Write-Test“) können Sie alle gefundenen schlechten Blöcke automatisch in der Badblock-Inode des Filesystems eintragen, falls Sie die Platte dennoch weiter benutzen wollen. Die richtige Blockgröße wird dabei automatisch eingestellt.

Folgender Befehl gibt zum Test alle als defekt markierten Blöcke einer Partition aus, wenn diese in der Badblock-Inode des Filesystems hinterlegt sind:

```
root@ubuntu:~# dumpe2fs -b /dev/sda2
```

Falls Sie eine neu erstellte Partition testen wollen, können Sie beim Erzeugen des Dateisystems auch den „Write-Test“ mit der Option `-w` benutzen, der allerdings alle Daten auf der Partition unwiederbringlich zerstört! Er schreibt und liest mehrere Testmuster, um wirklich alle Fehler zu finden. Er ist nur sinnvoll, wenn der Platz auf der Festplatte sehr genau geprüft werden soll und keine Rücksicht auf vorhandene Daten nötig ist. Das Kommando `mke2fs -cc` ruft diesen Test auf und trägt die gefundenen defekten Blöcke in die Badblock-Inode des nun neu erstellten Filesystems ein.

Falls ein Badblock gefunden wurde, können Sie ermitteln, ob eine wichtige Datei betroffen ist, um den Schaden abzuschätzen. Sie benötigen hierfür das Kommando `debugfs` für die Filesysteme ext2, ext3 und ext4, die auch gemountet sein dürfen.

PRAXISTIPP: Das Kommando `debugfs` kann sehr gefährlich sein! Starten Sie es deshalb nur im „Read-only-Modus“, der beim Aufruf ohne Optionen automatisch eingestellt ist.

Wenn Sie `debugfs` ohne Optionen und nur mit dem Dateisystem als Parameter starten, agiert es interaktiv. Sie erhalten nach dem Öffnen eines Filesystems eine Eingabezeile, in der die internen Kommandos einzugeben sind. Mit Eingabe von `help` oder ? erfolgt eine kurze Auflistung aller möglichen Kommandos; `q` beendet entweder die Ausgabe von internen Kommandos, wie `help` oder letztlich `debugfs` selbst.

Wenn zum Beispiel das Kommando `badblocks` eine Zahl wie 45678 ausgibt, bedeutet dies, dass es einen Defekt auf dem angegebenen Block gibt. Ob sich an dieser Stelle eine Datei befindet und wie deren Name gegebenenfalls lautet, erfahren Sie mit folgenden Befehlen:

```
root@ubuntu:/etc# debugfs /dev/sda2
```

```
debugfs 1.41.14 (22-Dec-2010)
debugfs: testb 45678
Block 45678 marked in use
debugfs: icheck 45678
Block  Inode number
45678  14090
debugfs: ncheck 14090
Inode  Pathname
14090  /usr/bin/uptime
debugfs: q
```

In Inodes sind die Verwaltungsinformationen von Dateien gespeichert, wie Größe, Berechtigungen, die verwendeten Blöcke etc. Sie sind in Kapitel 7.4 genauer beschrieben. Das interne Kommando `icheck` zeigt nun, ob eine Inode für diesen Block zuständig ist und, wenn ja, welche Nummer diese hat. Ist die Blocknummer nicht benutzt, gibt es die Ausgabe „`<block not found>`". Der Aufruf `testb` ermittelt deshalb vorher, ob sich an dieser Stelle eine Datei befindet. Den eigentlichen Namen der Datei zeigt das interne Kommando `ncheck`.

Bei Dateisystemen mit einem Journal, wie bei ext3 und ext4, kann sich ein fehlerhafter Block auch im Journal befinden. Einen Dateinamen können Sie dann nicht ermitteln. Sie sollten dann den Inhalt der Dateien genauer ansehen, die Sie in der letzten Zeit änderten.

Das Kommando `debugfs` kann auch umgekehrt zu einem Dateinamen die entsprechende Inode ermitteln (mit `imap`), die Metadaten dieser Datei ausgeben (mit `stat`) und vieles mehr. Siehe hierzu dessen Manpage und die kurze Anleitung nach Eingabe von `help`.

Auf NTFS-Dateisystemen ist die Situation ähnlich. Auch hier gibt es Inodes und den Ansatz, dass jedes Element letzten Endes eine Datei ist. Die Ähnlichkeit zu UNIX ist bemerkenswert. Nur die Blöcke sind hier als Cluster bezeichnet. Wie schon erwähnt, kann das Programm `badblocks` auf jedem Filesystem nach Fehlern suchen, auch unter NTFS. Hier ein Beispiel für den Check unter Ubuntu auf einem NTFS-Dateisystem:

```
root@ubuntu:~# badblocks -n -b 4096 -c 16384 -v /dev/sda1
```

```
Checking for bad blocks in non-destructive read-write mode
From block 0 to 9769519
Testing with random pattern: 7762541
7784548
7784552
Pass completed, 9 bad blocks found.
```

Weitere Einzelheiten können Sie mit den Programmen aus dem Paket `ntfsprogs` analysieren. Das NTFS-Dateisystem darf dabei nicht gemountet sein.

Das Programm `ntfscluster` kann die im Moment zu den gemeldeten Clustern dazugehörenden Dateien ausgeben. Im Moment deshalb, da ab Vista durch das ständige Defragmentieren im Hintergrund der Inhalt einer Datei, die auf einem defekten Block liegt, immer wieder in einen fehlerfreien Bereich verschoben werden kann und umgekehrt.

Gibt es aufeinanderfolgende fehlerhafte Cluster, können Sie einen Bereich angeben:

```
root@ubuntu:~# ntfscluster -c 7784548-7784552 /dev/sda1 2>/dev/null
```

```
Searching for cluster range 7784548-7784552
Inode 12141 /Users/Public/Recorded TV/Sample Media/Apollo 13.dvr-ms/$DATA
```

Da `ntfscluster` viele Fehlermeldungen ausgibt, die jedoch für diesen Zweck uninteressant sind, ist hier eine Umleitung dieser Meldungen nach `/dev/null` eingestellt, wie in Kapitel 6.7 beschrieben. Es sind nur die Namen der betroffenen Dateien interessant, die Sie nun darauf prüfen können, ob es sich um für Sie wichtige eigene Arbeiten handelt oder eher um unwichtige Beigaben.

Unter Windows gibt es zwar auch das Programm `chkdsk`, das ähnliche Funktionen bietet. Eigene Tests zeigten jedoch, dass es einige Fehler übersah, die `badblocks` meldete. Zudem zeigt es die betroffenen Dateien in der alten DOS-Schreibweise mit acht Zeichen für den Namen und drei Zeichen für die Erweiterung an. Eine Zuordnung zum tatsächlichen Dateinamen ist dann schwierig.

14 Einrichtung eines Servers

Nachdem Sie in den letzten Kapiteln die Administration des Systems sowie die wichtigsten internen Funktionsweisen kennengelernt haben, ist es nun an der Zeit, den Einsatz von Ubuntu als Server zu betrachten. Die letzten Kapitel waren gleichermaßen wichtig sowohl für den Desktop- als auch den Server-Einsatz von Ubuntu. Im professionellen Umfeld kommt aber keiner um Server-Applikationen herum. Daher erwartet Sie nun in diesem Kapitel erst eine grundsätzliche Betrachtung von Servern unter Ubuntu, bevor Sie Ubuntu Server installieren und ein Netzwerk einrichten können.

PRAXISTIPP: Es ist hilfreich, die Sprache Englisch ein wenig zu beherrschen, da etliche Texte und Meldungen nicht auf Deutsch umgestellt werden können.

14.1 Die Client-Server-Beziehung

Die Transportschicht bietet die Grundlage für die Client-Server-Technik. Das Grundprinzip ist hierbei, dass es ein Programm gibt, das über eine Netzwerkverbindung eine Dienstleistung bereitstellt (auf Anfragen wartet), und ein Programm, das diese Dienstleistung anfordert (bzw. Anfragen stellt). Da die Beziehung von Client und Server für das Verständnis der Vorgänge (nicht nur unter Linux) grundsätzlich wichtig ist, folgt hier die prinzipielle Darstellung. Vor allem deshalb, weil unter Windows sowohl ein Client als auch ein Server nahezu immer als Rechner gilt, was streng genommen nicht richtig ist.

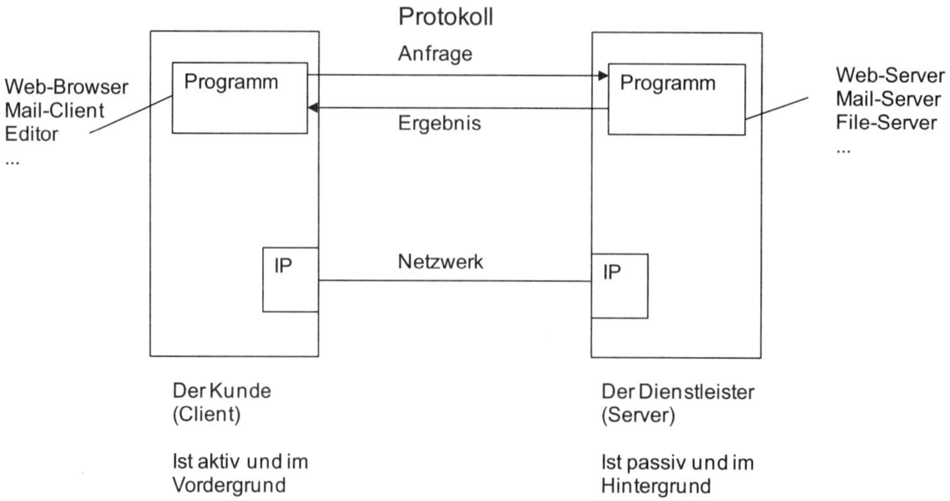

BILD 14.1 Schematische Beziehung zwischen Client und Server

Weder der Client noch der Server ist im eigentlichen Sinne ein Rechner, sondern ein gestartetes Programm (ein Prozess). Das Client-Programm kommuniziert mit dem Server-Programm über eine festgelegte „Sprache", das Protokoll. Im Protokoll sind alle möglichen Anweisungen und Antworten darauf definiert. Jede Dienstleistung (also jede Client-Server-Anwendung) hat ein eigenes Protokoll.

Client-Prozess und Server-Prozess können über viele Netzwerke und Zwischenstationen miteinander verbunden sein, sie können auch auf ein und demselben Rechner gestartet sein!

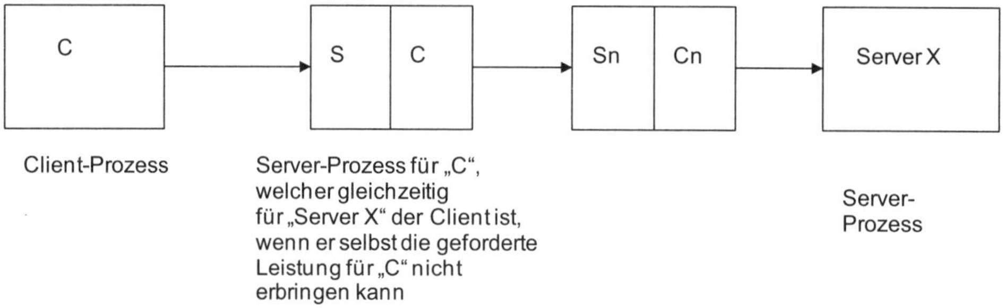

BILD 14.2 Client-Server-Beziehung über mehrere Stufen

Ein Prozess, der Dienste zur Verfügung stellt, kann gleichzeitig Server für einen Client (der eine Dienstleistung anfordert, die dieses Programm nicht direkt erbringen kann) als auch Client für einen anderen Server sein (wenn er von dort die Leistung holt, die er dann „seinem" Client weiterleitet).

Beispiel:

Ein Domain-Nameserver (DNS) löst Namen in IP-Adressen und umgekehrt auf. Anstelle dies selbst zu erledigen, kann dieser Nameserver einen anderen Nameserver hierzu beauftragen, den man bei DNS auch „Forwarder" nennt. Er ist dann quasi ein „Client" von dem Forward-

Server. Auf der Client-Seite ist nur der Resolver nötig, den unter Linux die in den Anwenderprogrammen eingebundenen Bibliotheksfunktionen darstellen.

Im Grunde ist die Verbindung von Server zu Client so einfach wie viele Dinge des alltäglichen Lebens. Man geht zum Beispiel zum Bäcker, wenn man ein Brot kaufen will. Braucht man einen neuen Haarschnitt, so besucht man den Friseur, bzw. wenn einen der Durst plagt, wird man bei einer Gastwirtschaft einkehren. Derjenige, der eine Leistung anbietet, ist demnach der Server (der „Diener"). Man selbst ist der Kunde (auf Englisch „Client"), der diese Dienstleistung in Auftrag gibt und bezieht.

Im Netz gibt es viele verschiedene Dienstleistungen, wie Server für Mail, News, DHCP, DNS, FTP, WWW etc. Meist wird an einen Fileserver gedacht, wenn von einem Server die Rede ist. In der Regel ist es aber so, dass nicht nur ein Server-Programm auf einem Rechner läuft (das wäre ziemlich teuer), sondern viele Server können gleichzeitig auf einem Rechner beheimatet sein, indem sie dort als Programme im Hintergrund ablaufen und an unterschiedlichen Ports lauschen.

14.1.1 Server-Hardware

Oft wird ein gut ausgestatteter Rechner als „Server" angesehen, der über das Netz erreichbar ist. Dies stammt noch aus der Zeit, als Festplatten sehr teuer waren und deshalb ein zentraler Rechner viel Plattenplatz anderen Rechnern zur Verfügung stellte. Diese hatten nur kleine oder gar keine Festplatten eingebaut, waren also „diskless" und booteten über das Netzwerk. Oft wird immer noch ein Rechner als Server bezeichnet, wenn auf diesem „Dienste" wie Fileserver, Domänencontroller etc. installiert sind, was mitunter auch auf Firmenpolitik basiert. Als Vereinfachung ist dies gängige Praxis.

Heute ist es nicht mehr ausschlaggebend, dass ein „Server" viel Hauptspeicher oder Plattenplatz hat, da schon preisgünstige Rechner mit (aus Sicht von früher) riesigen Mengen ausgerüstet sind. Da solche Computer ohne Unterbrechung ständig verfügbar sein sollen, ist deren Zuverlässigkeit sehr viel wichtiger, die sowohl die Hardware als auch die Software eines Rechners haben sollte.

Deshalb besteht solche Hardware meist aus Komponenten, die im laufenden Betrieb austauschbar sind, wie Gehäuselüfter, Festplatten im Hardware-RAID, Ersatz-Netzteile und sogar Hauptspeicher- und CPU-Module bei Multi-Prozessor-Architekturen. Auch ein mit ECC (Error Detection and Correction Code; Einbitfehler können korrigiert, Mehrbitfehler erkannt werden) oder neueren Verfahren wie Chipkill bzw. SDDC (Single Device Data Correction; der Ausfall eines kompletten Speicherchips kann zusätzlich kompensiert werden) gesicherter Hauptspeicher ist selbstverständlich, ebenso eine unterbrechungsfreie Stromversorgung, da solche Rechner oft jahrelang ohne Unterbrechung laufen sollen.

Die Preise hierfür können daher mehrere Hunderttausend Euro betragen, je nach Ausbau und Wartungsvertrag; auch wenn es für den Einstiegsbereich relativ günstige Angebote der Hersteller gibt, wie von HP, IBM, Dell, Oracle (früher SUN), Fujitsu etc. Ein Ersatz defekter Komponenten sollte sehr schnell vonstatten gehen können, da jede Stunde Ausfallzeit sehr teuer sein kann. Die Qualität vom Service des Herstellers ist daher entscheidend.

Zur Ansteuerung von Server-Festplatten werden immer öfter SAS-Festplatten (Serial Attached SCSI) benutzt, die mit zwei Hot-Plug-fähigen SAS-Interfaces ausgestattet sind und unter drei Steckertypen auch die von SATA bekannten Kabel verwenden können, aber nicht auf gewöhnlichen SATA-Mainboards. Sie sind geeignet für Anwendungen, die 24 Stunden am Tag sieben Tage die Woche (24/7-Betrieb) ununterbrochen auf die Platte zugreifen. Auch haben solche Platten in der Regel etwas weniger Kapazität, damit die Zugriffszeiten kürzer sind. Festplatten mit PATA bzw. SATA sind meist nicht für derartigen Dauerbetrieb ausgelegt und können überhitzen.

Ist Zuverlässigkeit sehr wichtig, koppelt man zwei Rechner so, dass sie auf einen gemeinsamen Speicher zugreifen, zum Beispiel ein Hardware-RAID, und nur ein Rechner aktiv ist. Sobald der zweite Rechner erkennt, dass Rechner Nummer 1 ausgefallen ist, schaltet er diesen aus und übernimmt sofort dessen Tätigkeit. Man spricht hier von Hochverfügbarkeit oder High Availability. Auch die Daten sind dabei nicht mehr nur auf einer Festplatte untergebracht, sondern in dem Hardware-RAID aus mindestens drei Platten. Ist eine Platte defekt, ist ein Weiterarbeiten dennoch möglich, da die Daten redundant abgelegt sind und die defekte Platte im laufenden Betrieb ausgetauscht werden kann. Besonders Lösungen über ein SAN (Storage Area Network) bieten sich hierfür an.

Eine unterbrechungsfreie Stromversorgung (USV) und eine redundante Verbindung zum Internet mit automatischem Failover (Umschaltung auf die redundante Leitung) und Failback (Zurückschaltung auf die Standardleitung) sollten ebenfalls selbstverständlich sein. Die meisten Hersteller von USV-Lösungen bieten auch Linux-Software für einen automatischen Shutdown bei fast entladenen Batterien (wie `apcupsd` von der Firma APC).

14.1.2 Root-Server

Wer sich nicht um die Anschaffung und Wartung der Hardware kümmern und hauptsächlich Dienste im Internet anbieten will, kann auch einen sogenannten Root-Server mieten. Dies ist ein gut ausgebauter Rechner in einem Rechenzentrum mit sehr guter Internet-Anbindung. Service und Backups sind meist im Angebot mit enthalten.

Sie können entweder die volle Verfügung über einen Rechner (Root-Server) erhalten oder müssen sich die Hardware mit anderen teilen (virtueller Root-Server). In der Regel können Sie aus mehreren Betriebssystemen wählen, auch Ubuntu steht oft zur Wahl. Die Installation und die Wartung der Hardware erledigen Mitarbeiter im Rechenzentrum. Bekannte Provider sind beispielsweise die Firmen Server4you, Host Europe, Hostserver GmbH, Strato AG, 1&1 und etliche mehr.

Etwas schwieriger gestaltet sich dabei eine Neuinstallation bzw. ein Upgrade auf eine neue Version, da Sie ja nicht direkt vor dem Rechner sitzen, sondern nur Zugriff über Fernwartung haben. Normalerweise führt ein Mitarbeiter vom Rechenzentrum die von Ihnen gewünschte Installation aus.

Ein derartiges Problem hat der Autor einmal gelöst, indem er erst auf dem lokalen Rechner eine Installation durchführte, ein Tar-Archiv davon erstellte und dieses auf dem Root-Rechner in einer eigenen Partition auspackte. Vorraussetzung ist, dass der SSH-Server aktiv ist. Wenn dann noch der Eintrag der Root-Partition in `/etc/fstab` und der Boot-Mechanismus stimmt, wie in den bisherigen Kapiteln beschrieben, ist die Neuinstallation beendet. Im Gegensatz zu

Windows ist eine Installation von Ubuntu auf fast jedem anderen Rechner ebenfalls lauffähig, wenn die Unterschiede der Hardware nicht zu groß sind. Vor allem deshalb, weil hier keine Grafik erforderlich ist.

PRAXISTIPP: Eine solche Installation sollten Sie nur dann angehen, wenn Sie sehr viel Übung haben. Versuchen Sie es erst einmal auf einem anderen Test-Rechner im selben Raum. Es schadet auch nicht, für derartige Fälle einige Gigabyte auf der Festplatte reserviert zu lassen.

14.1.3 Ubuntu als Router

Ein Router kann ein einzelnes Gerät sein, das im Handel als solches angeboten wird. Auch einen Rechner, der mindestens zwei Netzwerkkarten enthält, können Sie unter Ubuntu als Router benutzen. Dies ist allerdings meist nur dann sinnvoll, wenn dieser Rechner weitere Dienste bereitstellt. Wenn es nur darum geht, allen Rechnern in einem Netzwerk einen Zugang zum Internet zu gewähren, sind Hardware-Router besser geeignet wie ein sogenannter DSL-Router.

Damit ein Rechner als Router arbeitet, ist die Aktivierung der Funktion IP_Forward erforderlich. Nur damit leitet der Kernel alle ankommenden Pakete zu anderen Netzwerk-Schnittstellen weiter.

Beispiel für IPv4 mit:

```
root@ubuntu:~# echo 1 > /proc/sys/net/ipv4/ip_forward
```

und unter IPv6:

```
root@ubuntu:~# echo 1 > /proc/sys/net/ipv6/conf/eth0/forwarding
```

Für alle Netzwerkkarten geht dies auch unter IPv6 mit:

```
root@ubuntu:~# sysctl -w net.ipv6.conf.all.forwarding=1
```

Damit diese Einstellungen nach einem Neustart wirksam sind, können Sie in der Datei `/etc/sysctl.conf` die entsprechende auskommentierte Zeile aktivieren, indem Sie das Kommentarzeichen am Anfang entfernen:

```
# Uncomment the next line to enable packet forwarding for IPv4
net.ipv4.ip_forward=1

# Uncomment the next line to enable packet forwarding for IPv6
# Enabling this option disables Stateless Address Autoconfiguration
# based on Router Advertisements for this host
net.ipv6.conf.all.forwarding=1
```

Weitere wichtige Netzwerkkommandos werden in Kapitel 15 besprochen.

14.1.4 Ubuntu als lokaler Server

Wenn das Wort „Server“ fällt, denken viele automatisch an einen Fileserver oder einen Domänen-Controller. Beide Dienste kann auch Ubuntu bieten, wie in Kapitel 16 beschrieben ist. Umsteiger von Windows erwarten oft, dass die Möglichkeit einer Freigabe von Dateien automatisch im Betriebssystem vorhanden ist, wie es eben unter Windows der Fall ist. Aber auch unter Windows sind es Prozesse im Hintergrund, die diese Dienstleistung bieten. Unter Ubuntu gilt, dass so gut wie für jede Dienstleistung ein eigenes Programm verantwortlich ist, das Sie erst installieren müssen.

Wenn Sie unter Ubuntu einen Fileserver einrichten wollen, müssen Sie erst Samba installieren und konfigurieren. Ähnliches gilt für den Webserver, für den Sie das Paket Apache benötigen. Das sieht auf den ersten Blick etwas umständlich aus. Diese Regelung gilt jedoch für alle Dienste. Besonders bei mehreren Diensten auf einem Rechner behalten Sie damit besser den Überblick über das System.

Mit Ubuntu Server können Sie ein Netzwerk ähnlich einrichten, wie Sie dies unter Windows kennen. Es sind Dienste für DNS und DHCP vorhanden und auch die Mechanismen, diese Dienste zur Ausfallsicherheit auf mehrere Rechner zu verteilen. Ferner gibt es viele weitere Dienste, wie Webserver, Mailserver, Zeitserver etc. Sie können auch Freigaben für Windows einrichten und einen Domänen-Controller erstellen, was bisher zwar noch auf NT-Domänen beschränkt ist, mit Version 4 von Samba aber sich ändern wird.

Unter Windows können die meisten Dienste nur installiert werden, wenn Sie eine Server-Version von Windows benutzen. Einige Dienste sind bereits dabei, andere müssen Sie teuer nachkaufen, von den Client-Lizenzen ganz zu schweigen. Unter Ubuntu ist dies anders. Sie können quasi jede Version hierzu benutzen. Für den produktiven Einsatz ist dies jedoch nicht ratsam, da nur Server-Versionen von Ubuntu über einen längeren Zeitraum Support erhalten.

Zudem sollten Sie unter Windows für fast jeden einzelnen Dienst einen neuen Rechner verwenden. Von Microsoft gibt es zum Beispiel eine Empfehlung, auf einem Rechner, auf dem ein Domänen-Controller installiert ist, keine weiteren Dienste zu starten. Für die Installation eines DHCP-Servers brauchen Sie also einen neuen Rechner mit einer Server-Version von Windows; für den Proxy-Server ISA und den Mailserver Exchange ebenso. Falls Sie Letzteren in einen Front-End- und einen Back-End-Server aufteilen wollen, sind schon zwei weitere Server mehr vonnöten. Wenn Sie dann noch alles zur Ausfallsicherheit doppelt anlegen wollen, kommen Sie schnell zu einer richtigen Server-Farm. Kein Wunder, dass die Hersteller von Blade-Servern gute Geschäfte vermelden.

Unter Ubuntu ist der Bedarf an Hardware erheblich kleiner. Sie können problemlos mehrere Dienste auf einem Rechner installieren, ohne dass diese sich in die Quere kommen. Erst dann, wenn die Leistung der Hardware nicht mehr reichen sollte, ist es an der Zeit, einen neuen Rechner als Server einzurichten. An diese Grenze kommen Sie aber langsamer als unter Windows, da die Programme von Ubuntu in der Regel sehr viel weniger Ressourcen verbrauchen.

So können Sie bereits mit zwei Rechnern ein gesamtes Netzwerk mit etlichen Diensten versorgen, von denen viele noch dazu ausfallsicher angelegt sein können. Und alles, bis auf die Hardware, ist kostenlos.

14.1.5 Ubuntu als Bindeglied zum Internet

Um Angriffen aus dem Internet weniger Angriffsfläche zu geben, kann eine mögliche Lösung so aussehen, dass nur ein zentraler Rechner direkten Zugang zum Internet hat. Dieser arbeitet nicht als Router, auch wenn er mehrere Schnittstellen besitzt, da weder IP_Forward noch NAT zur Adressumsetzung aktiviert sind.

Alle Verbindungen aus dem internen Netzwerk zum Internet erfolgen über Dienste, die die Anforderungen weiter leiten. Sie dienen quasi als Proxy („Stellvertreter“) für verschiedene Protokolle. Oft wird als Proxy nur ein Programm bezeichnet, das die Protokolle HTTP und FTP beherrscht, die Anfragen zu Webseiten bzw. Dateien erhalten, die sie dann selbst holen und dem Client ausliefern. Dennoch kann dieser Begriff auch auf weitere Dienste ausgeweitet werden.

Das folgende Szenario dient zur Darstellung, was mit Ubuntu erreichbar ist. Es ist ein Vorschlag von vielen und soll nicht direkt als Empfehlung verstanden werden.

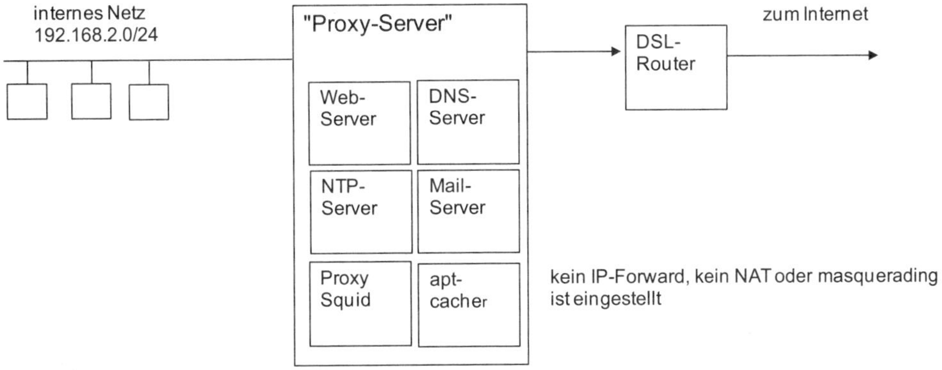

BILD 14.3 Ein Rechner als „Proxy“ für viele Dienste

Vorteile dieser Lösung:

- In der Regel werden die angeforderten Seiten in einem Cache zwischengespeichert und bei erneuter Anforderung aus diesem Cache gelesen; außer HTML-Seiten tragen einen Hinweis, diese nicht zu speichern (z. B. bei ständig aktualisierten Seiten wie Börsenkursen, Nachrichten etc.).
- Können Seiten gespeichert werden, ist eine Verringerung der Bandbreite und schnelleres Surfen möglich. Beispielsweise kann eine Seite einmal aus dem Internet geholt und dann an 20 weitere Rechner verteilt werden!
- Angriffe aus dem Internet werden erschwert, da keine direkte Verbindung zu den Rechnern im internen Netz besteht, da kein IP_Forward und kein NAT eingerichtet sind.
- Es ist eine Kontrolle darüber möglich, welche Verbindungen zum Internet erfolgen, zum Beispiel beim Surfen über einen HTTP-Proxy.

Nachteile:

- Nur diejenigen Protokolle können im internen Netz verwendet werden, für die es einen entsprechenden Dienst gibt, der sie weiterleiten kann (kein `ping`, `traceroute` etc.).
- Nur passives FTP ist beim HTTP-Proxy möglich.
- Dessen gespeicherten Seiten können unter Umständen nicht mehr aktuell sein.

Die Einrichtung des Proxies `Squid` ist in Kapitel 19 näher beschrieben.

14.2 Ubuntu Server

Bisher wurde in diesem Buch hauptsächlich die Desktop-Version von Ubuntu besprochen. Für die tägliche Arbeit ist sie hervorragend geeignet. Linux- und auch Ubuntu-Installationen haben jedoch in letzter Zeit weniger den Desktop, sondern vor allem den Server-Bereich erobert. Dies ist kein Wunder, war doch der Urvater UNIX bereits das Betriebssystem, auf dem das Internet entwickelt wurde, lange bevor es das erste Windows gab.

Oft ist auch die Meinung zu hören, dass jemand erst dann die Netzwerktechnik richtig versteht und beherrscht, wenn er sie mit UNIX bzw. einer Linux-Version einsetzen kann.

Sie können zwar auch eine Desktop-Version von Ubuntu für Serverzwecke benutzen. Dies ist jedoch nicht empfehlenswert, da Sie es mit der Server-Version wesentlich einfacher haben.

14.2.1 Besonderheiten bei einer LTS-Version

Eine ausgereifte LTS-Version (Long Term Support) von Ubuntu mit fünf Jahren Support für die Server-Variante eignet sich für eine Server-Installation besser als eine Zwischenversion, da in der Regel von vornherein eine längere Lebensdauer der Installation geplant ist.

Die letzte LTS-Version ist Ubuntu 10.04 aus dem Jahr 2010 und hat die Bezeichnung „Lucid Lynx". Alle zwei Jahre kommt eine neue LTS-Version heraus. Oft kommt man aber in Versuchung, neuere Versionen von Programmen einzusetzen, da sie meist mehr Funktionen enthalten bzw. auf neuer Hardware besser zurechtkommen. Bei einer anderen als einer LTS-Version sollten Sie allerdings nach spätestens 1,5 Jahren das System neu installieren. Deshalb behandelt dieses Buch hauptsächlich die letzte LTS-Version 10.04.

Der Paketmanager bietet zwar ein Distributions-Upgrade auf eine neue Version an. Dieser kann recht einfach und problemlos vonstatten gehen; es können aber auch erhebliche Probleme auftauchen, die kaum lösbar sind. Vor allem dann, wenn in der neuen Version von Ubuntu grundlegende Änderungen erfolgten, wie vor einiger Zeit die Umstellung auf Upstart oder der Verzicht auf HAL.

PRAXISTIPP: Wenn Sie radikale Eingriffe in das System planen, ist es am besten, wenn Sie einen älteren ausgemusterten Rechner als Testrechner benutzen, der die Anforderungen an eine Installation erfüllt. Auf diesem Rechner können Sie wirklich alles ausprobieren, denn es stört kaum, wenn etwas schiefgeht. Auch die im Folgenden beschriebenen Dienste können Sie auf einem Testrechner erst ausprobieren und dann, wenn alles nach Wunsch funktioniert, die Änderungen auf den produktiven Rechner übernehmen. Sie sparen sich damit viel Ärger für den Fall, dass eine Konfiguration nicht die geplante Wirkung erzielt.

14.2.2 Die aktuelle Server-Version 11.04

Sie entspricht weitgehend der LTS-Version 10.04, wobei die Software-Pakete durchweg neuere Versionen enthalten. Beispielsweise für `Powernap`, das neue Methoden zur Verringerung der Leistungsaufnahme bringt. Es kann nun auch die Benutzer-, System- und Netzwerkaktivitäten überwachen.

Die Installation mehrerer Server unterstützen die Programme `cobbler` und `mcollective`. Beide vereinfachen die Installation und Wartung mehrerer Server, zum Beispiel für den Aufbau eines Server-Clusters bzw. eines Cloud-Systems.

Weitere Informationen hierüber finden Sie unter:

https://fedorahosted.org/cobbler/

http://docs.puppetlabs.com/mcollective/

14.3 Die Installation von Ubuntu Server

Bevor Sie beginnen, sollten Sie sich einen Plan erstellen, wie Sie die Festplatte partitionieren wollen. Ideal ist es, wenn Sie ein Hardware-RAID (Redundant Array of Independent Disks) benutzen können. Große Hersteller wie IBM, HP, SUN (nun Oracle) und andere bieten Server-Hardware mit einem eingebauten RAID-System für relativ wenig Geld an. RAID-Lösungen auf Mainboards sollten Sie meiden, da dies meist eine Mischung von Software- und Hardware-RAID ist, für die es selten Treiber für Ubuntu gibt!

Für höhere Ansprüche gibt es externe RAID-Systeme, die oft als SAN (Storage Area Network) ansprechbar sind. Für Rechner, die an einem SAN angeschlossen sind, verhält sich dieses wie eine einzige große Festplatte, die blockweise ansprechbar ist, wenn beispielsweise Daten aus Block 4711 angefordert werden. Die Übertragung der Daten erfolgt in der Regel unverschlüsselt und ohne Authentifikation! Wenn mehr als ein Rechner auf diese Daten gleichzeitig zugreifen soll, ist ein Cluster-Dateisystem erforderlich, wie GFS2 (Global Filesystem), OCFS2 (Oracle Cluster Filesystem) oder parallele Cluster-Dateisysteme wie Lustre und Ceph.

Die Verbindung kann über serielle Fibre Channel mit Kupfer- oder Glasfaserkabel erfolgen, die bis zu 8 GBit/s Vollduplex über spezielle Hubs und FC-Switches erreichen. Diese Lösung ist zwar sehr schnell, aber auch teuer. Preiswerter geht es mit herkömmlichen Netzwerkleitungen über das Protokoll iSCSI (SCSI über TCP/IP nach RFC 3720). Der große Vorteil von iSCSI besteht darin, dass bereits vorhandene Ethernet-Kabel und -Switches benutzbar sind. Ein derartiges Netzwerk sollte aber ausschließlich für iSCSI reserviert bleiben.

Siehe auch: http://de.wikipedia.org/wiki/ISCSI

Ein NAS (Network Attached Storage) hingegen ist nur über Protokolle wie SMB, NFS, HTTP etc. ansprechbar und eignet sich daher nur für zusätzlich eingebundenen externen Speicher, aber nicht für eine Installation. Ein NAS kann ebenfalls ein RAID-Array beinhalten. Es ist dann zwar erheblich teurer, aber sicherer. Falls eine Anbindung per NFS erfolgt, können Sie auf einem NAS die Homerverzeichnisse der Anwender auslagern.

Die Einrichtung von einem Software-RAID bietet zwar Ubuntu ebenfalls an, dessen Performance ist aber geringer als die von einem Hardware-RAID. Zudem ermöglicht Hardware-RAID einen Hot-Swap, also einen Austausch einer fehlerhaften Festplatte im laufenden Betrieb. Das System braucht hierzu nicht heruntergefahren zu werden, sodass der Server weiterhin erreichbar ist. Auch dauert die Initialisierung einer neuen Festplatte bei Software-RAID recht lange, währenddessen das System nur eingeschränkte Leistung bringen kann. Ein Hardware-RAID ist also immer vorzuziehen.

HINWEIS: Ein RAID-System macht ein regelmäßiges Backup nicht überflüssig, da Dateien versehentlich gelöscht oder mit Viren befallen werden können. Es schützt nur vor Datenverlust durch Defekte auf den verwendeten Festplatten.

Interne Festplatten bzw. ein RAID-System können über LVM (Logic Volume Manager) in einzelne Bereiche aufgeteilt werden, die auch nachträglich in der Größe an veränderte Bedingungen angepasst werden können. LVM gestattet es, eine oder mehrere physikalische Partitionen, die auch auf mehreren Festplatten verteilt sein können, zu verwalten. Dabei werden die physikalischen Partitionen auf den Festplatten zu einem Pool (Volume Group) zusammengefasst und in beliebig viele virtuelle Partitionen (Logical Volumes) aufgeteilt. LVM kann grob mit dynamischen Festplatten unter Windows verglichen werden.

Über externe Datenspeicher, wie NAS und SAN, ist auch ohne LVM eine flexible nachträgliche Aufteilung bzw. Einbindung von Datenträgern möglich. In diesem Buch wird daher LVM nicht weiter besprochen.

14.3.1 Die eigentliche Installation

Die Installation von Ubuntu Server verläuft ähnlich wie bei einer textbasierten Installation mit einer Alternate-CD. Legen Sie die Installations-CD mit der Server-Variante ein und starten Sie den Rechner neu. Falls Sie einen USB-Stick vorbereitet haben, wie in Kapitel 2 beschrieben, ist eine Installation auch hiervon möglich.

Im Folgenden soll erst die Installation von Ubuntu-Server 10.04 gezeigt werden. Empfohlen ist die Verwendung einer 64-Bit-Version. Das ISO-Image trägt den Namen `ubuntu-10.04-server-amd64.iso`, ist aber für 64-Bit-Prozessoren sowohl von AMD wie auch von Intel geeignet. Die aktuelle LTS-Version nennt sich `ubuntu-10.04.2-server-amd64.iso` bzw. `lucid-server-amd64.iso`. Sie ist auf der zweiten CD in diesem Buch enthalten.

Als erstes können Sie nach dem Start der CD die gewünschte Sprache mit den Pfeiltasten einstellen.

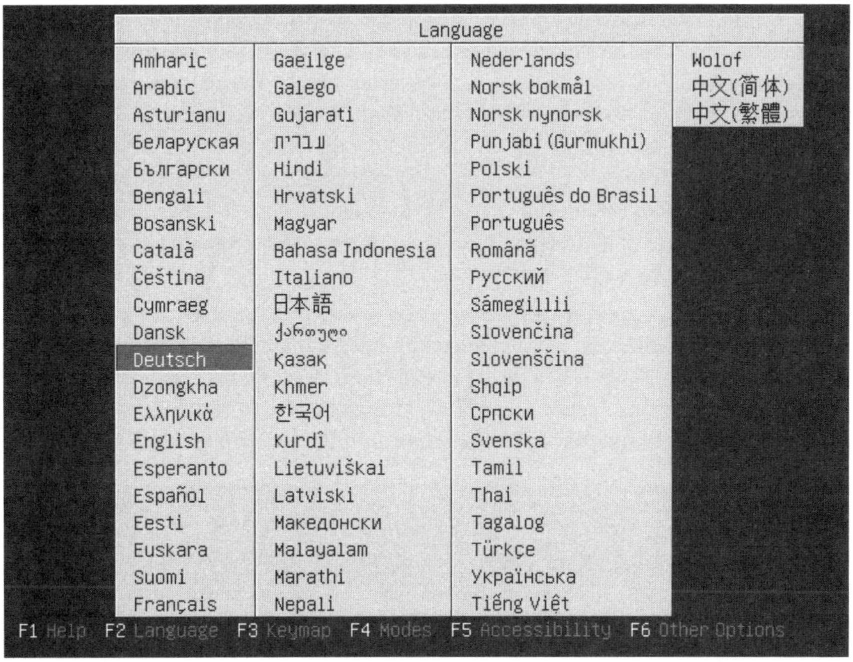

BILD 14.4 Sprache bei der Installation

Daraufhin erhalten Sie folgendes Boot-Menü:

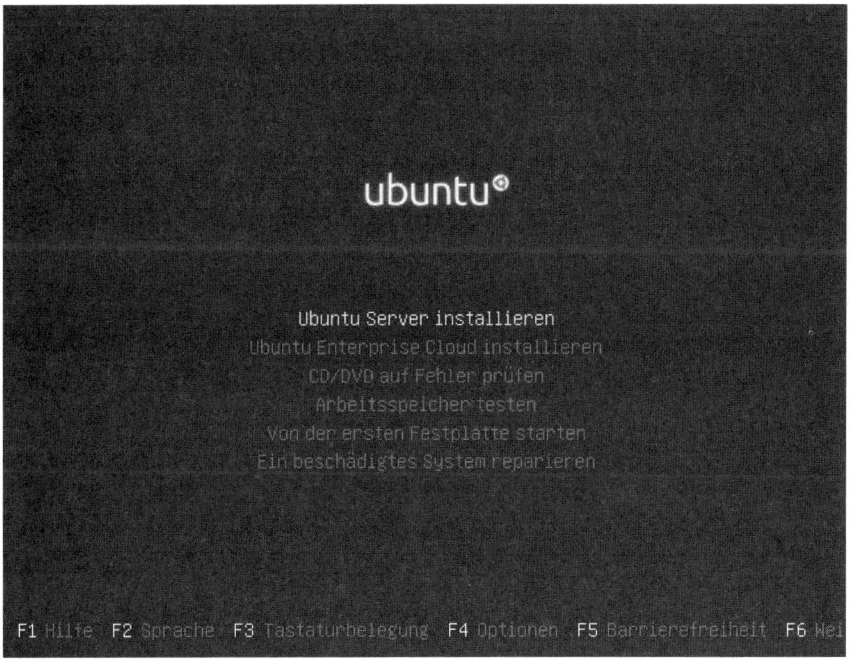

BILD 14.5 Das Boot-Menü von Ubuntu-Server 10.04

Wenn Sie den ersten Eintrag *Ubuntu Server installieren* selektieren und [RETURN] drücken, startet die Installation des Servers. Über den zweiten Eintrag können Sie anstelle eines alleinstehenden Servers auch ein Mitglied einer „Enterprise Cloud“ einrichten. Dies ist nicht Thema dieses Buchs. Sie können weiterhin über *CD/DVD auf Fehler prüfen* das Installationsmedium überprüfen, mit *Arbeitsspeicher testen* den Speicher einem intensiven Test mit `memtest86` unterziehen oder mit *Ein beschädigtes System reparieren* ein installiertes Ubuntu reparieren. Falls Sie sich anders entscheiden oder nach der Installation noch nicht die CD entfernt wurde, können Sie die Installation abbrechen und über *Von der ersten Festplatte starten* den Bootvorgang wählen, wie er ohne CD erfolgen würde.

Falls es Probleme mit der Hardware geben sollte, ist eine Hilfe über die Funktionstaste F1 erhältlich, oder Sie können mit F6 entsprechende Einstellungen vornehmen, wie in Kapitel 11 beschrieben. Mitunter ist es nützlich, mit dem Menu über F6 den nur bei Ubuntu Server vorhandenen Expertenmodus einzuschalten, der viele weitere Auswahlmenüs und weitere Meldungen anzeigt, der in dieser Anleitung nicht zum Einsatz kommt.

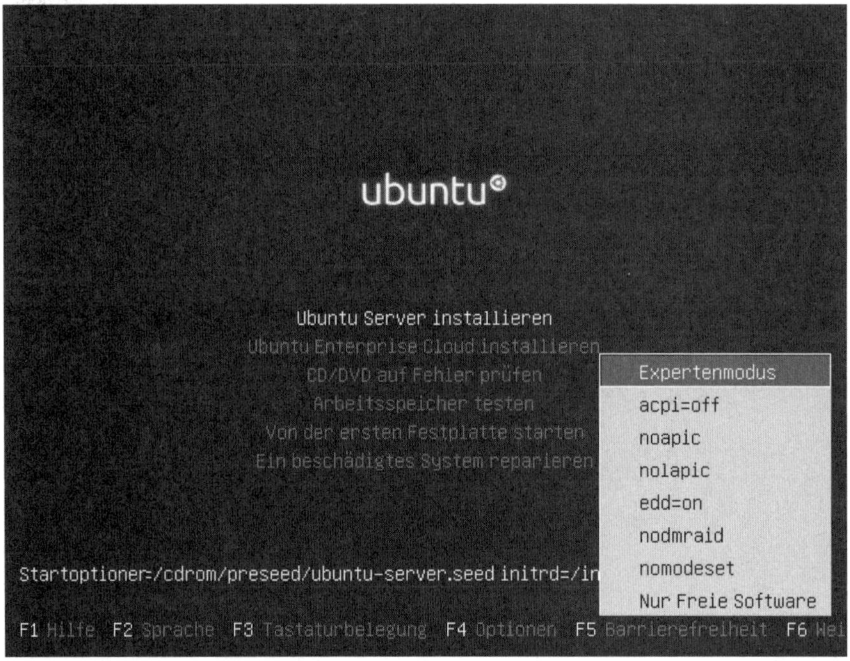

BILD 14.6 Das Menü für den Expertenmodus und die Zeile der Startoptionen

Nun folgt eine weitere Abfrage nach der Tastatur:

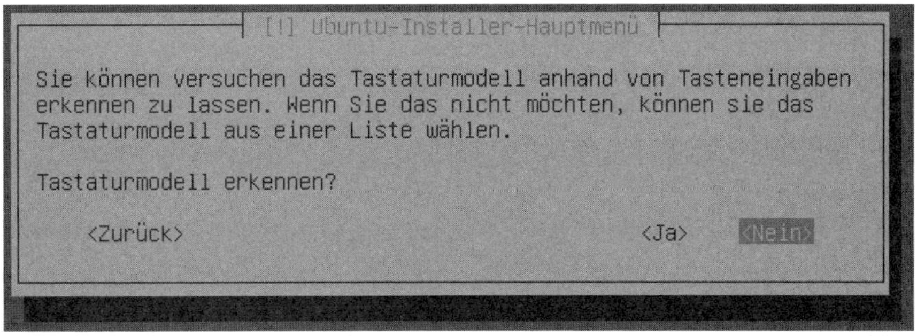

BILD 14.7 Tastaturmodell erkennen

Wenn Sie *Nein* wählen, können Sie anhand einer weiteren Liste die Tastatur auswählen, ansonsten versucht das System, die Tastatur zu erkennen, indem es Sie zur Eingabe bestimmter Zeichen auffordert.

Sie können generell entweder mit der Taste [Return] bestätigen oder mit den Pfeiltasten die gewünschte Aktion wählen. Die Taste [Tab] ermöglicht Ihnen, zu einem anderen Schaltknopf zu navigieren. Bei Listen ist auch der Einsatz der Tasten [Bild nach oben] bzw. [Bild nach unten] erlaubt.

Im Hauptspeicher wird nun ein minimales Ubuntu installiert, das die weitere Installation vornimmt. Wenn mehr als eine Netzwerkkarte eingebaut ist, kommt die Frage, welche Ubuntu bei der Installation benutzen soll:

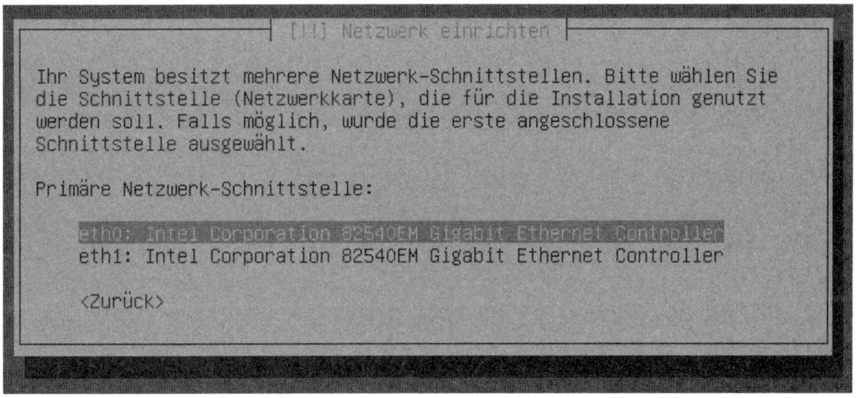

BILD 14.8 Die Liste der Netzwerkkarten

Falls ein DHCP-Server im Netz aktiv ist, wird das Netzwerk automatisch per DHCP eingerichtet. Um dies zu verhindern, können Sie den Rechner am Anfang der Installation vom Netzwerk trennen.

HINWEIS: Eine Konfiguration per DHCP taugt bei einer Server-Installation gerade einmal für ein automatisches Update. Einem Rechner, der Server-Anwendungen bietet, sollten Sie immer eine statische IP-Adresse zuweisen!

Nur dann, wenn kein DHCP-Server gefunden wird, erhalten Sie den folgenden Dialog:

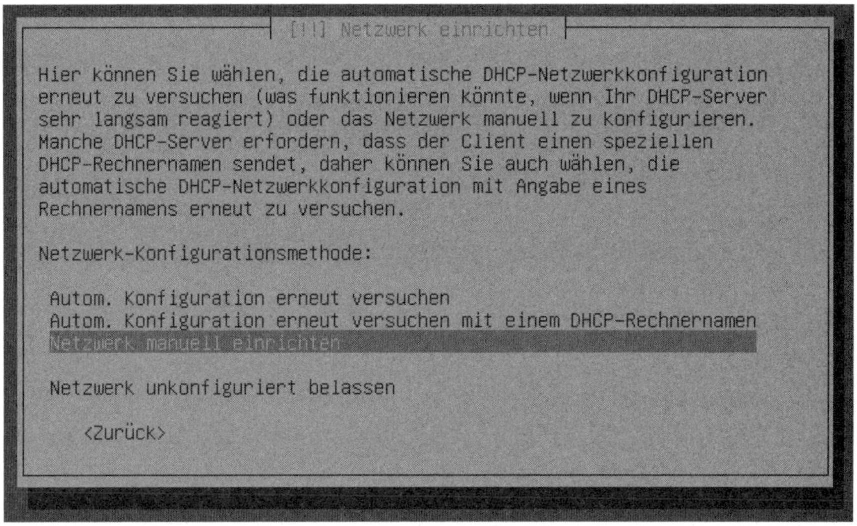

BILD 14.9 Die Einrichtung des Netzwerks

Wählen Sie nun *Netzwerk manuell einrichten*. Es startet das Kommando `netcfg`, das nur bei der Installation verfügbar ist! Nachträglich können Sie das Netzwerk nur noch durch Editieren der entsprechenden Dateien konfigurieren. Nun werden die Einstellungen für IP-Adresse, Netzmaske, Gateway und DNS-Server abgefragt.

Der gewünschte Rechnername, der nun einzugeben ist, hat unter Linux und Ubuntu nicht denselben Stellenwert wie unter Windows. Er dient im Wesentlichen nur internen Zwecken. Ein Domänenname ist jetzt noch nicht erforderlich (er wird in `/etc/hosts` eingetragen).

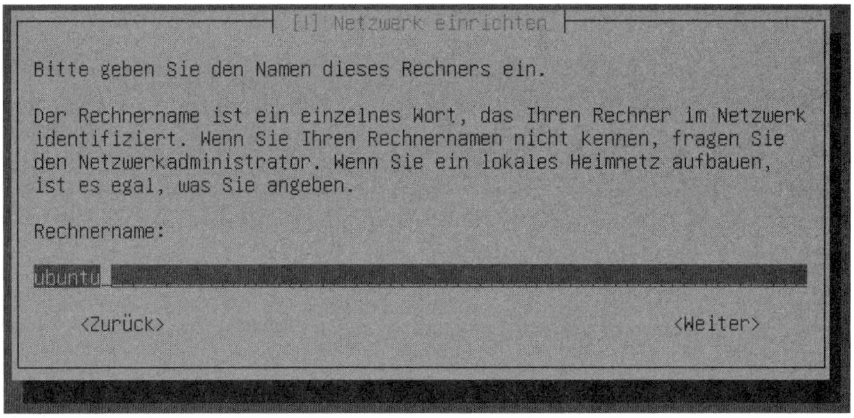

BILD 14.10 Der Rechnername

Wenn Sie planen, Dienste international anzubieten, wie beispielsweise einen Mailserver, sollten Sie die Zeitzone nicht auf eine lokale Zeitzone einstellen, sondern auf UTC (Universalzeit bzw. „Universal Time Coordinated“).

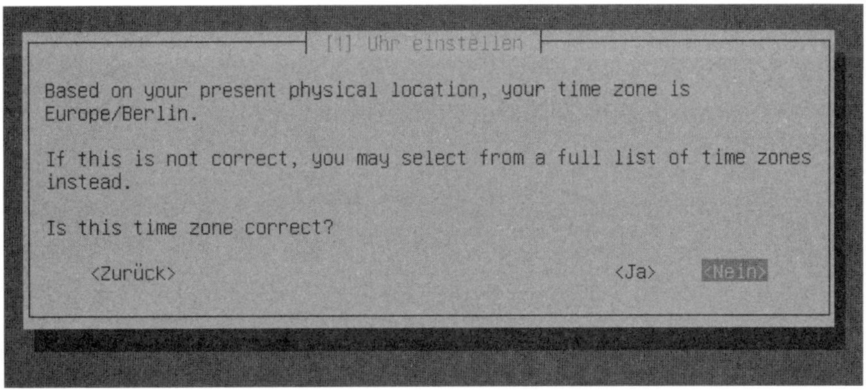

BILD 14.11 Die Einstellung der lokalen Zeitzone

Verneinen Sie in diesem Fall die Frage und wählen Sie im nächsten Dialog den untersten Eintrag aus:

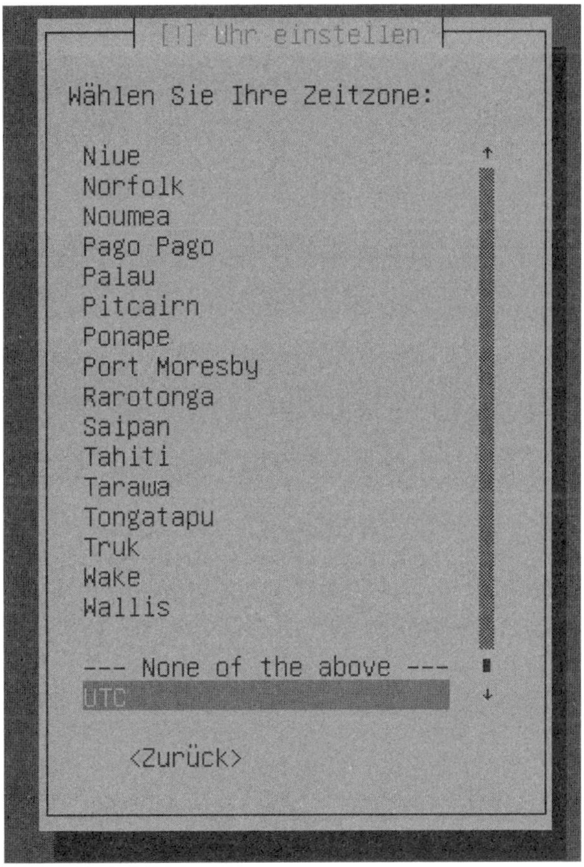

BILD 14.12 Auswahl der UTC-Zeitzone

Nun kommen Sie zu einem besonders wichtigen Punkt, der Partitionierung der Festplatte.

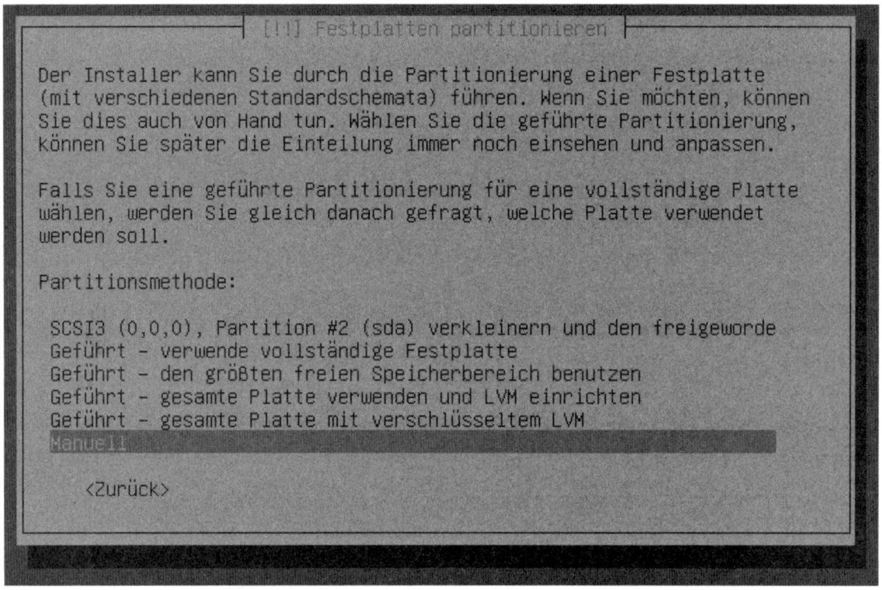

BILD 14.13 Die Partitionierungsmöglichkeiten

Sie können aus diesen Einträgen wählen:

- „Geführt – verwende vollständige Festplatte“: Dabei werden eine Root-Partition und im hinteren Teil der Festplatte eine Swap-Partition erstellt. Für eine Swap-Partition ist dies nicht sehr günstig, da sie eine hohe Übertragungsrate benötigt, Zugriffe auf das Ende der Platte aber relativ langsam erfolgen.
- „Geführt – gesamte Platte verwenden und LVM einrichten“: Standardmäßig ist dieser Eintrag selektiert. Dies erstellt eine Boot-Partition und eine weitere Partition, die per LVM eine virtuelle Swap-Partition mit etwa der dreifachen Größe des Hauptspeichers und den Rest für die Root-Partition zur Verfügung stellt. Eine Swap-Partition sollte nicht per LVM verwaltet sein, da diese sich bei einer Umbelegung über weit entfernte physikalische Bereiche erstrecken und damit sehr langsam werden kann.
- „Geführt – gesamte Platte mit verschlüsseltem LVM“: Das Ergebnis gleicht dem im vorigen Fall, nur sind die LVM-Partitionen verschlüsselt. Das bedeutet, dass Sie bei jedem Booten ein Passwort eingeben müssen. Für Notebooks mag dies sinnvoll sein, einen Server behindert es nur!
- „Manuell“: Sie können entscheiden, wo welche Partitionen zu erstellen sind.

> **HINWEIS**: Bei allen Selektionen bis auf die letzte wird der gesamte Inhalt der Festplatte gelöscht!

Die drei ersten Einträge sind für einen Server kaum geeignet. Übrig bleibt die manuelle Partitionierung, die einen maximalen Einfluss auf die Einstellungen ermöglicht. Wenn mehrere

Festplatten eingebaut sind, können Sie nun diejenige wählen, die Sie bearbeiten wollen. Im Beispiel ist nur eine Festplatte (sda) vorhanden:

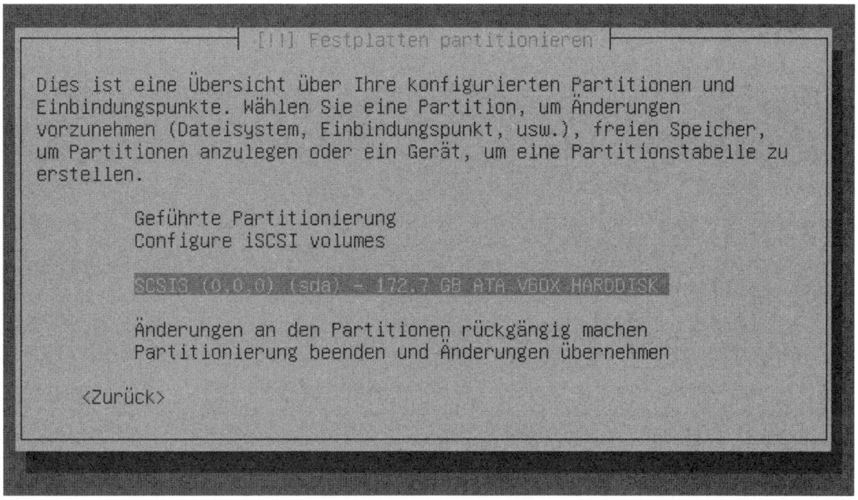

BILD 14.14 Die Wahl der Festplatte

Falls Sie über iSCSI Zugriff auf ein externes SAN haben, können Sie stattdessen hier die IP-Adresse von diesem SAN über den darüber liegenden Menüpunkt „Configure iSCSI volumes" eingeben. Siehe hierzu auch:

http://www.howtoforge.com/iscsi_on_linux

http://blog.dinotools.de/2010/11/24/iscsi-initiator-und-target-unter-ubuntu-10-04lts-einrichten

Im Folgenden soll nur die Partitionierung lokaler Festplatten betrachtet werden. Ist die Festplatte noch leer, erhalten Sie folgende Nachfrage:

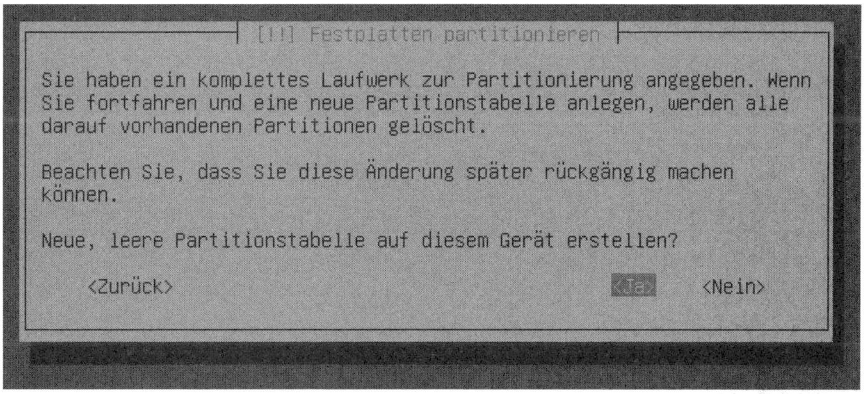

BILD 14.15 Eine leere Partitionstabelle erstellen

Bereits vorhandene Partitionen werden aber erst nach dem Ende der Partitionierung gelöscht. Bis dahin können Sie es sich noch anders überlegen. Selektieren Sie nun den Eintrag *FREIER SPEICHER*:

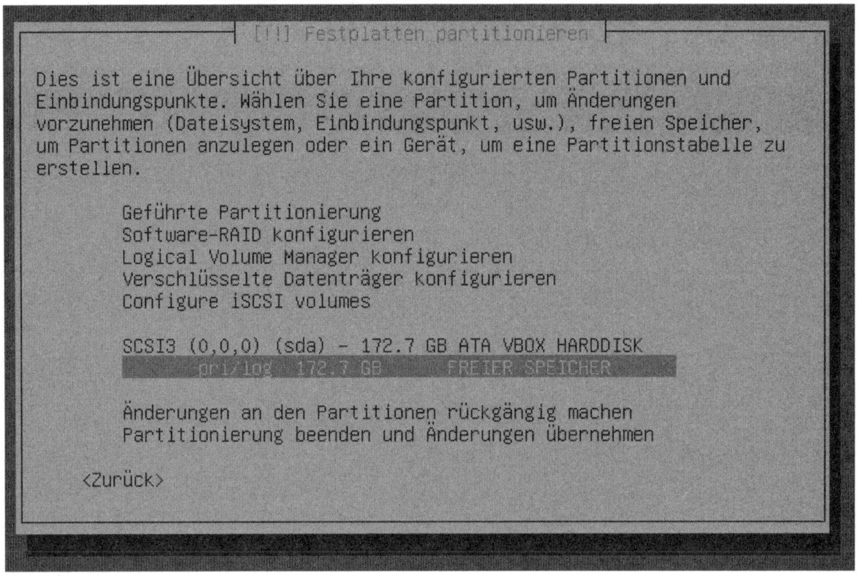

BILD 14.16 Den Bereich für eine neue Partition selektieren

Nun können Sie neue Partitionen nach eigenen Vorstellungen erstellen. Ein Vorschlag ist, am Anfang der Festplatte eine Swap-Partition einzurichten, dann die Root-Partition. Sie können den gesamten übrigen Plattenplatz für die Root-Partition verwenden. Wenn mehr als eine Festplatte vorhanden ist, wäre auch die Einrichtung einer Partition für das Verzeichnis `/var` auf der zweiten Festplatte sinnvoll. Da es sich um eine Server-Installation handelt, ist das Verzeichnis `/var` sehr wichtig. Hier liegen später alle wesentlichen Daten von Webserver, Mailserver etc. sowie deren Log-Dateien. Je mehr Platz Sie hierfür vergeben, desto besser.

Bei der Home-Partition scheiden sich die Geister. Sie können durchaus auch eine eigene Partition hierfür erstellen. Da die Lebensdauer einer Server-Installation wesentlich größer ist als die einer Desktop-Installation, ist es nicht unbedingt nötig. Eine LTS-Version erhält bis zu fünf Jahre lang Support, sodass nach dieser Zeit eine Neuanschaffung der Hardware ratsam ist. Die wohl beste Lösung ist, die Homeverzeichnisse der Anwender auf einem externen RAID-Array zu speichern, wenn das Budget hierfür reicht. Dies können Sie auch nachträglich noch in Ubuntu angeben, wie in Kapitel 13 gezeigt. Der Einfachheit halber soll in diesem Beispiel alles in die Root-Partition.

Nachdem Sie die Taste [Return] betätigen, wenn *FREIER SPEICHER* selektiert ist, wählen Sie nun *Eine neue Partition erstellen* aus.

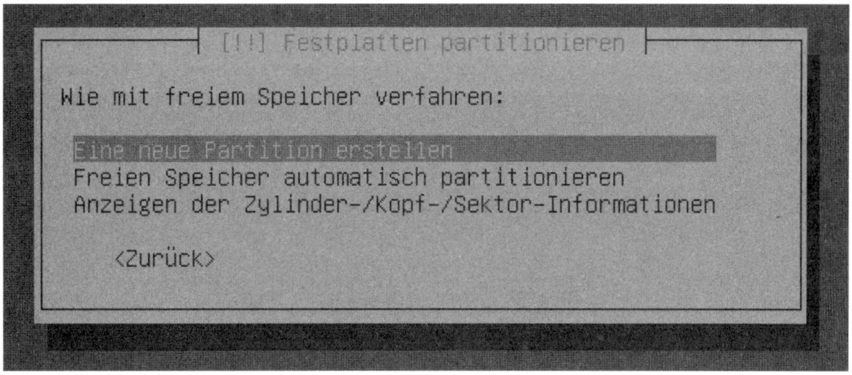

BILD 14.17 Festplattenpartitionierung

Geben Sie die gewünschte Größe ein, z. B. 5 GB, und wählen Sie den Typ *Primär*. Wenn Sie weniger als vier Partitionen auf einer Festplatte erstellen, brauchen Sie keine logischen Partitionen. Hinzu kommt, dass ein Booten mit primären Partitionen einfacher ist.

In den Dialogen können Sie sich mit den Cursor-Tasten zum gewünschten Punkt navigieren und mit der Taste [RETURN] zu einem Dialog mit weiteren Einstellungen gelangen, wie beispielsweise zur Zuweisung von einem Dateisystem über den Eintrag *Benutzen als*. Für eine Swap-Partition wählen Sie „Auslagerungsspeicher“:

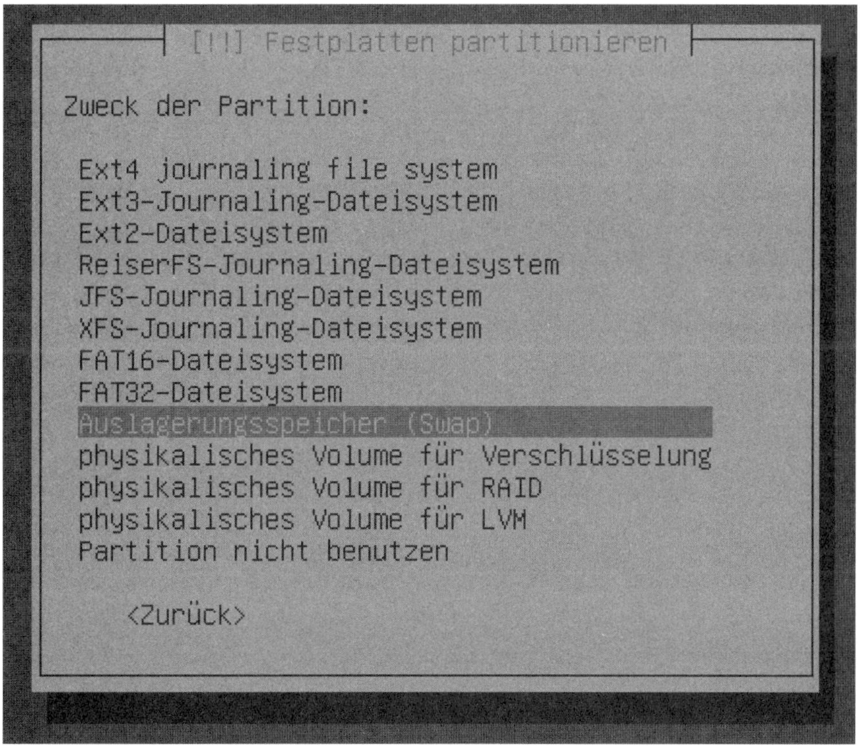

BILD 14.18 Das Dateisystem für die Swap-Partition

Den Dialog zur Erstellung einer Partition beenden Sie jeweils über *Anlegen der Partition beenden*:

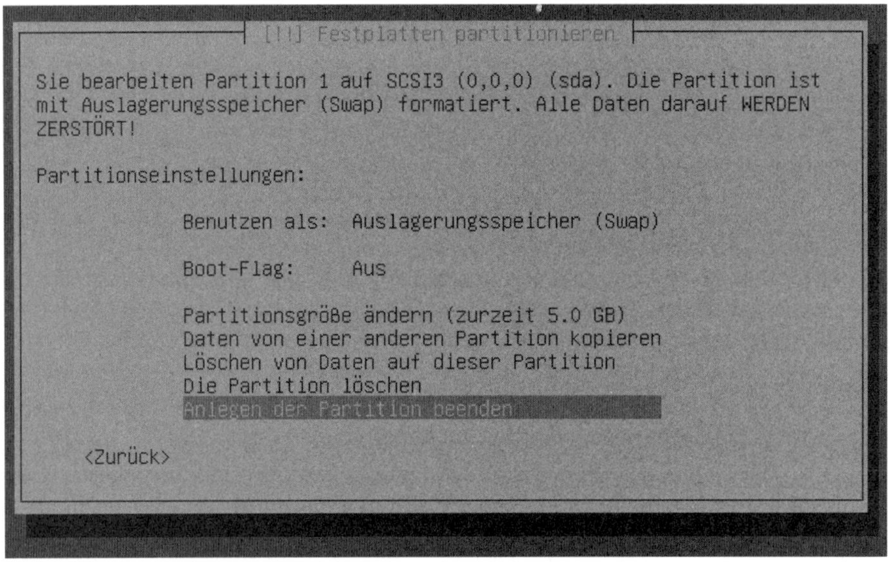

BILD 14.19 Den Dialog zum Anlegen einer Partition beenden

Zur Erstellung weiterer Partitionen selektieren Sie wiederum den Eintrag *FREIER SPEICHER*. Sie erhalten aufs Neue den bereits beschriebenen Dialog.

Bei der Root-Partition können Sie im einfachsten Fall die Einstellungen übernehmen. Der wichtigste Eintrag ist hierbei *Einhängepunkt (mount point): /*:

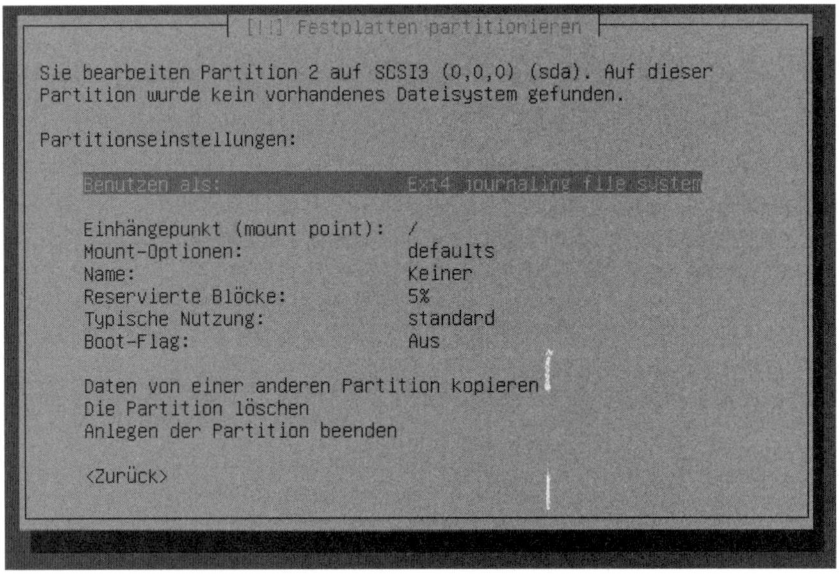

BILD 14.20 Die Angaben für die Root-Partition

Das Boot-Flag ist nur dann interessant, wenn Sie den Startcode von Grub nicht in den MBR schreiben wollen, sondern über den Bootsektor einer primären Partition booten wollen, was nur selten erforderlich ist. Durch eine Selektion von diesem Eintrag und anschließendes [RETURN] wird die Partition als aktiv gekennzeichnet.

Falls Sie mehrere Partitionen auf dem Rechner erstellen, können Sie zur besseren Übersicht jeder auch einen Namen geben. Das System selbst benutzt diesen Namen nicht.

Nach jeder Änderung sehen Sie eine neue Anzeige der geänderten Werte. Mit der Selektion von *Zurück* werden die Änderungen übernommen. Sobald Sie fertig sind, wählen Sie den Menüpunkt *Partitionierung beenden und Änderungen übernehmen* und Sie erhalten eine Zusammenfassung:

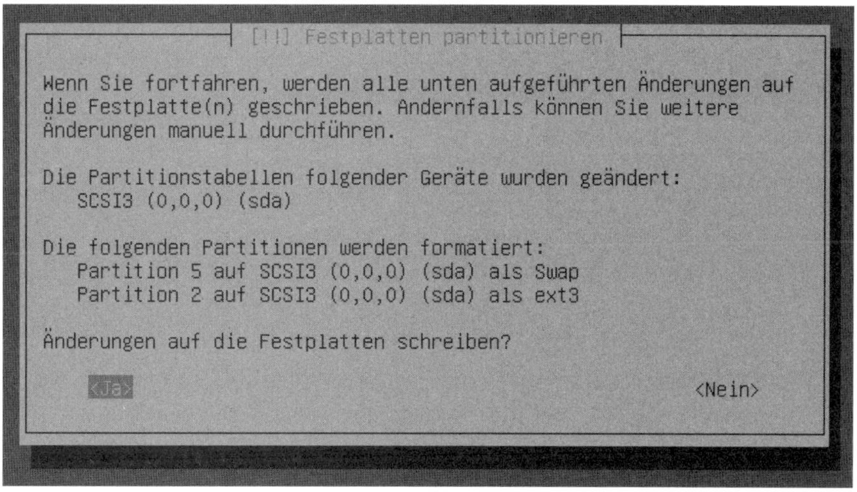

BILD 14.21 Eine Zusammenfassung der Änderungen

Erst jetzt, nachdem Sie *Ja* selektieren, werden sofort danach die Partitionen angelegt bzw. die zu löschenden Partitionen gelöscht. Die Installation des Grundsystems erfolgt im Anschluss sowie Abfrage der Daten des Administrators. Das Benutzerkonto *root* bleibt aber aus Sicherheitsgründen deaktiviert.

Da Sie als Administrator nicht als Benutzer *root* angemeldet werden, geben Sie Ihren vollen Namen ein, wenn diese Frage auftaucht, und schicken ihn mit [RETURN] ab. Aus diesem Namen wird der Name des Benutzerkontos erstellt, den Sie auch ändern können. Ihr Passwort müssen Sie nun doppelt eingeben. Wenn es ein zu schwaches Passwort ist, erhalten Sie eine Warnung mit der Frage, ob Sie es dennoch übernehmen wollen:

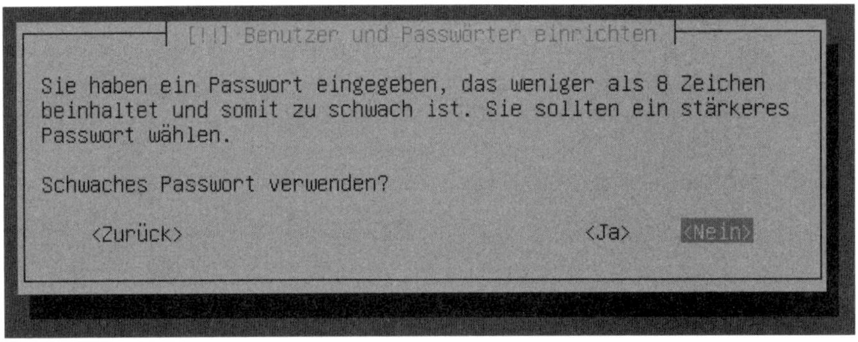

BILD 14.22 Warnung bei schwachen Passwörtern

Bitte denken Sie daran, dass nur ein starkes Passwort für die Sicherheit akzeptabel ist! Es sollte mindestens aus acht Zeichen bestehen und auch Großbuchstaben und Ziffern enthalten. Damit Sie es besser merken können, sollten Sie sich eine „Eselsbrücke" bauen, wie die Anfangsbuchstaben eines Ihnen bekannten Satzes verwenden etc.

Die Frage, ob Sie Ihren persönlichen Ordner verschlüsseln wollen, können Sie mit *Nein* beantworten. Da der Server sicherlich in einem abgeschlossenen Raum aufgestellt ist, verkompliziert eine Verschlüsselung Ihre Arbeit unnötig.

Wenn Sie nur über einen Proxy ins Internet gelangen, erhalten Sie nun die Gelegenheit, die hierfür nötigen Einträge einzugeben. Ansonsten betätigen Sie einfach [RETURN].

Sie können nun angeben, dass Aktualisierungen automatisch installiert werden sollen. Damit können Sie dies auch in Zukunft nicht mehr vergessen. Ubuntu sucht nun automatisch nach Updates und installiert sie, sofern das Netzwerk eingerichtet ist. Eine weitere Möglichkeit zum Bezug von Updates ist „Landscape", das allerdings nicht kostenlos ist. Siehe hierzu: *https://landscape.canonical.com*

Nachträglich können Sie auch noch die automatische Aktualisierung einrichten, indem Sie das Paket `unattended-upgrades` installieren. Dies ist empfehlenswert, falls Sie vorher die Verbindung zu dem Proxy `apt-cacher` (siehe Kapitel 19) einrichten wollen.

Wenn Sie bereits hier Server-Applikationen installieren wollen, können Sie einige der wichtigsten im folgenden Dialog auswählen. Bewegen Sie die Markierung mit den Cursor-Tasten auf den gewünschten Eintrag und selektieren Sie ihn mit der Blank-Taste. Sie können auf diese Weise mehrere Selektionen vornehmen. Zu den dahinter stehenden Paketen und Diensten erfahren Sie später mehr.

Diese Auswahl können Sie auch später nachholen, indem Sie das Programm `tasksel` starten. Sie erhalten dann wesentlich mehr Auswahl. Empfehlenswert ist, an dieser Stelle zumindest den SSH-Server zu installieren, wenn Sie das System über das Netzwerk administrieren wollen:

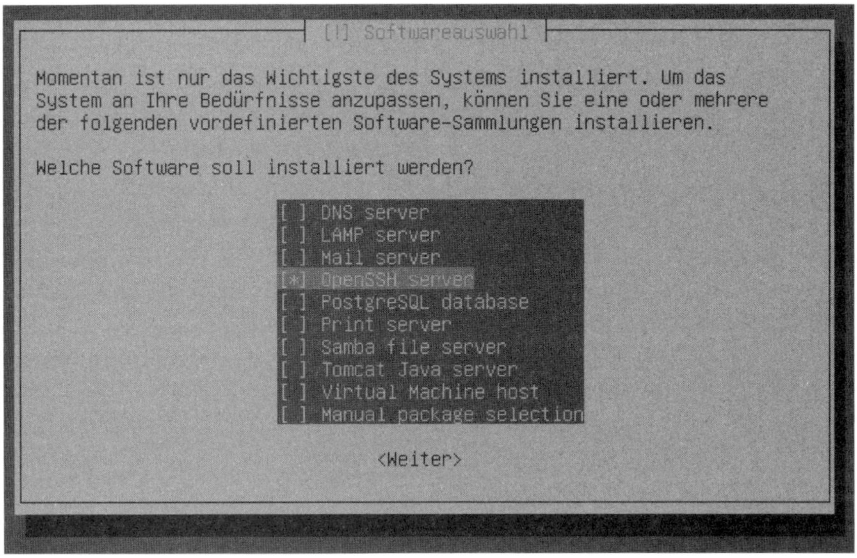

BILD 14.23 Die Auswahl weiterer Software

PRAXISTIPP: Sie können bereits während der Installation auf einer anderen Konsole Kommandos eingeben und die Installation beobachten, indem Sie z. B. die Tasten [ALT] + [F2] und anschließend [RETURN] betätigen.

Zu guter Letzt wird der Bootmechanismus von Grub eingerichtet. Auf die Frage, ob er im MBR eingerichtet werden soll, können Sie in der Regel mit *Ja* antworten. Nur in seltenen Fällen benötigen Sie auf einer Server-Hardware den Bootsektor einer primären Partition, die dann aktiviert sein muss. Siehe auch Kapitel 2.

Nun werden Sie darauf hingewiesen, dass die Installation abgeschlossen ist, und es erfolgt ein Neustart von der eben installierten Festplatte. Haben Sie mitgezählt? Es ist der erste und einzige Neustart, der nötig ist. Wie viele wären unter Windows nötig gewesen? Die Installation ist damit fertig. Eine Installation belegt ohne weitere Dienste weniger als 900 MB. Durch den Neustart wird nun das System auf der Festplatte aktiv.

Sie können sich in der ersten Konsole mit dem Namen und dem Passwort anmelden, die Sie eingetragen haben. Beachten Sie, dass auch hier der Account für den Benutzer root gesperrt ist. Sie müssen bei Arbeiten am System das Kommando `sudo` benutzen. Wie in Kapitel 7 gezeigt, können Sie zwar das Root-Konto aktivieren, was aber nicht nötig und aus Sicherheitsgründen nicht ratsam ist.

Falls Sie eine grafische Oberfläche wünschen, können Sie eine von mehreren zur Auswahl stehenden nachinstallieren.

Dennoch hat die Server-Variante von Ubuntu ihre Eigenheiten:

- Auch wenn Sie eine grafische Oberfläche installieren, müssen Sie viele Dinge über eine Konsole bzw. ein Terminal durchführen. Es empfiehlt sich daher, das Paket `openSSH` für eine Fernwartung zu installieren.
- Die Arbeit auf den Konsolen vereinfacht die Installation des Pakets `gpm`, das dort eine Selektion von Text mit der Maus ermöglicht und damit auch „Cut and Paste".
- Der Network-Manager zur Konfiguration vom Netzwerk ist nicht installiert und sollte auch nicht nachinstalliert werden, da er nur für den Desktop-Einsatz ausgelegt ist.
- Einen Neustart, der in der Regel nur nach einem Kernel-Update nötig ist, können Sie als Administrator mit dem Kommando `reboot` erzielen; ein Herunterfahren und anschließendes Abschalten mit `halt`.
- Falls ein DHCP-Server im Netzwerk vorhanden ist, erfolgt die Konfiguration der Netzwerk-Schnittstelle per DHCP. Wie Sie dies ändern können, erfahren Sie auf den nächsten Seiten.
- Der Inhalt von dem Verzeichnis `/tmp` wird automatisch nach jedem Neustart gelöscht!

14.4 Das Netzwerk auf einem Server einrichten

Jede Netzwerkkarte, die unter TCP/IP arbeiten soll, muss vorher konfiguriert werden. Voraussetzung hierfür ist, dass im Kernel die Module für TCP/IP aktiv sind und die Treiber (ebenfalls Kernel-Module) für die Netzwerkkarte vorhanden und aktiv sind. Kernel-Module wurden bereits in Kapitel 8 beschrieben.

Es gilt folgende Festlegung:

- Ein Device ist ein Gerät, das als Hardware zur Verfügung steht
- Ein Interface ist eine Schnittstelle zu einem Device, die ein Programm oder Treiber bildet.

Ein Device kann also über mehrere Interfaces angesprochen werden. Normalerweise bilden ein Device und das dazugehörende Interface eine Einheit.

Wichtige Interface-Namen

- die Namen von Schnittstellen zu Ethernet-Karten sind `eth0`, `eth1` etc.
- die Namen von Schnittstellen zu Token-Ring-Karten sind `tr0`, `tr1` etc.
- die Namen von Schnittstellen zu Modems sind `ppp0`, `ppp1` etc.
- die Namen von Schnittstellen zu ISDN-Karten sind `ippp0`, `ippp1` etc.
- der Name zu der lokalen Schnittstelle `loopback` ist `lo`.

Als Netzwerkeinstellungen für jede Netzwerkkarte sind mindestens erforderlich:

- die IP-Adresse
- die Netmask

Ist eine Verbindung zu anderen Netzen über einen Router möglich, benötigt man zudem einen Eintrag für das Default-Gateway.

HINWEIS: Diese Einstellungen sollten bei einer Server-Installation immer statisch eingetragen sein. Die dynamische Vergabe über DHCP bei jedem Booten ist für einen Server ungeeignet. Wie schon erwähnt, sollte die Einrichtung nicht mit dem Network-Manager erfolgen.

Generell sind die Einstellungen in ASCII-Dateien abgelegt. Zur Konfiguration benötigen Sie einen Editor Ihrer Wahl, wie schon in Kapitel 6 ausführlich dargelegt ist. Die Anhänger vom Editor `vi` können sich freuen: Es ist in der Server-Version bereits der `vim` („vi-improved") installiert. Aber auch `nano` und einige andere Editoren sind verfügbar.

Die meisten Kommandos unter Ubuntu Server sind für den Einsatz in der Kommandozeile gedacht. Falls Sie das Paket `gnome-system-tools` installieren, erhalten Sie Kommandos, die Sie in einer Grafik-Oberfläche oder über eine Fernwartung bedienen können:

- `shares-admin` zur Einrichtung freigegebener Verzeichnisse
- `time-admin` zur Einstellung der Systemzeit
- `users-admin` zur Verwaltung von Benutzern und Gruppen

Beispiel:

```
root@ubuntu:~# aptitude update
root@ubuntu:~# aptitude install gnome-system-tools
```

Zur Nutzung muss allerdings eine Grafik-Oberfläche installiert sein oder ein Zugriff per SSH erfolgen. Siehe hierzu die Beschreibung der Secure Shell in Kapitel 7.

14.4.1 Wichtige Dateien für Netzwerkeinstellungen

HINWEIS: Die folgenden Dateien gehören zu den wichtigsten Dateien eines Servers. Änderungen sollten sehr sorgfältig vorgenommen werden, da sonst die Funktion wichtiger Dienste beeinträchtigt werden kann. Einige Änderungen werden erst wirksam, wenn entweder ein Neustart des entsprechenden Dienstes bzw. des Startskripts erfolgt oder ein Kommando abgesetzt wird, wie `ipup` etc.

`/etc/hostname`

Hier ist der Rechnername des lokalen Rechners hinterlegt. Eine Änderung dieser Datei ist erst mit dem Neustart des Systems aktiv.

`/etc/hosts`

Sie dient zur Umsetzung von Rechnernamen zu IP-Adressen ohne DNS. Es ist im Grunde eine Liste mit den IP-Adressen auf der linken Seite und den aufzulösenden Namen auf der rechten Seite. Mindestens der Name `localhost` ist hier für IPv4 und IPv6 definiert. Änderungen sind sofort wirksam.

Normalerweise sollten hier keine eigenen Einträge vorhanden sein! Man kann sie schnell vergessen und hat dann erhebliche Probleme mit anderen Namensauflösungen. Wie ein eigener Eintrag zusammen mit den Loopback-Einträgen aussehen kann, zeigt folgendes Beispiel:

```
192.168.2.20       alpha.example.intern         alpha
127.0.0.1          localhost.localdomain        localhost
::1                localhost ip6-localhost      ip6-loopback
```

/etc/networks

Sie dient zur Umsetzung von Netzwerknamen zu IP-Adressen. Die IP-Adressen müssen gültige Netzwerkadressen sein. Meist enthält sie nur einen Eintrag für das APIPA-Netz von Microsoft mit Namen „link-local". Auch hier sollten Sie möglichst keine eigenen Einträge einbringen.

Beispiel:

```
link-local   169.254.0.0
```

/etc/network/interfaces

In dieser Datei befindet sich die eigentliche Konfiguration der Netzwerk-Schnittstellen. Jedes Interface muss hier eingetragen sein, wenn es eine statische IP-Adresse erhalten soll. Vor dem Namen vom Interface muss das Schlüsselwort `auto` stehen. Änderungen sind erst mit dem Aufruf von `ipup` wirksam.

Mindestens sind folgende Einträge für die Loopback-Schnittstelle vorhanden:

```
auto lo
iface lo inet loopback
```

Wurde die Schnittstelle per DHCP konfiguriert, befinden sich hier diese weiteren Zeilen:

```
auto eth0
iface eth0 inet dhcp
```

Zur statischen Konfiguration von Interface `eth0` sind z. B. diese Einträge erforderlich:

```
auto eth0
iface eth0 inet static
    address 192.168.2.20
    netmask 255.255.255.0
    gateway 192.168.2.1
```

Die Schnittstelle `eth0` ist damit nicht mehr per DHCP konfiguriert.

PRAXISTIPP: Wenn Sie sichergehen wollen, dass kein Interface mehr mit DHCP verändert wird, können Sie das Paket `dhcp3-client` von diesem Server entfernen. Die Verbindung zum Internet erledigt besser ein DSL-Router, der per DHCP die Einstellungen vom Provider erhält. Nur wenn der Rechner eine Einwahl ins Internet selbst durchführen soll, brauchen Sie dieses Paket noch. ■

Sie sollten zu jeder Installation bzw. zur Löschung von Paketen das Programm `aptitude` (siehe Kapitel 9.7) verwenden, da es bei einer Server-Installation automatisch mit installiert ist und auch weitere Vorteile bringt:

```
root@ubuntu:~# aptitude remove dhcp3-client
```

Besonders für Webserver ist es oft sinnvoll und nötig, einem Netzwerkadapter (Device) mehr als eine IP-Adresse zuzuordnen. Dies nennt man auch einen IP-Alias. Hier ein Beispiel für zwei zusätzliche Interfaces am Device `eth0` in der Datei `/etc/network/interfaces`:

```
auto lo
iface lo inet loopback

auto eth0
iface eth0 inet static
   address   192.168.2.20
   netmask   255.255.255.0
   network   192.168.2.0
   broadcast 192.168.2.255
   gateway   192.168.2.1

auto eth0:0
iface eth0:0 inet static
   address 192.168.2.21
   netmask 255.255.255.0

auto eth0:1
iface eth0:1 inet static
   address 192.168.2.22
   netmask 255.255.255.0
```

Beim Booten erzeugt daraus das Startskript `/etc/init.d/networking` insgesamt eine Loopback-Schnittstelle und drei zusätzliche Schnittstellen am Netzwerkadapter `eth0` mit den Adressen 192.168.2.20, 192.168.2.21 und 192.168.2.22.

Falls mehr als ein Netzwerkadapter eingebaut ist (egal ob auf dem Mainboard, als Einsteckkarte oder als PC-Card), könnte sich beim Entfernen bzw. bei dem Austausch einer der Adapter die Reihenfolge der Schnittstellenbenennung ändern. Dann würde beispielsweise aus `eth2` plötzlich `eth1`, was fatale Folgen haben könnte. Deshalb sind deren MAC-Adressen im System gespeichert. Wenn Sie die Netzwerkkarte `eth0` austauschen, erhält die neue Karte nun die Bezeichnung `eth1`, obwohl sie die einzige und nicht die erste ist.

Ein Beispiel der hinterlegten MAC-Adresse von `eth0` in der Datei `/etc/udev/rules.d/70-persistent-net.rules`:

```
SUBSYSTEM=="net", ACTION=="add", DRIVERS=="?*",
ATTR{address}=="00:e0:4c:fe:71:42", ATTR{dev_id}=="0x0",
ATTR{type}=="1", KERNEL=="eth*", NAME="eth0"
```

Falls Sie weitere Routing-Einträge neben der Default-Route planen, sind Sie hierfür ebenfalls richtig. Besonders dann, wenn Ihr Netzwerk aus mehreren Subnetzen besteht, ergibt sich oft eine Notwendigkeit, in die Routing-Tabelle mehrere statische Routen aufzunehmen. Deren Syntax und wie Sie testweise Routen einrichten können, ist auf den folgenden Seiten zusammen mit dem Programm `route` beschrieben.

Beispiel für eine weitere statische Route in `/etc/network/interfaces` (aus drucktechnischen Gründen ist der Inhalt der letzten Zeile in zwei Zeilen aufgeteilt):

```
auto eth0
iface eth0 inet static
   address 192.168.2.20
   netmask 255.255.255.0
   gateway 192.168.2.1
   up route add -net 192.168.3.0 netmask 255.255.255.0 gw 192.168.2.1
dev eth0
```

`/etc/resolv.conf`

Dies ist die Konfigurationsdatei vom DNS-Client, oft auch Resolver genannt. Unter Linux und Ubuntu übernehmen diese Aufgabe die in den Anwenderprogrammen eingebundenen Bibliotheksfunktionen. Änderungen in dieser Datei sind sofort wirksam.

Damit gibt es erfahrungsgemäß oft Verständnisschwierigkeiten. Nur deshalb, weil es sich um einen „Server" handelt, brauchen nicht alle Programme Server-Applikationen zu sein. Wie schon erläutert, hängt es nicht vom Rechner ab und auch nicht vom Betriebssystem, ob etwas Client oder Server ist. Viele Programme auf einem „Server" benötigen eine Namensauflösung. Sie haben also auf der einen Seite Client-Funktionen, während sie auf der anderen Seite einen Dienst zur Verfügung stellen, wie es z. B. bei einem Webserver oder Mailserver der Fall ist. Eine Namensauflösung erfordert einen DNS-Client, der die Verbindung zu einem Nameserver ermöglicht. Weitere Einträge in der Datei `/etc/hosts` sind nur zu Testzwecken geeignet!

Mit dem Schlüsselwort „`nameserver`" ist festgelegt, welcher Nameserver befragt werden soll. Es können auch mehrere Server eingetragen sein; jeder in einer Zeile, aber ohne Zeichen „=" zwischen dem Schlüsselwort und der IP-Adresse! Hier darf auf keinen Fall ein Rechnername stehen, da nur über eine IP-Adresse ein Nameserver erreichbar ist.

Beispiel für `/etc/resolv.conf`:

```
nameserver 192.168.2.20
search example.intern
```

Mit „`search`" kann ein teilqualifizierter DNS-Name, wie z. B. nur „gamma", mit dem Anteil für die DNS-Domäne erweitert werden, dann also auf „gamma.example.intern". Mehrere Einträge (max. sechs mit insgesamt weniger als 256 Zeichen) sind möglich, wenn sie mit Blank oder Tabulatoren getrennt sind. Die Namensauflösung kann sich damit verlangsamen!

> **HINWEIS:** Ist in der Datei `/etc/resolv.conf` kein Eintrag vorhanden, gilt automatisch 127.0.0.1 als Adresse für einen Nameserver.

Die Datei `/etc/resolv.conf` wird bei der dynamischen Adressvergabe per DHCP (auch bei einer Einwahl ins Internet) mit den übermittelten Werten überschrieben! Beim Ende der Verbindung erfolgt wieder das Zurückschreiben der alten Werte.

`/etc/nsswitch.conf`

Die Einträge in dieser Datei legen die Reihenfolge fest, in der Daten für verschiedene Dienste wie NIS, LDAP, Winbind etc. sowie Systemdateien (wie Passwort-Dateien) abgefragt werden sollen. Hier kann z. B. auch die Art der Authentifizierung umgeschaltet werden (daher der Name „switch"). Änderungen sind sofort wirksam.

Steht hinter „`passwd`", „`group`" und „`shadow`" das Wort „`compat`", werden die Dateien `/etc/passwd`, `/etc/group` und `/etc/shadow` benutzt.

Ist ein Zugriff auf `/etc/hosts` bzw. `/etc/networks` angesagt, erfolgt im folgenden Beispiel erst eine Suche nach `/etc/hosts` bzw. `/etc/networks` und erst dann die Abfrage eines Nameservers. Änderungen sind sofort wirksam.

Beispiel für /etc/nsswitch.conf:

```
passwd: compat
group:  compat
shadow: compat
hosts:          files dns  # erst /etc/hosts, dann DNS (bind) zur
                           # Namensauflösung befragen
networks:       files dns
services:       files      # Port-Nummern aus Datei /etc/services
protocols:      files      # Protokolle aus Datei /etc/protcols
rpc:            files      # RPC Namen und Portnummern aus /etc/rpc
ethers:         files      # Ethernet-Adressen aus /etc/ethers
netgroup:       files      # Netzwerkweite Listen für Zugriffsrechte
publickey:      files      # Keys für Secure_RPC
aliases:        files      # Mail-Aliases aus Datei /etc/aliases
```

Siehe auch: man nsswitch.conf.

14.5 Netzwerkkommandos zur Konfiguration

Im Folgenden finden Sie eine Beschreibung der wichtigsten Kommandos zur Konfiguration des Netzwerks.

ifup und ifdown

Diese Kommandos aktivieren bzw. stoppen ein vorher unter /etc/network/interfaces konfiguriertes Netz-Device. Ein per DHCP erstellter Netzwerkanschluss ist davon nicht betroffen. Unter Ubuntu setzt es auch die Routing-Einstellungen. Das Startskript /etc/init.d/networking startet beim Booten die Einstellungen automatisch.

Beispiel für das Aktivieren von eth0:

```
root@ubuntu:~# ifup eth0
```

Die Schnittstelle eth0 deaktivieren:

```
root@ubuntu:~# ifdown eth0
```

Alle eingetragenen Interfaces auf einmal aktivieren:

```
root@ubuntu:~# ifup -a
```

HINWEIS: Es gibt zwar auch das Kommando ifdown -a. Damit schalten Sie aber auch die Loopback-Schnittstelle ab! Dies könnte weitere Nebenwirkungen haben.

ifconfig

Das Kommando ifconfig dient zur Ausgabe bzw. zur Änderung der Netzwerkkonfiguration. Es zeigt zudem die übertragenen Bytes an. Bei Bezug der IP-Adresse über DHCP ist ifconfig hilfreich, die von DHCP erhaltene IP-Adresse anzuzeigen.

> **HINWEIS**: Hat ein User keine Root-Rechte, kann er zwar eine Ausgabe erhalten, aber keine Änderungen vornehmen. Das Kommando `ip` ersetzt in neueren Distributionen immer mehr den Befehl `ifconfig`.

Wichtige Optionen von `ifconfig` auf ein Interface:

`eth0`	zeigt die Konfiguration des angegebenen Interface, hier eth0
`eth0 down`	schaltet das Interface eth0 ab
`eth0 up`	aktiviert das Interface eth0 mit den vorherigen Einstellungen wieder neu
`eth0 mtu 1500`	setzt den MTU-Wert (Maximum Transmission Unit) für eth0

Beispiele:

Ausgabe der Konfiguration von Interface `eth0`:

```
root@ubuntu:~# ifconfig eth0
```

Setzen einer neuen IP-Adresse für Interface `eth0`; die Netmask wird beibehalten:

```
root@ubuntu:~# ifconfig eth0 192.168.1.89
```

Ändern der Einstellungen für Interface `eth0` auf andere IP-Adressen:

```
root@ubuntu:~# ifconfig eth0 192.168.1.40 netmask 255.255.255.0 broadcast
192.168.1.255
```

`ethtool`

Es eignet sich für das Setzen und Auslesen weiterer Einstellungen der Netzwerk-Schnittstelle, wie Übertragungsrate, Vollduplex, WakeOnLAN etc. Die Einstellungen werden in der Regel von den angeschlossenen Geräten untereinander ausgehandelt (autonegotiation), sodass ein manueller Eingriff nur selten erforderlich ist.

Ohne Optionen aufgerufen, gibt es alle aktuellen Einstellungen aus:

```
root@ubuntu:~# ethtool eth0
```

Die Einstellungen von `eth0` temporär ändern:

```
root@ubuntu:~# ethtool -s eth0 speed 100 duplex full
```

Es kann das Blinken der Lämpchen am Netzwerkport zum besseren Finden einer Leitung veranlassen. Ein Beispiel mit 20 Sekunden Blinkdauer:

```
root@ubuntu:~# ethtool -p eth0 20
```

Es kann eine Netzwerkkarte auf Wake-on-LAN vorbereiten, damit ein MagicPacket sie aufwecken kann. Nicht alle Netzwerkkarten unterstützen dies; oft ist die Funktion erst im BIOS zu aktivieren:

```
root@ubuntu:~# ethtool -s eth0 wol g
```

`route`

Sind mehrere Netze über Router verbunden, sind Informationen darüber erforderlich, wie die Rechner in den anderen Netzen zu erreichen sind. In der Routing-Tabelle steht für jedes Netz das passende Gateway. Auch das eigene Netz muss in dieser Tabelle (natürlich ohne Gateway) eingetragen sein! Fehlt dieser Eintrag, ist kein anderer Rechner im Netz erreichbar. In Windows ist die Funktionsweise nahezu identisch; auch der Name vom Programm `route` ist gleich.

Ein einziges Gateway passt für alle Netze; es ist der Eintrag für die Default-Route. Dies ist das Gateway ins Internet.

Mit dem Kommando `route` kann die Routing-Tabelle angesehen bzw. verändert werden. Man spricht hier von statischem Routing im Gegensatz zu dynamischem Routing, bei dem sich die Router durch die Prozesse `ripd` bzw. `bgpd` gegenseitig unterhalten über Protokolle wie RIP, OSPF, BGP etc.

Ohne Optionen werden die aktuellen Einstellungen ausgegeben; mit Option `-n` erfolgt keine Auflösung zu DNS-Namen.

Wichtige Optionen von `route`:

`add`	Routing-Eintrag in die Routing-Tabelle hinzufügen
`del`	Routing-Eintrag entfernen
`-host`	Routing-Eintrag für ein einzelnes Gerät (Host) erstellen
`-net`	Routing-Eintrag für ein Netzwerk erstellen
`netmask`	Netzmaske für Netzwerk eintragen
`gw`	Gateway für einen Routing-Eintrag hinzufügen (es muss vorhanden sein)
`dev`	angegebenes Netzwerk-Interface benutzen (es muss vorhanden sein)
`default`	Default-Route setzen

Unter „Genmask“ ist die Netmask gemeint. Unter „Metric“ kann bei dynamischem Routing von Routing-Programmen (z. B. RIP) eine Priorität der Route vergeben werden (ist sonst in der Regel 0).

Einige Beispiele:

Die Routig-Tabelle ausgeben (mit Option `-n` erfolgt keine Auflösung zu DNS-Namen):

```
root@ubuntu:~# route -n
```

```
Kernel IP Routentabelle
Ziel         Router        Genmask         Flags Metric Ref   Use Iface
192.168.2.0  0.0.0.0       255.255.255.0   U     0      0     0 eth0
0.0.0.0      192.168.2.1   0.0.0.0         UG    0      0     0 eth0
```

Die IPv6-Routig-Tabelle ausgeben:

```
root@ubuntu:~# route -6
```

Einen neuen Routing-Eintrag hinzufügen für das Netzwerk 192.168.100.0/24, das über Interface `eth1` und das Gateway mit IP-Adresse 192.168.2.5 erreichbar ist:

```
root@ubuntu:~# route add -net 192.168.100.0 netmask 255.255.255.0 gw
192.168.2.5 dev eth1
```

Eine IPv6-Route setzen:

```
root@ubuntu:~# ip -6 route add 2000::/3 dev eth0
```

Die Default-Route entfernen:

```
root@ubuntu:~# route del default
```

Die Default-Route setzen:

```
root@ubuntu:~# route add default gw 192.168.1.1
```

HINWEIS: Sie können als Gateway nur die IP-Adresse von einem Router bzw. von einem Gerät angeben, wenn das Netzwerk erreichbar ist, in dem sich diese Adresse befindet!

14.6 Webmin zur grafischen Administration

Ubuntu bringt so gut wie keine grafischen Hilfsmittel zur Administration mit. Das Programm `webmin` bietet für nahezu jedes Unix und Linux die Administration über ein grafisches Frontend an. Zu beachten ist jedoch, dass es sich an erfahrene Anwender richtet. Da es quasi alles anbietet, was einstellbar ist, sind Einsteiger schnell überfordert.

PRAXISTIPP: Webmin befindet sich nicht in den Ubuntu-Repositories. Zur Installation müssen Sie es selbst von der Webmin-Homepage holen, zum Beispiel mit:

```
user@ubuntu:~$ wget http://www.webmin.com/download/deb/
webmin-current.deb
```

Die Installation kann dann wie folgt aussehen:

```
root@ubuntu:~# aptitude install libnet-ssleay-perl libauthen-pam-perl
libio-pty-perl apt-show-versions libapt-pkg-perl
```

```
root@ubuntu:~# dpkg -i webmin-current.deb
```

Webmin benutzt automatisch eine per SSL gesicherte Verbindung. Hier ist der Aufruf mit Angabe von dem Protokoll HTTPS nötig, wie z. B.: *https://192.168.2.9:10000*

Das mitgelieferte Zertifikat ist nicht im Browser signiert. Im Browser muss deshalb die Signatur nach dem Aufruf von `webmin` akzeptiert werden. Klicken Sie hierzu auf den Text *Ich kenne das Risiko* und danach auf *Sicherheits-Ausnahmeregel bestätigen*. Das Zertifikat von Webmin ist damit akzeptiert. Sie können Sich nun anmelden. Da Sie sich als Benutzer `root` einloggen müssen, wenn Sie das System konfigurieren wollen, muss auf dem Server vorher ein Passwort für den Administrator `root` eingetragen sein mit:

```
root@ubuntu:~# passwd
```

Auf der linken Seite im Startbildschirm von Webmin erhalten Sie nun etliche Links zu Modulen, die eine Administration zum Beispiel des Systems oder der Server ermöglichen:

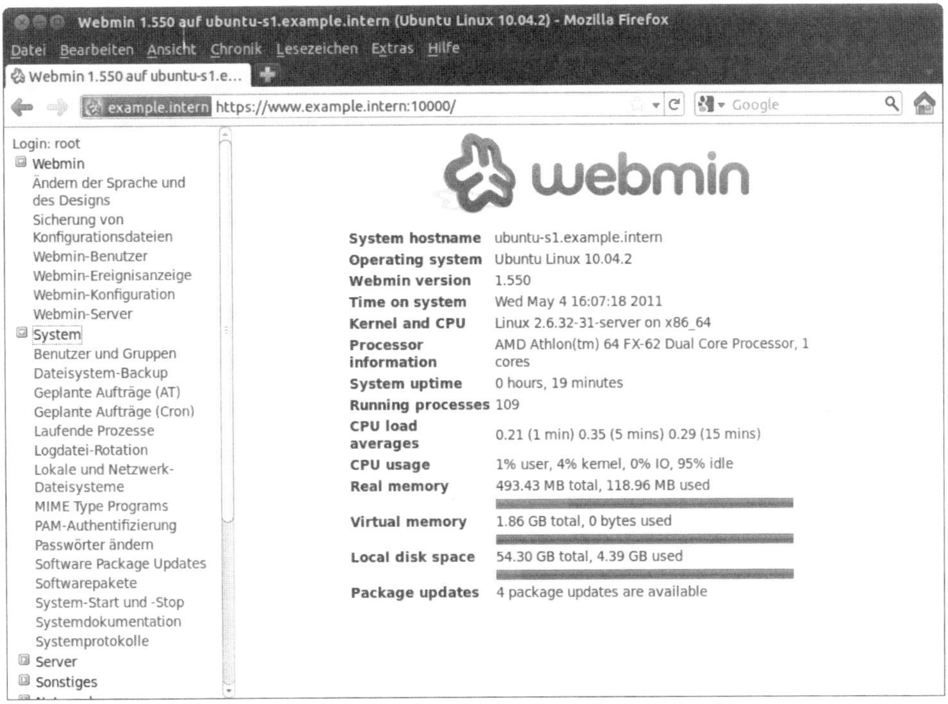

BILD 14.24 Startbildschirm von Webmin mit einigen geöffneten Menüeinträgen

Unter dem Menü *Webmin* können Sie Webmin selbst einrichten, wie zum Beispiel die zu verwendende Sprache. Allerdings erscheinen dann nicht alle Dialoge in dieser Sprache. Es gibt viele Webmin-Module, mit denen etliche Server, die Hardware etc. konfiguriert werden können. Ein Modul ist aber erst dann aktiv, wenn das dazugehörige Programm im System installiert ist!

Bevor Sie ein neues Modul installieren, vergewissern Sie sich, ob es nicht bereits vorhanden ist. Klicken Sie dazu auf der linken Seite auf den Menüeintrag *Un-used Modules*. Es öffnet sich darunter eine Auflistung über eine Vielzahl vorhandener Module. Wenn Sie eines davon anklicken, wird in der Regel angeboten, das dazugehörige Programm per APT im System zu installieren.

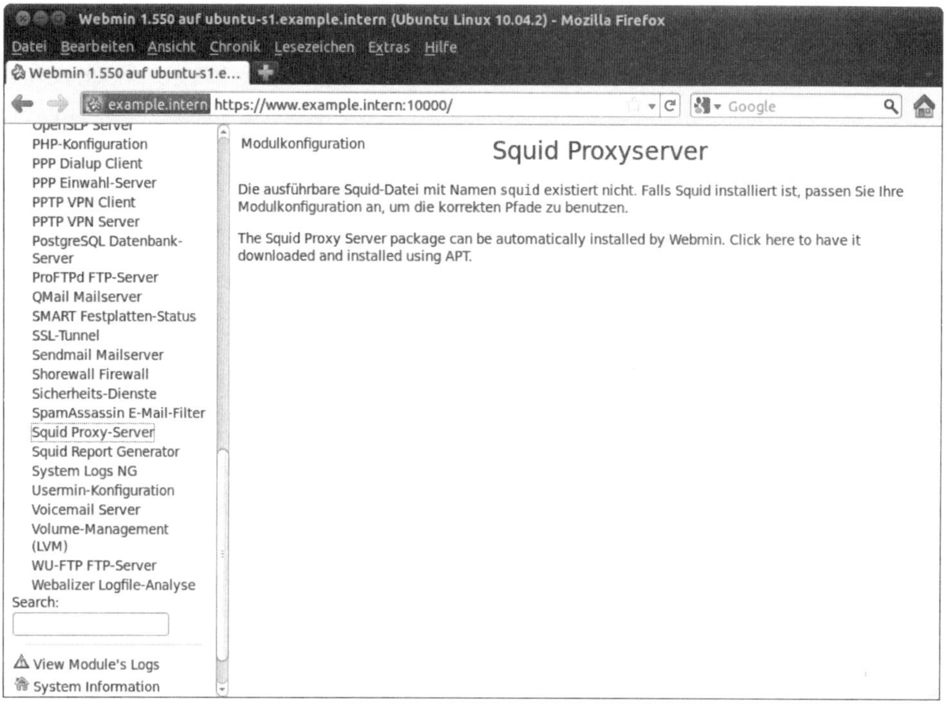

BILD 14.25 Der Dialog zum Installieren von Webmin-Modulen

Falls stattdessen Webmin einige benötigte Dateien nicht findet, bietet er eine Konfiguration des Moduls an. Haben Sie bereits weitere Applikationen in der Zwischenzeit installiert, können Sie über den Eintrag *Refresh Modules* einen entsprechenden Menüeintrag unter *Server*, *System* etc. veranlassen. Somit können Sie in Zukunft hier das gewünschte aktive Modul für die jeweilige Applikation finden.

Falls die mitgelieferten Module nicht reichen, stehen weitere Module zum Download bereit. Unter *Webmin / Webmin-Konfiguration / Webmin-Module* können Sie zusätzliche Module installieren, die entweder bereits lokal vorliegen oder noch aus dem Internet zu laden sind.

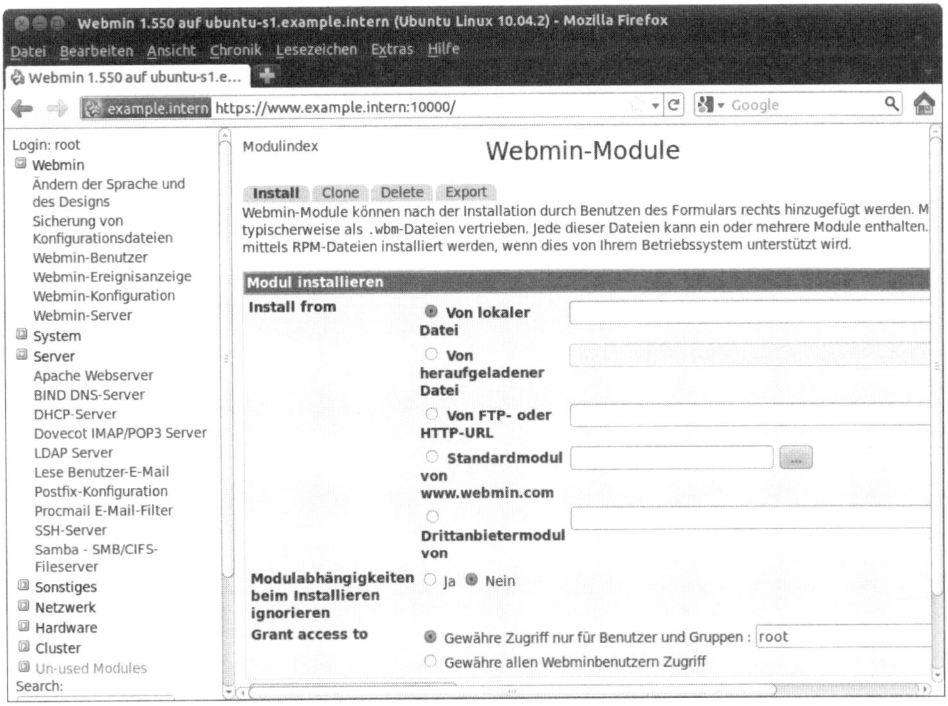

BILD 14.26 Formular zur Nachinstallation zusätzlicher Module

Standardmodule können Sie nachinstallieren, indem Sie *Standard Module from www.webmin.com* anwählen und ein Modul auswählen aus der Liste, die nach dem Anklicken von „...“ erscheint. Mit Selektion von *Install Module* erfolgen der Download und die Einbindung des selektierten Moduls. Auch ausgefallene Module gibt es über „Third Party Modules“ bei: *http://webadminmodules.sourceforge.net/*

HINWEIS: Da sehr viele Einstellungsmöglichkeiten der einzelnen Dienste angeboten werden, sollte das Programm nur von erfahrenen Administratoren bedient werden!

Webmin ist nicht nur für Ubuntu, sondern quasi für alle Unix- und Linux-Distributionen vorgesehen. Einige Funktionen arbeiten daher unter Ubuntu nicht korrekt! Zum Beispiel erwartet das Modul für die Konfiguration von Grub die Datei `/boot/grub/menu.lst`, die es unter Ubuntu nicht gibt.

15 Einrichtung grundlegender Dienste

Auch wenn Nameserver recht unscheinbar wirken, stellen sie wohl den wichtigsten Dienst im Internet dar, da fast alle anderen Dienste darauf aufbauen! Ohne ihn wäre z. B. ein Mail- oder ein Webserver undenkbar. Ab Windows 2000 gilt dies auch für Windows-Domänen. Hinzu kommt, dass ein Nameserver die aufgelösten Adressen einig Tage lang zwischenspeichert und damit die Netzlast reduzieren kann.

Zudem benötigen Sie in der Regel weitere wichtige Dienste, wie einen DHCP-Server zur Vereinfachung der Netzwerkadministration und einen Zeitserver, der die Systemzeit auf allen Rechnern im Netz synchronisiert. Dieses Kapitel will Ihnen die Einrichtung dieser grundlegenden Dienste vermitteln.

HINWEIS: Die Beschreibung und die Beispiele sind, wie man so schön sagt, nach bestem Wissen und Gewissen erstellt. Dennoch geben weder der Verlag, der Autor oder die Ubuntu-Community eine Garantie oder Gewährleistung darauf, dass die Software und die hier gezeigten Beispiele so funktionieren, wie Sie dies planen.

Die Syntax der Dateien mit den Konfigurationseinstellungen muss sehr genau eingehalten werden. Bereits ein Komma oder Punkt zu viel oder zu wenig kann Fehler verursachen. Wenn Sie nicht mehr weiter kommen, empfiehlt es sich, die bisher geänderte Datei umzubenennen und noch einmal von vorne anzufangen.

Die Beschreibung der in diesem Buch aufgezeigten Dienste ist nur als eine Einführung und als Überblick zu verstehen. Es gibt für jeden einzelnen Dienst erheblich mehr Möglichkeiten. Wenn Sie sich ausführlich mit einem bestimmten Thema beschäftigen wollen, sei der Bezug von spezialisierten Büchern empfohlen.

15.1 DNS-Server einrichten

IP-Adressen können sich Menschen sehr schlecht merken. Vor allem nicht die vielen Adressen im Internet. Mit Namen geht das schon besser. Deshalb hat jeder Rechner im Internet auch einen Namen, unter dem er erreichbar ist. Letztendlich ist ein Rechner aber eindeutig nur per IP-Adresse zu erreichen. Man braucht also einen Mechanismus, um von einem Namen zu einer IP-Adresse zu gelangen. Diesen Vorgang nennt man Namensauflösung, den Nameserver erledigen. Meist wird aus einem Namen eine IP-Adresse per Forward-Lookup ermittelt; der umgekehrte Vorgang von IP-Adresse zu einem Namen heißt Reverse-Lookup.

In Webbrowsern und anderen Internet-Programmen werden in der Regel nur Namen nach diesem Schema eingegeben. Einen solchen Namen nennt man URL (Uniform Resource Locator).

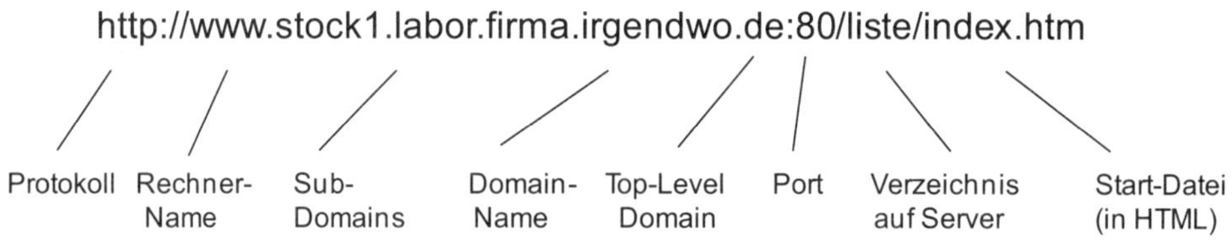

BILD 15.1 Ein Beispiel für eine komplette URL

Aufbau von DNS-Namen

- Jeder DNS-Name besteht aus Labeln, die durch Punkt getrennt sind.
- Jedes Label darf max. 63 Zeichen lang sein.
- Es sind nur Groß- und Kleinbuchstaben, Zahlen und der Bindestrich erlaubt.
- Umlaute können erst ab 1.3.2004 mit „Punycode" benutzt werden (RFC 3490).
- Zwischen Groß- und Kleinschreibung besteht kein Unterschied.
- Eine Domäne besteht aus der Top-Level-Domain und dem Domain-Namen!
- Jede Domäne kann weiter in Sub-Domains unterteilt werden (wie im obigen Beispiel).

Eine DNS-Domäne (Domain) ist eine Zusammenfassung mehrerer Rechner zu einer Gruppe mit eigenem Namen. Sie hat nichts mit Windows-Domänen zu tun! Erst für die Namen der Domänen ab Windows 2000 werden die Mechanismen von DNS-Domains benutzt.

Die oberste Domäne heißt Root-Domain (mit dem leerer String „" als Namen), die durch einen Punkt „." darstellbar ist. Top-Level-Domains (TLD) als nächste Hierarchiestufe weist die Organisation ICANN zu.

Die Aufgabe eines Nameservers ist es, eine Auflösung von Namen in einer URL zu IP-Adressen oder umgekehrt vorzunehmen. Dabei kann er entweder erst die für die Namensauflösung eingerichteten Root-Nameserver im Internet nachfragen, bis der zuständige Nameserver für die Domain erreicht ist; oder der DNS-Server fragt bei einem als „forwarder" eingetragenen Nameserver an, der die Auflösung dann übernimmt (z.B. der Nameserver des Providers).

15.1.1 Installation

Es gibt verschiedene Versionen von Nameservern. Unter UNIX und Linux sind die BIND-Server (Berkeley Internet Name Domain) am meisten verbreitet. Aber auch andere wie z. B. `dnsmasq` hat viele Freunde, da es nicht nur einen Nameserver, sondern zudem einen DHCP-Server bietet. Hier soll nur BIND beschrieben werden, da es erheblich flexibler ist.

Zuerst müssen Sie die nötigen Pakete installieren. Sie können entweder das Paket `bind9` und weitere Pakete selbst zur Installation über `aptitude` angeben. Einfacher ist es, wenn Sie das Programm `tasksel` aufrufen und dort die Selektion mit der Blank-Taste vornehmen. Mit der Tab-Taste selektieren Sie den Eintrag *OK* und mit [RETURN] starten Sie die Installation.

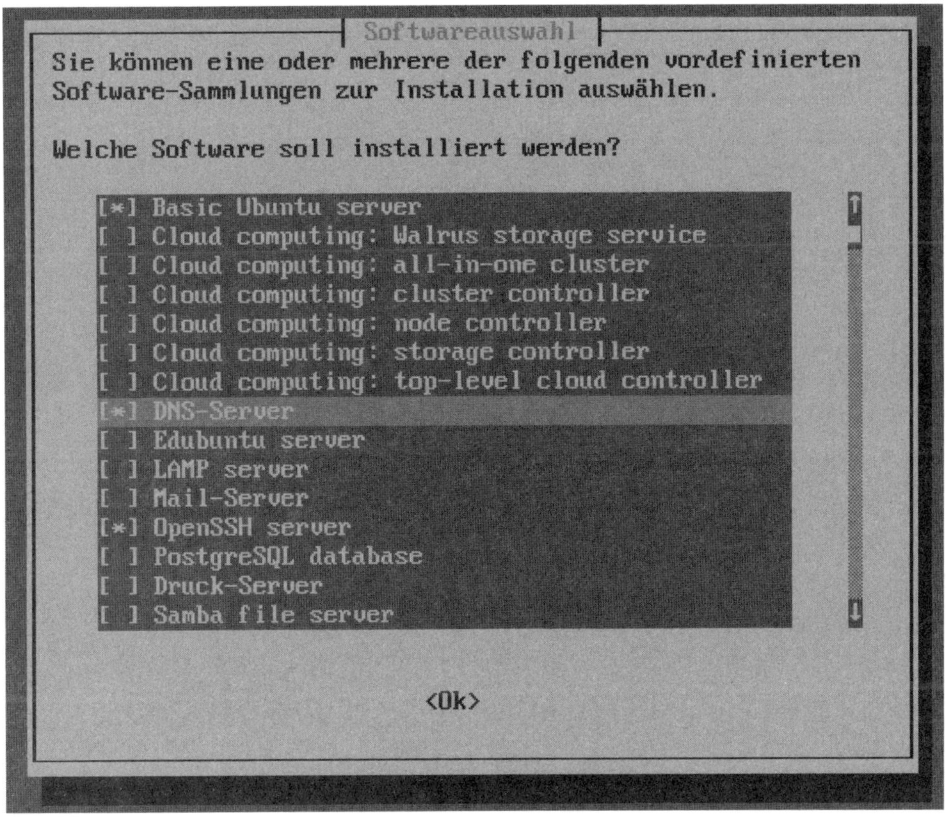

BILD 15.2 Installation vom DNS-Server per `tasksel`

Die aktuelle Version von `bind` mit Nummer 9 und einige weitere Pakete werden nun installiert und erhalten eine Grundkonfiguration. Der Dienst wird danach sofort unter dem Namen `named` gestartet und im entsprechenden Runlevel eingetragen, sodass auch nach jedem Neustart des Rechners der Nameserver ebenfalls startet. In der Datei `/etc/default/bind9` sind allgemeine Einstellungen abgelegt.

Einen manuellen Neustart des Nameservers können Sie hiermit erreichen:

```
root@ubuntu:~# /etc/init.d/bind9 restart
```

15.1.2 Die Datei `/etc/bind/named.conf`

Diese Datei ist die wichtigste Konfigurationsdatei von BIND. Unter Ubuntu vereint sie drei Dateien; eine für globale Optionen, eine für lokale eigene Erweiterungen und eine weitere für die Zonen.

Beispiel für die mitgelieferte Datei `/etc/bind/named.conf`:

```
include "/etc/bind/named.conf.options";
include "/etc/bind/named.conf.local";
include "/etc/bind/named.conf.default-zones";
```

Hier können „Forwarders" (die DNS-Server, an die eine Anfrage geleitet wird, anstelle von Root-Servern) und weitere Optionen eingetragen sein, z. B. an welchen Ports gelauscht werden soll, Sicherheitseinstellungen usw. Welche Einstellungen möglich sind, zeigt das Kommando: man named.conf.

Als Kommentarzeichen sind hier entweder die Raute „#" oder ein doppelter Slash „//" erlaubt. Der Text dahinter bis zum Ende der Zeile ist dann ein Kommentar und für das Programm unerheblich. Am Ende jeder Anweisung muss ein Strichpunkt stehen, auch innerhalb von geschweiften Klammern!

Einträge in der Datei `/etc/bind/named.conf.options`:

```
options {
 directory "/var/cache/bind";   # Verzeichnis für Cache-Dateien
 auth-nxdomain no;              # hält RFC1035 ein
 listen-on-v6 { any; };         # auf allen IPv6-Interfaces lauschen
}
```

Standardmäßig lauscht der Nameserver an allen Interfaces.

Wichtige zusätzliche Einträge können sein:

```
forwarders { 192.168.2.1; };  # Anfragen weiterreichen an anderen
                              DNS-Server
forward first;                # erst Forward-Server befragen
```

Die Datei `/etc/bind/named.conf.local` ist für alle eigenen Änderungen vorgesehen. Hier sollten Sie Ihre Zonen und weitere Einstellungen ablegen.

Die Datei `/etc/bind/named.conf.default-zones` beinhaltet die mitgelieferten Zonenbeschreibungen, die für das Funktionieren des Nameservers unbedingt erforderlich sind.

Sie enthält folgenden Inhalt (hier zur besseren Übersichtlichkeit in einzelnen Zeilen zusammengefasst):

```
zone "." { type hint; file "/etc/bind/db.root"; };
zone "localhost" { type master; file "/etc/bind/db.local"; };
zone "127.in-addr.arpa" { type master; file "/etc/bind/db.127"; };
zone "0.in-addr.arpa" { type master; file "/etc/bind/db.0"; };
zone "255.in-addr.arpa" { type master; file "/etc/bind/db.255"; };
```

Der erste Eintrag ist der wichtigste; er verweist auf die Datei mit den Daten der Root-Server. Dies sind weltweit nur wenige Server, die die Hauptarbeit der Namensauflösung übernehmen. Diese sollten normalerweise nicht direkt angesprochen werden. Dafür gibt es die Nameserver der Provider, die letzten Endes selbst die Root-Server kontaktieren und die Ergebnisse in Zwischenspeichern für ein paar Tage ablegen. Sie entlasten damit die Root-Server.

Die Datei /etc/bind/db.root kann sich in längeren Zeiträumen ändern. Sie sollten daher möglichst einmal im Jahr prüfen, ob die Einträge noch aktuell sind. Die Datei der Root-Server erhalten Sie mit:

```
user@ubuntu:~$ wget ftp://ftp.rs.internic.net/domain/named.root
```

Die weiteren Einträge sind Angaben für Localhost und für die Rückwärtsauflösung, also für eine Auflösung einer IP-Adresse zu einem Namen. Alle diese Zeilen dürfen nicht gelöscht werden.

15.1.3 Caching-Only-Nameserver

Mit den mitgelieferten Einträgen kann BIND ohne eine weitere Einstellung als Nameserver gestartet werden. Er ist jedoch für keine Domäne verantwortlich.

Die einzige Funktion diese „Out-of-the-box"-Servers ist, Namen über Root-Server oder Forward-Server im Internet aufzulösen und die Ergebnisse für einige Zeit zwischenzuspeichern.

Vorteil: Weniger Netzlast wird produziert.

Nachteil: Die gespeicherten Einträge sind eventuell nicht mehr gültig.

15.1.4 Forward-Server

Dies ist ein anderer erreichbarer Nameserver, der die Namensanfragen übermittelt bekommt, für die der eigene Name-Server nicht zuständig (authoritativ) ist.

Um die Belastung der Root-Server zu vermindern, sollte immer der Name-Server des eigenen Providers verwendet werden. Dazu reicht der Eintrag „forwarders" in der Datei /etc/bind/named.conf.options!

Mit diesen Einstellungen im Optionen-Block kann ein solcher Server angegeben werden:

```
forwarders { <IP-Adresse1> ; <IP-Adresse2>;
};
```

Beispiel:

```
forwarders { 67.253.2.81; 67.253.2.203; };
# forward only        # nur die Forward-Server verwenden, oder
forward first         # erst die Forward-Server verwenden, dann die
                      # Root-Server
```

15.1.5 Eigene Zonen einrichten

Für die Auflösung der IP-Adressen in Ihrem eigenen Netzwerk benötigen Sie einen Nameserver, der für weitere Zonen verantwortlich ist. Hierfür sind Einträge in der Datei /etc/bind/named.conf.local erforderlich.

Bei jeder Zonenbeschreibung ist aufgeführt, ob der DNS-Server die genannte Domäne als primärer („Type Master") oder sekundärer Server („Type Slave") verwaltet. Ein sekundärer Nameserver holt sich die Namenseinträge vom primären Nameserver. Änderungen erfolgen immer nur auf dem primären Nameserver, die geänderten Zonendateien werden dann automatisch auf den sekundären Nameserver transferiert.

Die Syntax einer Zeile für die Zonenbeschreibungen ist folgende:

```
zone "<Domain-Name>" { type <master oder slave>; file <file-name>;
<weitere     Optionen>; };
```

Direkt hinter dem Schlüsselwort „`zone`“ muss der Name der Domain stehen, so wie diese im Internet bekannt sein soll! Ferner ist der Name der Datei anzugeben (hinter dem Schlüsselwort „`file`“), in der die Informationen für diese Zone stehen.

Für jede Domäne, für die der DNS-Server zuständig ist, muss ein Verweis auf eine Zonendatei für die Auflösung von Name zu IP-Adresse vorhanden sein. Eine weitere Datei für die Rückwärtsauflösung (IP-Adresse zu Name) ist meistens ebenfalls erforderlich.

Die Zonenbeschreibung steht oft im Verzeichnis `/etc`. Damit aber auch die automatische Synchronisierung mit DHCP funktioniert, ist es besser, sie unter `/var/lib/bind` abzulegen, da hierzu der Nameserver Schreibrechte in dem Verzeichnis benötigt. Mit folgenden Zeilen kann die Beispiel-Domain „example.intern“ einschließlich der Reverse-Auflösung in die Datei `/var/lib/bind/named.conf.local` eingefügt werden:

```
zone "example.intern" {type master;
      file "/var/lib/bind/db.example.intern"; };
zone "2.168.192.in-addr.arpa" {type master;
      file "/var/lib/bind/db.192.168.2";
};
```

Es sind Verweise auf die Zonendatei `db.example.intern` (Forward-Auflösung) und auf die Datei `db.192.168.2` für die Auflösung von IP-Adressen zu Namen (Reverse-Auflösung), deren Domain-Name mit der umgekehrten Schreibweise der IP-Adresse beginnen muss, gefolgt von „`.in-addr.arpa`“.

Ein Vorschlag mit einer leeren Zonendatei befindet sich in der Datei `/etc/bind/db.empty`. Kopieren Sie einfach diese Datei in die Zonendateien mit dem gewünschten Namen:

```
root@ubuntu:~# cd /var/lib/bind
root@ubuntu:~# cp /etc/bind/db.empty db.example.intern
root@ubuntu:~# cp /etc/bind/db.empty db.192.168.2
```

Diese Dateien ändern Sie wie folgt, erst als Beispiel der Inhalt der Datei `db.example.intern`:

```
$TTL    86400
@       IN      SOA     localhost. root.localhost. (
                              1         ; Serial
                         604800         ; Refresh
                          86400         ; Retry
                        2419200         ; Expire
                          86400 )       ; Negative Cache TTL
;
             NS      localhost.

@            A       192.168.2.1
www          A       192.168.2.1
alpha        A       192.168.2.2
alpha        AAAA    fe80::2e0:4cff:fefe:7140
mail         A       192.168.2.3
```

HINWEIS: Soll nicht nur ein Rechnername, sondern auch ein Domänenname zu einer bestimmten IP-Adresse aufgelöst werden, können Sie dies mit einem Klammeraffen anstelle eines Rechnernamens erreichen. Dies ist wichtig bei einem Webserver, der auf eine URL wie *http://firma-xy.de* antworten soll.

Und hier für die Rückwärtsauflösung der Inhalt der Datei `db.192.168.2`:

```
$TTL    604800
@       IN      SOA     localhost. root.localhost. (
                              1         ; Serial
                         604800         ; Refresh
                          86400         ; Retry
                        2419200         ; Expire
                         604800 )       ; Negative Cache TTL
;
                NS      localhost.

1               PTR     www.example.intern.
2               PTR     alpha.example.intern.
3               PTR     mail.example.intern.
```

HINWEIS

- Kommentare in diesen Dateien dürfen nur mit einem Strichpunkt eingeleitet werden, nicht mit der Raute oder einem doppelten Slash „//“!
- Bei der Rückwärtsauflösung kann nur ein Name pro Adresse vorhanden sein, auch wenn diese mehrere Namen erhalten hat (wie im obigen Beispiel).
- Ist keine oder eine falsche Rückwärtsauflösung eingerichtet, kann eine Verbindung zu einem Rechner sehr langsam sein, wenn z. B. bei einem Ping der Name und nicht die IP-Adresse benutzt wird!

Auf diese Art kommen Sie schnell zu einer brauchbaren Konfiguration. Zu beachten ist hierbei allerdings, dass die Dateien noch nicht für eine öffentliche Registrierung geeignet sind, da noch ein paar Änderungen fehlen. Für interne Zwecke ist es aber ausreichend, vor allem für den Aufbau weiterer Dienste im internen Netzwerk, wie Webserver, Mailserver etc., die später besprochen werden. Am Anfang der Dateien sind korrekterweise die Kommentare anzupassen, die hier nicht gezeigt wurden.

Lassen Sie sich nicht von den Einträgen verwirren, die am Anfang einer Zonendatei stehen. Es handelt sich um Anweisungen, wie lange die Einträge in einem DNS-Cache gespeichert werden dürfen (TTL), um den SOA-Record (Start of Authority) mit der Mail-Adresse des Administrators (in diesem Fall „root.localhost.“, das Zeichen ist hier durch einen Punkt ersetzt) und Anweisungen für die sekundären Nameserver sowie eine Liste der zuständigen Nameserver.

Beachten Sie den Punkt („.“), der hinter einigen Einträgen steht, wie der Mail-Adresse des Administrators, dem Namen „localhost.“ und den Namen für die Rückwärtsauflösung. Er schließt den Namen ab. Fehlt er, wird der Name der Domain an diesen Eintrag angefügt. Wenn Sie bereits einen Nameserver unter Windows eingerichtet haben, werden Sie sich sicher daran erinnern, dass es auch dort diesen Punkt zum Abschluss gibt (der unter

Windows automatisch eingefügt wird). Dies belegen auch deutlich die Wurzeln vieler Dienste von Windows.

Unter Linux bzw. Ubuntu gibt es nicht das merkwürdige Verhalten eines Nameservers unter Windows, der meint, er wäre ein Root-Server, wenn bei dessen Konfiguration keine Verbindung zum Internet besteht. Wie viele Administratoren sind darüber schon gestolpert, wenn Sie dann unter Windows keinen Forward-Eintrag eingeben konnten?

Das Programm `named-checkconf` prüft die Syntax der Einträge in den Konfigurationsdateien. Es gibt aber keine Meldung aus, wenn es eine Datei nicht findet.

```
root@ubuntu:~# named-checkconf
```

Die Prüfung einer Zonendatei erledigt das Programm `named-checkzone` (der folgende Befehl ist in einer Zeile zu schreiben):

```
root@ubuntu:~# named-checkzone example.intern
/var/lib/bind/db.example.intern
```

Starten Sie den Nameserver neu, wenn keine Fehler angezeigt werden:

```
root@ubuntu:~# /etc/init.d/bind9 restart
```

oder mit

```
root@ubuntu:~# service bind9 restart
```

Die Meldungen und Fehlermeldung vom Nameserver finden Sie in den Log-Dateien `/var/log/daemon.log` und `/var/log/syslog`. Bei Fehlern in einer Zonendatei wird die entsprechende Zone nicht geladen!

Einen Test können Sie mit dem Kommando `nslookup` durchführen. Beachten Sie aber, dass der nun erstellte Nameserver in der Datei `/etc/resolv.conf` eingetragen ist! Sonst testen Sie einen anderen Nameserver.

```
user@ubuntu:~$ nslookup www.example.intern
user@ubuntu:~$ nslookup example.intern
user@ubuntu:~$ nslookup 192.168.2.1
```

Diesen Rechner sollten Sie nicht für eine Einwahl ins Internet verwenden, da sonst die Datei `/etc/resolv.conf` bei jeder Einwahl überschrieben wird!

Test der IPv6-Adresse:

```
user@ubuntu:~$ nslookup -type=AAAA alpha.example.intern
```

Falls in der Datei `/etc/resolv.conf` ein Search-Eintrag vorhanden ist, klappt die Auflösung auch mit teilqualifizierten Namen. Es wird an den eingegebenen Namen der Text angehängt, der hinter „search“ eingetragen ist:

```
user@ubuntu:~$ nslookup www
```

```
Server:   192.168.2.9
Address:  192.168.2.9#53

Name:     www.example.intern
Address:  192.168.2.210
```

Die wichtigsten Record-Typen

Typ	Bedeutung	Beschreibung
SOA	Start Of Authority	enthält die Verwaltungsinformationen für diese Zone
A	IPv4-Adresse	zur Auflösung von Namen (eines Rechners bzw. Gerätes) zu IPv4-Adresse
AAAA	IPv6-Adresse	zur Auflösung von Namen zu IPv6-Adresse
PTR	Pointer	zur Rückwärtsauflösung von IP-Adresse zu Namen
NS	Nameserver	einer der für diese Domain zuständigen Nameserver
MX	Mail Exchange	einer der für diese Domain zuständigen Mail-Server mit Priorität
CNAME	Canonical Name	Alias-Name (nicht für Mailserver benutzen)
HINFO	Host Information	weitere Beschreibung vom Host
TXT	Text	zusätzlicher Kommentar
SRV	Service	auf welchem Rechner ein Dienst installiert ist (meist für Windows)

NS- und MX- Records sind in Zonendateien für die Rückwärts- oder Reverse-Auflösung nicht nötig.

Der Aufbau eines Records

Element	Beschreibung
<Name>	steht für Hostname, IP-Adresse oder den Namen einer Sub-Domain
<TTL>	(Time To Live) nennt die Lebensdauer des Eintrags, meist eine Woche (die Angabe kann entfallen, wenn am Anfang der Zonendatei ein TTL-Wert als Default für alle Einträge steht
<Class>	steht für die Informationsklasse; für Internet immer „IN“
<Typ>	bezeichnet den Typ des Records; beispielsweise „A“ bei Adressen
<Value>	steht für den Wert des Records; dieser ist abhängig von dessen Typ

Ein Beispiel für einen A-Record mit Angabe der Gültigkeitsdauer (TTL):

```
mail 1D     A    192.168.1.3
```

Die Bestandteile des SOA-Records

- Der Domain-Name, der für diesen Record gilt; der Platzhalter „@“ steht für den Domain-Namen, wie in der Datei `/etc/bind/named.conf` im Verweis auf diese Zonendatei
- „IN“ für die Klasse „Internet“ und „SOA“ für den Typ des Records
- Der primäre Name-Server für diese Domain
- Mail-Adresse des Administrators der Zone (das Zeichen „@“ in der Mail-Adresse kann hier nicht stehen und wird deshalb durch einen Punkt ersetzt)
- Eine max. zehnstellige Seriennummer (meist im Format: Jahr:Monat:Tag:Nummer); sie sollte nach jeder Änderung erhöht werden, sonst ist kein Zonentransfer mit einem Secondary-Name-Server möglich!
- Weitere Einstellungen für Secondary-Name-Server (refresh, retry, expire ...)

Zeitangaben

Die wichtigste Zeitangabe ist die Verfallszeit (Time To Live). Sie ist per Eintrag „$TTL“ entweder für alle Records gemeinsam am Anfang der Zonendatei oder für jeden Record einzeln anzugeben. Da sich die Records von Zeit zu Zeit ändern können, bestimmt sie, wie lange die Angaben im Cache eines Nameservers aufbewahrt werden dürfen.

Alle Zeiten ohne Präfix bedeuten Sekunden.

Die Präfixe bei Zeitangaben bedeuten: M = Minute, H = Stunde (hour); D = Tag (day); W = Woche (week)

HINWEIS

- Enden die Namen (außer die Rechnernamen in einem A-Record) nicht mit einem Punkt, wird der Name der Domain (Origin-Name) angehängt!
- Kommentare beginnen in Zonendateien mit einem Strichpunkt „;“oder mit einem doppelten Slash „//“, nicht mit einer Raute „#“!
- Soll die Domäne selbst aufgelöst werden, wie bei Eingabe von „`example.intern`“ anstelle „`www.example.intern`“, kann dies mit dem Zeichen „@“ im A-Record anstelle eines Rechnernamens erfolgen. Siehe auch Kapitel 17, Webserver.
- Der Port 53 darf nicht von einem Firewall blockiert sein!

15.1.6 Sub-Domains

Es können unter einem Domain-Namen auch Unter-(Sub-)Domains definiert werden; zum Beispiel für die Domain „example.intern“ die Sub-Domain „lager.example.intern“. Die Einstellungen sind in der Zonendatei der Haupt-Domain möglich. Soll die Sub-Domain einen eigenen Nameserver bzw. Mailserver haben, muss vor dem Eintrag der Domänenname vorangestellt sein. Die Sub-Domain kann auch in einer eigenen Zonendatei auf einem anderen Nameserver eingetragen sein (z.B. zur Delegierung). Auch hier gilt der Punkt als Abschluss des Namens.

Beispiel für die Sub-Domain „`lager.example.intern`“ in der Zonendatei `db.example.intern`:

```
$TTL    86400
@               SOA     localhost. root.localhost. (
                              1         ; Serial
                         604800         ; Refresh
                          86400         ; Retry
                        2419200         ; Expire
                          86400 )       ; Negative Cache TTL
;
                NS      localhost.
$ORIGIN example.intern.
www             A       192.168.2.1
alpha           A       192.168.2.2
alpha           AAAA    fe80::2e0:4cff:fefe:7140
mail            A       192.168.2.3
```

```
$ORIGIN lager.example.intern.
beta            A       192.168.2.30
```

Eine andere Schreibweise finden Sie in einem weiteren Beispiel auf den folgenden Seiten. Nun die Rückwärtsauflösung:

```
$TTL    604800
2.168.192.in-addr.arpa IN      SOA     localhost. root.localhost. (
                              1         ; Serial
                         604800         ; Refresh
                          86400         ; Retry
                        2419200         ; Expire
                         604800 )       ; Negative Cache TTL
                NS      localhost.
ORIGIN 178.168.192.in-addr.arpa.
1               PTR     www.example.intern.
2               PTR     alpha.example.intern.
3               PTR     mail.example.intern.
30              PTR     beta.lager.example.intern.
```

Auch hier darf der Punkt jeweils hinter dem Namen der Domain nicht fehlen.

Weitere Einstellungen sind in dem Dokument „BIND 9 Administrator Reference Manual" erklärt, das im Internet erhältlich ist, z. B. von: *http://www.bind9.net/manuals*

Siehe auch:

http://de.wikipedia.org/wiki/BIND

http://www.linuxjournal.com/article/6541

15.1.7 Primary- und Secondary-Nameserver

Da jeder Rechner einmal ausfallen kann, ist es sinnvoll, rechtzeitig für Ersatz zu sorgen. Mit einem oder mehreren Secondary-Nameservern ist auch dann ein Zugriff auf die Daten des eigenen Nameservers möglich, wenn einer davon nicht erreichbar sein sollte. Auch die Registrierstellen für Domains verlangen mindestens zwei Nameserver (max. fünf).

Damit nur einer gewartet werden muss und keine Änderungen auf dem anderen Server übersehen werden, gibt es die Möglichkeit, einen Nameserver zu benutzen, auf dem die Änderungen erfolgen (dem Primary-Nameserver oder Master), und diese Änderungen automatisch auf weitere Server (dem Secondary oder Slave) zu verteilen.

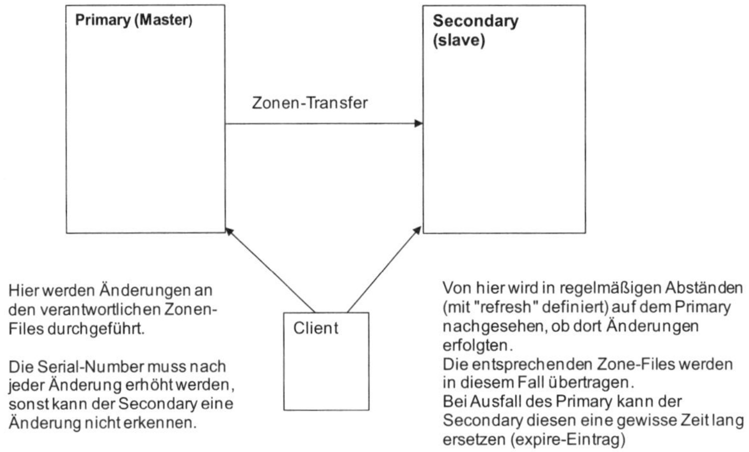

BILD 15.3 Primary- und Secondary-Nameserver

Ein einfaches Konfigurationsbeispiel

Hier als Beispiel der Inhalt der Datei `Ktestkey.+157+19038.key`:

```
testkey. IN KEY 0 3 157 IwVZyMTEfX6xrI4ZkOQfpYBGeb8AR9OqTExOSlXbsvY=
```

Eintrag in `/etc/bind/named.conf.local` auf dem Master (IP 192.168.2.9):

```
zone "example.intern" in { type master;
     file "/var/lib/bind/db.example.intern";
     allow-transfer { 192.168.2.210; };
};
```

Eintrag in `/etc/bind/named.conf.local` auf dem Slave (IP 192.168.2.210):

```
zone "example.intern" in { type slave;
     file "/var/lib/bind/db.example.intern_slave";
     masters { 192.168.2.9; };
};
```

Vor dem Neustart vom Nameserver müssen die Zonendateien noch erweitert werden, wie nach der Konfiguration mit einem Schlüssel beschrieben.

Beispiel mit einer sicheren Verbindung

Damit ein Nameserver nur mit einem berechtigten anderen Nameserver Daten austauscht, kann mit dem Schlüsselwort `key` ein Schlüssel für sicheren Transfer zwischen Master und Slave angegeben werden. Ansonsten könnte ein anderer Rechner mit einer entsprechenden IP-Adresse sich falsch ausgeben.

Einen Schlüssel erzeugen Sie mit dem Programm `dnssec-keygen`.

Beispiel für einen 256 Bit langen Schlüssel im HMAC-MD5-Format:

```
root@ubuntu:~# dnssec-keygen -a hmac-md5 -r /dev/urandom -b 256 -n user
testkey
```

Der Befehl dauert normalerweise recht lange, da er zufällige Eingaben auf der Tastatur erwartet. Schneller, aber mit weniger hoher Güte geht es mit Option `-r /dev/urandom`. Es werden als Beispiel diese zwei Dateien im aktuellen Verzeichnis erzeugt:

```
Ktestkey.+157+19038.key
```

und

```
Ktestkey.+157+19038.private
```

Hier als Beispiel der Inhalt der Datei `Ktestkey.+157+19038.key`:

```
testkey. IN KEY 0 3 157 IwVZyMTEfX6xrI4ZkOQfpYBGeb8AR9OqTExOSlXbsvY=
```

Erstellen Sie nun die Datei `/etc/bind/testkey.key` mit folgendem Inhalt:

```
key testkey {
    algorithm hmac-md5;
    secret "IwVZyMTEfX6xrI4ZkOQfpYBGeb8AR9OqTExOSlXbsvY=";
};
```

Da sich in dieser Datei vertraulicher Inhalt befindet, darf sie nicht für alle lesbar sein:

```
root@ubuntu:~# chmod o-r testkey.key
```

Achten Sie darauf, dass die Key-Datei zumindest für die Gruppe `bind` Leserechte hat:

```
root@ubuntu:~# ls -l testkey.key
-rw-r----- 1 bind bind   77 2011-03-23 11:19 testkey.key
```

Kopieren Sie diese Datei auf jeden beteiligten Rechner und tragen Sie jeweils in `/etc/bind/named.conf.local` eine Include-Anweisung ein:

```
include "/etc/bind/testkey.key";
```

HINWEIS: Sie dürfen in dieser Datei weder den Namen des Keys noch den Schlüssel selbst verändern. Beide gehören zusammen! ■

In der Datei `db.example.intern` auf dem Master müssen alle Nameserver eingetragen sein, sowohl mit den NS-Records als auch mit IP-Adressen! Ferner ist es notwendig, die Nummer für den Eintrag „`serial`“ nach jeder Änderung in der Zonendatei zu erhöhen! Am besten, Sie schreiben das Jahr, den Monat, den Tag und für denselben Tag eine fortlaufende Nummer wie in diesem Beispiel:

```
$TTL 86400       ; 1 day
@           IN SOA ns1.example.intern. root.localhost. (
                                2011032601 ; serial
                                604800     ; refresh (1 week)
                                86400      ; retry (1 day)
                                2419200    ; expire (4 weeks)
                                86400      ; minimum (1 day)
                                )
                        NS      ns1.example.intern.
                        NS      ns2.example.intern.

www                     A       192.168.2.1
alpha                   A       192.168.2.2
                        AAAA    fe80::a00:27ff:fe82:6e89
mail                    A       192.168.2.3
ns1                     A       192.168.2.9
ns2                     A       192.168.2.210
beta.lager       IN     A       192.168.2.30
```

Ähnliches gilt für die Datei zur Rückwärtsauflösung `db.192.168.2`.

```
$TTL 604800     ; 1 week
@       IN SOA ns1.example.intern. root.localhost. (
                                2011032601 ; serial
                                604800     ; refresh (1 week)
                                86400      ; retry (1 day)
                                2419200    ; expire (4 weeks)
                                604800     ; minimum (1 week)
                                )
                        NS      ns1.example.intern.
                        NS      ns2.example.intern.

1                       PTR     www.example.intern.
2                       PTR     alpha.example.intern.
3                       PTR     mail.example.intern.
30                      PTR     beta.lager.example.intern.
9                       PTR     ns1.example.intern.
210                     PTR     ns2.example.intern.
```

Die nötigen Einträge auf dem Slave-Server in `/etc/bind/named.conf.local`:

```
include "/etc/bind/testkey.key";
server 192.168.2.9 { keys { testkey; }; };

zone "example.intern" { type slave;
     file "/var/lib/bind/db.example.intern_slave";
     masters { 192.168.2.9; };
};
zone "2.168.192.in-addr.arpa" { type slave;
     file "/var/lib/bind/db.192.168.2_slave";
     masters { 192.168.2.9; };
};
```

Die Einträge auf dem Master-Server in `/etc/bind/named.conf.local`:

```
include "/etc/bind/testkey.key";
zone "example.intern" { type master;
     file "/var/lib/bind/db.example.intern";
     allow-transfer { key "testkey"; };
};
zone "2.168.192.in-addr.arpa" { type master;
     file "/var/lib/bind/db.192.168.2";
     allow-transfer { key "testkey"; };
};
```

Spätestens nach dem nächsten Neustart der Nameserver erfolgt der Transfer der Zonendateien.

HINWEIS: Die Syntax muss exakt stimmen, vor allem die Strichpunkte dürfen nicht fehlen!

Die Zeiten auf den Rechnern müssen übereinstimmen, auch die Zeitzonen! Dies erreichen Sie am besten mit dem Dienst `ntpd` (siehe Kapitel 15.3).

15.1.8 Test von Domain-Namen

Mit Kommandos wie `nslookup`, `dig` und `host` können die Einstellungen einer Internet-Domain bzw. die Funktionsbereitschaft eines Name-Servers getestet werden. Es wird damit nicht getestet, ob die Rechner dieser Domain erreichbar sind! Voraussetzung ist aber, dass beim Test der richtige Eintrag in der Datei `/etc/resolv.conf` auf den eigenen Nameservern vorhanden ist!

`whois`

Das Kommando `whois <Domain>` informiert über die Einträge von registrierten Internet-Domains. Es ist nicht automatisch installiert.

```
user@ubuntu:~$ whois ubuntu.com
```

Damit kann herausgefunden werden, ob ein Domain-Name noch frei ist. Falls er bereits besetzt ist, werden der Besitzer und weitere Informationen ausgegeben, wenn sie nicht gesperrt sind. Angaben zu Domains mit der Endung „.de" liefert zudem die Website der DENIC unter *http://www.denic.de*. Welches NIC (Network Information Center) für eine TLD (Top Level Domain) zuständig ist, zeigt die Datenbank der IANA (Internet Assigned Numbers Authority) unter *http://whois.iana.org*. Eine Recherche bietet auch die Adresse *http://whois.domaintools.com*.

`nslookup`

Mit dem Kommando `nslookup` kann die IP-Adresse aus dem Namen eines Rechners ermittelt werden, und umgekehrt kann man über die IP-Adresse den Namen herausfinden (bei einer Mehrdeutigkeit nur einen). Dieses Kommando arbeitet teils wie ein Resolver und teils wie ein Nameserver. Es benutzt seine eigenen Routinen zur Namensauflösung und kann immer nur einen Nameserver kontaktieren. Kommen Angaben aus einem Cache eines DNS-Servers, erhält man die Meldung „Non-authoritative answer".

Beispiele:

Test vom DNS-Namen „www.test.de":

```
user@ubuntu:~$ nslookup www.test.de
```

Test der Rückwärtsauflösung der IP-Adresse 192.168.1.1:

```
user@ubuntu:~$ nslookup 192.168.1.1
```

Test von DNS-Namen „www.test.de" über den anderen Nameserver auf 192.168.0.1:

```
user@ubuntu:~$ nslookup www.test.de 192.168.0.1
```

Mit Aufruf von `nslookup` ohne Parameter kann der Anwender Befehle und Einstellungen anschließend interaktiv eingeben. Es erscheint das Promt-Zeichen „>".

Einige Befehle

`server name`	ein anderer Nameserver als der in `/etc/resolv.conf` soll benutzt werden
`set all`	zeigt die aktuell eingestellten Optionen (sie sind über den Befehl `set` änderbar)
`set type=typ`	nach welchem Typ von Record soll aufgelöst werden (`any` für alle); Per Default wird nur nach A-Records aufgelöst.

`set debug`	Debug-Ausgaben einstellen. Namen müssen mit einem Punkt abgeschlossen sein!
`set d2`	ausführliche Debug-Ausgaben einstellen
`set domain=name`	legt die Suchliste für diesen Aufruf fest
`exit`	beendet den interaktiven Modus

Siehe auch: man nslookup

Ein Beispiel für den interaktiven Modus mit Angabe eines anderen Nameservers und für die Anzeige von Record-Typ `MX`:

```
user@ubuntu:~$ nslookup
```

```
> server ns.irgendwo.de
> set type=MX                    # nur nach MX-Records suchen
> example.intern
> exit                           # nslookup beenden
```

Oder die Parameter sind Aufrufoptionen. Zum Beispiel gibt folgender Aufruf alle Root-Nameserver aus:

```
user@ubuntu:~$ nslookup -type=NS .
```

host

Das Kommando `host` ersetzt immer mehr `nslookup`. Es arbeitet im Wesentlichen wie `nslookup`. Als letzter Parameter ist die Angabe des für die Auflösung zu verwendenden Nameservers möglich.

Option `-t` gibt den gewünschten Record-Typ an; Option `-a` fordert alle verfügbaren Informationen (von allen Records) an; Option `-v` gibt weitere Informationen aus.

```
user@ubuntu:~$ host -v example.intern
user@ubuntu:~$ host 192.168.2.100
user@ubuntu:~$ host -a example.intern
user@ubuntu:~$ host web.de 192.168.1.1
```

dig

Das Kommando `dig` (Domain Information Groper) kann umfangreiche Informationen zu einem DNS-Namen, einer Domain, zu bestimmten Records etc. ermitteln. Es testet alle in `/etc/resolv.conf` angegebenen Nameserver, außer es ist mit „`@server`" dem aufzulösenden Namen ein bestimmter Server vorangestellt.

Sind keine Record-Typen wie `ANY`, `MX` etc. angegeben, gilt die Auflösung den A-Records.

Mit Option `-x` ist eine Rückwärtsauflösung möglich. Siehe auch: man dig

Beispiele: Informationen über die MX-Records der Domain „`example.intern`" von Nameserver `localhost` anfordern:

```
user@ubuntu:~$ dig @localhost example.intern MX
```

Ausgabe aller Root-Nameserver im Internet:

```
user@ubuntu:~$ dig . ns
```

`hostname`

Dieses Kommando zeigt den Namen an, der in der Datei `/etc/hostname` eingetragen ist. Einen anderen Hostnamen können Sie zwar mit `hostname` setzen, die Datei `/etc/hostname` wird damit jedoch nicht geändert! Beim nächsten Neustart gilt wieder der Name in `/etc/hostname`.

Der Befehl `hostname -d` gibt den Domänenanteil aus der Datei `/etc/hosts` aus, falls dort vorhanden. Er ist gleichbedeutend mit dem Kommando `dnsdomainname`.

15.2 Der DHCP-Server

Mit DHCP (Dynamic Host Configuration Protocol) können automatisch einem startenden Rechner die Konfigurationseinstellungen für das Netzwerk mitgeteilt werden. Es brauchen dann keine weiteren Netzwerkeinstellungen vorgenommen zu werden. Der Vorteil ist hierbei, dass der Rechner ohne Umkonfiguration in einem anderen Netzwerk einsetzbar ist, wenn dort auch ein DHCP-Server existiert.

Es können unter anderem diese Einstellungen per DHCP an einen Client übermittelt werden:

- IP-Adresse mit Netzmaske
- Rechnername
- Broadcast-Adresse
- Default-Gateway-Adresse
- DNS-Name-Server
- WINS-Server
- Boot-Image (bei Diskless Workstations)

Das Prinzip:

1. Beim Start des Client-Rechners (der zu diesem Zeitpunkt noch keine IP-Adresse hat, nur eine MAC-Adresse) erfolgt per UDP mit DHCPDISCOVER ein Broadcast ins interne Netz an Zieladresse 255.255.255.255 und Port 68 mit Quelladresse 0.0.0.0.
2. Der DHCP-Server antwortet mit DHCPOFFER per UDP auf Port 67 (an dessen MAC-Adresse).
3. Der Client sammelt diese (ev. gibt es mehrere DHCP-Server) und schickt nun eine Anforderung (DHCPREQUEST) an den ausgewählten Server.
4. Vom Server erhält der Client (an dessen MAC-Adresse) einen DHCPACK mit den Netzwerkeinstellungen.
5. Fährt der Client herunter, teilt er dem Server mittels DHCPRELEASE mit, dass er nun keine Adresse mehr benötigt.

PRAXISTIPP: Es vertragen sich nur dann mehrere DHCP-Server im selben Netz, wenn sie entsprechend konfiguriert sind! Außerdem gilt DHCP als unsicher.

Dynamische Adressen

Sie werden aus einem Pool von Adressen an die anfragenden Clients verteilt. Dabei kann ein und derselbe Rechner immer wieder andere IP-Adressen erhalten. Dies ist dann vertretbar, wenn es sich um Rechner handelt, die keine Dienste nach außen anbieten.

Eine dynamisch vergebene Adresse hat eine bestimmte Gültigkeitsdauer (Lease Time), die bei längerer Betriebsdauer immer wieder beim DHCP-Server aufgefrischt werden muss.

Statische Adressen

Der Administrator kann entscheiden, ob ein bestimmter (oder alle) Rechner immer wieder die gleiche IP-Adresse über den DHCP-Server zugeteilt bekommen sollen. Dies ist nur über ein eindeutiges Kriterium möglich, nämlich die MAC-Adresse des Clients (jede Netzwerkkarte hat weltweit eine eindeutige MAC-Adresse).

15.2.1 Installation

Zur Installation können Sie diesmal nicht `tasksel`, sondern folgendes Kommando benutzen:

```
root@ubuntu:~# aptitude install dhcp3-server
```

Grundsätzlich ist der DHCP-Server nun bereits einsetzbar, er startet jedoch nicht sofort nach der Installation. Sie müssen erst die Konfigurationsdatei bearbeiten und mindestens ein Subnetz angeben.

In der Datei `/etc/default/dhcp3-server` können Sie die Interfaces eintragen, an denen er lauschen soll; ansonsten lauscht er nach dem Start an allen Interfaces:

```
INTERFACES="eth0"
```

Die Konfiguration eines DHCP-Servers erfolgt in der Datei `/etc/dhcp3/dhcpd.conf`.

PRAXISTIPP

- Jede Zeile (außer bei Blockbereichen und Kommentaren) muss mit einem Strichpunkt abgeschlossen sein, sonst ist ein Start des DHCP-Servers nicht möglich!
- Port 67 auf dem DHCP-Server und Port 68 auf dem DHCP-Client darf nicht durch eine Firewall blockiert sein!

Hier eine minimale Beispielkonfiguration in `/etc/dhcp3/dhcpd.conf`:

```
option domain-name "example.intern";         # der Name der DNS-Domäne
# die Nameserver-Einträge für die Clients:
option domain-name-servers ns1.example.intern;
default-lease-time 600;                      # die Gültigkeitsdauer
max-lease-time 7200;                         # max. Gültigkeitsdauer
# der DHCP-Server ist für das Netz zuständig:
authoritative;
option subnet-mask        255.255.255.0;     # Default-Netzmaske
option broadcast-address  192.168.2.255;     # Broadcast-Adresse
```

```
option routers              192.168.2.1;       # Default-Gateway

subnet 192.168.2.0 netmask 255.255.255.0 {     # die Subnetz-Angaben
   range 192.168.2.20 192.168.2.200;           # der Adressbereich
}
```

Die globalen Einstellungen am Anfang gelten auch für alle weiter unten definierten Blöcke (wie Subnetz-Angaben) und Gruppen, falls dort nicht andere Einträge vorhanden sind, welche die globalen Einstellungen überschreiben. Es folgt die generelle Beschreibung der Einteilung dieser Datei.

Die Einstellung „`authoritative`" besagt, dass dieser DHCP-Server für das Netz zuständig ist. Dies ist besonders dann wichtig, wenn ein Rechner in mehreren Netzen betrieben wird. Viele Clients akzeptieren nur damit eine neue Adresse.

Blöcke

Ein Block wird durch geschweifte Klammern eingeschlossen. Hier die wichtigsten Blöcke:

`subnet Adresse netmask Netzmaske {...}`

Alle Angaben in diesem Block gelten für alle Rechner in dem angegebenen Subnetz mit der entsprechenden Netzmaske; also auch für Hosts mit einer statischen Adresse, die in dieses Subnetz passen, die aber außerhalb dieses Blockes definiert sind. Mindestens eine Subnetz-Definition muss vorhanden sein!

`group {...}`

Hiermit wird eine Gruppe gebildet, deren Mitglieder gemeinsam bestimmte Eigenschaften zugeteilt bekommen können.

`host Hostname {...}`

Die Einstellungen für einen einzelnen Rechner. Die IP-Adresse für einen solchen Rechner darf nicht im Range (Bereich) einer Subnetz-Deklaration liegen!

Die Blöcke können auch miteinander verschachtelt sein!

Rechnernamen übergeben

Mit „`use-host-decl-names on`" kann der DHCP-Server einen Namen dem Client verschicken, damit er als dessen Rechnername eingetragen wird. Bei der Einstellung „`on`" erfolgt keine DNS-Abfrage, sondern der Name hinter dem Eintrag „`host`" wird benutzt. Dies ist nur bei Host-Blöcken möglich. Ansonsten ist auch „`option hostname ...`" möglich.

HINWEIS: Nicht alle Clients akzeptieren einen solchen Namen. ■

Beispiel:

```
use-host-decl-names on;
host martin {
   hardware ethernet 08:00:2b:4c:29:32;
   fixed-address martin.example.intern;
}
```

Diese Einstellungen sind gleichwertig zu obigen:

```
host martin {
   hardware ethernet 08:00:2b:4c:29:32;
   fixed-address martin.example.intern;
   option host-name "martin";
}
```

Lease Time

Die vergebenen IP-Adressen sollen nur eine bestimmte Zeit lang Gültigkeit haben, da in der Zwischenzeit der Rechner vom Netz getrennt sein kann und die IP-Adresse belegt ist. Deshalb ist eine Zeitspanne für die Leihzeit (Lease Time) anzugeben, nach der die IP-Adresse ungültig wird, sofern sie nicht erneuert wird.

Diese Zeitspanne ist danach auszuwählen, wie oft neue Rechner in das Netz kommen bzw. wieder entfernt werden, da eine zu kurze Lease Time eine vermehrte Netzlast hervorruft.

In der Datei `/var/lib/dhcp3/dhcpd.leases` legt der DHCP-Server die vergebenen IP-Adressen mit der zugehörigen Leihzeit mit weiteren Angaben ab, wie dem Client-Namen und der MAC-Adresse.

Gruppen

Mit einer Gruppierung können mehrere Netzwerke oder Hosts zusammengefasst werden. Für alle folgenden Elemente gelten die Einstellungen nach „`group`". Sie können unterschiedliche Gateways etc. erhalten:

```
group {
 option domain-name "example.intern";
 option domain-name-servers 192.168.2.9, 192.168.100.2;
 option netbios-name-servers 192.168.2.254;   # Adresse vom WINS-Server
 use-host-decl-names on;

 subnet 192.168.2.0 netmask 255.255.255.0 {
   range 192.168.2.50 192.168.2.160;
   option routers 192.168.2.254;
   option broadcast-address 192.168.2.255;
 }

 subnet 192.168.100.0 netmask 255.255.255.0 {
   range 192.168.100.50 192.168.100.60;
   option routers 192.168.100.254;
   option broadcast-address 192.168.100.255;
 }

 host ubuntu {
   hardware ethernet 00:50:04:45:E2:B4;
   fixed-adress 192.168.2.10;
   option routers 192.168.2.1;
 }
}
```

Nachdem diese Datei angepasst ist, kann der Start des DHCP-Servers erfolgen mit:

```
root@ubuntu:~# /etc/init.d/dhcp3-server start
```

Die Meldungen vom DHCP-Server mit eventuellen Fehlermeldungen finden Sie in der Datei `/var/log/syslog`.

15.2.2 DHCP-Relay

Zur Vergabe von Einstellungen per DHCP sind Broadcasts nötig. Diese werden aber nicht von Routern in andere Netze weitergeleitet! Damit DHCP auch über Netzwerkgrenzen hinweg funktioniert, werden meist DHCP-Relays eingesetzt. Sie sind quasi Proxys für DHCP und lauschen an den Netzsegmenten auf Broadcast-Pakete, die DHCP-Anforderungen enthalten. Diese werden dann in Unicast-Pakete umgewandelt und an den oder die DHCP-Server weitergeleitet, die beim Aufruf angegeben wurden. Router, die konform zu RFC 1542 sind, arbeiten ähnlich, wenn sie entsprechend konfiguriert sind.

Für jedes Netzsegment ist ein eigenes DHCP-Relay erforderlich, wenn ein zentraler DHCP-Server gewünscht ist. Unter Ubuntu ist das Paket `dhcp3-relay` zu installieren und zu konfigurieren.

Die Interfaces und Server werden in der Datei `/etc/default/dhcp3-relay` hinterlegt. Werden keine Interfaces angegeben, lauscht das DHCP-Relay auf allen vorhandenen Netzwerk-Devices:

```
What servers should the DHCP relay forward requests to?
SERVERS="192.168.2.1"

# On what interfaces should the DHCP relay (dhrelay) serve DHCP
requests?
INTERFACES="eth0"

# Additional options that are passed to the DHCP relay daemon?
OPTIONS=""
```

15.2.3 DHCP-Client

Auf einem Windows-Client braucht nur in den Netzwerkeinstellungen der Punkt angekreuzt zu werden, dass die IP-Adresse per DHCP bezogen werden soll. Dann werden auch andere Einstellungen (wie Nameserver, WINS-Server ...) von einem DHCP-Server übermittelt, falls ein solcher vorhanden ist.

Unter Ubuntu kann in der Datei `/etc/network/interfaces` ein Interface für den Bezug einer IP-Adresse von einem DHCP-Server eingerichtet werden. Mit dem Programm `dhclient` erfolgt dann die Anforderung der Adresse beim DHCP-Server. Dieses Programm bleibt ständig im Hintergrund aktiv. Siehe auch: man dhclient.

Auf einem Ubuntu-Rechner erhalten Sie einen neuen Lease mit:

```
root@ubuntu:~# dhclient
```

Einen Lease geben Sie frei mit:

```
root@ubuntu:~# dhclient -r
```

Das Programm `dhclient` kann über die Datei `/etc/dhcp3/dhclient.conf` seine Einstellungen erhalten. Bei mobilen Computern wie Notebooks, Telearbeitern etc. und beim Umbau von Netzen sollte die Lease-Dauer herabgesetzt werden. Eine kürzere Leihzeit von z.B. 20 Minuten können Sie wie folgt eintragen:

```
send dhcp-lease-time 1200
```

Den eigenen Hostnamen übermittelt dieser bereits vorhandene Eintrag:

```
send host-name "<hostname">
```

15.2.4 Dynamisches Update von DNS per DHCP (DDNS)

Sollen auch die von einem DHCP-Server vergebenen IP-Adressen einem DNS-Server automatisch im Netzwerk bekannt sein, kann dies in den Konfigurationsdateien eingestellt werden. Damit kann per DNS immer die richtige Adresse eines Rechners ermittelt werden, selbst dann, wenn dieser eine andere Adresse erhalten hat. Dies wird auch Dynamisches DNS (DDNS) genannt, das vor allem in Windows-Netzen oft benutzt wird.

Es muss gewährleistet sein, dass der Dienst BIND auf das Verzeichnis selbst und alle Dateien in dem Verzeichnis Schreibrechte besitzt, in dem er seine Zonendateien hinterlegt. Unter Ubuntu ist hierfür das Verzeichnis `/var/lib/bind` vorgesehen. Normalerweise hat die Gruppe `bind` hier Schreib- und Leserechte.

PRAXISTIPP: Eine kurze Anleitung ist auch in der Manual-Seite zu dhcpd.conf zu finden. Verwenden Sie unbedingt einen eigenen Schlüssel, nicht den in diesem Buch oder den in der Manual-Seite. ■

Zur Sicherstellung, dass nur der „richtige" DHCP-Server Informationen schickt und kein Angreifer, können Sie einen gemeinsamen Schlüssel einrichten. Er wird wiederum erstellt mit dem Kommando `dnssec-keygen`.

Erstellen Sie sich eine neue Schlüsseldatei, oder benutzen Sie den im Unterkapitel „Primary- und Secondary-Nameserver" erstellten Schlüssel. Kopieren Sie den Schlüssel, sodass in den Verzeichnissen `/etc/bind` und `/etc/dhcp3` jeweils der gleiche Schlüssel vorhanden ist:

```
root@ubuntu:~# cp /etc/bind/testkey.key /etc/dhcp3
```

Die Dateien der Schlüssel sollen geheim bleiben. Sie sollten nicht für alle lesbar sein, nur für die beteiligten Prozesse, also für die Gruppen `bind` und `dhcp`!

Ändern Sie dies mit:

```
root@ubuntu:~# chown root.bind testkey.key
root@ubuntu:~# chmod 640 testkey.key
```

Beispiel für Einstellungen in `/etc/dhcp3/dhcpd.conf`:

```
# Einstellung für dynamisches Update eines DNS:
include "/etc/dhcp3/testkey.key";
ddns-update-style interim;
ddns-updates on;
ddns-domainname "example.intern";

option domain-name "example.intern";
option domain-name-servers ns1.example.intern, ns2.example.intern;
option subnet-mask 255.255.255.0;
option broadcast-address 192.168.2.255;
option routers 192.168.2.1;
```

```
# Zeit, nach der die Clients die Gültigkeitsdauer erneuern:
default-lease-time 3600;
max-lease-time 7200;

# auch bisher unbekannte Clients bedienen (in einer Pool-Deklaration
nicht empfohlen):
allow unknown-clients;

# auch statische Adressen updaten:
# update-static-leases on;

# Der DHCP-Server ist verantwortlich im Netzwerk:
authoritative;

# Dem primären Nameserver die Änderungen übertragen:
zone example.intern. { primary ns1.example.intern; key "testkey"; }
zone 2.168.192.in-addr.arpa. { primary ns1.example.intern; key "test-
key"; }

subnet 192.168.2.0 netmask 255.255.255.0 {
    range 192.168.2.20 192.168.2.200;
    # falls Clients in dem Netz ein eigenes Update durchführen wollen:
    ignore client-updates;

    # WINS-Einstellung:
    option netbios-node-type 8;
    option netbios-name-servers 192.168.2.20;
 }
}
```

Die erforderlichen Einstellungen in `/etc/bind/named.conf.local`:

```
include "/etc/bind/testkey.key";
zone "example.intern" { type master;
      file "/var/lib/bind/db.example.intern";
      allow-update { key "testkey"; };
};
zone "2.168.192.in-addr.arpa" { type master;
      file "/var/lib/bind/db.192.168.2";
      allow-update { key "testkey"; };
};
```

Nun ist noch ein Neustart der beiden Dienste erforderlich:

```
root@ubuntu:~# /etc/init.d/bind9 restart
root@ubuntu:~# /etc/init.d/dhcp3-server restart
```

Bei einem Update der DNS-Einträge wird eine weitere Datei mit Endung „`.jnl`" im Verzeichnis der Zonendateien angelegt.

HINWEIS

- Eine dynamische Anpassung ist nicht möglich, wenn der Eintrag für einen Host fest mit „fixed-address" über die Ethernet-Adresse vorgenommen wurde. Diese Rechner sind von Hand beim Nameserver einzugeben.
- Die Updates werden nur an primäre Nameserver verschickt

15.2.5 Ausfallsicherer DHCP-Server

Wie unter DNS können auch DHCP-Server als Primary- und als Secondary-Server eingerichtet werden. Damit ist eine erhöhte Sicherheit gegen Ausfall eines Servers erreichbar.

Normalerweise darf nur ein DHCP-Server im selben Netzwerk aktiv sein. Sollte ein zweiter Server vorhanden sein, kommen sich beide in die Quere. Es ist dann nicht mehr eindeutig, welcher Server die Anfrage beantwortet. Es kann sogar vorkommen, dass einer der beiden DHCP-Server dabei abstürzt. Unter Windows wird ein nicht autorisierter DHCP-Server als Rogue-Server bezeichnet.

Unter Ubuntu können Sie maximal zwei DHCP-Server so starten, dass sich jeder Server auf einen bestimmten Pool von IP-Adressen beschränkt. Die Version der DHCP-Software sollte identisch sein! Fällt ein Server aus, übernimmt der andere dessen Aufgaben. Startet der ausgefallene Server erneut, gleichen sich beide ihre Leases ab. Die „Autorisierung“ übernimmt dabei der Eintrag „`failover peer`“.

Beispiel für den ersten (primary) DHCP-Server:

```
include "/etc/dhcp3/testkey.key";
ddns-update-style interim;
ddns-updates on;
ddns-domainname "example.intern";
allow client-updates;
allow unknown-clients;
option domain-name "example.intern";
option domain-name-servers ns1.example.intern, ns2.example.intern;

default-lease-time 600;
max-lease-time 7200;
authoritative;
option subnet-mask 255.255.255.0;
option broadcast-address 192.168.178.255;
option routers 192.168.178.1;

zone example.intern. { primary ns1.example.intern; key testkey; }
zone 178.168.192.in-addr.arpa. { primary ns1.example.intern; key test-
key; }

failover peer "example" {
    primary;
    address ns1.example.intern;
    port 519;
    peer address ns2.example.intern;
    peer port 520;
    max-response-delay 60;
    max-unacked-updates 10;
    mclt 3600;
    split 128;
    load balance max seconds 3;
}
subnet 192.168.2.0 netmask 255.255.255.0 {
    ignore client-updates;
    allow unknown-clients;
    pool {
       failover peer "example";
       range 192.168.2.20 192.168.2.200;
```

```
        deny dynamic bootp clients;
    }
}
```

Über „address“ ist der eigene Name (der per DNS auflösbar sein muss) bzw. die IP-Adresse angegeben, an dem/der Anfragen akzeptiert werden. Über den angegebenen Port tauschen die Server gegenseitig Informationen aus, wobei der „peer port“ der Port des ersten DHCP-Servers ist. Die Angabe für „split“ zeigt, wie der Pool aufgeteilt ist; es sind Werte von 0 bis 255 erlaubt. Empfohlen wird „128“, womit eine Halbierung eintritt. Wenn Sie jedoch eher die 20:80-Regel bevorzugen, die unter Windows verwendet wird, können Sie dies mit einem Wert von ca. 200 beim primären DHCP-Server erreichen.

Falls in der Zeit, die über „load balance max seconds“ eingestellt ist, keine Antwort vom Partner eintrifft, übernimmt der Server alle Anfragen. Die weiteren Einträge dienen dazu, Timeouts etc. zu definieren. Sie sollten möglichst ähnlich sein, um die Wartung zu vereinfachen.

Beispiel einer Konfiguration des zweiten (secondary) DHCP-Servers:

```
include "/etc/dhcp3/test-key.key";
ddns-update-style interim;
ddns-updates on;
ddns-domainname "example.intern";
allow client-updates;
allow unknown-clients;
option domain-name "example.intern";
option domain-name-servers ns1.example.intern, ns2.example.intern;

default-lease-time 600;
max-lease-time 7200;
authoritative;
option subnet-mask 255.255.255.0;
option broadcast-address 192.168.2.255;
option routers 192.168.2.1;

zone example.intern. { primary ns1.example.intern; key test-key; }
zone 178.168.192.in-addr.arpa. { primary ns1.example.intern; key test-
-key; }

failover peer "example" {
    secondary;
    address 192.168.2.210;
    port 520;
    peer address 192.168.2.9;
    peer port 519;
    max-response-delay 60;
    max-unacked-updates 10;
    load balance max seconds 3;
}
subnet 192.168.2.0 netmask 255.255.255.0 {
    ignore client-updates;
    allow unknown-clients;
    pool {
        failover peer "example";
        range 192.168.2.20 192.168.2.200;
        deny dynamic bootp clients;
    }
}
```

HINWEIS

- Ein solcher DHCP-Server nimmt erst dann Aufträge von Clients an, wenn beide Server zumindest einmal zusammen gestartet wurden. Vorher ist es nicht möglich Adressen zu vergeben!
- Auch hier gilt, dass sich die Zeiten auf den Rechnern nicht wesentlich unterscheiden dürfen. Am besten gewährleisten Sie dies mit einem Zeitserver.

Siehe auch:

man dhcpd.conf

http://www.linux-faqs.info/dns/failover-dynamic-dns-bind-and-dhcp

15.3 Der Zeitserver

Wie wichtig es ist, dass die Rechner im Netzwerk die gleiche Zeit eingestellt haben, ist bereits durch die bisherigen Beispiele ersichtlich. Ein oder mehrere lokale Zeitserver können dies für das gesamte Netzwerk gewährleisten.

15.3.1 Die Systemzeit einmalig holen

Hat der Rechner eine Verbindung zum Internet, kann mit dem Programm `ntpdate` die Systemzeit beim Aufruf einmalig justiert werden. Es sind hierfür Root-Rechte erforderlich. So ist z. B. Ubuntu nach der Installation über `/etc/default/ntpdate` so konfiguriert, dass es sich nach dem Booten per `ntpdate` die Uhrzeit per `anacron` von *ntp.ubuntu.com* holt. Sie können auch hier die eigenen Zeitserver eintragen, die Sie wie im nächsten Kapitel installiert haben.

Mit Option `-b` passt `ntpdate` die Systemzeit sofort an; diese verwendet es beim Booten. Die Zeit wird dann sofort gestellt. Das kann nach dem Booten riskant für einige bereits gestartete Prozesse sein!

Beispiel:

```
root@ubuntu:~# ntpdate ntp1.ptb.de
 8 Mar 16:01:12 ntpdate[14153]: adjust time server 192.53.103.108
offset -0.031100 sec
```

Falls sich der Dienst `ntpd` weigert, die Zeit zu stellen, da die Differenz zu groß ist, können Sie die lokale Uhrzeit erst mit `ntpdate` stellen. Den Dienst `ntpd` müssen Sie vorher stoppen und danach wieder starten.

PRAXISTIPP: Einige Dienste wie Kerberos und Dovecot haben Probleme mit einer schnellen Zeitänderung.

15.3.2 Der Dienst ntpd

Eine Zeitsynchronisation bietet das Server-Programm `ntpd`, das für ein ganzes Netzwerk einen solchen Dienst über den UDP-Port 123 bereitstellen kann. Die Zeit wird damit über einen größeren Zeitraum ermittelt, sodass kleinere Abweichungen wegen Laufzeiten im Internet wegfallen. `ntpd` benötigt eine gewisse Zeit, bis die Synchronisation beendet und der Dienst benutzbar ist! Es vermeidet dadurch eine zu schnelle Änderung der Systemzeit, die etlichen Diensten Probleme bereiten kann.

Es muss erst das Paket `ntp` installiert werden. Am besten installieren Sie zusätzlich das Paket `ntp-doc`, das die Dokumentation von NTP enthält:

```
root@ubuntu:~# aptitude install ntp ntp-doc
```

Nach der Installation wird der Dienst `ntpd` automatisch aktiviert und gestartet. Beim Booten holt weiterhin `ntpdate` die Zeit vor dem Start von `ntpd`. Der Hintergrundprozess (Daemon) `ntpd` kann auch über das Startskript `/etc/init.d/ntpd` gestartet und beendet werden.

`ntpd` erhält die Einstellungen über die Konfigurationsdatei `/etc/ntp.conf`. In dieser Datei muss die IP-Adresse oder der Internet-Name von einem oder von mehreren Zeitservern über die Einstellung `server` eingetragen sein, von dem die exakte Zeit bezogen wird. Es kann auch eine Funkuhr als Zeitlieferant dienen, falls es keine Internet-Verbindung gibt. Einige Server-Adressen befinden sich unter: *http://support.ntp.org/bin/view/Servers/WebHome* und *http://support.ntp.org/bin/view/Servers/NTPPoolServers*

Beispiel für den Inhalt der Datei `/etc/ntp.conf`:

```
driftfile /var/lib/ntp/drift/ntp.drift
server alpha.example.intern
server ntp.ubuntu.com
```

Wechselnde Server erhalten Sie aus einem Pool über folgenden Eintrag:

```
server de.pool.ntp.org iburst
```

Aus dem Paket `gnome-system-tools` bietet das Grafikprogramm `time-admin` nicht nur eine Konfiguration der Zeiteinstellungen, sondern auch eine Auswahl von Zeitservern zum Eintragen an. Ab Ubuntu 11.04 ist dieses Tool einzeln im Paket `gnome-time-admin` vorhanden.

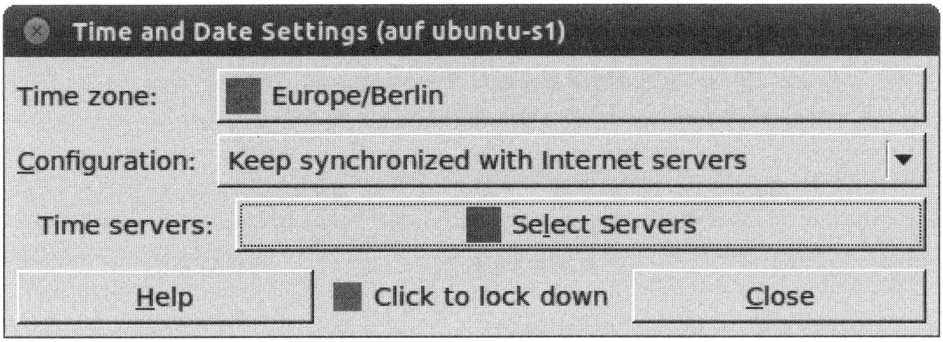

BILD 15.4 Das Tool `time-admin`

Innerhalb eines Netzwerks sollten Sie nicht auf allen Clients in der Konfiguration von `ntpd` einen Server im Internet einstellen, sondern besser einen bzw. zwei Server vom internen Netz, die selbst aus dem Internet die Zeit ermitteln und diese weitergeben.

Die Abweichung der Systemzeit zu der Zeit, die ein Zeitserver liefert, wird in der Datei protokolliert, die in der Konfigurationsdatei angegeben ist, in diesem Fall `/var/lib/ntp/drift/ntp.drift`.

Den Dienst können Sie mit dem Programm `ntpq` überwachen. Es gibt mit Option `-p` aufgerufen nicht nur den oder die verwendeten Zeitserver aus, sondern auch den Offset, also die ausgeglichene Zeitdifferenz in Millisekunden:

```
root@ubuntu:~# ntpq -p
```

```
remote          refid           st t when poll reach delay   offset  jitter
==========================================================================
 alpha.example.i LOCAL(0)        3  u 5    64   1     0.342   1.205  0.002
 europium.canoni 193.79.237.14   2  u 4    64   1     36.391  -1.438 0.002
```

Dabei bedeutet der Wert unter „st“ das Stratum. Dies bezeichnet die Güte der Zeitinformation, die sich mit jedem weiteren Zeitserver in der Kaskade um 1 verringert.

Starten und Beenden können Sie den Dienst mit:

```
root@ubuntu:~# service ntp start
root@ubuntu:~# service ntp stop
```

PRAXISTIPP: `ntpdate` und `ntpd` können nicht gleichzeitig gestartet werden, da beide denselben Port benutzen! ■

Um die Zeit neu zu stellen, können Sie sich auch ein Skript wie das folgende erstellen:

```
#!/bin/bash
service ntp stop
ntpdate -b ntp.ubuntu.com
service ntp start
```

Vergessen Sie nicht, das Skript ausführbar zu machen, wie in Kapitel 7 beschrieben.

16 Der File-Server Samba

Um Windows- und Linux-Rechner miteinander zu verbinden, begann der Australier Andrew Tridgell im Jahr 1992 mit der Entwicklung einer entsprechenden Software. Der Name „Samba" kommt von „SMB-Server" und bedeutet, dass dieser Server das Protokoll SMB anbietet. Nur darüber ist ein Datenaustausch mit Windows-Rechnern möglich.

Das Protokoll SMB benutzte zunächst der LAN-Manager (eine Gemeinschaftsentwicklung von IBM und Microsoft), der in Windows NT weiterentwickelt wurde. Es überträgt zudem etliche Remote Procedure Calls (RPC) zur Interprozesskommunikation. Mit dem LAN-Manager-Protokoll bzw. NetBIOS (Network Basic Input Output System) oder mit dem darauf aufbauenden neueren CIFS (Common Internet File System) erfolgt eine Kommunikation zwischen Windows-Rechnern. Auch wenn dieses Protokoll das Wort „Internet" im Namen enthält, sollte es aus Sicherheitsgründen nicht über das Internet benutzt werden.

Samba verwendet kein reines (veraltetes) NetBIOS, sondern NBT (NetBIOS over TCP/IP) nach RFC 1001 und RFC 1002. Es kann ab Version 3 zusätzlich per TCP/IP über Port 445 kommunizieren.

Ab Windows Vista und Windows Server 2008 hat Microsoft das Nachfolgerprotokoll SMB2 eingeführt; es unterstützt als Font nur noch Unicode und soll robuster und performanter sein. Einige alte SMB-Kommandos wurden entfernt. Dieses Protokoll kann Samba ab Version 3.5 anbieten. Wenn es der Client (bzw. der Server) nicht unterstützt, wird automatisch auf SMB zurückgeschaltet.

Viele Jahre lang konnten die Entwickler von Samba nur vorankommen, indem sie den Netzwerkverkehr zwischen Windows-Rechnern analysierten, da sie keinerlei Dokumentation über die internen Vorgänge hatten. Diese wurden von Microsoft geheim gehalten. Anfang 2008 wurde Microsoft von Gerichten dazu gebracht, die Spezifikationen der für Fileserver und Domänencontroller benutzten Protokolle offen zu legen.

Seitdem hat sich die Entwicklung von Samba beschleunigt, vor allem die der Version 4, die Unterstützung von Active Directory bringt. Der Stand der Entwicklung ist in der Konferenz SambaXP sichtbar, die jährlich stattfindet. Siehe hierzu *http://www.sambaxp.org*. Auch die Samba-Wiki *http://wiki.samba.org* bietet viele Informationen darüber. Weitere Dokumentationen in deutscher Sprache erhalten Sie unter *http://samba.sernet.de/*

16.1 Die Namensauflösung

Sind Windows-Rechner in einem Netzwerk verbunden, muss jeder Windows-Rechner einen eindeutigen Namen besitzen, der nur einmal in diesem Netz vorkommen darf. Der wichtige Unterschied zu TCP/IP-Netzen ist, dass sich in einem Windows-Netz per NetBIOS (Network Basic Input Output System) die einzelnen Rechner untereinander automatisch kennenlernen, in TCP/IP-Netzen dagegen die Namen und Adressen der Rechner von einem Administrator erst festgelegt werden müssen! Durch den Automatismus bei NetBIOS können sich aber auch viele Probleme ergeben!

Das Protokoll NetBT bzw. NBT (NetBIOS over TCP/IP) von 1987 ermöglicht die Verwendung von NetBIOS innerhalb von TCP/IP-Netzen. Bei NBT wird einer der Windows-Rechner in einer Arbeitsgruppe („Workgroup") als Verwalter der Namen anhand von Kriterien wie Art des Betriebssystems (OS-Level), Einschaltdauer etc. gewählt („Election" bzw. „Wahl" genannt.), die er in einer Liste führt. Er wird dann „Local Master Browser" genannt. Kommt ein neuer Windows-Rechner in dieser Arbeitsgruppe hinzu, meldet er sich an diesem Rechner an und wird in die Liste übernommen. Alle 15 Minuten wiederholt sich dieser Vorgang. Ist der Name bereits im Netz vorhanden, gibt es eine Fehlermeldung. Pro Arbeitsgruppe gibt es also einen Local Master Browser. Dieser Vorgang der Namensverwaltung hat nichts mit dem Domain Name Service (DNS) im Internet zu tun!

Die Namensauflösung über NetBIOS erfolgt mittels Broadcast und endet daher an Routern! Ist TCP/IP installiert, ist mit dem Dienst WINS auch über mehrere Netzwerke eine Namensauflösung möglich. Er führt die Namenslisten aller Local Master Browser zusammen.

Ferner kann dann zur Namensauflösung unter Windows ähnlich wie unter UNIX zusätzlich die lokale Host-Tabelle Hosts (unter Windows in `\Windows\system32\drivers\etc`) benutzt werden; sowie die Datei `lmhosts` zur Auflösung von Windows-Namen. Es gibt also unter Windows insgesamt fünf Verfahren zur Namensauflösung!

Ein Domain Master Browser ist der Rechner, der die Namensauflösung in einem Netz mit mehreren Netzsegmenten ausführt. Dies sollte immer auch der Domänen-Controller sein. Eine solche „Domäne" kann sich über mehrere durch Router getrennte Netzsegmente erstrecken, die dann nur mit dem Protokoll NBT erreichbar sind! Sie hat nichts mit einer Windows-Domäne zu tun. Eine freigegebene Ressource (Verzeichnis, Drucker etc.) auf einem Rechner wird per NBT mit der UNC-Schreibweise (Universal Naming Convention) angesprochen, wie `\\rechner\resource`.

Bei NBT findet die NetBIOS-Namensauflösung über den UDP-Port 137, der Datagram Service über UDP-Port 138 und der Session Service über den TCP-Port 139 statt. Erfolgt die Namensauflösung der Rechner in einem Netzwerk ausschließlich über DNS, ist kein NBT mehr nötig; die Windows-Rechner benutzen dann nur noch den Port 445. Diese Methode ist ab Windows 2000 implementiert. Unter Linux ist hierfür die Version 3 von Samba nötig, die über Port 445 eine Verbindung aufnehmen kann (mit Fallback auf Port 139 für ältere Systeme).

Der Dienst DNS zur Namensauflösung ist ab Windows 2000 innerhalb von Windows-Domänen Standard. Damit ist eine zuverlässige Auflösung auch über Netzwerkgrenzen hinweg gewährleistet. Unter Linux ist dies von Haus aus das Mittel der Wahl.

16.2 Benutzer-Accounts

Unter Linux bzw. UNIX hat jeder Benutzer seine eigene UID (User ID) in der Datei `/etc/passwd`, die auf dem lokalen Rechner eindeutig ist. Diese ist verbunden mit einem auf dem lokalen Rechner eindeutigen Benutzernamen, der aus Groß- und Kleinbuchstaben sowie Ziffern bestehen kann.

Unter Windows hat jeder Benutzer eine Kennung, die aus SID und RID gebildet wird. Die SID (Security Identifier) ist 96 Bit lang. Damit ist die Wahrscheinlichkeit extrem klein, dass sie weltweit auf einem weiteren Rechner noch einmal vorkommt. Die RID (Relative Identifier) legt den Benutzer eindeutig im lokalen Rechner bzw. in der Windows-Domäne fest.

Unter Windows ist die Kennung mit einem auf dem lokalen Rechner bzw. in einer Domäne eindeutigen Benutzernamen verbunden. Im Gegensatz zu Linux erfolgt keine Unterscheidung von Groß- und Kleinbuchstaben!

PRAXISTIPP: Es sollten bei einer Verbindung von Linux und Windows nur Kleinbuchstaben in Benutzernamen verwendet werden! Da die eingestellten Fonts sich zwischen Linux und Windows unterscheiden können, sollte man bei Sonderzeichen im Benutzernamen und im Passwort vorsichtig sein.

Die Benutzernamen mit der zugehörigen ID können auch zentral auf einem Authentifizierungsserver abgelegt sein. Unter Windows spricht man dann von einer Domäne mit dem dazugehörenden Domänen-Controller. Unter Linux kann dies mit den Diensten NIS bzw. LDAP erfolgen.

HINWEIS

- Die Dateinamen unter Windows sind case-insensitive, das heißt Groß- und Kleinschreibung wird nicht beachtet. Eine Datei mit Namen „`Test`“ ist beim Aufruf die gleiche wie mit Namen „`test`“.
- Die Berechtigungen auf Dateien und Verzeichnisse sind unterschiedlich; auch die Art und Weise, ob eine Datei gelöscht werden kann (unter Linux muss hierzu das Verzeichnis Schreibrechte besitzen, in dem die Datei liegt, unter Windows nicht). Mit dem ACL-Support unter Linux sind zwar die Unterschiede geringer geworden, aber nicht ganz beseitigt.
- Samba funktioniert nur über TCP/IP, nicht mit reinem NetBIOS!
- Die Homeverzeichnisse dürfen nicht verschlüsselt sein!
- Das Protokoll SMB wird gerne auch dazu benutzt, eine Verbindung zwischen Linux-Rechnern zu ermöglichen. Dabei gibt es jedoch Grenzen. Nicht nur, dass die Abbildung der Berechtigungen und die Groß- und Kleinschreibung Schwierigkeiten bereiten können. Einige Dateitypen kann das Protokoll nicht unterstützen, wie Sockets und benannte Pipes. Vor allem die Verzeichnisse `/tmp`, `/var` und `/home` können derartige Dateien beinhalten. Für die generelle Freigabe dieser Verzeichnisse eignet sich Samba daher nicht; die optimale Wahl hierfür ist das Protokoll NFS!

16.3 Installation von Samba

Eine Installation der Version 3 von Samba kann über `tasksel` erfolgen; Sie müssen hierzu den Punkt *Samba file server* anwählen. Dies installiert unter anderem die Pakete `smbclient`, `smbfs`, `samba-common`, `samba-doc`, `samba`, `winbind` und `keyutils`.

Sie können Samba auch einzeln installieren:

```
root@ubuntu:~# aptitude update
root@ubuntu:~# aptitude install samba smbclient
```

Das Paket `smbclient` ist in der Desktop-Version bereits installiert, nicht aber in der Server-Version. Es enthält die Programme, die für einen Zugriff auf eine Windows- bzw. Samba-Freigabe erforderlich sind. Der eigentliche Fileserver für Windows-Freigaben ist im Paket `samba` enthalten. Das Paket `samba-doc` ist empfehlenswert, da es die Dokumentation von Samba enthält.

Für den Dienst Samba sind folgende Programme notwendig, die nach der Installation automatisch gestartet werden:

1. `smbd` der zentrale Serverprozess für Datei- und Druckdienste
2. `nmbd` dieser Prozess ist für die NetBIOS-Namensdienste zuständig

Ein Start bzw. Stopp oder Restart etc. kann auch manuell erfolgen; bei Änderungen der Konfiguration sollten immer beide Prozesse betroffen sein:

```
root@ubuntu:~# service smbd restart
root@ubuntu:~# service nmbd restart
```

oder auch:

```
root@ubuntu:~# /etc/init.d/smbd restart
root@ubuntu:~# /etc/init.d/nmbd restart
```

Nach dem Start werden folgende Log-Dateien erzeugt:

- `/var/log/samba/log.smbd` für Startprobleme und Zugriffe über das Netz von `smbd`
- `/var/log/samba/log.nmbd` für Namensauflösungen von `nmbd`

16.4 Die Konfiguration von Samba

Die zentrale Konfigurationsdatei von Samba ist `/etc/samba/smb.conf`. Hier wird nicht zwischen Groß- und Kleinschreibung unterschieden! Als Kommentarzeichen sind die Raute (#) und der Strichpunkt (;) möglich; der Rest der Zeile nach einem dieser Zeichen gilt als Kommentar. Zeilen, die am Ende direkt vor dem Newline-Zeichen einen Backslash („\") haben, werden in der nächsten Zeile fortgesetzt.

Die Einträge erfolgen immer nach folgendem Schema:

```
name = wert
```

Leerzeichen (Blanks) vor oder nach dem Gleichheitszeichen werden ignoriert. Die Datei `smb.conf` enthält Einstellungen für beide Dienste `smbd` und `nmbd`.

Die Datei ist unterteilt in folgende Abschnitte:

Abschnitt	Beschreibung
`[global]`	Für alle Einstellungen, die global, also für die gesamte Datei gelten. Im Gegensatz hierzu gibt es Einstellungen, die nur für einen bestimmten Abschnitt gelten, z. B. für eine Freigabe.
`[homes]`	Für die Freigabe aller Homeverzeichnisse der Anwender. Unter Ubuntu ist dies nach der Installation deaktiviert. Nur das eigene Homeverzeichnis wird gezeigt mit: `browseable = no` Nach der Anmeldung wird das Homeverzeichnis des Users in einem Netzwerk-Browser gezeigt, dessen Name bei der Netzwerkanmeldung unter Windows angegeben wurde.
`[.....]`	Für weitere Verzeichnisfreigaben mit eigenen Namen.
`[printers]`	Alle dem System bekannten Drucker freigeben.
`[print$]`	Angaben für Druckertreiber

Die globalen Einstellungen hält der Server bei jeder Anmeldung aktuell; die Einstellungen für die Freigaben liest er bei jedem neuen Verbindungsaufbau neu ein.

16.4.1 Wichtige globale Einstellungen

Hier die wichtigsten globalen Einstellungen:

Einstellung	Beschreibung
`workgroup`	Die Arbeitsgruppe, der Samba angehören soll.
`netbios name`	Rechnername für Windows (Default ist der Linux-Rechnername)
`encrypt passwords`	Verschlüsselte Passwörter werden bei „`true`" akzeptiert. Die Übertragung von verschlüsselten Passwörtern ist normalerweise unter Windows eingestellt. Eine eigene Datei für Passwörter ist dann für Samba erforderlich!
`interfaces`	Nur über die angegebenen Netzwerk-Schnittstellen soll Samba eine Verbindung anbieten.

Die Sicherheitsebenen von Samba

Unter Samba können Sie verschiedene Sicherheitsebenen wählen. Voreingestellt ist „`security = user`", falls nichts anderes angegeben ist.

Sicherheitsebenen	Beschreibung
`security = share`	Derartige Freigaben sind vergleichbar mit denen unter Windows 9x. Nur der Name des Verzeichnisses und eventuell das vergebene Passwort sind für eine Verbindung erforderlich. Hiermit gibt es keine Benutzerverwaltung!
`security = user`	Eine Freigabe erfolgt auf Benutzerebene. Dies ist die Default-Einstellung, die auch dann gilt, wenn sie nicht explizit eingetragen ist. Benutzername und Passwort sind beim Zugriff erforderlich.
`security = server`	Die eingegebenen Passwörter werden auf dem Server geprüft, der mit „`password server = ...`" angegeben ist. Falls dies nicht möglich ist, wird „`security = user`" benutzt. Diese Einstellung sollte nicht mehr verwendet werden, da dabei ständig eine Verbindung bestehen bleibt und es damit unter anderem auch zu Lizenzproblemen kommen kann!
`security = domain`	Die Prüfung der Passwörter erfolgt mit dem NTLM-Verfahren. Es kann eine Liste von Rechnern angegeben werden (durch Komma getrennt), um die Ausfallsicherheit zu erhöhen. Beispiel: „`password server = server1, server2`". Die Verbindung zum Server wird nur bei Bedarf aufgebaut. Der Samba-Rechner muss hierzu Mitglied der aktuellen Domäne sein!
`security = ads`	Die Authentifizierung erfolgt damit an einem LDAP-Server oder bei einer Mitgliedschaft in einer Domäne ab Windows 2000 über einen Windows-Domänen-Controller (Active Directory). Kerberos muss vorher konfiguriert sein.

Als Passwort-Server sind auch Rechner mit Windows Server 2008 und darunter geeignet.

Ein Beispiel mit wichtigen globalen Einstellungen in `/etc/samba/smb.conf`:

```
[global]
# Die Arbeitsgruppe
   workgroup = Testdomain

# wie soll sich Samba melden
   server string = %h server (Samba, Ubuntu)

# nur bestimmte Netzwerk-Schnittstellen zulassen
;    interfaces = eth0 lo
# dies ist auch über die IP-Adressen der Netzwerkkarten möglich
; interfaces = eth0 192.168.2.10/24 192.168.12.27/24 127.0.0.1/8

# nur die oben über den interfaces-Parameter angegebenen Bindungen
# akzeptieren. Ohne Loopback funktioniert smbpasswd und SWAT nicht!
;    bind interfaces only = true

# NetBIOS Namen über DNS auflösen? Ist ein lokaler Nameserver
# vorhanden, # sollte der Parameter auf yes geändert sein:
   dns proxy = yes

# die Default-Sicherheits-Ebene
#    security = user
```

```
# Verschlüsselte Passwörter benutzen (ist auch ohne Angabe Default)
   encrypt passwords = true

# Die Art der Passwortdatei
   passdb backend = tdbsam

# Folgende Einstellung gilt nur für nicht verschlüsselte Passwörter
   obey pam restrictions = yes

# Bei Änderungen des Passworts für Samba auch das System-
# Passwort ändern
   unix password sync = yes

# das Programm für Passwort-Änderungen
   passwd program = /usr/bin/passwd %u

# Kommanod zur Synchronisierung der Passwörter (gekürzt)
   passwd chat = *Enter\snew\s*\spassword:* %n\n *Retype\snew\...

# sollen Passwörter bevorzugt über PAM geändert werden
   pam password change = yes

# wie sollen fehlerhaft autorisierte Anwender behandelt werden
   map to guest = bad user

# die Freischaltung eines Gastaccounts erlauben
   usershare allow guests = yes
```

Weitere Erläuterungen zu den Einstellungen finden Sie auf den folgenden Seiten.

16.4.2 Freigaben einrichten

Soll ein Verzeichnis nach außen für Windows-Rechner freigegeben werden, muss der Name dieser Freigabe bzw. Share in eckigen Klammern eingetragen werden, gefolgt von dem Pfadnamen des freigegebenen Verzeichnisses und weiteren Angaben. Alle Unterverzeichnisse sind dann ebenfalls von außen zugänglich.

Beispiel einer Freigabe:

```
[tmp]
   comment = Temporäres Verzeichnis
   path = /tmp
   writeable = yes
```

Über den Kommentar „`comment =`“ erscheint beim Zugriff (zum Beispiel durch den Windows Explorer) der angegebene Text. Damit erhalten die Benutzer eine weitere Information über die gewünschte Freigabe.

Per Default ist der Zugriff auf eine Freigabe nur lesend möglich. Erst mit „`writeable = yes`“ oder „`readable = no`“ erhalten alle im System eingetragenen Benutzer die Berechtigung zum Schreiben.

PRAXISTIPP

- Es kann recht lange (bis zu einigen Minuten) dauern, bis die Freigabe in Nautilus oder im Windows Explorer erscheint. Ein Zugriff ist erst nach der Anmeldung mit Benutzernamen und Passwort erlaubt.
- Unter Windows sind nur Verbindungen mit einer Benutzerkennung zum selben Rechner gleichzeitig möglich! Wenn Sie bereits als Benutzer `max` angemeldet sind, können Sie nicht zusätzlich als `hans` eine weitere Verbindung öffnen.

Zur Anzeige der Freigabe in einer grafischen Oberfläche sind unter Ubuntu weitere Einstellungen erforderlich. Siehe Kapitel 16.7.1.

Die Freigabe der Homeverzeichnisse

Mit der Freigabe `[homes]` sind automatisch alle Homeverzeichnisse unter den Anmeldenamen (Account-Name), wie sie unter `/etc/passwd` definiert sind, als eigene Shares freigegeben. Die Homeverzeichnisse benötigen keine Pfadnamen.

Beispiel:

```
[homes]
    comment = Home Directories
    browseable = no
    read only = yes
    valid users = %S
```

Ein Vorteil von Samba ist, dass auf Windows-Rechnern nur das Homeverzeichnis des angemeldeten Benutzers sichtbar ist, wenn diese Einstellung gesetzt ist: „`browseable = no`“.

Standardmäßig ist das Homeverzeichnis nur lesbar; erst mit „`read only = no`“ oder „`writeable = yes`“ ist auch ein schreibender Zugriff möglich. Welche Benutzer bzw. Gruppen zugreifen dürfen, kann mit „`valid users`“ festgelegt werden. Diese müssen unter Linux bereits bekannt sein. Fehlt die Einstellung „`valid users`“, sind per Default alle registrierten Benutzer zugelassen. Das Makro „`%S`“ steht für den Namen der aktuellen Freigabe, in diesem Fall also für den aktuell zugreifenden Benutzer.

Wenn Sie auf eine Freigabe zugreifen wollen, muss erst für den Benutzernamen, den Sie verwenden, ein Passwort unter Samba eingetragen sein (siehe weiter unten).

Rechte auf Freigaben

Generell gelten die Zugriffsrechte von Linux, die im Verzeichnis eingerichtet sind. Sie können für eine Freigabe weitere Angaben eintragen, um die Berechtigungen einzustellen.

Beispiel:

```
[test]
    comment = Temporäres Verzeichnis
    path = /tmp/test
    valid users = @backup max
    writeable = yes
    create mask = 0700
    directory mask = 0700
    force group = testgruppe
    write list = max
```

Die Rechte von neu erstellten Dateien und Verzeichnissen legen die Einträge in „`create mask`“ und „`directory mask`“ fest. Deren Gruppenzugehörigkeit wird durch „`force group =`“ einer bestimmten Gruppe zugeteilt und nicht der Gruppe, welcher der Benutzer angehört, der die Datei bzw. das Verzeichnis erstellt.

Mit der Einstellung „`valid users =`“ begrenzen Sie den Zugriff auf diese Freigabe auf die Benutzer, die hier eingetragen sind. Beginnt ein Name mit dem Zeichen „@“, dann sind alle Mitglieder dieser Gruppe berechtigt. Es sind mehrere Angaben zulässig, die durch Blank oder durch Komma getrennt sind. Im Gegensatz hierzu verhindert „`invalid users =`“ eine Anmeldung nur für diese Benutzer. Die Einstellung „`write list =`“ legt fest, welche Benutzer in dieser Freigabe das Recht zu Schreibzugriffen haben. Dies geht auch dann, wenn „`writeable = no`“ eingestellt ist.

Lokale Gruppen haben ein Zeichen „+“ vor dem Namen; NIS-Gruppen das Zeichen „&“. Das Zeichen „@“ beinhaltet „&+“: Es wird dann erst eine NIS-Gruppe mit diesem Namen gesucht und, wenn es diese nicht gibt, eine lokale Gruppe.

Gastfreigaben

Mit der globalen Anweisung „`map to guest = Bad User`“ wird eine Anmeldung über einen nicht existierenden Account zu eine Anmeldung, die als Gast-Login angesehen und zu dem Gast-Account umgeleitet wird, falls ein Gastzugang erlaubt ist (nicht per Default).

Für einen Gastzugang benötigt man entweder global oder für jede Freigabe einzeln den Eintrag

`guest ok = yes`

oder

`public = yes`

Mit „`guest account = <user>`“ kann entweder global für alle oder auch für jedes einzelne Share unterschiedlich definiert werden, unter welchem Account ein Gastzugang erfolgen soll (Default ist nobody).

Mit „`available = no`“ kann ein Share z.B. zu Testzwecken deaktiviert werden, ohne ihn aus der Datei zu entfernen.

Beispiel einer Gastfreigabe:

```
[test]
   comment = Test-Verzeichnis
   path = /tmp/test
   writeable = yes
   guest account = nobody
   guest ok = yes
   available = yes
```

Die Freigabe ist nun ohne Anmeldung, also ohne Passwort benutzbar. Allerdings sind die folgenden globalen Einstellungen nötig:

```
   usershare allow guests = yes
   map to guest = bad user
```

PRAXISTIPP

- Es darf kein Share erstellt werden mit dem gleichen Namen, den ein Benutzer hat! Dies würde mit der Freigabe des Homeverzeichnisses dieses Benutzers kollidieren.
- Die Namen der Benutzer sollten unter Linux nur Kleinbuchstaben (da es in Windows keine Unterscheidung auf Groß- und Kleinschreibung gibt) und keine Sonderzeichen enthalten, wie Blanks, Punkt etc.! Beachten Sie auch, dass unter Windows der Name eines Benutzers länger sein kann als unter Linux mit bis zu 32 Zeichen.
- Verschlüsselte Homeverzeichnisse sind für den Zugriff über Samba ungeeignet.
- Vorsicht bei Sonderzeichen in Passwörtern!
- Es gelten die Linux-Berechtigungen für die freigegebenen Verzeichnisse und Dateien.
- Ist eine Firewall vorhanden, müssen deren Einstellungen entsprechend angepasst sein.

Die Einstellungen in `smb.conf` können Sie auf die Richtigkeit der Syntax testen mit:

```
root@ubuntu:~# testparm -s
```

Änderungen werden erst wirksam, wenn der Prozess `smbd` neu gestartet wird:

```
root@ubuntu:~# /etc/init.d/smbd restart
```

16.5 Passwörter für Samba

Windows überträgt Passwörter ab Windows 95 bzw. Windows NT verschlüsselt. Da es unter UNIX und Linux eine andere Verschlüsselung der Passwörter als unter Windows gibt, müssen die Passwörter aller Benutzer, die auf Samba zugreifen sollen, noch einmal in der Windows-Verschlüsselung abgelegt werden.

Die Passwort-Datei von Samba war früher die Datei `smbpasswd`. Bei neueren Versionen ist diese Form der Speicherung nicht mehr zeitgemäß, da hiermit keine Speicherung der erweiterten Attribute von Windows (SAM Extended Controls) möglich ist. Per Default ist die Speicherung in einer einfachen Datenbank-Datei (Trivial Database) mit Namen `/etc/samba/tdbsam` eingerichtet. Für sehr viele Benutzer ist eine Verwendung der Datei `ldapsam` per LDAP empfehlenswert.

Die Datenbank-Datei für die Passwörter befindet sich bei Ubuntu in der Datei `/var/lib/samba/passdb.tdb`. Das Kommando `smbpasswd -a` fügt für einen Benutzer mit einem Passwort in der Passwort-Datei von Samba hinzu. Es kann nur vom Administrator `root` aufgerufen werden. Das Passwort muss dann zweimal hintereinander (zur Sicherheit) eingetippt werden. Wenn der Benutzer-Account in Ubuntu existiert, wird ihm ein neues Passwort zugewiesen.

Das Kommando `smbpasswd -a` fügt einen Benutzer mit einem Passwort in der Passwort-Datei von Samba hinzu. Es kann nur vom Administrator `root` aufgerufen werden. Das Passwort muss dann zweimal hintereinander (zur Sicherheit) eingetippt werden. Wenn der Benutzer bereits existiert, wird ihm ein neues Passwort zugewiesen.

Beispiel:

```
root@ubuntu:~# smbpasswd -a max
 New SMB password:
 Retype new SMB password:
 Added user max.
```

`root` kann auch das Passwort für jeden Benutzer ändern, ohne das bereits vergebene Passwort zu kennen. Es könnte bereits vom Benutzer selbst geändert sein. Die Option `-a` ist dann nicht mehr erforderlich, da der Account bereits vorhanden ist:

```
root@ubuntu:~# smbpasswd max
```

`root` kann zudem ein Passwort sperren (mit Option `-d`), wieder aktivieren (`-e`), löschen (`-x`) oder auf keinen Eintrag (`-n`) setzen (sinnvoll nur, wenn „`null passwords = yes`“ in der Datei `smb.conf` aktiviert ist).

Jeder einfache Benutzer kann jedoch `smbpasswd` ohne Optionen (ähnlich wie beim Kommando `passwd`) in der Konsole aufrufen, um das eigene Passwort für Samba zu ändern. Dann wird erst das alte Passwort abgefragt, bevor ein neues eingegeben werden kann. Mit Option `-r` kann er zudem angeben, auf welchem Rechner das Passwort geändert werden soll. Default ist Localhost.

Ein Beispiel:

```
user@ubuntu:~$ smbpasswd -r alpha.example.intern -U max
 Old SMB password:
 New SMB password:
 Retype new SMB password:
 Password changed for user max
```

Alle für Samba vorhandenen Benutzereinträge zeigt das Kommando `pdbedit`:

```
root@ubuntu:~# pdbedit -L
```

HINWEIS: Damit das Kommando `smbpasswd` funktioniert, muss der Dienst `smbd` gestartet sein, da `smbpasswd` eine Client-Applikation von `smbd` ist. Es hat keine SUID-Rechte!

Siehe auch: man smbpasswd
man pdbedit

16.6 Mapping von Benutzernamen

Oft ist es erwünscht, mit einem anderen Namen auf Samba zuzugreifen. So gibt es unter Windows den Benutzer „Administrator", aber nicht unter Linux. Zudem können unter Windows Leerzeichen und Punkte im Benutzernamen vorkommen, nicht aber unter Linux. Mit der Datei /etc/samba/smbusers können Sie ein „user mapping" einrichten. Es arbeitet ähnlich wie die Aliases-Datei eines Mailservers.

Ein Beispiel für den Inhalt der Datei /etc/samba/smbusers:

```
root = administrator
max = "Max.Meier"
```

Dies bedeutet, dass Sie automatisch den Benutzer „root" unter Linux verwenden, wenn Sie den Benutzernamen „Administrator" unter Windows eingeben. Ähnliches gilt für den Benutzer „max", der unter Windows als „Max.Meier" bekannt ist.

Die Einträge werden erst wirksam mit folgender Anweisung in smb.conf:

```
username map = /etc/samba/smbusers
```

PRAXISTIPP: Die Datei /etc/samba/smbusers darf nur für Benutzer root schreibbar sein, da sonst jeder andere Anwender sich unter einem anderen Namen anmelden könnte!

16.6.1 Passwörter unter Windows für Samba-Freigaben

Beim Zugriff auf eine Samba-Freigabe von Windows aus wird erst das Passwort verwendet, das unter Windows bei der Anmeldung benutzt wurde.

Ist dieses Passwort das gleiche wie dasjenige in der Passwort-Datei von Samba, dann ist ein Zugriff möglich. Ansonsten erscheint unter Windows NT und allen darauf aufbauenden Windows-Versionen ein Fenster, in dem ein anderes Passwort angegeben werden kann. Unter Windows 9x gilt immer nur das Passwort, das der Anwender für die Netzwerkanmeldung benutzt hatte! Er kann nachträglich kein anderes angeben!

HINWEIS

- Ein Zugriff auf Freigaben ist unter Windows nicht möglich, wenn das Benutzerkonto kein Passwort hat!
- Ein Zugriff auf Linux-Freigaben ist nur dann möglich, wenn Linux verschlüsselte Passwörter benutzt.
- Ab Samba Version 3.2 ist die globale Funktion „lanman auth" deaktiviert. Zugriffe auf Freigaben sind damit von älteren Betriebssystemen nicht mehr möglich wie von Windows 98 etc. Es erscheint in dem Logfile von Samba die Meldung: „NT_STATUS_WRONG_PASSWORD".
  Mit „lanman auth=yes" in der Konfigurationsdatei ist ein Zugriff möglich. Zur Sicherheit sollte der Benutzer erneut mit Passwort eingetragen werden, sobald die genannte Option vorhanden ist.

16.7 Mounten von Windows-Freigaben

In vielen Fällen reicht es nicht, einen Zugriff auf eine Freigabe auf der grafischen Oberfläche über Programme wie Nautilus zu erhalten. Womöglich sollen weitere Programme auf die Daten zugreifen. Dies gelingt am besten, wenn die Freigabe wie unter Linux üblich über den Mount-Mechanismus in das Dateisystem eingebunden wird.

Es sind hierzu keine Laufwerksbuchstaben nötig und auch nicht möglich! Unter Windows wird auf eine Freigabe mit führenden Backslashes zugegriffen. Unter Linux ist ein Backslash aber ein Sonderzeichen, welches das nachfolgende Zeichen entwertet.

Deshalb sind unter Linux folgende Schreibweisen für Windows-Freigaben möglich:

bei `smbfs` mit UNC-Pfadnamen	per `cifs` sind zudem URL-Pfadnamen möglich
`\\\\server\\share`	`\\\\server.example.intern\\share`
`'\\server\share'`	`'\\server.example.intern\share'`
`//server/share`	`//server.example.intern/share`

oder auch generell mit einer IP-Adresse, wie `//192.168.1.1/share`

Das Paket mit dem nötigen Treiber muss vorher installiert werden:

```
root@ubuntu:~# aptitude update
root@ubuntu:~# aptitude install smbfs
```

Das Filesystem, mit dem ein Mounten von Windows- bzw. Samba-Freigaben möglich ist, nannte sich früher „`smbfs`". Nun heißt es „`cifs`" (Common Internet File System). Falls unter einem bestimmten Benutzernamen die Verbindung erfolgen soll, kann der Account mit dem Schlüsselwort „`user=`" (auch „`username=`" ist möglich) nach der Option `-o` übergeben werden.

Beispiel für das Mounten des Homeverzeichnisses von User `max`, das Passwort wird abgefragt:

```
root@ubuntu:~# mount -t cifs -o user=max //192.168.2.210/max /mnt/max
```

Mounten einer Windows-Freigabe mit Angabe des Passworts:

```
root@ubuntu:~# mount -t cifs -o user=uname,password=pw //server/share
/mountpoint
```

Ist auf die Freigabe ein Zugriff mit einem Gast-Account (ohne Passwort) möglich, kann dieser anonyme Login mit der Option „`guest`" angegeben werden (die Option „`user=`" benötigt ein Passwort):

```
root@ubuntu:~# mount -t cifs -o guest //server/share /mountpoint
```

Soll ein Mounten immer beim Booten erfolgen, ist die Datei `/etc/fstab` zu editieren. Damit das Passwort nicht von allen Anwendern gelesen werden kann (die Datei `/etc/fstab` ist für alle lesbar), können Sie das Passwort in einer nur von `root` lesbaren Datei hinterlegen. Diese ist in `/etc/fstab` mit der Option „`credentials=dateiname`" einzutragen.

Beispiel für die Datei `/etc/samba/credent` (es sind keine Blanks erlaubt!):

```
user=uname
password=passwort
domain=domain
```

Beispiel für einen entsprechenden Eintrag in der Datei `/etc/fstab`:

```
//server/share /mountpoint cifs credentials=/etc/samba/credent,
user,exec 0 0
```

Da die Credentials-Datei nicht für alle lesbar sein darf, sind die Berechtigungen zu ändern:

```
root@ubuntu:~# chmod 600 /etc/samba/credent
```

16.7.1 Zugriff auf Freigaben über die grafische Oberfläche

Ein Zugriff ohne Mounten ist ähnlich wie unter Windows über die grafische Oberfläche per Dolphin, Konqueror, Nautilus etc. möglich. Im Fenster von `nautilus` und `dolphin` gibt es hierfür am linken Rand den Punkt *Netzwerk*. Ansonsten ist in der Adressleiste zum Browsen, also zum Anzeigen aller per NetBIOS gefundener Rechner einzugeben: „`smb:/`". Das Programm `firefox` eignet sich nicht dazu!

Falls Sie sich noch nicht an dem SMB-Server angemeldet haben, sind weitere Einstellungen erforderlich. Bei Gnome können Sie sich über das Menü *Orte / Verbindung zu Server …* und den Dienste-Typ „Windows-Freigabe" verbinden. Im folgenden Beispiel erhalten Sie ein Icon auf dem Arbeitsbereich, das Sie so lange mit dem Homeverzeichnis von Benutzer `max` verbindet, wie Sie angemeldet bleiben:

BILD 16.1 Der Dialog zu „Verbindung zu Server …"

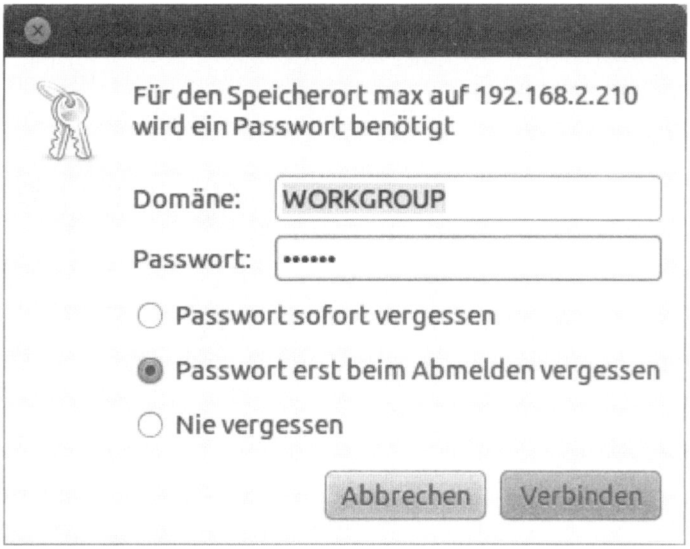

BILD 16.2 Die Angaben zum Fileserver

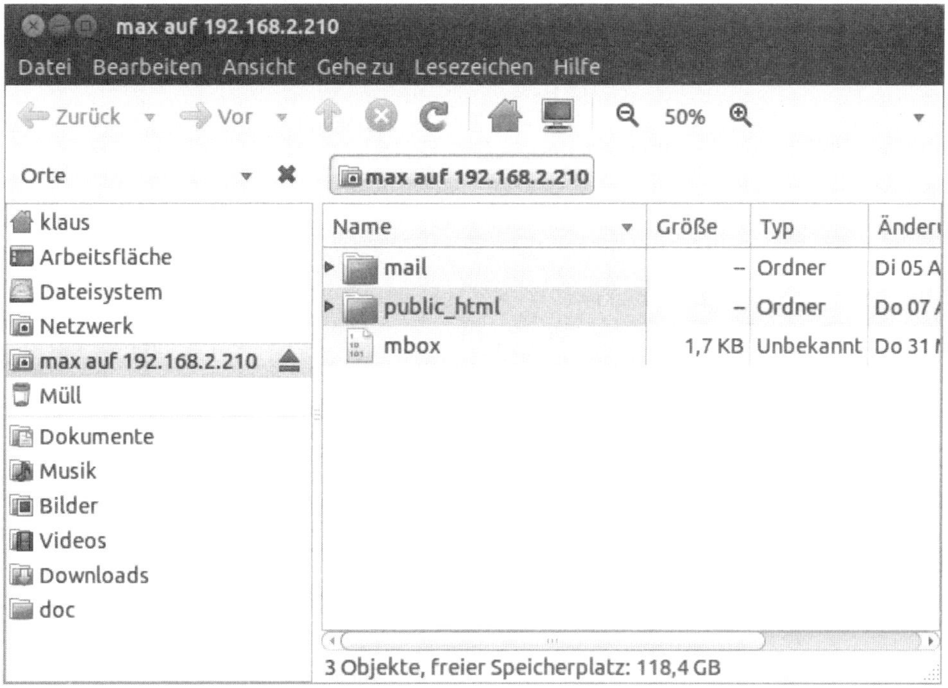

BILD 16.3 Die Verbindung mit einem SMB-Fileserver

Freigaben können Sie auch in Nautilus erstellen, wie in Kapitel 4 gezeigt. Bei KDE tragen Sie in *Systemeinstellungen / Freigabe* den Standard-Benutzernamen mit dem Standard-Passwort ein, bevor Sie per Dolphin oder Konqueror die Freigabe auswählen.

Damit ein Linux-Rechner per NetBIOS über das Netz auffindbar ist, müssen die Dienste `smbd` und `nmbd` gestartet sein.

16.8 Einen Domänencontroller einrichten

Für viele kleinere Firmen und Büros reicht bereits ein Primary Domänencontroller (PDC), wie ihn Windows NT bereitgestellt hat. Die aktuelle Version von Samba kann noch keinen DC bieten, wie es ihn ab Windows 2000 mit Active Directory gibt. Da Microsoft die Spezifikationen davon jahrelang geheim hielt, konnten die Entwickler von Samba nur langsam vorankommen. In letzter Zeit ändert sich dies jedoch, sodass ab Version 4 von Samba ein derartiger DC möglich sein wird.

HINWEIS: Wenn Sie bereits in Ihrem Netz einen Domänencontroller unter Windows betreiben, sollten Sie diesen benutzen. Die folgende Konfiguration ist für Netzwerke vorgesehen, die ohne Windows-Server auskommen sollen.

Zur Einrichtung eines PDC sind weitere Einstellungen in `/etc/samba/smb.conf` nötig:

```
[global]
# Anmeldung an Domäne ermöglichen:
   domain logons = yes
# benötigte Berechtigungseinstellung:
   security = user
# Scripte, um Windows-User und -Gruppen einzutragen:
 add user script = /usr/sbin/adduser --quiet \
                  --disabled-password --gecos "" %u
 add group script = /usr/sbin/addgroup --force-badname %g
 delete user script = /usr/sbin/deluser %u

# Script, um einen Computer-Account von einem Windows-Rechner aus
# zu verwalten:
 add machine script = /usr/sbin/useradd -g machines \
                     -c "%u machine account" \
                     -d /var/lib/samba -s /bin/false %u
 delete machine script = /usr/sbin/userdel %u

# Anmeldung soll auch als "admin" und "administrator" möglich sein:
   username map = /etc/samba/smbusers
# Samba wird als PDC eingerichtet:
   domain master = yes
```

Damit ein anderer Rechner (auf dem z.B. Windows läuft) an den PDC angemeldet werden kann, muss dieser Rechner eine eigene Kennung bekommen. Es ist ein Computer-Account, der über das benötigte Skript „`add machine script`“ automatisch erzeugt wird.

Die Gruppe „`machines`“ müssen Sie vorher erzeugen:

```
root@ubuntu:~# groupadd machines
```

Damit von Windows aus eine Anmeldung des Rechners möglich ist, muss der Benutzer für das Erstellen eines Computerkontos unter Windows auf dem Linux-Rechner über einen Benutzer `root` auch mit verschlüsselten Passwörtern erreichbar sein. Der System-Account für `root` braucht hierzu nicht freigegeben zu sein. Es ist sehr zu empfehlen, nicht das System-Passwort vom Admin-Benutzer oder von `root` zu benutzen (falls vorhanden), sondern für Samba ein eigenes Passwort einzutragen:

```
root@ubuntu:~# smbpasswd -a root
```

Sie können unter Windows den Benutzer `root` mit diesem Samba-Passwort bei der Anmeldung an die Domäne angeben. Ist in der Datei `/etc/samba/smbusers` folgender Eintrag vorhanden, kann unter Windows auch mit dem Benutzer `Administrator` ein Zugriff erfolgen (siehe auch Kapitel 16.6):

```
root = administrator admin
```

Zu beachten ist auch, dass auf dem Windows-Rechner der Nameserver eingetragen sein sollte, der den Samba-PDC führt. Ein Verweis auf einen WINS-Server sollte ebenfalls auf den Samba-PDC weisen, nachdem er dort eingerichtet ist! Siehe hierzu die folgenden Seiten.

16.8.1 Erstellung eines Accounts bei der Anmeldung

Jeder Samba-Benutzer muss einen Linux-Account besitzen. Falls die Anmeldung eines Benutzers von Windows aus erfolgt, kann Samba bei Bedarf einen neuen Benutzer-Account bei erfolgreicher Anmeldung temporär per Skript erstellen. Dies ist nicht möglich bei „`security = share`“. Meldet sich der Benutzer wieder ab, wird mit einem anderen Skript der Account entfernt. Den Username erhalten die Skripte über das Makro `%u` als Parameter.

Die entsprechenden Skripte werden mit Root-Rechten ausgeführt. Sie müssen mit komplettem Pfadnamen in der Datei `smb.conf` eingetragen sein:

```
add user script = /usr/sbin/adduser --quiet --disabled-password
                  --gecos "" %u
delete user script = /usr/sbin/deluser %u
```

16.8.2 Passwörter synchronisieren

In der Regel sollte das Passwort für den Samba-Zugang nicht gleich dem Linux-Passwort sein. Ändert ein Benutzer unter Windows sein Passwort, wird normalerweise das Passwort für einen Linux-Login (in der Datei `/etc/shadow`) nicht geändert. Ist dies dennoch erwünscht, so kann eine Synchronisation hiermit erreicht werden (in `/etc/samba/smb.conf`):

```
unix password sync = yes
passwd program = /usr/bin/passwd %u
passwd chat = *Enter\snew\s*\spassword:* %n\n \
              *Retype\snew\s*\spassword:* %n\n\ \
              *password\supdated\ssuccessfully* .
```

Die meisten dieser Einstellungen sind bereits als Kommentar in der Datei `smb.conf` enthalten. Sie werden aktiv, wenn Sie das Kommentarzeichen vor den entsprechenden Zeilen entfernen. In diesem Buch wurde aus Platzgründen der Umbruch geändert.

16.8.3 Profile und Net-Logon

Sie sollten zudem den Windows-Anwendern die Möglichkeit geben, deren Profil auf dem PDC zu speichern, falls dies gewünscht ist. Eine zentrale Speicherung der Profile kann auch Nachteile haben. Es kann bei umfangreichen Daten lange dauern, bis die Übertragung fertig ist.

Erstellen Sie hierzu das Verzeichnis für die Profile der Anwender:

```
root@ubuntu:~# mkdir -p /home/samba/profiles
```

```
root@ubuntu:~# chmod 777 /home/samba/profiles
```

Aktivieren können Sie den Zugriff, indem Sie in der Datei `smb.conf` die Kommentarzeichen vor den entsprechenden Zeilen entfernen:

```
[global]
   logon path = \\%N\profiles\%U
[profiles]
   comment = Users profiles
   path = /home/samba/profiles
   guest ok = no
   browseable = no
   create mask = 0600
   directory mask = 0700
```

Ähnlich einfach gestaltet sich die Einstellung von einem Verzeichnis für Skripte, die beim Login aktiv werden sollen:

```
root@ubuntu:~# mkdir /home/samba/netlogon
```

```
root@ubuntu:~# chmod 777 /home/samba/netlogon
```

Aktivieren Sie die Einstellungen in `smb.conf`:

```
[global]
   logon script = logon.cmd
[netlogon]
   comment = Network Logon Service
   path = /home/samba/netlogon
   guest ok = yes
   read only = yes
   share modes = no
```

Selbstverständlich können Sie die Pfade und weitere Angaben Ihren Wünschen entsprechend anpassen.

PRAXISTIPP

- Bei Verwendung einer Domäne müssen entweder alle anderen Rechner in der Domäne eingebunden sein oder als Arbeitsgruppe einen anderen Namen als den Domänennamen enthalten!
- Die Systemzeit muss auf allen beteiligten Rechnern gleich sein; es empfiehlt sich der Einsatz eines Zeitservers, wie dem `ntpd`.
- Der Eintrag in den Netzwerkeinstellungen für die Netmask muss auf allen Rechnern gleich sein!
- Ist eine Firewall aktiv, müssen die benötigten Ports freigeschaltet sein!

16.8.4 Der Dienst WINS

Windows benötigt eine Zuordnung von Windows-Namen (NetBIOS-Namen) zu IP-Adressen. Da ein Eintragen auf vielen Rechnern wie bei der Datei „`hosts`" sehr umständlich wäre, gibt es einen Dienst mit Namen WINS (Windows Internet Name Service), der das Auflösen von NetBIOS-Namen in IP-Adressen automatisch erledigt. Er ist zum Sichtbarmachen (Browsen) von Windows-Namen bei mehreren Windows-Netzen erforderlich, da NetBIOS-Namen nicht über Router hinweg ermittelt werden können.

Auch unter Linux kann ein WINS-Server eingerichtet werden. Hierzu ist in `/etc/samba/smb.conf` dieser Eintrag nötig:

```
wins support = yes
```

Danach ist ein Neustart beider Dienste von Samba erforderlich:

```
root@ubuntu:~# service smbd restart
```

```
root@ubuntu:~# service nmbd restart
```

Damit andere Linux-Rechner mit Samba ebenfalls diesen Dienst benutzen, kann der WINS-Server in der Datei `smb.conf` eingetragen werden:

```
wins support = no
wins server = 192.168.2.1
```

In den Windows-Rechnern ist der WINS-Server in den Netzwerkeinstellungen anzugeben.

PRAXISTIPP

- Es darf nie „`wins support`" und „`wins server`" gleichzeitig in der Samba-Konfiguration eingetragen sein!
- Es darf in einer Arbeitsgruppe oder Domäne nur einen WINS-Server geben!

16.8.5 Einer bestehenden Windows-Domäne beitreten

Auch Linux-Rechner können einer Windows-Domäne beitreten. Im Gegensatz zu Windows ist damit nicht automatisch eine Änderung der Anmeldung am System verbunden. Der Vorteil ist, dass der PDC dem Client vertraut und mehr Informationen preisgibt. Die Kommunikation mit dem PDC läuft verschlüsselt ab, und die Authentifizierung erfolgt über das Secret-Key-Verfahren.

Zum Beitritt sind in der lokalen Datei `/etc/samba/smb.conf` diese Angaben erforderlich:

```
security = domain
workgroup = mydomain
password server = *
```

Ist anstelle eines Servernamens ein `*` angegeben, sucht sich Samba den PDC selbst. Der Domänenname muss mit dem Namen übereinstimmen, den der PDC benutzt. Wenn Sie für den Passwort-Server einen Stern angeben, sucht sich Samba den PDC selbst. Nun brauchen Sie nur noch folgendes Kommando:

```
root@ubuntu:~# net rpc join -U Administrator
```

Sie werden nach dem Passwort für den Administrator gefragt. Geben Sie das Passwort an, das Sie mit `smbpasswd` für root auf dem PDC eingetragen haben, nicht das System-Passwort!

Um die Suche nach dem PDC zu vereinfachen, können Sie diesen zusätzlich benennen:

```
root@ubuntu:~# net rpc join -U Administrator -S Server
```

Der Befehl schreibt ein zufälliges Maschinenkonten-Passwort für diese Verbindung in die Datei `secrets.tdb`.

Das folgende Kommando listet den Inhalt dieser Datei nach der Installation von dem Paket `tdb-tools` auf:

```
root@ubuntu:~# tdbdump /var/lib/samba/secrets.tdb
```

16.9 Test von Samba

Mit `testparm -s` wird die Datei `/etc/samba/smb.conf` auf Fehler geprüft. Mit Option `-v` erfolgt die Ausgabe aller aktiven Einstellungen (nicht nur der in `smb.conf`).

Beim Test mit `smbclient` werden alle Windows-Freigaben (Shares) angezeigt; auch die von Samba, wenn es ohne Fehler gestartet ist. Voraussetzung ist, dass auf dem Fileserver für den gewünschten Benutzer ein Passwort gesetzt ist und dieses richtig eingegeben wird. Es zeigt zudem, welcher Rechner als Master-Browser im Netzwerk auserkoren ist und welche anderen Arbeitsgruppen mit deren Master-Browser vorhanden sind. Das Homeverzeichnis sehen Sie nur dann, wenn das Passwort des Benutzers richtig eingegeben wurde. Wenn Sie eine Home-Version von Windows testen, brauchen Sie bei Verwendung von `smbclient` kein Passwort einzugeben; es gibt dort kein Passwort.

Beispiele:

Test auf dem lokalen Rechner mit gestartetem Samba unter dem angemeldeten Account:

```
user@ubuntu:~$ smbclient -L localhost
```

Test mit einem anderen Account auf Rechner 192.168.2.210:

```
user@ubuntu:~$ smbclient -L 192.168.2.210 -U max
```

```
Enter max's password:
Domain=[TESTDOMAIN] OS=[Unix] Server=[Samba 3.4.7]

        Sharename       Type      Comment
        ---------       ----      -------
        tmp             Disk      Temporäres Verzeichnis
        netlogon        Disk      Network Logon Service
        print$          Disk      Printer Drivers
        IPC$            IPC       IPC Service (ubuntu-s2 server (Samba, Ubuntu))
        max             Disk      Home Directories
Domain=[TESTDOMAIN] OS=[Unix] Server=[Samba 3.4.7]

        Server               Comment
        ---------            -------
        UBUNTU-S2            ubuntu-s2 server (Samba, Ubuntu)

        Workgroup            Master
        ---------            -------
        TESTDOMAIN           UBUNTU-S2
```

16.10 SWAT zur Konfiguration von Samba

Die Konfiguration kann auch über ein Web-Frontend SWAT (Samba Web Administration Tool) in einem beliebigen Webbrowser erfolgen. Hierzu ist das Paket `swat` zu installieren:

```
root@ubuntu:~# aptitude update
root@ubuntu:~# aptitude install swat
```

Bei der Installation wird zusätzlich das Programm `inetd` von openBSD mit installiert, da SWAT diesen sogenannten Superserver zum Start benötigt. Dabei kann es zu einem Fehler kommen, sodass der `inetd` nicht gestartet wird. Falls dies bei Ihnen auftreten sollte, starten Sie diesen Dienst einfach von Hand:

```
root@ubuntu:~# service openbsd-inetd start
```

In einem Browser (wie Firefox, Konqueror oder auch Internet Explorer) kann dann der Rechner, auf dem der Samba-Server konfiguriert werden soll, entweder mit seinem Namen bzw. mit seiner IP-Adresse angegeben werden, gefolgt von der Portnummer 901, wie z. B. *http://localhost:901*.

PRAXISTIPP: Da SWAT die Konfigurationsdatei von Samba nach eigenen Kriterien anlegt und dabei die Kommentare löscht, sollten Sie eine bereits erstellte Datei `smb.conf` sichern, bevor Sie diese mit SWAT überschreiben.

```
root@ubuntu:~# cp /etc/samba/smb.conf /etc/samba/smb.conf_sav
```

Das Aussehen von SWAT hängt davon ab, wie Sie sich anmelden. Wenn Sie wie bei Ubuntu üblich, sich als normaler Benutzer anmelden, erhalten Sie nur einen Teil der Oberfläche angezeigt. Sie müssen sich als Benutzer `root` anmelden, um den vollen Befehlsumfang zu erhalten. Wie Sie den Account `root` mit einem Passwort aktivieren, ist in Kapitel 7.1 beschrieben.

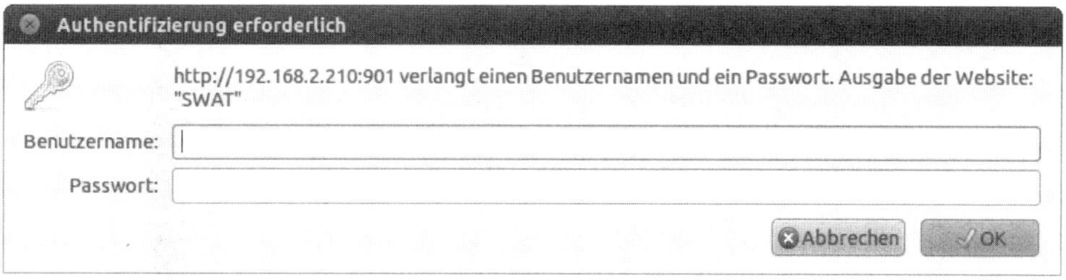

BILD 16.4 Das Eingabeformular für die Anmeldung

Nach der Eingabe von Benutzername `root` mit dessen Linux-Passwort (nicht dem Passwort in `smbpasswd`!) ist eine Konfiguration nun möglich. Auf dem Rechner mit Samba ist hierzu vorher der Root-Account zu aktivieren, indem Sie mit `passwd` ein Passwort für `root` eintragen.

Andere User erhalten nur lesenden Zugriff:

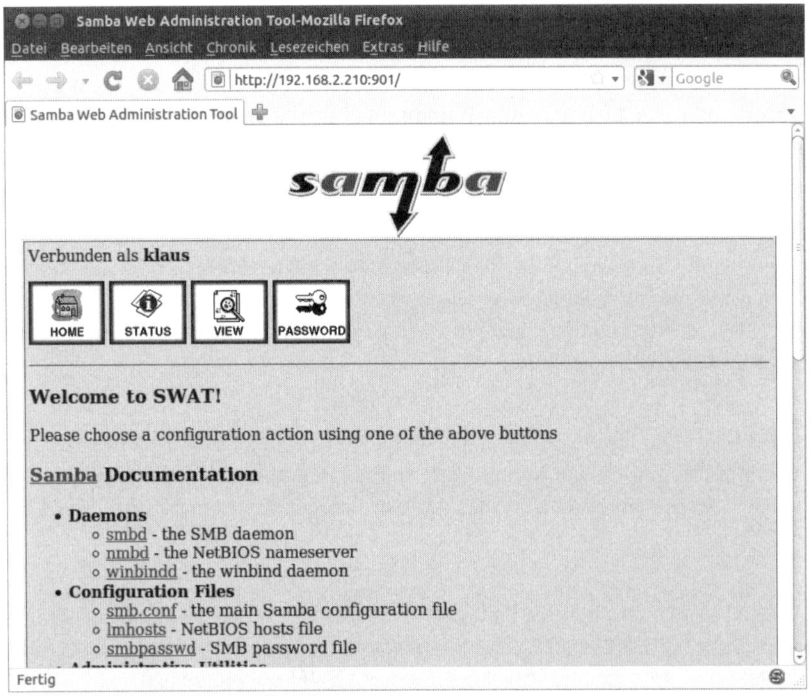

BILD 16.5 SWAT in einem Webbrowser für einen einfachen Benutzer

Auch Freigaben können Sie mit SWAT einrichten:

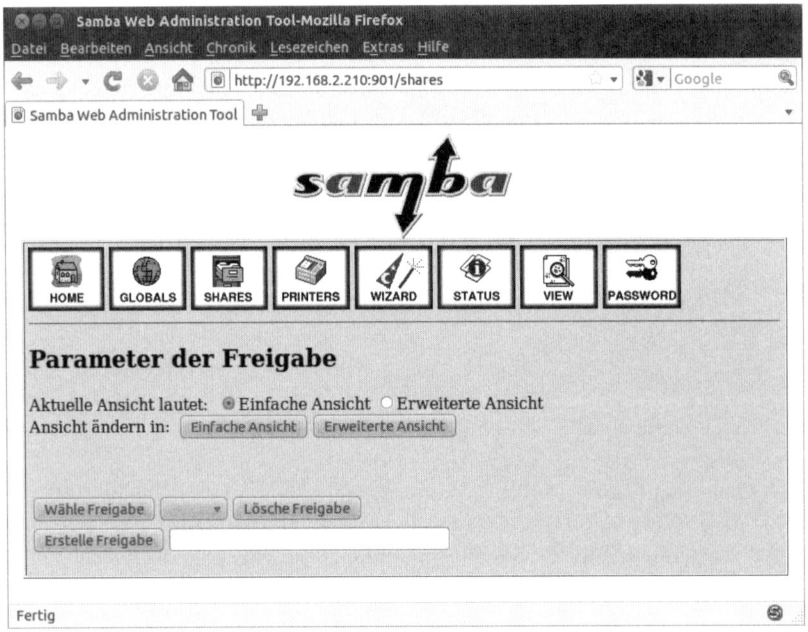

BILD 16.6 Die Konfiguration einer Freigabe mit SWAT unter Benutzer `root`

17 Der Webserver Apache

Einer der wichtigsten Dienste im Internet ist ein Webserver. Er ermöglicht erst das World Wide Web, wie wir es gewohnt sind. Laut vieler Statistiken ist Apache das am weitesten verbreitete Programm für diesen Zweck. Hatte er schon einmal über 60% Marktanteil, sind es nun immer noch um die 54%, wie dies auf folgender Seite nachzulesen ist: *http://news.netcraft.com/archives/2010/05/14/may_2010_web_server_survey.html*

Einen ersten Überblick, wie ein Webserver anzusprechen ist, soll folgende Grafik liefern:

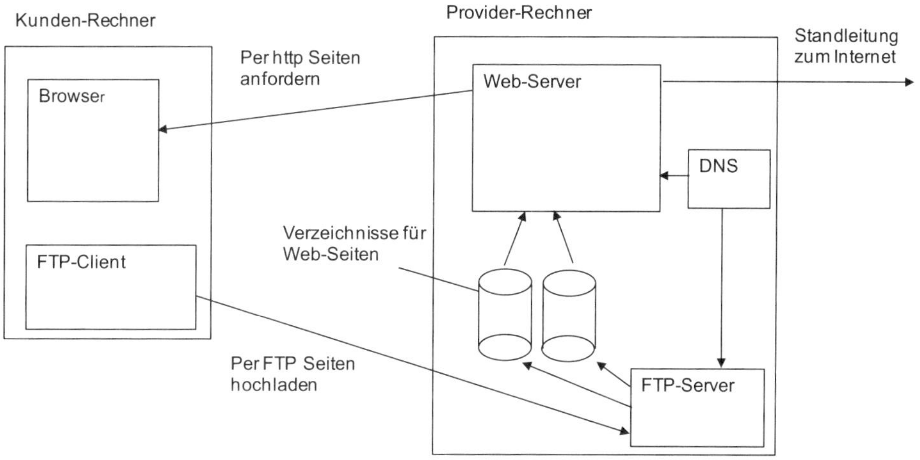

BILD 17.1 Schematische Darstellung der Verbindung von Clients mit dem Webserver

17.1 Installation

Zu installieren ist das Paket `apache2`. Dies reicht aber nicht, da noch das Laufzeitpaket fehlt. Das Laufzeitverhalten legen Sie bei der Installation von Apache 2 fest, indem Sie das Paket zusätzlich installieren, welches das gewünschte Verhalten bereitstellt. Sie können im Wesentlichen entscheiden, ob Apache seine Kindprozesse im Unix-Stil erzeugen soll (über den Fork-Mechanismus) oder eher wie unter Windows bekannt über neue Threads.

Mit dem Paket `apache2-mpm-prefork` erhält Apache ein Multi-Processing Module (MPM), das nach dem UNIX-Stil arbeitet. Über das Paket `apache2-mpm-worker` teilt Apache die Belastung nicht nur auf weitere Prozesse, sondern auch auf zusätzliche Threads auf. Besonders auf Rechnern mit vielen Prozessorkernen bringt es eine hohe Performance. Allerdings kann es dabei Probleme mit der Stabilität geben, da ein fehlerhafter Thread alle anderen Threads beeinträchtigen kann. Da jedoch nicht alle PHP-Module Threads beherrschen, ist das Worker-Laufzeitverhalten beim Einsatz von PHP nicht ratsam!

Installation der Prefork-Laufzeitumgebung:

```
root#@ubuntu:~ aptitude install apache2 apache2-mpm-prefork
```

Bei der Installation über `tasksel` und dem Eintrag „LAMP-Server" erhalten Sie automatisch das Prefork-Paket, da es besser zusammen mit PHP arbeitet. Hiermit werden auch die Pakete für die Datenbank MYSQL und für die Scriptsprache PHP installiert, die oft die Grundlage für aktive Webseiten bilden. „LAMP" setzt sich aus den Wörtern „Linux", „Apache", „MySQL" und „PHP" zusammen.

Nach der Installation ist der Webserver bereits gestartet und ansprechbar. Er zeigt allerdings nur die mitgelieferte rudimentäre Testseite in Englisch, wenn Sie in einem Browser den Link *http://localhost* eingeben:

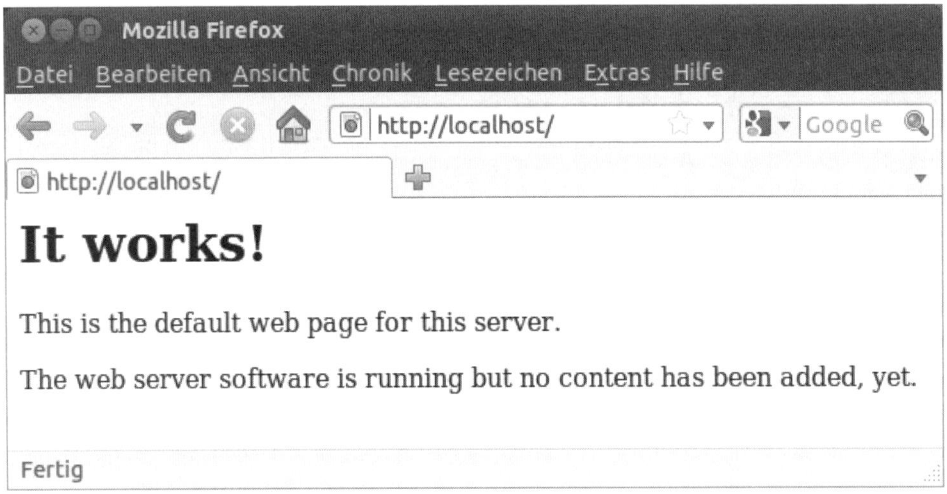

BILD 17.2 Ein erster Test von Apache

Ferner empfiehlt es sich, das Paket `apache2-doc` für die Dokumentation zu installieren. Die Manual-Seiten befinden sich unter `/usr/share/doc/apache2-doc/manual` nach der Installation dieses Pakets. Sie sind dann auch ohne Internet-Zugang erreichbar per Browser über den Link *http://localhost/manual*. Die gewünschte Sprache können Sie hier einrichten, indem Sie hinter „Verfügbare Sprachen" den entsprechenden Link wählen. Eine Erkundung von Modulen, Optionen etc. geht einfach über die entsprechenden Links, wie z. B. auf „Modules", „Directives" etc.:

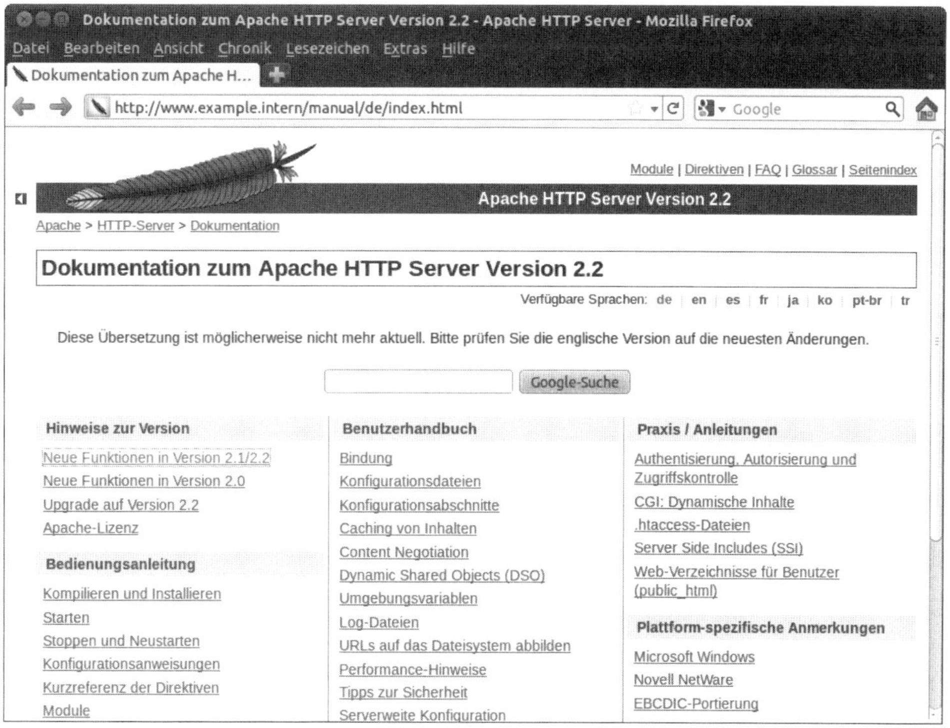

BILD 17.3 Die Online-Dokumentation zu Apache

Im Grunde könnten Sie nun im Verzeichnis `/var/www` Ihre Webseiten ablegen, die Berechtigungen anpassen und die dort bereits vorhandene Datei `index.html` ändern oder ersetzen. Für manche Anwendungsfälle mag dies reichen. In der Regel werden Sie erheblich mehr mit dem Webserver erreichen wollen, vor allem dann, wenn er die Seiten mehrerer Anwender verwalten soll. Daher finden Sie auf den folgenden Seiten die entsprechenden Informationen und Anleitungen hierzu.

Das Programm Apache startet zunächst einen Prozess, der unter Root-Rechten läuft und auf Port 80 lauscht und danach die in der Konfiguration angegebene Anzahl von Kindprozessen (Eintrag „`MinSpareServers`"). Kommt eine Anforderung von einem Client, wird diese an einen der gestarteten Kindprozesse übergeben, die in der Regel unter der Benutzerkennung `www-data` und der Gruppenkennung `nogroup` gestartet sind. Der Hauptprozess verteilt nur die Anfragen. Dies beschleunigt die Zugriffe.

PRAXISTIPP: Achten Sie darauf, dass Port 80 nicht von einer Firewall blockiert ist!

Die Hauptkonfigurationsdatei von Apache liegt im Verzeichnis `/etc/apache2` und trägt den Namen `apache2.conf`. Sie ist ähnlich strukturiert wie eine Webseite mit HTML-Tags. Für eigene Erweiterungen gibt es die (noch leere) Datei `/etc/apache2/httpd.conf`. Die Datei `/etc/apache2/ports.conf` sowie weitere Dateien in den vorhandenen Verzeichnissen werden automatisch eingebunden. Damit soll eine Struktur in die Konfiguration kommen. Sie sollten beachten, dass bei anderen Linux-Distributionen diese Dateien anders benannt sein können.

Durch das Zeichen Raute „#“ am Anfang einer Zeile wird der Inhalt dieser Zeile als Kommentar aufgefasst. Änderungen werden erst nach einem Neustart bzw. oft auch nach einem Reload von Apache wirksam:

```
root@ubuntu:~# service apache2 reload
```

17.2 Die wichtigsten Einstellungen von Apache

Hier eine kurze Aufstellung der wichtigsten Einträge:

Direktive	Beschreibung
`DocumentRoot`	legt in den Beschreibungen für den jeweiligen Host in der Datei `sites-available` das Verzeichnis fest, in dem Apache nach den anzuzeigenden HTML-Seiten sucht. Beispiel: `DocumentRoot "/var/www"`
`ServerRoot`	legt in `apache2.conf` fest, in welchem Verzeichnis die Konfigurationsdateien liegen. Unter Ubuntu ist dies `/etc/apache2`.
`ServerName`	der Name des Webservers. Bei teilqualifizierten Namen ist ein DNS-Eintrag nötig. Beispiel: www.example.intern
`DirectoryIndex`	legt in den Dateien `mods-enabled/dir.conf` und `mods-available/dir.conf` fest, welche Webseite in einem Verzeichnis als Erstes angezeigt werden soll, z. B. `index.html`, wenn der Client mit der URL keinen Dateinamen explizit anfordert. Sind mehrere Dateinamen angegeben, werden sie der Reihe nach getestet, ob eine davon vorhanden ist, und die erste gefundene Datei angezeigt; z. B. mit: `DirectoryIndex index.html, index.htm, start.htm` Ist keine Datei mit den unter `DirectoryIndex` festgelegten Namen vorhanden, so wird entweder ein Inhaltsverzeichnis übermittelt (bei der Einstellung `Options Indexes ...`), oder die Anfrage wird mit einer Fehlermeldung quittiert.
`Listen 80`	Für genauere Einstellungen der Adressen und Ports (auf denen gelauscht werden soll) gibt es die Listenanweisung in `ports.conf`, die auch mehrmals vorhanden sein darf. Per Default (mit „`Listen 80`“) lauscht Apache an allen vorhandenen IP-Adressen am Port 80. Soll dies nicht der Fall sein, müssen diese separat definiert werden. Er unterstützt auch IPv6-Adressen, wie z. B.: `Listen [fe80::20]:80`
`ServerAdmin`	Die E-Mail-Adresse vom Administrator dieses Webservers. Ein Beispiel: `ServerAdmin root@localhost`

Direktive	Beschreibung
`ScriptAlias`	Hiermit wird das Verzeichnis für CGI-Dateien angegeben. Dies sind Skripte oder Programme, die in HTML-Seiten enthalten sein können und vom Webserver über den Start der nötigen Interpreter ausgeführt werden sollen. Sie sollten nicht im von `DocumentRoot` festgelegten Verzeichnis liegen. Es können auch mehrere solcher Einträge mit unterschiedlichen Namen und Aufgaben vorhanden sein. Ein Beispiel: `ScriptAlias /cgi-bin/ "/srv/www/cgi-bin/"` Ein Aufruf eines CGI-Programms in einer Webseite kann wie folgt aussehen: *http://www.example.intern/cgi-bin/suche.sh*
`User www-data`	Die UserID in der Datei `envvars`, unter der die Kindprozesse des Servers laufen sollen.
`Group www-data`	Die Gruppe in der Datei `envvars`, unter der die Kindprozesse des Servers laufen sollen.

Oft ist die Einstellung eines Namens für den Server selbst erforderlich. Per Default gibt es unter Ubuntu keinen derartigen Eintrag. Sie können ihn in der Datei `httpd.conf` als voll qualifizierten Namen hinzufügen:

```
ServerName   www.example.intern
```

HINWEIS

- Der Webserver Apache läuft aus Sicherheitsgründen nicht mit Root-Rechten, sondern unter dem Account „`www-data`" und der Gruppe „`www-data`". Deshalb muss sichergestellt sein, dass Rechte der Dateien und Verzeichnisse entsprechend eingestellt sind, auf die der Webserver zugreifen soll!
- Bei den Anweisungen macht Groß- und Kleinschreibung keinen Unterschied.

17.2.1 Test der Konfiguration

Um sicherzugehen, dass alle Einstellungen in den Konfigurationsdateien richtig geschrieben sind, gibt es das Kommando:

```
root@ubuntu:~# apache2 -t
```

Ein Problem ist dabei, dass der User- und Gruppeneintrag standardmäßig als Umgebungsvariablen eingebunden sind. Sie sind in der aktuellen Shell nicht sichtbar. Daher gibt es eine Fehlermeldung. Als Abhilfe können Sie vor dem Test entweder die Namen direkt eintragen oder die Variablen der Shell bekannt geben mit:

```
root@ubuntu:~# . /etc/apache2/envvars
```

Die Version, das Laufzeitverhalten und alle einkompilierten Werte erhalten Sie mit:

```
root@ubuntu:~# apache2 -V
```

oder auch mit:

```
root@ubuntu:~# apache2ctl -V
```

PRAXISTIPP: Beim Test sollten Sie auf mögliche Proxy-Einstellungen im verwendeten Browser achten, die einen Zugriff auf den gewünschten Webserver verhindern können!

Siehe auch: /usr/share/doc/apache2.2-common/README.Debian.gz

17.2.2 Das Kontrollprogramm von Apache

Der Start von Apache 2 kann auch mit dem Kontrollskript `apache2ctl` erfolgen, das letztlich den Apache selbst mit den eingestellten Optionen aufruft und etliche weitere Aktionen bietet.

Die Parameter für `apache2ctl`:

Parameter	Beschreibung
`start`	Startet Apache und gibt eine Fehlermeldung aus, wenn er bereits läuft
`startssl`	Startet Apache mit zusätzlicher SSL-Erweiterung
`stop`	Beendet Apache ohne Rücksicht auf offene Anfragen
`estart`	Beendet einen bereits gestarteten Apache und startet ihn neu. Ist noch kein Apache-Prozess vorhanden, wird er dennoch gestartet. Die Konfiguration wird wie bei `configtest` überprüft.
`graceful`	wie `restart`, mit dem Unterschied, dass offene Verbindungen nicht unterbrochen werden
`graceful-stop`	wie `graceful`, nur dass der Apache gestoppt wird (anstelle von `restart`)
`status`	Eine kurze Auflistung von Statusinformationen erfolgt.
`fullstatus`	Zeigt einen kompletten Statusreport mit allen offenen Verbindungen
`configtest`	Auf die Konfigurationsdateien erfolgt ein Syntaxtest. Das Ergebnis ist entweder „Syntax Ok“ oder genaue Infos über die vermuteten Fehler;
`help`	Ein kurzer Hilfetext erscheint.

Ein Start und Stopp von Apache2 ist auch weiterhin möglich über das Startskript wie:

```
root@ubuntu:~# /etc/init.d/apache2 start
root@ubuntu:~# service apache2 start
```

Über eine URL wie *http://localhost/server-status* ist der volle Webserver-Status über einen Browser verfügbar.

Bei Aufruf über *http://localhost/server-status?refresh* wird die Seite regelmäßig alle zehn Sekunden neu aufgebaut; mit *http://localhost/server-status?refresh=20* in einem anderen Abstand.

Beachten Sie, dass die Statusangaben nicht für jedermann zugänglich sein sollten! Deshalb ist in der Datei `mods-enabled/status.conf` per Default nur Localhost erlaubt.

Die mitgelieferten Konfigurationen sind zwar für einfache Anforderungen brauchbar, in vielen Fällen werden Sie jedoch Änderungen daran vornehmen wollen.

Die Einstellungen für die HTML-Seiten unter `/var/www` (dem „Default-Host") finden Sie als Beispiel in der Datei `/etc/apache2/sites-available/default`. Diese sind wie für einen Virtual Host definiert. Hierzu später mehr.

17.2.3 Gültigkeitsbereich von Anweisungen

Die meisten Anweisungen können auf Bereiche eingeschränkt werden. Hier die wichtigsten:

Bereich	Beschreibung
`Directory`	bezieht sich auf Verzeichnisse mit absolutem Pfad relativ zum Root-Verzeichnis des Systems und gilt auch für alle Unterverzeichnisse (über eine Vererbung).

`Files`	bezieht sich auf Dateien, die einem Namen oder dem angegebenen Muster entsprechen, auch reguläre Ausdrücke sind erlaubt. Pfadangaben sind hier nicht erlaubt.
	Die Einstellungen gelten in dem Bereich, in dem sie angegeben sind. Befinden sie sich in einer Directory-Anweisung, dann gelten sie nur für dieses Verzeichnis. In einer `.htaccess`-Datei nur für das Verzeichnis, in dem diese Datei sich befindet. Ansonsten gelten sie global.
	Beispiel für einen Eintrag, der alle Dateien betrifft:
	`<files *.*>`
	für alle PDF-Dateien und alle Dateien mit einem Punkt am Anfang:
	`<files (*.pdf|"^\.")>`

`Location`	bezieht sich auf Verzeichnisse oder Dateien relativ zu `DocumentRoot` (also auf die Dateien oder Verzeichnisse, die in der URL beim Aufruf übergeben wurden) und nicht auf eine Directory-Struktur eines Dateisystems. Diese Anweisungen werden erst nach `Directory`- und `Files`-Anweisungen ausgeführt. Sie gelten nur für einen Pfad und bieten keine Vererbung.
`VirtualHost`	für die Einrichtung von virtuellen Hosts

Verschachtelungen (z.B. eine Directory-Anweisung in Virtual Host etc.) sind möglich. Jede Direktive muss abgeschlossen werden mit demselben Aufruf, nur mit einem vorangestellten Slash.

Beispiel:

```
<Directory /var/www>
    <Files ...>
    ...
    </Files>
 ...
</Directory>
```

17.2.4 Die Zugriffserlaubnis

Wer auf die Seiten zugreifen darf, legen die Anweisungen `Allow` bzw. `Deny` fest. Hier können per DNS oder `/etc/hosts` auflösbare Namen und Domänen, IP-Adressen, ganze Netzwerke und Teile davon angegeben werden. Es können mehrere Namen durch ein Leerzeichen getrennt in derselben Zeile stehen oder auf mehrere Zeilen verteilt sein. Das Schlüsselwort `all` steht für alle Zugriffe.

Vorher wird meist angegeben, ob zuerst ein Verbot (`Order deny,allow`) oder eine Erlaubnis (`Order allow,deny`) gelten soll. Besser ist es, erst einmal alles zu verbieten und dann die Erlaubnis zu erteilen. Gibt es keine derartige Anweisung, gilt automatisch `Order deny,allow`.

Ein abgewandeltes Beispiel aus `mods-enabled/status.conf`:

```
<Location /server-status>
    SetHandler server-status
    Order deny,allow
    Deny from all
    Allow from 192.168.2.0/24 localhost ip6-localhost
    Allow from .example.intern
    Allow from 10.10.
</Location>
```

17.2.5 Handler

Die Direktive `AddHandler` weist den Dateien mit der angegebenen Dateiendung einen Handler zu. Dieser legt die Aktion fest, die ausgeführt wird, wenn ein Zugriff auf die Datei erfolgt.

Beispiel:

```
AddHandler application/x-httpd-php .php
```

Hiermit wird der PHP-Interpreter bei einem Zugriff gestartet.

Die Direktive `SetHandler` ist vergleichbar mit `AddHandler`. Der Unterschied ist, dass alle Dateien in einem Verzeichnis, das per Directory oder Location definiert ist, unabhängig von deren Endung so interpretiert werden, wie es der angegebene Handler festlegt.

Beispiel:

```
SetHandler perl-script
```

Hiermit wird der Perl-Interpreter bei einem Zugriff auf eine der Seiten gestartet.

Es kann aber auch eine Funktion ausgeführt werden, sobald ein Verzeichnis aufgerufen wird, wie z. B. die Ausgabe vom Serverstatus im obigen Beispiel.

17.2.6 Options

Mit der Direktive `Options` kann festgelegt werden, welche Optionen für ein bestimmtes Verzeichnis oder für alle Dateien der Webserver anbieten darf.

Einige wichtige Angaben:

Option	Beschreibung
`ALL`	Alle Optionen außer MultiViews sind erlaubt (Default).
`None`	Keine Optionen sind erlaubt.
`Indexes`	Die Ausgabe des Inhaltes eines Verzeichnisses ist erlaubt. Wenn diese Option aktiv ist, erscheint dieses dann, wenn entweder keine Start-Datei im angeforderten Verzeichnis vorhanden ist; oder falls eine solche gefunden wird, wenn kein abschließender Slash in der URL angegeben ist.
`FollowSymLinks`	Symbolischen Links zu folgen ist erlaubt.
`Includes`	SSI-Includes sind erlaubt.
`MultiViews`	wenn ein angefordertes Verzeichnis bzw. eine Datei nicht vorhanden ist, erfolgt eine weitere Suche (wichtig auch zusammen mit der Einstellung zu „`DirectoryIndex`").
`ExecCGI`	CGI-Skripte dürfen ausgeführt werden.

Mit einem Pluszeichen davor kann eine Option nur für das bezeichnete Verzeichnis aktiviert, mit einem Minuszeichen abgeschaltet werden, falls global anderes festgelegt ist.

Beispiel:

```
<Directory /test>
 Options Indexes -FollowSymLinks +Includes
 AllowOverride None
<Directory>
```

Die Direktive `AllowOverride` legt zudem fest, ob Einstellungen durch Einträge einer Datei `.htaccess` (siehe auch folgende Seiten) überschrieben werden dürfen.

17.2.7 Statusmeldungen

Gibt es die angeforderte Seite nicht oder tritt ein anderer Fehler auf, gibt der Webserver einen bestimmten Fehlercode zurück. Ist alles in Ordnung, erhält der Client in der Regel den Code 200.

Erfolgte eine Redirection, wie z. B. wenn eine Seite umgeleitet ist oder aus dem Cache geholt wird, kommt der Code aus dem Bereich 300 bis 304 zum Tragen.

Kann eine Anfrage vom Client nicht beantwortet werden, gibt es den Code aus dem Bereich 400 bis 417.

Treten Fehler bei der Bearbeitung auf dem Server auf, signalisiert dies ein Code aus dem Bereich 500 bis 507. Diese Codes werden auch in den Log-Dateien protokolliert.

Damit der Benutzer eine aussagekräftige Meldung erhält, kann anstelle des Codes die Anzeige einer für diesen Fall vorbereiteten Webseite definiert werden, wie z. B. beim Aufruf einer nicht vorhandenen Seite mit der Directive `ErrorDocument`, die auch für virtuelle Hosts möglich ist. Etliche auskommentierte Einträge befinden sich bereits in der Datei `/etc/apache2/conf.d/localized-error-pages`.

Ein Beispiel:

```
ErrorDocument 404 /error/HTTP_NOT_FOUND.html.var
```

17.2.8 Fonts und Sprachen

Bei der Auslieferung von Seiten kann in Apache der Font eingestellt werden, den die Webbrowser erhalten sollen. Besonders bei Umlauten können sich sonst Probleme ergeben. Der Font kann für die gesamte Serverkonfiguration oder für Verzeichnisse und virtuelle Hosts separat eingestellt werden. Auch in einer `.htaccess`-Datei ist dies möglich.

Unter Ubuntu gibt es bereits eine Default-Einstellung in der Datei `conf.d/charset`, sie ist aber auskommentiert. Sie können diesen Eintrag aktivieren, indem Sie das Kommentarzeichen entfernen:

```
AddDefaultCharset utf-8
```

Dann ist auch keine besondere Umschreibung der Umlaute in den HTML-Seiten erforderlich. Verwenden bestimmte Seiten andere Fonts, sind diese anzugeben.

Eine Direktive wie diese kann den Font (Charset) in Abhängigkeit der Dateiendung festlegen:

```
AddCharset ISO-8859-1 .iso8859-1 .latin1
AddCharset UTF-8       .utf8
```

Falls mehrsprachige Webseiten vorhanden sind (für jede Sprache eine eigene Seite), legen zum Beispiel folgende Direktiven anhand der Dateiendung die Sprache fest:

```
AddLanguage de .de
AddLanguage en .en
```

Wenn nun im Webbrowser die Einstellung „de" für die Default-Language eingerichtet ist, zeigt er die Seiten mit der Dateiendung „.de" an, falls er eine Auswahl an weiteren gleichnamigen Seiten mit anderen Endungen hat.

Falls die vom Browser gewünschte Endung bei der Datei fehlt, gilt die eingetragene Reihenfolge, wie z. B.:

```
<IfModule mod_negotiation.c>
 LanguagePriority de en fr
</IfModule>
```

Die zu verwendenden Sprach- und Font-Einstellungen kann Apache in einem Header der Datei senden, damit der Browser die passenden Einstellungen vornimmt.

17.3 Logging von Apache

Um zu ermitteln, welche und wie viele Zugriffe auf die eigenen Seiten erfolgten, muss im Apache das Logging aktiv sein. Einträge hierfür sind vor allem in der Datei `apache2.conf` und in Einstellungen zu virtuellen Hosts wichtig.

Der Eintrag `LogLevel` legt den Grad der Protokollierung fest. Möglich sind in aufsteigender Priorität: `debug,info,notice,warn,error,crit,alert,emerg`. Mit `debug` werden alle Meldungen erfasst; mit `emerg` nur noch diejenigen, die kurz vor einem Systemabsturz erfolgen. Default ist „`warn`".

Es gibt zwei grundsätzliche Anweisungen für das Logging:

`ErrorLog <datei>`	Log-Datei für Fehler bei der Bearbeitung von Zugriffen. Die Protokollierung erfolgt dabei in der angegebene Datei, meist ist dies: /var/log/apache2/error_log
`CustomLog <datei>`	Log-Datei für erfolgreiche Zugriffe, meist unter /var/log/apache2/access_log. Auch für jeden Virtual Host ist ein eigener Eintrag mit einer jeweils anderen Log-Datei sinnvoll, am besten in eigenen Verzeichnissen.

Mit dem Schlüsselwort „LogFormat" kann man das Format angeben, das für bestimmte Log-Dateien benutzt werden soll. Meist benutzt man das Format „combined". Programme wie z. B. webalizer können die Dateien auswerten und aufbereitet darstellen. Siehe die Beschreibung am Ende dieses Kapitels.

17.4 Passwort-Abfragen

Es kann eine Passwort-Abfrage beim Zugriff auf einen bestimmten Bereich angefordert werden. Damit können Sie sensible Webseiten gegen unbefugten Zugriff schützen.

Die Datei für die Passwörter der User ist mit „AuthUserFile", die Datei mit der Definition der Gruppen ist mit „AuthGroupFile" anzugeben.

Die Authentifizierung mittels AuthType Basic ist universell nutzbar, überträgt die Passwörter aber unverschlüsselt als Base64 kodierter String, der mit geringem Aufwand in Klartext übergeführt werden kann! Eine Verschlüsselung der Seiten mit SSL ist daher dringend empfohlen. Dies wird in Kapitel 17.7.2 ab Seite 423 beschrieben.

17.4.1 Festlegungen für Zugriffe

`Require user <user ...>`	nur die angegebenen Benutzer dürfen zugreifen
`Require valid-user`	alle Benutzer dürfen zugreifen, die ein gültiges Passwort besitzen
`Require group <gruppe>`	Benutzer muss Mitglied dieser Gruppe sein

Beispiel für Zugriff auf das Verzeichnis save, relativ zu DocumentRoot:

```
<Location /save>
 AuthType Basic
 AuthUserFile /etc/httpd/passwd
 AuthGroupFile /etc/httpd/group
 AuthName "Zugriff auf save"
 require valid-user
 require group webbies
 allow from 192.168
 satisfy all
</Location>
```

Der Text hinter „AuthName“ wird in dem Fenster ausgegeben, das der Benutzer vom Browser erhält.

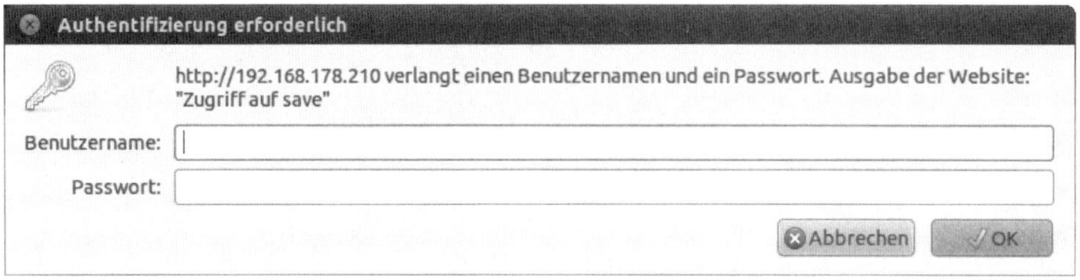

BILD 17.4 Das Formular zur Passworteingabe

Die Anweisung „require valid-user“ bedeutet, dass alle Benutzer erlaubt sind, die sich mit einem eingetragenen Passwort authentifizieren können; mit „require user max“ ist nur der Benutzer max erlaubt. Ähnliches gilt für Mitglieder der angegebenen Gruppe mit „require group webbies“.

Mit „satisfy“ kann man zudem angeben, ob alle Bedingungen (all) erfüllt sein müssen (Benutzer aus dieser Gruppe hat passendes Passwort und kommt aus dem Netz 192.168.0.0) oder einige reichen (any). Dies ist nur dann nötig, wenn sowohl „allow“ als auch „Require“ benutzt sind.

Erzeugt wird eine Passwort-Datei in einer Shell durch das Kommando htpasswd, gefolgt von dem Pfad zu dieser Datei. Sie sollte sich in einem geschützten Bereich befinden, nicht in dem Verzeichnis, das sie schützen soll!

Beispiel:

```
root@ubuntu:~# htpasswd -c /etc/apache2/passwd max
```

Mit dem Parameter -c wird die Datei erstmalig erstellt; dies ist nur nötig, wenn sie noch nicht vorhanden ist! In der Passwort-Datei wird pro Zeile ein User mit dem dazugehörigen Passwort abgelegt. In der Datei für die Gruppen hat ebenfalls jede Gruppe eine Zeile, gefolgt von den Mitgliedern.

Beispiel für den Inhalt einer Passwort-Datei. Jeder Benutzer steht in einer eigenen Zeile. Das Passwort ist zudem „versalzen“, was bedeutet, dass auch gleiche Passwörter unterschiedlich eingetragen sind:

```
egon:2B4vPzdiXoolI
max:uQ6HeshWlKTk6
```

Beispiel für den Inhalt der Datei group (Blank als Trenn-Zeichen), die mit einem Text-Editor zu erstellen ist:

```
webbies: egon max
```

Die Datei für die Gruppe ist nur dann erforderlich, wenn auch auf Gruppen abgefragt wird. Ist dies nicht der Fall, können die Zeilen mit den Schlüsselwörtern „AuthGroupFile“ und „require group“ entfallen.

Hat ein Benutzer sich mit einem Passwort angemeldet, bleibt in der Regel ein Zugriff bis zum Neustart des Browsers möglich, ohne dass dieses Passwort verfällt.

HINWEIS: Den Zugriff über ein Passwort sollten Sie zusätzlich schützen, indem Sie eine Verschlüsselung mit SSL einbauen, wie in den nächsten Seiten beschrieben.

17.5 AllowOverride

Der Aufruf von `AllowOverride` legt fest, ob die Optionen-Einstellungen für ein Verzeichnis durch eine Datei `.htaccess` verändert werden dürfen. Sie ist nur in `Directory`-Direktiven möglich! Derartige Anweisungen sind erforderlich, wenn ein „einfacher“ Benutzer über eine Datei `.htaccess` Berechtigungen erhalten soll.

`AllowOverride None`	Zugriffsdateien im Verzeichnis nicht auswerten (Default)
`AllowOverride All`	Zugriffsdateien im Verzeichnis auswerten. Alle Features sind erlaubt.
`AllowOverride AuthConfig`	Anweisungen für Authentifizierungen sind erlaubt.
`AllowOverride Indexes`	Anweisungen für die Indexseite eines Verzeichnisses sind erlaubt (z. B. `DirectoryIndex`, `Options Indexes` ...).
`AllowOverride Limit`	Anweisungen für die Zugriffssteuerung sind erlaubt.
`AllowOverride Options`	Anweisungen für Optionen sind erlaubt.
`AllowOverride FileInfo`	Anweisungen für Datei-Attribute sind erlaubt.

Es können auch Features kombiniert werden, wie z. B.:

```
<Directory /home/*/public_html>
 AllowOverride FileInfo AuthConfig Limit
</Directory>
```

17.5.1 Die Datei .htaccess

Anstelle zentral festzulegen, wer Zugriff auf bestimmte Verzeichnisse hat, kann dies jeder einzelne Benutzer auch in den Verzeichnissen erledigen, die er betreut. Man spricht von einer dezentralen Zugriffsverwaltung. Voraussetzung ist, dass das Verzeichnis mit einer entsprechenden Anweisung `AllowOverride` für Änderungen freigegeben ist.

Die Einträge können auch für Dateien bzw. Verzeichnisse mit bestimmten Kriterien gelten, wie z. B.:

```
<Files *.jpg>
 AllowOverride ALL
 ...
<Files>
```

In der Konfiguration ist der Name der Datei einzutragen, die den Zugriff regelt. Normalerweise ist so ein Eintrag schon vorhanden und lautet auf den Namen `.htaccess`:

```
AccessFileName .htaccess
```

In dieser Datei dürfen keine Directory- oder Location-Anweisungen vorhanden sein! Um einen Zugriff über einen Browser zu verhindern, werden alle Dateien mit folgenden Angaben in `/etc/apache2/apache2.conf` versteckt, die mit „.ht“ beginnen:

```
<Files ~ "^\.ht">
    Order allow,deny
    Deny from all
    Satisfy all
</Files>
```

PRAXISTIPP: Die Einstellungen in der Datei `.htaccess` gelten für das Verzeichnis (und Unterverzeichnisse), in dem diese Datei vorhanden ist. Die Leistung des Webservers wird dabei reduziert. Besser ist es daher, für alle darüber liegenden Verzeichnisse `AllowOverride None` anzugeben und z. B. `AllowOverride All` nur für das gewünschte Verzeichnis. ■

Als Passwort-Datei ist eine vom Benutzer (mit `htpasswd`) generierte Datei möglich. Mit der Einstellung `AllowOverride` muss im entsprechenden Verzeichnis die Erlaubnis hierzu erteilt sein!

Beispiel für eine Datei `.htaccess` im Verzeichnis `~/public_html/save`:

```
AuthType Basic
AuthName "Zugriff auf save"
AuthUserFile /home/max/public_html/passwd
Require valid-user
Order deny,allow
Deny from all
Allow from 192.168
```

■ 17.6 Virtual Hosts

Will man die Seiten von mehreren DNS-Domänen anbieten, wäre dies möglich über jeweils einen Apache-Server pro einzelner IP-Adresse mit jeweils eigenen Einstellungen. Dies würde eine hohe Zahl an Rechnern erfordern. Wesentlich besser zu warten und einfacher ist es, einen einzigen Apache-Server für alle Adressen über Einträge mit „`Virtual Host`“ zu konfigurieren.

Da ein Dienst nur an einem Port lauschen kann, muss bei mehreren Domains gegenüber dem Client so getan werden, als ob für jede Domain ein Server zur Verfügung steht. In Wirklichkeit gibt es nur einen Webserver.

Jeder Virtual Host (virtueller Webserver) hat zur Abgrenzung untereinander seine eigene `DocumentRoot` etc. Man kann mit einer IP-Adresse beliebig viele solcher „scheinbaren“ Hosts betreiben und spart sich damit viele Rechner und im Internet gültige IP-Adressen.

Mit einem Virtual-Host-Eintrag kann man unabhängig von den Standardeinträgen zusätzliche Namen festlegen. Diese Einträge sollten für jeden virtuellen Host einzeln in Dateien unter `/etc/apache2/sites-enabled` stehen (da in der Datei `apache2.conf` diese Dateien per Include-Anweisung eingebunden werden).

17.6.1 Namensbasierte Virtual Hosts

Jeder derartige virtuelle Host hat die gleiche IP-Adresse. Damit ein virtueller Host weiß, wann er gemeint ist, ist beim Aufruf auch der Name der angegebenen Domain erforderlich, den der Benutzer im Browser einträgt; er wird von dem Webbrowser zusätzlich zum Server geschickt. Dies kann das Protokoll HTTP ab der Version 1.1.

Beispiel:

Die Seite *www.example.intern* soll aufgelöst werden zu der IP-Adresse: 192.168.2.1:80 Die Seite *www.test.de* soll ebenfalls aufgelöst werden zu der IP-Adresse: 192.168.2.1:80

Die IP-Adresse und der Port sind hier gleich; daher ist für jede Anforderung zusätzlich der Name (URL) der Seite erforderlich!

Der Eintrag „`NameVirtualHost`" legt die eine IP-Adresse und den Port fest, an dem Apache bei Anfragen an virtuellen Hosts lauscht, und ist nur einmal für alle namensbasierten Virtual Hosts erforderlich.

In der Datei `/etc/apache2/ports.conf` sind bereits diese Einstellungen definiert:

```
NameVirtualHost *:80
Listen 80
```

Es empfiehlt sich, die Verwaltung von jedem einzelnen virtuellen Host einem eigenen Benutzer zuzuteilen. So kann es einen Benutzer geben, der die Domäne `example.intern` besitzt und hierfür die Webseiten erstellt. Die HTML-Seiten und auch die Log-Dateien von den Zugriffen kann er in seinem Homeverzeichnis abspeichern. Ein anderer Benutzer betreut die Domäne `test.de` ebenfalls in seinem Homeverzeichnis.

Zur Vorbereitung von folgendem Test erstellen Sie bitte die Benutzer `max` und `hans`. Loggen Sie sich in einem neuen Terminal als Benutzer `max` ein und erstellen Sie in seinem Homeverzeichnis das Verzeichnis `public_html`. Kopieren Sie die Datei `/var/www/index.html` in dieses Verzeichnis und passen Sie den Inhalt an. Verfahren Sie genauso mit dem Benutzer `hans`.

Voraussetzung ist außerdem, dass der Nameserver so konfiguriert ist, dass er die gewünschten Domänen bereitstellen kann. Wenn es dabei bereits Probleme gibt, ist eine Erstellung von virtuellen Hosts kaum möglich. Testen Sie erst den Nameserver auf eine korrekte Funktion.

Beispiel für `example.intern` in Datei `/etc/apache2/sites-available/example.intern`:

```
<VirtualHost *:80>
 ServerAdmin max@example.intern
 DocumentRoot /home/max/public_html
 ServerName www.example.intern
 ServerAlias    example.intern
 ErrorLog /home/max/public_html/error.log
 CustomLog /home/max/public_html/access.log combined
 ...
</VirtualHost>
```

Beispiel für test.de in Datei /etc/apache2/sites-available/test.de:

```
<VirtualHost *:80>
 ServerAdmin hans@test.de
 DocumentRoot /home/hans/public_html
 ServerName www.test.de
 ServerAlias    test.de
 ErrorLog /home/hans/public_html/error.log
 CustomLog /home/hans/public_html/access.log combined
 ...
</VirtualHost>
```

HINWEIS: Wenn im Browser nicht nur ein Name wie *www.test.de*, sondern auch einfach nur *test.de* möglich sein soll, müssen Sie den Nameserver entsprechend einrichten. Siehe hierzu Kapitel 15.

Die virtuellen Host-Einträge können Sie testen mit:

```
root@ubuntu:~# apache2 -S
```

Einen virtuellen Host können Sie mit dem Kommando a2ensite aktivieren und mit a2dissite deaktivieren. Dabei werden unter /etc/apache2/sites-enabled entsprechende symbolische Links erzeugt. Ein Link ist bereits für den Default-Host vorhanden. Apache muss danach seine Konfiguration neu einlesen.

Beispiel:

```
root@ubuntu:~# a2ensite example.intern
root@ubuntu:~# a2ensite test.de
root@ubuntu:~# /etc/init.d/apache2 reload
```

17.6.2 IP-basierte Virtual Hosts

IP-basierte Virtual Hosts benötigen jeder für sich eine eigene IP-Adresse, entweder indem mehrere Netzwerkkarten vorhanden sind oder über weitere Einträge in der Datei /etc/network/interfaces. Dann ist eine Unterscheidung der einzelnen Webserver anhand der IP-Adresse möglich. Siehe auch Kapitel 14.

Beispiel in Datei /etc/apache2/sites-available/example.intern:

```
<VirtualHost 192.168.2.210:80>
 ServerAdmin max@example.intern
 DocumentRoot /home/web1
 ServerName www.example.intern
 ...
</VirtualHost>
```

Beispiel in Datei /etc/apache2/sites-available/test.de:

```
<VirtualHost 192.168.2.211:80>
 ServerAdmin hans@test.de
 DocumentRoot /home/web2
 ServerName www.test.de
 ...
</VirtualHost>
```

Ein Beispiel mit IPv6-Adresse:

```
<VirtualHost [2002:da6f:123::]:80>
 ServerAdmin ...
 ...
</VirtualHost>
```

Auch diese virtuellen Hosts können Sie wie oben beschrieben aktivieren und deaktivieren.

Bei IP-basierten virtuellen Hosts muss gewährleistet sein, dass Apache auch an diesen Adressen mit Port 80 lauscht. Mit folgender Default-Einstellung ist dies für alle IP-Adressen der Fall:

```
Listen 80
```

Übersichtlicher ist es, wenn alle benutzten Adressen angegeben sind, z. B.:

```
Listen 192.168.2.210:80
Listen 192.168.2.211:80
```

Es sollten für alle IP-Adressen, für die ein Listeneintrag vorhanden ist, auch Virtual-Host-Einträge vorhanden sein. Für die überzähligen IP-Adressen gilt die Konfiguration aus der Datei `default-server.conf`.

17.6.3 Der Default-Host

Bei der Konfiguration unter Ubuntu ist bereits die Datei `/etc/apache2/sites-available/default` von Haus aus vorhanden und aktiviert. Damit ist der Default-Host beschrieben, also die Konfiguration, die dann benutzt wird, wenn bei einem Zugriff keine andere Beschreibung passt.

HINWEIS

- Falls die Konfiguration auch auf den Default-Host passt, wird dieser zuerst gefunden und damit angezeigt; nicht ein eventuell gewünschter anderer Host.
- Wenn ein Benutzer in seinem Homeverzeichnis die Seiten für einen virtuellen Webserver pflegt (wie in den Beispielen oben), muss gewährleistet sein, dass der Webserver Leserechte auf alle darin enthaltenen Dateien besitzt! Soll Apache dort die Log-Dateien in einem Unterverzeichnis erstellen, muss das hierfür eingetragene Verzeichnis vorhanden sein.
- Bei adressbasierten virtuellen Hosts ist nur ein Host pro IP-Adresse erlaubt.
- Die verwendeten Domains sollten per DNS erstellt sein!
- Die Verzeichnisse für die Log-Dateien müssen vor dem Start angelegt sein!
- Alle Verzeichnisse und Dateien, auf die Apache zugreift, müssen die nötigen Rechte besitzen (für User und Group: `www-data`)!

17.7 Das Modul-Konzept von Apache

Der Webserver Apache kann ähnlich wie der Linux-Kernel benötigte Module nachladen. Eine Funktion wird meist durch ein Modul repräsentiert, das zur Laufzeit eingebunden und wieder entfernt werden kann. Nur die wichtigsten Module sind im Hauptprogramm vorhanden (einkompiliert). Bei einer statischen Integration der Funktionen wird das Programm sehr groß. Die Standardmodule sind unter `/usr/lib/apache2/modules` hinterlegt und haben die Dateiendung „`.so`". Das Modul für das Laufzeitverhalten gibt es im entsprechenden Verzeichnis unter `/usr/lib/apache2`.

Die Einbindung der Module bei Bedarf erledigt das Apache-Modul `mod_so`, das statisch einkompiliert sein muss. Dieses Konzept heißt auch DSO-Support (von „Dynamic Shared Object").

Welche Module einkompiliert sind, können Sie ermitteln mit:

```
root@ubuntu:~# apache2 -l
```

Weitere Module werden bei Bedarf geladen mit der Direktive „`LoadModule`". Unter Ubuntu erfolgt dies in Dateien mit der Endung „`.load`", die im Verzeichnis `/etc/apache2/mods-available` abgelegt sind. Im selben Verzeichnis sind die Konfigurationseinstellungen von einem Modul in Dateien mit Endung „`.conf`" definiert. Bereits aktive Module erhalten unter `/etc/apache2/mods-enabled` einen symbolischen Link.

Mit den Kommandos `a2enmod` und `a2dismod` können Sie ein Modul aktivieren bzw. deaktivieren.

Welche Module der Webserver Apache insgesamt beim Start geladen hat, zeigt dieser Aufruf:

```
root@ubuntu:~# apache2 -M
```

Es gibt viele Module für die unterschiedlichsten Aufgaben. Im Folgenden sollen einige wichtige zur Sprache kommen.

17.7.1 Das Modul mod_php

Über die Sprache PHP können Sie direkt in HTML-Dateien Programmcode einbetten, den dann der Webserver bei Zugriff auf die Datei vor dem Versenden der Daten ausführen kann. Die Dateien tragen dann die Endung „`.php`" oder „`.php5`".

Damit der Webserver PHP-fähig wird, ist erst das Modul `php5` zu installieren, falls noch nicht geschehen:

```
root@ubuntu:~# aptitude install php5
```

Bei der Installation wird ein eventuell vorhandenes Paket `apache2-mpm-worker` durch `apache2-mpm-prefork` ausgetauscht und das Apache-Modul `php5` aktiviert. Nach einem Neustart von Apache steht PHP zur Verfügung.

Ein Test von PHP, der die Konfiguration von PHP ausgibt, ist per Datei `/var/www/phpinfo.php` mit folgendem Inhalt möglich:

```
<?php
 phpinfo();
?>
```

Die Datei muss ausführbar sein und die Rechte so eingestellt haben, dass sie auch von `www-data` lesbar ist. Mit dem Aufruf *http://localhost/phpinfo* gibt das Skript die Konfiguration des Systems aus.

PRAXISTIPP: Diese Datei soll nur zum Test dienen. Wenn dieses Skript auf einem produktiven Server erreichbar ist, kann das ein Sicherheitsrisiko darstellen, da es viele Angriffsinformationen liefern kann! Da PHP schon öfter Sicherheitslücken aufwies, sollten Sie damit sehr vorsichtig sein. Das Projekt Hardened PHP stellt den Patch „Suhosin" für PHP zur Verfügung, der PHP sicherer machen soll. Siehe hierzu: *http://www.hardened-php.net*

PHP können Sie deaktivieren über:

```
root@ubuntu:~# a2dismod php5
```

17.7.2 Apache mit SSL-Support

Das SSL-Protokoll (Secure Sockets Layer) wurde ursprünglich von der Firma Netscape entwickelt. Damit ist eine verschlüsselte Verbindung möglich, und der Webserver kann sich selbst authentifizieren.

Die Eigenschaften von SSL:

- Die gesamte Übertragung der Daten ist verschlüsselt; nach einem Verbindungs-Handshake wird ein Sitzungsschlüssel definiert, der für ein symmetrisches Verschlüsselungsverfahren verwendet wird.
- Eine Authentifikation des Servers und des Clients wird ermöglicht (Adress-Spoofing etc. ist nur dann möglich, wenn der Benutzer nicht aufmerksam ist).
- Eine Verbindung ist zuverlässig. Die Integrität der übertragenen Daten wird verifiziert (durch MAC = Message Authentication Code).

Beim Aufruf von Seiten, die per SSL gesichert sind, fragt der Browser nach, ob Sie dem Zertifikat zustimmen, wenn dieses nicht von einer Zertifizierungsstelle kommt, die dem Browser bekannt ist. Schließlich kann jeder solch ein Zertifikat erstellen. Um diese Abfrage ein zweites Mal zu verhindern, kann der Browser angewiesen werden, dieses Zertifikat in seine Liste der bekannten Zertifikate aufzunehmen.

Soll dieses Zertifikat weltweit bekannt sein (ohne Nachfrage des Browsers), muss es von einer anerkannten Zertifizierungsinstanz signiert werden, z.B. bei Thawte (*https://www.thawte.com*) der Telekom usw. Bei Verisign (*http://www.verisign.com*) gibt es Probleme, da diese Firma eigene Zertifikate bevorzugt.

Über das SSL-Protokoll (Secure Socket Layer) kann der Apache bestimmte Seiten zur Verfügung stellen, die dann per HTTPS-Protokoll (Port 443) von Browsern angefordert werden können. Der Nachfolger von SSL ist das TLS-Protokoll (Transport Layer Security).

Über das Apache-Modul `mod_ssl` kann der Webserver Apache die Verschlüsselung nutzen. Dieses muss aktiviert sein mit dem Kommando:

```
root@ubuntu:~# a2enmod ssl
```

Die mitgelieferte Beispielkonfiguration können Sie aktivieren mit:

```
root@ubuntu:~# a2ensite default-ssl
```

Mit folgenden Einträgen in der Konfigurationsdatei `/etc/apache2/sites-available/default-ssl` benutzt der virtuelle Host ein bereits bei der Installation vom Paket `ssl-cert` erstelltes Zertifikat mit einer Gültigkeitsdauer von zehn Jahren:

```
        SSLCertificateFile    /etc/ssl/certs/ssl-cert-snakeoil.pem
        SSLCertificateKeyFile /etc/ssl/private/ssl-cert-snakeoil.key
```

Nach einem Reload der Konfiguration ist Apache per SSL erreichbar:

```
root@ubuntu:~# /etc/init.d/apache2 reload
```

oder

```
root@ubuntu:~# service apache2 reload
```

Öffnen Sie daraufhin einen Browser wie den Firefox und geben Sie die folgende URL ein: *https://localhost*

Wichtig dabei ist, das Sie das Protokoll „https“ eintragen und nicht „http“ oder einfach nur „localhost“.

Zunächst erhalten Sie eine Warnung, die besagt, dass dem Browser das Zertifikat unbekannt und demnach nicht vertrauenswürdig ist. Klicken Sie auf *Ich kenne das Risiko* und danach auf *Ausnahme hinzufügen...* Sie kommen in ein Fenster, in dem Sie das Zertifikat ansehen und akzeptieren können.

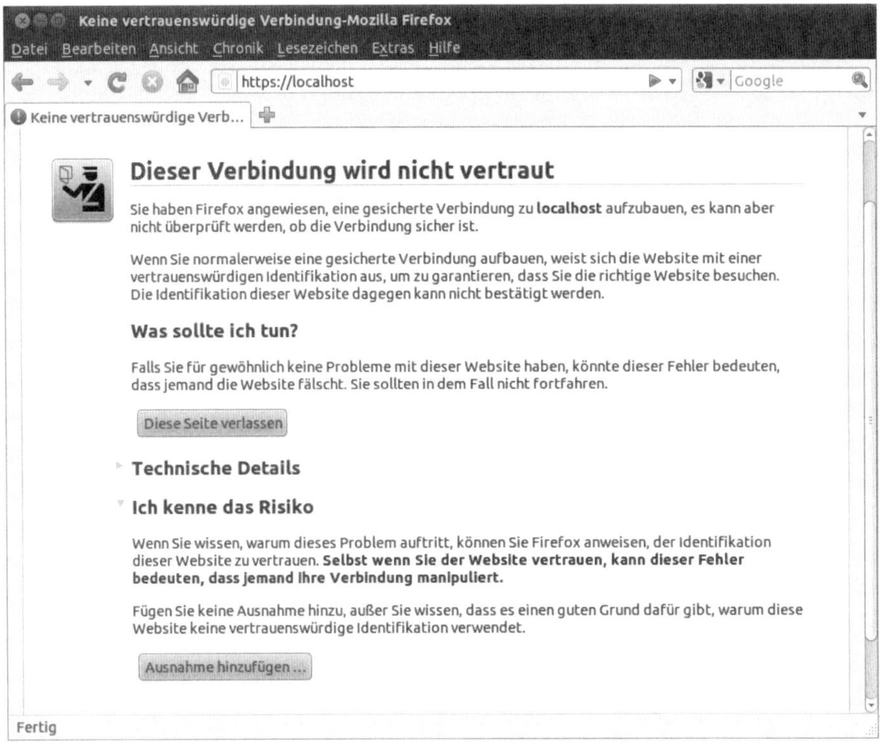

BILD 17.5 Die Warnung vom Webbrowser Firefox

Im folgenden Fenster können Sie sich das Zertifikat ansehen oder über *Sicherheits-Ausnahmeregel bestätigen* das Zertifikat akzeptieren. Dies geschieht dauerhaft, wenn das entsprechende Häkchen gesetzt ist.

BILD 17.6 Angaben über das Zertifikat

Sie akzeptieren es natürlich nur deswegen, weil Sie wissen, dass es von Ihnen kommt. Wem dies zu schnell ging, der kann auch ein eigenes Zertifikat erstellen.

17.7.3 Ein Testzertifikat erstellen

Für den Austausch der öffentlichen Schlüssel werden X.509-Zertifikate benutzt. Ein derartiges Zertifikat ist zum Anfordern eines offiziell signierten Zertifikats einer öffentlichen Zertifizierungsstelle erforderlich. Es handelt sich dabei um ein CSR (Certificate Signinig Request), also um eine Zertifikatsignierungsanforderung.

Es muss zunächst das Paket openssl installiert sein, was normalerweise bereits bei der Installation des Systems erfolgt! Tragen Sie vor dem Einfügen des Zertifikats den Servernamen in /etc/apache2/apache2.conf ein:

```
ServerName www.example.intern
```

Nun können Sie ein selbst signiertes Zertifikat erstellen. Im Beispiel sind die Benutzereingaben fett markiert:

```
root@ubuntu:~# mkdir /etc/apache2/cert
root@ubuntu:~# cd /etc/apache2/cert
root@ubuntu:~# /usr/lib/ssl/misc/CA.pl -newcert
```

```
Generating a 1024 bit RSA private key
.......................++++++
.............++++++
writing new private key to 'newkey.pem'
Enter PEM pass phrase:
Verifying - Enter PEM pass phrase:
-----
You are about to be asked to enter information that will be incor-
porated
into your certificate request.
What you are about to enter is what is called a Distinguished Name or
a DN.
There are quite a few fields but you can leave some blank
For some fields there will be a default value,
If you enter '.', the field will be left blank.
-----
Country Name (2 letter code) [AU]:DE
State or Province Name (full name) [Some-State]:Germany
Locality Name (eg, city) []:Altstadt
Organization Name (eg, company) [Internet Widgits Pty
Ltd]:Beispielfirma
Organizational Unit Name (eg, section) []:
Common Name (eg, YOUR name) []:www.example.intern
Email Address []:postmaster@example.intern
Certificate is in newcert.pem, private key is in newkey.pem
```

PRAXISTIPP: Der Eintrag für „Common Name" muss mit dem von „ServerName" übereinstimmen!

Mit dem Aufruf von „CA.pl -newcert" wird dieser Befehl abgesetzt:

```
root@ubuntu:~# openssl req -new -x509 -keyout newkey.pem -out
newcert.pem -days 365
```

Die abgefragte Passphrase ist vierstellig einzugeben und quasi das Passwort für die private Schlüsseldatei newkey.pem. Es dient zur Sicherheit, falls das Zertifikat einmal in die falschen Hände gelangen sollte. Diese Passphrase müsste bei jedem Start von Apache eingegeben werden. Soll das Zertifikat länger als ein Jahr gültig sein, können Sie im obigen Befehl die Zahl der Tage entsprechend erhöhen.

Da ein Rechner mit einem Webserver normalerweise in einem abgeschlossenen Raum steht und eine Eingabe der Passphrase bei jedem Neustart sehr umständlich ist, können Sie die Passphrase entfernen. Jeder muss selbst entscheiden, ob dies vertretbar ist! Wenn der Server gehackt wird, ist der Schlüssel wertlos!

Hiermit können Sie die Passphrase aus der Key-Datei entfernen; die bisherige Passphrase ist hierzu einzugeben:

```
root@ubuntu:~# openssl rsa -in newkey.pem -out keyohne.pem
```

Die Datei `newcert.pem` enthält das öffentliche Zertifikat und die Datei `keyohne.pem` nun den dazugehörigen privaten Schlüssel. Niemand anders als `root` sollte die Schlüsseldateien lesen können! Die Berechtigung ist entsprechend anzupassen:

```
root@ubuntu:~# chmod 400 newkey.pem keyohne.pem
```

Den Inhalt einer Zertifikatdatei können Sie auch ansehen mit z. B.:

```
user@ubuntu:~$ openssl x509 -noout -text -in newcert.pem
```

Nun brauchen Sie nur noch das Zertifikat in die Beschreibung der entsprechenden Site einzufügen, wie zum Beispiel in `/etc/apache2/sites-available/default-ssl`:

```
        SSLEngine on
        SSLCertificateFile       /etc/apache2/cert/newcert.pem
        SSLCertificateKeyFile    /etc/apache2/cert/keyohne.pem
```

HINWEIS

- Ein selbst signiertes Zertifikat ist nur für interne Zwecke brauchbar!
- Nach der Installation vom Paket `openssl-doc` erhalten Sie weitere Dokumentation über SSL unter: `/usr/share/doc/openssl-doc/doc`

17.7.4 Test der Konfiguration

Zum Test können Sie die Konfigurationsdateien auf korrekte Syntax prüfen mit:

```
root@ubuntu:~# apache2 -t
root@ubuntu:~# apache2 -S
```

Sehr wichtig ist es, die Log-Datei `/var/log/apache2/error.log` auf Fehlermeldungen abzusuchen. Ebenfalls sollten Sie nach Zugriffen die Log-Dateien regelmäßig prüfen. Die Verzeichnisse für Log-Dateien müssen mit den passenden Berechtigungen vorhanden sein.

Mit dem Aufruf einer gesicherten Webseite im Browser mit z. B. *https://www.example.intern* sollten bis auf die bereits erwähnte Warnung keine Fehler erscheinen.

Es kann auch eine Prüfung mit Kommando `netstat` auf die Ports 80 und 443 erfolgen.

> **HINWEIS**: Für jeden SSL-Server ist eine eigene IP erforderlich, d. h., man kann ohne Erweiterung nur einen namensbasierten Virtual Host mit SSL betreiben. Ab Apache 2.2.12 und mit `SNI` (TLS Server Name Indication) in den TLS-Erweiterungen ab `OpenSSL 0.9.8f` sind auch mehrere namensbasierten Virtual Hosts mit SSL-Verschlüsselung möglich.

Ob diese Option vorhanden ist, zeigt eine „1" im Ergebnis von folgendem Aufruf:

```
user@ubuntu:~$ grep -cU TLS_SNI /usr/lib/apache2/modules/mod_ssl.so
```

Siehe auch: *http://de.wikipedia.org/wiki/Server_Name_Indication*

17.8 Webalizer

Das Paket `webalizer` kann recht einfach die Log-Datei für erfolgreiche Zugriffe (die Datei `access.log`) auswerten, um die Zugriffe auf den Webserver Apache in einer grafisch ansprechenden Seite auszugeben. Hierzu sind dieses Paket und eventuell davon abhängige Pakete zu installieren.

Es ist erst die Konfigurationsdatei `/etc/webalizer/webalizer.conf` anzupassen mit den Pfadnamen der auszuwertenden Log-Dateien (`LogFile`) und der zu erstellenden HTML-Seite (`OutputDir`). Diese Konfiguration wird normalerweise verwendet, wenn eine HTML-Seite für die Statistik vom Standard-Webserver erzeugt werden soll.

Bei der Installation von `webalizer` wird automatisch ein gleichnamiges Skript unter `/etc/cron.daily` erstellt. Dieses sucht einmal pro Tag (voreingestellt ab der Uhrzeit 6:25) unter `/etc/webalizer` alle Dateien, die mit „`.conf`" enden, und führt damit einen Aufruf von `webalizer` aus.

Bei Virtual Hosts sind für jeden Host eigene Konfigurationsdateien sinnvoll, damit das Logging für jeden Host einzeln erfolgt. Auch die zu erstellenden Statistikseiten sollen dann meist in eigene Verzeichnisse im jeweiligen `DocumentRoot` abgelegt werden. Eine Kopie der Datei `/etc/webalizer/webalizer.conf` im selben Verzeichnis kann der Benutzer root erstellen und anpassen, wie z. B. in die Datei `webalizer_max.conf`. In der neuen Datei sind meist nur diese Zeilen zu ändern:

```
...
LogFile /home/max/public_html/access.log
...
OutputDir /home/max/public_html/statistik
```

Falls die Log-Dateien per Logrotate immer wieder neu erstellt werden, würden die bisherigen Ergebnisse in der Webalizer-Statistik verloren gehen. Folgender zusätzlicher Eintrag in der Konfigurationsdatei verhindert dies:

```
Incremental    yes
```

Da meistens die Option `HostnameLookups Off` für Apache eingestellt ist, führt er keine Reverse-Auflösung von IP-Adressen zu DNS-Namen beim Logging durch. Das Logging von IP-Adressen sollte jedoch aktiviert sein. Bei der Analyse besonders von stark frequentierten Webservern beschleunigt die Datei `dns_cache.db` und zusätzliche DNS-Prozesse die Reverse-Auflösung durch `webalizer`, das die Datei im Ausgabeverzeichnis erstellt, wenn diese weiteren Angaben in der Konfigurationsdatei vorhanden sind:

```
DNSCache        dns_cache.db
DNSChildren     2
```

Zum Test kann der Benutzer `webalizer` mit der Option `-c` mit der zu verwendenden Konfigurationsdatei wie folgt aufrufen:

```
user@ubuntu:~$ webalizer -c /etc/webalizer/webalizer_max.conf
```

Die aktuelle Statistik können Sie sich einfach in einem Browser ansehen. Für den Beispiel-Host wäre diese URL erforderlich: *http://www.example.intern/statistik/index.html*

18 Der Mailserver Postfix mit Dovecot

Ein Mailserver dient im Internet zum Versenden und Empfangen von Mails. Aber auch Firmen und kleineren Büros kann ein eigener Mailserver viele Vorteile bringen. So kann er den kompletten internen Mailversand übernehmen und die Verbindung mit Mailservern im Internet gewährleisten. Da das Thema Mail sehr vielschichtig ist, soll Ihnen dieses Kapitel eine Einführung in die Grundlagen des Mailversands unter Ubuntu bieten.

Man spricht auch von einem MTA (Mail Transfer Agent), der den Server darstellt und nur für das Verschicken (Transportieren) von Mails zuständig ist. Oft ist Postfix selbst oder Procmail der MDA (Mail Delivery Agent), der die Mails in die Postfächer der Anwender einordnet.

Im Gegensatz hierzu gibt es auf der Anwenderseite einen MUA (Mail User Agent), mit dem der Benutzer seine Mails schreibt und an einen MTA weiterleitet (Server für ausgehende Mails) beziehungsweise von einem Mailserver Mails abholt (Server für ankommende Mail).

Mit einem MUA allein kann keine Mail ins Internet verschickt werden, es ist die Hilfe eines MTA erforderlich! Zum Verschicken von Mails und zur Kommunikation von Mailservern untereinander wird das Protokoll SMTP (Simple Mail Transfer Protocol) benutzt.

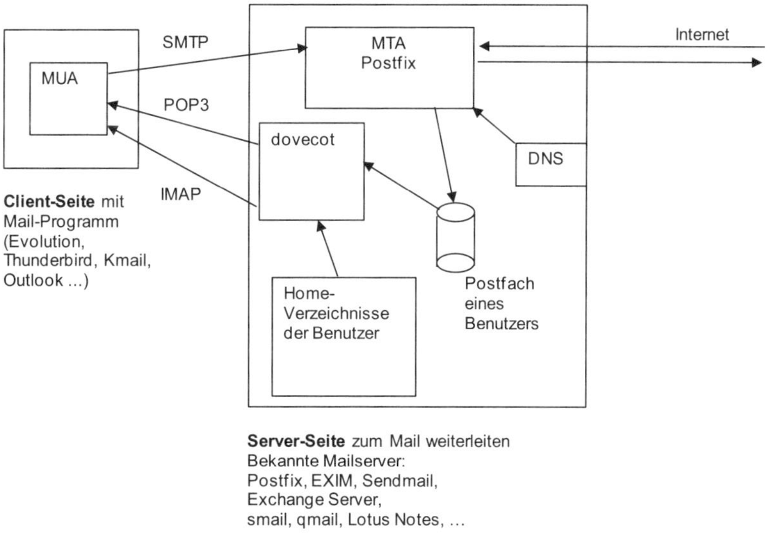

BILD 18.1 Schematische Darstellung der Verbindung von Mailclient zu Mailserver

Im Internet ist mittels einer Standleitung der Empfang von Mails mit einem MTA möglich. Da aber nicht immer eine Standleitung vorhanden ist, muss im Internet beim Provider ein Mailserver die ankommenden Mails entgegennehmen und in Postfächer einsortieren (für jeden Account ein eigenes Fach). Sie können auch im Homeverzeichnis eines Benutzers abgelegt werden. Man spricht dabei auch von „Store and Forward". Diese Mails können dann per POP3 oder IMAP abgeholt werden.

HINWEIS: Sobald Sie im Internet Mails empfangen oder verschicken wollen, benötigen Sie eine registrierte DNS-Domain. Infolge von vielen Spam-Mails reicht dies jedoch noch nicht. Sie brauchen zudem eine statische IP-Adresse aus einem separaten Adressbereich, der nur für professionelle Anwendungen vorgesehen ist. Andere Adressen, wie beispielsweise solche, die bei der Anmeldung von Privatleuten vergeben werden, sind nicht geeignet. Die meisten Provider, die im Internet Mailserver betreiben, sperren diese Adressen in sogenannten Blacklists! Falls Sie im Internet einen Root-Server betreiben, erhalten Sie von Ihrem Provider normalerweise eine oder mehrere geeignete Adressen.

PRAXISTIPP: Sie sollten mit der Konfiguration eines Mailservers sehr vorsichtig sein. Sobald ein Fehler im Relaying vorhanden ist, können Spamversender Ihren Rechner als Spamschleuder missbrauchen, was unangenehme Auswirkungen haben kann.

18.1 Aufbau von Mails

Eine Mail beginnt immer mit dem Schlüsselwort „From". Es leitet den Mail-Header ein, der wichtige Informationen zur Verarbeitung der Mail enthält. Dem Header folgt die eigentliche Mail in Textform. Da es Mailserver gibt, die nur 7 Bit ASCII-Zeichensatz (128 Zeichen, ohne Sonderzeichen) verarbeiten können, ist eine Mail in der Regel auf diese Zeichen beschränkt. MIME-Anweisungen im Header geben den Programmen weitere Informationen, die für die Bearbeitung des Inhaltes benutzt werden.

Um auch andere Zeichen und Anhänge in Binärform zu übertragen, gibt es die MIME-Codierung (MIME = Multipurpose Internet Mail Extension), die beliebige Daten (komprimierte Bilder, Programme ...) auf einen 7-Bit- oder 8-Bit-Zeichensatz abbildet.

PRAXISTIPP: Die Anhänge in Binärform werden dadurch ca. um 30% größer, als sie vorher waren.

18.1.1 Die Mail-Adresse

Eine Mail-Adresse enthält den Namen des Empfängers (Account-Name oder Alias-Eintrag), ein „AT"-Zeichen (auch Klammeraffe genannt), gefolgt von dem Namen oder der IP-Adresse des Rechners, der die Mail entgegennehmen soll (auf dem also ein MTA installiert ist).

Beispiel: `max@mail.example.intern`

Da nicht jeder den Rechnernamen kennt, auf dem der MTA läuft (und auch nicht zu kennen braucht), gibt es den MX-Record. Es legt in der für die Domain zuständigen Zonendatei im DNS fest, welcher Rechner die Mail erhalten soll, wenn sie an diese Domain geschickt wird.

In unserem Beispiel an `max@example.intern`.

Einen Mailserver ohne Nameserver zu betreiben ist nicht sinnvoll. Bevor Sie einen Mailserver installieren, sollten Sie einen MX-Record in Ihrer Nameserver-Konfiguration eintragen. Für den Fall, dass der Mailserver aus dem Internet Mails entgegennehmen soll, muss die Domäne öffentlich registriert sein. Der MX-Record benötigt zusätzlich einen sog. „Preference Value", der eine vorzeichenlose 16-Bit-Integer-Zahl ist (0-65535). Da es auch mehrere Mailserver in einer Domäne geben kann, ist die Priorität des damit angegebenen Mailservers umso größer, je kleiner diese Zahl ist!

Ein Beispiel für den Inhalt der Datei „`db.example.intern`":

```
$TTL    86400
@       IN      SOA     ns1.example.intern. root.localhost. (
                     2011032801         ; Serial
                         604800         ; Refresh
                          86400         ; Retry
                        2419200         ; Expire
                          86400 )       ; Negative Cache TTL
;
        IN      NS      ns1.example.intern.
        IN      MX 10 mail.example.intern.

www     IN      A       192.168.2.1
mail    IN      A       192.168.2.3
ns1     IN      A       192.168.2.9
```

Eine Datei für die Rückwärtsauflösung ist ebenfalls wichtig, da viele Mailserver nur von solchen Rechnern Mails akzeptieren, deren IP-Adresse sie rückwärts auflösen können. Ein MX-Record ist hier aber nicht erforderlich. Siehe hierzu auch Kapitel 15.

Die Einstellungen können Sie mit folgendem Kommando testen (die eigenen Angaben sind dick markiert):

`user@ubuntu:~$` **nslookup**

```
set type=MX
example.intern
Server:         192.168.2.9
Address:        192.168.2.9#53

example.intern     mail exchanger = 10 mail.example.intern.
exit
```

Für den Test der Rückwärtsauflösung reicht:

`user@ubuntu:~$ nslookup` **192.168.2.9**

```
Server:         192.168.2.9
Address:        192.168.2.9#53

9.2.168.192.in-addr.arpa      name = ns1.example.intern.
```

Der ermittelte Name braucht nicht der gleiche zu sein wie bei der Vorwärtsauflösung. Es können mehrere Namen dieselbe IP-Adresse haben, aber nur einer kann bei der Rückwärtsauflösung ausgegeben werden. Wichtig ist, dass eine Rückwärtsauflösung möglich ist.

18.2 Der Mailserver Postfix

Ein immer beliebter werdender Mailserver ist Postfix, der relativ einfach zu konfigurieren ist. Er ist Standard unter Ubuntu. Den Mailserver können Sie ähnlich wie den Nameserver mit `tasksel` installieren, wie bereits gezeigt. Dabei kommen auch die Pakete von `dovecot` (dazu später mehr) auf die Festplatte (sowie `dovecot-common`, `mutt`, `procmail`, `dovecot-imapd`, `ssl-cert`, `dovecot-pop3d`, `bsd-mailx`, `mysql-common` und einige Libraries). Sie werden dabei gefragt, wie Sie Postfix installieren wollen:

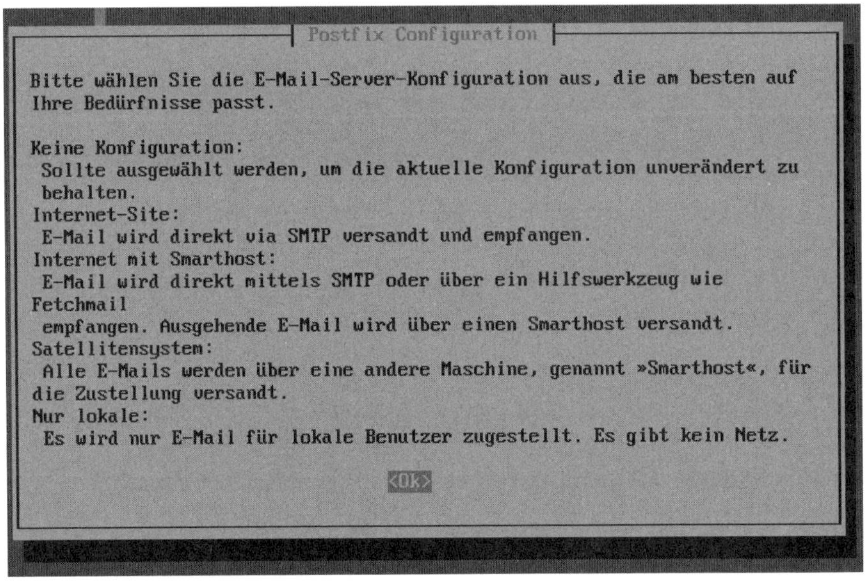

BILD 18.2 Die Übersicht zur Auswahl

Mit der folgenden Auswahl stellen Sie die Weichen für die Basiskonfiguration:

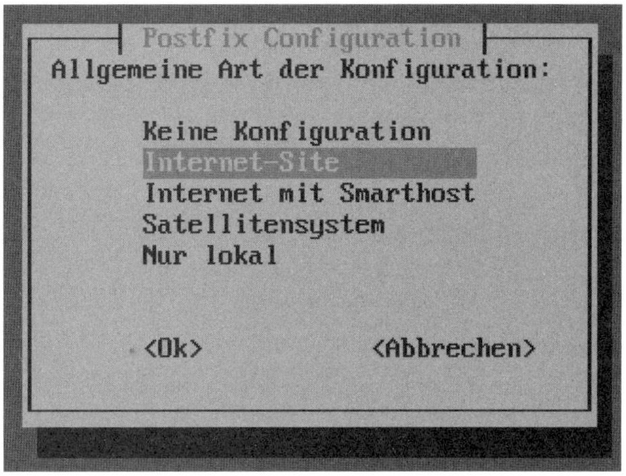

BILD 18.3 Die generelle Postfix-Konfiguration

Haben Sie bereits eine Konfiguration von Postfix, wählen Sie *Keine Konfiguration*. Damit verändert die Installation nichts an den bestehenden Einstellungen.

Bei einer Wählverbindung eignete sich früher *Internet mit Smarthost* oder *Satellitensystem*, heute jedoch nicht mehr, da die Provider ihre Mailserver immer mehr schützen. Wollen Sie nur eine lokale Zustellung in der eigenen Firma oder im Büro, ist der Eintrag *Nur lokal* der passende.

Wollen Sie eine permanente Verbindung mit dem Internet, wählen Sie *Internet-Site*. Diese Einstellung bietet sich an, wenn Sie eine Standleitung zum Internet haben oder einen Root-Server konfigurieren.

Nach dieser Auswahl erhalten Sie eine Abfrage, wie die eigene Namensdomäne heißen soll. Per Default nimmt sich dieser Dialog den Namen aus der Datei `/etc/hosts`. Ändern Sie diesen auf den Namen Ihrer DNS-Domäne:

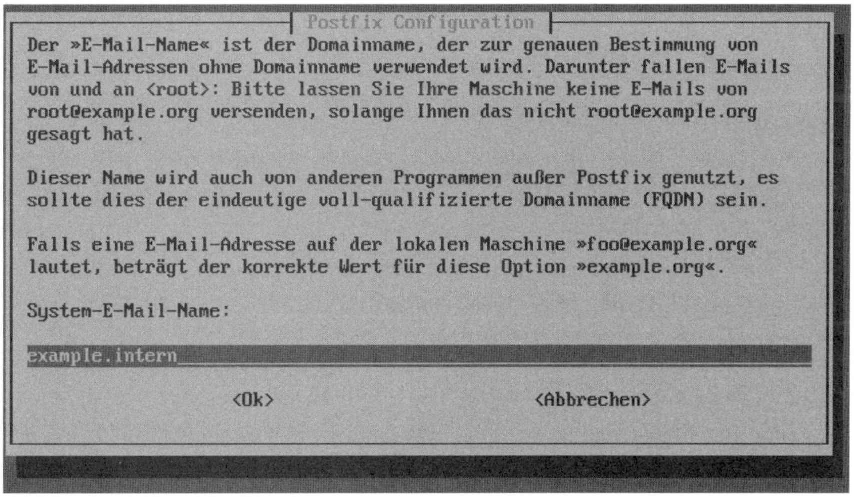

BILD 18.4 Die Angabe vom E-Mail-Domänennamen

Die nötigen Benutzer „`postfix`“ und „`dovecot`“ sowie die Gruppen „`postfix`“, „`postdrop`“ und „`dovecot` sind nun ebenfalls eingerichtet. Damit `postfix` auch nach einem Neustart des Rechners aktiv ist, wird es automatisch bei der Installation in den gewünschten Runleveln aktiviert. Siehe Kapitel 11.

18.2.1 Kommandos an Postfix

Ein manueller Start von `postfix` kann erfolgen mit:

```
root@ubuntu:~# postfix start
```

Geordnet stoppen Sie `postfix`, sodass noch laufende Prozesse sauber terminieren:

```
root@ubuntu:~# postfix stop
```

`Postfix` liest seine geänderte Konfiguration ein mit:

```
root@ubuntu:~# postfix reload
```

Hiermit können Sie überprüfen, ob `postfix` läuft:

```
root@ubuntu:~# postfix status
```

Die Berechtigungen der Konfigurationsdateien können Sie mit folgendem Kommando prüfen. Falls alles in Ordnung ist, erhalten Sie keine Meldung:

```
root@ubuntu:~# postfix check
```

Bei einer Einwahlverbindung können die Mails, die sich in der Mailqueue befinden und noch nicht abgesandt wurden, wie folgt verschickt werden (bei z. B. ISDN-Einwahlverbindungen am besten durch einen Eintrag in der Datei `/etc/ppp/ip-up`):

```
root@ubuntu:~# postfix flush
root@ubuntu:~# postqueue -f
root@ubuntu:~# sendmail -q
```

18.2.2 Konfiguration von Postfix

Die wichtigste Datei für die Konfiguration ist `/etc/postfix/main.cf`. Bei der Installation erfolgte bereits eine Grundkonfiguration. Die Einträge können mit Blank bzw. mit Komma getrennt werden.

Ein Eintrag ist wie folgt aufgebaut: `Parametername = Wert`

Der Inhalt einer Zeile, die mit einem Komma endet, wird in der nächsten Zeile fortgesetzt, wenn diese mit einem Blank beginnt. Kommentare werden mit einer Raute (#) eingeleitet. IPv6-Adressen sind in eckigen Klammern einzuschließen. Das Kommando `postfix reload` sollte nach jeder Änderung ausgeführt werden, damit die Einträge wirken können.

Sehr zu empfehlen ist die Installation vom Paket `postfix-doc`, das unter `/usr/share/doc/postfix-doc` viele Dateien mit Beschreibungen und Beispielen ablegt. Sie können ohne Probleme auch die Dateien mit `vi` oder `less` ansehen, die mit Endung „`.gz`“ versehen, also mit `gzip` komprimiert sind.

Ein Konfigurationsbeispiel in der Datei /etc/postfix/main.cf mit den wichtigsten Einträgen:

```
# Postfix meldet sich mit folgendem String bei anderen Mailservern:
smtpd_banner = $myhostname ESMTP $mail_name (Ubuntu)

# Name des Rechners, auf dem Postfix läuft. Default ist der Name des
# Rechners mit der Postfix-Installation:
myhostname = mail.example.intern

# Name der eigenen DNS-Domain. Default ist "$myhostname" (siehe oben)
# minus dem Rechneranteil, auch wenn dies nicht explizit in dieser Datei
# eingetragen ist.
mydomain = example.intern

# Die Alias-Datei für die Umsetzung von Mail-Adressen, zusammen mit der
# entsprechenden Hash-Datei:
alias_maps = hash:/etc/aliases
alias_database = hash:/etc/aliases

# Mail-Adressen ohne Domain-Anteil werden mit dem Inhalt von "myorigin"
# erweitert. Default ist der eigene Rechnername, was nicht sinnvoll
# ist.
# myorigin = /etc/mailname

# Die Domains für die interne Mailzustellung. Hier können alle Domänen
# angegeben werden, für die Postfix Mails entgegen nimmt. Sie müssen
# vorher im Nameserver eingerichtet sein!
# Es sind hier auch die Namen des eigenen Rechners sinnvoll, sonst
# kann es Endlosschleifen geben.
mydestination = example.intern, localhost.example.intern localhost

# Der Relay-Host (Smarthost). Gibt es einen derartigen Eintrag, werden
# zu diesem Rechner alle ausgehenden Mails verschickt. Eine separate
# Zustellung im Internet für jede einzelne Mail erfolgt dann nicht.

# relayhost =

# Liste der Rechner oder Netze, denen vertraut wird. Von Rechnern in
# diesen Netzen wird Mail ohne Authentifizierung angenommen.
# Relaying ist für diese Rechner damit erlaubt. Hier dürfen nur eigene
# Netzwerke und Hosts eingetragen sein, da sonst der Mailserver nicht
# gegen Missbrauch (wie Spamversand) geschützt ist!
# Per Default ist nur Localhost eingetragen.
mynetworks = 192.168.2.0/24 127.0.0.0/8 [::ffff:127.0.0.0]/104 [::1]/128

# Die maximal erlaubte Größe einer Mail (die Vergrößerung bei einem
# Mime-Anhang ist zu berücksichtigen).
# 0 steht für keine Begrenzung:
mailbox_size_limit = 0

# Der Separator zwischen dem Benutzernamen und der Adress-Erweiterung:
recipient_delimiter = +

# An diesen Netzwerkadressen wird gelauscht:
inet_interfaces = all

# Diese Internet-Protokolle benutzen:
inet_protocols = all
```

PRAXISTIPP: Wenn Sie einen Mailserver betreiben, müssen Sie vor allem darauf achten, dass er kein offenes Relay bietet! Ansonsten finden Spamversender im Internet diesen Mailserver und missbrauchen ihn. Besonders bei einem Server im Internet (wie einem Root-Server) ist dies fatal, der über ein Breitband-Netzwerk angebunden ist.

Damit der Mailserver keine ungebetenen Mails verschickt, darf er über den Eintrag `mynetworks` nur den eigenen IP-Adressen und Netzwerken eine Erlaubnis zum Mailversand bieten!

Über den Eintrag `relayhost` können Sie erreichen, dass alle ausgehenden Mails an den dort genannten Mailserver geschickt werden. Meist ist dies ein Mailserver vom eigenen Provider. Da die meisten Provider ihre Mailserver wegen der Spam-Problematik sehr gut schützen, ist ein derartiger Eintrag heutzutage nur noch in Absprache mit dem Provider sinnvoll.

Das Programm `postfix` kennt noch wesentlich mehr Einstellungen. Mit dem Kommando `postconf` können Sie die aktuell wirksamen Parameter ausgeben lassen; mit Option `-n` nur die Parameter, die nicht Default sind. Beispiel:

```
root@ubuntu:~$ postconf -n
```

Sie können auch mit diesem Kommando Einträge in der Datei `main.cf` am Ende anhängen:

```
root@ubuntu:~# postconf -e 'mailbox_size_limit = 0'
```

Eine Beschreibung aller möglichen Parameter erhalten Sie mit dem Kommando:

```
user@ubuntu:~$ man 5 postconf
```

18.2.3 Test der Konfiguration

Die an interne Benutzer verschickten Mails werden normalerweise in einer gleichnamigen Datei unter `/var/spool/mail` abgelegt. Unter Ubuntu ist dies ein symbolischer Link auf das Verzeichnis `/var/mail`, in dem Postfix die Mail-Dateien ablegt. Jede Datei ist so gesichert, dass nur der Benutzer selbst und die Gruppe `mail` darauf zugreifen dürfen.

Ein Beispiel. Verschicken Sie eine erste Mail an einen intern angelegten Benutzer `max`. Hierzu eignet sich das kleines Programm `mail` aus dem Paket `bsd-mailx`, welches `tasksel` automatisch mit installiert. Es ist in einer Konsole oder im Terminal einsetzbar (auch das Programm `mutt` ist hierfür recht beliebt). Den zu verschickenden Text schließen Sie mit einem einzelnen Punkt am Anfang einer neuen Zeile ab.

Beispiel:

```
root@ubuntu:~# mail max
 Subject: test
 hallo
 .
 Cc:
```

In der Datei `/var/mail/max` erscheint nun die Mail im Mbox-Format. Dieses Format ist Standard und bedeutet, dass der Inhalt der Mail als ASCII-Text abgespeichert ist und jede neue Mail einfach an den bisherigen Inhalt der Datei angefügt wird:

```
From root@mail.example.intern Tue Mar 29 18:00:09 2011
Return-Path: <root@mail.example.intern>
X-Original-To: max
Delivered-To: max@mail.example.intern
Received: by ubuntu-s2.example.intern (Postfix, from userid 0)
        id 95B105A03C0; Tue, 29 Mar 2011 18:00:09 +0200 (CEST)
To: max@mail.example.intern
Subject: test
Message-Id: <20110329160009.95B105A03C0@ubuntu-s2.example.intern>
Date: Tue, 29 Mar 2011 18:00:09 +0200 (CEST)
From: root@mail.example.intern (root)

hallo
```

HINWEIS: In der Datei `/var/log/mail.err` können Sie die Fehlermeldungen von `postfix` lesen; in den Dateien `/var/log/mail.log`, `/var/log/mail.info` und `/var/log/mail.warn` erhalten Sie weitere Informationen.

Falls etwas nicht auf Anhieb funktioniert, sollten Sie die Datei `main.cf` darauf prüfen, ob ein Eintrag doppelt vorhanden ist. Der letzte Eintrag überschreibt dann einen vorherigen!

18.2.4 Erweiterte Konfiguration

Das Format für die Mails

Normalerweise erhält jeder Benutzer seine Mails im Mbox-Format in einer Datei mit einem Namen wie dem Benutzer-Account im Verzeichnis `/var/mail`; beispielsweise für User `max` die Datei `/var/mail/max`. Diese Datei wird erst mit der ersten Mail angelegt, die der User erhält, ansonsten ist diese Datei noch nicht vorhanden. Mitunter gibt es den Wunsch, die Mails im Homeverzeichnis anzulegen. Hierzu ist dieser Eintrag in `/etc/postfix/main.cf` erforderlich für eine Datei `~/Mailbox`:

```
home_mailbox = Mailbox
```

Für IMAP eignet sich das Maildir-Format besser. Hiermit erstellt `postfix` das Verzeichnis `~/Maildir` (da es ein Verzeichnis ist, ist der Slash am Ende wichtig):

```
home_mailbox = Maildir/
```

Das Kommando `mail` kann mit dem Maildir-Format nichts mehr anfangen; ein Test gestaltet sich dann schwieriger. Für `dovecot` kann das Format eingetragen werden in `/etc/dovecot/dovecot.conf`, z.B.:

```
mail_location = maildir:~/Maildir
```

Die Datei `/etc/aliases`

In dieser Datei ist wie bei Sendmail festgelegt, unter welchen zusätzlichen Namen ein Benutzer per Mail erreichbar sein soll bzw. wie Mails an ihn weiter zu leiten sind. Alle unter `/etc/passwd` eingetragenen Benutzernamen sind automatisch dem Mailserver bekannt. Da unter Ubuntu die Benutzer nicht mit einem Punkt im Namen erzeugt werden können, muss daher eine Mail-Adresse wie „horst.meyer" hier eingetragen sein. Groß- und Kleinschreibung der Adressen ist in dieser Datei und beim Verschicken von Mails egal.

Da meist eine Anmeldung als Benutzer root nicht gewünscht ist, kann in dieser Datei eine Umleitung aller für root bestimmten Mails an den Benutzer erfolgen, dessen Account für Administrationszwecke vorgesehen ist. Im folgenden Beispiel erhält der Benutzer max alle an root gerichteten Mails, da der Administrator sich mit diesem Account regelmäßig anmeldet.

Beispiele:

```
postmaster    :       root
root          :       max
horst.meyer   :       horst
h.m    :              horst
max.huber     :       max, max@gmx.de
```

Im letzten Eintrag ist angegeben, dass Mails an „max.huber" nicht nur lokal, sondern auch zu einer anderen Mail-Adresse im Internet verschickt werden sollen. Dazu benötigt der Mailserver allerdings einen Smarthost, an dem er sich anmelden muss. Da sich wegen der Spam-Problematik dies immer schwieriger gestaltet, ist eine Lösung besser, wie im Kapitel zu ETRN vorgeschlagen.

Gruppen können definiert werden durch das Eintragen der Mitglieder oder durch eine Include-Anweisung:

Beispiele:

```
gruppe1:        max,jan,elke,hans
gruppe2:        :include:/etc/mail/recipient.list
```

Zudem können ankommende Mails zur weiteren Verarbeitung an Programme weitergeleitet werden (z.B. an das Programm majordomo zur Verwaltung von Mail-Listen).

Beispiel:

```
liste: "| <programm_name>"
```

Die Einstellungen sind erst aktiv nach Eingabe des Kommandos newaliases:

```
root@ubuntu:~# newaliases
```

Es erzeugt die Datei /etc/aliases.db im Format „Berkeley Database" (mit Endung .db). Dieses Format ist optimiert für eine schnelle Suche nach Einträgen. Ein Neustart von postfix ist nicht nötig.

Die Datei /etc/postfix/virtual

Ähnlich wie bei der Datei /etc/aliases werden hier allerdings auf Domänenebene bei ankommenden Mails im Internet bekannte Namen auf lokale Benutzernamen umgesetzt. Sie entspricht der Datei virtusertable von Sendmail.

Dies ist dann wichtig, wenn ankommende Mail auf mehrere Rechner verteilt werden soll oder ein Mailserver für mehr als eine Domain zuständig ist, wie zum Beispiel über den Parameternamen „mydestination" für „firma.de" und „test.de". Dann kann es vorkommen, dass es jeweils einen Benutzer max in beiden Domänen gibt, beide aber nicht identisch sind.

Die Einträge hier sollten zusammen mit denen in der Datei „canonical" erfolgen! In der Datei main.cf ist folgender Verweis erforderlich, damit die Einträge eingebunden werden:

```
virtual_alias_domains = hash:/etc/postfix/virtual
```

Beispiel für den Inhalt:

```
max@firma.de    max1
max@test.de     max2
```

Erst mit dem Kommando `postmap` werden die Einstellungen wirksam:

```
root@ubuntu:~# postmap /etc/postfix/virtual
```

Die Datei /etc/postfix/canonical

Sie wirkt umgekehrt zu der Datei „virtual“. Für ausgehende Mails werden lokale Namen auf offizielle Domänennamen umgesetzt (maskiert). Sie entspricht der Datei `genericstable` von Sendmail.

Diese Datei ist auch wichtig bei Wählleitungen, wenn z. B. interne Benutzer Mails ins Internet verschicken wollen. Auch die Fehlermeldungen, die systemintern einige Programme an root versenden, können an eine Mail-Adresse im Internet versandt werden, wenn eine entsprechende Umleitung in `/etc/aliases` vorhanden ist. Die Einträge hier sollten mit denen in der Datei „virtual“ korrespondieren!

In der Datei `main.cf` ist folgender Verweis erforderlich, damit die Einträge eingebunden werden:

```
canonical_maps = hash:/etc/postfix/canonical
```

Beispiel für den Inhalt:

```
max1        max@firma.de
max2        max@test.de
root        max.huber@firma.de
```

Erst mit folgendem Kommando sind die Einstellungen wirksam:

```
root@ubuntu:~# postmap /etc/postfix/canonical
```

Die Datei /etc/postfix/transport

Für Mails gibt es ähnlich wie bei IP-Paketen ebenso ein Routing; also eine Beschreibung, auf welchem Weg sie versandt werden sollen. Dies erfolgt in der Datei `transport`. Sie entspricht der Datei `mailertable` von Sendmail. Einträge in eckigen Klammern „[...]“ übergehen die Einstellung für den MX-Record im entsprechenden Nameserver.

In der Datei `main.cf` ist zur Einbindung folgender Verweis erforderlich:

```
transport_maps = hash:/etc/postfix/transport
```

Beispiel: Die Mails für „example.intern“ werden per SMTP an den Mailserver „mail1.test.de“ weitergeleitet, die Mails an die Subdomains von „example.intern“ an „mail2.test.de“:

```
example.intern       smtp:[mail1.test.de]
.example.intern      smtp:[mail2.test.de]
```

Erst mit dem folgenden Kommando werden die Einstellungen wirksam:

```
root@ubuntu:~# postmap /etc/postfix/transport
```

HINWEIS: Bei manuellen Änderungen in allen besprochenen Dateien muss sichergestellt sein, dass die Einträge nicht von weiteren Einstellungen am Ende einer Datei wieder überschrieben werden.

Weiterleiten von Mails für Benutzer

Ein normaler Benutzer hat keine Schreibrechte in der Datei `/etc/aliases`. Durch eine Datei mit Namen `~/.forward` im eigenen Homeverzeichnis ist dennoch ein Weiterleiten aller ankommenden Mails an die Mail-Adressen möglich, die in dieser Datei stehen.

Beispiel: Weiterleitung aller ankommenden Mails an eine Adresse bei GMX:

```
hans@gmx.de
```

Anbindung an einen anderen Mailserver per ETRN

Wenn Sie eine eigene Domain nicht ständig per Standleitung und statischer IP-Adresse mit dem Internet verbunden haben, müssen Sie einen anderen Mailserver benutzen, um Ihre Mails im Internet zu verschicken und eingetroffene Mails abzuholen. Hierfür eignet sich das ESMTP-Kommando `ETRN`. Eine Anleitung, wie Sie Mails per ETRN abholen können, finden Sie unter: *http://www.postfix.org/ETRN_README.html*

18.3 Der Dienst dovecot

Der Mailserver `postfix` verwendet nur das Protokoll SMTP. Damit kann er Mails zu anderen Mailservern verschicken oder Mails von Benutzern erhalten. Wenn die Anwender ihre Mails über das Netz abholen wollen, benötigen sie andere Programme, wie zum Beispiel `Evolution`. Lokal kann der Administrator seine eingegangenen Mails mit den Programmen `mail` oder `mutt` lesen.

Da normalerweise keine weiteren Anwender Zutritt zu einem Server haben, benötigen sie andere Protokolle; entweder POP3 zum Abholen von Mails auf den eigenen Rechner oder IMAP zum Ansehen bzw. Einordnen der Mails, die dabei auf dem Server verbleiben.

Für die Protokolle POP3 und IMAP sind andere Programme zuständig. Früher waren dies oft Popper für POP3 oder der Cyrus-IMAP-Server für POP3 und IMAP. In letzter Zeit gewinnt `dovecot` immer mehr Anhänger und ist unter Ubuntu Standard.

Die Benutzer holen sich ihre Mails in der Regel mit Programmen ab, wie `Evolution`, `Thunderbird` oder unter Windows mit `Outlook`. Diese Programme ermöglichen auch den Zugang per IMAP. Einen Zugang zu den Mails auf dem Mailserver ermöglicht der Dienst `dovecot`. Sie können diesen über die Konfigurationsdatei `/etc/dovecot/dovecot.conf` einrichten. Hier sind etliche Beispiele und Kommentare mitgeliefert, die oft als Default-Einstellungen gelten.

Die wichtigsten Zeilen, die vorhanden sein sollten in `/etc/dovecot/dovecot.conf`:

```
# Welche Protokolle sind zu unterstützen:
protocols = imap imaps pop3 pop3s
```

```
# Auf welchen Interfaces soll gelauscht werden. "*" steht für alle
# IPv4-Schnittstellen; "[::]" für alle mit IPv6:
#listen = *

# Es findet keine Mailbox, wenn noch keine Mails ankamen. Besser ist es, immer
# eine Mailbox anzugeben, anhand der mitgelieferten Beispiele.
# In diesem Standard-Fall für das Format Mbox:
mail_location = mbox:~/mail:INBOX=/var/mail/%u
```

Angenehm an `dovecot` ist, dass er bereits ohne viel zusätzliche Konfiguration einsetzbar ist. Die oben gezeigten Änderungen reichen aus, um eine Verbindung per STARTTLS in einem Mailprogramm vorzunehmen. Der Dienst ist nach der Installation bereits gestartet und in den entsprechenden Runleveln so eingerichtet, dass er bei jedem weiteren Booten aktiv wird. Für den Zugang zum SMTP-Server brauchen Sie keine Verbindungssicherheit und keine Authentifizierung, wenn Sie Postfix wie im Beispiel eingerichtet haben und sich im lokalen Netzwerk befinden.

Nach Änderungen der Konfiguration sollten Sie eine Prüfung vornehmen lassen, die eventuelle Fehler meldet. Option `-a` zeigt zudem alle aktiven Einträge; Option `-n` nur diejenigen, die nicht als Default gelten:

```
root@ubuntu:~# dovecot -a
```

Nach Änderungen der Konfiguration muss ein Neustart von dem Programm erfolgen:

```
root@ubuntu:~# service dovecot restart
```

Fehlermeldungen von `dovecot` sehen Sie ebenso wie die von `postfix` in der Datei `/var/log/mail.err`. Weitere Meldungen erhalten Sie in `/var/log/mail.info`.

Bei der Installation wurde bereits ein Zertifikat erstellt, das ein Jahr Gültigkeit hat. Wenn Sie die Angaben für den Benutzer, Passwort und Rechnername in Ihrem Mailprogramm angeben, bekommen Sie erst eine Warnung, dass dem Zertifikat nicht vertraut wird. Sie können dennoch das Zertifikat akzeptieren. Es ist nur nicht von bekannten Zertifizierungsstellen signiert, sodass im Mailprogramm keiner der dort hinterlegten öffentlichen Schlüssel passt:

BILD 18.5 Eine Warnung über ein unbekanntes Zertifikat

Akzeptieren Sie das Zertifikat, indem Sie unter Thunderbird auf *Sicherheits-Ausnahmeregel bestätigen* klicken. Es kommt schließlich von Ihrem eigenen Server. Achten Sie darauf, für Verbindungssicherheit „`STARTTLS`" zu wählen und die Authentifizierungsmethode *Passwort, normal*.

Für längere Zeiträume der Gültigkeit erstellen Sie ein eigenes Zertifikat ähnlich wie bei Apache. Die aktuell vorhandenen Einträge zeigt folgender Befehl:

```
root@ubuntu:~# dovecot -a|egrep "key|cert"
ssl_cert_file: /etc/ssl/certs/dovecot.pem
ssl_key_file: /etc/ssl/private/dovecot.pem
...
```

Erstellen Sie ein Zertifikat mit zehn Jahren Gültigkeit:

```
root@ubuntu:~# mkdir cert
root@ubuntu:~# cd cert
```

```
root@ubuntu:~# openssl req -new -x509 -keyout dovecot.key -out dovecot.
pem -days 3652
```

```
-----
Country Name (2 letter code) [AU]:DE
State or Province Name (full name) [Some-State]:
Locality Name (eg, city) []::Neustadt
Organization Name (eg, company) [Internet Widgits Pty Ltd]:Beispielfirma
Organizational Unit Name (eg, section) []:
Common Name (eg, YOUR name) []:example.intern
Email Address []:postmaster@example.intern
```

Die Passphrase aus dem Zertifikat entfernen:

```
root@ubuntu:~# openssl rsa -in dovecot.key -out keyohne.key
```

Ersetzen Sie die genannten Dateien, indem Sie die beiden neu erstellten Dateien kopieren:

```
root@ubuntu:~# cp keyohne.key /etc/ssl/private/dovecot.pem
root@ubuntu:~# cp dovecot.pem /etc/ssl/certs
```

Dovecot neu starten:

```
root@ubuntu:~# service dovecot restart
```

Nun können Sie in Ihrem Mailprogramm das bisherige Konto entfernen und ein neues erstellen. Bedenken Sie, dass die Werte vom alten Zertifikat noch im Zwischenspeicher vorhanden sein können, sodass das Ablaufdatum womöglich noch falsch angezeigt wird. Voraussetzung ist auch immer, dass der Nameserver richtig konfiguriert ist!

18.3.1 Sicherer Zugang zu Postfix

Für Anwender, die sich nicht im lokalen Netzwerk befinden bzw. die eine gesicherte Übertragung wünschen, gibt es ebenfalls einen sicheren Zugang. Da Postfix selbst keine Authentifizierung der Anwender vornehmen kann, die sich per SMTP verbinden, benötigt es andere Programme hierfür, wie den IMAP-Server von Cyrus oder eben `dovecot`.

Es muss der zur Anmeldung benutzte Benutzer-Account `postfix` auf dem Rechner erstellt und bei den „Socket"-Angaben eingetragen sein, auf dem sowohl `dovecot` als auch `postfix` aktiv sind.

Hier die nötigen Änderungen in `/etc/dovecot/dovecot.conf`:

Es fehlt im Listing eine schließende Klammer. Hier ist es auf das Wesentliche gekürzt. Bitte so übernehmen:

```
...
auth default {
  mechanisms = plain login
  ...
  socket listen {
    client {
      # path = /var/run/dovecot/auth-client
      path = /var/spool/postfix/private/auth
      mode = 0660
      user = postfix
      group = postfix
    }
```

```
    }
  }
  ...
```

Änderungen in `/etc/postfix/main.cf`:

```
smtpd_sasl_type = dovecot
smtpd_sasl_path = private/auth
smtpd_sasl_auth_enable = yes
smtpd_recipient_restrictions = permit_mynetworks,
                               permit_sasl_authenticated,
                               reject_unauth_destination
```

Nach einem Restart beider Dienste sollte eine Anmeldung möglich sein:

```
root@ubuntu:~# service dovecot restart
```

```
root@ubuntu:~# service postfix restart
```

Bei der Anmeldung an dem SMTP-Server ist zu beachten, dass Sie zum einen das neue Zertifikat akzeptieren müssen, indem Sie unter Thunderbird auf *Sicherheits-Ausnahmeregel bestätigen* klicken. Zum anderen müssen Sie als Verbindungssicherheit „`STARTTLS`" wählen und die Authentifizierungsmethode „`Passwort, normal`".

Weitere Informationen zu SASL (Simple Authentication and Security Layer) finden Sie unter:

http://www.postfix.org/SASL_README.html

http://wiki.dovecot.org/Authentication/Mechanisms

http://wiki.dovecot.org/HowTo/PostfixAndDovecotSASL

18.4 Mails abholen per fetchmail

Ein Abholen der Mails ist auch mit dem Programm `fetchmail` aus dem Paket `fetchmail` möglich (auch für mehrere Accounts gleichzeitig). Dieses Paket wird nicht automatisch installiert. Die Mails gelangen dabei in die entsprechenden Mbox-Dateien unter `/var/mail`.

Das Programm `fetchmail` kann entweder direkt mit den nötigen Optionen aufgerufen werden. Oder die Anweisungen für `fetchmail` sind in `~/.fetchmailrc` eingetragen.

Dann genügt es, als Benutzer nur noch das Kommando `fetchmail` aufzurufen. Mit der Option `-v` beim Aufruf von fetchmail erhält man zudem viele Ausgaben, die für die Fehlersuche wichtig sein können. Mit `cron` kann `fetchmail` dann in regelmäßigen Abständen aufgerufen werden, z.B. alle zehn Minuten. Wird „`set daemon`" in der Datei `.fetchmailrc` gewählt, läuft `fetchmail` im Daemon-Modus und holt nach jeweils der angegebenen Anzahl von Sekunden die Mails ab. Das Grafikprogramm `fetchmailconf` hilft bei der Einrichtung.

Beispiel einer Datei `.fetchmailrc` für Benutzer `max`:

```
# set daemon 600               # alle 10 Minuten nach Mails sehen
poll 192.168.1.1 protocol POP3 : user "max" there with password "abc" is "max"
here;
```

19 Weitere Dienste

Es gibt unter Linux bzw. Ubuntu noch viele weitere Server-Applikationen. Hier eine kleine Auswahl von wichtigen Diensten.

19.1 Der Druckserver CUPS

Der Druckserver CUPS arbeitet unter Ubuntu die Druckaufträge ab. Er ist auf einem Ubuntu-Server nicht automatisch installiert. Sie können ihn am einfachsten über `tasksel` und die Selektion von *Druck-Server* installieren. Die lokale Druckerkonfiguration ist bereits in Kapitel 5 beschrieben.

Da CUPS das Internet Printing Protocol (IPP) beherrscht, kann ein Druckauftrag auch über ein Netzwerk erfolgen. Auch neuere Windows-Versionen können über IPP drucken. Über CUPS können wesentlich mehr Optionen dem Drucker übergeben werden, z. B. aus welchem Schacht der Druckauftrag erfolgen soll, mit welcher Auflösung etc.

Der Hintergrundprozess `cupsd` verwaltet die Warteschlange (im Englischen Queue genannt), verarbeitet die enthaltenen Aufträge und verschickt einen nach dem anderen an den oder die dazugehörenden Drucker. Alle zu druckenden Dateien kommen erst in die Warteschlange im Verzeichnis `/var/spool/cups`.

Der Druckserver arbeitet der Reihe nach den Inhalt der Queue ab, indem er erst den nächsten Druckauftrag an ein Filterprogramm weiter gibt, welches das Format erkennt und ihn in das PostScript-Format umwandelt, falls es sich um ein anderes Format als PostScript handelt. Nun erhält das Programm `ghostscript` (gs) den Druckauftrag, der ihn mit seinen Treibern in für den angeschlossenen Drucker verständliche Daten umwandelt und ausgibt, falls es sich nicht um einen PostScript-Drucker handelt. Ein PostScript-Drucker erhält den Auftrag ohne Umwandlung.

Die wichtigste Konfigurationsdatei von CUPS ist `/etc/cups/cupsd.conf`. Hier ist festgelegt, unter welcher Kennung der Hintergrundprozess `cupsd` starten soll, welchen Port er benutzen soll, von welchen Clients aus ein Zugriff erlaubt ist und vieles mehr.

Normalerweise ist CUPS nur von Localhost aus erreichbar. Soll auf CUPS auch von anderen Rechnern aus zugegriffen werden können, sind Änderungen in die Datei `/etc/cups/cupsd.conf` einzutragen, z. B.:

```
...
Listen 0.0.0.0:631
Browsing On
...
```

Sehr wichtig ist, dass bei dem Eintrag „Listen“ anstelle „`localhost`“ das gesamte Netzwerk („0.0.0.0:631“) mit dem entsprechenden Port 631 eingetragen ist. Nur dann ist CUPS vom Netzwerk aus erreichbar. Der Eintrag „`Browsing On`“ ermöglicht eine Ansicht im Webbrowser.

Der Dienst ist danach neu zu starten mit:

```
root@ubuntu:~# service cups restart
```

Ein Zugriff ist sowohl mit dem ungeschützten Protokoll HTTP als auch über das Protokoll HTTPS per SSL-Verschlüsselung möglich, wenn vorher das Zertifikat von CUPS akzeptiert wird.

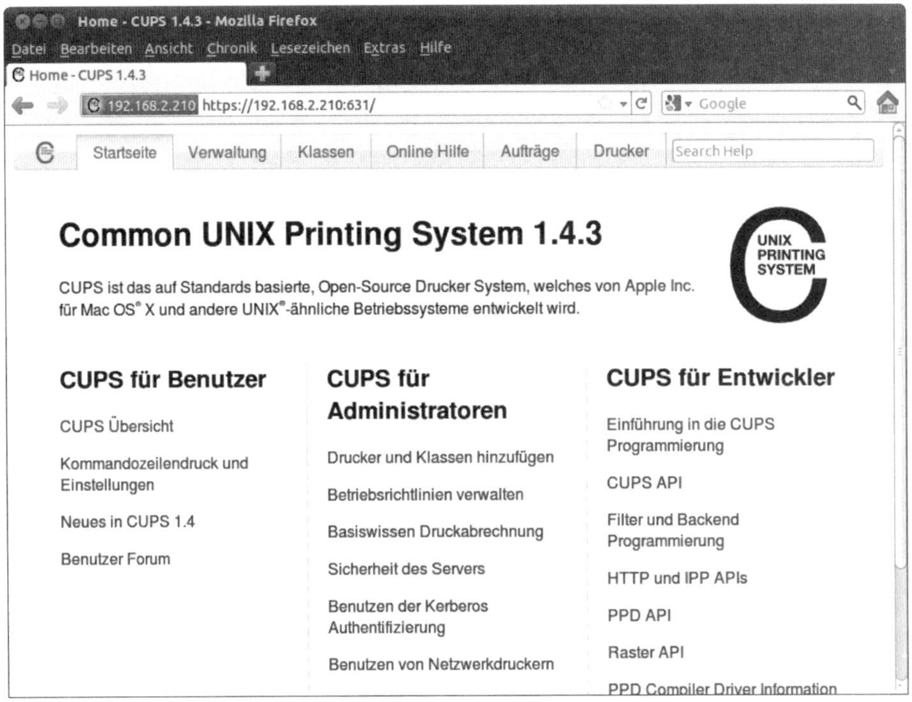

BILD 19.1 Die Startseite von CUPS

Weiteren Zugang, zum Beispiel auf die Hilfe-Seiten, erhalten Sie mit folgender Änderung in der Datei `/etc/cups/cupsd.conf` und nach dem Neustart von CUPS:

```
<Location />
 Order Deny,Allow
 Allow From @LOCAL
</Location>
...
```

Es empfiehlt sich, nur das lokale Netzwerk mit „@LOCAL“ freizugeben.

Um CUPS auch von anderen Rechnern aus zu administrieren, ist zusätzlich der Bereich unter `<Location /admin>` in der Datei `/etc/cups/cupsd.conf` zu editieren. Auch hier empfiehlt es sich, nur das lokale Netzwerk mit „@LOCAL“ einzutragen:

```
<Location /admin>
 Order Deny,Allow
 Allow From @LOCAL
</Location>
...
```

Sie können nun im Webbrowser auf *Administration* klicken und in dem Anmelde-Dialog Ihren Namen mit Passwort eingeben. Der Benutzer `root` ist nicht erforderlich, wenn Sie mit Ihrem normalen Account (wie z. B. `max`) in der Gruppe `lpadmin` eingetragen sind, was automatisch bei der Installation erfolgt.

Sie erhalten die Seite, in der Sie neue Drucker bzw. Druckerklassen einrichten und ändern sowie einige weitere administrative Aktionen vornehmen können.

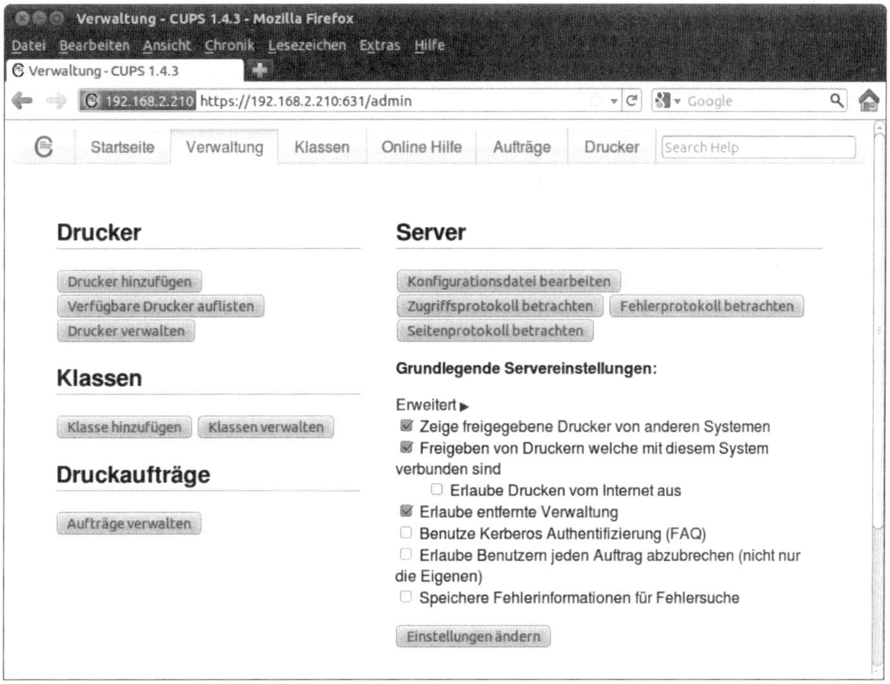

BILD 19.2 Die Admin-Seite von CUPS

Vergessen Sie nicht, einen eingerichteten Drucker zum Standarddrucker zu wählen. Dies ist der Drucker, der alle Druckaufträge erhält, die an keinen bestimmten Drucker verschickt wurden.

Siehe auch: *http://wiki.ubuntuusers.de/CUPS*

Von der Kommandozeile her kann ein Drucker mit dem Kommando `lpadmin` administriert werden (möglich ist das Einrichten, Löschen, aufnehmen in einer Klasse, Setzen von Quotas...).

Einen Drucker können Sie entweder über das grafische Administrationstool oder auf der Kommandozeile starten bzw. anhalten:

```
root@ubuntu:~# cupsenable <printer>
root@ubuntu:~# cupsdisable <printer>
```

Druckaufträge akzeptieren bzw. zurückweisen ist nur mit diesen Kommandos möglich:

```
root@ubuntu:~# accept <printer>
root@ubuntu:~# reject <printer>
```

Damit alle Funktionen des Druckers benutzt werden können, sind Dateien mit der genauen Beschreibung dieses Druckers im PPD-Format (PPD = PostScript Printer Description) erforderlich. Bei vielen neueren PostScript-Druckern wird solch eine Datei bereits mitgeliefert (auch die auf der Diskette mit Windows-Treibern kann verwendet werden). Unter Linux gibt es hierfür einen Index in dem Verzeichnis `/etc/cups/ppd`.

Eine Datei drucken Sie mit dem Kommando `lp` oder `lpr` aus. Ist kein Drucker angegeben, wird der als Standarddrucker definierte Drucker benutzt.

```
user@ubuntu:$ lp /etc/hosts -d testdrucker
```

Es können auch über eine Pipe Daten übergeben werden. Dies ist dann besonders interessant, wenn Sie sich die Ausgabe eines Kommandos oder eine Manual-Seite zum besseren Studium ausdrucken wollen. Ein Beispiel:

```
user@ubuntu:~$ man -t <manpage> | lp
```

Das Kommando `lpq` gibt den Inhalt der mit Option `-P` angegebenen Warteschlange aus. Ist kein Name angegeben, zeigt es die Aufträge für den Standarddrucker. Mit Option `-a` gibt es alle Druckaufträge aus. Jeder Anwender kann das Kommando benutzen.

```
user@ubuntu:$ lpq -a
```

```
Rang    Eigentümer   Druckauftrag   Datei(en)        Gesamtgröße
1st     root         1              cupsd.conf        5120 Byte
2nd     root         2              cupsd.conf        5120 Byte
3rd     root         3              hosts             1024 Byte
```

Das Kommando `lprm` kann einen bestehender Druckauftrag löschen; er wird also aus der Warteschlange entfernt. Hierzu ist die Druckauftragsnummer nötig, die `lpq` ausgibt. Ein einfacher Benutzer kann nur die Aufträge löschen, die ihm selbst gehören!

```
root@ubuntu:~$ lprm 3
```

19.1.1 Drucken von Windows-Rechnern aus

Samba kann eine enge Verbindung zu CUPS aufnehmen, um Windows-Rechnern einen einfachen Zugang zu den Druckern zu ermöglichen, die bereits unter Ubuntu eingerichtet sind.

Damit unter Windows die Drucker sichtbar sind, die der Ubuntu-Rechner anbietet, müssen folgende zusätzliche Einträge in der Konfigurationsdatei `/etc/samba/smb.conf` vorhanden sein:

```
[global]
...
# Drucksystem CUPS benutzen
   printing = CUPS
   printcap name = CUPS
```

```
# Druckerstatus unter Windows für jeden anzeigen lassen:
   use client driver = yes
```

Berechtigungen für das Hochladen von Druckertreibern können Sie einem einzelnen Benutzer oder einer Gruppe von Anwendern erteilen. Diese Gruppe muss vorher im System angelegt und die Teilnehmer müssen zugeteilt werden, wie hier zum Beispiel bei „printadmin":

```
   printer admin = root @printadmin
```

Damit alle Drucker freigegeben werden, ist der Abschnitt printers nötig.

```
# Freigabe der Drucker:
[printers]
   comment = All Printers
   browseable = no
   path = /var/spool/samba
   printable = yes
   guest ok = no
   read only = yes
   create mask = 0700
```

Hiermit sind alle Drucker auf Windows-Rechnern in der Netzwerkumgebung sichtbar, die auf dem Linux-Rechner in der Datei /etc/printcap eingetragen wurden. Unter dem Drucksystem CUPS sind dort nur die Druckernamen hinterlegt.

Sollen nicht alle dem System bekannten Drucker, sondern nur ein einzelner angezeigt werden, kann dies wie folgt aussehen:

```
[Canon]
     comment = Drucker Canon
     path = /var/spool/samba
     guest ok = no
     printable = Yes
     printer name = lp1
```

Über „printer name" wird hier der Name des Druckers so angegeben, wie er unter Linux ansprechbar ist. Der Eintrag „browseable = no" darf hier nicht erscheinen, sonst ist der Drucker nicht sichtbar.

Mit Samba und CUPS ist es auch problemlos möglich, einen Druckertreiber von einem Windows-Rechner aus zum Samba-Server hochzuladen, damit er danach für alle Windows-Rechner zur Verfügung steht. Sie müssen den Benutzer oder die Gruppe von Anwendern angeben, für welche die Berechtigung gelten soll.

Die erforderlichen globalen Einstellungen in smb.conf:

```
# Vorher die Gruppe in /etc/group definieren!
  printer admin = root @printadmin

# für Account-Mappings
  username map = /etc/samba/smbusers

# Für die Druckertreiber muss das Share print$ vorhanden sein:
[print$]
   comment = Printer Drivers
   path = /var/lib/samba/printers
   browseable = yes
   read only = yes
   guest ok = no
```

19.2 Der Proxy-Server Squid

Der Name Proxy bedeutet „Stellvertreter". Es ist ein Programm, das stellvertretend für ein anderes Programm (z. B. für einen Webbrowser) eine Aufgabe ausführt, wie zum Beispiel aus dem Internet Seiten holt, zumeist zwischenspeichert und diese für andere Benutzer ebenfalls zur Verfügung stellt.

Als Proxy für die Protokolle HTTP und FTP wird meist unter Linux das Programm `squid` eingesetzt. Er hat diesen Namen, der „Tintenfisch" bedeutet, von der Möglichkeit her, eine Cache-Hierarchie aufzubauen (also über viele „Tentakel"). Man spricht von einer Harvest-Cache-Hierarchie.

Die Installation läuft wie gehabt über folgende Kommandos ab:

```
root@ubuntu:~# aptitude update
root@ubuntu:~# aptitude install squid
```

Die Konfiguration erfolgt über die Datei `/etc/squid/squid.conf`. Diese Datei enthält viele weitere Informationen und Beispiele. Es ist quasi eine komplette Anleitung.

PRAXISTIPP: Sie dürfen nur Ihr eigenes Netzwerk freigeben, da sonst alle Welt diesen Proxy benutzen könnte!

Es sind bereits mehrere Angaben für das lokale Netzwerk vorhanden:

```
acl localnet src 10.0.0.0/8
acl localnet src 172.16.0.0/12
acl localnet src 192.168.0.0/16
```

Sie können diese entweder beibehalten oder durch eine eigene Anweisung ersetzen:

```
acl localnet src 192.168.2.0/24
```

Da `squid` per Default nur den lokalen Rechner akzeptiert, muss zumindest über folgende Änderung die Einstellung für "`localnet`" aktiviert werden:

```
http_access allow localnet
```

vor der Zeile 681 mit:

```
http_access deny all
```

Nach der Installation ist `squid` nicht automatisch aktiv. Erst mit einem der folgenden Aufrufe startet der Dienst (siehe hierzu auch Kapitel 11.7):

```
root@ubuntu:~# service squid start
root@ubuntu:~# start squid
```

Über die ACL-Anweisungen können weitere Filtereinstellungen erfolgen. So können Sie nur die Seiten durchlassen, die in der URL bestimmte Namen nicht enthalten:

Beispiel:

```
acl mist url_regex sex porno
acl mistl src 194.223.84.2/255.255.255.255
...
http_access deny mist mistl
```

Dabei ist zu beachten, dass alle Anweisungen, die "http_access deny ···" enthalten, vor der bereits erwähnten folgenden Zeile platziert sein müssen:

```
http_access deny all
```

Der Port von Squid ist 3128. Die Standardeinstellung ist durch diese Anweisung festgelegt:

```
http_port 3128
```

Die Größe des Cache-Speichers auf der Festplatte ist standardmäßig auf 8 MB eingestellt, auch wenn die Zeile auskommentiert ist. Sie sollten eine andere Größe definieren:

```
cache_mem 1000 MB
```

In welchem Verzeichnis der Cache liegen soll, wird hiermit angegeben (die weiteren Zahlen dienen der internen Verwaltung):

```
cache_dir ufs /var/spool/squid 100 16 256
```

Zu beachten ist, dass die Größe von Dateien, die im Cache gespeichert werden, auf 8 KB begrenzt ist:

```
maximum_object_size_in_memory 8 KB
```

Zugriffe werden in der Datei protokolliert, die hiermit angegeben ist:

```
access_log /var/log/squid/access.log squid
```

Mit dieser Einstellung ist ein Zugriff nur von Montag bis Freitag von 8 bis 16 Uhr möglich:

```
acl normtime time M-F 08:00-16:00
http_access allow normtime
```

Bestimmte Anfragen kann der Proxy direkt an einen Webserver weiterleiten, ohne diese im Cache zu speichern. Dies ist vor allem dann interessant, wenn Sie über den Proxy auch einen eigenen Webserver erreichen, dessen Seiten dann nicht gespeichert zu werden brauchen. Sie können den entsprechenden Domänennamen wie folgt angeben:

```
acl direct dstdomain .firma.de
always_direct allow direct
```

Nach jeder Änderung der Konfiguration ist der Proxy neu zu starten:

```
root@ubuntu:~# service squid restart
```

oder mit

```
root@ubuntu:~# restart squid
```

Fehlermeldungen werden in der Datei /var/log/syslog protokolliert.

Ein Proxy kann wie im folgenden Beispiel unter Ubuntu über eine Umgebungsvariable dem System bekannt gegeben werden:

```
root@ubuntu:~# export http_proxy=http://192.168.2.1:3128
```

Sie können aber auch einen Browser starten und den Proxy dort eintragen. Beim Firefox wäre

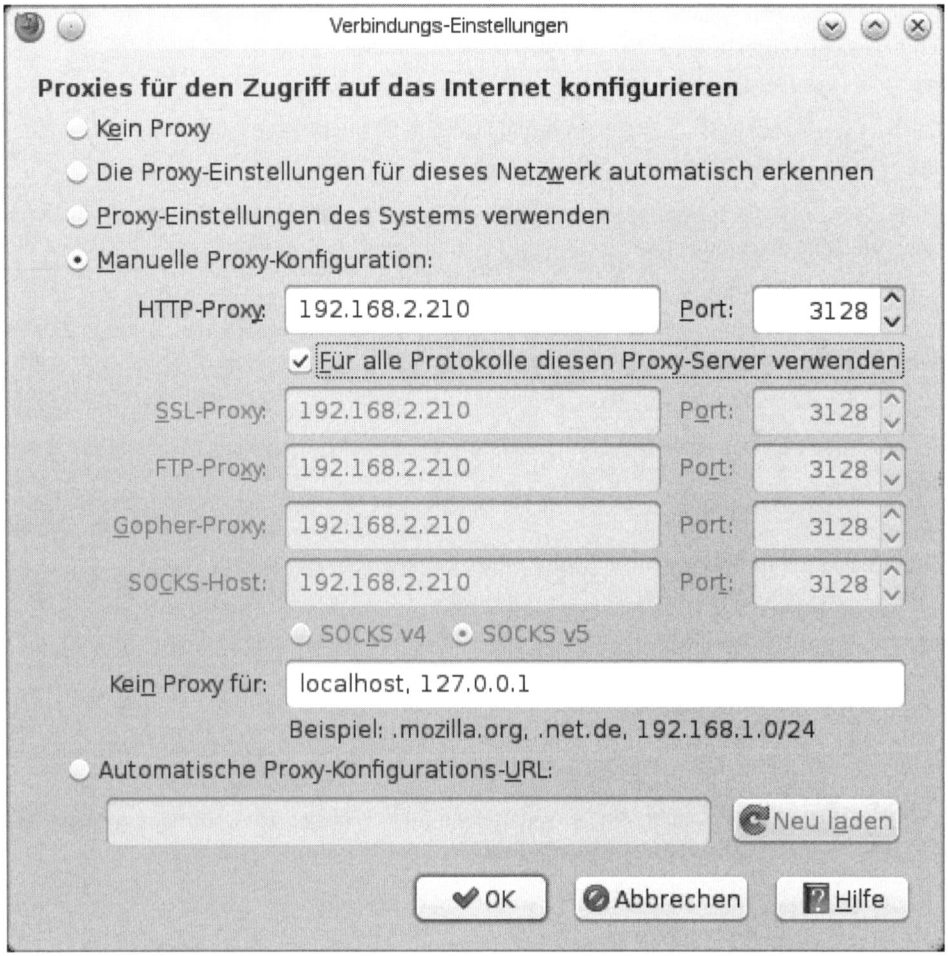

BILD 19.3 Proxy-Einstellungen für Firefox

Der Proxy Squid kann noch erheblich mehr. Zur Vertiefung sei diese Seite empfohlen: *http://www.squid-handbuch.de/index.html*

19.2.1 Benutzerauthentifizierung von Squid

Wenn nicht gewünscht ist, dass jeder Benutzer Zugriff auf den Proxy hat, kann Squid eine Anmeldung verlangen. Dann erscheint im Browser des Anwenders ein Formular, in das Username und Passwort einzutragen sind, bevor ein Zugriff möglich ist. Welche Seiten diese Benutzer aus dem Internet holen, ist dann im Logfile `/var/log/squid/access.log` ersichtlich. Dies kann zu rechtlichen Konsequenzen führen. Sie sollten sich vor einer solchen Änderung von einem Rechtsanwalt beraten lassen!

Falls der verwendete Proxy eine Authentifizierung verlangt, und der Zugang über eine Umgebungsvariable eingerichtet ist, ist diese wie folgt zu ändern:

```
root@ubuntu:~# export http_proxy=http://username:password@192.168.1.1:3128
```

Mit der Anweisung „proxy_auth" wird eine Authentifizierung festgelegt. Welches Programm die Prüfung durchführen soll, kann mit „auth_param" bestimmt werden. Die eigentliche Authentifizierung erfolgt dann über das Pam-Modul /usr/lib/squid/pam_auth, das auf die Passwort-Dateien des Systems zugreifen darf.

Ein Beispiel mit pam_auth in /etc/squid/squid.conf:

```
auth_param basic program /usr/lib/squid/pam_auth
auth_param basic children 5
auth_param basic credentialsttl 4 hours
auth_param basic realm Squid-Proxy von Firma XY
acl password proxy_auth REQUIRED
http_access allow password
# http_access deny all
```

Die letzte Zeile ist zwar unbedingt nötig, sie darf aber nur einmal in der Konfigurationsdatei vorkommen. Normalerweise ist sie im Zusammenhang mit der Freigabe eines Netzwerkes eingetragen. Stellen Sie sicher, dass diese Zeile entweder hier oder an einer anderen Stelle der Konfigurationsdatei vorhanden ist!

Ein weiterer interessanter Proxy-Server, der über 20 verschiedene Protokolle (wie HTTP, FTP, Telnet, POP, IMAP, LDAP, Socks usw.) anbietet und unter der GPL steht, ist das Programm delegate. Darin sind auch Zugriffskontrollen und Routing-Funktionen zum Steuern des Datenverkehrs enthalten. Auch ein Zusammenfügen mehrerer Server zu einem virtuellen Host über ein Mounten verschiedener Rechner ist möglich. Es ist erhältlich unter: *http://www.delegate.org/delegate/*

19.3 Der NFS-Server

NFS (Network File System) wurde ursprünglich von der Firma SUN entwickelt und wurde zu einem Standard unter UNIX und Linux. Damit ist es möglich, ein Verzeichnis auf einem anderen Rechner über das Netz auf ein Verzeichnis im eigenen Rechner zu mounten. Es zählt zu den verteilten Dateisystemen und setzt auf RPC (Remote Procedure Calls) auf.

NFS wurde zwar in letzter Zeit immer mehr durch SMB-Freigaben (Samba) verdrängt, die vor allem zusammen mit Windows möglich sind. Es ist aber nicht überflüssig, da es zum einen erheblich schneller ist und zum anderen auch spezielle Dateitypen erlaubt, wie Pipes und Sockets, die SMB nicht handeln kann. Außerdem unterstützt es Groß- und Kleinschreibung.

Von NFS gibt es die Version 3 und seit einiger Zeit die Version 4. Da sich zudem mehrere Anfragen bündeln lassen, ist NFS 4 schneller als sein Vorgänger. Es bietet auch eine Verschlüsselung und benutzt per Default das Protokoll TCP, mit dem sich etliche Vereinfachungen bei der Erstellung einer Firewall ergeben. Es kann auch UDP zum Einsatz kommen. Deshalb soll hier auch die Version 4 kurz vorgestellt werden.

Installieren Sie das folgende Paket und bejahen Sie die Frage, ob die abhängigen Pakete ebenfalls zu installieren sind:

```
root@ubuntu:~# aptitude install nfs-kernel-server
```

Der NFS-Server ist nach der Installation bereits gestartet, auch wenn er noch nichts freigibt. Sie können ihn von Hand starten und beenden mit:

```
root@ubuntu:~# service nfs-kernel-server start
```

```
root@ubuntu:~# service nfs-kernel-server stop
```

Wichtig ist die Zuordnung der internen RPC-IDs zu Portnummern von TCP/IP. Beim Start von NFS vergibt der Hintergrundprozess `portmap` (fest auf Port 111) die Portnummern an die weiteren Prozesse, die für NFS benötigt werden. Welche Zuordnung im Moment gültig ist, zeigt folgendes Kommando:

```
root@ubuntu:~# rpcinfo -p
```

Unter Windows ist RPC ebenfalls sehr gut bekannt. Nur mit dem Unterschied, dass der „Portmapper" (der dort „RPC Endpoint Mapper" heißt) auf Port 135 arbeitet und nicht wie unter Linux auf Port 111. Außerdem gibt Port 135 unter Windows immer wieder Anlass zu schweren Sicherheitsproblemen, was man von Linux und Ubuntu nicht behaupten kann.

19.3.1 Eine Freigabe erstellen mit NFS 3

Die Datei, in der Sie die per NFS freigegebenen Verzeichnisse eintragen, ist `/etc/exports`.

Ein Eintrag folgt dem Schema:

```
<freizugebendes Verzeichnis> <zugreifender Rechner-Name oder IP-Adresse>
[Optionen in Klammern]
```

Es sind auch die Wildcards * und ? erlaubt! Da viele Verzeichnisse sensible Daten enthalten können, ist es nötig, die Rechte einzuschränken. Es kann bestimmten Rechnern oder Gruppen von IP-Adressen (z. B. allen Rechnern in einem Netzwerk) die Erlaubnis zum Zugriff gegeben werden.

Für Benutzer, die per `mount` auf ein Verzeichnis des Servers zugreifen, gelten die für diesen Benutzer auf dem Client-Rechner eingetragenen User-ID und Gruppen-ID! Hat der Anwender `max` beispielsweise auf dem NFS-Client eine UID, die auf dem NFS-Server der Anwender `hans` hat, kann er die Daten von `hans` wie sein Eigentum bearbeiten.

Deshalb sollte NFS 3 nur dann für Homeverzeichnisse verwendet werden, wenn die Dateien `/etc/passwd`, `/etc/shadow` und `/etc/group` auf jedem Rechner gleich sind. Dies ist mit NIS (Network Information Service) oder LDAP erreichbar.

Eine Ausnahme besteht für den Benutzer `root` (bzw. für alle Benutzer mit der UID = 0): Da `root` normalerweise alle Rechte auf dem Server hätte (was bei NFS nur selten erwünscht ist), wird beim Zugriff als Benutzer `root` dessen UID per Default auf diejenige des Benutzers `nobody` umgeändert (per Default-Eintrag „`root_squash`") und hat damit die wenigsten Rechte! Dieses „Mapping" kann mit der Option „`no_root_squash`" abgeschaltet werden.

Ein Beispiel in `/etc/exports` für die Freigabe von Verzeichnis `/install` für ein komplettes Netzwerk:

```
/install    192.168.2.0/24(rw,sync,no_subtree_check)
```

Unter anderem sind diese Einstellungen möglich:

Eintrag	Beschreibung
ro	Die Freigabe kann nur gelesen werden.
rw	Die Freigabe ist auch schreibbar.
sync	Zum sofortigen Speichern ohne Zwischenspeicherung in Puffern. Es ist die Default-Einstellung; die aber im Gegensatz zu async langsamer ist.
async	Ein Speichern erfolgt erst dann, wenn die Festplatte bereit ist (der Zugriff ist damit erheblich schneller; es kann aber zu Datenverlust kommen).
no_subtree_check	Damit prüft der NFS-Server nicht, ob eine angeforderte Datei sich in dem exportierten Verzeichnis befindet, wenn dieses Verzeichnis ein Unterverzeichnis ist und kein komplettes Dateisystem. Sollte die Datei umbenannt werden, könnte sie sonst nicht mehr gefunden werden. Die Option no_subtree_check gilt zwar als Default-Einstellung; sie sollte dennoch angegeben werden, um eine Warnung zu vermeiden.
nohide	Damit sind auch gemountete Unterverzeichnisse sichtbar.
no_wdelay	Keine Verzögerung beim Schreiben (es kann zu Datenverlust kommen). Es hat keine Wirkung, wenn die Option „async" gesetzt ist.
wsize=n	Die Anzahl der Bytes für die Blockgröße beim Schreiben auf den Wert „n" stellen. Sie muss ein Vielfaches von 1024 (Default) sein. Gängige Werte sind 4096 und 8192. Bei hohen Werten kann eine Fragmentierung der Frames auftreten. Ausnahme: Gigabit-Ethernet mit Jumbo-Frames.
rsize=n	Die Anzahl der Bytes für die Blockgröße beim Schreiben. Sonst wie bei wsize.
hard	Bei einem Timeout (bei Problemen mit dem Netzwerk) versucht NFS unbegrenzt lange, eine neue Verbindung zu erstellen. Ein Programm bleibt dann quasi hängen. Ist die Verbindung wieder vorhanden, ist ein Weiterarbeiten möglich. (Default)
soft	Bei einem Timeout wird die Verbindung mit einer Fehlermeldung unterbrochen. Datenverlust kann die Folge sein. Diese Option sollte daher nicht benutzt werden!

Mit einem Restart erfährt der NFS-Server von Änderungen:

```
root@ubuntu:~# /etc/init.d/nfs-kernel-server restart
```

Das folgende Kommando zeigt die offenen TCP-Ports. Für NFS sollten Port 111 und 2049 darunter sein:

```
root@ubuntu:~# netstat -atn
```

```
Aktive Internetverbindungen (Server und stehende Verbindungen)
Proto Recv-Q Send-Q Local Address           Foreign Address         State
tcp        0      0 0.0.0.0:22              0.0.0.0:*               LISTEN
tcp        0      0 0.0.0.0:2049            0.0.0.0:*               LISTEN
tcp        0      0 0.0.0.0:111             0.0.0.0:*               LISTEN
tcp6       0      0 :::22                   :::*                    LISTEN
```

Für Änderungen ist auch der Befehl exportfs -a möglich. Damit werden zusätzlich hinzugekommene Einträge in /etc/exports freigegeben.

Mit dem Kommando `exportfs -r` erfolgt ein Reexport aller Verzeichnisse aus `/etc/exports`.

Mit `exportfs -u` können Freigaben von Verzeichnissen zurückgenommen werden (unexport), und `exportfs -o` fügt neue Freigaben im laufenden Betrieb hinzu, ohne dass Änderungen in der Datei `/etc/exports` erfolgen müssen.

Zur Dokumentation siehe auch: man exports, man nfsd, man mountd

19.3.2 Einstellungen auf der Client-Seite

Auf einem NFS-Client muss das Paket `nfs-common` installiert sein:

```
root@ubuntu:~# aptitude install nfs-common
```

Beispiel für ein Mount-Kommando per NFS (wichtig ist der Doppelpunkt zwischen Server und Freigabe):

```
mount      [ -t nfs ]    server:/install    /install    -o ro
```

Hier erhält das Mount-Kommando zunächst über die Option `-t` den Filesystem-Typ `nfs`, der normalerweise automatisch ermittelt werden kann, falls diese Angabe nicht vorhanden ist. Danach ist der NFS-Server angegeben, entweder als per DNS auflösbarer Name oder als IP-Adresse. Besonders wichtig ist der nun folgende Doppelpunkt, der dem Mount-Kommando hauptsächlich zeigt, dass es sich um eine NFS-Freigabe handelt. Direkt danach (ohne Blanks dazwischen) muss der Name vom freigegebenen Verzeichnis kommen. Nun folgen der interne Mount-Point (das Verzeichnis, mit dem die Freigabe verbunden sein soll) und eventuelle weitere Mount-Optionen, durch die Option `-o` eingeleitet.

Die Mount-Optionen können auch in der Datei `/etc/fstab` eingetragen sein.

Beispiel für einen Eintrag in `/etc/fstab`:

```
server:/install     /install     nfs    noauto,user,exec     0 0
```

Ist die Option „`user`“ vorhanden, braucht dann jeder „normale“ Benutzer zum Mounten nur noch einzugeben:

```
user@ubuntu:~$ mount /install
```

Eine Anmeldung mit Username und Passwort gibt es nicht! Es gelten die USER-ID und Gruppen-ID des Benutzers auf dem Client, der auf ein Verzeichnis oder eine Datei zugreift. Die Ausnahme mit User `root` wurde bereits erwähnt.

Die Meldungen von NFS und etwaige Fehlermeldungen erscheinen in den Dateien `/var/log/syslog` und `/var/log/daemon.log`.

Weitere Beispiele für Einträge in `/etc/exports`:

Rechner „asterix“ und „obelix“ haben lesenden Zugriff auf das gesamte lokale Filesystem „/“.

```
/   asterix(ro,async) obelix(ro,async)
```

Alle Rechner im Netz 192.168.2.0 haben schreibenden Zugriff auf `/install`:

```
/install      192.168.2.0/24(rw,sync)
```

Alle Rechner der Domäne `firma.de` haben lesenden Zugriff auf `/usr`:

```
/usr   *.firma.de(rw,async)
```

Benutzer `root` hat für alle Rechner, deren Namen mit „ix“ enden, für alle Verzeichnisse alle Leserechte (z. B. für Backups):

```
/   *ix(ro,async,no_root_squash)
```

Alle Rechner haben lesenden Zugriff auf `/usr` unter der Benutzerkennung `nobody`:

```
/usr   (rw,async,all_squash,anonuid=65534)
```

19.3.3 Sicherheit von NFS 3

Die Versionen bis NFS 3 sind ziemlich unsicher! Wie schon erwähnt, gibt es keine Benutzerauthentifizierung (nur die schwache Prüfung der IP-Adresse vom Client) und keine Verschlüsselung. Deshalb darf NFS 3 nicht über unsichere Netze (wie das Internet) betrieben werden. Zudem ist der Schutz über eine Firewall problematisch, da die Portnummern der NFS-Programme bei jedem Neustart unterschiedlich sein können.

Ferner kann durch eventuelle Schreibfehler sehr schnell eine erhebliche Sicherheitslücke auftreten, und zwar dann, wenn z. B. ein zusätzliches Blank zwischen den Rechnernamen und die Optionen rutscht!

Beispiel:

```
/   asterix (ro,async)
```

Hier hat der Rechner „asterix“ Standardrechte, und alle anderen Rechner, von woher auch immer, haben lesenden Zugriff auf die gesamte Root-Partition!

19.3.4 NFS Version 4

Seit 2003 gibt es erste Implementierungen von NFS 4. NFS 4 setzte sich aber erst später durch, da die Programme am Anfang noch Probleme bereiteten. Obwohl es erhebliche Verbesserungen bietet, reicht die Sicherheit ohne weitere Maßnahmen nicht für einen Einsatz im Internet. Gleiches gilt auch für das Protokoll CIFS von Samba bzw. Windows.

Da sich zudem mehrere Anfragen bündeln lassen, ist NFS 4 auch schneller als sein Vorgänger. So sind in einem Netzwerk mit 100-Base-T problemlos 12 MiB/s erreichbar, also etwa das Doppelte wie bei SMB und quasi das Maximum des Erreichbaren. Bei Gigabit-Ethernet gehen die Qualität der Netzwerkkomponenten, die Übertragungsraten der beteiligten Festplatten, die CPU-Leistung etc. stärker als Beschränkung ein. Dennoch erreicht NFS 4 eine bessere Auslastung der Übertragungskapazität als viele andere Protokolle. Damit ist NFS 4 auch hervorragend für Backups und Speicherlösungen mit NAS geeignet.

Mit der Version 4 von NFS sind viele Nachteile der Version 3 behoben:

- Es bietet erhöhte Sicherheit, wie eine Authentifizierung und Verschlüsselung über Generic Security Service (GSS.
- Es erlaubt Sitzungen und Verzeichnisdelegationen.
- Es bündelt die bisherigen Einzelprotokolle in einem NFSv4-Protokoll und bietet damit einen definierten Port (Default: TCP 2049). Die Firewall-Konfiguration und ein Tunneln der Verbindung wird damit vereinfacht. NAT-Traversal ist damit ebenfalls möglich.
- Mehrere Befehle können in einer Anfrage gebündelt sein.

- Es ermöglicht die Delegation von Dateioperationen im Cache des Clients.
- Es beherrscht erweiterte Dateiattribute und Berechtigungen (ACL).
- Es unterstützt weitere Zeichenkodierungen, wie UTF-8.

Eine Verbindung per NFS Version 3 ist zustandslos und benutzt UDP. Version 4 benutzt dagegen per Default TCP, und es erfolgt eine Anmeldung des Clients beim Server. Der Client erhält dabei eine ID mit begrenzter Gültigkeitsdauer (Lease Time), die in regelmäßigen Abständen zu erneuern ist. Auch geöffnete Dateien erhalten eine Zustands-ID (stateid).

Die Namen von Benutzern und zugehöriger Gruppe übermittelt NFS 4 im Klartext. Der Dienst `idmapd` verbindet die IDs mit den Namen. Er muss auf dem NFS-Server und den NFS-Clients gestartet sein und ist konfigurierbar über die Datei `/etc/idmapd.conf`. Wichtig ist, dass hier der Name der DNS-Domain so eingetragen ist, wie sie auf dem NFS-Server definiert ist. Es müssen allerdings nicht nur die Namen, sondern auch die IDs der Benutzer und Gruppen auf NFS-Server und NFS-Client übereinstimmen! Dies gewährleistet am besten LDAP oder auch NIS.

Die Freigabe von Verzeichnissen unter mehreren Pfadnamen vereinfacht NFS 4, indem es diese über ein Pseudodateisystem exportiert. Das Wurzelverzeichnis für den Client ist dann eine besonders gekennzeichnete Freigabe.

19.3.5 Konfiguration von NFS 4

Damit NFS 4 die Benutzer richtig zuordnen kann, muss `idmapd` gestartet sein. Der Prozess `idmapd` erledigt die Umsetzung der UID bzw. der GID eines Benutzers zu deren Namen über die Dateien `/etc/passwd` und `/etc/group`. Es muss der Hintergrundprozess `idmapd` sowohl auf dem Server als auch auf dem Client laufen.

Die IDs der Benutzer und Gruppen sollten auf dem Server und dem Client gleich eingerichtet sein. Dann ist eine Bearbeitung der eigenen Dateien problemlos möglich. Stimmen sie bei einem Benutzer nicht überein, gelten dann für dessen Dateien und Verzeichnisse die Einstellungen, die so gut wie keine Rechte bieten. Per Default sind `nobody` und `nogroup` eingestellt. Der Prozess ist permanent vorhanden, wenn in der Datei `/etc/default/nfs-common` der Eintrag „`NEED_IDMAPD=yes`" vorhanden ist.

Die Konfigurationsdatei von `idmapd` ist `/etc/idmapd.conf`. Der Name der eigenen Domain ist dort bei der Option „`Domain =`" auf Server und Client gleich einzutragen. Danach ist ein Neustart von NFS-Server und NFS-Client erforderlich.

Bei NFS 4 sind die freigegebenen Verzeichnisse so anzuordnen, dass sie unter einem Basisverzeichnis liegen. Hierzu sind diese zusätzlichen Optionen in `/etc/exports` erforderlich:

Option	Beschreibung
`fsid=0`	Das exportierte Verzeichnis ist damit als Basisverzeichnis gekennzeichnet (auch mit `fsid=root` ist exakt das gleiche gemeint). Das Mounten von Unterverzeichnissen ist damit problemlos möglich. Es muss mindestens einen derartigen Eintrag geben! Ein Verzeichnis, das sich außerhalb vom Basisverzeichnis befindet, kann mit NFS 4 nicht freigegeben werden!
`crossmnt`	Der Inhalt von gemounteten Unterverzeichnissen ist direkt erreichbar.; auch dann, wenn das Basisverzeichnis nicht gemountet ist.

Beispiel für Einträge in /etc/exports:

```
/var/nfs        192.168.2.0/24(fsid=0,crossmnt,ro,async,no_subtree_check)
/var/nfs/test   192.168.2.0/24(ro,async,no_subtree_check)
```

Soll das freigegebene Verzeichnis beschreibbar sein, ist die Option rw anstelle ro einzutragen.

Das Einbringen weiterer Dateisysteme unter dem Basisverzeichnis ist mit dem Mount-Kommando erreichbar:

```
root@ubuntu:~# mount --bind /save /var/nfs/test/save
```

Ein Mounten auf dem NFS-Client kann nun erfolgen mit:

```
root@ubuntu:~# mount -t nfs4 nfsserver:/test /mnt/test
```

Siehe auch:

man 5 exports (auf einem NFS-Server unter dem Benutzer root zugänglich)

http://nfs.sourceforge.net/nfs-howto

http://mysite.ncnetwork.net/res0yizl/id12.html (die deutsche Übersetzung vom Original-HOWTO)

http://wiki.ubuntuusers.de/NFS

http://www.linux-magazin.de/Heft-Abo/Ausgaben/2008/11/Vierter-Gang

19.3.6 Test von NFS

Mit dem Kommando showmount sind alle Rechner zu sehen, die auf dem lokalen NFS-Server Verzeichnisse gemountet haben. Von einem Client aus kann es auch aufgerufen werden, wenn der Server mit angegeben wird. Für NFS 4 funktioniert es nicht!

Beispiele:

Die gemounteten Verzeichnisse mit den Client-Namen auf dem lokalen NFS-Server ausgeben:

```
root@ubuntu:~# showmount -a
```

```
All mount points on ubuntu-s1:
192.168.2.9:/install
```

Die exportierten Verzeichnisse auf "server" ausgeben:

```
root@ubuntu:~# showmount -e server
```

```
Export list for server:
/install 192.168.2.0/24
```

Das Kommando rpcinfo zeigt, welche Portnummern vom Dienst portmap vergeben sind. Es kann auch die Zuordnung auf anderen Rechnern ermitteln:

```
root@ubuntu:~# rpcinfo -p 192.168.178.9
```

```
    Program Vers Proto   Port
     100000    2   tcp    111 portmapper
     100000    2   udp    111 portmapper
     100024    1   udp 34213 status
     100024    1   tcp 39417 status
```

Das Kommando `nfsstat` produziert eine Menge Statistik, wie viele Zugriffe per NFS erfolgten, sowohl für Version 3 als auch für Version 4.

Siehe hierzu: man nfsstat

19.3.7 Sicherheit von NFS 4

Ohne Kerberos authentifiziert der NFS-Server die Clients über die Einträge im DNS bzw. in der Datei `/etc/hosts`. Ein eigener DNS-Server ist deshalb von Vorteil.

Da NFS 4 in der Regel nur noch den TCP-Port 2049 benutzt, ist ein Tunneln per SSH für eine sehr sichere Übertragung machbar. Die Einrichtung von Kerberos ist hierzu nicht erforderlich. Auch ein regulärer Benutzer kann dies. Hier für den NFS-Client ein Beispiel für Port-Forwarding des NFS-Ports von einem entfernten Rechner an einen freien internen Port (z. B. Port 9000):

```
user@ubuntu:~$ ssh -Nf -L 9000:localhost:2049 server.example.intern
```

Auf dem Remote-Rechner darf die Firewall nicht den Port 22 blockieren, und der SSH-Server muss dort gestartet sein. Damit sich keine Shell öffnet, ist Option `-N` angegeben und `-f` bedingt die Ausführung im Hintergrund. IPv6-Adressen sind in eckige Klammern zu setzen.

Ein Beispiel für die Freigaben auf dem NFS-Server in `/etc/exports`:

```
/var/nfs        192.168.2.0/24(fsid=0,rw,insecure,nohide,sync,no_subtree_check)
/var/nfs        127.0.0.1(fsid=0,rw,insecure,nohide,insecure,sync,no_subtree_
check)
/var/nfs/test   192.168.2.0/24(rw,insecure,nohide,sync,no_subtree_check)
/var/nfs/test   127.0.0.1(rw,insecure,nohide,sync,no_subtree_check)
```

Ein Mounten kann dann z. B. auf dem NFS-Client erfolgen mit:

```
root@ubuntu:~# mount -t nfs4 -o port=9000,proto=tcp localhost:/ /mnt/test
```

Ein Eintrag in der Datei `/etc/fstab` könnte hiermit so aussehen, damit das Verzeichnis beim Booten gemountet wird:

```
127.0.0.1:/ /mnt/server nfs4 rw,hard,intr,proto=tcp,port=9000 0 0
```

PRAXISTIPP

- Ist der Tunnel-Port größer als 1024, muss in der Freigabe die Option `insecure` eingetragen sein! Sonst ist man als gewöhnlicher Benutzer nicht dazu berechtigt und erhält eine Meldung mit „`Operation not permitted`“.
- Ferner muss eine Erlaubnis für „`localhost`“ in der Datei `/etc/exports` vorhanden sein. Ein „*“ für alle Clients bzw. eine Freigabe für ein Netzwerk reicht auch aus. Ansonsten gibt es eine Meldung mit „access denied“.
- Es kann nur eine einzige Freigabe über einen Tunnel geben. Ist bereits ein Verzeichnis darüber gemountet, verhindert dies einen weiteren Mount-Vorgang!
- Beim Beenden der SSH-Sitzung sind erst alle Verbindungen per Unmount zu entfernen, bevor der SSH-Tunnel beendet wird.

19.4 Der Proxy APT-Cacher

Wenn mehrere Rechner im Netzwerk mit Ubuntu ausgestattet sind, ergibt dies bei Updates eine hohe Belastung der Leitung zum Internet. Ein Installations-Proxy kann die Menge der aus dem Internet übertragenen Pakete erheblich verringern, da er die Pakete nur einmal zu holen braucht und für weitere Anforderungen zwischenspeichert.

Das Programm `apt-cacher` darf nicht mit einem herkömmlichen Proxy verwechselt werden, der eine Verbindung ins Internet verbessern kann! Ein solcher Proxy für die Protokolle HTTP und FTP ist zwar grundsätzlich ebenfalls geeignet, er ist jedoch in der Regel so eingerichtet, dass er keine größeren Dateien als z.B. 8 KB zwischenspeichert. Ubuntu-Pakete sind aber zumeist sehr viel größer, sodass nur der für diesen Zweck speziell entwickelte `apt-cacher` als Paket-Proxy optimal geeignet ist.

Das Hintergrundprogramm `apt-cacher` arbeitet wie ein Proxy für APT und kann nach dem Eintrag des Proxy-Servers in der Datei `/etc/apt/sources.list` auf den Client-Rechnern (nicht auf demselben Rechner!) etliche Downloads sparen. Wenn auf einem angeschlossenen Rechner das Kommando „`apt-get update`“ läuft, gehen bereits alle Daten über den Proxy. Das Programm ist etwa vergleichbar mit `WSUS`, dem „Windows Server Update Service“, aber wesentlich einfacher zu administrieren.

Nachdem Sie `apt-cacher` auf dem gewünschten Server installiert haben, ist der Proxy ausnahmsweise nicht sofort aktiv. Damit er bei jedem Booten startet, ist in der Datei `/etc/defaults/apt-cacher` folgende Änderung nötig:

```
AUTOSTART=1
```

Die Konfiguration von `apt-cacher` erledigen die Einträge in `/etc/apt-cacher/apt-cacher.conf`. Hier ist unter anderem dessen Default-Port auf 3142 eingestellt. Ohne weitere Änderungen sind Anfragen von allen Clients erlaubt. Sie sollten dies ändern, indem Sie über folgenden Eintrag nur die Rechner aus dem Netzwerk 192.168.1.1 mit Netzmaske 255.255.255.0 erlauben:

```
allowed_hosts=192.168.2.0/24
```

Alternativ können Sie den eingestellten Port (wie hier 3142) über eine Firewall so blockieren, dass von nicht gewünschten Netzen her, wie z.B. aus dem Internet, kein Zugriff möglich ist.

In der gleichen Datei können Sie auch einen herkömmlichen Proxy und ev. auch die Authentifizierung daran eintragen, wenn `apt-cacher` selbst nur über einen solchen ins Internet gelangen kann:

```
http_proxy=192.168.2.20:3128
use_proxy=1
http_proxy_auth=user:password
use_proxy_auth=1
```

Wenn Sie nicht auf einen Neustart warten wollen, können Sie nun `apt-cacher` starten. Falls noch keine Logdatei vorhanden ist, wird sie erstellt:

```
root@ubuntu:~# /etc/init.d/apt-cacher start
```

Auf allen Ubuntu-Clients können Sie nun eine Verbindung zu dem APT-Proxy in einer Datei, die Sie beispielsweise als `/etc/apt/apt.conf.d/02proxy` erstellen, wie folgt einrichten:

```
Acquire::http::Proxy "http://192.168.2.1:3142";
```

Auf dem Rechner, auf dem `apt-cacher` läuft, schreibt dieser seine Aktionen in die Reportdatei `/var/log/apt-cacher/report.html`.

Siehe auch: man apt-cacher

19.5 Der FTP-Server proftpd

FTP ist heute nicht mehr so gebräuchlich wie früher. Dennoch ist ein FTP-Server erforderlich, damit auf einem Webserver die Benutzer ihre Webseiten (deren „Homepage") ändern können.

Ubuntu bietet zahlreiche FTP-Server. Relativ einfach zu konfigurieren ist `proftpd`. Installieren Sie hierzu das Paket `proftpd-basic`. Bereits bei der Installation erhalten Sie ein Menü, in dem Sie den Startmodus („Server-Type") einstellen können. Sie sollten den Servermodus bevorzugen aus diesen Angeboten:

- Servermodus (`standalone`) bedeutet, dass der Server ständig im Hintergrund läuft;
- `inetd` bedeutet, dass der Server bei Bedarf von dem Superserver `inetd` gestartet wird.

Die weitere Konfiguration von `proftpd` erfolgt in der Datei `/etc/proftpd/proftpd.conf`. Nach der Änderung des Servernamens ist im Grunde das Wichtigste angegeben. Im Verzeichnis `/etc/proftpd` gibt es weitere Dateien, z. B. für die Authentifizierung an LDAP oder verschlüsselte Verbindungen per TLS.

Sollen die mit dem Server verbundenen Benutzer nur ihr eigenes Homeverzeichnis sehen können und nicht das komplette Filesystem des Rechners, kann dies mit der folgenden Einstellung in der Datei `/etc/proftpd/proftpd.conf` erreicht werden:

```
DefaultRoot ~
```

Nachdem sich ein Benutzer am FTP-Server erfolgreich angemeldet hat, befindet er sich damit in seinem Homeverzeichnis auf dem FTP-Server. Dies ist vor allem dann empfehlenswert, wenn der FTP-Server zum Hochladen von Webseiten dient. Ansonsten kann ein Benutzer alle Dateien des FTP-Servers auf den eigenen Rechner herunterladen, die er mit seinem FTP-Account lesen kann!

Der FTP-Server sollte aus Sicherheitsgründen nicht als `root`, sondern mit einem Account laufen, der nicht so viele Rechte besitzt. Mit den Einstellungen „`User proftpd`" und „`Group nogroup`" wird dies erreicht. Die weiteren Einstellungen sind mit Kommentaren gut erklärt.

Voraussetzungen für den Zugriff auf den FTP-Server:

- Der User, der eine Verbindung zum FTP-Server aufbauen will, muss dem System bekannt sein.
- Das Passwort des Benutzers darf nicht leer sein.
- Er darf nicht in der Datei `/etc/ftpusers` enthalten sein.
- Er benötigt in `/etc/passwd` einen Eintrag für eine Standard-Shell, wie z. B. `/etc/bash`.

Die Meldungen vom FTP-Server `proftpd` finden Sie in der Datei `/var/log/proftpd/proftpd.log`.

19.5.1 Anonymous FTP

Ist ein FTP-Server so konfiguriert, dass ein Anwender anonym, also ohne Anmeldung mit Accountname und Passwort, die Daten von diesem Server herunterladen kann, so spricht man von „Anonymous FTP". Meist wird dies im Internet bei Daten ermöglicht, die allgemein zugänglich sind und die per Webbrowser oder einem FTP-Programm einfach erreichbar sein sollen.

Soll der FTP-Server proftpd zusätzlich Anonymous FTP anbieten, müssen hierzu in der Konfigurationsdatei die notwendigen Einstellungen vorgenommen werden, wie z. B.:

```
<Anonymous ~ftp>
User          ftp
Group         nogroup
UserAlias     anonymous ftp
</Anonymous>
```

Ein Restart ist erforderlich:

```
root@ubuntu:~# service proftpd restart
```

Der Benutzer befindet sich nach der Anmeldung per „anonymous" im Home-Verzeichnis von dem System-Account ftp. In der Datei /etc/passwd muss hierzu für diesen User eine Shell eingetragen sein, wie /bin/bash. Der Standardeintrag /bin/false reicht nicht für Anonymous FTP.

19.5.2 FTP-Clients

Für den Zugriff auf Daten, die von einem FTP-Server freigegeben sind, gibt es unter Linux und Ubuntu die Programme ftp und lftp für die Kommandozeile sowie gftp, ncftp und einige andere mit grafischer Oberfläche. Unter Windows hat sich wsftp etabliert.

Wichtige Befehle von ftp:

Befehl	Beschreibung
?	gibt eine Hilfemeldung mit allen verfügbaren Kommandos aus
? <name>	gibt eine Hilfemeldung für das angegebene Kommando aus
open	öffnet eine Verbindung zu einem FTP-Server. Username und Passwort werden dann abgefragt.
close	schließt die aktuelle Verbindung
dir	gibt das Inhaltsverzeichnis aus (oft ist auch ls möglich)
pwd	zeigt das aktuelle FTP-Verzeichnis, in dem Sie sich gerade befinden
cd	wechselt in ein anderes Verzeichnis auf dem Server
lcd	wechselt in ein anderes lokales Verzeichnis (auf dem Client-Rechner)
get	kopiert eine Datei vom Server in das aktuelle lokale Verzeichnis
reget	setzt die abgebrochene Übertragung am Ende der lokalen Datei fort
mget	kopiert mit Wildcards angegebene Dateien vom Server in das aktuelle lokale Verzeichnis

Befehl	Beschreibung
put	kopiert eine Datei vom aktuellen lokalen Verzeichnis in das Verzeichnis auf dem Server
mput	kopiert mit Wildcards angegebene Dateien auf den Server
del	löscht eine Datei auf dem Server
quit	beendet das Programm, ebenso das Kommando bye

Ein Zugriff ist auch über jeden neueren Webbrowser möglich, wie Firefox, Internet Explorer etc.

HTML-Editoren, wie z.B. `bluefish` und `kompozer` unter Ubuntu oder `Dreamweaver` und `Namo` unter Windows, bieten ebenfalls eine FTP-Schnittstelle.

Siehe auch: *http://wiki.ubuntuusers.de/webeditoren*

Index

Symbole

A

D

E

F

G

H

I

N

U

V

W

X

Z